Aquarienpflanzen

Christel Kasselmann

Aquarienpflanzen

494 Farbfotos
8 Zeichnungen
6 Tabellen

VERLAG
EUGEN
ULMER

Seite 2: Blütenstand von *Eichhornia azurea* am natürlichen Standort in Venezuela.

Fotonachweis: Jan D. Bastmeijer: 202, 204, 205 (r.); Harry W. E. van Bruggen: 133 (l.), 287 (r.); Niels Jacobsen: 194, 197 (r.); E. Landolt: 327; S. R. Yadav: 212; Wolfgang Staeck: 235, 282, 436; Kurt Thöns: 274; Piet J. van der Vlugt: 391; alle anderen Fotos von der Verfasserin.
Zeichnungen: Abbildungen 1 und 2 von Christel Kasselmann; Abbildungen 3, 4, 6, 7 und 8 von Kerstin Heß.

Die Deutsche Bibliothek – CIP-Einheitsaufnahme

Kasselmann, Christel:
Aquarienpflanzen : 6 Tabellen / Christel Kasselmann. –
Stuttgart : Ulmer, 1995
(DATZ-Atlanten)
ISBN 3-8001-7298-4
NE: HST

© 1995 Eugen Ulmer GmbH & Co.
Wollgrasweg 41, 70599 Stuttgart (Hohenheim)
Lektorat: Ulrich Commerell
Herstellung: Ursula Stammel
Einbandgestaltung: A. Krugmann, Freiberg am Neckar
Satz: Typomedia Satztechnik GmbH, Ostfildern
Druck und Bindung: Manfrini R. Arti Grafiche, Calliano
Printed in Italy

Vorwort

Meinen Eltern
in Dankbarkeit gewidmet.

Aquarienpflanzen erfreuen sich heute einer erstaunlichen Popularität. Einerseits erweiterten die zahlreichen Neueinführungen und Züchtungen der letzten Jahre das verfügbare Pflanzensortiment erheblich, andererseits unterstützt das vielfältige Angebot an technischem und wachstumsförderndem Zubehör den Wunsch nach schön bepflanzten Aquarien. Für eine nicht unbeträchtliche Zahl von Aquarianern dienen die Pflanzen nicht nur als Dekorationsmittel, sondern sie bemühen sich besonders um den Erhalt und die Vermehrung seltener oder durch die Vernichtung ihrer natürlichen Lebensräume bedrohter Arten. Ausdruck dieses Trends sind spezielle Vereinigungen von Pflanzenfreunden im In- und Ausland. In Deutschland trägt der *Arbeitskreis Wasserpflanzen im VDA* mit der Herausgabe seiner international anerkannten Wasserpflanzenzeitschrift *Aqua-Planta* wesentlich zur Verbreitung von Kenntnissen über Aquarienpflanzen bei. Für viele engagierte Aquarianer dient die Kultur von Wasser- und Sumpfpflanzen auch zur Erforschung biologischer und ökologischer Zusammenhänge, weshalb die Pflege von Aquarienpflanzen gleichwohl im Dienste der Arterhaltung und des Natur- und Umweltschutzes stehen kann.

In dem vorliegenden Buch möchte ich versuchen, eine möglichst breitgefächerte Auswahl von Informationen zu bieten. Im allgemeinen Teil werden die natürlichen Standorte von Wasser- und Sumpfpflanzen ausführlich behandelt, ein Thema, das in anderen Publikationen bisher stark vernachlässigt wurde. Die vor Ort gewonnenen ökologischen Erkenntnisse, die mit widersprüchlichen Aussagen anderer Autoren diskutiert werden, lassen auch Rückschlüsse auf eine optimale Kultur zu. Der Pflanzenteil gibt einen umfassenden und lückenlosen Überblick über die derzeit in Kultur befindlichen Arten, Sorten und Wuchsformen. Neben lange bekannten werden auch seltene und schwierig zu pflegende Arten berücksichtigt, die der Neigung vieler

Pflanzenfreunde zur Spezialisierung entgegenkommen.

Die Pflanzenbeschreibungen, die in Form eines Nachschlagewerkes die Arten in alphabetischer Reihenfolge berücksichtigen, enthalten alle wesentlichen Bestimmungsmerkmale, die erforderlich sind, um eine eindeutige Identifizierung zu ermöglichen und Verwechslungen zu vermeiden. Ferner sind ausführliche Angaben für die erfolgreiche Kultur und Vermehrung der Pflanzen aufgeführt. Dabei möchte ich betonen, daß ich mit ganz wenigen Ausnahmen alle der in diesem Buch besprochenen Arten entweder im eigenen Aquarium gepflegt oder in ihren natürlichen Lebensräumen untersucht habe. In den ökologischen Hinweisen, die Teil jeder Einzelbeschreibung sind, finden sich wichtige Informationen über die Lebensansprüche der Pflanzen. Viele dieser Angaben beruhen auf eigenen Biotopuntersuchungen, die im Laufe von etwa 25 Tropenreisen in viele Länder der Erde durchgeführt wurden. Wichtige Literaturhinweise runden die Einzelbeschreibungen ab und sollen, ebenso wie das umfassende Literaturverzeichnis am Ende dieses Buches, dem Interessierten den Weg zu den weiterführenden Publikationen erleichtern. Ein ausführliches Glossar dient zur Erklärung der verwendeten Fachausdrücke.

Im Mittelpunkt dieses Buches steht die Bedeutung der ökologischen Faktoren für das Wachstum von Wasser- und Sumpfpflanzen an ihren natürlichen Standorten und im Aquarium. In den vergangenen 15 Jahren bestand mein Hauptinteresse darin, die natürlichen Lebensräume von Aquarienpflanzen zu studieren, um das spärliche Wissen über ihre ökologischen Ansprüche zu vergrößern sowie ihren jeweiligen Platz in den natürlichen Lebensgemeinschaften zu studieren, um dadurch Grundlagen für eine optimale Kultur zu finden. Biotopuntersuchungen sind bisher nur bei einer vergleichsweise kleinen Zahl von Wasser- und Sumpfpflanzen vorgenommen worden, und Hinweise auf die spezielle Ökologie der einzelnen Arten finden sich auch in der botanischen Fachliteratur nur in sehr geringem Umfang. Deshalb sind die Bemühungen reisender Aquarianer, die entsprechenden Daten sammeln und derartige Angaben veröffentlichen, besonders hoch einzuschätzen, weil sie dem Pflanzenfreund einen ersten Anhaltspunkt für die artgemäße Kultur liefern. Bisherige Publikationen zur Ökologie von Aquarienpflanzen beschäftigen sich insbesondere mit den Untersuchungen von *Cryptocoryne*- und *Aponogeton*-Standorten. Jede dieser Habitatsbeschreibungen ist zwar nur als eine „Momentaufnahme" der gerade vorherrschenden Bedingungen zu werten, doch erlaubt sie dennoch einen grundlegenden Einblick in die Ökologie und Soziologie dieser Pflanzen. Die chemische Zusammensetzung des Wassers unterliegt an den natürlichen Standorten zwar immer gewissen Schwankungen, doch bleibt die grundsätzliche Beschaffenheit des Gewässers im Laufe des Jahres im allgemeinen erstaunlich konstant. Biotopuntersuchungen sind notwendig und wegweisend, um das Leben der von uns im Aquarium gepflegten Pflanzen und ihre Bedürfnisse kennen und verstehen zu lernen. Deshalb war es mein Bestreben, in diesem Werk alle bisher verfügbaren und aussagekräftigen ökologischen Daten möglichst vollständig zu dokumentieren. Ebenso wichtig sind aber auch sorgfältige Beobachtungen im Aquarium, die gleichermaßen dazu beitragen, das Wissen über die Ökologie der Pflanzen zu erweitern.

Der *Datz-Atlas Aquarienpflanzen* wendet sich insbesondere an alle Aquarianer und Hobbybotaniker, die Freude und Interesse an Aquarienpflanzen haben. Bei der Erstellung des Manuskriptes war es nicht immer leicht, ein sprachliches und inhaltliches Niveau zu finden, das gleichermaßen dem Neuling als auch demjenigen mit botanischen Vorkenntnissen gerecht wird. Die Konzeption des Werkes und die reichhaltige Illustration ermöglichen einen vielfältigen Anwendungsbereich. Dem Laien kann der Farbatlas zum einen als Bestimmungsbuch dienen, zum anderen aber auch als Pflege- und Kulturanleitung, denn es werden ausführliche Hinweise zur Kultur und Vermehrung von Aquarienpflanzen sowie ihrer richtigen Auswahl gegeben. Der spezialisierte und besonders interessierte Pflanzenfreund findet in den Einzelbeschreibungen detaillierte Hinweise zur Unterscheidung der Arten sowie ausführliche Literaturhinweise, die eine tiefergehende Beschäftigung ermöglichen. Darüber hinaus enthält das Buch auch für den Fachwissenschaftler aufgrund der sicherlich einmaligen Vielfalt der dokumentierten ökologischen Daten wertvolle Informationen. Schließlich werden viele seltene Pflanzen hier erstmals im Foto dargestellt.

Bei der jahrelangen Vorbereitung zu diesem Buch wurde ich von mehreren Freunden großzügig unterstützt. Ganz besonderen Dank schulde ich meinem Ansprechpartner in vielen biologischen und botanischen Fragen Herrn Josef Bogner, Botanischer Garten München. In einer fast 20jährigen Freundschaft, die durch Hilfsbereitschaft, ausgiebige Diskussionen und einen unermüdlichen Einsatz für die Pflanzen geprägt sind, gab er mir unzählige Anregungen zum eigenen Studium der Pflanzen. Mein besonderer Dank gilt auch Herrn Harry W.E. van Bruggen (Heemskerk, Niederlande) für die jahrelange, freundschaftliche Verbundenheit sowie die sorgfältige Durchsicht und die kritischen Anmerkungen zu meinem Manuskript. Wertvolle Anregungen und Unterstützung durch Informationen zur Gattung *Cryptocoryne* erhielt ich durch die Herren Jan Bastmeijer (Emmen, Niederlande), Hans Ehrenberg (Berlin), Prof. Dr. Niels Jacobsen (Kopenhagen, Dänemark) sowie meinem unvergessenen verstorbenen Freund Friedrich Möhlmann. Mein besonderer Dank gilt auch Herrn Julius Hoechstetter (Trostberg) und Herrn Harmut Loose, Botanischer Garten Berlin, für ihre anregenden Diskussionsbeiträge und die Überlassung von Pflanzenmaterial. Ferner wurde ich von den Wasserpflanzengärtnereien Dennerle (Vinningen), Hoechstetter (Trostberg) und Tropica (Dänemark) jahrelang und großzügig mit lebenden Pflanzen unterstützt. Nur durch ihre Mithilfe kann mein Buch in der vorliegenden Vollständigkeit erscheinen. Dem Verlag Eugen Ulmer und seinen Mitarbeitern danke ich für die freundliche Betreuung und großzügige Ausstattung dieses Buches.

Christel Kasselmann
Berlin, im Sommer 1995

Inhalt

Wasser- und Sumpfpflanzen am natürlichen Standort

Im Unterschied zu früher besteht heute ein zunehmendes Interesse an den natürlichen Lebensräumen von Aquarienpflanzen. Die Wissenschaft von den Beziehungen der Organismen untereinander und zu ihrer Umwelt bezeichnet man als Ökologie. Aufgabe der Ökologie ist es daher, alle in den natürlichen Biotopen und Lebensgemeinschaften wirksamen Faktoren und deren Funktionen zu analysieren und verstehen zu lernen. Während die Lebensräume heimischer Sumpf- und Wasserpflanzen in der Vergangenheit häufig als Studienobjekte dienten und dementsprechend eingehend untersucht wurden, sind unsere Kenntnisse über die Vergesellschaftung (Soziologie) und die natürlichen Standorte tropischer Sumpf- und Wasserpflanzen auffällig lückenhaft. Detaillierte ökologische Daten der Habitate jeder einzelnen Aquarienpflanze, bei-

spielsweise aufgrund der Analyse des Wassers, Bodengrundes, der Fließgeschwindigkeit des Wasser und der Lichtwerte, sind ebenfalls außerordentlich selten oder fehlen bisher völlig. Hinzu kommt, daß die wenigen verfügbaren Angaben in der aquaristischen Literatur oftmals in erschreckender Weise unzutreffende Interpretationen und Verallgemeinerungen enthalten, die dem Aquarianer falsche Eindrücke von der Ökologie tropischer Wasser- und Sumpfpflanzen vermitteln. Gelegentlich wird sogar der Sinn von Biotopuntersuchungen in Frage gestellt und als bedeutungslos kritisiert, mit der Begründung, daß angeblich daraus einerseits keine Lehren für die Kultur von Aquarienpflanzen gezogen werden können und daß andererseits die Pflanzen ohnehin anpassungsfähig seien. Solche Standpunkte sind natürlich purer Unsinn und schaden

Sagittaria guayanensis **ist eine reine Wasserpflanze, wird aber nicht im Aquarium kultiviert (natürlicher Standort in Mexiko)**

Ausschnitt aus einem holländischen Pflanzenaquarium ▷

der zukunftsorientierten Aquaristik, die als wichtiges Ziel die Erforschung der im Aquarium gepflegten Lebewesen hat.

Bei einer eingehenden Beschäftigung mit den Lebensräumen von tropischen Sumpf- und Wasserpflanzen wird schnell deutlich, daß deren spezielle Ökologie außerordentlich vielschichtig und die Zusammenhänge sehr kompliziert sind. Man bedenke ferner, daß nur ein kleiner Teil der existierenden Sumpf- und Wasserpflanzen bisher im Aquarium kultiviert wird, aber die weitaus größte Zahl noch nicht oder nur kurzfristig gehalten wurde. Einleuchtend erscheint schließlich auch, daß die Gründe für Mißerfolge bei der Kultur zumeist in der Unkenntnis der Lebensansprüche der gepflegten Pflanzen zu suchen sind. Niemals war es Zweck von Biotopuntersuchungen, die Habitate zu kopieren, sondern immer nur der Wunsch, die Kenntnisse über die Lebensweise und die Ansprüche der Arten zu vergrößern, insbesondere mit dem Ziel, Kulturfehler zu vermeiden. Für ein Verständnis der Ökologie sind deshalb allgemeine und spezielle Darstellungen von Ökosystemen außerordentlich wichtig, die eine differenzierte Berücksichtigung der Lebensansprüche jeder einzelnen Art zulassen. Aus der Untersuchung der natürlichen Biotope läßt sich viel lernen, und jede Analyse bildet deshalb einen wichtigen Baustein für die genaue Kenntnis der Lebensansprüche einzelner Pflanzen. Es gilt, diese Bausteine zu einem Mosaik zusammenzufügen!

Umweltfaktoren

Temperatur

Die Temperatur hat nicht nur einen wesentlichen Einfluß auf den Stoffwechsel der Pflanzen, sondern auch auf viele andere Lebensprozesse, wie Blütenbildung, Fruchtreife, Keimung usw. Insbesondere ist aber die Photosynthese der Pflanzen in hohem Maße von der Umgebungstemperatur abhängig, denn jede Pflanze benötigt zum Wachstum einen ganz bestimmten Temperaturbereich. Die untere Grenze dieses Bereiches stellt das Minimum, die obere das Maximum dar, bei der die Pflanze noch wächst; unter- bzw. oberhalb dieser Kardinalpunkte stellt die

Pflanze das Wachstum ein. Innerhalb der Grenzen erfolgt mit zunehmender Temperatur eine Steigerung der Wachstumsgeschwindigkeit nicht linear, sondern sie sinkt nach dem Erreichen eines für jede Pflanzenart charakteristischen Höhepunktes wieder ab. Dieser Wert, bei dem die Pflanze ihre größte Wachstumsintensität aufweist, bildet das Temperaturoptimum.

Aus diesen Erkenntnissen über das allgemeine Wuchsverhalten läßt sich folgern, daß Wasser- und Sumpfpflanzen an ihren natürlichen Standorten nicht zu allen Jahreszeiten optimal gedeihen. Untersuchungsergebnisse an den Habitaten sind infolgedessen auch unter diesem Gesichtspunkt zu bewerten. Manche Arten reagieren deshalb auf extreme Temperaturen mit einem veränderten Aussehen, beispielsweise durch Bildung kleinerer Blätter oder kürzerer Internodien.

Pflanzen aus wärmeren Gebieten stellen höhere Temperaturansprüche als solche aus Gebieten mit ausgeprägten jahreszeitlichen Schwankungen. Durch Untersuchungen an Landpflanzen ist bekannt, daß die Optimumtemperatur bei Pflanzen der Tropen und Subtropen zwischen 30–40 °C verläuft, bei den übrigen Arten zwischen 15–30 °C (Larcher 1984). Ferner wurde festgestellt, daß sich die Pflanzen an den natürlichen Standorten an einen Temperaturwechsel zwischen Tag und Nacht angepaßt haben.

Für eine erfolgreiche Kultur von Wasser- und Sumpfpflanzen ist es notwendig, die Toleranzgrenzen sowie das Temperaturoptimum jeder einzelnen Art herauszufinden. Um exakte Optimumskurven, die von Aquarienpflanzen bisher nicht bekannt sind, zu ermitteln, sind zwar sorgfältig geplante und durchgeführte Versuchsreihen erforderlich, wichtige Hinweise auf die Wachstumsgrenzen sowie das ungefähre Temperaturoptimum einzelner Arten können sich aber auch aus Erfahrungswerten ergeben, die aus der täglichen Praxis der Kultur im Gewächshaus und im Aquarium sowie Untersuchungen an den natürlichen Standorten gewonnen werden. Während manche Arten eine große Temperaturtoleranz aufweisen (z. B. *Vallisneria*), besitzen andere dagegen nur sehr enge Wachstumsgrenzen (siehe hierzu die Tabelle „Temperaturtoleranz wichtiger Aquarienpflanzen" auf S. 442).

Habitat von *Vallisneria americana* var. *americana* in Papua Neuguinea. Die Pflanze besitzt eine große Temperaturtoleranz

Die folgende Schilderung veranschaulicht die komplexen Auswirkungen des Temperaturfaktors auf das Verhalten von Wasser- und Sumpfpflanzen in einem Gebiet mit ausgeprägtem Jahreszeitenklima:

Die Verfasserin untersuchte im Juli 1993 im Nordosten Argentiniens zahlreiche Standorte von Wasser- und Sumpfpflanzen. Diese Region weist ein ausgeprägtes Jahreszeitenklima auf. Der Monat Juli liegt in der kalten Jahreszeit (Winter). Die Mitteltemperaturen für die Stadt Corrientes betragen 15,7°C und die Niederschlagsmenge 47 mm. Beide Werte bilden fast die Minima im Jahresverlauf. Die monatlichen Mittelwerte besagen aber nur wenig über die absoluten Temperaturen, die noch erheblich niedriger oder höher sein können. Während des zweiwöchigen Aufenthaltes im Juli lagen die Nachttemperaturen wiederholt um die Frostgrenze. Während dieser Zeit erreichten die Lufttemperaturen am Tag etwa eine Woche lang nur maximal 15°C. Die tagsüber gemessenen Wassertemperaturen betrugen 6 bis 15°C. Die Auswirkungen dieser extrem niedrigen Luft- und Wassertemperaturen auf die Pflanzen waren überall deutlich zu sehen. Große Schwimmpflanzenbestände mit *Eichhornia azurea* und *Pistia stratiotes* wiesen erfrorenes, vertrocknetes Laub auf. Durch das zahlreiche abgestorbene Pflanzenmaterial entstand in vielen Gewässern ein Sauerstoffmangel, der zugleich ein massenhaftes Fischsterben zur Folge hatte (zum Sauerstoffgehalt siehe auch S. 61). Zugleich war aber auch zu beobachten, daß die niedrigen Wassertemperaturen häufig keinen negativen Einfluß auf das Pflanzenwachstum unter Wasser hatten. Ungewöhnlich kräftige submerse Exemplare von *Eichhornia azurea*, dichte Bestände von *Cabomba caroliniana* var. *caroliniana* und var. *flavida*, *Egeria najas*, *Myriophyllum aquaticum* und *Hydrocleys nymphoides* waren zu finden. Einige der Wasser- und Sumpfpflanzen blühten zu dieser kalten Jahreszeit im Kurztag reichlich, wobei die niedrigen Temperaturen in manchen Fällen wichtiger Auslösefaktor für eine Blütenbildung sind (zum Beispiel bei *Echinodorus uruguayensis*).

Licht

Licht ist für viele Wachstums- und Entwicklungsvorgänge der Pflanzen von großer Bedeutung, da es ein unentbehrlicher Energielieferant für die Photosynthese ist. Es hat ferner einen wichtigen Einfluß auf die Morphologie und Anatomie der Pflanzen sowie auf photoperiodische Erscheinungen.

Messungen der Beleuchtungsstärke an den natürlichen Standorten tropischer und subtropischer Wasser- und Sumpfpflanzen sind außerordentlich wichtig, um die Kenntnisse über die Ansprüche der verschiedenen Aquarienpflanzen zu erweitern und sie entsprechend ihren Bedürfnissen optimal pflegen zu können. Zum besseren Verständnis der damit verbundenen Fragestellungen und Probleme sollen im folgenden auf einige grundsätzliche Aspekte des Umweltfaktors Licht, die von allgemeiner Bedeutung sind, näher eingegangen werden. Die Intensität und Dauer der Bestrahlung verläuft in der Natur nicht kontinuierlich wie im Aquarium, sondern sie verändert sich nicht nur im Laufe des Tages sondern auch jahreszeitlich in Abhängigkeit von der geographischen Breite.

In Gewässern wird die Strahlung stärker abgeschwächt als in der Luft. Die langwelligen Wärmestrahlen werden im Wasser schon in den oberen Millimetern, der größte Teil der infraroten Strahlung in den oberen Zentimetern absorbiert. Schon nach etwa einem Meter ist häufig nur noch die Hälfte der Strahlung vorhanden. Der für die Wasserpflanzen zur Photosynthese nutzbare Bereich liegt zwischen 380 und 780 nm und wird mit zunehmender Tiefe selektiv absorbiert, wobei in klarem Wasser zuerst das rote Licht, danach der gelbe und grüne Spektralbereich und zuletzt das blaue Licht verschluckt wird, das somit auch noch in größere Wassertiefen eindringt.

Ferner beeinflußt die Menge der im Wasser vorhandenen Farb- und Trübungsstoffe (Humusstoffe, Plankton, Algen, Schwebstoffe durch Abschwemmung usw.) die Lichtabsorption sowie das Farbspektrum sehr nachhaltig. Beispielsweise findet in einem durch Humusstoffe stark gelb oder braun gefärbtem Gewässer nicht nur eine sehr starke Lichtabsorption statt, sondern die Färbung des Wassers bewirkt zugleich auch eine Verschiebung der spektralen Zusammensetzung, was zur Folge hat, daß nicht mehr das blaue Licht, sondern der gelbe Spektralbereich am tiefsten in das Wasser eindringt.

Das Strahlungsangebot in den Gewässern hängt infolge der Reflexion an der Wasseroberfläche wesentlich vom Einfallswinkel ab. Bei hohem Sonnenstand ist die Reflexion gering, so daß das Licht fast ungehindert in das Wasser eindringen kann, bei niedrigem Sonnenstand nimmt die Reflexion dagegen so erheblich zu, daß ein großer Teil des Lichtes nicht mehr in das Wasser eintritt. Diese starke Reflexion an der Wasseroberfläche bei niedrigem Sonnenstand bewirkt, daß für Pflanzen unter Wasser ab einer bestimmten Wassertiefe die Tageslänge kürzer ist als für solche Arten, die auf dem Land leben.

Das Lichtklima in den Tropen unterscheidet sich zwar durchschnittlich nicht durch eine höhere Strahlungsbilanz von den Gebieten in mittleren Breiten, aber es gibt dennoch wesentliche Unterschiede. Zum einen steigt und sinkt in den Tropen die Sonne viel schneller, zum anderen ist die Strahlungsintensität im allgemeinen in den Tropen höher und kann in der Mittagszeit bei klarem Himmel über 150 kLux betragen, während in unseren Breiten nur etwa 100–120 kLux gemessen werden. Ferner schwankt die Tageslänge nahe des Äquators im Laufe des Jahres nur wenig, sondern beträgt mehr oder weniger konstant etwa 12 Stunden.

Die Beleuchtungsstärke wird wesentlich durch den Grad der Bewölkung beeinflußt. Für die im Wasser wachsenden Arten verringert sich die Beleuchtungsintensität zusätzlich durch die erwähnte Reflexion an der Wasseroberfläche sowie möglicherweise infolge einer Beschattung durch Schwimmpflanzen. Nur verhältnismäßig wenige höhere Pflanzen sind in der Lage, in klaren Süßgewässern bis in Tiefen von 3–10 m vorzudringen. Bis zu einer Tiefe von etwa 30 m finden sich darüber hinaus nur noch Algengesellschaften. Für die Arten, die in großer Wassertiefe wachsen, verändern sich Quantität und Qualität des Lichtes erheblich. Die meisten Aquarienpflanzen sind aber in ihren natürlichen Habitaten entweder außerhalb des Wassers als Sumpfpflanzen oder in dem Bereich bis 30 cm Wassertiefe zu finden und kommen nur vorübergehend

Dieser Biotop von *Limnophila indica* in Papua Neuguinea weist kristallklares Wasser auf

während des Hochwassers in tieferem Wasser vor. Ferner besiedelt eine große Zahl von Aquarienpflanzen in ihren natürlichen Biotopen unbeschattete oder halbsonnige Plätze und nicht, wie gelegentlich in aquaristischer Literatur unrichtig dargestellt, vorzugsweise schattige Gewässer. Obwohl durch die Reflexionen an der Wasseroberfläche sowie zunehmende Wassertiefe Licht absorbiert wird und den im Wasser lebenden Pflanzen folglich weniger Licht zur Photosynthese zur Verfügung steht als den Landpflanzen, sind die Beleuchtungsstärken an den natürlichen Standorten der Aquarienpflanzen aber im allgemeinen dennoch erheblich höher als im Aquarium (vgl. auch die Meßwerte am Schluß dieses Kapitels).

In diesem Zusammenhang ist es interessant zu wissen, daß sich die Photosyntheseproduktion der Pflanzen nicht beliebig durch eine Steigerung der Lichtintensität erhöhen läßt, sondern daß – entsprechend den Temperatur-Optimumkurven – für jede Pflanzenart durch experimentelle Untersuchungen auch eine artspezifische Licht-Optimumkurve ermittelt werden kann. Diese zeigt bei steigender Lichtintensität nur bis zu einem bestimmten Bereich (Optimum) eine

Zunahme der Assimilationstätigkeit, danach nimmt sie nicht mehr zu oder verringert sich sogar wieder, was vermutlich durch eine Wechselbeziehung mit anderen begrenzenden Faktoren, beispielsweise Temperatur oder CO_2-Versorgung, verursacht wird.

Entsprechend ihrem unterschiedlichen Vermögen, Stark- oder Schwachlicht für die Photosynthese zu nutzen, unterscheidet man zwischen Starklicht- oder Sonnenpflanzen und Schwachlicht- oder Schattenpflanzen. Schattenpflanzen haben den Vorteil, daß sie geringe Lichtintensitäten besser ausnutzen können als Sonnenpflanzen. Sie erreichen ihre höchste Assimilation schon bei schwacher Lichtstärke. Aus diesem Grunde können Schattenpflanzen noch relativ dunkle Standorte im Wald besiedeln und gedeihen bei schwachem Licht am besten. Ein charakteristisches Merkmal sind große und breite Blattspreiten, wie sie z.B. bei einigen breitblättrigen *Cryptocoryne*-Arten und *Barclaya motleyi* vorkommen. Schattenpflanzen sterben unter Umständen ab, wenn sie zu starker Bestrahlung ausgesetzt werden. Sonnenpflanzen benötigen dagegen eine intensive Strahlung und nutzen diese durch eine höhere Photosynthese-

Bacopa caroliniana an einem Standort in Mexiko in intensivem Sonnenlicht

leistung besser aus als Schattenpflanzen. Sie benötigen mehr Licht und sterben ab, wenn sie zu schwach belichtet werden.

Licht-Optimumkurven bzw. Asssimilationskurven von Aquarienpflanzen wurden bisher nur vereinzelt erstellt, so daß erst wenige Arten sicher als Schatten- bzw. Sonnenpflanzen eingestuft werden können. An der Universität Marburg wurden Photosynthesekurven von *Anubias barteri* var. *nana* und *Bacopa caroliniana* ermittelt. Als Ergebnis wurde festgestellt, daß *A. barteri* var. *nana* eine typische Schattenpflanze, *B. caroliniana* dagegen eine Sonnenpflanze ist (Sauer 1989).

Innerhalb dieser beiden Gruppen gibt es zudem noch sehr unterschiedliche Reaktionsformen, die entweder erblich fixiert oder durch die Umwelt modifizierbar sind. Gessner (1955) untersuchte die Assimilationsleistung mehrerer Wasserpflanzen und fand heraus, daß die für den Versuch verwendeten Populationen von *Aponogeton madagascariensis* (Gitterpflanze) und *Elodea canadensis* (Kanadische Wasserpest) zu den Schattenpflanzen gehörten, aber dennoch unterschiedlich reagierten. Bei einer intensiven Beleuchtung von 110 kLux über mehrere Stunden und bei kon-

stanter Temperatur zeigte *Elodea canadensis* eine gleichbleibende Assimilationsrate. Dagegen war bei *Aponogeton madagascariensis* im gleichen Versuch bereits nach einer Stunde ein ständiger Abfall der Assimilationsleistung zu bemerken.

Vermutlich wird sich die weitaus größte Zahl der Aquarienpflanzen in entsprechenden Experimenten als Sonnenpflanzen und nur verhältnismäßig wenige Spezies, zu denen insbesondere einige *Cryptocoryne*- und *Anubias*-Arten zählen, als Schattenpflanzen erweisen. Solange aber an Aquarienpflanzen keine derartigen wissenschaftlichen Untersuchungen vorliegen, die eine sichere Zuordnung zu den Schatten- bzw. Sonnenpflanzen und ihren Reaktionsformen ermöglichen, bleiben diese Vermutungen subjektiv und hypothetisch. Kulturerfahrungen und Untersuchungen an den natürlichen Standorten lehren uns aber schon jetzt, daß die meisten Aquarienpflanzen bei intensiver Beleuchtungsstärke deutlich besser gedeihen als bei weniger Licht. Eine Schädigung von Pflanzen durch eine zu hohe Beleuchtung im Aquarium ist daher bei der Mehrzahl der kultivierten Arten kaum zu erwarten. Demgegenüber ist die Gefahr viel größer, daß bei zu geringer Belichtung die Assimilation bei einigen Pflanzen so weit herabgesetzt wird, daß der Kompensationspunkt, an dem CO_2-Aufnahme (Photosynthese) und -abgabe (Atmung) gleich hoch sind, ständig unterschritten wird, was letztlich ein Absterben der Pflanzen zur Folge hat.

Andererseits darf jedoch nicht übersehen werden, daß Pflanzen innerhalb bestimmter Grenzen die Fähigkeit besitzen, sich an verschiedene Lichtstärken und -qualitäten ihrer natürlichen Standorte anzupassen. So weisen beispielsweise Pflanzen in größerer Wassertiefe im allgemeinen gegenüber den an der Oberfläche wachsenden Individuen eine herabgesetzte Atmung auf. Auch reagieren höhere Wasserpflanzen auf verschiedene Lichtbedingungen mit der Ausbildung unterschiedlicher anatomischer und morphologischer Formen.

Den Aquarianern gut bekannt ist das Verhalten von Salvinia: Werden die Sprosse bei intensiver Beleuchtung kultiviert, bilden sie kräftige boot- und tütenförmige Blätter, während die Blätter der Schattenform viel kleiner sind und flach dem Wasser aufliegen. Gessner (1955) berichtet ferner über die Ausbildung von Sonnen- und Schattenformen bei mehreren Arten. Zum Beispiel weist die Schattenform von *Lagarosiphon major* im Unterschied zur Sonnenform eine verringerte Verzweigung auf, was sich auch bei anderen höheren Wasserpflanzen beobachten läßt. *Lobelia dortmanna* reagiert bei abnehmender Lichtintensität mit zunehmend längeren Blattspreiten. Lichtmangel unterdrückte bei *Utricularia intermedia* eine Ausbildung von Fangblasen. Viele schnellwüchsige Pflanzen reagieren auf Lichtmangel mit charakteristischen Veränderungen (Vergeilung), die sich beispielsweise in langen Internodien und Blattstielen sowie häufig kleinen Blattspreiten zeigen.

Die Verfasserin hatte die Möglichkeit, aufgrund der dankenswerten Unterstützung durch Herrn Karlheinz Sauer und der Firma Osram Luxmessungen mit dem Meßinstrument Optronik an natürlichen Standorten auf Madagaskar und in Ekuador durchzuführen.

Tabelle 1: Beleuchtungsstärkemessungen

Ort	Datum	Uhrzeit	Bewölkung	Luxwerte
Madagaskar				
Berenty	26.12.86	8.30	wolkenlos	114.000
		9.00	wolkenlos	121.000
Fort Dauphin	27.12.86	8.00	wolkenlos	64.000
		14.00	wolkenlos	114.700
		14.30	bewölkt	67.000
		15.00	stark bewölkt	25.200
			Sonne kaum zu sehen, kurz vor Regen	
		16.45	stark bewölkt, Sonne nicht zu sehen, regnerisch	4.890
Umgebung von Fort Dauphin	28.12.86	7.20	klar, sehr gering bewölkt	51.700
		8.00	gering bewölkt	67.100
		9.40	wolkenlos	104.100
		10.30	wolkenlos	116.400
		13.30	wolkenlos	108.000
			im Schatten von Bäumen	8.460 bis 25.000

Beleuchtungsstärkemessungen (Fortsetzung)

Ort	Datum	Uhrzeit	Bewölkung	Luxwerte
Umgebung von	29.12.86	6.15	wolkenlos	20.000
Fort Dauphin		12.00	wolkenlos	127.800
		12.30	wolkenlos	128.500
		12.35	bewölkt	67.000
		15.00	wolkenlos	95.200
		18.15	stark bewölkt, dunkle Wolken	1.885
		18.40	leicht bewölkt, Sonne zu sehen	330
		18.45	wie vor	260
		18.50	leicht bewölkt, Sonnenuntergang	120
		18.55	wie vor	30
		19.05	wie vor	5
Umgebung von	30.12.86	5.30	wolkenlos	4.890
Fort Dauphin		7.30	wolkenlos	56.300
		7.45	wolkenlos	60.600
		8.45	wolkenlos	87.400
		11.00	wolkenlos	122.300
		11.30	wolkenlos	125.200
		11.50	wolkenlos	128.600
		12.00	wolkenlos	139.300
		12.30	leicht bewölkt	127.000
		12.55	wolkenlos	130.200
		14.00	leicht bewölkt	102.800
		14.05	wolkenlos	119.900
		14.25	wolkenlos	105.700
Andasibé	31.12.86	12.00	wolkenlos	139.300
	01.01.87	9.00	sehr leicht bewölkt	74.800
		9.05	etwas stärker bewölkt	53.400
		9.45	stark bewölkt	24.000
		11.30	kleine, weiße Wolken, Sonne frei	137.500
		11.35	Sonne hinter Wolken	80.000
		15.00	Himmel gleichmäßig stark bewölkt, starker Regen	1.350
nahe Beforona 900 m Höhe	03.01.87	10.00	Sonne klar sichtbar, kleine, weiße Wolken	70.000
		10.10	Sonne klar sichtbar, fast wolkenlos	146.000
Ekuador				
Coca	07.02.90	8.35	bei allen Messungen	58.300
		8.50	sehr gering bewölkt,	63.700
		9.00	Sonne immer frei von	68.400
		9.30	Wolken	80.000
		10.00		91.200
		10.35		104.100
		10.50		106.000

Ort	Datum	Uhrzeit	Bewölkung		Luxwerte
Ekuador					
Coca		11.00			113.300
		11.35			127.500
		12.00	stärker bewölkt		77.300
		12.07	gering bewölkt		126.800
		13.30	gering bewölkt		119.200
		14.15	stark bewölkt		33.600
		15.30	gering bewölkt		90.500
	08.02.90	7.30	weiße und schwarze Wolken		16.310
		8.10	weiße und schwarze Wolken		19.800
		12.45	wolkenlos		156.400
		13.00	Sonne hinter dunklen Wolken		34.600
		14.00	wolkenlos		127.700
		14.30	wolkenlos		108.600
		15.00	wolkenlos		90.100
		15.30	Sonne hinter den Wolken		19.600
		15.30	unter Bäumen bei bewölktem		8.000
			Himmel	bis	13.000
		16.00	wolkenlos		62.200
		16.50	kleine weiße Wolken		32.400
		17.30	kleine weiße Wolken		13.070
		18.00	kleine weiße Wolken		2.420
		18.30	Sonnenuntergang		280
	09.02.90	8.00	starker Regen		550
Quito	10.02.90	6.00	Dämmerung		
3000 m Höhe		6.40	Sonnenaufgang		1.433
direkt am Äquator		6.42	wolkenlos		2.070
		6.45	wolkenlos		4.000
		6.50	wolkenlos		5.390
		6.55	wolkenlos		8.550
		7.00	wolkenlos		11.520
		7.15	wolkenlos		18.800
		7.30	wolkenlos		26.700
		7.45	wolkenlos		29.800
		8.00	wolkenlos		41.000
		8.15	wolkenlos		49.500
		8.30	wolkenlos		58.000

Viele *Eriocaulon*-Arten, hier eine Art im Habitat in Malawi, sind reine Wasserpflanzen, deren Kultur im Aquarium bisher noch nicht gelang

Die Ergebnisse von Messungen der Beleuchtungsstärke zeigen, daß Wasser- und Sumpfpflanzen, die an vollsonnigen Standorten über Wasser oder in geringer Wassertiefe wachsen, im Laufe des Tages einer im Vergleich zum Aquarium sehr hohen, aber in Abhängigkeit von dem Grad der Bewölkung und der Uhrzeit stark schwankenden Strahlung ausgesetzt sind. An halbschattigen Plätzen sind die Durchschnittswerte zwar erheblich herabgesetzt, sie liegen aber meistens immer noch bedeutend über den im Aquarium erreichten Werten (vgl. auch die Angaben der Beleuchtungsstärken auf S. 54). Stark beschattete Biotope weisen dagegen auch bei unbewölktem Himmel an der Wasseroberfläche nur noch eine geringe Beleuchtungsstärke von etwa maximal 3 000 Lux auf, die mit zunehmender Wassertiefe weiter abnimmt. In einem stark beschatteten Cryptocorynenbach in Südthailand stellte beispielsweise Horst (1986) an einem hellen Sonnentag gegen 15 Uhr an der Wasseroberfläche 1 500 Lux, in 20 cm Tiefe 600 Lux und in 40 cm Tiefe nur noch 120 Lux fest. An einem Biotop von *Cryptocoryne cordata* (Typ *C. siamensis*) wurden an nur mehrere hundert Meter voneinander entfernt gelegenen Fundorten zwischen 50 Lux in tiefem Schatten und 40 000 Lux in vollem Sonnenlicht gemessen.

Der Bodengrund als Nährstoffquelle

Nur wenige der kultivierten Aquarienpflanzen stellen echte Wasserpflanzen dar, bei denen eine Nährstoffaufnahme sowohl über die Wurzeln als auch mit der gesamten Oberfläche erfolgt. Den größten Teil der Aquarienpflanzen bilden Sumpfpflanzen, die im Unterschied zu den echten Wasserpflanzen meistens ein kräftigeres Wurzelwerk entwickeln und den Hauptbedarf der zum Wachstum benötigten Nährstoffe dem Bodengrund entnehmen. Dabei verhalten sich nicht alle Pflanzen gleich, sondern die aufgenommene Menge und die Zusammensetzung der Nährstoffe ist artspezifisch und in großem Maße abhängig vom Bodengrund. Durch eine chemische Analyse der pflanzlichen Trockensubstanz kann im Labor festgestellt werden, wie groß der Gehalt und die Verteilung einzelner Nährelemente in der Pflanze ist. Sie gibt u.a. Aufschluß

Eisenausfällungen an *Blyxa aubertii* in einem Biotop auf Sri Lanka

über das Vorkommen von Pflanzen auf ganz bestimmten Böden (Zeigerpflanzen) und dient zur Ermittlung des Düngerbedarfs. Werden Pflanzen im Versuch mit Nährlösungen bekannter Zusammensetzung kultiviert und danach mit Hilfe der Trockensubstanzanalyse auf ihren Gehalt an einzelnen Nährelementen untersucht, können auf den Nährstoffbedarf der Pflanzen Rückschlüsse gezogen werden, die bei auftretenden Mangelsymptomen eine gezielte Düngung erlauben.

Die Bodenstruktur wird im wesentlichen von der Korngröße bestimmt. Von dieser hängt das Porenvolumen ab, das für die Belüftung und Wasserbewegung im Boden eine entscheidende Rolle spielt. Grobkörnige Böden lassen Luft, Wasser und Wurzeln leichter eindringen als feinkörnige Böden. Man unterscheidet u.a. zwischen Sandböden, Tonböden, Lehmböden (Gemisch aus Sand und Ton), Kalkböden und Humusböden. Reine Tonböden sind nährstoffreich und äußerst feinkörnig, so daß sie kaum noch einen Luft- und Wasseraustausch ermöglichen.

Am günstigsten für das Pflanzenwachstum sind Lehmböden (Ton und Sand zu je 20–50%) mit einem hohen Humusanteil. Durch ein großes Porenvolumen gewährleisten sie eine gute Durchlüftung, die von im Boden lebenden Organismen, im Aquarium beispielsweise Turmdeckelschnecken, zusätzlich unterstützt wird.

Charakteristisch für tropische Gebiete sind lateritische Böden (Roterden) und Lateritböden. Diese zeichnen sich durch eine Rotfärbung und Verhärtung aus, auf die sich auch der Begriff Laterit [later (lat.) = Ziegelstein] bezieht. Sie sind extrem nährstoffarm und meistens reich an Eisen- und/oder Aluminium. Dennoch enthalten sie für Wasserpflanzen gewöhnlich ausreichend Nährstoffe, weil durch die schnelle Mineralisierung des abgestorbenen Pflanzenmaterials und die im allgemeinen niedrige Leitfähigkeit des Wassers die frei gewordenen Nährstoffe sofort wieder von den Pflanzen aufgenommen werden können.

Die saure oder alkalische Reaktion des Bodens (pH-Wert) hat einen großen Einfluß auf die Beschaffenheit des Wassers und die Nährstoffversorgung der Pflanzen. Die meisten Böden in den Tropen haben einen pH-Wert im sauren bis neutralen Bereich, Kalkböden mit alkalischer Reaktion kommen nur in Gebieten mit geringeren Niederschlägen (um 1000 mm) vor. Die einzelnen Pflanzen stellen an den pH-Wert des Bodens und des Wassers sehr unterschiedliche Ansprüche. Die meisten tropischen und subtropischen Wasser- und Sumpfpflanzen wachsen auf sauren bis neutralen Böden, es gibt aber auch einige Arten, beispielsweise Vallisnerien sowie einige *Potamogeton*-Arten, die einen kalkreichen Untergrund und Gewässer mit einem pH-Wert im alkalischen Bereich bevorzugen. Charakteristische aquatische Lebensräume mit hohen pH-Werten sind zum Beispiel die großen afrikanischen Grabenseen Malawi und Tanganjika. Einige der kalkliebenden Arten weisen aber eine große Toleranzbreite auf, so daß ihre Kultur im Aquarium auch noch in einem schwach sauren oder neutralen Milieu zufriedenstellend ist. Weniger anpassungsfähig reagieren dagegen oftmals die kalkmeidenden Arten, die an den natürlichen Standorten in sehr saurem Milieu gedeihen. So gelingt es zum Beispiel nicht, einige *Cryptocoryne*-Arten aus Borneo ohne ein entsprechend saures Milieu im Aquarium am Leben zu erhalten.

Obwohl dem Bodengrund als Nährstoffquelle eine große Bedeutung zukommt, stellt er in der Aquaristik bislang einen viel zu wenig beachteten ökologischen Faktor dar. Dieses zeigt sich insbesondere darin, daß einerseits Bodengrundanalysen natürlicher Standorte kaum vorgenommen wurden, so daß die Kenntnis darüber nur sehr gering ist. Andererseits werden in der täglichen Aquarienpraxis bei Nährstoffmangel gewöhnlich Flüssigdünger verwendet, die dem Wasser zugegeben werden, während spezielle Bodendünger im Fachhandel weitestgehend fehlen. Durch die Zugabe von Flüssigdüngern wird aber zugleich eine unerwünschte und schlecht kontrollierbare Algenbildung gefördert. Dagegen ermöglicht die Verwendung eines Bodendüngers ganz gezielt nur solche Pflanzen zu düngen, die schlecht gedeihen.

Aus diesem Grunde sind die Hersteller von Düngeprodukten dazu aufgerufen, neben flüssigen Präparaten auch einen Bodendünger anzubieten, der – ähnlich den für die Düngung von Topfpflanzen entwickelten Präparaten – beispielsweise in Form kleiner Kapseln eine gezielte und effektive Düngung einzelner Pflanzen erlaubt.

Wasser

Für das Leben von Wasser- und Sumpfpflanzen ist das Wasser ein wesentlicher ökologischer Faktor. Insbesondere Wasserbewegung, Strömungsverhältnisse, Härte, pH-Wert und Nährstoffzusammensetzung beeinflussen das Wachstum der Pflanzen und sind von großer Bedeutung.

Wasser- und Sumpfpflanzen sind sowohl in stehenden als auch fließenden Gewässern zu finden. Der unterschiedliche Charakter dieser Lebensräume wird im wesentlichen durch die Wasserbewegung und die Strömungsverhältnisse geprägt, denen die Pflanzen ausgesetzt sind. Die Stärke der Strömung hat wiederum einen Einfluß auf die Bodenbeschaffenheit.

Die Mehrzahl der Aquarienpflanzen lebt in stehenden oder langsam fließenden Biotopen. Ein kleinerer Teil kommt in schnell fließenden Gewässern vor, und nur sehr wenige Arten sind in der Lage, sich einer reißenden Strömung anzupassen.

Die Wasserbewegung hat eine sehr große Bedeutung für verschiedene physiologische Stoffwechselvorgänge. Sie ermöglicht Austauschvorgänge und beschleunigt sowohl die Zufuhr von Nährstoffen als auch die Abfuhr von Ausscheidungsprodukten.

In wissenschaftlichen Versuchen (Gessner 1955) wurde die Assimilation bei verschiedenen Pflanzen (u.a. *Ceratophyllum demersum, Myriophyllum spicatum, Elodea canadensis* und *Potamogeton perfoliatus*) in stehendem und bewegtem Wasser miteinander verglichen. Dabei wurde festgestellt, daß bei einer Stagnation des Wassers ein deutlich langsameres Wachstum zu verzeichnen war als bei einer Wasserbewegung. Denn in stehendem Wasser bildet sich aufgrund der Atmung und Assimilation der Pflanze um diese herum eine kohlensäurearme Hülle, ein verlangsamtes Wachstum zur Folge hat. Die positive Auswirkung der Wasserbewegung besteht deshalb darin, daß sie diese Hülle zerstört und dadurch Diffusionsvorgänge fördert. Dabei muß die Wasserbewegung nur so stark sein, daß sich keine kohlensäurearme Hülle um die Pflanze herum bildet. Eine weitere Steigerung der Wasserbewegung hat nicht notwendiger-

Lebensraum von *Jasarum steyermarkii* in der Gran Sabana in Venezuela. Diese seltene Wasserpflanze wird nicht im Aquarium kultiviert

weise eine Erhöhung der Assimilationsleistung zur Folge, sondern kann ganz im Gegenteil wiederum zu einer Hemmung des Wachstums führen. Aus diesen Gründen sind Untersuchungen über die Stärke der Wasserbewegung und die Strömungsverhältnisse an den natürlichen Standorten unserer Aquarienpflanzen außerordentlich wichtig und müssen für jede einzelne Art differenziert betrachtet werden.

Wenngleich auch viele Wasserpflanzen an den natürlichen Standorten in stehenden Gewässern wachsen, gibt es auch in derartigen Lebensräumen dennoch eine geringe, in ihrer Wirkung aber trotzdem nicht zu unterschätzende Wasserbewegung, die vor allem durch den Wind verursacht wird. Ein Ausschalten des Filters im Aquarium, wie dieses manchmal empfohlen wird, entspricht deshalb keineswegs den natürlichen Bedingungen, sondern führt aufgrund des stagnierenden Wassers zu einer Assimilationshemmung und infolgedessen zu einem schlechten Wachstum der Pflanzen.

Im Unterschied zu Biotopen mit stehendem Wasser wird das Auftreten von Wasserpflanzen in Fließgewässern hauptsächlich durch die Strömungsgeschwindigkeit beeinflußt. Diese unterliegt selbst innerhalb desselben Flußabschnittes großen Schwankungen. Zum Beispiel ist die Strömungsgeschwindigkeit über dem Boden erheblich niedriger als im freien Wasser oder an der Wasseroberfläche. Strömungsliebende Wasserpflanzen sind oftmals derart stark an die heftige Wasserbewegung angepaßt, daß sie ohne diese gar nicht mehr gedeihen können.

Manche Wasserpflanzen, beispielsweise die Arten aus den Familien Podostemaceae und Hydrostachyaceae, die ausschließlich in Stromschnellen und Wasserfällen vorkommen, sind in so extremer Weise an das schnell strömende, reißende Wasser ihres Lebensraumes angepaßt, daß aus diesem Grunde ihre Kultur im Aquarium unmöglich ist. Diese Pflanzen weisen vielfältige Anpassungen an die starke Wasserströmung und den felsigen Bodengrund auf, die ihnen sogar eine generative Fortpflanzung in den Stromschnellen ermöglichen.

Die natürlichen Lebensräume unserer Aquarienpflanzen werden ferner durch eine spezifische Wasserbeschaffenheit charakterisiert, die in gewissen Grenzen täglichen und jahreszeitlichen

Schwankungen unterliegt. Die meisten tropischen und subtropischen Gewässer, in denen Wasserpflanzen leben, weisen aufgrund ihres mineralarmen Untergrundes ein sehr salzarmes, weiches Wasser mit einem pH-Wert im schwach sauren bis neutralen Bereich auf (ungefähr pH 6,0–7,0). Gelegentlich lassen sich auch pH-Werte zwischen etwa 5,5 und 6,0 messen; in solchen Gewässern ist aber die Artenzahl schon deutlich reduziert. Nur wenige Wasserpflanzen sind darauf spezialisiert, in einem extrem sauren Milieu zu leben, wie es beispielsweise das Schwarzwasser des Rio Negro darstellt.

Nur relativ selten sind in den Tropen und Subtropen Gewässer anzutreffen, die ein mittelhartes oder hartes Wasser mit einem mehr oder weniger hohen alkalischen pH-Wert besitzen. Beispiele für derartige Habitate sind die afrikanischen Grabenseen Tanganjika und Malawi sowie einige Flüsse und Seen in Mexiko. Auch in diesen durch ungewöhnliche Wasserwerte gekennzeichneten Lebensräumen ist die Artenzahl von Wasserpflanzen auffällig reduziert. Diese Erkenntnis stützt sich nicht nur auf zahlreiche Wasseranalysen in natürlichen Biotopen, die von der Verfasserin durchgeführt wurden, sondern sie steht auch im Einklang mit den Messungen anderer Autoren. Die Befunde stehen aber im deutlichen Gegensatz zu den vielen Untersuchungen an einheimischen, echten submersen Wasserpflanzen (siehe Gessner 1959), deren Vorkommen sich fast nur auf alkalische Gewässer beschränkt.

Wesentlich für ein optimales Wachstum der Pflanzen an ihren natürlichen Standorten ist ein vollständiges und konstantes Nährstoffangebot im Wasser. Quellen bringen oft nährstoffreicheres Wasser in die Bäche und begünstigen daher sichtbar den Pflanzenwuchs.

Die auf S. 46/47 angeführten Wasseranalysen vermitteln einen Eindruck von den chemischen Eigenheiten sowie den Nährstoffverhältnissen in einigen tropischen Gewässern, die sich durch arten- und individuenreiche Pflanzenbestände auszeichnen. Als ergänzende Literatur seien auch die Untersuchungen von Horst (1986) zur Studie empfohlen.

Schwarzwasser – Klarwasser – Weißwasser

Zahlreiche wissenschaftliche Untersuchungen, die in den 50er Jahren hauptsächlich im Flußsystem des Amazonas unternommen wurden (u. a. Sioli 1950, Braun 1952, Gessner 1959, Sioli & Klinge 1961), führten aufgrund von physikalischen (Färbung und Trübung) und chemischen Unterschieden zwischen vielen Flüssen zu einer groben Einteilung in drei Gewässertypen. Aufgrund ihrer charakteristischen Merkmale unterscheidet man Schwarz-, Klar- und Weißgewässer, zwischen denen es natürlich auch viele Mischformen gibt, weshalb sich nicht jedes Gewässer in dieses Modell einordnen läßt.

Typische Weißwasserflüsse weisen ein lehmiggelbes, trübes Wasser auf und enthalten im Unterschied zu Klar- und Schwarzwasserflüssen eine große Menge an anorganischen Schwebstoffen, die sich an den Ufern der Flüsse ablagern und einen besonders fruchtbaren Boden bilden. Beispiele für Weißwasserflüsse sind der Rio Solimoes, der Amazonas sowie die in diesem Buch auf S. 41 und 45 genannten Flüsse Sepik in Papua Neuguinea und Yanayacu in Peru.

Klarwasserflüsse sind dagegen arm an Sedimenten und besitzen ein sehr klares, gelbgrünes bis dunkelolivgrünes Wasser mit einer großen Sichtweite. An den Flußufern bilden sich häufig weiße Sandstrände. Ein ausführlich behandelter Klarwasserfluß ist der Rio Guaporé im Südwesten von Brasilien (siehe S. 35).

Die dritte Gruppe bilden Schwarzwasserflüsse, die durch ein klares, transparentes, aber dunkelbraun gefärbtes Wasser gekennzeichnet sind. Die typische tiefbraune Farbe entsteht durch regelmäßige Überschwemmungen des umgebenden Waldes, bei denen Humusstoffe eingeschwemmt werden. Infolgedessen ist das Schwarzwasser außerordentlich sauer und sehr arm an gelösten Mineralien. Aufgrund seiner interessanten Fischfauna ist der Rio Negro (Brasilien) in der Aquaristik der bekannteste Schwarzwasserfluß.

Die Gründe für die Ausbildung verschiedener Gewässertypen sind im wesentlichen die Beschaffenheit des Bodengrundes sowie klimatische und landschaftliche Verhältnisse.

Im Schwarzwasser des Rio Nanay (Peru) leben *Utricularia foliosa* und *Azolla caroliniana*

Da zwischen diesen drei Gewässerkategorien große Unterschiede hinsichtlich ihrer physikalischen, chemischen und biologischen Beschaffenheit bestehen, ist auch der Charakter der Wasserflora der jeweiligen Gewässer unterschiedlich.

Die echten Schwarzwasserflüsse bieten für das Wachstum von Pflanzen extrem ungünstige Lebensbedingungen. Dazu zählen neben ihrer starken Eigenfärbung insbesondere das sehr saure Wasser vieler amazonischer Flüsse mit einem pH-Wert von 3,7 bis 4,3 sowie der geringe Gehalt an Hydrogenkarbonationen, wodurch die Pflanzen ausschließlich auf freies Kohlendioxid zur Ernährung angewiesen sind. Diese Eigenschaften stellen wichtige begrenzende Faktoren dar und schließen das Gedeihen der meisten Wasserpflanzen im Schwarzwasser aus. Nur sehr wenige hochspezialisierte Arten konnten sich an diesen ungewöhnlichen Lebensraum anpassen und sind wiederum nicht in der Lage, in einem veränderten Milieu zu leben.

Schwarzwasserflüsse sind nicht nur im Amazonasgebiet und in Guyana zu finden, sondern auch in vielen anderen Ländern der Erde. Der von früheren Autoren in Anlehnung an die Untersuchungen im Amazonasflußsystem eng definierte Bereich des pH-Wertes für diesen Gewässertyp muß aufgrund weiterer Untersuchungen in anderen Schwarzwasserflüssen mindestens bis in den Bereich um pH 5 erweitert werden. Dennoch ist allen Schwarzwasserflüssen gemeinsam, daß sie immer extrem arm an Pflanzen sind. Typische Wasserpflanzen im Schwarzwasser des Rio Negro sind zum Beispiel *Cabomba aquatica, Utricularia foliosa, Azolla caroliniana* und verschiedene Arten der Familie Podostemaceae, in den Schwarzwasserbiotopen Guyanas mit pH-Werten zwischen 3,9 und 4,2 trifft man gelegentlich auf *Mayaca fluviatilis* und *Tonina fluviatilis*. Aber auch die Lebensräume einiger *Cryptocoryne*-Arten in Asien bilden typische Schwarzgewässer. Ein ausführlich beschriebenes Beispiel ist das Kanalsystem von Tasek Bera auf der Malaiischen Halbinsel mit *Cryptocoryne purpurea* (S. 48).

Auch Klarwasserflüsse weisen ein saures Milieu auf, doch ermöglichen pH-Werte zwischen 4,6 und 6,6 sowie die Transparenz des Wassers, die ein günstigeres Lichtklima bedingt, vielen Pflanzen eine Anpassung an diese Lebensbedingungen. Klarwasserflüsse sind ebenfalls durch eine extreme Armut an Mineralien gekennzeichnet

Tabelle 2: Wasserwerte einiger ausgewählter Schwarz-, Klar- und Weißwasserbiotope

Biotop		Schwarzwasser Rio Negro (Brasilien)	Schwarzwasser Rio Copal (Peru)	Klarwasser Rio Tapajoz (Brasilien)
Datum		–	Juni 1983	–
Wassertemperatur	in °C	26–29,5	27,5	–
pH-Wert		3,7–4,3	6,0	4,6–6,65
Leitfähigkeit (bei 20 °C)	in µS/cm	6–9	17	10–16
Karbonathärte (KH)	in °dH	<0,1	0	0,15–0,4
Gesamthärte (GH)	in °dH	<0,1	0,12	0,13–0,82
Calciumhärte	in °dH	0,26	0,07	0,21
Magnesiumhärte	in °dH	Spuren	0,05	0,03
Kohlendioxid (CO_2)	in mg/l	viel	~1	0,71–3,5
Sauerstoff (O_2)	in %	–	–	86–117 (27 °C)
Natrium (Na)	in mg/l	0,75	1,9	1,26
Kalium (K)	in mg/l	0,35	1,1	0,50
Eisen ($Fe^{2+/3+}$)	in mg/l	<0,24	–	0–0,3
Ammonium (NH_4^+)	in mg/l	–	–	0,07–0,18
Chlorid (Cl^-)	in mg/l	1,20	<7	0,05–1,60
Sulfat (SO_4^{2-})	in mg/l	4,81	n.n.	0–2
Nitrat (NO_3^-)	in mg/l	–	1,6	0–0,08
Nitrit (NO_2^-)	in mg/l	–	<0,1	–
Phosphat (PO_4^{3-})	in mg/l	<0,157	–	0
Zink (Zn)	in µg/l	–	5	–
Cadmium (Cd)	in µg/l	–	n.n.	–
Blei (Pb)	in µg/l	–	n.n.	–
Kupfer (Cu)	in µg/l	–	7	–
Huminsäuren		viel	viel	Spuren

n.n. = nicht nachweisbar

Wasserwerte einiger ausgewählter Schwarz-, Klar- und Weißwasserbiotope

Biotop		Klarwasser Rio Chinipo (Peru)	Weißwasser Amazonas, Solimoes (Brasilien)	Weißwasser Rio Ucayali (Peru)
Datum		Juni 1983	–	Juni 1983
Wassertemperatur	in °C	26	27–28	25
pH-Wert		7,2	6,5–7,5	7,1
Leitfähigkeit (bei 20 °C)	in µS/cm	142	10–127	154
Karbonathärte (KH)	in °dH	4,7	0,6–1,8	3,9
Gesamthärte (GH)	in °dH	4,9	0,64–1,27	2,9
Calciumhärte	in °dH	3,6	1,08–1,2	2,9
Magnesiumhärte	in °dH	1,3	0,03–0,14	0
Kohlendioxid (CO_2)	in mg/l	10	3,95	10
Sauerstoff (O_2)	in %	–	<91	–
Natrium (Na)	in mg/l	3,9	2,60–3,35	9,0
Kalium (K)	in mg/l	0,5	0,90–1,10	1,8
Eisen ($Fe^{2+/3+}$)	in mg/l	–	0,22	–
Ammonium (NH_4^+)	in mg/l	–	Spuren	–
Chlorid (Cl^-)	in mg/l	<5	0–3,40	<5
Sulfat (SO_4^{2-})	in mg/l	n.n.	0–4,94	n.n.
Nitrat (NO_3^-)	in mg/l	0,8	0,16–0,28	0,8
Nitrit (NO_2^-)	in mg/l	–	–	–
Phosphat (PO_4^{3-})	in mg/l	<0,7	<0,145	0,7
Zink (Zn)	in µg/l	11	–	7
Cadmium (Cd)	in µg/l	n.n.	–	n.n.
Blei (Pb)	in µg/l	n.n.	–	n.n.
Kupfer (Cu)	in µg/l	27	–	13
Huminsäuren		Spuren	0	0

n.n. = nicht nachweisbar

Das Klarwasser des Rio Guaporé (Brasilien) bietet vielen Pflanzen einen optimalen Lebensraum

und deshalb entsprechend nährstoffarm. Wie aber zum Beispiel die Wasseranalyse des Rio Guaporé zeigt (S. 46), liegt dennoch ein vollständiges und konstantes Nährstoffangebot vor, das ein vielfältiges Leben von Pflanzen in diesen Gewässern ermöglicht. Der wohl wichtigste begrenzende Faktor für die Besiedlung mit Wasserpflanzen ist der im jahreszeitlichen Wechsel erheblich schwankende Wasserstand.

Auch typische Weißwasserflüsse sind sehr weiche Gewässer, die aber im Unterschied zum Schwarzwasser einen deutlich höheren Gehalt an gelösten Mineralien aufweisen, der sich in einer entsprechend höheren Leitfähigkeit ausdrückt. Ferner weist das Weißwasser einen pH-Wert im schwach sauren bis leicht alkalischen Bereich von 6,6 bis 7,2 auf. Der Nährstoffreichtum dieses Wassers läßt zwar prinzipiell ein Wachstum vieler Arten zu, wesentliche begrenzende Wachstumsfaktoren sind aber die starke Trübung und die dadurch bedingte geringe Lichtdurchlässigkeit sowie der in Abhängigkeit von den Jahreszeiten gewöhnlich mehrere Meter schwankende Wasserstand. Submerse Pflanzen fehlen deshalb meistens im Weißwasser, und die Vegetation beschränkt sich auf ein Schwimm-

pflanzenwachstum mit *Azolla*- und *Ceratopteris*-Arten, *Eichhornia crassipes*, *Phyllanthus fluitans*, *Pistia stratiotes*, u.a.

Die auf S. 24 und 25 dargestellten Wasseranalysen verschiedener brasilianischer und peruanischer Flüsse verdeutlichen die erläuterten Unterschiede zwischen Schwarzwasser, Klarwasser und Weißwasser (brasilianische Flüsse nach Gessner 1959, Sioli & Klinge 1961 sowie Angaben der Verfasserin, die Wasserproben der peruanischen Flüsse wurden von W. Staeck entnommen).

Jahreszeitliche Einflüsse, Vegetationsrhythmik und Gewässertypen

Tropische und subtropische Wasser- und Sumpfpflanzen haben im Laufe der Evolution sehr unterschiedliche Lebensräume erobert. Ihre natürlichen Biotope bilden sumpfige Überschwemmungsgebiete, Tümpel, Weiher, Seen, mehr oder weniger schnell fließende Bäche und Flüsse so-

Schwimmpflanzenwachstum im Weißwasser des Rio Yanayacu (Peru)

Die Riesenseerose (*Victoria amazonica*) lebt in den strömungsarmen Buchten des Amazonas

wie vom Menschen geschaffene Lebensräume, wie zum Beispiel Reisfelder, Teiche und Stauseen. Diese Ökosysteme unterliegen der für die Tropen charakteristischen Periodik von regenreichen und regenarmen Jahreszeiten und den damit verbundenen Wasserstandsschwankungen sowie jahreszeitlich wechselnden Licht- und Klimaverhältnissen.

Gewässer lassen sich in ständig wasserführende (permanente) und periodisch austrocknende (temporäre) Biotope gliedern. Diese können wiederum stehendes oder fließendes Wasser aufweisen. Innerhalb dieser Gewässertypen bilden sich gewöhnlich nur dann Übergänge, wenn sich die Stärke der Regenfälle oder die Dauer der Trockenzeit aufgrund klimatischer Veränderungen wesentlich verschiebt. So kann ein im allgemeinen periodisch austrocknendes Gewässer bei extremen Witterungsbedingungen gelegentlich auch zur Trockenzeit wasserführend sein, oder ein in der Regel permanenter Biotop bei ungewöhnlich langen Trockenzeiten austrocknen. Im allgemeinen lassen sich die Biotope aber deutlich in das obige Schema der Gewässertypen einordnen. Obwohl die Pflanzen in gewissen Grenzen anpassungsfähig sind und flexibel auf

Umweltveränderungen reagieren können, bilden sich bei großen klimatischen Veränderungen irreparable Schäden innerhalb der über Jahrtausende etablierten Lebensgemeinschaften, und manche Arten können dann an den bisherigen Standorten nicht mehr existieren.

Eine Besiedlung eines bestimmten Gewässers kann nur den Pflanzen gelingen, die sich an die dort bestehenden ökologischen Gegebenheiten anpassen können. So wurden beispielsweise temporäre Gewässer nur von solchen Arten dauerhaft besiedelt, die die Fähigkeit aufweisen, Trockenzeiten durch spezielle Vegetationsorgane oder mit Hilfe austrocknungsresistenter Samen zu überleben. Das Auftreten der einzelnen Pflanzen in Temporärgewässern wird infolgedessen in hohem Maße bestimmt durch die Länge der Trockenzeit, die sich aus den geologischen und klimatischen Gegebenheiten der Regionen ergibt. Die Länge der Trockenzeit ist somit mitentscheidend über die Verbreitung der einzelnen Arten, ebenso lassen sich umgekehrt aus dem Vorkommen von Pflanzen in bestimmten Gebieten auch Rückschlüsse auf ihren Lebensrhythmus ziehen. Das Auftreten bestimmter Arten in temporären Gewässern schließt allerdings

Temporärer Biotop auf der Insel Mafia (Tansania) mit dichtem Pflanzenwuchs während der Regenzeit. Derselbe Biotop ist zur regenarmen Jahreszeit vollständig ausgetrocknet

nicht aus, daß diese auch in Permanentgewässern zu finden sind.

Im Unterschied zu den Pflanzen aus Temporärbiotopen führen die Arten aus Permanentgewässern, bei denen es sich meistens um Flüsse, große Seen oder sehr große Sumpfgebiete handelt, einen anderen Lebensrhythmus. Für die Besiedlung solcher Gewässer ist im wesentlichen die Differenz zwischen Hoch- und Tiefwasser maßgebend, die durch den jahreszeitlichen Wechsel von Trocken- und Regenzeiten bedingt wird. Nur wenige Wasser- und Sumpfpflanzen sind in der Lage, sich einem zur Regenzeit erhöhten Wasserstand von mehr als einenhalb Meter und der damit verbundenen Lichtreduzierung anzupassen und mehrere Monate in größerer Wassertiefe zu leben. Hinzu kommt die in vielen Permanentgewässern häufig vorherrschende starke Strömung, in der nur wenige Wasserpflanzen (zum Beispiel die Podostemaceen) wachsen können. Aus diesem Grunde wurde diese ökologische Nische nur von wenigen Arten erobert.

Permanente Gewässer weisen gewöhnlich nur im flachen Uferbereich oder an der Wasseroberfläche Pflanzenbewuchs auf, in größerer Wassertiefe fehlt er dagegen meistens. Entsprechend sind in Flüssen mit großen Wasserstandsschwankungen von mehreren Metern oder extrem starker Strömungsgeschwindigkeit nur sehr wenige im Bodengrund verwurzelte Wasser- und Sumpfpflanzen zu finden, sondern nur solche Arten, die auf oder unter der Wasseroberfläche schwimmen und vorzugsweise in strömungsarmen Buchten leben. Eine Ausnahme bildet die Riesenseerose *Victoria amazonica*, die in ruhigen Seitenarmen des Amazonas sogar im trüben Weißwasser in acht bis zehn Meter Wassertiefe wurzeln kann.

Klimarhythmik

Einen wesentlichen Einfluß auf die Bedingungen, unter denen tropische und subtropische Sumpf- und Wasserpflanzen gedeihen, haben die Licht- und Temperaturänderungen, die einerseits im Laufe des Tages eintreten, andererseits durch einen periodischen jahreszeitlichen Wechsel bedingt sind.

In den Tropen schwanken Tages- und Nachtlänge im Laufe des Jahres nur wenig, so daß im allgemeinen eine Erwärmungsphase am Tage sowie eine Auskühlungsperiode während der Nacht von jeweils 12 Stunden Dauer vorliegt. Die immerfeuchte Äquatorialzone zeichnet sich durch hohe, mehr oder weniger gleichmäßig über das Jahr verteilte Niederschläge aus sowie durch ausgeglichene Temperaturen, wobei die mittleren Jahrestemperaturen zwischen 25 und 27 °C liegen und die des kältesten Monats durchschnittlich 18 °C nicht unterschreiten. Demzufolge gibt es in dieser Klimazone – im Unterschied zu den Subtropen oder gemäßigten Zonen – keine ausgeprägten Jahreszeiten, sondern das Wachstum der Pflanzen wird im wesentlichen bestimmt durch die täglichen Temperaturschwankungen zwischen Tag und Nacht (Tageszeitenklima).

Mit zunehmenden Breitengraden verschiebt sich das Verhältnis zwischen Tages- und Nachtdauer im Laufe des Jahres immer stärker. In Abhängigkeit von diesen jahreszeitlichen Schwankungen verändert sich auch die Temperatur, so daß man im Bereich der Subtropen ausgeprägte Jahreszeiten vorfindet, an die sich die Vegetation angepaßt hat. Dabei bildet die kalte Jahreszeit mit kurzen Tageslängen im allgemeinen zugleich die lichtarme Jahreszeit.

Nicht nur die Tages- und Nachtlänge, sondern auch die Differenz zwischen Tages- und Nachttemperatur beeinflussen Wachstumsvorgänge (siehe Vegetationsrhythmik), Blühverhalten und Keimung. Zum Beispiel ist von einigen *Echinodorus*-Arten aus der Kultur bekannt, daß sie ein erblich bedingtes photoperiodisches Verhalten besitzen und Blütenstände nur bei einer bestimmten Tageslänge bilden, wodurch eine Anpassung an die geographische Verbreitung deutlich erkennbar wird (siehe auch Einleitung zur Gattung *Echinodorus* auf S. 232).

Insbesondere Pflanzen aus subtropischen Gebieten sind in der Lage, extreme Temperaturschwankungen zu vertragen. So können zum Beispiel in subtropischen Bereichen der Südhalbkugel (Südbrasilien bis Nordargentinien), in denen zahlreiche Aquarienpflanzen vorkommen, die Temperaturen während des Winters gelegentlich nachts bis zur Frostgrenze sinken. Andererseits können die Lufttemperaturen tagsüber wiederum Werte über 35 °C erreichen. Diese extremen Temperaturschwankungen an den natürlichen Standorten wirken sich allerdings keineswegs immer positiv auf das Wachstum aus. Bei Untersuchungen an Landpflanzen (Larcher 1984) wurde festgestellt, daß sich bei Arten aus den gemäßigten Zonen im allgemeinen Unterschiede zwischen Tages- und Nachttemperatur von 5–10 °C, bei Tropenpflanzen von etwa 3 °C optimal auf das Wachstum auswirken. Sicher können diese Untersuchungsergebnisse auch begrenzte Rückschlüsse auf das Wuchsverhalten von tropischen und subtropischen Wasser- und Sumpfpflanzen zulassen, vergleichende Untersuchungen an einzelnen Arten sind mir allerdings nicht bekannt. Ein regelmäßiger Temperaturunterschied zwischen Tag und Nacht entspricht aber einem natürlichen Rhythmus. Es ist allerdings deutlich zu unterscheiden zwischen den Arten, die kleine und stehende Gewässer besiedeln und dementsprechend in Abhängigkeit vom geographischen Vorkommen größeren täglichen Temperaturschwankungen ausgesetzt sind und jenen, die in ausgedehnten, stehenden oder fließenden Gewässern vorkommen. Bei den letztgenannten Lebensräumen sind in den Tropen die täglichen Temperaturunterschiede nur gering, dagegen können die Temperaturen solcher Gewässer außerhalb der Äquatorialzone im Laufe der Jahreszeiten ebenfalls erheblichen Schwankungen unterliegen.

Einige Aquarienpflanzen, die an den natürlichen Standorten dem periodischen Wechsel von Regen- und Trockenzeiten unterliegen, gelten in der wissenschaftlichen Literatur als einjährig. Bei diesen einjährigen oder annuellen Pflanzen ist die Lebensdauer im Gegensatz zu den ausdauernden oder perennierenden Arten zeitlich begrenzt. In den meisten Fällen wird den als einjährig eingestuften Pflanzen diese kurze Lebensdauer aber nur durch ungünstige Umweltbedingungen (Sommer und Winter, Regen- und Trockenzeit) an den natürlichen Standorten aufgezwungen. Wie sich bei der Kultur häufig herausstellt, ist die Einjährigkeit selten erblich vorprogrammiert.

Von den zahlreichen Aquarienpflanzen sind nur sehr wenige tatsächlich einjährig bzw. kurzlebig: Zu diesen gehören *Hydrothrix gardneri*, *Blyxa aubertii*, Rassen von *Echinodorus major*, die in

der emersen Kultur nach der Blütenbildung absterben, sowie einzelne wenig bekannte und gepflegte *Eriocaulon*-Arten. Einige andere Aquarienpflanzen, u.a. *Barclaya longifolia* und *Aponogeton*-Arten, weisen aber einen regelmäßigen Wechsel zwischen Ruhe- und Vegetationsperioden auf.

Anpassungerscheinungen bei Wasser- und Sumpfpflanzen

Charakteristisch für viele tropische und subtropische Sumpfpflanzen, die in Temporärgewässern oder in Überschwemmungsgebieten stehender und fließender Gewässer leben, sind ihre besonderen Anpassungserscheinungen an den periodischen Wechsel von regenreichen und regenarmen Jahreszeiten. Die Pflanzen wachsen während der Trockenzeit mehr oder weniger nahe am Rande der Gewässer vollständig emers oder stehen nur wenige Zentimeter im Wasser. Bei einem Austrocknen des Gewässers kann es nach einiger Zeit auch zu ihrem völligen Absterben kommen. Zur Hochwasserzeit führen sie dagegen eine teilweise oder auch ganz untergetauchte Lebensweise. Die Pflanzen solcher Standorte sind also in der Lage, sich im jahreszeitlichen Verlauf an eine emerse und submerse Lebensweise anzupassen. Sie weisen einen wechselnden Lebenszyklus auf und müssen innerhalb einer Periode, d. h. vom Beginn der Regenzeit bis zum eventuellen völligen Absterben am Ende der Trockenzeit, geblüht und gefruchtet haben, um ihren Fortbestand zu sichern.

Bei Einsetzen der Regenzeit bilden viele Wasser- und Sumpfpflanzen zunächst charakteristische Jugendformen. Aus den während der Trockenzeit im Bodengrund verbliebenen Vegetationsorganen (Rhizom, Knolle, Zwiebel) wachsen häufig zunächst einige meist hinfällige Jugendblätter, die oftmals schmal, bandförmig, weich und transparent sind. Auch bei der Entstehung von Pflanzen durch Samen erfolgen nach der Bildung von ein oder zwei Keimblättern gewöhnlich ebenfalls diese typischen Jugendblätter. Erst mit zunehmendem Alter und Wachstum der Pflanzen entwickeln sich die für jede Art charak-

Hygrophila corymbosa **mit submersen und emersen Sprossen in einem Fluß auf Sulawesi**

teristischen Unterwasser- und Schwimmblätter. Diese weisen durch ihren anatomischen Bau, der gekennzeichnet ist durch mehr oder weniger fehlende Spaltöffnungen, dünne Epidermisaußenwände sowie weite Luftkanäle, eine besondere Anpassung an das Medium Wasser auf. Dadurch sind die Wasserblätter in der Lage, Sauerstoff, Kohlendioxyd und Nährstoffe unmittelbar aus dem Wasser aufzunehmen. In trockener Luft welken die Blätter aufgrund des geringen Festigungsgewebes und Transpirationsschutzes schnell und vertrocknen. Beginnt der Wasserstand wieder langsam zu sinken, gehen die amphibisch wachsenden Pflanzen in ihr emerses Stadium über, d. h., sie bilden keine submersen Blätter mehr aus, sondern schieben verstärkt Luftblätter über die Wasseroberfläche und wachsen dann auf ihre volle Größe heran. Diese Überwasserblätter weisen bei vielen Arten eine völlig andere Gestalt auf als submers (Heterophyllie = Verschiedenblättrigkeit). Während die Unterwasserblätter häufig zart, dünn, transparent und bandförmig oder zerschlitzt sind, um hierdurch eine vergrößerte Oberfläche zu erreichen, bilden ganzrandige, harte, ledrige und häufig behaarte Blattspreiten charakteristische

Merkmale der Luftblätter. Die Ausbildung verschieden gestalteter Blätter in unterschiedlichen Medien läßt sich besonders gut bei *Hygrophila difformis* sowie verschiedenen *Limnophila*- und *Myriophyllum*-Arten beobachten. Bei zur Trockenzeit weiter sinkendem Wasserstand setzt dann die Blüten- und Fruchtbildung ein. Beginnen die Standorte auszutrocknen, entwickeln die Pflanzen einen immer gedrungeneren Habitus, bis das Laub in Abhängigkeit von der sich verringernden Feuchtigkeit des Bodengrundes häufig ganz vertrocknet. Während bei manchen Arten nur noch das Überdauerungsorgan im trockenen Bodengrund zurückbleibt, sterben andere Arten ganz ab, und nur ihre Samen verweilen in einem Ruhezustand, bis die nächste Regenzeit einsetzt, und sie durch günstige Umweltbedingungen zum Keimen angeregt werden. Bei vielen echten Wasserpflanzen bilden sich bei Erreichen der Wasseroberfläche Schwimmblätter aus, die dem Wasser flach aufliegen und in ihrem anatomischen Bau ebenfalls charakteristische Anpassungsstrukturen an das Wasser aufweisen. Sie sind besonders reich an Interzellularen, die eine Photosynthese fördern. Zugleich weisen die Schwimmblätter mancher Arten, zum

Blühende *Nymphaea lotus* in einem temporären Gewässer im Senegal

Beispiel bei den Seerosen, zahlreiche Hydropoten („Wassertrinker", drüsenartige Zellen der Epidermis) an der Blattunterseite auf, mit deren Hilfe sie Wasser und Mineralnährstoffe aufnehmen können. Derartige Hydropoten sind auch an den Blättern vieler Wasserpflanzen zu finden.

Einige Wasserpflanzen, wie *Nymphaea*- und *Nuphar*-Arten, sind in der Lage, mit ihren Wurzeln und Rhizomen in schlecht durchlüfteten, sauerstoffarmen Böden zu wachsen. Als morphologische Anpassung an dieses Milieu haben sie ein großlumiges Hohlraumsystem ausgebildet, durch das den im Bodengrund lebenden Pflanzenteilen von den Schwimmblättern Sauerstoff zugeführt werden kann. Diese Hohlräume sind so groß, daß es beispielsweise möglich ist, Luft durch den Blattstiel einer Seerose zu blasen.

Auf besonders dichten Böden sind gelegentlich bei Pflanzen tropischer Gewässer auch oberirdisch wachsende Wurzeln, sproßbürtige Wurzeln (Adventivwurzeln am Sproß) und als extreme Spezialisierung an diese Umwelt Atemwurzeln zu beobachten. Gut bekannt ist bei einigen *Ludwigia*-Arten die Bildung solcher Atemwurzeln, die im allgemeinen in sehr sauerstoffarmem Milieu entstehen und sich von den normalen Wurzeln dadurch unterscheiden, daß sie ein weißes, schwammig verdicktes Gewebe mit großen Interzellularräumen (Aërenchym) aufweisen, das zur Durchlüftung und Luftspeicherung dient. Diese Atemwurzeln wachsen senkrecht in die Luft, nehmen vermutlich Sauerstoff aus der Atmosphäre auf und leiten ihn durch das Durchlüftungsgewebe den submersen Sprossen zu.

Auch Schwimmpflanzen weisen morphologische und anatomische Anpassungserscheinungen auf. So sind beispielsweise bei den *Salvinia*-Arten die beiden Schwimmblätter mit zahlreichen Interzellularräumen ausgestattet, während das in das Wasser hängende Tauchblatt in viele, fadenförmig behaarte Zipfel geteilt ist und die Funktion der fehlenden Wurzeln übernimmt. Auffällig sind die bei *Ceratopteris pteridoides* (Hornfarn), *Eichhornia crassipes* (Wasserhyazinthe) und *Trapa natans* (Wassernuß) schwammig verdickten Blattstiele, die ein reiches Durchlüftungsgewebe aufweisen und hierdurch den Pflanzen auch ermöglichen, an der Wasseroberfläche zu schwimmen. Bei *Limnobium* (Amerikanischer Froschbiß) ist die Blattunterseite auffällig schwammig verdickt, was ebenfalls die Schwimmfähigkeit der Pflanze erhöht.

Ceratopteris pteridoides bildet schwammig verdickte Blattstiele aus, die die Schwimmfähigkeit der Pflanze erhöhen (fotografiert am Rio Yanayacu, Peru)

Besonders erwähnenswert ist der bei Schwimmpflanzen sehr vielfältig ausgeprägte Benetzungsschutz. Dieser hat die Funktion, die über der Wasseroberfläche befindlichen transpirierenden Blattoberseiten vor Regen und Tau trocken zu halten. Gut bekannt ist die Unbenetzbarkeit des Lotosblumenblattes (*Nelumbo nucifera*), das mit zahlreichen Papillen übersät ist. Aber auch bei *Salvinia*-Arten werden die Schwimmblätter durch in Reihen stehenden Papillen, auf denen sich wiederum Haare befinden, wirkungsvoll durch Nässe geschützt. Zugleich ermöglicht die bootförmige Gestalt dieser Schwimmblätter ein schnelles Abfließen des Regenwassers. Bei anderen Schwimmpflanzen (z.B. *Pistia stratiotes*) wird ein Benetzungsschutz durch eine starke Behaarung erreicht. Bemerkenswert ist auch die Aufwölbung von Schwimmblättern bei manchen Wasserpflanzen (z.B. *Phyllanthus fluitans*), die ebenfalls dem Zweck dient, Regenwasser schnell von der Oberfläche abfließen zu lassen.

Auch das Vorkommen von bandförmigen und besonders glatten, gewellten oder bullösen Blättern, zum Beispiel bei einigen *Aponogeton-*, *Cryptocoryne-* und *Vallisneria*-Arten, sind auffällige Merkmale mancher Wasserpflanzen. Derartige Blattformen und -strukturen lassen sich sowohl als Anpassungs- als auch als Schutzmaßnahme erklären, da die Blätter infolge ihrer besonderen Form oder Oberflächenstruktur einer starken Wasserströmung möglichst wenig Widerstand entgegensetzen. Schmale oder bandförmige Blätter werden besonders von solchen Arten ausgebildet, die in Fließgewässern leben. Sie sind auch charakteristisch für Rheophyten. Dabei handelt es sich um Pflanzen, die zwischen der Niedrig- und Hochwasserzone vorkommen und häufig kurzzeitig überflutet werden. Ihre Blätter sind fest, ledrig oder derb und haben mindestens ein Verhältnis von Länge zu Breite von 4 : 1.

Bei einigen Wasserpflanzen des Malawi- und Tanganjikasees lassen sich weitere Anpassungserscheinungen an die Umwelt beobachten. Den Aquarianern sind die beiden ostafrikanischen Grabenseen aufgrund ihrer formenreichen Fischfauna gut bekannt. In dem Übergangsbereich von der Geröll- zur Sandzone, in der Röhrichtzone sowie im Sandlitoral leben einige Wasserpflanzen, die sich dort mit Hilfe spezieller

Anpassungsformen an die besonderen Lebensbedingungen in diesen Gewässern eine Lebensgrundlage geschaffen haben. So weist *Vallisneria spiralis* var. *denseserrulata* auffällig kurze und sehr harte Blätter auf, wodurch die Pflanzen der Wellenbewegung einen größeren Widerstand entgegensetzen können. Auch *Ceratophyllum demersum* (Gemeines Hornblatt) und *Myriophyllum spicatum* (Ähriges Tausendblatt) haben in diesen Seen durch kurze Internodien sowie sehr harte Blatt- und Stengelstrukturen ein von Populationen anderer Habitate völlig abweichendes Aussehen, was sich ebenfalls als Anpassungs- und Schutzeinrichtungen gegenüber der starken Wellenbewegung deuten läßt. Bei *C. demersum* sind die Sprosse zudem von derart kompaktem Wuchs, daß sie nicht frei im Wasser schwimmen, wie dies von anderen Populationen bekannt ist, sondern aufgrund ihrer größeren Dichte auf den Bodengrund sinken, wo sie einer geringeren Wellenbewegung ausgesetzt sind als an der Wasseroberfläche.

Eine optimale Anpassungs- und Schutzeinrichtung an den natürlichen Lebensraum hat auch die Riesenseerose, *Victoria amazonica*, ausgebildet. Die Pflanze entwickelt imposante, bis 2,5 Meter im Durchmesser große Schwimmblätter, an deren Oberfläche sich die für die Atmung und Assimilation erforderlichen Spaltöffnungen befinden. Diese Schwimmblätter weisen eine stark gerippte Blattnervatur sowie einen bis 10 cm hohen, aufgerichteten Blattrand auf, wodurch der Wellenbewegung des Wassers ein großer Widerstand entgegengesetzt wird und infolgedessen die Blätter nicht zerstört werden.

Weitere Anpassungserscheinungen an das Leben im Wasser stellen die Tierfallen bei *Aldrovanda vesiculosa* und die Fangblasen bei *Utricularia*-Arten dar, mit denen die Pflanzen kleine Tiere fangen, verdauen und als zusätzliche organische Stickstoffquelle ausnutzen. Die Ausbildung von Hibernakeln (Winterknospen, Turionen) bei zahlreichen Wasserpflanzen ist als Anpassung an ungünstige Vegetationsperioden zu sehen. Viele einheimische Wasserpflanzen entwickeln solche Hibernakeln, die im Herbst auf den Gewässergrund sinken, wo sie die kalte Jahreszeit überdauern. Im folgenden Frühjahr steigen sie wieder an die Wasseroberfläche empor und bilden neue Sprosse.

Interessant ist in diesem Zusammenhang auch das Verhalten einiger Wasserlinsengewächse (Lemnaceae). Sie entwickeln im Spätsommer veränderte, kleinere Glieder mit stark zurückgebildeten Interzellularen und mehr Stärke, wodurch sich ihr spezifisches Gewicht erhöht. Infolgedessen verlieren die Pflanzen ihre Schwimmfähigkeit und sinken zu Boden. Im Frühjahr beginnen die Glieder wieder zu wachsen und steigen erneut an die Wasseroberfläche.

Außer den hier genannten charakteristischen Anpassungsformen an das Leben im Wasser sind ferner die vielfältigen Bestäubungsmechanismen bei Wasserpflanzen zu erwähnen (siehe auch Seite 68–71), auf die an dieser Stelle nicht weiter eingegangen wird.

Beschreibung ausgewählter natürlicher Standorte

Der Rio Guaporé (Brasilien)

Biotop Nr. 1

Der Rio Guaporé entspringt im Bundesstaat Mato Grosso (Brasilien) nahe der Grenze zu Bolivien. Nur entlang des Flusses gibt es noch Primärurwald. Ausgangsort der Exkursion im August 1987 war die am Oberlauf des Guaporé gelegene kleine Ortschaft Vila Bela (etwa 60° W, 15° S). Dort weist der Rio Guaporé mit seinen Überschwemmungsgebieten und Nebenflüssen eine große Artenfülle und dichte Pflanzenbestände auf.

Ökologische Daten des oberen Guaporé

Der Guaporé ist im Oberlauf ein Klarwasserfluß. In diesem Gebiet erstreckt sich die Regenzeit über den Zeitraum von Mitte September bis Ende April. Dementsprechend fällt die Hochwasserzeit in unser Winterhalbjahr, die Zeit des Niedrigwassers in unser Sommerhalbjahr. Die höchsten Temperaturen werden während der Regenzeit erreicht. Für die rund 250 km entfernte Stadt S. Luiz de Caceres beträgt das mittlere tägliche Maximum des wärmsten Monats (März)

32,8 °C und das mittlere tägliche Minimum des kältesten Monats (Juli) nur 14,6 °C (absolutes Minimum 3,8 °C). Aus diesen Angaben erklärt sich die im August gemessene erstaunlich niedrige Wassertemperatur des Rio Guaporé von 20 °C. Der Wasseranalyse (Tabelle auf S. 46, Biotop Nr.1) läßt sich entnehmen, daß der Guaporé ein sehr weiches, nährstoffarmes (oligotrophes) Gewässer darstellt, in dem aber Wasserpflanzen dennoch ein zum Wachstum ausreichendes Nährstoffangebot vorfinden.

An vielen Stellen des Flußbettes ist der Bodengrund ausgewaschen und besteht aus feinem, weißen Sand. Die emersen Pflanzen des Flußufers und der Überschwemmungszonen wachsen dagegen vorwiegend auf schlammig-lehmigem Untergrund. Dichte Pflanzenbestände sind vornehmlich an lichten und seichten Stellen des Flußufers zu finden, wo zugleich eine intensive Sonneneinstrahlung möglich ist.

Zur Zeit des Niedrigwassers sinkt der Wasserstand am Rio Guaporé während der Trockenzeit um maximal eineinhalb Meter. Die am Rande des Gewässers wachsenden Pflanzenarten, beispielsweise die großwüchsigen *Echinodorus*-Arten *E. paniculatus* und *E. grandiflorus* ssp. *grandiflorus* stehen während der Trockenzeit emers oder nur wenige Zentimeter im Wasser. Zur Hochwasserzeit wachsen diese Arten dagegen vorübergehend im ein bis maximal eineinhalb Meter tiefen Wasser und sind zum Teil in der Lage, sich dem erhöhten Wasserstand und der damit verbundenen Lichtreduzierung anzupassen, indem sie längere Blattstiele entwickeln. Es ist anzunehmen, daß die mehrere Meter vom Flußufer entfernt wachsenden Pflanzen, beispielsweise die kleineren *Echinodorus*-Arten *E. tenellus*, *E. bolivianus* und *E. grisebachii*, während der Hochwasserzeit in relativ flachem Wasser zu finden sind, wo sie submerse Blätter ausbilden. Diese lichtbedürftigen kleinbleibenden Schwertpflanzen wachsen in der Natur an solchen Standorten, wo sie auch während der Hochwasserzeit noch genügend Licht für ein ausreichendes Wachstum erhalten, d. h. im Bereich, der bei maximalem Wasserstand gerade noch vom Fluß erreicht wird. Diese kleinen bis mittelgroßen Arten besitzen somit eine andere ökologische Nische als beispielsweise die größeren *Echinodorus*-Arten.

Pflanzengesellschaften und Artenvielfalt

Die Artenfülle an Wasser- und Sumpfpflanzen ist in der Umgebung dieses Flusses außerordentlich hoch. Neben fünf *Echinodorus*-Arten, von denen drei zu den kleinen und mittelgroßen Arten und zwei zu den großen Arten zu zählen sind, wurden noch weitere 15 Arten aus anderen Gattungen gefunden, von denen 11 im Fluß und 4 in nahen Überschwemmungsgebieten wuchsen.

Bei näherer Untersuchung weist der Fluß eine Anzahl unterschiedlicher Lebensräume auf, in denen bestimmte Arten bevorzugt anzutreffen sind, die sich den jeweiligen ökologischen Bedingungen in besonderem Maße angepaßt haben. Im folgenden werden diese Lebensräume kurz charakterisiert, um eine Einsicht in die Ökologie und Soziologie mehrerer für die Aquaristik interessanter Wasser- und Sumpfpflanzen zu vermitteln. Dabei soll der an vielen Stellen des Guaporé und seiner Überschwemmungsgebiete häufig mehrere Meter breite Seggengürtel außer Betracht gelassen werden.

Ein wichtiger Lebensraum stellt die Zone der **amphibisch wachsenden Arten** dar. Zu diesen zählen am Guaporé die erwähnten fünf *Echinodorus*-Arten sowie *Limnophila indica* (eingeschleppt), die einerseits zur Zeit des Niedrigwassers in bis etwa 50 cm tiefem Wasser vorkommt, zugleich aber auch häufig emerse blühende Bestände bildet.

An diese Zone schließt sich eine Pflanzengemeinschaft an, die aus **submersen, an der Wasseroberfläche blühenden Pflanzen** gebildet wird. Zu diesen zählt *Cabomba furcata*, die häufig mit *Limnophila indica* vergesellschaftet vorkommt. *C. furcata* wächst in den ruhigen, besonnten Randzonen des Flusses in Wassertiefen von mehr als 50 cm. Vor allem in Seitenarmen und ruhigen Buchten mit langsam fließendem Wasser findet man größere Bestände. Eine häufig anzutreffende Art im Guaporé, die ebenfalls nur submers wächst und lediglich ihre Blüten an die Wasseroberfläche schickt, ist *Ottelia brasiliensis*. Zur Zeit des Niedrigwassers findet man sie sowohl in ganz flachem Wasser, zum Beispiel auf voll besonnten Sandbänken, als auch in einer Tiefe bis knapp zwei Meter. Es ist zu vermuten, daß diese Pflanzen während der Hochwasserzeit in über drei Meter tiefem Wasser

An diesem Uferabschnitt des Rio Guaporé (Brasilien) wachsen *Eichhornia azurea,* *Echinodorus paniculatus* und *Echinodorus grandiflorus*

stehen. Nach meinen Beobachtungen beansprucht *Ottelia brasiliensis* eine ähnliche ökologische Nische wie *Limnophila indica* und *Cabomba furcata,* allerdings scheint *Ottelia brasiliensis* Stellen mit stark strömendem und weit tieferem Wasser zu bevorzugen, während *Limnophila* und *Cabomba* eher in ruhigeren Zonen des Flachwassers vorkommen. Das schließt jedoch nicht aus, daß beim Vorliegen entsprechender Umweltbedingungen gelegentlich alle drei Arten auch an ein und demselben Standort nebeneinander angetroffen werden können. Offensichtlich ist diesen Arten zudem gemeinsam, daß sie bevorzugt voll besonnte Standorte besiedeln. Das Bild der Flußlandschaft am Guaporé wird ganz wesentlich durch einen *Eichhornia*-Gürtel geprägt, der sich aus *Eichhornia azurea* und *E. crassipes* zusammensetzt und sich an den Uferzonen des Gewässers entlangzieht. Die vorherrschenden ökologischen Bedingungen scheinen allerdings für *E. crassipes* nicht optimal zu sein, denn die Pflanzen waren für tropische Verhältnisse ungewöhnlich schmächtig und kamen zu-

dem nur in kleinen Ansammlungen vor. Dagegen wiesen die Exemplare von *Eichhornia azurea* einen erstaunlich kräftigen Habitus auf. Die meterlangen, ineinander verschlungenen Sprosse waren am Ufer verankert und ragten von dort in den Fluß hinein. In strömungsstarken Zonen sind die Bestände kleiner als in ruhigen Randzonen des Gewässers. Der *Eichhornia*-Gürtel grenzt häufig an den Gürtel der Schwimmblattpflanzen oder den Bereich der Schwimmpflanzen.

Der **Schwimmblattpflanzen-Gürtel** im Guaporé findet sich in erster Linie in den zahlreichen flachen und ruhigen Randgewässern sowie in den strömungsarmen Uferbuchten. Neben den echten Schwimmblattpflanzen kann er allerdings auch von reinen Wasserpflanzen durchsetzt sein, zum Beispiel von *Egeria najas* und *Najas conferta.* Im Schwimmblattpflanzen-Gürtel des Guaporé finden sich die Arten *Eichhornia diversifolia* und *Ludwigia sedoides,* die diesen Lebensraum während des brasilianischen Winters durch ihre Schwimmblattsprosse mit

Beeindruckend sind die dichten Bestände von *Eichhornia diversifolia* im Schwimmblatt-pflanzengürtel des Rio Guaporé

Abb. 1. Schematische Darstellung der Vertei-lung von Pflanzengesellschaften auf unter-schiedliche Lebensräume im Guaporé bei Niedrigwasser (ohne Sumpfzone). Stellvertre-tend für die einzelnen Lebensräume und ihre jeweiligen Pflanzengesellschaften wurden fol-gende Arten ausgewählt: *Echinodorus tenellus* (1), *E. grisebachii* (2) und *E. paniculatus* (3) charakterisieren die Uferzone, *Eichhornia azu-rea* (4) den *Eichhornia*-Gürtel, *Limnophila in-dica* (5) die amphibisch wachsenden Arten, *Ca-bomba furcata* (6) und *Ottelia brasiliensis* (7) die submersen, an der Wasseroberfläche blühen-den Pflanzen, *Eichhornia diversifolia* (8) den Schwimmblattpflanzen-Gürtel, *Egeria najas* (9) die submersen, im Wasser frei schwebenden Pflanzen der Freiwasserzone und *Salvinia auri-culata* (10) die Schwimmpflanzenzone.

Abb. 2. Graphische, vereinfachte Darstellung der Lebensräume von Wasser- und Sumpf-pflanzen im Guaporé bei Niedrigwasser (ohne Arten der Sumpfzone). Bezugnehmend auf Abbildung 1 stellen die durchgezogenen Li-nien den jeweils wichtigsten Bereich des Vor-kommens dar, das vom Wasserstand des Flusses bzw. vom Feuchtigkeitsgehalt des Bodengrundes abhängig und dementsprechend begrenzt ist. Die Pfeile weisen auf ein Vorkommen auch in benachbarten Lebensräumen hin. Die gestri-chelten Linien deuten ein seltenes, begrenztes Vorkommen in dem betreffenden Lebensraum an. Die senkrechte Teilungslinie markiert die Grenze zwischen dem trockenen Bereich bei Niedrigwasser und dem ständig wasserführen-den Bereich.

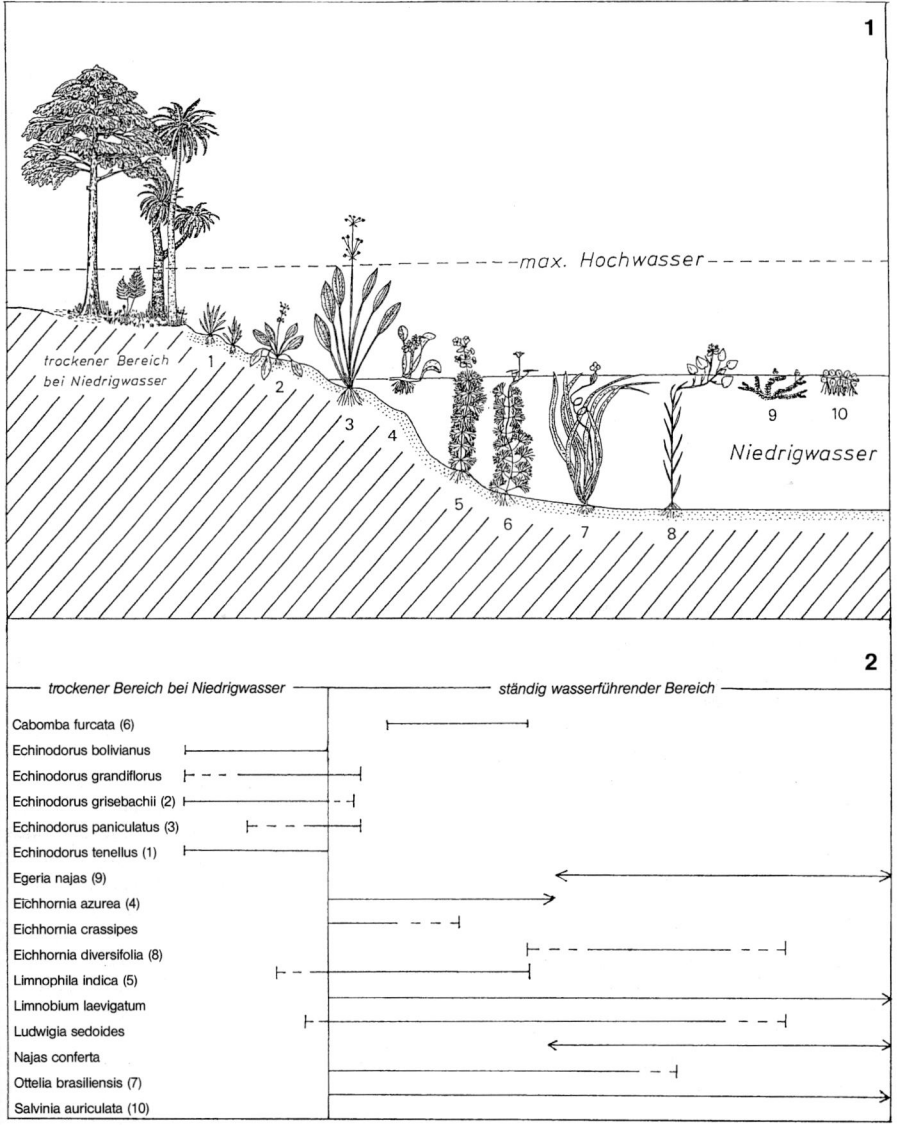

1

max. Hochwasser

trockener Bereich
bei Niedrigwasser

Niedrigwasser

9   10

1

2

3   4

5

6   7   8

2

─── trockener Bereich bei Niedrigwasser ───   ─── ständig wasserführender Bereich ───

Cabomba furcata (6)	
Echinodorus bolivianus	
Echinodorus grandiflorus	
Echinodorus grisebachii (2)	
Echinodorus paniculatus (3)	
Echinodorus tenellus (1)	
Egeria najas (9)	
Eichhornia azurea (4)	
Eichhornia crassipes	
Eichhornia diversifolia (8)	
Limnophila indica (5)	
Limnobium laevigatum	
Ludwigia sedoides	
Najas conferta	
Ottelia brasiliensis (7)	
Salvinia auriculata (10)	

39

ihren zahlreichen Blüten prägten. Im Unterschied zu *Eichhornia diversifolia* besiedelt *Ludwigia sedoides* sowohl die Freiwasserzone als auch strömungsarme Bereiche des Ufers. Sie ist in der Lage, auch emerse Blätter zu entwickeln.

Die **Freiwasserzone** mit submersen, im Wasser frei schwebenden Pflanzen wird im wesentlichen geprägt durch *Egeria najas* und *Najas conferta*. Während die strömungsreichen Stellen in der Mitte des Guaporé frei von jeglichem Pflanzenwuchs sind, findet man dagegen in ruhigen Seitenarmen oder strömungsarmen Buchtungen mit dem Charakter von Stillgewässern häufig massenhafte Ansammlungen dieser beiden Arten. Die zarten Sprosse von *Egeria najas* und *Najas conferta* schwimmen an vollsonnigen Standorten in dichten Beständen unterhalb der Wasseroberfläche.

Im eigentlichen Flußbett des Guaporé fand die Verfasserin – von den *Eichhornia*-Beständen am Flußufer einmal abgesehen – nur die beiden **Schwimmpflanzenarten** *Limnobium laevigatum* und *Salvinia auriculata*. Beide Schwimmpflanzen sind im Guaporé selten und dann nur vereinzelt anzutreffen, so daß die ökologischen Bedingungen für beide Arten offenbar nicht optimal sind.

Pflanzen der Sumpfzone

Obwohl Sumpfgebiete zumindest zeitweilig mit dem Guaporé in direktem Wasseraustausch stehen, bilden sie dennoch einen besonderen eigenständigen Lebensraum, da sie im Gegensatz zum Fluß kein fließendes, sondern stehendes Wasser enthalten. Während zum Beispiel *Echinodorus paniculatus* und *Ludwigia sedoides* auch in der Sumpfzone anzutreffen sind, fehlen dagegen ausgesprochen strömungsliebende Arten, wie zum Beispiel *Ottelia brasiliensis* oder *Cabomba furcata*, in der Sumpfzone völlig. Statt dessen sind dort einige andere Wasserpflanzen zu finden, die offenbar stehendes Wasser bevorzugen und demzufolge das Flußbett meiden. Zu diesen zählen *Hydrocleys nymphoides* sowie *Utricularia breviscapa* und *U. hydrocarpa*. Die genannten Arten waren an sumpfigen Standorten auf engstem Raum miteinander vergesellschaftet. Der Bodengrund an einem derartigen Fundort war schlammig und durch umgebende Bäume beschattet.

Überschwemmungsgebiet des Rio Sipao (Venezuela)

Biotop Nr. 2

Der Rio Sipao ist ein rechtsseitiger Nebenfluß des mittleren Orinoko in Venezuela. Untersucht wurde ein großes Überschwemmungsgebiet dieses Flusses, das sich wenige Kilometer von der Stadt Maripa entfernt in Richtung Caicara befindet. In seinen mittleren Bereichen war das Gewässer schnell fließend und lehmigtrüb, an vielen Stellen bildeten sich jedoch kleine ruhige Buchten, in denen dichte Bestände von *Eichhornia diversifolia*, *Bacopa* sp. und *Tonina fluviatilis* bis ins knietiefe Wasser wuchsen. Die besiedelten Plätze lagen gewöhnlich in der Sonne oder wurden durch Bäume wenig beschattet. Der Bodengrund war sandig, zumeist aber mit einer hohen Schicht abgestorbenen pflanzlichen Material bedeckt.

Die Fischfauna bestand aus Cichliden (*Apistogramma*, *Aequidens*, *Papiliochromis*) und Salmlern (*Aphyocharax*, *Pyrrhulina*).

Sumpfgebiet im Flußsystem des Rio Aro (Venezuela)

Biotop Nr. 3

Dieser Biotop ist in Venezuela etwa 80 km von der Stadt Bolivar entfernt an der Straße nach Maripa gelegen. Es handelt sich um ein Sumpfgebiet im Flußsystem des Rio Aro, einem rechtsseitigen Nebenfluß des mittleren Orinoko. Im stehenden, etwa 30–50 cm tiefen Wasser wuchsen dichte Bestände vieler Wasser- und Sumpfpflanzen, u.a. *Cabomba furcata*, *Ludwigia inclinata* mit quirlständigen Blättern, eine *Myriophyllum*-ähnliche Wasserpflanze und *Sagittaria* sp. Der Bodengrund bestand aus braunem Lehm. Das Sumpfgebiet war von Palmen umgeben, so daß die Pflanzen teils halbschattig, teils vollsonnig standen. Als einzige Fische wurden kleine Salmler (*Copella*) gefangen. Das Wasser dieses Standortes war sauer, weich und zeigte als Besonderheit Anzeichen einer beginnenden Überdüngung (Ammonium, Phosphat, sehr viel

Kohlendioxid), die vermutlich durch Kühe verursacht wurde, die auf den umgebenden Wiesen weideten.

See im Einzug des Rio Paraná (Argentinien)

Biotop Nr. 4

Zwischen den Orten Resistencia und Ramada Paso (Argentinien), etwa 30 km vor der letzteren Stadt, liegt im Einzug des Rio Paraná ein großer See, in den ein kleiner Bach entwässert. Im Juli 1993 bildete dieser einen verlandenden, etwa ein Meter breiten, knietiefen Graben mit sehr langsam fließendem, bräunlich gefärbtem, klarem Wasser. Sowohl der Rand des Sees als auch dieser kleine Graben waren dicht verkrautet mit *Limnobium laevigatum, Hydrocotyle ranunculoides, Myriophyllum aquaticum* und blühenden Pflanzen von *Cabomba caroliniana* var. *flavida*. Die oberste Schicht des Bodengrundes war schlammig, darunter befand sich Sand. Der größte Teil der Pflanzen wuchs an sonnigen Plätzen, durch vereinzelt stehende Bäume waren nur manche Stellen leicht beschattet. Auffällig an den Meßergebnissen, die zur kalten Jahreszeit ermittelt wurden, ist die niedrige Temperatur des sehr weichen und relativ sauerstoffreichen Wassers. Die dortige Fischfauna setzte sich aus Cichliden (*Cichlasoma, Crenicichla, Apistogramma*), Welsen (*Corydoras, Hoplosternum*) und Salmlern (u. a. *Copella*) zusammen.

Fluß im Einzug des Rio Uruguay (Argentinien)

Biotop Nr. 5

Untersucht wurden Pflanzenbestände in einem kleineren Flüßchen, das sich etwa 30 km hinter der Stadt Santo Tomé in Richtung La Cruz (Argentinien) befindet. Dieses Gewässer sowie das angrenzende Überschwemmungsgebiet zeichneten sich durch dichte Bestände von Wasser- und Sumpfpflanzen sowie eine ungewöhnlich große Artenvielfalt auf kleinem Raum aus. Im schnell strömenden Wasser wuchsen u. a. *Eichhornia*

Im strömungsarmen Uferbereich des Rio Yanayacu (Peru) hat sich eine dichte Schwimmpflanzendecke gebildet (*Limnobium laevigatum, Pistia stratiotes* und *Salvinia auriculata*)

azurea und *Hygrophila guianensis* in etwa ein bis zwei Meter Wassertiefe, *Nymphoides* sp. auch in etwa drei Meter tiefem Wasser. Am Rande des Flusses in etwas geringerer Strömung waren *Egeria najas, Myriophyllum aquaticum, Eleocharis* sp. und blühende Pflanzen von *Cabomba caroliniana* var. *caroliniana* in maximal einen Meter tiefem Wasser zu finden. An der Wasseroberfläche wuchsen emerse Sprosse von *Myriophyllum aquaticum, Hygrophila guianensis* und *Ludwigia*. Der Bodengrund war am Rande des Flusses lehmig. Alle Pflanzen waren an den untersuchten Stellen dem intensiven Sonnenlicht ausgesetzt, weil der Biotop nicht durch umgebende Ufervegetation beschattet war.
Unter anderem wurden dort Zwergbuntbarsche (*Apistogramma*) und Salmler (u. a. *Hyphessobrycon, Copella*) nachgewiesen.

Rio Yanayacu (Peru)

Biotop Nr. 6

Der Rio Yanayacu ist ein rechtsseitiger Nebenfluß des Ucayali. Der Biotop, an dem im Juli 1990 die Wasserprobe entnommen wurde, besteht aus einer ruhigen Bucht. Am Ufer gab es in langsam strömendem Wasser eine dichte Schwimmpflanzendecke aus *Ceratopteris pteridoides, Ceratophyllum demersum, C. submersum, Eichhornia crassipes, Limnobium laevigatum, Ludwigia helminthorrhiza, Phyllanthus fluitans, Pistia stratiotes, Ricciocarpus natans, Salvinia auriculata* und *Utricularia foliosa.* Auf Grund des zu kleinen Probenvolumens war es nicht möglich, den Phosphatgehalt zu bestimmen; aus dem gleichen Grund fehlen auch Angaben zu Eisen- und Mangankonzentrationen. Bemerkenswert ist der extrem niedrige Gehalt an Schwermetallen.

Die dortige Fischfauna bestand u. a. aus Cichliden (*Apistogramma, Crenicara, Pterophyllum*) und verschiedenen Salmlern.

Die ostafrikanischen Grabenseen: Malawi- und Tanganjikasee

Biotop Nr. 7

Die beiden ostafrikanischen Seen Malawi und Tanganjika bilden mit ihren zahlreichen, farbenprächtigen Buntbarschen ein Fischparadies für Aquarianer. Die folgende Beschreibung verschiedener Biotope und die Aufzählung der von der Verfasserin in beiden Seen gesammelten Wasserpflanzen zeigt, daß – entgegen der gängigen Meinung – auch dort Pflanzenbestände gar nicht selten sind. Allerdings ist die Artenzahl trotz der Größe der Seen gering.

Ökologische Daten des Tanganjika- und Malawisees

Die Seen Tanganjika und Malawi liegen im ostafrikanischen Grabenbruch. Ihre Uferzonen sind charakterisiert durch gewaltige Steilküsten sowie Felsen- bzw. Geröll-, Röhricht- und Sandzonen. Im Laufe der Evolution sind in diesen ökologisch verschiedenen Gebieten unterschiedliche Lebensgemeinschaften entstanden. Die interessantesten Biotope für Liebhaber von Malawi- und Tanganjikabuntbarschen befinden sich im Felsen- und Geröllitoral. Da dort der Bodengrund für höhere Wasserpflanzen aber ungeeignet ist und auch frei im Wasser schwimmende Pflanzen der starken Wellenbewegung, die manchmal mit der Brandung an Meeresküsten

vergleichbar ist, nicht standhalten können, findet man in diesen interessanten Fischbiotopen keine Wasserpflanzen. Biotope mit Pflanzenwuchs befinden sich im Übergangsbereich von der Geröll- zur Sandzone, in der Röhrichtzone und im Sandlitoral, d. h. überall dort, wo die Wasserbewegung weniger stark ist, zum Beispiel in ruhigen Buchten, und wo die Pflanzen einen Halt im Bodengrund finden können.

Aufgrund der besonderen ökologischen Verhältnisse, d. h. der für tropische Gewässer extremen Wasserwerte (siehe Tabelle 3, S. 47, Biotop 7), der starken Wasser- bzw. Wellenbewegung und der großen Wassertiefe, fand in den Seen eine wirkungsvolle Selektion statt. Es konnten nur Arten, die entweder hochspezialisiert oder sehr anpassungs- und widerstandsfähig sind, überleben.

Die beiden Wasserproben aus dem Tanganjikasee wurden von W. Staeck bei Luhanga an der Nordwestküste und in Kalemie an der zentralen Westküste des Gewässers entnommen.

Pflanzengesellschaften

Die einzige Schwimmpflanze in den Grabenseen ist die gut bekannte Muschelblume, *Pistia stratiotes.* Sie wächst aber offenbar nur dort, wo Buchten und Inseln vor der Wellenbewegung einen gewissen Schutz bieten. Sie findet aber auch dort keine idealen Lebensbedingungen vor und kann sich aufgrund der Brandung keineswegs so massenhaft vermehren, wie man es aus Sumpfgebieten kennt. Alle weiteren Wasserpflanzen im Tanganjika- und Malawisee wachsen ausschließlich submers und sind entweder im Bodengrund verwurzelt oder schweben frei über dem Gewässergrund.

Sowohl im Tanganjika- als auch im Malawisee findet man Bestände von *Vallisneria spiralis* var. *denseserrulata* am häufigsten. Lebensräume der Vallisnerien sind die Sandzone sowie der Übergangsbereich zur Geröll- bzw. Felsenzone. Die Pflanzen wachsen in einer Wassertiefe von 0,5–4 Metern (selten auch bis sechs Meter) und sind fest im Sandboden verwurzelt. Man findet sie sowohl geschützt zwischen Steinen wachsend, als auch in offenen Sandbuchten, deren Strände nach einem Sturm häufig mit großen Mengen abgerissener Vallisnerien-Blätter übersät sind. Diese Pflanzen haben im Vergleich zu den Exem-

Die Sandzonen im Tanganjikasee sind charakteristische Lebensräume für Wasserpflanzen

plaren von *Vallisneria spiralis*, die im Aquarium kultiviert werden, sehr harte Blätter, was vermutlich auf den extremen Wasserchemismus beider Seen zurückzuführen ist. Mitgebrachte Exemplare entwickelten im Aquarium ebenso weiche Blätter wie die in der Aquaristik bekannten Pflanzen, was verdeutlicht, daß *V. spiralis* auf unterschiedliche Umweltfaktoren im Habitus sehr veränderlich reagiert und daß es sich um eine sehr anpassungs- und widerstandsfähige Art handelt.

Zwei weitere Arten, die man im Malawi- und Tanganjikasee sehr häufig antrifft, sind *Ceratophyllum demersum* (Gemeines Hornkraut) und *Myriophyllum spicatum* (Ähriges Tausendblatt). Das Hornkraut dringt von allen in den Seen verbreiteten Pflanzen in die größte Wassertiefe vor: Bis in zehn Meter Tiefe wachsen noch Bestände dieser Art, während das Tausendblatt nur in einer Wassertiefe bis ungefähr drei Meter zu finden ist. Beide Arten stehen häufig an einem Standort in dichten Beständen zusammen, ohne daß sie sich offenbar gegenseitig im Wachstum behindern. Besonders auffällig bei beiden Spezies waren die kurzen Internodien sowie die schon bei *Vallisneria spiralis* erwähnte harte

Blattstruktur, wodurch ein völlig anderes Erscheinungsbild als bei den Kulturpflanzen entsteht. Die Sprosse von *Ceratophyllum demersum* sind am natürlichen Habitat von sehr kompaktem Wuchs. Da ihre Dichte offenbar größer ist als bei den Kulturpflanzen, treiben sie nicht frei im Wasser oder an der Oberfläche, wo sie einer starken Wellenbewegung ausgesetzt wären und bald zugrunde gehen würden, sondern sinken auf den Bodengrund, wo die Wasserbewegung geringer ist. Daß das ungewöhnliche Aussehen der Pflanzen eine Folge der Anpassung an die besonderen Bedingungen des Lebensraumes ist, wurde deutlich, als sich die mitgebrachten Sprosse nach kurzer Zeit wie die bekannten Kulturpflanzen verhielten und im Aquarium an der Wasseroberfläche schwammen.

Zu den im Malawi- und Tanganjikasee häufig auftretenden Pflanzen gehören auch *Potamogeton pectinatus* und *Potamogeton schweinfurthii*. Beide leben dort vielfach miteinander vergesellschaftet, oder sie bilden häufig auch mit den schon genannten Arten regelrechte Unterwasserwiesen. Die Laichkräuter besiedeln offenbar annähernd dieselbe ökologische Nische. Bevorzugte Lebensräume sind geschützte Sandbuchten oder der Übergangsbereich von der Geröll- zur Sandzone. An der offenen Küste scheinen die Pflanzen dagegen aufgrund ihrer geringen Widerstandskraft gegenüber der starken Brandung völlig zu fehlen. Beide Arten leben in einer Wassertiefe von etwa 0,5 bis 4 Metern. Die Blätter von *P. pectinatus* sind nur ein Millimeter breit und sehr hart, offenbar wiederum eine Anpassung an die starke Wasserbewegung. *Potamogeton schweinfurthii* ist mit bis zu 3,5 Meter langen Stengeln die größte Pflanze in den Seen. Auch bei dieser Art sind die harten und derben Blattspreiten bemerkenswert. Besonders auffällig bei *Potamogeton pectinatus* und *P. schweinfurthii* waren Kalkablagerungen auf den Blättern, die auf die extremen Wasserwerte in den Seen zurückzuführen sind.

Besonders interessant war auch der Fund von *Hydrilla verticillata* in der Ndole Bay im südlichen Tanganjikasee. Die Pflanze bildete dort in der Sandzone große, krautige Bestände, die in etwa einem Meter Tiefe im Bodengrund verwurzelt waren und bis nahe an die Wasseroberfläche reichten. Die Grundnessel ist aquaristisch gut bekannt, jedoch weicht der Habitus der Pflanzen aus dem Tanganjikasee deutlich vom Aussehen der unter diesem Namen bekannten Kulturpflanzen ab (siehe auch Beschreibung auf S. 298/299). Mit *Hydrilla verticillata* vergesellschaftet fand der Verfasserin in der Ndole Bay auch *Najas horrida*, eine durch ihren ungewöhnlichen Habitus sehr auffällige Pflanze. Im Malawisee wurde ein Standort mit verkrauteten Beständen von *Najas marina* ssp. *armata* in einer Röhrichtzone in der Umgebung von Monkey Bay gefunden. Obwohl *Hydrilla verticillata*, *Najas horrida* und *Najas marina* ssp. *armata* in den Seen vergleichsweise selten sind, scheinen sie dort jedoch weit verbreitet zu sein.

Bei allen in den Seen vorkommenden Wasserpflanzen ist die harte Blatt- und Stengelstruktur bemerkenswert, die als Anpassung an die dortigen besonderen ökologischen Bedingungen zu deuten ist.

Im Unterschied zu den zahlreichen endemischen Cichlidenarten findet man in beiden Seen jedoch keine endemischen Wasserpflanzen, sondern ausnahmslos nur solche Arten, die aufgrund ihrer Anpassungsfähigkeit eine sehr weite Verbreitung haben.

See auf Mafia (Tansania)

Biotop Nr. 8

Die kleine Insel Mafia ist dem Festland von Tansania etwa 20 km vorgelagert. Im Norden befinden sich zwei Seen, von denen der größere untersucht wurde. Dieser zeichnete sich durch reiche Pflanzenbestände aus, die aufgrund des niedrigen Wasserstandes nicht nur am Ufer, sondern über das gesamte Gewässer verteilt waren. Der größte Teil des Sees war unbeschattet. Im stehenden Wasser frei schwebend wuchsen dichte Pflanzenbüschel von *Ceratophyllum demersum*, *Utricularia inflexa* und *U. stellaris*. Im Bodengrund verwurzelt gediehen zahlreiche blühende Exemplare von *Nymphaea lotus* und am Uferrand *Ceratopteris cornuta*. An der Wasseroberfläche schwammen viele Muschelblumen, *Pistia stratiotes*, und dichte Bestände von *Salvinia*. Auffällig ist der stark alkalische pH-Wert dieses Sees sowie seine sehr hohe Leitfähigkeit (kalkreicher Untergrund).

Flußbiotop mit Aponogeton madagascariensis (Madagaskar)

Biotop Nr. 9

Die Gitterpflanze, *Aponogeton madagascariensis*, ist seit vielen Jahren wohl unumstritten eine der populärsten Aquarienpflanzen. Da ihre dauerhafte Kultur im Aquarium nur selten gelingt und die Variationsbreite dieser Art außerordentlich groß ist, können detaillierte ökologische Daten dazu beitragen, die vielen offenen Fragen hinsichtlich einer Abgrenzung von Varietäten oder Unterarten innerhalb der Art besser beantworten zu können. Die wichtigsten bekannten Informationen über die Ökologie der Gitterpflanze sind auf S. 129/130 zusammengefaßt. Von dem dort erwähnten Biotop Nr. 2 wurde eine ausführliche Analyse des Wassers angefertigt. Dieser Habitat befindet sich etwa einen Kilometer von dem Ort Beforona entfernt an dem gleichnamigen Fluß in 900 m Höhe. Schmalblättrige Pflanzen von *Aponogeton madagascariensis* wuchsen in knietiefem, leicht trübem Wasser

Aponogeton madagascariensis am natürlichen Standort in Madagaskar (Biotop Nr. 2)

bei starker Strömung, wobei die Blätter kaum die Wasseroberfläche erreichten. Der Bodengrund bestand aus stark lehmhaltigem Sand, vermischt mit Kies, größeren Steinen und Felsbrocken. Die Gitterpflanzen wuchsen sowohl unterhalb einer Brücke als auch völlig unbeschattet in lockeren Beständen. Mit einem Luxmeter (Toleranz 1%) wurden am 3. 1. 1987 um 10 Uhr folgende Lichtstärkewerte gemessen: Unter freiem Himmel bei schwacher Bewölkung (Sonne klar sichtbar, kleine weiße Wolken) 70 000 Lux und unterhalb der Brücke im Schatten 15 000 Lux; einige Minuten später zeigte der Luxmeter bei beinahe wolkenlosem Himmel und intensiver Sonneneinstrahlung einen Wert von 146 000 Lux an. Die braune Färbung der Blätter deutete darauf hin, daß die Pflanzen am natürlichen Standort unter stärkerem Licht wachsen als in der Kultur, denn die mitgebrachten Exemplare entwickelten später im Aquarium nur noch olivgrün gefärbte Blätter. Es ist anzunehmen, daß der Wasserstand an diesem Standort während der Trockenzeit so weit fällt, daß die Blätter der Gitterpflanze an der Wasseroberfläche fluten. Dieser untersuchte Biotop trocknet jedoch ganz sicher nicht völlig aus. Vermutlich wuchsen

auch in tieferem Wasser noch Exemplare, die man aber aufgrund des lehmigtrüben Wassers nicht sehen konnte.

Sepik-River bei Angoram (Papua Neuguinea)

Biotop Nr. 10

Der Sepik-River in Papua Neuguinea ist ein mehrere hundert Meter breiter Fluß. Wahrscheinlich wegen seines lehmigtrüben Wassers und einer hohen Strömungsgeschwindigkeit wurden in diesem Fluß nur Schwimmpflanzen angetroffen, die vermehrt in strömungsarmen Buchten auftraten. Auf einer Bootsfahrt, die an zwei Tagen flußabwärts von Ambunti nach Angoram erfolgte, wurden immer wieder folgende Arten in mehr oder weniger großen Populationen angetroffen: *Salvinia molesta* (mit Sporokarpien), *Pistia stratiotes* und *Azolla pinnata*, die auf der Wasseroberfläche fluteten, sowie einzelne Exemplare von *Ceratopteris thalictroides* und *Hydrocharis dubia*, die häufig am Flußufer verwurzelt waren. Die Wasseranalyse dieses Bio-

Tabelle 3: Wasserwerte einiger ausgewählter natürlicher Standorte

Biotop Nr.		1 Rio Guaporé Brasilien	2 Rio Sipao Venezuela	3 Rio Aro Venezuela	4 Rio Paraná Argentinien	5 Rio Uruguay Argentinien	6 Rio Yanayacu Peru
Datum		Juli 1987	14.08.1989	13.08.1989	12.07.1993	15.07.1993	01.08.1990
Wassertemperatur	in °C	20	27	28	13	10,6	25
Lufttemperatur	in °C	–	29,5	30,5	15	13	–
Uhrzeit		–	–	12.00	12–14.00	12.00	–
pH-Wert		6,38	5,99	6,06	7,02	6,78	7,5
Leitfähigkeit (bei 20 °C)	in µS/cm	22	12,2	22,6	33	18	205
Karbonathärte (KH)	in °dH	0,69	<0,5	1,0	0,76	0,33	5,50
Gesamthärte (GH)	in °dH	0,41	<1,0	<1,0	0,51	0,31	6,00
Calciumhärte	in °dH	0,41	0,13	0,51	0,51	0,31	5,11
Magnesiumhärte	in °dH	0	0,10	0,07	0	0	0,77
Kohlendioxid (CO_2)	in mg/l	10	19,3	32,4	2,5	1,9	5,9
Sauerstoff (O_2)	in %	–	–	–	70	90–99	–
Natrium (Na)	in mg/l	1,69	0,83	1,26	1,0	1,1	3,9
Kalium (K)	in mg/l	0,35	0,50	1,54	3,4	0,2	2,2
Eisen ($Fe^{2+/3+}$)	in mg/l	0,21	–	–	–	–	–
Ammonium (NH_4^+)	in mg/l	–	0,07	0,32	Spuren	0,1	0,14
Chlorid (Cl^-)	in mg/l	–	1,0	0,7	0,9	0,4	4,3
Sulfat (SO_4^{2-})	in mg/l	–	n.n.	0,2	1,2	0	4,4
Nitrat (NO_3^-)	in mg/l	<3	n.n.	n.n.	0	0,6	0
Nitrit (NO_2^-)	in mg/l	–	<0,16	<0,16	0	0	0
Phosphat (PO_4^{3-})	in mg/l	0	n.n.	0,12	0,1	0	–
Zink (Zn)	in µg/l	–	7,1	21,6	24	27	7,0
Cadmium (Cd)	in µg/l	–	n.n.	n.n.	n.n.	n.n.	n.n.
Blei (Pb)	in µg/l	–	2,6	6,2	3	1	n.n.
Kupfer (Cu)	in µg/l	–	1,9	4,0	10	10	0,1

n.n. = nicht nachweisbar

Tabelle 3 (Fortsetzung)

Biotop Nr.		Tanganjikasee 7 (Kalemie) Zaire	See 8 (Mafia) Tansania	9 Fluß Madagaskar	10 Sepik-River Papua Neu-guinea	11 Fluß Papua Neu-guinea	12 Tasek Bera Malaiische Halb-insel
Datum		Juli 1982	Januar 1981	03.01.1987	06.07.1988	22.07.1988	–
Wassertemperatur	in °C	27	30	23,2	–	27	23–31
Lufttemperatur	in °C	–	32	27,5	–	30	–
Uhrzeit		–	14.00	10.00	–	12.30	–
pH-Wert		9,5	7,8	6,45	6,50	6,70	5,33
Leitfähigkeit (bei 20 °C)	in µS/cm	593	1054	30	84	82	14,2
Karbonathärte (KH)	in °dH	18,4	31	0,75	2,5	2,4	0,17
Gesamthärte (GH)	in °dH	11,03	>30	0,53	2,5	2,4	–
Calciumhärte	in °dH	–	–	–	1,8	1,1	0,05
Magnesiumhärte	in °dH	–	–	–	0,7	1,3	0,06
Kohlendioxid (CO_2)	in mg/l	<2	10	10	–	–	14,9 (7.00 Uhr)
Sauerstoff (O_2)	in %	50,8*	–	–	–	–	26
Natrium (Na)	in mg/l	61	5,56	3,3	4,3	4,7	0,86
Kalium (K)	in mg/l	31	0,44	0,6	0,7	1,3	0,56
Eisen ($Fe^{2+/3+}$)	in mg/l	n.n.	0,05	0,05	0,02	0,02	0,64
Ammonium (NH_4^+)	in mg/l	0	0,1	0,1	0,10	0,10	0,304
Chlorid (Cl^-)	in mg/l	31	6,9	–	Spuren	Spuren	1,93
Sulfat (SO_4^{2-})	in mg/l	Spuren	1,20	–	Spuren	Spuren	3,19
Nitrat (NO_3^-)	in mg/l	0	–	5	5	7	0,107
Nitrit (NO_2^-)	in mg/l	–	–	0,05	<0,05	<0,05	0,0074
Phosphat (PO_4^{3-})	in mg/l	0,09	–	0,3	<0,05	<0,05	0,624
Zink (Zn)	in µg/l	n.n.	–	7	365	6	–
Cadmium (Cd)	in µg/l	n.n.	–	n.n.	–	–	–
Blei (Pb)	in µg/l	n.n.	–	8	5	n.n.	–
Kupfer (Cu)	in µg/l	n.n.	–	12	18	12	–

n.n. = nicht nachweisbar; *im Labor; die Wasserproben (außer den Biotopen Nr. 8 und 12) wurden im Labor der Firma Tetra analysiert.

tops zeigt, daß die Pflanzen in einem sehr weichen, elektrolyt- und nährstoffarmen Wasser mit niedriger Leitfähigkeit leben. Während die Belastung mit den Hauptpflanzennährstoffen Stickstoff und Phosphor sehr gering ist, fällt der sehr hohe Gehalt an Zink auf.

Flußbiotop mit Aponogeton loriae (Papua Neuguinea)

Biotop Nr. 11

Aponogeton loriae ist eine sehr seltene Wasserähre, die in Papua Neuguinea beheimatet ist. Der untersuchte Biotop befindet sich an der Straße von Port Moresby in Richtung Vaimauri-Plateau, 61 Kilometer vom Flughafen Port Moresby entfernt. *A. loriae* wächst dort in dichten Beständen in einem etwa zwei bis vier Meter breiten Flüßchen. Das klare Wasser fließt langsam mit einer Geschwindigkeit von etwa 25 Zentimetern pro Sekunde. Während am Rande des Gewässers das Wasser knietief (ohne eine deutliche Flachwasserzone) war, erreichte es in der Mitte eine Tiefe bis zu einem Meter. Die Pflanzen wurzelten im schlammigen, lockeren Bodengrund, der mit wenigen Kieseln und Steinen durchsetzt war, so daß sie sich ohne große Schwierigkeiten aus dem Bodengrund ziehen ließen. Der Standort war unbeschattet. Auffällig an der Wasseranalyse ist der relativ hohe Gehalt an Magnesium und Kalium.

Die Fischfauna bestand aus Regenbogenfischen (*Melanotaenia papuae*, *M. goldiei*).

Tasek Bera

Biotop Nr. 12

Tasek Bera ist ein etwa 60 km² großes Tieflandsumpfgebiet auf der Malaiischen Halbinsel im Südwesten des Staates Pahang. Es wird von vielen kanalartigen Wasserläufen durchzogen und bildet einen bedeutenden Lebensraum für Wasser- und Sumpfpflanzen. Furtado & Mori (1982) untersuchten zahlreiche ökologische Aspekte dieses Biotops und faßten ihre vierjährigen Studien in einer umfangreichen Arbeit zusammen.

Obwohl die Verfasserin Tasek Bera nicht aus eigener Anschauung kennt, sollen einige wesentliche Untersuchungsergebnisse zusammengefaßt werden, denn für Aquarianer sind diese ökologischen Daten deshalb besonders interessant, weil dort die wohl größte Population von *Cryptocoryne purpurea* vorkommt.

Das stellenweise dicht von dem Riedgras *Lepironia articulata* und dem Schraubenbaum *Pandanus helicopus* bedeckte Sumpfareal, das mehrere seeartige Bereiche offenen Wassers enthält, wird von zahlreichen kleinen Wasserläufen und einem Hauptkanal durchzogen, der eine geringe Strömung mit einer Geschwindigkeit von 0,25 m/Sek. besitzt. Das dunkelbraun gefärbte Wasser, das von den Autoren mit dem Schwarzwasser Amazoniens verglichen wird, ist sehr klar und besitzt je nach Jahreszeit eine Sichtweite zwischen einem und zweieinhalb Metern. Seine Oberflächentemperatur schwankt zwischen 23 und 31 °C, am Boden wurden 23–26,6 °C gemessen. Das Wasser ist sehr sauer und mineralarm. Als Resultat von pH-Messungen wurde ein Mittelwert von 5,33 ermittelt. Das Minimum betrug 4,5, das Maximum je nach Meßmethode 5,2 bzw. 6,8. Mit einem Durchschnittswert von 2,09 mg/l ist der Gehalt an gelöstem Sauerstoff recht niedrig. Der Untergrund ist sandig, jedoch mit einer dicken Torfschicht bedeckt, die mit noch nicht zersetztem pflanzlichem Material, Holz und Schlamm vermischt ist. Unter dem Einfluß heftiger Monsunregen kommt es zu erheblichen Schwankungen des Wasserstandes, die bis zu 5 m betragen können.

Folgende bekannte Sumpf- und Wasserpflanzen konnten in dem untersuchten Areal nachgewiesen werden: *Blyxa aubertii* var. *echinosperma*, *Cryptocoryne purpurea*, *Eleocharis ochrostachys*, *Hydrilla verticillata*, *Ludwigia prostrata*, *Nymphoides indica*, *Potamogeton wrightii*, *Scirpus confervoides*, *Utricularia aurea*. Jacobsen (1986) nennt ferner das Vorkommen von *Barclaya motleyi*. Die in Tasek Bera vorherrschende Wasserpflanze ist *Cryptocoryne purpurea*, die in den Kanälen und im offenen Wasser in dichten Beständen bis in eine Wassertiefe von über einem Meter vorkommt. Im Halbschatten sind sie deutlich üppiger als in vollem Sonnenlicht. Die auf S. 47 angegebenen Wasserwerte bilden Mittelwerte aus zahlreichen Messungen.

Die Bedeutung ökologischer Faktoren für die Kultur von Aquarienpflanzen

Im Kapitel über die natürlichen Standorte von Wasser- und Sumpfpflanzen wurden alle Umweltfaktoren ausführlich behandelt, die einen wesentlichen Einfluß auf die Photosynthese und das Wachstum von Pflanzen ausüben. Aus diesen Ausführungen läßt sich ablesen, daß die Natur als unsere Lehrmeisterin in vielerlei Hinsicht eine gewisse Vorbildfunktion für die Kultur von Aquarienpflanzen übernehmen kann. Für die Aquarianer ergibt sich die reizvolle Aufgabe, die richtigen Lehren nicht nur aus den Untersuchungen an den natürlichen Habitaten, sondern auch aus den Ergebnissen wissenschaftlicher Experimente im Labor und Freiland zu ziehen. Das Ziel ist die optimale Kultur der Pflanzen im Aquarium.

Im folgenden wird die Bedeutung der ökologischen Faktoren für die Pflege von Aquarienpflanzen diskutiert, und es wird versucht, in den Fällen, in denen es sinnvoll erscheint, allgemeine Empfehlungen zu geben.

Die Temperatur im Aquarium

Die Temperatur im Aquarium wird in ihrer Bedeutung als ökologischer Faktor oftmals unterschätzt. Wie auf S. 10–11 ausführlich erläutert, hat sie aber einen wichtigen Einfluß auf den Stoffwechsel der Pflanzen. Wollen manche Aquarienpflanzen nicht so recht gedeihen, wird meistens die Ursache in der Beleuchtung, bei den Wasserwerten oder in der Nährstoffversorgung gesucht, doch nicht selten kommt es vor, daß eine ungünstige Temperatur für das schlechte Wachstum verantwortlich ist. Beispielsweise läßt sich *Cabomba caroliniana* problemlos bei Temperaturen zwischen 20 und 25 °C pflegen. Bei ständig höheren Temperaturen gehen die Sprosse dagegen bald zugrunde. Das schlechte Gedeihen der Haarnixe bei hohen Temperaturen ist insofern nicht überraschend, weil die Art in Gebieten mit ausgeprägtem Jahreszeitenklima

verbreitet ist. Dort besiedelt *Cabomba caroliniana* Gewässer, die zu einem großen Teil des Jahres relativ niedrige Temperaturen aufweisen. Die Frage nach der optimalen Temperatur im Aquarium läßt sich nicht pauschal beantworten, weil jede Pflanze einen ganz bestimmten Temperaturbereich bevorzugt. Zwar lassen sich die meisten Aquarienpflanzen problemlos zwischen 24 und 26 °C pflegen, dieser Bereich bildet jedoch nicht immer das Optimum. Um die Wahl der richtigen Wassertemperatur für die jeweils im Aquarium gepflegten Arten zu erleichtern, wurde die Temperaturtoleranz der wichtigsten Aquarienpflanzen tabellarisch zusammengefaßt. Dieser Tabelle 5, die Sie auf S. 442 im Anhang dieses Buches finden, sind die Minimum-, Optimum- und Maximumtemperaturen zu entnehmen. Die Angaben über das Minimum und Optimum bilden zuverlässige Erfahrungswerte, die auf der Grundlage langjähriger Kulturerfahrungen im Gewächshaus und im Aquarium gewonnen wurden. Den Maximumtemperaturen liegen u.a. zahlreiche Messungen an den natürlichen Standorten zugrunde; möglicherweise sind die jeweiligen Maxima vieler Arten noch höher als bisher bekannt.

Grundsätzlich ist nach dem bisherigen Kenntnisstand über die natürlichen Lebensräume von Wasser- und Sumpfpflanzen davon auszugehen, daß sich ein mäßiger Temperaturunterschied zwischen Tag und Nacht förderlich auf das Pflanzenwachstum auswirkt. Zugleich ist in Anbetracht der Vielzahl der gepflegten Aquarienpflanzen, die in subtropischen und gemäßigten Zonen beheimatet sind, zu empfehlen, die Aquarientemperatur im Winter um wenige Grade zu senken, was zum Beispiel für eine kontinuierliche Pflege von *Aponogeton*-Arten sogar lebensnotwendig erscheint. Bei der Realisierung dieser Empfehlungen sind natürlich auch die Lebensansprüche der in demselben Aquarium gepflegten Fische zu berücksichtigen, für die aber im allgemeinen tages- und jahreszeitliche Verschiebungen der Temperatur ebenfalls förderlich sind und in vielen Fällen sogar stimulierend auf das Ablaichverhalten wirken.

Das Licht im Aquarium

Auf den Seiten 12–18 wurde ausführlich über die fundamentale Bedeutung des Lichtes für viele Wachstumsprozesse der Pflanzen gesprochen. An den natürlichen Standorten haben sich die Arten im Laufe der Evolution an die tages- und jahreszeitlichen Veränderungen des Sonnenlichtes angepaßt, um das dort verfügbare Licht möglichst optimal für ihre Photosynthese zu nutzen. Im Unterschied dazu sind die Pflanzen im Aquarium auf künstliche Lichtquellen angewiesen, die zudem den ganzen Tag lang unnatürlich gleichmäßig strahlen. Die meisten der gepflegten Aquarienpflanzen zeichnen sich zwar dadurch aus, daß sie sich diesem stark veränderten Milieu anpassen können. Zu bedenken ist aber, daß es auch Wasserpflanzen gibt, die bisher noch nicht erfolgreich im Aquarium kultiviert wurden. Ein Grund für die Mißerfolge könnte die fehlende Anpassung an die statische Kunstlichtbeleuchtung sein.

In den Anfängen der Aquaristik wurden die Aquarien häufig am Fenster aufgestellt, wo die Pflanzen ausschließlich Tageslicht erhielten. Während im Sommer das Wachstum ausgezeichnet war und insbesondere viele Schwimmpflanzen prächtig gediehen, gingen dagegen im Winter aufgrund der zu geringen Beleuchtungsstärke und der zu kurzen Beleuchtungsdauer viele Pflanzen ein. Auch die unwirtschaftliche Verwendung einer Glühlampenbeleuchtung ist längst nicht mehr zeitgemäß. Heute steht dem Aquarianer eine große Anzahl von Lampentypen zur Verfügung, unter denen er für seine Zwecke die richtige Auswahl treffen muß.

Für Aquarianer, die an einem guten Pflanzenwuchs interessiert sind, richtet sich die Wahl der Lampentypen vorrangig nach zwei Gesichtspunkten: Einerseits müssen sie ein für die Photosynthese der Pflanzen geeignetes Farbspektrum aufweisen, andererseits sollen aber auch Fische und Pflanzen in einem für das menschliche Auge angenehmen Licht erscheinen. Worin bestehen die Unterschiede?

Zum besseren Verständnis dieser Problemstellung sollen zunächst einige grundsätzliche Erläuterungen zum Licht gegeben werden.

Das sichtbare „weiße" Licht besteht aus allen Spektralfarben (von Violett über Blau, Grün, Gelb, Orange bis Rot), die jeweils durch eine bestimmte Wellenlänge gekennzeichnet sind. Dieses Licht liegt im Bereich zwischen 380 und 780 nm (Nanometer). Schon vor über hundert Jahren erkannte man, daß die verschiedenen Lichtfarben unterschiedliche Wirkungen auf die Pflanzen haben. Festgestellt wurde aber auch, daß die Spektralfarben vom menschlichen Auge anders wahrgenommen werden als von den Pflanzen. Diese benötigen für ihre Photosynthese zwar das gesamte Lichtspektrum, verwerten aber bevorzugt den roten (um 700 nm) und in geringerem Maße den blauen (um 450 nm) Spektralbereich. Demgegenüber liegt die maximale Empfindlichkeit des menschlichen Auges im grüngelben Spektrum bei 555 nm. In diesem Bereich zeigt aber die Photosynthesekurve einen deutlichen Abfall. Für das Wachstum der Pflanzen ist also nicht allein die Lichtausbeute (Wirkungsgrad) der Lampen maßgebend, sondern insbesondere ihr Farbspektrum. Spezielle Pflanzenstrahler, beispielsweise Sylvania Gro-Lux oder Osram L-Fluora, wurden daher so konzipiert, daß sie insbesondere im roten und blauen Spektralbereich Maxima aufweisen. Allerdings wird dieses „rote" Licht von den Menschen häufig als unnatürlich empfunden, weshalb es nur in Verbindung mit anderen Lampentypen für die meisten Anwender akzeptabel ist.

Bemerkenswerterweise sind Pflanzen in gewissen Grenzen fähig, sich aufgrund ihrer Assimilationspigmente den Lichtfarben anzupassen (chromatische Adaptation), was in zahlreichen wissenschaftlichen Versuchen mit verschiedenfarbigem Licht gezeigt wurde (siehe Gessner 1955). Auf eine veränderte Lichtqualität müssen sich die Pflanzen aber erst einstellen, wozu sie vermutlich mehrere Wochen benötigen. Manche Cryptocorynen reagieren sogar nicht selten auf eine Veränderung von Lichtfarbe und -intensität auf extreme Weise mit dem vollständigen Zerfall ihrer Blätter. Auch wenn viele Pflanzen nachweislich über eine gewisse Anpassungsfähigkeit an die Lichtfarben verfügen, darf daraus dennoch nicht gefolgert werden, daß jede beliebige

Dicht und abwechslungsreich bepflanzte Aquarien sind eine Augenweide

Lampe gleichermaßen das Wachstum der Pflanzen fördert und das jeweilige Lichtspektrum unerheblich sei. Eine solche Meinung würde zu allen bisherigen, aus zahlreichen wissenschaftlichen Untersuchungen gewonnenen Erkenntnisse über die Photosynthese von Pflanzen im völligen Widerspruch stehen. Die Bedeutung von „pflanzenfreundlichen" Lampen wegen ihrer positiven Wirkung sowohl auf das Wachstum als auch auf die Entwicklung des Pigmentsystems (z.B. Förderung der braunen und roten Farbstoffe Karotinoide) ist nach wie vor unumstritten. Aus diesem Grunde sollte bei der Wahl der Lampentypen immer der Schwerpunkt auf die Lichtqualität gelegt und ästhetische Aspekte erst in zweiter Linie berücksichtigt werden.

Die Wahl der Lampentypen und Lichtfarben

Dem Aquarianer stehen für die Beleuchtung von Pflanzen und Fischen eine Vielzahl von Lampentypen zur Verfügung. Für den an einem guten Pflanzenwachstum interessierten Liebhaber besteht zunächst die grundsätzliche Frage, ob Leuchtstofflampen oder Hochdrucklampen verwendet werden sollen (Glühlampen, Halogenglühlampen und Mischlichtlampen sollen hier aufgrund ihrer geringen Bedeutung und schlechten Lichtausbeute nicht berücksichtigt werden). Die nächste Überlegung betrifft – wie vorstehend erläutert – die Wahl einer Lichtfarbe, die einerseits ein auf die Photosynthese der Pflanzen ausgerichtetes Lichtspektrum mit einem hohen Rotanteil aufweist, zugleich aber auch eine hohe Lichtausbeute und eine gute Farbwiedergabeeigenschaft besitzt.

Leuchtstofflampen

Die Vorteile der Leuchtstofflampen sind insbesondere hohe Lichtausbeute (größerer Wirkungsgrad als bei Hochdrucklampen), lange Lebensdauer, gute Farbwiedergabe, preiswerte Anschaffung und ein geringer Energieverbrauch (hohe Wirtschaftlichkeit). Die Auswahl an Lichtfarben ist größer als bei Hochdrucklampen. Kennzeichnend für Leuchtstofflampen ist, daß sie im Unterschied zu Entladungslampen eine gleichmäßige Ausleuchtung des Aquariums bewirken. Ein Urteil darüber, bei welchem Licht Fische und Pflanzen besser zur Geltung kommen, ist aber rein subjektiv. Die Nutzbrenndauer der Leuchtstofflampen beträgt etwa 7500 Stunden. Zu vermeiden ist jedoch eine zu hohe Umgebungstemperatur, die leicht in geschlossenen Leuchten entstehen kann. Das Lichtstrommaximum liegt bei 20–25 °C. Davon stark abweichende Umgebungstemperaturen senken die Lichtausbeute rapide. Auch durch schlechte Reflektoren wird die Beleuchtungsstärke erheblich reduziert. Gute Reflexionseigenschaften hat selbstklebende Alufolie, die zudem sehr preiswert ist.

Die neue Generation der Dreibanden-Leuchtstofflampen mit einem Durchmesser von 26 mm hat eine höhere Lichtausbeute als die „älteren" Lampen mit einem Durchmesser von 38 mm. Zukunftsweisend und wünschenswert ist die Weiterentwicklung der modernen Kompakt-Leuchtstofflampen und ihre verbreitete Anwendung in der Aquaristik. Diese Kompaktlampen zeichnen sich durch eine kompakte Bauform, sehr hohe Lichtausbeute und lange Lebensdauer aus.

Für die Kultur von Aquarienpflanzen sind insbesondere alle von verschiedenen Firmen hergestellten Warmtonlampen sowie spezielle „Pflanzenstrahler" zu empfehlen, die sich durch einen hohen Rotanteil auszeichnen. Die Beschaffung einzelner, spezieller Lichtfarben ist allerdings nicht immer einfach.

Empfehlenswerte Warmtonlampen (Farbtemperatur unter 3000 Kelvin) sind von der Firma Osram die Lichtfarben Lumilux 22, 31, 32 und 41 sowie die entsprechenden Kompaktlampen Dulux 31 und 41, von der Firma Philips die Lampentypen mit den Bezeichnungen TLD 82, 83 und 92 sowie von Sylvania die Lichtfarben 182, 183 und 193. Diese können bei Bedarf mit neutralweißen Leuchtstofflampen kombiniert werden (z. B. Osram Lumilux 21, Philips TLD 84 oder Sylvania 184).

Die speziell entwickelten „Pflanzenstrahler" Osram 77 L-Fluora und Sylvania Gro-Lux besitzen zwar einen niedrigeren Wirkungsgrad als viele andere L-Lampen und werden heute auch weniger eingesetzt als früher, weil andere gute Lichtquellen zur Verfügung stehen, doch ist ihre positive Wirkung aufgrund ihrer hohen Rot- und Blauanteile auf die Pflanzen nicht zu bezweifeln.

Entladungslampen

Quecksilberdampf-Hochdrucklampen und Halogen-Metalldampflampen kommen seit einigen Jahren vermehrt in der Aquaristik zur Anwendung. Dabei sind für die meisten Aquarianer, die diesen Lampentyp wählen, gewöhnlich zwei Aspekte entscheidend: Einerseits erlaubt das oben offene Aquarium (bedingt auch durch frei hängende Leuchtstofflampen erreichbar) ungewöhnliche Effekte, andererseits bewirkt die punktuelle Ausleuchtung des Aquariums ein ansprechendes Licht- und Schattenspiel. Häufig besteht auch die Notwendigkeit, sehr große, insbesondere hohe Aquarien ausreichend zu beleuchten. Bei diesen Überlegungen wird aber vielfach die Frage nach der Eignung der Lichtfarben für den Pflanzenwuchs zu wenig berücksichtigt.

Nachteile von Entladungslampen sind insbesondere ihre hohen Anschaffungskosten, eine vergleichsweise geringere Lichtausbeute als bei Leuchtstofflampen, die sehr begrenzte Auswahl an Lichtfarben und eine ungünstige Kombinationsmöglichkeit mit anderen Lampentypen bzw. Lichtfarben. Nicht zu unterschätzen ist auch die unerwünschte große Wasserverdunstung bei „offenen" Aquarien und die dadurch entstehende hohe Luftfeuchte im Zimmer. Ferner wird das „blendende" Licht der Hochdrucklampen nicht selten als störend empfunden.

Quecksilberdampf-Hochdrucklampen

Quecksilberdampf-Hochdrucklampen haben eine niedrige Lichtausbeute und eine relativ schlechte Farbwiedergabe. Ein Vorteil dieses Lampentyps ist jedoch die hohe Nutzbrenndauer von etwa 9000 Stunden. Für die Beleuchtung von Pflanzenaquarien kommen in erster Linie Warmtonlampen mit einem hohen Rotanteil infrage. Am besten geeignet ist die Lichtfarbe Osram HQL Super de Luxe, erst in zweiter Linie sollten die warmweißen Lichtfarben Osram HQL de Luxe, Philips HPL Comfort, Radium HRL de Luxe und Sylvania HSL Comfort eingesetzt werden.

Die meisten Aquarienpflanzen sind lichtliebend und benötigen zum optimalen Wachstum eine hohe Beleuchtungsstärke

Halogen-Metalldampflampen

Im Vergleich zur Quecksilberdampf-Hochdruck-lampe sind Lichtausbeute und Farbwiedergabe bei den Halogen-Metalldampflampen wesentlich verbessert worden. Ein Nachteil des letztgenannten Lampentyps ist aber die vergleichsweise geringe Nutzbrenndauer von etwa 6000 Stunden. Für den Benutzer ist es außerordentlich wichtig zu wissen, daß Halogen-Metalldampflampen etwa 2–5% UV-Strahlung abgeben. Aus diesem Grunde darf diese Lampe nicht freibrennend betrieben werden, sondern sie muß mit einer Abdeckscheibe an der Leuchte versehen werden, welche die schädliche UV-Strahlung absorbiert. Bei sehr hohen Beleuchtungsstärken muß ein spezielles UV-Sperrfilter verwendet werden. Negative Erfahrungen mit diesem Lampentyp basieren möglicherweise auf einem Fehlen dieser Abdeckscheiben. Die Folge einer zu hohen UV-Strahlung kann eine Pigmentzerstörung bei den Pflanzen sein!

Auch bei Halogen-Metalldampflampen ist die Auswahl an Lichtfarben bisher sehr begrenzt, und der für die Photosynthese der Pflanzen notwendige Spektralbereich wird zu wenig berücksichtigt. Empfehlenswert sind in erster Linie die Warmtonlampen der verschiedenen Hersteller mit den Lichtfarben Osram WDL, Philips HPI, Radium WDL und Sylvania WDL.

Die benötigte Lichtmenge

Um diese Frage ausreichend zu beantworten, wurden von der Verfasserin zahlreiche Messungen mit einem Luxmeter (siehe S. 15–17) an den natürlichen Standorten vorgenommen. Die Ergebnisse dieser Untersuchungen spiegeln sich auch in der Tabelle 6 auf S. 445 wieder. Natürlich sind solche Meßdaten nicht exakt auf das Aquarienmilieu übertragbar, was auch niemand erwartet. Denn einerseits weist Tageslicht ein anderes und wechselndes Spektrum auf als die künstlichen Lichtquellen, zum anderen kann der für die Photosynthese der Pflanzen wichtige Spektralbereich nicht mit einem auf die Empfindlichkeit des menschlichen Auges abgestimmten Luxmeter erfaßt werden. Dennoch können derartige Meßergebnisse vielfältige

Rückschlüsse auf den Lichtbedarf der Pflanzen im Aquarium zulassen und deshalb für die Praxis nützlich und wichtig sein.

Nach den Untersuchungen von Sauer (1989) beträgt die Beleuchtungsstärke an der Wasseroberfläche eines Aquariums im allgemeinen zwischen 10000 und 30000 Lux. Bereits in einer Tiefe von 40 cm wurde in einem frisch eingerichteten Aquarium schon ein Lichtverlust von 69% festgestellt. Die Messungen der Verfasserin ergaben sogar meistens weitaus niedrigere Werte. Bei länger eingerichteten Aquarien wird zudem die Beleuchtungsstärke durch die Zunahme von Farb- und Trübungsstoffen im Wasser erheblich reduziert und negativ verändert. Schon allein aus diesem Grunde ist ein regelmäßiger Wasserwechsel sinnvoll. Ferner ist zu bedenken, daß das rote Licht vom Wasser zuerst absorbiert wird, weshalb in sehr hohen Aquarien dieser photosynthetisch wirksame Bereich den Bodengrund nur noch zu einem minimalen Anteil erreicht. Nur wenige Pflanzen, insbesondere die, die an den natürlichen Standorten in tiefem Wasser wachsen, sind diesen Bedingungen optimal angepaßt. Folglich ist die Auswahl an geeigneten Arten für Aquarien mit einer Höhe über 60 cm drastisch reduziert. Für den an einem guten Pflanzenwuchs gelegenen Aquarianer lautet deshalb die erste Regel, nicht zu hohe Aquarien zu verwenden, um von Anfang an ein günstiges Lichtklima für die Pflanzen zu schaffen. Werden die Meßdaten der natürlichen Standorte (S. 15–17) mit den in Aquarien gemessenen Werten verglichen, läßt sich deutlich und zweifelsfrei ablesen, daß Sonnenpflanzen, und dieses sind die Mehrzahl der gepflegten Aquarienpflanzen (vgl. Tabelle 6 S. 445), eine erheblich höhere durchschnittliche Beleuchtungsstärke im natürlichen Biotop erhalten als im Aquarium. Wird ferner berücksichtigt, daß der überwiegende Teil der Pflanzen an ihren Habitaten in einer maximalen Wassertiefe von 30 cm zu finden ist oder sogar nur auf feuchtem Boden wächst, können diese Arten wohl schwerlich durch eine zu intensive Kunstlichtbeleuchtung im Aquarium geschädigt werden, wie dieses manchmal behauptet wird. Ein Zuviel an Licht kann man den Starklichtpflanzen im Aquarium in der Tat kaum geben! Allerdings muß bei der Vielzahl der Arten, die im Aquarium auf einem sehr engen

Raum zusammen gepflegt werden, deutlich zwischen Pflanzen mit niedrigen Lichtansprüchen (Schwachlicht- oder Schattenpflanzen) und solchen mit hohen Lichtansprüchen (Starklicht- oder Sonnenpflanzen) unterschieden werden, und der Aquarianer muß versuchen, beiden Typen gerecht zu werden. Wie auf S. 13 ausführlich dargestellt wurde, erreichen Schattenpflanzen ihre größte Assimilation bei geringer Lichtstärke und können bei zu starker Bestrahlung geschädigt werden und absterben. Bei der Beleuchtung von Aquarien ist also auch auf die Bedürfnisse der Schwachlichtpflanzen Rücksicht zu nehmen. Durch die Wahl eines beschatteten Platzes im Aquarium, z.B. an Seiten- und Rückwänden, kann man aber dieser Forderung leicht nachkommen.

Die Höhe der Beleuchtungsstärke kann nicht zugleich die Lichtansprüche der Schatten- und Sonnenpflanzen optimal erfüllen. Jeder Aquarianer muß daher individuell entscheiden, wie hoch er die Beleuchtungsstärke wählt. In der Regel wird ein „goldener Mittelweg" erforderlich sein, der den Bedürfnissen vieler Arten gerecht werden muß. Dieses bedeutet aber in den meisten Fällen die Gefahr, daß sich extrem lichtliebende Pflanzen nicht optimal entfalten können. Der Pflanzenaquarianer sollte deshalb immer eine möglichst hohe Beleuchtungsstärke wählen und den schattenliebenden Pflanzen einen weniger hellen Platz im Aquarium zuweisen.

Viele Aquarianer haben den verständlichen Wunsch, Richtwerte für die erforderliche Beleuchtungsstärke ihres Aquariums zu erhalten. Die häufig benutzte Angabe Watt pro Liter ist aber selbst bei Berücksichtigung der verschiedenen Aquarienhöhen ein so ungenauer Richtwert, das man ebenso gut gänzlich darauf verzichten kann. Zudem habe ich mich schon oft gefragt, wie sich beispielsweise bei einer häufig genannten Angabe von einem Watt auf ein Liter Wasser die Bestückung mit Leuchtstofflampen realisieren läßt. Für eine entsprechende Menge von Lampen ist gewöhnlich gar kein Platz im Beleuchtungskasten! Eine bessere Lösung als die Angabe Watt/Liter ist die Messung der Beleuchtungsstärke mit einem Luxmeter oder mit Hilfe eines Belichtungsmessers unter Beachtung der benutzten Lichtfarben. Aber auch diese Lösung ist für den Aquarianer im allgemeinen wenig

Ausschnitt aus einem holländischen Aquarium mit einem üppigen Pflanzenwuchs

praktikabel, zu teuer und zudem unbefriedigend, weil die gewonnenen Meßwerte wenig aussagekräftig sind.

Den wichtigsten Hinweis auf ein optimales Wachstum und eine richtige Beleuchtung liefern die Pflanzen selbst. Sie reagieren auf ein günstiges oder ungünstiges Lichtmilieu beispielsweise mit typischen Veränderungen ihrer Gestalt. Überprüfen Sie deshalb, ob die Sprosse ein starkes Streckungswachstum mit verlängerten Internodien (Vergeilung) zeigen, ob die Stengel ihre unteren Blätter verlieren, die Pflanzen viel kleiner bleiben als in den Artbeschreibungen in diesem Buch angegeben wird, ob sie sich weniger prächtig entwickeln, wie auf den Fotos zu sehen ist, ob rote Farbstoffe unbefriedigend ausgebildet werden und sich keine rötlichen Sproßspitzen entwickeln, die für viele gut beleuchtete Pflanzen typisch sind. Wenn Sie diese Fragen grundsätzlich bejahen müssen, sollten Sie unbedingt die Beleuchtungsstärke Ihres Aquariums erhöhen.

Es wurde zwar betont, daß auf Schattenpflanzen besondere Rücksicht genommen werden muß, weil sie unter Umständen durch eine zu hohe Beleuchtungsstärke geschädigt werden können.

Die Praxis zeigt aber, daß diese Gefahr selten gegeben ist, weil die übliche Aquarienbeleuchtung ohnehin zu schwach ausgelegt ist.

Anders sieht es dagegen in den typischen Holländischen Aquarien aus, die durch ihren hervorragenden Pflanzenwuchs berühmt wurden. Das Geheimnis dieser Aquarien liegt in einer sehr hohen Beleuchtungsstärke, die durch ein Maximum an montierbaren Leuchtstofflampen erreicht wird. Bei genauer Betrachtung dieser Becken ist die Bevorzugung anspruchsvoller, lichtbedürftiger Pflanzen unverkennbar. Diese intensiv beleuchteten Aquarien können als Maßstab für eine optimale Pflanzenpflege angesehen werden. Wenn Sie also an einem ebenso guten und schnellen Pflanzenwachstum interessiert sind, dann sollten Sie diesem Weg folgen und nicht an der Beleuchtungsstärke sparen. Derartige Aquarien sind aber nicht nur sehr pflegebedürftig, weil das schnelle Wachstum der Pflanzen ein regelmäßiges Zurückschneiden und Bepflanzen erforderlich macht, sondern haben auch einen hohen Energiebedarf. Eine, wie die Praxis zeigt, durchaus praktikable Alternative, bei der man mit weit weniger Energie auskommt, besteht darin, daß man nur solche Aquarienpflanzen auswählt, die sich mit geringen bis mittleren Beleuchtungsstärken begnügen. Auch auf diese Weise läßt sich natürlich ein nach holländischen Maßstäben eingerichtetes Aquarium realisieren.

Abschließend sei noch betont, daß sich natürlich nur dann ein befriedigendes Pflanzenwachstum einstellen kann, wenn auch die Wechselbeziehungen zu anderen Wachstumsfaktoren, wie Temperatur, Bodengrund und Nährstoffverhältnisse, beachtet werden.

Die tägliche Beleuchtungsdauer

Die Frage nach der täglichen Beleuchtungsdauer läßt sich am besten beantworten, wenn man sich die Bedingungen vergegenwärtigt, denen Aquarienpflanzen an ihren natürlichen Standorten unterliegen. Fast alle kultivierten Wasser- und Sumpfpflanzen leben in den Tropen und Subtropen zwischen der äquatorialen Zone und einer geografischen Breite von 30°. In Äquatornähe beträgt die tägliche Beleuchtungsdauer ziemlich konstant etwa 12 Stunden. Bei einer geografischen Breite von 10° schwankt die Tageslänge in Abhängigkeit von der Jahreszeit zwischen 11.30 und 12.40 Stunden, bei 20° zwischen 11.00 und 13.20 Stunden und bei 30° geografischer Breite zwischen 10.12 und 14.05 Stunden. In diesem Bereich unterliegen die Pflanzen unter freiem Himmel also einer täglichen Beleuchtungsdauer von etwa 10 bis 14 Stunden. An diesen Tag-Nacht-Rhythmus haben sich die Pflanzen im Laufe der Evolution in starkem Maße angepaßt. Ferner gilt für Arten, die in größerer Wassertiefe leben, daß aufgrund der Reflexionen an der Wasseroberfläche bei niedrigem Sonnenstand die Tageslänge kürzer ist als auf dem Land.

Aus dieser Aussage wurde in der Vergangenheit der Schluß gezogen, daß die Beleuchtungsdauer im Aquarium nur 8-10 Stunden betragen muß. Dieser Folgerung muß aber energisch widersprochen werden, weil ihre Umsetzung zu erheblichen Pflanzenverlusten führen kann! Die obigen Angaben müssen nämlich viel stärker differenziert werden: Einerseits ist zu berücksichtigen, daß die geringste Beleuchtungsdauer von 10 Stunden bei einer geografischen Breite von

30° nicht kontinuierlich das ganze Jahr andauert, sondern nur in einer kurzen Zeitspanne von wenigen Wochen im „Winter" besteht und sich danach langsam wieder auf 14 Stunden erhöht. Andererseits lebt nur eine relativ geringe Zahl von Aquarienpflanzen an den Habitaten dauerhaft in größerer Wassertiefe, wo die Reflexionen in der Tat den Unterwassertag erheblich verkürzen. Für alle anderen Arten aber, d. h. also die meisten Aquarienpflanzen, haben die Reflexionen an der Wasseroberfläche keine wesentliche Auswirkung auf die Beleuchtungsdauer.

Wie bei vielen anderen Faktoren, müßte deshalb auch bei der Frage nach der optimalen Beleuchtungsdauer von Art zu Art differenziert werden. Weil dieses aufgrund vielfach unzureichender Kenntnisse der natürlichen Standorte gar nicht möglich ist, ist in dieser Hinsicht ein Mittelweg empfehlenswert, der möglichst allen Pflanzen gerecht wird. Dieser Kompromiß besteht in einem Minimum der Beleuchtungsdauer von 12 Stunden. Die maximale Beleuchtungsdauer ist weniger kritisch und kann bei etwa 15 Stunden liegen. Allerdings wird die Assimilationsleistung ab einer bestimmten Beleuchtungsdauer nicht weiter gesteigert, weshalb ihre Verlängerung keinen positiven Einfluß ausübt. Ferner ist noch zu beachten, daß eine zu geringe Lichtstärke niemals durch eine Verlängerung der Beleuchtungsdauer ausgeglichen werden kann.

Um möglichst vielen Pflanzen im Aquarium gerecht zu werden, liegt die empfehlenswerte tägliche Beleuchtungsdauer zwischen 12 und 13 Stunden. Eine Absenkung auf bis zu 10 Stunden täglich wird zwar von vielen Pflanzen vorübergehend vertragen, wie Versuche der Verfasserin zeigten, brachen einige Arten unter diesen Bedingungen aber schon nach mehreren Wochen innerhalb weniger Stunden vollständig zusammen.

Der kurios anmutenden, praxisfremden und pflanzenschädlichen Forderung eines Autors nach einem „Regentag", also einem eintägigen Ausschalten der Aquariumbeleuchtung pro Woche, muß ebenfalls energisch widersprochen werden. Selbst wenn es in den Tropen einmal den ganzen Tag ununterbrochen regnen sollte, was sehr selten ist, verringert sich dabei nicht die Beleuchtungsstärke auf Null.

Der Bodengrund im Aquarium

Die meisten der kultivierten Aquarienpflanzen sind Sumpfpflanzen, die ihren Nährstoffbedarf zum größten Teil über ein ausgedehntes Wurzelwerk dem Bodengrund entnehmen und nur zu einem kleineren Teil über die Oberfläche der Pflanze decken. Nur bei den echten Wasserpflanzen sind die Wurzeln so weit reduziert, daß ihre Aufgabe im wesentlichen in der Verankerung und nur zu einem geringeren Maße in der Aufnahme von Nährstoffen besteht. Diese Pflanzen ernähren sich fast ausschließlich durch die im freien Wasser vorhandenen Ionen, die dort allerdings in weitaus geringerer Menge vorhanden sind als im Bodengrund.

Obwohl in der Vergangenheit viel über die Beschaffenheit des Bodensubstrates diskutiert wurde, kann aber grundsätzlich nicht in Frage gestellt werden, daß dem Bodengrund eine wichtige Bedeutung für die Ernährung der Aquarienpflanzen zukommt. Besteht der Wunsch nach einem optimalen Pflanzenwachstum, ist deshalb schon bei der Einrichtung eines Aquariums darauf zu achten, daß ein Bodenmaterial gewählt wird, das ausreichend Nährstoffe enthält. Flüssigdünger, die dem Aquarienwasser zugegeben werden, dienen nur als Ergänzung, stellen aber keinen Ersatz für einen nährstoffreichen Bodengrund dar.

Bei der Wahl des Bodensubstrates sind folgende Faktoren zu berücksichtigen:

- Der Bodengrund sollte keine oder nur in sehr geringem Maße Stoffe enthalten, die faulen können (z.B. Humus).
- Das Porenvolumen muß so groß sein, daß einerseits die Belüftung und Wasserbewegung im Boden nicht gehemmt sind und andererseits den Wurzeln ein leichtes Eindringen ermöglicht wird. Nur dann ist ein optimaler Stoffaustausch der Pflanzen gewährleistet.
- Es sollte ein nährstoffreiches Substrat verwendet werden.
- Der Bodengrund sollte eine saure bis neutrale Reaktion aufweisen (Überprüfung mit mindestens 6%iger Salzsäure; bei starkem Schäumen enthält das Substrat zu viel Kalk). Nur wenige Aquarienpflanzen (z.B. *Cryptocoryne affinis*, *C. crispatula* oder *Vallisneria*-Arten)

reagieren auf einen alkalischen pH-Wert des Bodengrundes mit besserem Wachstum als in einem sauren Milieu.

Im Kapitel über den Bodengrund als Nährstoffquelle (S. 18–20) wurde darauf hingewiesen, daß sich am natürlichen Standort Lehmböden (Gemisch aus Sand und Ton) mit einem hohen Humusanteil am günstigsten auf das Pflanzenwachstum auswirken. Auch Bodengrundanalysen (siehe Horst 1986) zeigen, daß das Nährstoffdepot in den natürlichen Gewässerböden im allgemeinen erheblich größer ist als im Aquarienboden. Allerdings lassen sich aber die Standortverhältnisse nur begrenzt auf das Aquarium übertragen, weil im Unterschied zum natürlichen Habitat im Aquarium einerseits weniger Bodenorganismen für eine gute Durchlüftung sorgen, andererseits eine ausreichende Strömung im Bodengrund fehlt. Zudem ist das Verhältnis von Wasser zu Bodengrund im Aquarium erheblich kleiner als im natürlichen Lebensraum, wo Fäulnisprozesse eine andere Auswirkung haben als im künstlichen Biotop.

In der Tat sind manche Wasserpflanzen in der Lage, sich ihren natürlichen Lebensbedingungen derart anzupassen, daß sie sogar in stark verschlammten, schlecht durchlüfteten und von Sauerstoffarmut geprägten, anaeroben Böden ausgezeichnet gedeihen, möglicherweise sogar dieses Milieu bevorzugen. Die Zahl der in solchen Böden vorkommenden Wasserpflanzen beschränkt sich aber nur auf wenige Arten, beispielsweise einige Seerosengewächse und Ludwigien, die aufgrund vielfältiger morphologischer Anpassungen (großlumiges Hohlraumsystem, reiches Durchlüftungsgewebe, Atemwurzeln) dennoch eine Wurzelatmung zulassen. Es muß mit allem Nachdruck betont werden, daß die meisten Wasserpflanzen in einem derartig extremen Milieu nicht gedeihen können. Zwar enthalten die Böden, auf denen viele Aquarienpflanzen an ihren natürlichen Habitaten wachsen, häufig einen Anteil an Humusstoffen, doch läßt sich anhand von Bodenprofilen zeigen, daß dort eine ausreichende Durchlüftung und Sauerstoffversorgung gewährleistet ist, weil es sich gewöhnlich um ein Gemisch aus verschiedenen Bestandteilen handelt.

Da die Böden natürlicher Standorte häufig Humus enthalten, führte diese Erkenntnis in der

Aufgrund morphologischer Anpassungen ist *Nymphaea micrantha* in der Lage, auf sauerstoffarmen Böden zu gedeihen (natürlicher Standort im Senegal)

Vergangenheit gelegentlich zu dem folgenschweren Trugschluß, daß für ein gutes Pflanzenwachstum im Aquarium dem Bodengrund unbedingt organisches Material in großen Mengen zugesetzt werden muß. Die Kulturerfahrungen, u.a. auch einige Experimente der Verfasserin, haben aber immer wieder gezeigt, daß die Verwendung von viel organischem Material (Maulwurfserde, Wiesenerde, Einheitserde usw.) als Bodensubstrat im Aquarium zwar in den ersten Monaten zu ausgezeichneten Wachstumserfolgen führen kann, dann aber die Pflanzenbestände aufgrund einer starken Verdichtung sowie zu geringer Durchlüftung des Bodengrundes zusammenbrechen. Ebenso ist auch die ausschließliche Verwendung von Lehm, Ton, Laterit oder ähnlichen Bodensubstraten im Aquarium grundsätzlich abzulehnen, weil sie aus den genannten Gründen nach ein paar Monaten unweigerlich ein Absterben der Wurzeln zur Folge haben.

Als Konsequenz aus den oben diskutierten Zusammenhängen ist grober, ungewaschener, kalkarmer Sand als Hauptbestandteil des Bodengrundes zu empfehlen. Dieser kann mit Quarz-

kies mit einer maximalen Körnung von 1–3 mm abgedeckt werden. Je nach Nährstoffansprüchen der Pflanzen können dem Sand geringe Mengen an Lehm und Ton sowie die im Zoofachhandel angebotenen Lateriterden (denen gewöhnlich weitere Spurenelemente zugesetzt sind) hinzugefügt werden (nicht vermischen), um das Nährstoffdepot des Bodengrundes für die Pflanzen zu vergrößern. Beim Einsatz derartiger Zusätze besteht aber immer die Gefahr, daß sie den Bodengrund mit der Zeit zu sehr verdichten. Um den Folgen der Verdichtung und Verhärtung langfristig entgegenzuwirken, gibt es verschiedene Möglichkeiten:

– Empfehlenswert ist der Einsatz einer Bodenheizung oder die Anbringung der Vorschaltgeräte von den Leuchtstofflampen unter dem Aquarienboden. Die dadurch bedingte Erwärmung des Grundes bewirkt eine leichte aufsteigende Strömung des Wassers und infolgedessen die Durchlüftung des Bodengrundes. Denselben Effekt erzielt man auch, wenn das Aquarium (mit mehreren Zentimetern Abstand) über einem Heizungskörper aufgestellt wird.

- Eine Pflege von Turmdeckelschnecken ist sinnvoll. Bei einem guten Bodengrundklima ist die Vermehrung der Schnecken allerdings manchmal derart explosionsartig, daß man sie regelmäßiges absammeln muß. Dieses ist zum Beispiel mit einem auf den Boden des Aquariums gelegten und zum leichteren Herausziehen mit einer Schnur versehenen Apfelstück möglich, auf dem sich die Turmdeckelschnecken nach einiger Zeit sammeln.
- Ein gelegentliches und stellenweises Auflockern des Bodengrundes – zum Beispiel beim Reinigen oder Bepflanzen – wirkt sich ebenfalls sehr wachstumsfördernd aus.

Diese Maßnahmen verhindern aber nicht, daß im Laufe der Jahre der Bodengrund an Nährstoffen verarmt. Bedauerlicherweise bietet der Zoofachhandel bisher keine vergleichbaren Präparate zur Düngung des Bodengrundes an, wie sie für Topfpflanzen seit vielen Jahren üblich sind. Düngestäbchen oder Granulatdünger für Topfpflanzen sind im Aquarium mit Vorsicht zu verwenden und nur in geringer Dosis kontrolliert einsetzbar.

Das Wasser im Aquarium

Die Wechselbeziehungen zwischen Kohlenstoffverbindungen, pH-Wert und Karbonathärte

Für die Ernährung von Höheren Pflanzen stellt der Kohlenstoff ein lebensnotwendiges Element dar. Im Unterschied zu Landpflanzen, die ihren Kohlenstoffbedarf ausschließlich aus dem Kohlendioxidgehalt der Luft entnehmen, versorgen sich dagegen die Wasserpflanzen mit diesem Nährelement im wesentlichen aus den verschiedenen anorganischen Kohlenstoffverbindungen im Wasser (CO_2 = Kohlendioxid, H_2CO_3 = Kohlensäure, HCO_3^- = Hydrogenkarbonat, CO_3^{2-} = Karbonation, $Ca(HCO_3)_2$ = Kalziumhydrogenkarbonat).

Für die Photosynthese der Pflanzen im Aquarium bildet das Kohlendioxid, das durch die Verbindung mit Wasser zur Kohlensäure wird, einen der wichtigsten Nährstoffe. Bei einem niedrigen pH-Wert sind überwiegend freies Kohlendioxid und Kohlensäure vorhanden. Wird nun durch die Assimilationstätigkeit der Pflanzen dem Aquariumwasser Kohlendioxid entzogen, hat dies – von anderen Faktoren, beispielsweise der Atmung der Fische, einmal abgesehen – eine Erhöhung des pH-Wertes zur Folge. Sobald das im Wasser vorhandene freie Kohlendioxid aufgebraucht ist, verhalten sich die Pflanzen sehr verschieden. Während es bei einigen Arten zum Wachstumsstillstand kommt (zum Beispiel bei allen bisher untersuchten Wassermoosen, u.a. *Fontinalis antipyretica*), sind andere Aquarienpflanzen im Unterschied dazu fähig, auch die Hydrogenkarbonationen zu assimilieren und zu verwerten (biogene Entkalkung), wodurch sich der pH-Wert weiter erhöht. Die Folge ist eine Ausfällung des unlöslichen Kalziumkarbonats ($CaCO_3$), was durch Kalkkrusten auf den Blattflächen dieser Pflanzen sichtbar wird. Durch wissenschaftliche Experimente ist nachgewiesen, daß der pH-Wert durch den Verbrauch von Hydrogenkarbonationen von Wasserpflanzen auf etwa 11 erhöht werden kann. Viele Arten, die auf das Vorhandensein von freiem Kohlendioxid angewiesen sind, stellen aber schon früher ihr Wachstum ein. Bisherige Fehlschläge mit der Kultur von seltenen, an besondere Milieubedingungen angepaßten Arten haben möglicherweise hierin ihre Ursache.

Zahlreiche Untersuchungen natürlicher Biotope zeigen, daß die meisten Aquarienpflanzen in einem schwach sauren, kalk- und salzarmen Wasser leben, das ausreichend freies Kohlendioxid und Kohlensäure enthält. Obwohl viele dieser Pflanzen in gewissen Grenzen anpassungsfähig sind und eine relativ breite pH-Toleranz besitzen, bevorzugen sie aber vermutlich das oben geschilderte Milieu. Andere Wasserpflanzen sind aber aufgrund ihrer extremen Abhängigkeit von freiem Kohlendioxid nicht oder nur in geringem Maße fähig, dem Wasser Hydrogenkarbonat zu entziehen. Für ihre Photosynthese ist deshalb im Aquarium vor allem ein ausreichendes Angebot von freiem Kohlendioxid notwendig. Nur eine relativ geringe Anzahl von tropischen Wasserpflanzen besiedelt natürliche Habitate mit kalkreichem Wasser und einem alkalischen pH-Wert. Pflanzen dieser Gewässer zeichnen sich im allgemeinen dadurch aus, daß sie bei starker Photosynthese das notwendige Kohlendioxid zusätzlich den vorhandenen Kalziumhydrogenkarbonationen entziehen können.

Die Konsequenz aus diesen chemisch-biologischen Zusammenhängen, die sich aus zahlreichen Biotop- und Laboruntersuchungen ergeben, ist die Notwendigkeit, im Aquarium einen pH-Wert einzustellen, der einer möglichst großen Zahl von Pflanzen mit unterschiedlichen Ansprüchen gerecht wird. Ein derartiger pH-Wert sollte ungefähr im Bereich zwischen 6,2 und 7,2 liegen.

Stark assimilierende Aquarienpflanzen verbrauchen eine große Menge an CO_2, weshalb es häufig erforderlich ist, diesen Nährstoff zu ergänzen und zusätzlich den pH-Wert in dem genannten Bereich zu halten. Um eine Düngung mit CO_2 zu ermöglichen, bietet der Zoofachhandel verschiedene Geräte an. Es muß aber betont werden, daß nur dann eine Notwendigkeit zur CO_2-Zufuhr besteht, wenn das Aquarium einerseits sehr dicht bepflanzt sowie gut beleuchtet ist und andererseits die natürliche Kohlendioxidproduktion, u.a. durch die Atmung der Fische und Oxidationsprozesse, für die Ernährung der Pflanzen nicht ausreicht, was durch eine Kalkausfällung angezeigt wird. Besonders die Messung des pH-Wertes und seine regelmäßige Kontrolle geben Aufschluß über die Zweckmäßigkeit einer CO_2-Düngung. In diesem Zusammenhang ist es wichtig zu wissen, daß das Kohlendioxid in sehr hoher Konzentration giftig auf die Fische wirkt, und daß es auch Fischarten gibt, die keine niedrigen pH-Werte vertragen. Deshalb sind bis zur Einstellung eines optimalen CO_2-Gehaltes regelmäßige Messungen durch CO_2-Tests erforderlich (Herstellerangaben beachten).

Wichtig für die Kultur von Aquarienpflanzen ist aber nicht nur die Kenntnis von den engen Wechselbeziehungen zwischen dem pH-Wert und dem Kohlendioxidgehalt des Wassers, sondern auch das Verhältnis von der Karbonathärte (auch Alkalität oder Säurebindungsvermögen, SBV, genannt) zum Kohlendioxid. Je höher die Karbonathärte ist, um so mehr Kohlendioxid ist notwendig, um das Kalziumhydrogenkarbonat in Lösung zu halten, also eine Ausfällung von Kalk zu verhindern. Aus diesem Grunde ist es häufig sinnvoll, die meistens hohe Karbonathärte des

Leitungswassers zu entfernen. Empfehlenswert ist zum Beispiel die Teilentsalzung durch einen schwach sauren Kationenaustauscher (u.a. Firma Dennerle). Das aufbereitete Wasser kann dann durch Mischung mit Leitungswasser auf einen günstigen Wert zwischen etwa 2 und 8 °dH eingestellt werden. Aquarienwasser mit noch niedrigerer Karbonathärte besitzt eine sehr geringe pH-Stabilität und ist in erster Linie für die Zucht von manchen Weichwasserfischen erforderlich, nicht aber für die Kultur der meisten Aquarienpflanzen. Wasser mit einer Karbonathärte über etwa 15 °dH stellen für ein optimales Pflanzenwachstum in der Regel ein ungünstiges Milieu dar, weil sich der pH-Wert aufgrund seiner hohen Stabilität nur in geringem Maße regulieren läßt.

Nährstoffversorgung im Aquarium

Charakteristisch für natürliche Gewässer mit reichen Pflanzenbeständen ist immer das Vorhandensein aller zum Wachstum lebensnotwendigen Nährstoffe. Fehlt auch nur ein Nährstoff oder ist er nicht in ausreichender Menge vorhanden, so stellt er nach Liebigs „Gesetz des Minimums" (1855) den begrenzenden Wachstumsfaktor dar. Im Unterschied zum natürlichen Wasser sind im Leitungswasser viele der für die Pflanzen essentiellen Nährstoffe wie Eisen, Kalium, Mangan, Natrium usw. nicht oder nur in ungenügenden Mengen enthalten, andere Nährelemente wie Stickstoff und Phosphor liegen dagegen meistens in zu hoher Konzentration vor. Es ist deshalb gelegentlich notwendig, dem Aquarienwasser einen Dünger zuzusetzen, in dem alle für das Wachstum der Pflanzen verfügbaren Nährstoffe in einer günstigen Kombination vorliegen. Ferner ist es hin und wieder erforderlich, auftretende Mangelerscheinungen – z.B. Eisenmangel – durch einen speziellen Dünger, der Spurenelemente enthält, zu beseitigen. Das Angebot an Düngemitteln im Fachhandel ist groß, und eine Empfehlung kann deshalb nicht ausgesprochen werden. Grundsätzlich ist aber mit derartigen Präparaten sehr vorsichtig und sparsam umzugehen. Zunächst sollte eine geringere Dosis als vom Hersteller angegeben verwendet sowie die Reaktionen abgewartet werden. Ein Zuviel an Nährstoffen hat häufig einen verheerenden Algenwuchs zur Folge! Schließlich sollte auch nicht vergessen werden, daß die Nährstoffe von jeder Pflanzenart in einer unterschiedlichen Menge und Zusammensetzung aufgenommen werden. Um den Nährstoffbedarf einer bestimmten Aquarienpflanze zu ermitteln, sind wissenschaftliche Laborexperimente erforderlich, die bisher aber weitestgehend fehlen. Die Ergebnisse könnten die Grundlage für eine optimale Nährstoffversorgung sein (die bisher nicht gezielt möglich ist) und auftretende Mangelsymptome bei Aquarienpflanzen leichter erkennen helfen. Die zukunftsorientierte Aquaristik ist aufgefordert, sich mit derartigen Fragestellungen verstärkt auseinanderzusetzen.

Wasserbewegung

Wie auf S. 20 ausführlich erläutert wurde, kommt der Wasserbewegung eine wichtige Funktion für die Photosynthese der Pflanzen zu. Aus diesem Grunde ist unbedingt – allen anderslautenden Empfehlungen zum Trotz – darauf zu achten, daß in bepflanzten Aquarien immer für eine ausreichende Wasserbewegung gesorgt ist. Sie wird besonders dann notwendig, wenn das Aquarium nur gering mit Fischen besetzt ist und die Wasserzirkulation stagniert. Zu beachten ist ferner, daß die Ansprüche der einzelnen Aquarienpflanzen auch im Hinblick auf die Wasserbewegung sehr unterschiedlich sind. Rückschlüsse können aus den ökologischen Daten gezogen werden, die sich bei den Beschreibungen der einzelnen Arten finden.
Die erforderliche Wasserbewegung wird in der Regel am besten durch einen Filter mit geringer bis mittlerer Leistung erreicht. In Aquarien ab etwa 500 l Inhalt ist der Einsatz von zwei Filtern empfehlenswert, von denen einer sehr langsam läuft und biologisch arbeitet, während der andere in erster Linie für die mechanische Reinigung des Wassers sorgt und zugleich eine gute Wasserzirkulation bewirkt. Ein Abstellen des Filters während der Nacht, wie dieses gelegentlich empfohlen wird, stellt aufgrund von schnell auftretendem Sauerstoffmangel, vor allem in dicht bepflanzten Aquarien, nicht nur im Hinblick auf

die Fische eine Tierquälerei dar, sondern hat aufgrund der Stagnation des Wassers auch eine negative Auswirkung auf den Gasaustausch und den Stoffwechsel der Pflanzen.

Die Bedeutung des Sauerstoffs

Es ist unbestritten, daß der Sauerstoff im Aquarium eine wichtige Funktion erfüllt. Im Aquarium stehen den Sauerstoffproduzenten die Sauerstoffzehrer gegenüber, zu denen vor allem die Pflanzen während der Dunkelphase sowie alle Mikroorganismen gehören. Der Anteil des durch Fische verbrauchten Sauerstoffs ist dagegen vergleichsweise gering. Im Laufe des Tages steigt der Sauerstoffgehalt im Aquarium im wesentlichen als Folge der Assimilationstätigkeit der Pflanzen an und erreicht am Abend seinen Maximalwert. Ferner kann eine Sauerstoffaufnahme des Wassers durch die Bewegung an der Wasseroberfläche erfolgen. Als Folge einer intensiven Assimilation der Pflanzen kommt es gelegentlich zu einer hohen Übersättigung des Wassers von mehreren hundert Prozent. So stellte die Verfasserin in einem Teich, der dicht mit *Elodea canadensis* verkrautet war, einen Sauerstoffgehalt von 198% fest. Dieser Wert zeigt aber ein Ungleichgewicht an, nämlich, daß die Bildung des Assimilationssauerstoffs im Wasser schneller erfolgt als die Sauerstoffabgabe an die Atmosphäre und Sauerstoffzehrung durch die Organismen im Wasser. Eine derart hohe Übersättigung wird aber im Aquarium niemals erreicht. Der Sauerstoffbedarf der Organismen steigt mit der Temperatur an, da die Atmungsintensität ebenfalls mit der Temperatur zunimmt. Andererseits ist der Sättigungswert des Sauerstoffs im Wasser in hohem Maße von der Temperatur abhängig. Dieser beträgt bei 20 °C etwa 9,4 mg/l, bei 25 °C – 8,6 mg/l und bei 30 °C – 8,0 mg/l.
Seit Mitte der 80er Jahre wird über die Bedeutung des Sauerstoffs im Aquarium und seine Auswirkung auf das Pflanzenwachstum kontrovers diskutiert. Dabei wurde von einem Autor wiederholt eine unhaltbare Auffassung vertreten, obwohl zahlreiche Fachleute mit überzeugenden Argumenten bereits mehrfach widersprochen haben. Dennoch wiederholt dieser seine bedenklichen und gefährlichen Thesen

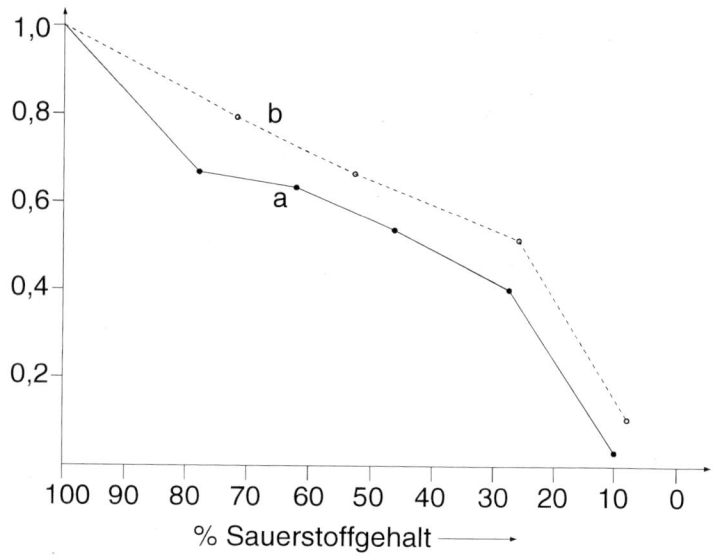

Abb. 3. Relative Atmungsintensität höherer Wasserpflanzen bei fallendem Sauerstoffgehalt.
a *Fontinalis antipyretica*; b *Lagarosiphon major* (Nach GESSNER und PANNIER 1958).

auch in jüngster Zeit (Krause u.a. 1990) immer wieder von neuem in Zeitschriftenartikeln und Büchern in hartnäckiger Weise. Aus diesem Grunde möchte ich im folgenden die wichtigsten Argumente und Behauptungen referieren, mit denen er seine Thesen stützt:

Angeblich fördert ein niedriger Sauerstoffgehalt erheblich den Wuchs submerser Wasserpflanzen und ist das auffälligste Kennzeichen von Aquarien mit gut wachsender Bepflanzung. In Aquarien mit einem hohen Sauerstoffgehalt kommt es dagegen leicht zu Nährstofflücken und Wuchsstockungen. Aquarien mit gutwüchsigen Pflanzen weisen regelmäßig sehr niedrige Sauerstoffgehalte zwischen 3 und 4 mg/l (morgens) und 6 mg/l (abends) auf. Es wird ein Sauerstoffgehalt angestrebt, der abends nicht über 5 mg/l liegt, weil Pflanzen unter einem hohen Sauerstoffgehalt leiden können. Liegt der Sauerstoffgehalt über diesem Wert, wird empfohlen, den Filter langsamer laufen zu lassen, die Lichtintensität zu reduzieren, reichlicher zu füttern und dichter zu bepflanzen, um eine gegenseitige Abschattung zu fördern. Dieser Autor hat durch

eigene Messungen festgestellt, daß tropische Pflanzenbiotope regelmäßig niedrige Sauerstoffgehalte aufweisen (zwischen 3,5 und 5,5 mg/l). Er führt ferner an, daß die meisten beliebten Aquarienfische an erstaunlich niedrige Sauerstoffgehalte gewöhnt sind. Üppige Wasserpflanzenbestände in der Natur sind seiner Ansicht nach meist an den Austritt von Grundwasser gekoppelt, weil die Ursache in dem hohen Nährstoffangebot des fast sauerstofffreien Grundwassers liegt. Flußabwärts entstehen empfindliche Nährstofflücken, die weiteren Pflanzenwuchs verhindern. Soweit eine knappe Zusammenfassung der wichtigsten Behauptungen.

Im folgenden werden Gegenargumente genannt, die diese Thesen schnell widerlegen. Sie stützen sich einerseits auf gesicherte wissenschaftliche Erkenntnisse sowie auf zahlreiche Messungen, die sowohl in Aquarien als auch an vielen natürlichen Standorten von mehreren Autoren, aber auch von der Verfasserin durchgeführt wurden. Ferner wurden die Auswirkungen einer gezielten Erhöhung des Sauerstoffgehaltes, die durch Oxydatoren bewirkt wurde, auf den Pflanzenwuchs im Aquarium über mehrere Jahre hinweg beobachtet.

Die Gegenargumente:
- Wissenschaftlich gesicherte Untersuchungen an zahlreichen Wasserpflanzen zeigen, daß die Atmungsintensität höherer Wasserpflanzen abhängig ist von dem Sauerstoffgehalt des Wassers. So sinkt ihre Atmung bei fallender O_2-Spannung, während ein mit Sauerstoff übersättigtes Wasser zu einer deutlichen Atmungssteigerung der Wasserpflanzen führt (Gessner 1959). Ebenso verhält sich die Atmung der Wurzeln, für die der Sauerstoffgehalt schnell zum begrenzenden Faktor werden kann, weshalb eine gute Durchlüftung des Bodengrundes (nicht nur bei Landpflanzen, sondern auch bei den meisten Wasserpflanzen) gewährleistet sein muß. Da die Atmungsintensität einer Pflanze ein Indikator für ihre Stoffproduktion, d. h. auch für ihre Wachstumsgeschwindigkeit ist, wirkt sich ein hoher Sauerstoffgehalt des Aquariumwassers günstig aus.
- Es ist falsch, daß tropische Pflanzenbiotope meistens sauerstoffarm sind. Zahlreiche Messungen haben ergeben, daß natürliche Gewässer mit dichten Pflanzenbeständen nicht nur einen niedrigen, sondern auch einen sehr hohen Sauerstoffgehalt, der über der Sättigung liegt, aufweisen können (zwischen 4 und 14 mg/l, in Schwarzwasserbächen auch zwischen 2,3 und 3,5 mg/l, siehe auch Horst 1986). Ferner muß der Behauptung energisch widersprochen werden, daß besonders üppige Pflanzenvorkommen meist an Grundwasserquellen gekoppelt sind. Die Verfasserin sah unzählige Biotope ohne Grundwasserquellen, z.B. kleine temporäre Gewässer mit dichten Pflanzenbeständen oder Flüsse, die über mehrere Kilometer hinweg ein gleichmäßiges, massenhaftes Auftreten von Wasser- und Sumpfpflanzen aufwiesen.
- Während der Dunkelphase sind die Pflanzen auf die Sauerstoffzufuhr von außen angewiesen. Ist der Sauerstoffgehalt des Aquariumwassers während der Nacht sehr gering, kann er nicht nur auf für Fische tödliche Werte sinken, sondern sich aufgrund herabgesetzter Atmung auch auf das Wachstum der Pflanzen negativ auswirken.

- Die Folge von vielen schnell wachsenden Pflanzen im Aquarium wird aufgrund ihrer starken Assimilation immer eine hohe Sauerstoffkonzentration sein; diese kann als Maß für ein optimales Aquarium angesehen werden. Sauerstoffmessungen in den für ihren ausgezeichneten Pflanzenwuchs berühmten „Holländischen Aquarien" zeigen bei normalem technischen Aufwand, aber intensiver Beleuchtung und CO_2-Düngung, einen Anstieg des Sauerstoffgehaltes morgens von etwa 70% auf 130% der Sättigung gegen Abend. Bei diesen Betrachtungen muß allerdings differenziert und berücksichtigt werden, daß die unterschiedliche Wachstumsgeschwindigkeit der einzelnen Pflanzenarten den Sauerstoffgehalt verschieden stark beeinflussen. Ein Aquarium mit vorwiegend langsam wachsenden Arten wird einen niedrigeren Sauerstoffgehalt aufweisen als ein solches mit ausschließlich schnell wachsenden Arten.
- Nährstoffmangel kann sowohl bei niedrigen als auch bei hohen Sauerstoffwerten auftreten. Der Sauerstoffgehalt mehrerer Aquarien wurde mittels Oxydatoren künstlich erhöht und diese Aquarien über mehrere Jahre hinweg beobachtet. Es wurde nicht nur ein sichtbar besseres Pflanzenwachstum beobachtet, sondern es entstand zusätzlich der positive Nebeneffekt, daß ein Blaualgenwachstum in mehreren Fällen gänzlich unterbunden wurde. Dieser Zusammenhang ist eindeutig, die Gründe hierfür sind aber noch unklar. In den untersuchten Aquarien war nur eine gelegentliche Düngung (höchstens alle 4 Wochen) erforderlich, die nicht infolge einer Nährstoffoxydation, sondern durch einen verstärkten Nährstoffverbrauch aufgrund des guten Wachstums der Pflanzen notwendig wurde.
- Eine Reduktion ausgefällter Nährstoffe sowie eine bessere Verfügbarkeit von Pflanzennährstoffen erfolgt nur bei derart niedrigen Sauerstoffwerten, die für alle Organismen im Aquarium gefährlich und vielfach sogar tödlich sind. Die heutigen Dünger für Wasserpflanzen enthalten Chelatoren (Komplexbildner), die leicht oxydierende Nährstoffe binden.
- Es ist wissenschaftlich schon seit vielen Jahren bewiesen, daß ein hoher Sauerstoffgehalt des Wassers einen direkten fördernden Einfluß

auf das Pflanzenwachstum hat sowie ein wichtiger Faktor für die Verbreitung und Biotopbindung einzelner Arten ist. Das Vorkommen von Arten aus den Familien Podostemaceae und Hydrostachyaceae beschränkt sich beispielsweise auf tropische Wasserfälle, weil ihre Atmungsintensität und ihr Sauerstoffbedarf außerordentlich hoch sind. Bei zu niedrigen Sauerstoffwerten gehen die Pflanzen zu Grunde, die wichtigste Ursache für das Scheitern der Kulturversuche im Aquarium. Auch *Aponogeton madagascariensis* (Kiener 1963) wächst infolge seines hohen Sauerstoffbedürfnisses nur in klaren, fließenden und nicht in stehenden Gewässern. Es ist zu vermuten, daß viele vorzugsweise in rasch fließenden Flüssen lebende Wasserpflanzen diese Biotopbindung ebenfalls wegen ihres hohen Sauerstoffbedarfs aufweisen.

Für die Notwendigkeit eines hohen Sauerstoffgehaltes im Aquarium sprechen auch folgende Gründe:

Der Sauerstoffgehalt im Wasser hat für die Aktivität und Vermehrung der Mikroorganismen (z.B. Bakterien) eine fundamentale Bedeutung, denn diese sind für die Selbstreinigung von Gewässern (Oxydation von Schadstoffen zu ungiftigen Endprodukten) verantwortlich. Mit steigendem O_2-Gehalt steigt auch deren Vermehrungsrate an und damit auch die Sauerstoffaufnahme.

Bei einem hohen Sauerstoffgehalt im Aquarium werden folglich pflanzliche und tierische Abfallprodukte (Fischkot, Futterreste, abgestorbenes Pflanzenmaterial) schneller zu unschädlichen Stoffen oxydiert. Deshalb ist ein hoher Sauerstoffgehalt erwünscht.

Alle Sauerstoffverbraucher im Aquarium (Pflanzen, Fische, Mikroorganismen usw.) erzeugen Kohlendioxid, einen der wichtigsten Nährstoffe für das Pflanzenwachstum. Ein hoher Sauerstoffverbrauch wird aber erst durch einen hohen Sauerstoffgehalt ermöglicht. Eine hohe Sauerstoffzehrung verbessert nicht nur das Nährstoffklima, sondern führt zugleich auch zu einer Senkung des pH-Wertes, die meistens erwünscht ist.

Es gibt zwar einige wenige Fischarten, bei denen nachgewiesen wurde, daß sie bei einem geringen Sauerstoffgehalt leben. Da im Aquarium aber eine Vielzahl von Fischarten gepflegt wird,

muß sich die Höhe des Sauerstoffgehaltes nach den höchsten Ansprüchen und nicht nach den niedrigsten richten. Ein zu niedriger Sauerstoffgehalt bedeutet für viele Fische eine Streßsituation und muß als Tierquälerei angesehen werden. Ein plötzlicher Filterausfall führt dann sehr schnell zum Tod der Fische.

Schlußfolgerung

Der Sauerstoffgehalt des Wassers übt auf das Leben von Pflanzen, Tieren und Mikroorganismen eine wichtige Einfluß aus, denn er stellt für ihr Überleben häufig den entscheidenden Faktor dar. Durch optimales Pflanzenwachstum können im Aquarium Sauerstoffwerte bis etwa 130% der Sättigung eintreten. Dieser Wert stellt weder für Fische noch für das Pflanzenwachstum eine schädliche Größe dar. Im Gegenteil: Es ist wissenschaftlich unumstritten, daß ein hoher Sauerstoffgehalt eine positive Wirkung auf alles Leben im Aquarium hat und daß ein extrem niedriger Sauerstoffgehalt des Wassers immer ein Hinweis auf ein negatives, schädliches Milieu darstellt.

Ein hoher Sauerstoffgehalt in einem Pflanzenaquarium erfordert eine häufigere Zufuhr von Nährstoffen. Diese wird aber im wesentlichen durch ein optimales Gedeihen der Pflanzen, das eine erhöhte Nährstoffaufnahme zur Folge hat, bedingt, weniger durch eine Ausfällung von Nährstoffen.

Eine Sauerstoffreduzierung bedeutet immer eine Verschlechterung der Milieubedingungen für alle Organismen. Deshalb sind alle Maßnahmen, die eine absichtliche Senkung des Sauerstoffgehaltes herbeiführen, gefährlich, unbiologisch und unbedingt abzulehnen. Anzustreben ist ein hoher, stabiler Sauerstoffgehalt mit Mindestwerten von morgens 5 mg/l und abends von 8,6 mg/l, die bei 25 °C etwa 60 und 100% der Sättigung entsprechen. Dieser hohe Sauerstoffgehalt kann in erster Linie durch optimal assimilierende Pflanzen erreicht werden. Ferner unterstützen Maßnahmen, wie die Entfernung von Mulm und abgestorbenen Pflanzenresten, ein regelmäßig durchgeführter Wasserwechsel usw. dieses Bestreben.

Je höher der Sauerstoffgehalt ist, umso besser ist das Wuchsklima!

Blütenmorphologie

In den letzten Jahren ist deutlich zu beobachten, daß bei Aquarianern das allgemeine Interesse an der Blütenbiologie und Blütenmorphologie von Aquarienpflanzen aus unterschiedlichen Gründen stark gestiegen ist. Dabei wird die Blütenbildung einerseits als Höhepunkt einer erfolgreichen Pflege angesehen, andererseits stellen die Blütenmerkmale aber auch unentbehrliche Bestimmungshilfen dar. Aus diesem Grunde soll das folgende Kapitel dem Leser eine einfache Darstellung des Blütenbaus und der Blütenstandsformen, die für ein allgemeines Verständnis erforderlich ist, vermitteln.

Die Blüten von *Lobelia cardinalis* sind besonders auffällig gefärbt

Blütenbau

Vollständige Blüten weisen Kelch-, Kron-, Staub- und Fruchtblätter auf. Die Kelchblätter, die meistens grün gefärbt sind, dienen in erster Linie dem Schutz der inneren Blütenorgane während des Knospenstadiums. Die Kronblätter sind in der Regel von auffälliger Form und Farbe, wodurch sie als Lockmittel für bestäubende Insekten dienen. Kelch und Blütenkrone bilden zusammen die Blütenhülle oder das Perianth. Sind Kelch- und Kronblätter gleich gestaltet, nennt man die Blütenhülle Perigon, ihre Teile Tepalen (z.B. bei *Aponogeton*). Bei einer verwachsenblättrigen Krone unterscheidet man die Röhre, den Saum, der häufig in Abschnitte geteilt ist, und den Schlund (z.B. bei *Bacopa, Lindernia, Hemianthus*). Kelch- sowie Kronblätter können frei oder miteinander verwachsen sein.

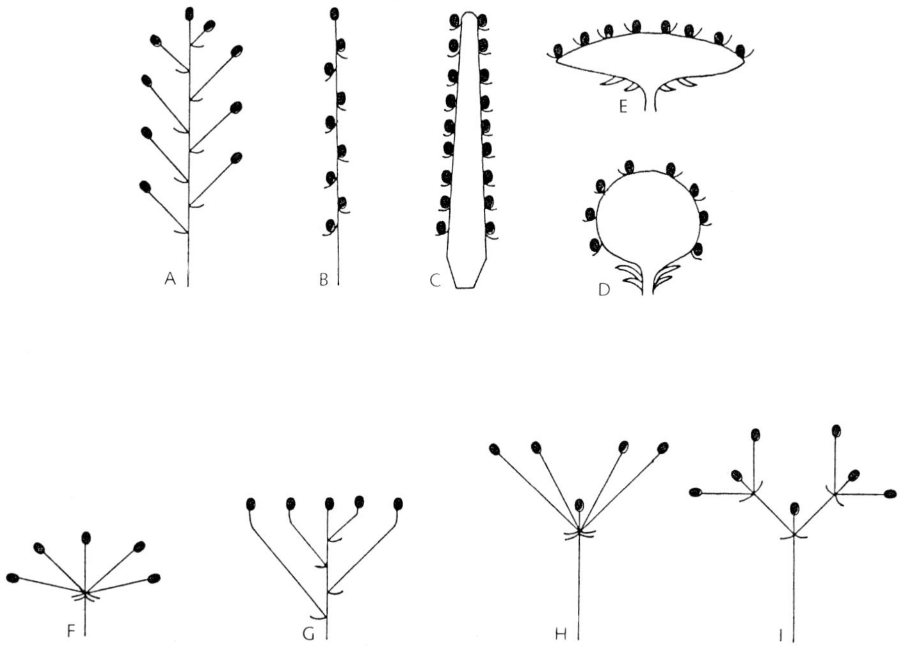

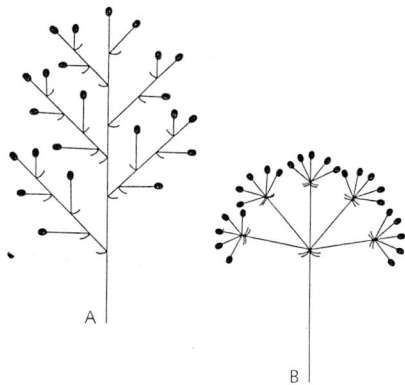

Abb. 4. Einfache Blütenstände. A = Träube, B = Ähre, C = Kolben, D = Köpfchen, E = Körbchen, F = Dolde, G = Schirmtraube, H = Pleichoasium, I = Dichasium.

Abb. 5. Zusammengesetzte Blütenstände.
A = Rispe, B = zusammengesetzte Dolde.

Die Staubblätter bestehen aus dem Staubfaden (Filament) und dem Staubbeutel (Anthere). Der Staubbeutel gliedert sich in zwei Fächer (Theken), jede Theke wiederum in zwei Pollensäcke, in denen der Blütenstaub (Pollen) erzeugt wird. Die beiden Theken sind durch ein Verbindungsstück (Konnektiv) miteinander verbunden; an diesem ist das Filament angeheftet. Im Inneren der Blüte befindet sich der Stempel, der aus Fruchtknoten, Griffel und Narbe besteht. Im Fruchtknoten sind die Samenanlagen, die sich nach der Befruchtung zu Samen entwickeln. Dann schwillt der Fruchtknoten an, und es bildet sich die Frucht.

Blüten, in denen alle Geschlechtsorgane – sowohl Staub- als auch Fruchtblätter – vorhanden sind, nennt man *zwittrig*. Fehlen entweder Staub- oder Fruchtblätter, so liegen *einge-*

Die Blüten von *Utricularia foliosa* sind in einer Traube angeordnet

schlechtliche Blüten vor, und man bezeichnet diese Blüten mit *männlich* (ohne Fruchtblätter) und *weiblich* (ohne Staubblätter). Gewöhnlich befinden sich männliche und weibliche Blüten auf einer Pflanze, dann bezeichnet man sie als *einhäusig* (z.B. *Cryptocoryne*). Sind sie aber auf verschiedene Pflanzen verteilt, handelt es sich um *zweihäusige* Arten (z.B. bei *Vallisneria*).

Blütenstandsformen

Meistens sind mehrere Blüten zu Blütenständen vereinigt, nur gelegentlich sind sie einzeln angeordnet. Bei den Blütenständen unterscheidet man zwischen *traubigen (racemösen) Blütenständen* mit einer Hauptachse, sowie den *trugdoldigen (cymösen) Blütenständen* mit mehreren, auseinander hervorgehenden Achsen. Zu den traubigen Blütenständen zählt die *Traube*, bei der sich an einer Hauptachse einzelne und etwa gleich lang gestielte Blüten befinden. Im Unterschied zur Traube weist die *Ähre* sitzende Blüten auf, von der sich der *Kolben* durch die verdickte Hauptachse unterscheidet. Eine Verkürzung der Hauptachse führt zum

Köpfchen; dieses heißt *Körbchen*, wenn es stark verbreitet und von Hüllblättern umgeben ist. Eine Traube, bei der alle Blüten etwa in gleicher Höhe stehen, heißt *Dolden- oder Schirmtraube*. Dagegen entsteht bei verkürzter Hauptachse eine *Dolde*, wenn alle Einzelblüten gestielt und von einem Punkt strahlig entspringen. Durch Verzweigung der Seitenachsen wird aus der Traube die *Rispe*. Diese heißt *Doldenrispe*, wenn sich alle Blüten in gleicher Höhe befinden. Werden bei einer Dolde die Einzelblüten gegen Dolden ausgetauscht, entsteht die *zusammengesetzte Dolde*. Eine *zusammengesetzte Ähre* liegt vor, wenn die Nebenachsen wiederum die Form von Ähren aufweisen.

Bei den *trugdoldigen Blütenständen* schließt die Hauptachse mit einer Endblüte ab und ist kürzer als die Seitenachsen, die unterhalb an einem Punkt entspringen und sich weiterverzweigen können.

Je nach Anzahl der Seitenachsen unterscheidet man weitere Blütenstandsformen: *Monochasium* mit einer Seitenachse, *Dichasium* mit zwei Seitenachsen und das *Pleiochasium* (häufig mit Trugdolde bezeichnet) mit mehr als zwei Seitenachsen.

Blütenbiologie

Die Blütenbiologie vieler Wasserpflanzen ist im Pflanzenreich einmalig. Das folgende Kapitel soll deshalb dazu dienen, Einblicke in die häufig faszinierenden Bestäubungsmechanismen zu vermitteln und Anreize für eine weitere Beschäftigung mit diesem interessanten Thema zu schaffen.

Bestäubung durch Tiere, Wind und Wasser

Unter Bestäubung versteht man eine Übertragung des Pollens auf die Narben der Fruchtblätter. Sie erfolgt im allgemeinen durch Tiere sowie mit Hilfe von Wind oder Wasser. Wird eine Blüte mit dem Pollen der Blüte einer anderen Pflanze bestäubt, findet eine *Fremdbestäubung* statt. Eine *Selbstbestäubung* liegt vor, wenn eine Blüte durch ihren eigenen Pollen oder von einer Blüte derselben Pflanze befruchtet wird.

Am häufigsten werden Blüten von Insekten, wie Bienen, Schmetterlinge u.a., bestäubt (*Tierblütigkeit*). Sie werden angelockt durch Blütenfarben und auffällig geformte Blütenorgane (optische Reize) sowie durch Duftstoffe. Bei einem Blütenbesuch finden die Insekten meistens Pollen und Nektar, die ihnen als Nahrung dienen, und vollziehen dabei unbeabsichtigt eine Bestäubung.

Die *Windbestäubung* oder *Windblütigkeit* ist ebenfalls eine häufige Erscheinung im Pflanzenreich, bei der der Pollen durch den Wind übertragen wird. Voraussetzung dafür ist z.B. ein glatter und trockener Pollen, der in großer Menge produziert werden muß, um eine Bestäubung zu gewährleisten.

Bei den meisten Aquarienpflanzen, bei denen es sich ja in der Mehrzahl um Sumpfpflanzen handelt und deren Blüten oder Blütenstände außerhalb des Wassers gebildet werden, erfolgt eine Bestäubung entweder durch Insekten oder/und

durch den Wind. Die Verfasserin konnte an den natürlichen Standorten zum Beispiel häufig Schmetterlinge, Fliegen, Käfer und Bienen beim Bestäuben von Blüten der Gattungen *Echinodorus*, *Nymphaea* und *Sagittaria* beobachten. Interessant ist auch der eindrucksvolle Bestäubungsmechanismus bei *Victoria amazonica*. Öffnet man am natürlichen Standort im Amazonasgebiet eine etwa einen Tag alte, noch weiße Blüte (am zweiten Tag ist sie tiefrot gefärbt), so findet man in ihnen häufig große Käfer. Diese werden von Duftstoffen, der auffälligen weißen Blütenfarbe sowie von einer durch verstärkte Atmung um $10\,°C$ gegenüber der Umgebungstemperatur erhöhte Temperatur angelockt und kriechen am ersten Abend, wenn sie sich öffnet, in die Blüte hinein. Da sich tagsüber die Blüte schließt und die Käfer somit gefangen sind, können sie erst am folgenden Abend zu einer anderen Blüte fliegen, wo sie den fremden, mitgebrachten Pollen auf die Narben übertragen. Hierdurch wird eine Kreuzbestäubung vollzogen, denn nur in der ersten Nacht sind die Narben empfängnisfähig für Blütenstaub. Der Pollen der eigenen Blüte wird erst dann reif, wenn die Narben bereits ihre Empfängnisfähigkeit wieder verloren haben.

Bei einigen „echten" Wasserpflanzen, zum Beispiel *Potamogeton* (Laichkraut) und *Myriophyllum* (Tausendblatt), die ihre Blütenstände dicht über der Wasseroberfläche ausbilden, findet in der Natur häufig eine Windbestäubung statt. Bemerkenswerterweise sind Blüten und Blütenstände solcher Arten ziemlich unscheinbar und weit weniger auffällig geformt und gefärbt als bei Pflanzen, die auf eine Bestäubung durch Insekten angewiesen sind, wie das beispielsweise bei den Gattungen *Nuphar* (Teichmummel) und *Nymphaea* (Seerose) der Fall ist.

Nur bei wenigen Wasserpflanzen erfolgt eine Bestäubung tatsächlich durch das Wasser (*Wasserblütigkeit* oder *Hydrophilie*). Als Anpassung an das Medium fand bei diesen Arten im Laufe

Die Blüten von *Victoria amazonica* werden durch große Käfer bestäubt (fotografiert am Amazonas bei Manaus)

der Evolution oftmals eine starke Spezialisierung statt, die sich insbesondere darin zeigt, daß Lock- und Reizmittel (Blütenfarbe, -form und -größe) sowie häufig auch Blütenzahl und Blütenorgane stark reduziert sind. Manchmal entsenden die Blüten auch keine Duftstoffe mehr, und sie haben ihre Funktion, als Lockmittel für Insekten zu dienen, völlig verloren.

Nur bei ganz wenigen Wasserpflanzen, zu denen *Ceratophyllum* (Hornblatt) und *Najas* (Nixkraut) zählen, wird der im Wasser schwebende Pollen durch das Wasser auf die (weiblichen) Narben übertragen. Die Blütenhülle dieser Arten ist entweder stark reduziert (*Ceratophyllum*) oder fehlt vollständig (*Najas*). Bei anderen Wasserpflanzen dient das Wasser nur als Transportmittel für den Pollen oder die männlichen Blüten, die an der Wasseroberfläche schwimmen und vom Wind auf die weiblichen Narben getrieben werden. Bei manchen Arten, die ihre eingeschlechtlichen Blüten über die Wasseroberfläche emporheben, erfolgt eine Bestäubung manchmal auch durch Regenwasser.

Bei der Kultur von Aquarienpflanzen im Paludarium oder im Gewächshaus fehlen gewöhnlich die natürlichen Bestäuber, so daß häufig eine künstliche Bestäubung durchgeführt werden muß, um eine Samenbildung zu erreichen. Eine Übertragung des Pollens ist leicht mit einem Pinsel oder mit den Fingern möglich. Bei verschiedenen *Aponogeton*-Arten wurde auch ein guter Samenansatz durch die Verwendung von Obstfliegen erzielt, die in einer Plastiktüte über dem Blütenstand eingeschlossen waren.

Blütenbiologie der Froschbißgewächse (Hydrocharitaceae)

Im Pflanzenreich einmalig ist die geheimnisvolle Blütenbiologie innerhalb der Familie der Froschbißgewächse (Hydrocharitaceae), die den Aquarianern vor allem durch die Gattungen *Egeria*, *Elodea*, *Hydrilla*, *Lagarosiphon*, *Ottelia* und

Die auffällige Färbung der Blüten von *Nymphaea rubra* im Thermalsee bei Héviz (Ungarn) dient der Anlockung von Insekten

Vallisneria gut bekannt ist. Innerhalb der 16 Gattungen und der mehr als 100 Arten, bei denen es sich ausschließlich um Wasserpflanzen handelt, findet man sehr differenzierte Bestäubungsmechanismen, deren Erforschung bis heute nicht abgeschlossen ist.

Auffällig sind die regelmäßig auftretende Eingeschlechtigkeit der Blüten und das häufige Vorkommen von zweihäusigen Pflanzen. Es gibt aber auch Arten, die entweder männlich oder weiblich sind oder auch Zwitterblüten aufweisen, wie dies bei *Ottelia alismoides* der Fall ist. Interessanterweise haben die Blüten einiger Arten trotz einer starken Reduktion der Blütenorgane die Fähigkeit, obwohl sich die Blüten unter Wasser nicht öffnen, dennoch eine Bestäubung durchzuführen (kleistogame Blüten) und Samen zu bilden.

Den Aquarianern gut bekannt ist das Auftreten von kleistogamen Blüten bei *Ottelia alismoides* und *Blyxa aubertii*, aber auch bei Arten anderer Familien, z.B. *Barclaya longifolia* (Nymphaeaceae).

Viele Blüten der Froschbißgewächse sind verhältnismäßig klein und unauffällig. Dennoch werden sie häufig von Insekten besucht, die durch Duftstoffe angelockt werden und eine Bestäubung verursachen. Oftmals werden die Insekten mit Nektar belohnt, der aus speziellen Drüsen ausgeschieden wird. Manchmal aber, z.B. bei den Arten der Gattung *Blyxa*, werden die Insekten weder angelockt noch mit Nektar belohnt.

Bei fast allen Froschbißgewächsen spielt der Besuch von Insekten bei der Bestäubung eine wesentliche Rolle. Aber nur bei wenigen Pflanzen liegen konkrete Beobachtungen über die Art der bestäubenden Insekten vor. Gelegentlich wurden kleine Fliegen beobachtet, die die Blüten der verschiedenen Arten aufsuchten. Die einzigen Arten in diesem Verwandtschaftskreis, die nicht durch Insekten, sondern durch den Wind bestäubt werden, sind *Limnobium spongia* und *L. laevigatum*, was durch Beobachtungen in Kultur und an den natürlichen Standorten herausgefunden wurde.

Ein Hinweis auf eine Windbestäubung bei diesen Arten ist zudem das Fehlen von Duftstoffen und Nektar sowie ein sehr trockener Pollen, der leicht vom Wind weggeblasen wird.

Die Blüten der Froschbißgewächse sind sehr zart. Damit sie nicht durch starke Wellenbewegung zerstört werden, haben sich die Pflanzen an das Medium Wasser besonders angepaßt und spezielle Einrichtungen entwickelt. Geraten zum Beispiel die weiblichen Blüten von *Hydrilla verticillata* unter Wasser, so schließen sich die Kronblätter, und durch eine eingeschlossene Luftblase bleiben die Narben trocken. Dagegen werden bei *Egeria* die Blüten bei starker Wasserbewegung etwas über die Wasseroberfläche emporgehoben.

Auch innerhalb der Froschbißgewächse dient nur bei einigen Arten das Wasser selbst als Transportmittel, um eine Bestäubung zu vollziehen. Bei den *Elodea*-Arten schwimmt der unbenetzbare Pollen auf der Wasseroberfläche und wird durch die Wasserbewegung zu den weiblichen Blüten befördert, die ebenfalls auf der Wasseroberfläche schwimmen. Dabei befindet sich um die weibliche Blüte herum eine kleine Vertiefung, durch die männlicher Pollen angezogen wird.

Bei den aquaristisch gut bekannten Gattungen *Vallisneria* und *Lagarosiphon* stellen die männlichen Blüten selbst das Transportmittel dar und übertragen den Pollen direkt auf die Narben der auf dem Wasser schwimmenden weiblichen Blüten. Das Wasser ist aber indirekt dennoch an dem Bestäubungsvorgang beteiligt. Bei *Vallisneria* werden aus einer kurz gestielten Spatha eine Vielzahl von männlichen Blüten entlassen, die als Knospen an die Wasseroberfläche emporsteigen. Sie öffnen sich dort, ihre Hüllblätter biegen sich um, und nun werden die männlichen Blüten durch die Wasserbewegung an die weiblichen herangetrieben. Die weiblichen Blüten schwimmen einzeln an der Wasseroberfläche an einem langen, spiralig gedrehten Stiel. Weil die Narben zur Seite gerichtet sind, sind sie für den Pollen unerreichbar. Erst bei einer Wellenbewegung des Wassers gelangt der Pollen auf die Narben.

Wie bei *Vallisneria* geschildert, schwimmen auch die männlichen Blüten der Gattung *Lagarosiphon* auf den zurückgebogenen Blütenhüll-blättern auf der Wasseroberfläche. Drei fertile Staubblätter sind waagerecht angeordnet, drei weitere Staminodien (sterile Staubblätter) bilden in einer aufrechten Position ein „Segel". Mit diesem driften sie zu den weiblichen Blüten, die etwas vertieft im Wasser liegen, und übertragen so den Pollen auf die Narben.

Unter den Wasserpflanzen sind die Bestäubungsmechanismen der monotypischen Gattung *Hydrilla* einzigartig, weshalb sie an dieser Stelle ebenfalls erwähnt werden sollen. Jede männliche Spatha enthält nur eine männliche Blüte. Zur Reife reißt die Spatha auf, die gasgefüllte Knospe steigt an die Wasseroberfläche empor und schwimmt für etwa 1,5 Stunden auf dem Wasser. Dann öffnet sie sich ruckartig durch einen interessanten Entfaltungsmechanismus und schleudert den Pollen in einem Umkreis von etwa 20 Zentimetern heraus. Die weibliche Blüte bildet an der Wasseroberfläche einen breiten Trichter, der im Wasserspiegel in der Weise eingesenkt liegt, daß nur seine oberen Ränder die Wasseroberfläche erreichen. Im Inneren dieses Trichters befinden sich die Narben. Wird nun der Pollen aus den Antheren der männliche Blüte herausgeschleudert, so fällt ein Teil davon direkt in diesen Trichter der weibliche Blüte hinein und wird so auf die Narben übertragen.

Obwohl die Froschbißgewächse sehr komplizierte Bestäubungsmechanismen ausgebildet haben, sind überraschenderweise an den natürlichen Standorten nur selten Früchte zu finden, was im allgemeinen mit einer ungleichmäßigen Verteilung der Geschlechter zusammenhängt.

Die hier geschilderten faszinierenden Bestäubungsmechanismen der Froschbißgewächse sind zum Teil noch komplizierter, als aus der knappen Darstellung an dieser Stelle hervorgeht. Deshalb kann die weitere Beschäftigung mit diesem interessanten Thema zusätzliche Einblicke in die geheimnisvolle Vielfalt der Blütenbiologie bei Wasserpflanzen eröffnen. Aus diesem Grund sind die Publikationen von C. D. K. Cook (1982 und 1994/1995) zur Vertiefung wärmstens zu empfehlen.

Generative Vermehrung von Aquarienpflanzen

Unter der generativen Vermehrung versteht man eine Fortpflanzung auf geschlechtlichem oder sexuellem Wege, die bei den Blütenpflanzen oder höheren Pflanzen durch Samen erfolgt. Voraussetzung für eine generative Vermehrung sind Blütenbildung, Bestäubung, Befruchtung sowie Entwicklung von Früchten und Samen. (Siehe hierzu auch die Kapitel „Blütenmorphologie" und „Blütenbiologie".)

Obwohl es nur wenige Aquarienpflanzen gibt, die bei der submersen Kultur im Aquarium gelegentlich Blüten ausbilden, und eine Vermehrung durch Samen vorwiegend in Wasserpflanzengärtnereien praktiziert wird, soll der generativen Vermehrung dennoch ein kurzes Kapitel gewidmet werden, vor allem deshalb, weil sich einige Pflanzen nur generativ vermehren lassen.

Aussaat und Anzucht

Wichtigste Voraussetzung für eine erfolgreiche generative Vermehrung sind natürlich reife und keimfähige Samen. Der richtige Zeitpunkt für das Ernten der Samen ist im allgemeinen dann erreicht, wenn sich die Früchte öffnen und die meistens braunen Samen entlassen. Aus verschiedenen Gründen ist manchmal eine sofortige Aussaat unerwünscht; in derartigen Fällen ist es notwendig zu wissen, wie lange die Samen ihre Keimfähigkeit behalten. Bei vielen Aquarienpflanzen gibt es jedoch hierüber nur unzureichende Kenntnisse. Vergleichende Untersuchungen, die das Alter der Samen in Relation zur Keimquote setzen, sind bei Aquarienpflanzen bisher nicht bekannt. Man weiß aber, daß beispielsweise mehrere Jahre alte Samen mancher *Echinodorus*-Arten noch keimfähig sind, dagegen schwimmen die Samen bzw. Früchte von *Aponogeton*- und *Cryptocoryne*-Arten kurze Zeit auf der Wasseroberfläche, wo sie praktisch sofort keimen, anderenfalls verlieren sie sehr schnell ihre Keimfähigkeit. Auch die Temperatur

ist für die Keimung ein wichtiger Faktor. Bei tropischen Aquarienpflanzen führen hohe Temperaturen von 30 °C und mehr meist zu besseren Keimquoten als bei niedrigeren Temperaturen.

Bei der Vielzahl der Aquarienpflanzen erscheint es erstaunlich, daß nur bei wenigen Arten unter Wasser eine Fruchtbildung kleistogamer Blüten beobachtet werden kann. Den Aquarianern ist am ehesten die Bildung von Früchten bei *Barclaya longifolia* und *Ottelia alismoides* geläufig, sie kommt aber auch bei *Blyxa*, *Hydrothrix* und häufig bei *Ludwigia*-Arten vor. Bei *Barclaya* und *Ottelia* platzen die reifen Früchte plötzlich auf, und die Samen verstreuen sich überall im Aquarium, wo sie aufgrund von Lichtmangel gewöhnlich nicht keimen. Mit Hilfe eines Nylonstrumpfes, der über die Frucht gestülpt wird, lassen sich die reifen Samen aber sehr gut auffangen, um dann eine kontrollierte Aussaat durchzuführen. Diese Methode läßt sich natürlich auch bei anderen Arten (z.B. *Aponogeton crispus*) praktizieren.

Es gibt verschiedene Methoden, um eine Aussaat durchzuführen. Bei Sumpfpflanzen werden die Samen im allgemeinen auf feuchter Erde und bei gespannter Luft ausgesät, der Bodengrund kann aber auch aus einem anderen Substrat bestehen, wenn dies ausreichend Nährstoffe enthält. Zusätzlich ist eine gute Beleuchtung notwendig. Die Samen von Wasserpflanzen läßt man im Wasser keimen. Die reifen Samen von *Barclaya* und *Ottelia* zum Beispiel bilden im Wasser nach wenigen Tagen Wurzeln und Blätter. Die Keimlinge werden dann in kleine Töpfe oder Schalen mit einem Lehm-Sand-Gemisch gepflanzt und bei guter Beleuchtung in flaches Wasser eingebracht. Mit ein wenig Geschick läßt sich ein kleiner Topf auch an den Rand des Aquariums hängen. Dieser Topf wird mit Gaze oder einem anderen grobmaschigen Gewebe abgedeckt, damit nicht Schnecken und Fische die noch sehr empfindlichen Pflänzchen beschädigen. Mit zunehmender Größe der Pflanzen wird

Anzucht von *Isoetes velata* var. *sicula* (Brachsenkraut) durch Sporen

die Gaze entfernt. Häufig läßt sich nach einigen Wochen beobachten, daß das Wachstum der Jungpflanzen, möglicherweise aufgrund von Nährstoffmangel, plötzlich stagniert. In einem solchen Fall konnte die Verfasserin das Wachstum wieder anregen, indem die Pflanzen aus dem Substrat herausgenommen und nach dem Kürzen der Wurzeln an einer anderen Stelle wieder neu eingepflanzt wurden.

Eine Anzucht von Jungpflanzen durch Samen ist im allgemeinen langwierig, arbeitsaufwendig und selten rentabel. Aus diesem Grunde wird auch in Wasserpflanzengärtnereien nur bei wenigen Arten eine generative Vermehrung durchgeführt. Sie ist jedoch insbesondere dort sinnvoll, wo eine vegetative Vermehrung nicht ausreichend möglich ist oder nur eine Vermehrung durch Samen erfolgen kann (z.B. *Aponogeton*).

Züchtung von Aquarienpflanzen

Unter der Zucht von Pflanzen versteht man eine Auslese von Varianten, die genetisch unterschiedlich sind. Ziel der Züchtung von Aquarienpflanzen ist es, für die Aquaristik neue Pflanzen zu erhalten, die sich in ihrer Färbung und ihrem Aussehen von den ursprünglichen Arten auffällig unterscheiden. Zusätzlich sind bessere Wachstumseigenschaften erwünscht. In der Zier- und Nutzpflanzenzucht sind derartige Methoden schon seit langem Praxis, in der Aquaristik sind sie dagegen noch relativ neu. Häufig werden genetisch unterschiedliche Eltern zur Züchtung von Hybriden verwendet (gut bekannt bei *Echinodorus*). Ferner können neue Pflanzen auch durch natürliche oder induzierte Mutationen entstehen und ausgelesen (selektiert) werden. Aus zufälligen Mutationen hervorgegangen sind zum Beispiel *Cabomba caroliniana* 'Silbergrüne' und *Echinodorus schlueteri* 'Leopard'. Kreuzungen sollten durch ein Multiplikationszeichen (×) eindeutig gekennzeichnet werden. Auch die Einführung eines Sortennamens ist möglich. Voraussetzung für die Aufstellung einer Sorte ist aber, daß die Eigenschaften der Pflanze genetisch beständig sind, d. h., eine Übertragung aller Merkmale muß von einer Generation auf die andere gewährleistet sein. Sortennamen dürfen nur einer lebenden Sprache entnommen sein und müssen in einfache und obere Anführungszeichen gesetzt werden.

Vegetative Vermehrung von Aquarienpflanzen

Unter einer vegetativen Vermehrung versteht man eine Fortpflanzung auf ungeschlechtlichem Wege. Im folgenden werden die verschiedenen Vermehrungsmethoden vorgestellt, die zur täglichen Praxis der Pflanzenpflege gehören und die auch vom Nicht-Gärtner ohne zusätzliche Einrichtungen leicht durchzuführen sind.

Stecklinge

Ein großer Teil der Aquarienpflanzen bildet kriechende oder aufrecht wachsende Sprosse. Diese Stengelpflanzen gliedern sich in Sproßachse (Stengel), Knoten (Nodien), an denen die Blätter in unterschiedlicher Blattstellung angeordnet sind, und Knotenzwischenstücke (Internodien). Die meisten Stengelpflanzen zeichnen sich im Aquarium durch einen hohen Grad seitlicher Verzweigung aus, die in den Blattachseln ihren Ursprung hat. Diese Seitenäste können abgeschnitten und als Stecklinge verwendet werden, so daß die Vermehrung im allgemeinen keine Schwierigkeiten bereitet. Zu den Arten mit intensiver Bildung von Seitensprossen zählen beispielsweise *Ludwigia*- und *Hygrophila*-Arten, aber auch viele andere häufig gepflegte Aquarienpflanzen.

Innerhalb der Gruppe der Stengelpflanzen gibt es aber auch solche Arten, die nur selten Seitenäste bilden, bei denen aber oftmals eine produktivere Vermehrung erwünscht ist. Zur Förderung der Bildung von Seitensprossen können kräftige Stengel in Teilstücke (Teil- oder Sproßstecklinge) mit etwa zwei bis vier Knoten zerlegt werden. Zum Teilen der Pflanze schneidet man am besten mit einer Schere oder einem scharfen Messer wenig unterhalb des Knotens, an dem dann später die Wurzelbildung erfolgt. An diesem Knoten werden zudem die Blätter entfernt, um Fäulnisbildung im Bodengrund zu vermeiden. Die Sproßspitze der Mutterpflanze wächst als Kopfsteckling unverzweigt weiter. Die restlichen Teilstecklinge werden in den Bodengrund gepflanzt, wo sie nach wenigen Tagen meistens am obersten Knoten Adventivsprosse bilden.

Ein Kürzen zu lang gewordener Stengelpflanzen läßt sich im Aquarium somit sehr einfach durchführen: Die Sproßspitze wird abgetrennt und wieder eingepflanzt, der Rest des Stengels kann ebenfalls zur Teilung dienen, oder er verbleibt im Bodengrund, wo er sich erneut verzweigt.

Die Arten der Gattungen *Ceratophyllum, Egeria, Elodea, Hydrilla, Lagarosiphon* und *Najas* wachsen an den natürlichen Standorten meistens flutend unter der Wasseroberfläche und bilden keine oder nur wenige Wurzeln, mit denen sie sich im Bodengrund verankern. Bei flutendem Wachstum verzweigen sich die Sprosse gewöhnlich reichlich und vermehren sich durch Fragmentation (Zerfall in Teilstücke), so daß die vegetative Vermehrung der Vertreter der genannten Gattungen ebenfalls unproblematisch ist.

Ableger

Auch die Vermehrung durch Ableger, die an mehr oder weniger langen Ausläufern (Seitentriebe mit verlängerten Internodien) kräftiger Mutterpflanzen entstehen, hat in der Aquaristik eine große Bedeutung. Ableger bilden beispielsweise Cryptocorynen, kleinwüchsige *Echinodorus*-Arten sowie Vertreter der Gattungen *Vallisneria* und *Sagittaria*. Auch einige Schwimmpflanzen vermehren sich auf diese Weise. Als Beispiele für eine besonders produktive Vermehrung sind *Eichhornia crassipes* und *Pistia stratiotes*, aber auch *Trapa natans, Hydrocles*- und *Limnobium*-Arten bekannt.

Die Vermehrung durch Ableger stellt den Aquarianer selten vor Probleme. Zu beachten ist aber, daß Ableger nicht zu früh von der Mutterpflanze abgetrennt werden dürfen, da sie sonst nicht oder nur langsam weiterwachsen. Während

Cryptocorynen so wenig wie möglich in ihrem Wachstum gestört werden sollten, ist beispielsweise bei *Echinodorus*- und *Sagittaria*-Arten regelmäßig ein Auslichten von zu dicht gewordenen Beständen und ein Neupflanzen der Ableger erforderlich.

Teilung

Zahlreiche Aquarienpflanzen bilden ein mehr oder weniger langes und verdicktes Rhizom, d. h. einen Wurzelstock, aus, der an den natürlichen Standorten als Speicherorgan die Überwindung ungünstiger Vegetationsperioden ermöglicht. Das Rhizom bei *Anubias barteri* ist zum Beispiel sehr lang, verhältnismäßig dünn und verzweigt sich regelmäßig. Dagegen sind die Rhizome der meisten großwüchsigen *Echinodorus*-Arten auffällig dick, nur wenige Zentimeter lang, und eine Verzweigung ist nur gelegentlich an kräftigen Mutterpflanzen zu beobachten. Um die Vermehrungsrate zu erhöhen, können lange Rhizome mit einem scharfen Messer in 2–3 cm lange Einzelstücke zerteilt werden, die nach Möglichkeit mehrere Sproßknospen aufweisen sollten. Diese Rhizomstücke können im Aquarium an der Wasseroberfläche bei intensiver Beleuchtung treiben, bis sich neue Pflanzen aus den Reserveknospen entwickeln.

Bei *Anubias*-Arten ist die Vermehrung durch Teilung des Rhizoms ziemlich produktiv, bei *Echinodorus*-Arten führt sie dagegen nicht immer zum Erfolg.

Brut- oder Adventivpflanzen

Die Bildung von Adventivpflanzen an Blättern, Blattstielen, Wurzeln und Blütenständen der Mutterpflanzen ist bei Aquarianern gut bekannt. Bei den Farnen *Ceratopteris* (Hornfarn) und *Microsorum* (Javafarn) lassen sich häufig Brutknospen an den Blatträndern, bei den Seerosen *Nymphaea micrantha* und *Nymphaea × daubenyana* regelmäßig an der Blattbasis beobachten, so daß die vegetative Vermehrung dieser Arten leicht ist. Bei *Microsorum* bilden sich auch in großer Zahl Wurzelsprosse an den im Wasser hängenden Wurzeln.

Auch an der Wasseroberfläche schwimmende, abgebrochene Blätter von *Hygrophila*-Arten, *Gymnocoronis spilanthoides* u. a. bilden an den Bruchstellen Adventivpflanzen, die mit ausreichender Größe abgetrennt werden können. Einige Arten, zum Beispiel *Samolus valerandi*, *Rorippa aquatica* und *Physostegia purpurea*, bilden blattachselständige Brutpflanzen an den Blütenstengeln.

Eine besondere Bedeutung für die produktive Vermehrung hat die Bildung von Adventivpflanzen an den Blütenständen vieler *Echinodorus*-Arten. Diese entstehen je nach Art in unterschiedlicher Zahl an den Blütenquirlen (siehe auch zur Blühinduktion bei *Echinodorus*-Arten auf S. 235). Entwickeln sich Blütenstengel an Schwertpflanzen unter Wasser, so ist es empfehlenswert, diese trotz ihres Bestrebens, über das Wasser hinauszuwachsen, unter die Wasseroberfläche zu drücken. Die Adventivpflanzenbildung erfolgt dann im allgemeinen intensiver und schneller als über Wasser, wo die Tochterpflanzen bei den gewöhnlich niedrigen Aquarienabdeckungen und der geringen Luftfeuchte leicht vertrocknen und kaum Wurzeln bilden. Mit einer Größe von etwa fünf Zentimetern und einigen Wurzeln können die Adventivpflanzen abgetrennt und eingepflanzt werden.

Unter den Wasserährengewächsen zeigt nur *Aponogeton undulatus* diese ungewöhnliche vegetative Vermehrung durch Brutknospen, die anstelle der seltenen Blütenstände gebildet werden.

Brutzwiebeln und Brutknollen

In der Zier- und Nutzpflanzenkultur kommt eine Vermehrung durch Brutzwiebeln und Brutknollen sehr häufig vor. Bei den Aquarienpflanzen sind Knollen nur bei den Arten der Gattung *Aponogeton* bekannt; diese sind aber im allgemeinen nicht in der Lage, Brutknollen zu bilden.

Brutzwiebeln werden gelegentlich an kräftigen Pflanzen der Gattung *Crinum* entwickelt; diese Form der Vermehrung ist aber selten produktiv. Insbesondere bei *Crinum calamistratum* läßt sich im Aquarium häufiger eine Bildung von Brutzwiebeln beobachten.

**Viele Aquarienpflanzen werden heute durch
Gewebekultur vermehrt**

Vermehrung einiger Schwimmpflanzen

Interessant ist die vegetative Vermehrung einiger kleinwüchsiger Schwimmpflanzen, weshalb sie hier gesondert erwähnt werden. *Phyllanthus fluitans* sowie *Azolla*- und *Salvinia*-Arten bilden zahlreiche Seitentriebe, die sich mit entsprechender Länge von der Mutterpflanze lösen (Fragmentation) oder durch das Absterben der älteren Teile in ihre einzelnen Äste zerfallen (Dividuenbildung).

Eine sehr ungewöhnliche Vermehrung weisen die Wasserlinsengewächse *Lemna*, *Spirodela*, *Wolffia* und *Wolffiella* auf, bei denen die Tochterglieder aus seitlichen oder basalen Taschen der Mutterpflanze entspringen. Bei günstigen Wachstumsbedingungen ist die Vermehrungsrate dieser Pflanzen derart hoch, daß die Wasseroberfläche eines Aquariums innerhalb kurzer Zeit zuwachsen kann.

Vermehrung durch Gewebe- oder Meristemkultur

Eine moderne Methode der vegetativen Vermehrung erfolgt mit Hilfe der Kultur im Reagenzglas, die bei vielen Nutzpflanzen (z.B. Erdbeeren, Rüben, Orchideen) schon seit langem praktiziert wird und seit wenigen Jahren auch vermehrt in den Wasserpflanzengärtnereien Anwendung findet.

Gründe, die für eine Gewebekultur auch in Wasserpflanzengärtnereien sprechen, sind einerseits die schnellere Vermehrung als bei herkömmlichen Verfahren, andererseits der erheblich geringere Platzbedarf. Hinzu kommt, daß sich einige seltene Arten, wie zum Beispiel *Aponogeton*- und *Crinum*-Gewächse, die sich unter gewöhnlichen Kulturbedingungen nicht oder nur in ungenügender Zahl produzieren lassen, in Gewebekultur in so großen Mengen schnell vermehrt werden können, daß in Zukunft auf einen Import von Pflanzen aus natürlichen Beständen verzichtet werden kann. Ein weiterer wesentlicher Vorteil der Anwendung der Gewebekultur ist, daß die aus Meristemen (Bildungsgewebe) gewonnenen Nachkommen in der Regel erbgleich sind (Klone) und der Ausgangspflanze entsprechen. Hierdurch wird es beispielsweise möglich, besonders dekorative Hybriden, die sich entweder sexuell nicht fortpflanzen oder bei denen eine genetische Aufspaltung bei der Samenvermehrung zu erwarten wäre, in gewünschter Zahl im Reagenzglas vermehrt werden können und auf diese Weise erhalten bleiben. In der Nutzpflanzenzucht (z.B. bei Nelken) ist zudem von großer Bedeutung, daß die aus geeigneten Meristemen gewonnenen Jungpflanzen virusfrei sind.

Die Praktizierung der Gewebekultur erfordert für die Gärtnereien einen enormen finanziellen Aufwand, der bedingt ist durch die Anschaffung komplizierter Apparaturen und Laboreinrichtungen, die für ein steriles Arbeiten erforderlich sind, sowie klimatisierter Räume. Insbesondere ist aber ein umfangreiches biologisches Fachwissen auf dem Gebiet der Gewebevermehrung notwendig, denn die einzelnen Wasser- und Sumpfpflanzen reagieren unterschiedlich auf das quantitative Verhältnis der Zusätze in den Nährmedien, und spezielle Versuchsreihen sind bei jeder Art fast immer eine notwendige Voraussetzung.

Aus diesen Gründen befassen sich in Europa bisher nur die größeren Wasserpflanzengärtnereien (neben einzelnen Aquarianern) mit dieser zukunftsorientierten und erfolgversprechenden Vermehrung.

Zur Praxis der Vermehrung durch Gewebe- oder Meristemkultur

Gewebestück einer Cryptocoryne mit Austrieb

Der Mutterpflanze wird geeignetes Pflanzengewebe entnommen, das die Fähigkeit zu laufenden Zellteilungen besitzt. Zumeist handelt es sich um Wachstumsgewebe aus den Sproß- und Wurzelspitzen. Diese Meristeme werden desinfiziert, damit sie frei von Pilzen und Bakterien sind, und dann auf ein steriles Nährmedium übertragen. Die wichtigsten Bestandteile der Nährlösung sind Wasser, Mineralstoffe, organische Substanzen sowie bestimmte Vitamine und Pflanzenhormone. Durch den Zusatz von Agar-Agar (eine Zellwandsubstanz aus Rotalgen) wird der Nährboden in eine gelatineartige Form gebracht, so daß die Meristeme nicht zu Boden sinken können. Die Gewebestücke wachsen nun durch Teilung der Zellen heran, und es bildet sich eine als Kallus bezeichnete Anhäufung nicht ausdifferenzierter Zellen (Kallusgewebe). Diese Kalli kann man wiederum durch Übertragen auf neue Nährmedien weiterzüchten. Ist in der Nährlösung ein Pflanzenhormon enthalten, daß die Sproßbildung fördert, entwickeln sich aus diesen vegetativ vermehrten Einzelzellen zahlreiche sehr kleine Pflänzchen, die bei Erreichen einer entsprechenden Größe auf eine andere Nährlösung zur Förderung der Wurzelbildung übertragen werden. Teilweise werden auch Nährmedien verwendet, die verschiedene Pflanzenhormone enthalten, durch die zugleich eine Sproß- und Wurzelbildung ausgelöst wird. Sind die Pflänzchen groß genug, werden sie geteilt, entweder neu angesetzt oder aus den Petrischalen oder Reagenzgläsern genommen und aus der sterilen Umgebung in das Gewächshaus überführt, wo sie bis zur verkaufsreifen Größe weiterkultiviert werden. Die größten Probleme der Gewebekultur sind Infektionen durch Mikroorganismen wie Bakterien und Pilze, die die Kulturen schnell zerstören.
In Gewebekultur werden keineswegs ausschließlich seltene oder durch herkömmliche Methoden nur aufwendig zu vermehrende Arten produziert, sondern auch Stengelpflanzen, die sich vegetativ durch Stecklinge leicht vermehren lassen. Neben den eingangs erwähnten allgemeinen Gründen für eine Vermehrung in Gewebekultur wird von den Produzenten zusätzlich ein mehr kompakter und buschiger Habitus von Meristempflanzen im Unterschied zu herkömmlichen Kulturmethoden genannt, weshalb sich Meristempflanzen besser vermarkten lassen. Diese Begründung erscheint zwar zunächst nicht rational, beim Vergleich von Pflanzen aus herkömmlicher Vermehrung und Meristemkultur sind die Unterschiede aber gut erkennbar.
Obwohl es in Europa noch viele Gärtnereien gibt, in denen eine Vermehrung durch Gewebekultur nicht praktiziert wird, bildet diese Form der vegetativen Fortpflanzung in Zukunft die besten Marktchancen. Zugleich besteht auch die berechtigte Hoffnung, daß zur Zeit noch sehr selten gepflegte, aber besonders dekorative Pflanzen mit guten Wachstumseigenschaften, wie beispielsweise die Kreuzung *Aponogeton crispus* x *rigidifolius*, einem größeren Kreis von Liebhabern zugänglich gemacht werden können. Schon heute wird der Bedarf an Aquarienpflanzen in zunehmendem Maße aus Gewebekulturen gedeckt.

Die richtige Auswahl von Aquarienpflanzen

Das umfangreiche Angebot im Zoofachhandel verleitet dazu, Aquarienpflanzen nach optischen Gesichtspunkten und nicht nach den Ansprüchen der Pflanzen auszuwählen. Infolgedessen kommt es häufig zu Mißerfolgen bei der Kultur. Um die richtige Auswahl von Aquarienpflanzen treffen zu können, ist es daher notwendig, sich vor dem Kauf mit den Bedürfnissen und Eigenschaften der einzelnen Arten zu befassen. Um die richtige Entscheidung aus der großen Palette an Aquarienpflanzen zu erleichtern, werden daher im folgenden einige allgemeine Hinweise gegeben.

Die meisten der im Aquarium gepflegten Pflanzen sind Sumpfgewächse, die gewöhnlich aus Überwasserkulturen von Gärtnereien stammen und in dieser Form im Zoofachhandel angeboten werden. Bei Aquarianern wird der Verkauf emers kultivierter Pflanzen häufig zu Unrecht sehr negativ bewertet, weil der bei der Umsetzung unter Wasser viele dieser Pflanzen die Überwasserblätter abstoßen, was natürlich bei der Neueinrichtung von Aquarien zu Problemen führen kann. Die emerse Kultur von Aquarienpflanzen hat aber gegenüber der submersen Hälterung große Vorteile: Einerseits wachsen die Sumpfpflanzen über Wasser erheblich schneller und sind weniger anfällig beim Transport und nach der Umsetzung in ein anderes Milieu, andererseits bedeuten niedrige Betriebskosten (Heizung, Beleuchtung) der Gärtnereien auch günstige Preise, von denen der Aquarianer profitiert. Hinzu kommt, daß europäische Gärtnereien mit den billigen Massenimporten aus asiatischen und südamerikanischen Ländern konkurrieren müssen. Weil sich emerse Pflanzen aber erst an die submerse Lebensweise anpassen müssen, ist es sinnvoll, für die Erstbepflanzung eines größeren Aquariums nach Möglichkeit zusätzlich auch bereits eingewöhnte, submers kultivierte, schnell wachsende Arten zu verwenden. Diese kann man sich zum Beispiel bei befreundeten Aquarianern oder auf Pflanzenbörsen, die

von Aquarienvereinen in größeren Städten regelmäßig durchgeführt werden, besorgen. Bei der Verwendung „echter" Wasserpflanzen gibt es das Problem der Umgewöhnung an die submerse Lebensweise nicht, weshalb sie bei einer Neueinrichtung bevorzugt eingesetzt werden sollten.

Scheuen Sie sich nicht, ein Aquarienpflanzenbuch mit in das Zoofachgeschäft zu nehmen und Ihre Auswahl anhand dieses Buches zu treffen. Der Fachhändler wird Sie besser beraten können, wenn Sie ihm Bilder der gewünschten Arten zeigen und deren wissenschaftliche Namen nennen.

Häufig werden Aquarienpflanzen gebündelt angeboten, und manche Wasserpflanzengärtnereien sind erfreulicherweise dazu übergegangen, diese Bunde mit einem Etikett zu versehen, auf dem Namen und Pflegehinweise genannt sind. Hierdurch kann dem Käufer die Auswahl erleichtert werden.

„Echte" Wasserpflanzen

Nur einige der angebotenen Aquarienpflanzen sind „echte" Wasserpflanzen, die auch am natürlichen Standort ständig untergetaucht leben. Manche blühen sogar unter Wasser, andere wiederum bilden ihre Blütenstände dicht über der Wasseroberfläche aus. Beispielsweise enthält die Familie der Froschbißgewächse (Hydrocharitaceae) mit den Gattungen *Blyxa, Egeria, Elodea, Hydrilla, Hydrocharis, Lagarosiphon, Limnobium, Ottelia, Stratiotes* und *Vallisneria* nur Wasserpflanzen. Häufig gepflegte Vertreter dieser Familie sind die Arten der Gattung *Vallisneria* (Sumpfschraube), die ausnahmslos zu empfehlen sind. *Egeria densa* (Wasserpest) gehört ebenfalls zum ständigen Angebot des Fachhandels, doch eignet sich diese Art in erster Linie für Kaltwasseraquarien oder für Gartenteiche. Auch *Stratiotes aloides* (Krebsschere), die

Ein beeindruckender Biotop auf Bali mit dichten Beständen von *Ottelia alismoides*. Die Pflanzen wachsen unbeschattet in intensivem Sonnenlicht

man manchmal im Handel sieht, ist im allgemeinen als Kaltwasserpflanze zu verwenden. Alle anderen Arten der hier angeführten Gattungen der Froschbißgewächse sind leider nur selten im Angebot vertreten.

Auch aus der Gattung *Aponogeton* (Wasserähren) werden nur reine Wasserpflanzen angeboten. Einige schnell wachsende, empfehlenswerte Arten sind *Aponogeton boivinianus, A. crispus* und *A. ulvaceus*, die sich auch für eine Erstbepflanzung des Aquariums eignen, weil sie in kurzer Folge zahlreiche Blätter bilden. Eine Ausnahme stellt die Gitterpflanze *A. madagascariensis* dar, die aufgrund ihrer gitterartigen Blattstruktur zwar recht beliebt, aber in der Kultur sehr heikel ist.

Zu den häufig angebotenen empfehlenswerten Wasserpflanzen gehören ferner *Crinum thaianum* und *C. natans* (Hakenlilie) sowie verschiedene Seerosen (*Nymphaea*). Einige Schwimmpflanzen, die man gelegentlich im Handel findet, sind dagegen für das Aquarium nur bedingt zu empfehlen, weil sie in der Kultur meistens immer kleiner werden. Hierher gehören *Eichhornia crassipes* (Wasserhyazinthe), *Pistia stratiotes* (Muschelblume) und *Salvinia*-Arten (Büschelfarn).

Eine größere Zahl leicht zu pflegender „echter" Wasserpflanzen, wie *Ceratophyllum* (Hornblatt), *Potamogeton gayi* (Gays Laichkraut), *P. wrightii*, *Zosterella dubia*, *Utricularia*- (Wasserschlauchgewächse), *Najas*- (Nixkraut) sowie *Nymphoides*-Arten (Seekanne), sieht man bedauerlicherweise nur selten. Wenn sich einmal die Möglichkeit des Erwerbs bietet, sollte sie unbedingt genutzt werden.

Zur Unterscheidung von Wasser- und Sumpfpflanzen

Manche Arten, beispielsweise *Ceratophyllum* und *Utricularia*, lassen sich schon beim genauen Hinsehen durch ihre Wurzellosigkeit als „echte" Wasserpflanzen erkennen. Zudem besitzen sie als typisches Merkmal meistens zarte, dünne, häufig zerschlitzte und fein gegliederte Wasserblätter, deren Funktion eine Oberflächenvergrößerung ist. Die untergetauchten Pflanzen be-

79

Anubias barteri var. caladiifolia an einem Wasserfall in Limbe (Kamerun). Die Pflanze eignet sich ausgezeichnet für große Buntbarschaquarien

sitzen nur eine sehr dünne Epidermis (Oberhaut), die ihnen die Gas-, Wasser- und Nährstoffaufnahme ermöglicht. Entsprechend schwach ist auch meistens das Festigungsgewebe in Stengeln und Blättern. Betrachtet man einmal einen Querschnitt durch einen submersen Stengel – zur Anschauung gut geeignet sind *Ammannia* (Cognacpflanze) oder *Limnophila* (Sumpffreund) –, so fällt die stark ausgeprägte Entwicklung der Interzellularen auf: Deutlich erkennt man Luftkanäle und Luftspeicher, die für eine gute Gasdiffusion sorgen. Auch an diesem Merkmal lassen sich Wasserpflanzen und submers gewachsene Sumpfpflanzen mit ein wenig Übung ziemlich leicht erkennen.

Ein bei Wasserpflanzen auffälliges Merkmal sind auch die häufig transparenten (durchscheinenden) Blattspreiten, zum Beispiel bei verschiedenen *Aponogeton*-Arten. Andere Pflanzen haben sich mit ihrer Blattstruktur an das schnell fließende Wasser natürlicher Standorte angepaßt, in dem sie bandförmige und bullöse Blätter ausbildeten, zum Beispiel einige Arten aus den Gattungen *Crinum*, *Cryptocoryne* und *Vallisneria*.

Schnell wachsende Sumpfpflanzen

Den größten Teil des Aquarienpflanzensortiments machen Sumpfgewächse aus, die am natürlichen Standort sowohl submers (unter Wasser) als auch emers (über Wasser) wachsen. In Abhängigkeit von jahreszeitlichen Wasserstandsschwankungen bilden viele der Sumpfpflanzen unter Wasser als Anpassung an die submerse Lebensweise anders gestaltete Blätter aus als über Wasser. Ein gutes Beispiel dafür ist der Indische Wasserwedel, *Hygrophila difformis*, dessen emerse Blätter eine ungeteilte Form aufweisen, während die submersen Sprosse völlig verändert aussehen und fiederschnittige Blattspreiten besitzen.

Wie zuvor erwähnt, werden im Zoofachhandel größtenteils emers herangezogene Pflanzen angeboten. Um die richtige Auswahl von Aquarienpflanzen treffen zu können, ist es daher notwendig, die Überwasserformen von den Unterwasserformen unterscheiden zu lernen. Kennt man die einzelnen Arten nicht, scheint diese

An den natürlichen Standorten in Kamerun wächst *Anubias barteri* var. *glabra* häufig emers auf Steinen. Die Pflanze paßt sich aber gut der submersen Lebensweise an

Aufgabe zunächst außerordentlich schwierig zu sein. Es gibt aber einige Merkmale, die schnell erkennen lassen, ob die betreffende Pflanze unter Wasser gewachsen ist oder nicht. Auf die charakteristische Struktur von Wasserblättern wurde schon im Kapitel „Echte" Wasserpflanzen„ hingewiesen. Schnellwüchsige Sumpfpflanzen, die unter Wasser gepflegt wurden, weisen zudem dünnere und zartere Blätter als die der Landform auf sowie einen relativ weichen und häufig schwammigen Stengel. Werden die im Aquarium herangezogenen Pflanzen aus dem Wasser genommen, lassen die meisten Arten ihre Blätter, bei Stengelpflanzen oft auch den Stengel schlaff herunterhängen. Demgegenüber weisen Landpflanzen gewöhnlich steif aufrechtstehende Blätter und Stengel auf.

Ein weiteres auffälliges Merkmal submers kultivierter Pflanzen ist die fehlende Behaarung. So sind zum Beispiel *Alternanthera reineckii* (Kleines Papageienblatt), *Bacopa caroliniana* (Großes Fettblatt), *Hygrophila difformis* (Indischer Wasserwedel) und *Limnophila aquatica* (Sumpffreund) nur über Wasser deutlich behaart, sonst jedoch kahl.

Schnell wachsende und empfehlenswerte Arten, die häufig im Fachhandel vertreten sind und nur eine geringe Zeit für die Gewöhnung an die submerse Lebensweise benötigen, sind die Vertreter der Gattungen *Bacopa* (Fettblatt), *Ceratopteris* (Hornfarn), *Hygrophila* (Wasserfreund), *Limnophila* (Sumpffreund), *Ludwigia* und *Echinodorus* (Schwertpflanzen).

Weitere anspruchslose Aquarienpflanzen sind *Heteranthera zosterifolia* (Seegrasblättriges Trugkölbchen), *Lobelia cardinalis* (Kardinalslobelie), *Rotala rotundifolia* und *Shinnersia rivularis* (Mexikanisches Eichenblatt) sowie einige *Cryptocoryne*-Arten.

Anspruchsvolle, aber gutwüchsige Aquarienpflanzen, die eine längere Eingewöhnungszeit benötigen und bei der Umstellung auf die submerse Kultur zunächst ihre emersen Blätter abstoßen, dann aber bei optimalen Wachstumsbedingungen zügig weiterwachsen, sind *Ammannia*- (Cognacpflanze) und *Nesaea*-Arten; hinzu kommen auch *Alternanthera reineckii* (Kleines Papageienblatt), *Didiplis diandra* (Bachburgel) und *Hemianthus micranthemoides* (Perlenkraut).

Langsam wachsende Sumpfpflanzen

Zu dieser Gruppe zählen die in den letzten Jahren häufig angebotenen *Anubias*-Arten, die sich aufgrund ihrer harten Blattstruktur bevorzugt für Buntbarschaquarien eignen. Bei dem Befühlen eines emersen Blattes wird der Unterschied zu Wasserblättern schnell deutlich: Es ist ledrig, steif, nicht transparent und ungeteilt. Nimmt man *Anubias* aus dem Wasser heraus, verbleiben die Blätter in ihrer aufrechten Position und hängen nicht schlaff herunter. Obwohl sich die im Handel befindlichen *Anubias*-Arten gut an die submerse Lebensweise anpassen, sollte beim Kauf beachtet werden, daß die Exemplare langsam wachsen und somit die Eingewöhnung erheblich länger dauert als bei vielen schnellwüchsigen Arten. Dasselbe trifft auch für die relativ langsam wachsenden, beliebten Farne *Bolbitis heudelotii* und *Microsorum pteropus* zu. Bei der Neueinrichtung des Aquariums ist es deshalb zu empfehlen, zunächst mit schnell wachsenden Arten zu beginnen (auch um einer Algenbildung vorzubeugen), die man dann nach und nach gegen langsam wachsende Arten austauschen kann. Gelegentlich bietet der Handel auch *Lagenandra*-, *Aglaonema*- und *Spatiphyllum*-Arten an, die vielfach mit der Gattung *Anubias* verwechselt werden. Diese Pflanzen wachsen jedoch im allgemeinen nicht unter Wasser (eine Ausnahme ist *Lagenandra praetermissa*, die aber nur für höhere Becken geeignet ist), und von ihrem Kauf muß deshalb abgeraten werden.

Für das Aquarium nicht geeignete Pflanzen

Obwohl das Sortiment an gutwüchsigen Aquarienpflanzen in den letzten Jahren stetig zugenommen hat, werden dennoch für die Unterwasserkultur weiterhin völlig ungeeignete Arten im Fachhandel angeboten. Sie wachsen submers nicht und gehen schon nach wenigen Tagen oder Wochen zugrunde. Die meisten dieser Pflanzen werden unter exotischen Fantasienamen, bei-

spielsweise „Unterwasserpalme", gehandelt und fallen durch ihre bunte Färbung auf, weshalb sie von Aquarianern immer wieder gekauft werden. Die Enttäuschung, wenn die Pflanzen nicht im Aquarium wachsen, ist natürlich groß. Für die submerse Kultur ungeeignete Arten werden aus den Gattungen *Chamaedorea, Chlorophytum, Commelina, Cordyline, Cryptanthus, Dracaena, Fittonia, Hemigraphis, Selaginella* und *Syngonium* angeboten. *Acorus*- (Kalmus) und *Lagenandra*-Arten sowie *Alternanthera sessilis* und *Bolbitis heroclita* sind zwar für die submerse Kultur nur vorübergehend geeignet, lassen sich aber gut im Paludarium (Sumpfaquarium) verwenden.

Die folgende Übersicht soll dabei helfen, eine richtige Auswahl von Aquarienpflanzen zu treffen:

Charakteristische Merkmale von „echten" Wasserpflanzen, Schwimmpflanzen oder submers kultivierten Arten:
- Die Blätter sind geschlitzt, fein gegliedert, bandförmig, manchmal zart und dünn, gelegentlich transparent, bullös, genoppt oder gegittert.
- Der Stengel ist meistens weich (läßt er sich zusammendrücken?) und weist, wenn er dickfleischig ist, im Querschnitt deutlich erkennbare Luftkanäle und -speicher auf.
- Blätter, häufig auch Stengel hängen nach dem Herausnehmen aus dem Wasser schlaff herunter.
- Die Pflanzen sind kahl oder minimal behaart.
- Die Pflanzen besitzen Luftpolster (*Eichhornia crassipes, Limnobium*), schwimmen auf der Wasseroberfläche oder entwickeln Schwimmblätter.

Charakteristische Merkmale von Landpflanzen, langsam wachsenden Sumpfpflanzen oder für die Aquarienkultur völlig ungeeigneten Arten:
- Die Blätter sind kräftig, ledrig und nicht oder kaum transparent.
- Der Stengel ist hart.
- Blätter und Stengel hängen nach dem Herausnehmen aus dem Wasser nicht schlaff herunter, sondern bleiben aufrecht stehen (nicht bei kriechend wachsenden Arten).
- Die Pflanzen sind häufig behaart.
- Die Pflanzen besitzen eine auffällig bunte Färbung.

Nymphaea sp. „Swaziland"

Nymphaea micrantha

Neu eingeführte Aquarienpflanzen

Die im folgenden genannten Wasser- und Sumpfpflanzen wurden in jüngster Zeit erstmals importiert und sind größtenteils unbestimmt, weshalb sie im systematischen Teil dieses Buches fehlen. Bisher sind diese neuen Arten noch nicht über den Zoofachhandel erhältlich, aber es ist zu vermuten, daß sie in naher Zukunft durch Wasserpflanzengärtnereien in die Aquaristik eingeführt werden.

Ammannia sp.: Kleinwüchsige Pflanze mit guter Anpassung an die submersen Bedingungen. Einfuhr aus Taiwan durch die Gärtnerei Dennerle.

Lilaeopsis „Mauritius": Eine kleine Art, die problemlos im Aquarium wächst, jedoch leicht zur Veralgung neigt. Eingeführt durch die Gärtnerei Tropica.

Limnophila sp. „Taiwan": Diese zierliche Pflanze, die im Aquarium quirlständige, über Wasser kreuzgegenständige Blätter bildet,

wird in Kürze als neue Art beschrieben. Blüten gestielt, weiß. Einfuhr durch die Gärtnerei Dennerle.

Myriophyllum sp. „Japan": Ein für die Aquaristik hervorragend geeignetes und anspruchsloses Tausendblatt. Importiert durch die Firma Dennerle.

Nymphaea micrantha: Neue, anspruchsvolle Farbform mit auffälliger Fleckung der Blätter (siehe auch S. 382). Einfuhr durch die Gärtnerei Dennerle.

Nymphaea sp. „Swaziland": Dekorative, empfehlenswerte Seerose mit kräftig rot gefärbten Blättern und lang ausgezogenen Basislappen. Vermehrung durch Ausläufer. Einfuhr durch die Gärtnerei Dennerle.

Rotala „nanjean": Anspruchsvolle, zierliche Pflanze aus Taiwan, die *Rotala wallichii* sehr ähnelt. Einfuhr durch die Wasserpflanzengärtnerei Dennerle.

„Rubiaceae Argentinien": Zierliche Art mit guter Anpassung an die submerse Kultur. Bildet kleine, weiße, vierzählige Blüten. Einfuhr aus Argentinien durch die Verfasserin.

Ammannia sp.

Limnophila sp. „Taiwan"

Myriophyllum sp. „Japan"

„Rubiaceae Argentinien"

Aquarienpflanzen von A–Z

Acorus calamus am Teichrand

Blütenstand von *Acorus calamus*

Acorus calamus
Linné (1753)
Gewöhnlicher Kalmus

Familie: Acoraceae, Kalmusgewächse.
Synonyme: Zahlreiche, siehe Engler (1905).
Etymologie: *Acorus*: griechischer Pflanzenname; *calamus*: Rohr, Schilf, bezieht sich auf die schilfähnlichen Blätter.
Verbreitung: Ursprünglich Asien und Nordamerika, eine triploide Rasse eingebürgert in Europa und Nordamerika (bei den großen Seen in den USA), kultiviert als Zierpflanze.
Beschreibung: Ausdauernde, kräftige Sumpfpflanze mit einem kriechenden, stark verzweigten Rhizom. Blätter zweizeilig angeordnet, schwertförmig, linealisch, zugespitzt, 50–100(–180) cm lang und 1–3 cm breit.
Stiel des Blütenstandes dreikantig. Spatha blattartig, mit Blütenstengel verwachsen und die Fortsetzung des Stengels bildend, aufrecht, bleibend. Spadix schräg abstehend, 4–10 cm lang, 0,6–1,5 cm dick, dichtblütig, von der Basis her aufblühend. Blüten zwittrig, 3zählig. Perigonblätter 6, in 2 Kreisen, etwa 2,5 × 1 mm groß,

grün. Staubblätter 6, Filament 2,5 mm lang. Fruchtknoten länglich-zylindrisch, 3 × 1,25 mm groß, mit sehr kurzem Griffel und kleiner Narbe. Frucht eine Beere, zur Reife schmutzigweiß mit braunem Narbenrest, trocken strohfarben.
Kultur: Diese stattliche, früher häufig im Zoofachhandel angebotene Sumpfpflanze ist nicht für die Aquarienkultur geeignet, läßt sich aber ausgezeichnet für die Randbepflanzung von Gartenteichen verwenden. Sie bildet kräftige Rhizome. Ein nährstoffreicher Bodengrund sowie ein sonniger, warmer Standort sind erforderlich. Winterhart. Europäische Pflanzen sind triploid und bilden keine Früchte. Es sind verschiedene Sorten bekannt.
Ökologie: Der Kalmus wächst an den Rändern stehender oder langsam fließender Gewässer auf nährstoffreichem, schlammigem Bodengrund.
Sonstiges: Nach Engler dient das Rhizom von *Acorus calamus* als Heilmittel gegen Epidemien, als Magenmittel sowie zur Herstellung von Parfümerien, Zahnpulver und Bierwürze. Ferner wird es als Likör, Droge und potenzsteigerndes Mittel benutzt. Die Frucht ist keine rote Beere [s. o. und Bogner, Aqua-Planta 16 (2/1991): 71], wie irrtümlich in der Literatur angegeben.

Acorus gramineus im Aquarium

Acorus gramineus
Solander (1789)
Grasartiger Kalmus, Graskalmus

Familie: Acoraceae, Kalmusgewächse.
Synonyme: *Acorus calamus* Loureiro, *A. humilis* Salisbury, *A. tatarinowii* Schott; für var. *pusillus* (Siebold) Engler: *A. pusillus* Siebold.
Etymologie: *Acorus:* siehe *A. calamus; gramineus:* grasartig, bezieht sich auf die grasartigen Blätter; *pusillus:* winzig.
Verbreitung: Ostasien bis Japan; var. *pusillus:* Japan.
Beschreibung: Ausdauernde Pflanze mit einem kriechenden, stark verzweigten, bis 1 cm dicken Rhizom. Blätter zweizeilig, linealisch, 30–50 cm lang und 0,5–1 cm breit, lang zugespitzt, steif, dunkelgrün gefärbt; verschiedene Farbformen mit weißen oder blaßgelben Längsstreifen; var. *pusillus:* Blätter bis 10 cm lang und 5 mm breit.
Aufbau des Blütenstandes wie bei *Acorus calamus* beschrieben, aber nur mit einem bis 5 cm (selten mehr) langen und 3–4 mm dicken Spadix. Frucht eine grüne Beere.

Kultur: *Acorus gramineus* ist eine regelmäßig im Fachhandel angebotene, sehr langsam wachsende, lichtbedürftige und widerstandsfähige Pflanze. Für die Aquarienkultur eignet sich am ehesten die var. *pusillus*, die nur eine Höhe bis etwa 10 cm erreicht. Allerdings gehen die Pflanzen gewöhnlich nach ein paar Monaten zugrunde. In Aquarien mit pflanzenfressenden Buntbarschen kann aber der Graskalmus zumindest vorübergehend als Bepflanzung dienlich sein. Besser ist allerdings die Verwendung in einem Kaltwasseraquarium, als Teichrandbepflanzung, im Paludarium oder in einem Terrarium mit feuchtem Bodengrund.
Während *Acorus gramineus* var. *pusillus* niedrige Temperaturen von 18–23°C bevorzugt, vertragen die weiß-grün und gelblichgrün gestreiften Farbformen, die häufig mit dem Händlernamen „variegatus" bezeichnet werden, auch höhere Temperaturen. Diese Farbformen werden gerne zur Dekoration von Pflanzschalen verwendet, mögen aber ebenfalls keine ständige submerse Kultur. Bei der Pflege am Gartenteich müssen die Exemplare von *Acorus gramineus* im Winter mit Laub abgedeckt werden, weil sie nur bedingt winterhart sind.

Alternanthera reineckii **im Aquarium**

Alternanthera reineckii
Briquet (1899)
Kleines Papageienblatt

Familie: Amaranthaceae, Fuchsschwanzgewächse.

Synonyme: *Achyranthes reineckii* Standley.

Etymologie: *Alternanthera: alternus* = abwechselnd, *anthera* = Staubgefäß, in bezug auf abwechselnd fruchtbare und unfruchtbare Staubblätter; *reineckii*: nach E. M. Reineck.

Verbreitung: Südamerika.

Beschreibung: Sumpfpflanze mit aufrechtem, stark behaartem, 10–30 cm langem, rotem Stengel. Blätter sitzend oder bis 0,5 cm gestielt, kreuzgegenständig. Blattspreite ganzrandig, eiförmig, spitz, emers 2,5 × 1,2 cm groß, grün, submers 2 × 1 cm groß, oberseits grün bis rötlichgrün, unterseits rosa gefärbt. Blattrand nicht gewellt.

Blütenstände sitzende, achselständige Ähren, in Gruppen von 1–5, mit zahlreichen, dicht stehenden Blüten. Brakteen eiförmig, weiß. 4 Blütenhüllblätter, unbehaart, weiß. 4 Staubblätter. Griffel kurz. Samen zahlreich.

Kultur: Das Kleine Papageienblatt ist eine anspruchsvolle, lichthungrige Aquarienpflanze. Faulen die unteren Blätter bei sonst gesunder Sproßspitze, ist das immer auf einen Lichtmangel zurückzuführen. Nur bei ausreichender Lichtintensität färbt sich die Blattoberseite rötlichgrün. Zum Einpflanzen und Anwurzeln der empfindlichen Stengel eignet sich am besten ein feinkörniger, nährstoffreicher Bodengrund. Der pH-Wert sollte schwach sauer sein. *A. reineckii* wird nicht höher als 10–30 cm und ist deshalb eine ideale Vordergrundpflanze. Optimale Temperatur 17–25 °C. Blütenstände und Samen in emerser Kultur häufig.

Ökologie: Bewohnt Überschwemmungsgebiete, Flußufer und Teichränder. W. Staeck/Verfasserin fanden die Art mehrfach in Bolivien und Argentinien. Zwei Standorte: 1) Bolivien (8/1991), kleiner Bach, Wasser fast stehend, Bodengrund sandig-schlammig, unbeschattet; Temp. 17 °C (Luft 18 °C um 12 Uhr), pH 6,5, GH 4 °dH, KH 11 °dH, 125 µS/cm. 2) Argentinien (7/1993), submers in einem Restgewässer eines Flusses, Wasser fast stehend, Bodengrund lehmig-steinig, sonnigschattig; Temp. 15,5 °C (Luft 14 °C um 14 Uhr), pH 6,1, GH 2 °dH, KH < 1 °dH, 35 µS/cm.

A. reineckii 'Grünblättrig' im Aquarium   *A. reineckii* 'Rotblättrig' im Aquarium

Alternanthera reineckii 'Grünblättrig' und 'Rotblättrig'

Familie: Amaranthaceae, Fuchsschwanzgewächse.

Sortennamen: Die hier eingeführten Sortennamen 'Grünblättrig' und 'Rotblättrig' beziehen sich auf die Färbung der submersen Blattspreiten.

Verbreitung: Unbekannt.

Beschreibung: Beide Wuchsformen lassen sich nur durch die Färbung der submersen Blätter voneinander unterscheiden. Emerse Blätter bis 9 mm gestielt. Emerse Spreite länglich bis lanzettlich, zugespitzt, Basis verschmälert, bis 6,5 cm lang, 1,0–1,4 cm breit, oberseits olivgrün, unterseits weißlichgrün gefärbt. Blattrand glatt. Submerse Blattspreite bis 10 × 1,8 cm groß, mit wenig gewelltem Blattrand. Bei der Sorte 'Rotblättrig' ist die Blattoberseite rot bis blutrot gefärbt, bei der Sorte 'Grünblättrig' olivgrün bis wenig rötlich, jedoch niemals intensiv rot. Blütenbeschreibung wie bei *A. reineckii*.

Kultur: Zwei lichthungrige, dekorative Wuchsformen von *A. reineckii*, die bei guten Lebens-bedingungen und ausreichendem Nährstoffangebot rasch wachsen. Die Härte des Wassers ist für ein gesundes Gedeihen von geringer Bedeutung: Das Wasser sollte aber schwach sauer sein. Ein nährstoffreicher, feinkörniger Bodengrund und eine ausreichende CO_2-Versorgung sind bei der Pflege dieser Sorten empfehlenswert. Die Blätter neigen auch bei gutem Wachstum und einer hohen Lichtmenge leicht zur Fäulnis. Deshalb ist ein freier Standplatz wichtig, damit sich die Sprosse nicht gegenseitig im Wachstum behindern. Eine gut wachsende Gruppe ist im Aquarium eine Augenweide und zieht die Aufmerksamkeit der Betrachter auf sich. Am schönsten wirkt eine stufig von der vorderen Bepflanzungszone schräg nach hinten zur Rückwand angeordnete Gruppe. Zur schnellen Vermehrung wird die Sproßspitze abgetrennt und neu gepflanzt. Der im Bodengrund verbliebene Rest treibt gewöhnlich mehrere Seitensprosse.

Sonstiges: *A. reineckii* 'Rotblättrig' wurde um 1975 als *A. sessilis* eingeführt und wird sehr häufig gepflegt. Die Sorte 'Grünblättrig' tauchte erstmals in der Tschechoslowakei auf und wurde 1976 in der aquaristischen Literatur zuerst erwähnt. Sie ist relativ selten.

Blütenstand von *A. reineckii*

Alternanthera reineckii
'Lilablättrig'

Familie: Amaranthaceae, Fuchsschwanzgewächse.

Handelsnamen: *Alternanthera* „lilacina", *Telanthera* „lilacina".

Sortenname: Der hier eingeführte Sortenname 'Lilablättrig' wurde gewählt, um dem ungültigen, aber eingebürgerten Händlernamen, der sich auf die intensiv lila gefärbte Blattunterseite bezieht, möglichst nahe zu kommen.

Verbreitung: Unbekannt.

Beschreibung: Wuchsform mit einer 50-60 cm langen, aufrechten Sproßachse. Blattspreite bis 1,5 cm gestielt, breit lanzettlich bis eiförmig, spitz, Basis herablaufend, emers bis 7,5 × 1,5 cm groß, oberseits olivgrün, unterseits weißlichgrün gefärbt. Submers sind die an allen Knoten wurzelnden Sprosse gedrungener als emers. Submerse Blattspreite bis 9,5 × 3,1 cm groß, oberseits von hellrot, weinrot bis tief dunkelrot gefärbt, unterseits kräftig lila. Blattrand niemals gewellt. Blütenbeschreibung wie bei *A. reineckii* angegeben.

Kultur: Eine anspruchsvolle und selbst unter günstigen Bedingungen nur langsam wachsende, häufig kultivierte Sorte, die nicht ganz so lichthungrig ist wie die anderen Wuchsformen von *A. reineckii*. Allerdings ist bei einer hohen Lichtintensität das Wachstum bedeutend besser. Die Internodien sind dann nur wenige Millimeter lang, so daß der Wuchs gedrungen ist und die Sprosse nicht so häufig gekürzt werden müssen. Eine Gruppe dieser Form eignet sich für die Bepflanzung des Vordergrundes. Bei Lichtmangel strecken sich die Internodien, so daß die Pflanzen dann besser für die Gestaltung der mittleren oder hinteren Beckenpartie geeignet sind. Der Bodengrund sollte nahrhaft und locker beschaffen sein. Die vielen feinen, für die Wuchsform ganz typischen Wurzeln, die sich an jedem Knoten bilden, dienen ebenso wie auch die Wurzeln im Bodengrund der Nährstoffaufnahme und dürfen deshalb keineswegs abgetrennt werden. Der pH-Wert sollte im sauren Bereich liegen, da sich bei CO_2-Mangel schnell infolge biogener Entkalkung eine Kalkkruste auf den Blättern bildet, die die Assimilation stark beeinträchtigt. Bei keiner der anderen Wuchsformen ist diese Erscheinung so deutlich. Vermehrung durch Stecklinge.

Alternanthera reineckii 'Lilablättrig' **im Aquarium**

Alternanthera reineckii 'Rosablättrig' im Aquarium

Alternanthera reineckii 'Rosablättrig'

Familie: Amaranthaceae, Fuchsschwanzgewächse.

Handelsname: *Alternanthera* „rosaefolia".

Sortenname: Der hier eingeführte Sortenname 'Rosablättrig' wird in Anlehnung an den gebräuchlichen Händlernamen gegeben.

Etymologie: Wie bei *A. reineckii* angegeben.

Verbreitung: Unbekannt.

Beschreibung: Sproßachse aufrecht, bis 60 cm lang. Blätter bis 1,7 cm gestielt, kreuzweise gegenständig. Blattspreite länglich-elliptisch bis eiförmig, zugespitzt, mit herablaufender Basis. Emerse Spreite bis 10 × 3 cm groß, oberseits olivgrün, unterseits weißlichgrün; Blattrand glatt. Submerse Blattspreite bis 10,5 × 3,5 cm groß, oberseits hellrot bis rot, unterseits kräftig lila gefärbt; Blattrand stark gewellt. Blütenbeschreibung siehe *A. reineckii*.

Kultur: *A. reineckii* 'Rosablättrig' ist die größte und dekorativste der bekannten Wuchsformen und zugleich auch am leichtesten zu pflegen. Ihr auffälligstes Merkmal sind die intensiv leuch-tend rot gefärbten Sprosse, mit denen sich im Aquarium herrliche Kontraste erzielen lassen. Das Wachstum ist im allgemeinen problemlos. Um aber möglichst kräftige Sprosse zu erhalten, sind ein nährstoffreicher Bodengrund sowie eine mittlere bis hohe Lichtintensität zu empfehlen. Verlieren die Sprosse an den unteren Knoten ihre Blätter oder werden die Internodien zu groß, sollte die Beleuchtungsstärke erhöht werden. Sowohl in weichem als auch in hartem Wasser lassen sich gute Wachstumserfolge erzielen, wobei die Pflanzen in einem leicht sauren Milieu am prächtigsten gedeihen. Erwähnenswert ist auch, daß die Sorte positiv auf eine starke Wasserbewegung reagiert. Temperaturbereich 22-28 °C, Optimum 24-27 °C. Bei zusagenden Lebensbedingungen müssen die Sprosse regelmäßig alle 2–3 Wochen gekürzt werden. Aufgrund dieser Schnellwüchsigkeit genügen zum Bepflanzen der Mittel- oder Hintergrundzone schon 3–5 kräftige Exemplare. Vermehrung durch Stecklinge. Die emerse Kultur kann bei allen Wuchsformen auf der Fensterbank in trockener Zimmerluft erfolgen. Blütenstände erscheinen nur bei der Landform.

Sonstiges: Häufig im Fachhandel erhältlich.

Alternanthera sessilis
(Linné) De Candolle (1813)
Sitzendes Papageienblatt

Alternanthera sessilis mit Blütenständen

Familie: Amaranthaceae, Fuchsschwanzgewächse.

Synonyme: *Gomphrena sessilis* Linné (1753), *Illecebrum sessile* Linné, *Alternanthera triandra* Lamarck, *A. repens* Gmelin, *Achyranthes alternifolia* Linné fil., *A. denticulata* R. Brown.

Etymologie: *Alternanthera*: siehe *Alternanthera reineckii*; *sessilis*: sitzend, bezieht sich auf die sitzenden Blütenstände.

Verbreitung: In allen wärmeren Ländern der Erde.

Beschreibung: Einjährige oder ausdauernde, amphibisch lebende Pflanze mit aufrechter oder flutender Sproßachse. Der 3–10 mm dicke, runde bis kantige Stengel ist mehr oder weniger stark verzweigt und wurzelt bei flutenden Sprossen an allen Knoten. Die kreuzweise gegenständigen, ganzrandigen Blätter sind 0,5–1,2 cm lang gestielt und in Form und Größe sehr variabel. Die Blattspreite ist linealisch-lanzettlich bis länglich, zugespitzt und an der Basis verschmälert, an trockenen Standorten auch oval und mit abgerundeter Spitze. Sie erreicht eine Größe von 6–9(–15) × 1,5(–3) cm. Der Blattrand ist glatt. Nur in den Blattachseln und auf zwei gegenüberliegenden Seiten des Stengels in schmalen Reihen angeordnet, befinden sich kurze, weiße Haare; sonst ist die Pflanze kahl. Die Nervatur ist fiedernervig mit deutlich sichtbarem Mittelnerv. Stengel und Blattoberseite sind weinrot bis dunkelrot oder rötlichgrün gefärbt, die Blattunterseite sieht kräftig lila aus.

Die end- oder achselständigen, unscheinbaren Blütenstände sind eiförmig verkürzte, bis 5 mm lange Ähren, die aus zahlreichen, dicht stehenden Einzelblüten bestehen. Sie werden von zwei etwa 0,5 cm langen Brakteen umgeben. Jede Einzelblüte besitzt fünf weiße, an der Basis schwach rotlila gefärbte, einnervige Kelchblätter, die zugespitzt, 3,5 mm lang und an der Basis 2 mm breit sind. Die Anzahl der Staubblätter variiert von 2 bis 5. Die zahlreichen Früchte sind verkehrt herzförmig, geflügelt, 2 × 1,5 mm groß.

Kultur: *Alternanthera sessilis* wird gelegentlich im Zoofachhandel angeboten, eignet sich aber nicht für die ständige Kultur im Aquarium. Allerdings ist diese Art für das Paludarium eine empfehlenswerte und raschwüchsige Pflanze. Mit ihrer weinroten Blattfärbung bildet sie zu grünblättrigen Arten einen ausgezeichneten Kontrast. Im Paludarium sollte der Boden möglichst nicht zu trocken sein. Die Temperatur kann sich zwischen 15 und 30 °C bewegen. Bei wenig Licht wachsen die Triebe zwar noch gesund, doch sind die Internodien dann langgestreckt, was nicht sehr schön aussieht. Bei ausreichender Lichtmenge bilden sich gedrungenere, dekorativere Triebe. *A. sessilis* läßt sich leicht durch Seitensprosse oder durch Samen vermehren.

Ökologie: Das Sitzende Papageienblatt wächst an den unterschiedlichsten Standorten, zum Beispiel in Reisfeldern und nassen Gräben, an den Ufern kleiner Teiche und auch an völlig trockenen Stellen. Man findet es hauptsächlich im Flachland, aber auch in Höhen bis zu 1200 m. Vielfach wächst es als Unkraut in Gräben. *A. sessilis* wird auch als Gemüse kultiviert.

Sonstiges: Ein gelegentlich verwendeter Händlername ist A. variegata.

Ammannia gracilis **im Aquarium**

Ammannia gracilis
Guillemin & Perrottet (1833)
Zierliche oder Große Cognacpflanze

Familie: Lythraceae, Weiderichgewächse.
Synonyme: *Ammannia diffusa* Hiern, non Willdenow.
Etymologie: *Ammannia*: nach dem Botaniker P. Ammann (1634–1691); *gracilis* = zierlich.
Verbreitung: Senegambia.
Beschreibung: Sumpfpflanze mit aufrechtem oder aufsteigendem, fleischigem, kahlem, bis 60 cm langem Stengel. Blätter sitzend, kreuzweise gegenständig, ganzrandig. Emerse Spreite linealisch bis verkehrt eiförmig, emers 2–6 cm lang, 1,0–1,8 cm breit, olivgrün. Submerse Spreite lanzettlich, 7–12 cm lang, 0,7–1,8 cm breit, oberseits olivgrün bis braunrot, unterseits kräftig violett.
Blütenstand ein kurz gestieltes Dichasium mit 3–7 Blüten. Kelch 2 mm lang. 4 Kronblätter, blaßlila, 2,5–4 × 2–3 mm groß. 4–8 Staubblätter. Fruchtknoten kugelig, rot. Griffel bis 0,5 mm lang; Narbe kopfig. Frucht eine 2fächrige, 2–3 mm kugelige Kapsel mit fast runden Samen.

Kultur: Mit ihrer cognacbraunen Farbe ist *A. gracilis* eine begehrte Aquarienpflanze, die am prächtigsten gedeiht, wenn sie gut beleuchtet wird. Ein guter Indikator sind die bei zu geringer Lichtintensität an den unteren Knoten schwarz werdenden Blätter. Für die erfolgreiche Kultur ist auch ein nährstoffreicher Bodengrund erforderlich. Die Art gedeiht am besten in weichem Wasser bei einer Temperatur über 24 °C. Als Gruppenbepflanzung genügen drei bis fünf Stengel, die einzeln und mit Abstand stufig gepflanzt werden. Die Sprosse besitzen ein starkes Bestreben, aus dem Wasser herauszuwachsen, so daß die Überführung in die Landform leicht ist. Eine hohe Temperatur und viel Licht beschleunigen die Blütenbildung. Eine Vermehrung durch Samen ist allerdings sehr mühsam.
Ökologie: Wächst auf sandigem Bodengrund an Flußufern und in Überschwemmungsgebieten. Die Verfasserin fand in Senegambia auffällig gedrungene Sprosse als Anpassung an einen sandigen (nährstoffarmen), nur mäßig feuchten Bodengrund, eine intensive Sonnenstrahlung, hohe Temperatur und eine geringe Luftfeuchte im Gegensatz zu den „weichen", viel größeren Gewächshauspflanzen.

Ammannia senegalensis im Aquarium

Blüte von *A. senegalensis*

Ammannia senegalensis

Lamarck (1791)

Kleine Cognacpflanze

Familie: Lythraceae, Weiderichgewächse.
Synonyme: *Ammannia diffusa* Willdenow (non Hiern), *A. filiformis* De Candolle, *A. salsuginosa* Guillemin & Perrottet.
Etymologie: *Ammannia*: siehe *Ammannia gracilis*; *senegalensis*: aus dem Senegal stammend.
Verbreitung: Von Senegambia bis Südafrika, in Ostafrika bis Abessinien und Unterägypten.
Beschreibung: Wie bei *A. gracilis* angegeben. Unterscheidungsmerkmale: Emerser Stengel bis 40 cm hoch. Blattspreite 2–6 cm lang, 0,8–1,3 cm breit. Die Blattränder sind gewöhnlich mehr oder weniger stark nach unten gebogen, so daß die Blattfläche gewölbt ist.
Blütenstand mit 1–3(–5) Blüten, weniger dichtblütig als *A. gracilis*. Einzelblüte mit 4 Kronblättern, konstant 4 Staubblättern und einer fast sitzenden Narbe.
Kultur: *A. senegalensis* ist ebenso wie *A. gracilis* eine anspruchsvolle, lichtbedürftige Pflanze, die sich auch für kleine Aquarien eignet. Im ganzen gesehen ist die Kultur dieser Art problemloser, denn das Wachstum im Aquarium ist rascher und die Vermehrung durch Seitentriebe produktiver. Ein nährstoffreicher Bodengrund und ein heller Standplatz sind aber ebenfalls erforderlich. Die optimale Temperatur liegt bei 22–28 °C. Submerse Exemplare wirken nur dekorativ, wenn sie als Gruppe gepflanzt werden. Vermehrung durch Stecklinge oder Samen.
Ökologie: *A. senegalensis* wächst an feuchten und nassen Standorten, in Überschwemmungsgebieten, als Unkraut in Reisfeldern, manchmal auch auf salzhaltigem Bodengrund.
Sonstiges: Die wissenschaftlichen Literaturangaben über die Anzahl von Kron- und Staubblättern stimmen nicht mit den von der Verfasserin gemachten Beobachtungen an Kulturpflanzen überein. Koehne (1881) nennt für *A. gracilis* 0–4 Kronblätter und 8 Staubblätter, für *A. senegalensis* ebenso 0–4 Kronblätter und 4, selten 5–8 Staubblätter (vgl. die Beschreibungen beider Arten). Möglicherweise werden beide Arten bei einer Überarbeitung der Gattung aufgrund ihrer geringen und zum Teil nicht konstanten Unterscheidungsmerkmale künftig einmal nur als eine einzige Spezies zusammengefaßt.

A. afzelii am Standort bei Kounkané

Anubias afzelii
Schott (1857)
Afzelius' Speerblatt

Familie: Araceae, Aronstabgewächse.
Synonyme: Keine
Etymologie: *Anubias*: nach dem ägyptischen Gott Anubis; *afzelii*: nach dem schwedischen Botaniker Adam Afzelius (1750–1837).
Verbreitung: Senegal, Guinea, Sierra Leone, Mali.
Beschreibung: Kräftige Sumpfpflanze mit einem kriechenden, über einen Meter langen und bis 4 cm dicken Rhizom. Blattstiel bis 70 cm lang, etwa 8–15 mm dick, scheidig. Blattstielgelenk (Genikulum) bis 3 cm lang. Spreite ganzrandig, ledrig, lanzettlich-schmal eiförmig bis elliptisch, bis 44 cm lang und 18 cm breit, kahl oder selten unterseits wenig behaart. Spitze spitz oder stumpf; Basis verschmälert, stumpf oder gestutzt. Blattrand glatt. Färbung hell- bis dunkelgrün, junge Blätter auch manchmal rötlichbraun gefärbt.
Stiel des Blütenstandes bis 35 cm lang. Spatha aufrecht, fleischig, schmal eiförmig bis lanzett-

lich, stachelspitz, bis 9 cm lang, grün; zur Reife einige Stunden wenig bis zur Hälfte, selten ganz geöffnet. Blütenkolben bis 12 cm lang, mit etwa einem Drittel des männlichen Abschnitts aus der Spatha herausragend. 5–6 verwachsene Staubblätter; Theken an der Seite des Synandriums. Fruchtstand dicht mit 4–8 × 2 mm großen, unregelmäßigen Beeren besetzt. Beere mit 4–17, in reifem Zustand braunen, bis 2,5 × 1,5 mm großen Samen.
Kultur: *Anubias afzelii* ist eine kräftige Sumpfpflanze, die am natürlichen Standort und auch in der Gewächshauskultur bis zu etwa einen Meter hoch wird, gewöhnlich aber kleiner bleibt. Unproblematisch ist die Kultur in einem geräumigen Paludarium; man kann das Rhizom in den Bodengrund des Wasserteiles einsetzen und die Blätter aus dem Wasser herauswachsen lassen (semi-emerse Kultur) oder die Pflanzen auch ganz emers kultivieren. Eine hohe Luftfeuchte sowie häufiges Besprühen ist für ein gutes Gedeihen vorteilhaft. Im Aquarium wächst *A. afzelii* sehr langsam, aber ausdauernd und ist von allen größeren *Anubias*-Arten am besten für die submerse Kultur verwendbar. Für die Bepflanzung eignen sich am besten kleine Exemplare von 10–20 cm Höhe, die sich besser an die submerse Kultur gewöhnen lassen als große Pflanzen. Optimale Temperatur 22–26 °C. Aus Samen herangezogene, junge Exemplare kann man ebenfalls gut verwenden. Das Lichtbedürfnis von *A. afzelii* ist gering. Für die Pflege empfiehlt sich weiches bis mittelhartes Wasser. Die schnellste Vermehrung erreicht man durch Rhizomteilung. Auch eine geschlechtliche Vermehrung durch Samen ist gut möglich. Die Samen keimen schnell, doch dauert es wenigstens sechs Monate, bis die Jungpflanzen eine Größe von 5–10 cm erreicht haben.
Ökologie: *Anubias afzelii* wächst am natürlichen Standort als Sumpfpflanze gewöhnlich am Rande von Flüssen und Bächen. Die Verfasserin fand die Art im Senegal (bei Kounkané) in dichten Beständen sowohl am Ufer eines austrocknenden Flusses in tiefem Schatten als auch einige Meter entfernt in vollem Sonnenlicht und sehr trockenem Boden (siehe Foto), wo die Pflanzen prächtige Bestände bildeten.
Sonstiges: Die Art setzt häufig auch durch Selbstbestäubung Samen an.

Emerse Pflanzen von *Anubias barteri* var. *barteri*

Anubias barteri Schott
var. barteri (1860)
Barters Speerblatt

Familie: Araceae, Aronstabgewächse.
Synonyme: Keine.
Etymologie: *Anubias*: siehe *A. afzelii*; *barteri*: nach dem Sammler Charles Barter.
Verbreitung: Südostnigeria, Kamerun, Äquatorial-Guinea (Bioko).
Beschreibung: Sumpfpflanze, bis 40 cm hoch. Rhizom etwa 0,5–1 cm dick. Blattstiel bis 30 cm lang, scheidig. Blattstielgelenk bis 1,5 cm lang. Blattspreite lanzettlich bis schmal eiförmig, gewöhnlich bis 15 × 7 cm groß, ledrig, mittel- bis dunkelgrün. Blattspitze spitz; Basis rund oder schwach herzförmig. Blattrand häufig gewellt. Stiel des Blütenstandes 5–40 cm. Spatha zur Reife weit geöffnet, zurückgebogen, später geschlossen, 1,5–6 cm lang. Blütenkolben 1,5–7 cm lang. 3–6(–8) verwachsene Staubblätter; Theken seitlich am Synandrium. Beeren flachkugelig; Samen 0,5–1 × 0,4–0,8 mm groß.
Kultur: *A. barteri* var. *barteri* ist – wie die übrigen Varietäten dieser Art – eine langsam wachsende, sehr empfehlenswerte Sumpfpflanze mit guter Anpassung an die submersen Lebensbedingungen. Die Kultur ist in weichem und hartem Wasser gleichermaßen möglich. Wie bei allen *Anubias* sollte eine zu starke Beleuchtung vermieden werden. Das Rhizom kann entweder in Sand oder grobkörnigen Bodengrund eingepflanzt sowie zur Begrünung auf Dekorationsmaterial befestigt werden. Aufgrund ihrer lederartigen Blätter, die von Buntbarschen gewöhnlich verschont bleiben, sind die *A.-barteri*-Varietäten besonders für die Bepflanzung von Cichlidenaquarien zu empfehlen. Optimale Temperatur 22–26 °C. Gute Paludarienpflanze.
Ökologie: Die *Anubias-barteri*-Varietäten besiedeln schattige oder halbschattige Standorte schnell fließender Gewässer, in denen sie emers oder semi-emers und nur gelegentlich völlig untergetaucht zu finden sind. Die Bestände wachsen dabei häufig auf Steinen oder Baumstämmen, seltener im Bodengrund.
Sonstiges: Als *Anubias* „coffeefolia" wird eine Wuchsform angeboten, deren Blattstiele und junge Blätter häufig bräunlich gefärbt sind und deren Spreiten schwach bullös sind.
Literaturhinweis: Crusio (1979, 1987).

Emerse Pflanze und Blütenstand von *Anubias barteri* „coffeefolia"

Emerse Pflanzen von *Anubias barteri* var. *angustifolia*

Anubias barteri Schott
var. angustifolia (Engler) Crusio (1979)
Schmalblättriges Speerblatt

Familie: Araceae, Aronstabgewächse.
Synonyme: *Anubias lanceolata* f. *angustifolia* Engler (1915).
Etymologie: *Anubias*: siehe *Anubias afzelii*; *barteri*: siehe var. *barteri*; *angustifolia*: schmalblättrig.
Verbreitung: Guinea, Liberia, Elfenbeinküste, Kamerun.
Beschreibung: Sumpfpflanze mit einem kriechenden Rhizom. Blätter emers bis 10 cm, submers bis 25 cm lang gestielt, scheidig. Blattstielgelenk etwa 1 cm lang. Blattspreite linealisch bis sehr schmal elliptisch, emers 10–30 cm lang und 1,5–4 cm breit, ledrig, tief dunkelgrün gefärbt, submers bis 15 cm lang und 2,5 cm breit, mittelgrün mit häufig rötlichbraunem Blattstiel. Spitze spitz bis feinspitz, Basis herablaufend. Blattrand nicht gewellt.
Blütenbeschreibung siehe *Anubias barteri* var. *barteri*.

Kultur: Eine problemlose, langsam wachsende Sumpfpflanze, die relativ selten im Handel ist. Trotz des langsamen Wachstums ist diese Varietät für die Kultur im Aquarium sehr zu empfehlen, zumal sie sich problemlos an verschiedene Wasserwerte anpaßt. Für ein optimales Gedeihen ist eine mittlere Beleuchtungsstärke ausreichend. Im Aquarium wird *Anubias barteri* var. *angustifolia* gewöhnlich nicht höher als 10–15 cm, kann aber auch eine beachtliche Höhe von 40 cm erreichen. Die Verwendung ist daher je nach Beckengröße in der mittleren oder hinteren Bepflanzungszone zu empfehlen. Wie auch andere *A.-barteri*-Varietäten eignet sich var. *angustifolia* ausgezeichnet für die Kultur in Cichlidenaquarien und als Paludarienpflanze. Temperatur 22–26 °C. Vermehrung durch Rhizomteilung. Weitere Kulturangaben siehe auch var. *barteri* und var. *nana*.
Ökologie: Über die spezielle Ökologie ist mir nichts bekannt. Vermutlich ähnliche ökologische Ansprüche wie die anderen Varietäten.
Sonstiges: Eine Unterscheidung von den anderen *Anubias-barteri*-Varietäten ist anhand der linealischen bis sehr schmal elliptischen Blattspreite leicht möglich.

Anubias barteri var. *caladiifolia* am natürlichen Standort in Kamerun (Limbe)

Anubias barteri
Schott **var. caladiifolia** Engler (1915)
Caladium-blättriges Speerblatt

Familie: Araceae, Aronstabgewächse.
Synonyme: Keine.
Etymologie: *Anubias*: siehe *Anubias afzelii*; *barteri*: siehe var. *barteri*; *caladiifolia*: *Caladium*-blättrig, bezieht sich auf die Gattung *Caladium*.
Verbreitung: Südostnigeria, Kamerun, Äquatorial-Guinea (Bioko).
Beschreibung: Kräftige Sumpfpflanze mit einem kriechenden, bis 2 cm dicken Rhizom. Blattstiel bis 40(–54) cm lang, bis 4 mm dick, scheidig. Blattstielgelenk bis 2 cm lang. Blattspreite lanzettlich-schmal eiförmig bis eiförmig, bis 24 × 16 cm groß, ledrig, hell- bis dunkelgrün. Spitze stumpf oder spitz; Basis anfangs gestutzt oder schwach herzförmig, bei großen Blättern herzförmig. Blattrand gewöhnlich nicht oder nur wenig gewellt.
Blütenbeschreibung siehe *A. barteri* var. *barteri*.
Kultur: *A. barteri* var. *caladiifolia* wird von allen Varietäten dieser Art am größten. Sie ist besonders für die emerse Kultur im Paludarium zu empfehlen, wo sich Blätter mit herzförmiger Spreitenbasis bilden. Aber auch eine Kultur im Aquarium ist nicht schwierig, wobei dann allerdings das Wachstum langsamer ist und die Pflanzen gewöhnlich kleiner bleiben. Diese Varietät gedeiht in weichem sowie hartem Wasser, optimal ist aber eine Hälterung in weichem, leicht saurem Milieu. Eine Verwendung ist nur in sehr hohen Aquarien zu empfehlen. Diese Varietät eignet sich besonders für große Cichlidenaquarien. Optimaler Temperaturbereich 22–26 °C.
Ökologie: Am natürlichen Standort findet man die Pflanzen häufig semi-emers in großen Beständen in schnell fließendem Wasser, an Wasserfällen, aber auch am Rande von Fließgewässern im Bodengrund oder auf Steinen; nur selten trifft man völlig submerse Exemplare an, die dann kleinwüchsig sind. Die Varietät gedeiht sowohl in vollem Sonnenlicht als auch im Schatten. Am natürlichen Standort in Kamerun (Limbe, Foto S. 80) maß die Verfasserin folgende Wasserwerte: 25 °C, pH 7,8, GH 4,5 °dH, KH 3,5 °dH, 22 µS/cm, Fe_2/ Fe_3 nicht nachweisbar. Nur vereinzelt konnten dort im Februar Blüten- und Fruchtstände gefunden werden.

Anubias barteri var. *glabra* am natürlichen Standort in Kamerun

Anubias barteri

Schott **var. glabra** N. E. Brown (1901)

Kahles Speerblatt

Familie: Araceae, Aronstabgewächse.

Synonyme: *A. lanceolata* N. E. Brown (1901), *A. minima* Chevalier.

Etymologie: *Anubias:* siehe *A. afzelii; barteri:* siehe var. *barteri; glabra:* kahl.

Verbreitung: Guinea, Liberia, Elfenbeinküste, Nigeria, Kamerun, Äquatorial-Guinea (Bioko), Gabun, Kongo.

Beschreibung: Sumpfpflanze mit einem kriechenden, bis 8 mm dicken Rhizom. Blattstiel bis 35 cm lang, 2–3 mm dick, scheidig. Blattstielgelenk bis 2 cm lang. Blattspreite sehr schmal elliptisch bis lanzettlich-schmal eiförmig, bis 23 cm lang und 9 cm breit, im Aquarium gewöhnlich viel kleiner bleibend, ledrig, mittel- bis dunkelgrün gefärbt. Spitze spitz oder feinspitz; Basis stumpf, gestutzt oder schwach herzförmig. Blattrand gewöhnlich leicht gewellt.

Blütenbeschreibung siehe *A. barteri* var. *barteri.*

Kultur: Im Aquarium wächst *A. barteri* var. *glabra* zwar ziemlich langsam, gehört aber zu den gutwüchsigen und ausdauernden Pflanzen. Die Exemplare können ohne zusätzliche Wasserbewegung wachsen, doch scheint eine Wasserumwälzung vorteilhaft für ein optimales Wachstum zu sein. Eine mäßige Beleuchtung ist ausreichend. Ein leicht saures, weiches bis mittelhartes Wasser mit Temperaturen von 22–26 °C ist für die Kultur zu empfehlen. Diese Varietät bleibt in der submersen Kultur gewöhnlich niedrig, während die Pflanzen in der emersen Kultur eine Höhe von etwa 60 cm erreichen können. Zur Verwendung siehe *Anubias barteri* var. *barteri* und var. *nana.*

Ökologie: An zwei Standorten in Kamerun stellte die Autorin folgende Wasserwerte fest: 24/30 °C, pH 5,5/5,9, GH < 1 °dH, KH < 0,1 °dH, 40 µS/cm, Fe_2/Fe_3 nicht nachweisbar. Man findet dichte Bestände von *Anubias barteri* var. *glabra* gleichermaßen in tiefem Schatten oder in vollem Sonnenlicht. Die Pflanzen sitzen häufig sehr fest auf im Wasser liegenden Felsen (siehe Foto S. 81) oder wachsen nur mit dem Rhizom im Wasser. Man kann sie aber auch völlig emers nur auf feuchtem Bodengrund finden. Im Februar waren in den zahlreichen Blüten- und Fruchtständen oft Fliegenpuppen zu finden.

Anubias barteri var. *nana* **im Aquarium**

Anubias barteri

Schott **var. nana** (Engler) Crusio (1979)

Zwergspeerblatt

Familie: Araceae, Aronstabgewächse.
Synonyme: *Anubias nana* Engler (1899).
Etymologie: *Anubias*: siehe *A. afzelii*; *barteri*: siehe var. *barteri*; *nana*: zwergig.
Verbreitung: Kamerun (Viktoria).
Beschreibung: Sumpfpflanze. Rhizom 5–8 mm dick. Blattstiel 3–8 cm lang, 1–3 mm dick, scheidig. Blattstielgelenk 0,5–1 cm. Blattspreite schmal eiförmig bis eiförmig, etwa 4–8 cm lang, 3–4 cm breit, ledrig, mittel- bis dunkelgrün. Spitze spitz; Basis rund bis schwach herzförmig. Blattrand leicht gewellt.
Blütenbeschreibung siehe var. *barteri*.
Kultur: Eine anspruchslose und beliebte, langsam wachsende Sumpfpflanze mit ausgezeichneter Anpassung an die Aquarienbedingungen. Sowohl weiches als auch hartes, schwach saures oder alkalisches Wasser ist gleichermaßen für die Kultur geeignet. Die Pflanzen gedeihen am besten bei schwachem bis mittlerem Licht. Eine intensive Beleuchtung ist nicht empfehlenswert, da aufgrund des langsamen Wachstums die Gefahr einer Veralgung sehr groß ist. Diese Varietät ist mit einer Höhe von 5–15 cm ausgezeichnet als Vordergrundpflanze verwendbar. Wird sie eingepflanzt, sollte darauf geachtet werden, daß sich die Rhizome oberhalb des Bodengrundes befinden, da zu tief gesetzte Exemplare schlecht wachsen. Besonders zu empfehlen ist die Begrünung von Dekorationsmaterial. Ausschließlich mit *Anubias* bepflanzte Cichlidenaquarien können sehr wirkungsvoll sein. Die var. *nana* ist aufgrund ihrer Widerstandsfähigkeit eine ideale Pflanze für Zuchtaquarien ohne Bodengrund, in denen die Exemplare frei im Wasser „schweben" können. Vermehrung durch Rhizomteilung. Temperatur 22–28 °C.
Ökologie: Es sind kaum ökologische Daten und Fundorte bekannt. Diese Varietät wächst offenbar in semi-emersen Beständen in einem schnell strömenden Fluß in der Stadt Viktoria (Kamerun). Da dieser Standort ein Naturschutzgebiet ist, wurden aber von der Verfasserin keine Pflanzen für die endgültige Bestimmung entnommen. Wasseranalyse (Februar): Temp. 25 °C (Lufttemp. 27 °C), pH 7,8, GH 4,5 °dH, KH 3,5 °dH, 220 µS/cm, Fe_2/Fe_3 nicht nachweisbar.

Emerse Pflanze von *Anubias gigantea*

Anubias gigantea
Hutchinson (1939)

Riesenspeerblatt

Familie: Araceae, Aronstabgewächse.

Synonyme: *A. gigantea* Chevalier var. *tripartita* Chevalier (nomen nudum), *A. hastifolia* Engler var. *robusta* Engler.

Etymologie: *Anubias*: siehe *A. afzelii*; *gigantea*: riesenhaft, in bezug auf die Blattgröße.

Verbreitung: Guinea, Sierra Leone, Liberia, Elfenbeinküste, Togo, Kamerun (?).

Beschreibung: Kräftige Sumpfpflanze mit einem kriechenden, 1,5–3 cm dicken Rhizom. Blattstiel bis 65(–83) cm lang, scheidig. Blattstielgelenk 1–2,5 cm lang. Blattspreite ledrig, sehr variabel geformt, von spießförmig bis dreilappig; Mittellappen lanzettlich bis schmal eiförmig, 10–30 cm lang, 6–17 cm breit, Seitenlappen bis 25 cm lang, 0,5–9 cm breit. Blattrand glatt. Färbung mittelgrün.

Stiel des Blütenstandes bis 50 cm lang. Spatha 4,5–13 cm lang, zur Reife für einige Stunden weit geöffnet, nicht zurückgebogen. Blütenkolben 5–19 cm lang, fast gleich bis etwa ein Drittel länger als die Spatha. 4–6(7–8) verwachsene Staubblätter. Theken an der Seite des Synandriums. Samen nur einmal untersucht, bis 1,8 × 1,2 mm groß.

Kultur: Eine sehr langsam wachsende Sumpfpflanze mit mäßiger Anpassung an die submerse Lebensweise. Die Art ist selten im Handel. Aufgrund ihrer Größe ist sie vor allem für geräumige Paludarien zu empfehlen und nur bedingt als Aquarienpflanze geeignet. Die Pflanzen benötigen normalerweise eine lange Eingewöhnungszeit. Vermehrung durch Rhizomteilung.

Ökologie: Nach Crusio (1987) wächst die Art halb untergetaucht an den Ufern von Bächen oder im Bachbett, meistens an steinigen Stellen. Blütezeit von Februar bis April.

Sonstiges: Es sind drei Wuchsformen in Kultur, die sich durch konstante Blattformen gut voneinander unterscheiden lassen. Die erste besitzt spießförmige, im Umriß fast dreieckige Blattspreiten, die zweite weist spießförmige, deutlich 3lappige Blattspreiten mit etwa 8–9 cm breiten Basallappen auf, die dritte bildet lanzettliche Blattspreiten (ähnlich *Anubias heterophylla*) mit bis 14 cm langen und bis 1,5 cm breiten Basallappen.

Emerses Exemplar von *Anubias gilletii*

Anubias gilletii
de Wildeman & Durand (1901)

Gillets Speerblatt

Familie: Araceae, Aronstabgewächse.
Synonyme: Keine.
Etymologie: *Anubias*: siehe *A. afzelii; gilletii*: nach dem Sammler J. Gillet (1866–1943).
Verbreitung: Nigeria, Kamerun, Gabun, Kongo, Zaire.
Beschreibung: Sumpfpflanze mit einem kriechenden, bis 1 cm dicken Rhizom. Blattstiel bis 40 cm lang, 2–3 mm dick, kurz scheidig, bei kräftigen Exemplaren mit kleinen Stacheln besetzt. Blattstielgelenk etwa 1 cm lang. Blattspreite ledrig, anfangs schwach herzförmig oder geöhrt, ältere Blätter pfeilförmig bis spießförmig; Mittellappen bis 30 cm lang, 15,5 cm breit, schmal länglich bis länglich, spitz bis feinspitz; Seitenlappen bis 10 cm lang, spitz bis stumpf. Blattrand glatt. Färbung hell- bis mittelgrün.
Stiel des Blütenstandes bis 22 cm lang. Spatha 1–3 cm lang, zur Reife kurz geöffnet. Blütenkolben mit 2,5 cm Länge etwa so lang wie die Spatha. 3–5 verwachsene Staubblätter; Theken am oberen Rand des Synandriums. Samen bis $1 \times 0,5$ mm.
Kultur: *A. gilletii* ist sowohl für die emerse Pflege im Paludarium als auch für die Haltung im Aquarium geeignet. Für die emerse Kultur muß eine hohe Luftfeuchte gewährleistet sein. Während die Pflanzen in der Sumpfkultur sehr groß werden, bleiben sie im Aquarium dagegen bedeutend kleiner, so daß man sie leicht mit Varietäten von *A. barteri* verwechseln kann. Zwar begnügt sich *A. gilletii* auch mit einer geringen Lichtmenge, doch wachsen die Pflanzen besser bei einer mittleren Beleuchtungsintensität. Kräftige Exemplare zeigen deutliche Seitenlappen. Zur Kultur siehe auch *A. afzelii.*
Ökologie: Die Art wächst am natürlichen Standort am Rand von Flüssen gewöhnlich nur mit dem Rhizom im Wasser oder in wenig feuchtem Bodengrund. Die Verfasserin fand in Kamerun (Februar) manchmal kleine bis mittelgroße Exemplare auch fast ganz untergetaucht. Blütenstände waren selten anzutreffen.
Sonstiges: *A. gilletii* kann leicht mit schwachwüchsigen Exemplaren von *A. hastifolia* und *A. pynaertii* verwechselt werden. Zur sicheren Artunterscheidung sind Blütenstände notwendig.

Emerse Pflanzen von *Anubias gracilis*

Anubias gracilis
Hutchinson (1939)
Dreieckiges Speerblatt

Familie: Araceae, Aronstabgewächse.
Synonyme: Keine.
Etymologie: *Anubias*: siehe *Anubias afzelii*; *gracilis*: schlank, zierlich.
Verbreitung: Guinea, Sierra Leone.
Beschreibung: Sumpfpflanze mit einem kriechenden, 1–1,5 cm dicken Rhizom. Blattstiel bis 60 cm lang, sehr kurz scheidig. Blattstielgelenk 1–1,5 cm lang. Spreite ledrig, spießförmig, im Umriß gewöhnlich annähernd dreieckig, 10–40 cm lang und 10–20 cm breit, Spitze spitz; Basislappen rund. Blattrand glatt. Färbung mittelgrün.
Stiel des Blütenstandes 6–15 cm lang. Spatha 1,5–3 cm lang, sich weit öffnend, zurückgeschlagen. Blütenkolben bis 3 cm lang, gleich lang oder etwas kürzer als die Spatha. 6–8(9) verwachsene Staubblätter; Theken an der Seite des Synandriums. Männlicher Abschnitt des Blütenkolbens 2–4mal so lang wie der weibliche. Samen sind nicht bekannt.

Kultur: *Anubias gracilis* ist im Handel sehr selten zu finden, was vor allem darauf zurückzuführen ist, daß die Art recht groß wird und entsprechend geräumige Aquarien benötigt. Sie eignet sich nur bedingt für die dauernde Kultur unter Wasser, ist aber eine sehr empfehlenswerte Paludarienpflanze. Der Bodengrund kann aus Erde oder einer Mischung aus Sand, Lehm und Buchenlauberde bestehen. Auch eine Hydrokultur ist gut möglich. An die Wasserwerte im Aquarium werden nach bisherigen Erfahrungen keine besonderen Ansprüche gestellt. Die Pflanzen wachsen möglicherweise in weichem Wasser am besten, obwohl ein gesundes Wachstum auch in mittelhartem Wasser möglich ist. Das Lichtbedürfnis ist nur gering. Im Aquarium gedeiht *Anubias gracilis* am besten, wenn Rhizome und Wurzeln nicht in den Bodengrund gepflanzt werden, sondern frei im Wasser hängen. So kultivierte Exemplare benötigen aber dennoch viele Monate zur Eingewöhnung. Vermehrung durch Teilung des Rhizoms.
Ökologie: Am natürlichen Standort führt *A. gracilis* während der Regenzeit eine teilweise submerse Lebensweise (ähnlich *Anubias gilletii*).
Literaturhinweis: Crusio (1979, 1987).

Anubias hastifolia am Ufer eines Baches in Kamerun

Anubias hastifolia
Engler (1893)

Spießblättriges Speerblatt

Familie: Araceae, Aronstabgewächse.

Synonyme: *A. hastifolia* var. *sublobata* Engler, *A. auriculata* Engler, *Amauriella auriculata* (Engler) Hepper, *A. haullevilleana* de Wildeman, *A. laurentii* de Wildeman, *Amauriella obanensis* Rendle, *Amauriella talbotii* Rendle, *Amauriella hastifolia* (Engler) Hepper.

Etymologie: *Anubias*: siehe *Anubias afzelii*; *hastifolia*: spießblättrig.

Verbreitung: Ghana, Togo?, Nigeria, Kamerun, Zaire.

Beschreibung: Sumpfpflanze mit einem kriechenden, bis 1,5 cm dicken Rhizom. Blattstiel bis 63 cm lang, scheidig, bei kräftigen Exemplaren bestachelt. Blattstielgelenk bis 1 cm lang. Blattspreite ledrig, von spießförmig bis nahezu 3teilig; Mittellappen lanzettlich bis schmal eiförmig oder verkehrt eiförmig, bis 26 × 12 cm groß, spitz bis feinspitz; Seitenlappen bis 21 × 7 cm groß, spitz oder stumpf. Blattrand flach. Stiel des Blütenstandes 8–24 cm lang. Spatha

2–4,5 cm lang, zur Reife kurz geöffnet, nicht zurückgebogen. Blütenkolben 1,5–4 cm lang. 4–6 verwachsene Staubblätter; Theken die Spitze des Synandriums oder wenigstens die obere Hälfte bedeckend. Samen bis 2,5 × 1,6 mm groß.

Kultur: Kräftige Sumpfpflanze mit nur geringer Anpassung an die ständig submerse Lebensweise im Aquarium. Empfehlenswert ist aber eine Kultur in geräumigen Paludarien. Dort sollten die Pflanzen bei hoher Luftfeuchte nur mäßig beleuchtet werden. Beim Einpflanzen muß beachtet werden, daß das Rhizom oberhalb des Bodengrundes kriechend wachsen kann. Vegetative Vermehrung durch Teilung des Rhizoms, generative Vermehrung ebenfalls möglich, blüht aber relativ selten.

Ökologie: Besiedelt schattige Standorte an den Ufern kleiner Wasserläufe in Wäldern. In Kamerun fand die Verfasserin die Art emers am Rande von Bächen im feuchten Bodengrund verwurzelt, aber nicht im Wasser, während zur selben Jahreszeit (Februar) *A. gilletii* auch teilweise submers angetroffen wurde.

Sonstiges: *A. hastifolia* ist in vegetativem Zustand nicht sicher von *A. pynaertii* zu unterscheiden.

Emerse Pflanze von *Anubias heterophylla*

Anubias heterophylla
Engler (1879)
Verschiedenblättriges Speerblatt

Familie: Araceae, Aronstabgewächse.
Synonyme: *A. congensis* N. E. Brown, *A. congensis* var. *crassispadix* Engler, *A. affinis* de Wildeman, *A. engleri* de Wildeman, *A. bequaerti* de Wildeman, *A. undulata* hort. (nomen nudum).
Etymologie: *Anubias*: siehe *Anubias afzelii*; *heterophylla*: verschiedenblättrig.
Verbreitung: Kamerun, Äquatorial-Guinea, Gabun, Kongo, Angola (Cabinda), Zaire.
Beschreibung: Sumpfpflanze mit einem kriechenden, bis 2 cm dicken Rhizom. Blattstiel bis 66 cm lang, gewöhnlich aber viel kürzer, scheidig. Blattstielgelenk 0,5–2,5 cm lang. Spreite ledrig, schmal elliptisch bis lanzettlich, 10–38 cm lang, 3–13 cm breit. Spitze spitz; Basis spitz bis rund, kurz pfeilförmig oder spießförmig. Basale Lappen kurz oder fehlend, rund. Blattrand glatt oder wenig gewellt. Färbung mittelgrün.
Stiel des Blütenstandes 5–27 cm lang. Spatha 1,5–4,5 cm lang, zur Reife weit geöffnet, nicht zurückgebogen. Blütenkolben 1,5–4,5 cm lang, wenig bis zur Hälfte aus der Spatha herausragend. 4–6 verwachsene Staubblätter; Theken an der Seite des Synandriums, manchmal nur im oberen Bereich. Samen klein, bis 1,5 × 1 mm groß.
Kultur: *A. heterophylla* ist eine langsam wachsende, relativ seltene Sumpfpflanze mit gutem Anpassungsvermögen an die Aquarienkultur. Für geräumige Paludarien ist sie sehr zu empfehlen. Im Aquarium bleibt die Art erheblich kleiner als emers. Je nach Beckengröße läßt sich diese *Anubias* für die mittlere oder hintere Bepflanzungszone verwenden. Die Pflanzen wachsen möglicherweise in weichem Wasser am besten, obwohl ein gesundes Wachstum auch in mittelhartem Wasser erfolgreich sein kann. Eine mittlere Beleuchtungsstärke ist zu empfehlen. Vermehrung durch Teilung des Rhizoms. Auch eine generative Vermehrung durch Samen ist möglich.
Ökologie: Am natürlichen Standort führt *A. heterophylla* manchmal eine teilweise submerse Lebensweise. Sie besiedelt schattige Standorte.
Sonstiges: Es sind drei Wuchsformen bekannt, die sich durch ihre Blattform unterscheiden.
Literaturhinweis: Crusio (1979, 1987).

Emerse Pflanzen von *Anubias pynaertii*

Anubias pynaertii
de Wildeman (1910)

Pynaerts Speerblatt

Familie: Araceae, Aronstabgewächse.
Synonyme: Keine.
Etymologie: *Anubias*: siehe *Anubias afzelii*; *pynaertii*: nach dem Sammler Léon A. Pynaert (1876-?).
Verbreitung: Kamerun, Gabun, Kongo, Zaire.
Beschreibung: Sumpfpflanze mit einem kriechenden, bis 1,5 cm dicken Rhizom. Blattstiel bis 35(-45) cm lang, kurz scheidig. Bei kräftigen Exemplaren ist der Blattstiel deutlich bestachelt, sonst fast kahl. Blattstielgelenk 1-2 cm lang. Blattspreite ledrig, spießförmig bis dreiteilig; Mittellappen lanzettlich bis schmal lanzettlich, bis 26 cm lang und 5-6(-14) cm breit, spitz; Seitenlappen bis 16 cm lang und 3-4(-7) cm breit, spitz. Blattrand glatt oder schwach gewellt. Färbung mittel- bis dunkelgrün.
Stiel des Blütenstandes 7-27 cm lang. Spatha 2-3,5 cm lang, zur Reife zurückgebogen, danach wieder schließend. Blütenkolben 2,5-3,5 cm lang. 4-6 verwachsene Staubblätter. Theken sowohl an der Seite als auch an der Spitze des Synandriums. Samen bis 2,4 × 1,5 mm groß.
Kultur: *Anubias pynaertii* besitzt nur eine mäßige Anpassung an die submerse Lebensweise und ist dementsprechend wenig geeignet für eine dauerhafte Kultur im Aquarium. Wie für alle *Anubias*-Arten gilt auch für *A. pynaertii*, daß sie eine dankbare Paludarienpflanze ist, die allerdings ziemlich langsam wächst. Sie sollte nur mäßig beleuchtet werden und benötigt eine hohe Luftfeuchte und Wärme zum guten Gedeihen. Als Bodengrund läßt sich Erde oder eine Mischung aus Sand, Lehm und Buchenlauberde verwenden. Die vegetative Vermehrung erfolgt durch Rhizomteilung. Auch eine generative Vermehrung durch Samen ist möglich, aber sehr aufwendig.
Ökologie: Die Pflanzen besiedeln schattige Standorte an den Rändern von langsam fließenden Bächen und Flüssen.
Sonstiges: *A. pynaertii* ist in vegetativem Zustand nicht sicher von *A. hastifolia* zu unterscheiden. Eine sichere Bestimmung ist nur anhand der arttypischen Verwachsung der Staubblätter möglich.
Literaturhinweis: Crusio (1979, 1987).

Die Gattung Aponogeton

Deutscher Name: Wasserähren
Familie Aponogetonaceae, Wasserährengewächse

Merkmale der Gattung

Alle *Aponogeton*-Arten besitzen eine Knolle oder ein Rhizom, mit dem sie Reservestoffe speichern können. Unter den kultivierten Pflanzen ist *A. rigidifolius* in gewissem Sinne eine Ausnahme, denn diese Art weist keine Knolle, sondern ein auffallend langes und dünnes Rhizom auf. Die Wasserährengewächse bilden submerse und schwimmende Blätter aus, nur in seltenen Fällen – wie zum Beispiel bei *A. tenuispicatus* oder gelegentlich bei *A. crispus* – auch emerse Blattspreiten. Alle Blätter sind in einer Rosette angeordnet.

Der Blütenstand bildet sich an einem langen Stengel und entfaltet sich über Wasser. Er ist anfangs von einer Spatha umgeben, die aufreißt und eine unterschiedliche Zahl von Ähren freigibt. Diese Ähren sind mehr oder weniger vielblütig. Die Einzelblüten sind klein, sitzend und weisen im allgemeinen zwei auffällig gefärbte Tepalen (Blütenhüllblätter), sechs Staubblätter und drei Fruchtblätter (Karpelle) auf. Bei wenigen Arten kommen Abweichungen von diesem Aufbau vor. Es sind auch einige zweihäusige Arten (nur weibliche oder nur männliche Pflanzen) bekannt. Die männlichen Pflanzen weisen nur ein rudimentäres und steriles Gynäzeum (Gesamtheit der Fruchtblätter) auf, während bei den weiblichen Pflanzen Blütenhüllblätter und Staubblätter fehlen. Auch Apomixis (Samenbildung ohne Befruchtung) tritt gelegentlich auf.

Obwohl die kultivierten *Aponogeton*-Arten im Aquarium häufig Blütenstände bilden, erfolgt eine Samenbildung nur selten. Das ist bedauerlich, weil eine generative Vermehrung sehr wichtig ist, da zum einen die vegetative Vermehrung kaum möglich ist, zum anderen die importierten Pflanzen noch häufig an den natürlichen Standorten gesammelt werden. (Allerdings werden inzwischen immer mehr Arten in Gewebekultur vermehrt). Für eine erfolgreiche Befruchtung muß der reife Pollen auf die Narben übertragen werden. Dieses kann zum Beispiel mit Hilfe eines Pinsels erfolgen. Gute Erfahrungen wurden auch mit Obstfliegen gemacht, die in einer geschlossenen Plastiktüte über dem Blütenstand für die Übertragung des Pollens sorgten (z.B. bei *A. boivinianus*). Trotz aller Bemühungen gelingt aber nur selten ein derart massenhafter Fruchtansatz, wie er am natürlichen Standort bei vielen Arten die Regel ist. Dies ist darauf zurückzuführen, daß zahlreiche Spezies selbststeril sind und deshalb für eine Bestäubung Blütenstände zweier Pflanzen benötigt werden. Aber selbst bei der Berücksichtigung aller Umstände bleibt der Erfolg häufig aus. Möglicherweise spielt bei der Befruchtung auch die Luftfeuchte eine größere Rolle als man bisher annahm. Bei der generativen Vermehrung ist zu beachten, daß die Samen von *Aponogeton*-Arten niemals austrocknen dürfen.

Vegetative Vermehrung bei *A. rigidifolius*

A. longiplumulosus: Die Spatha reißt auf

Verbreitung der Aponogeton-Arten und ihr Auftreten in der Aquaristik

Die Familie Aponogetonaceae oder Wasserährengewächse umfaßt zur Zeit 44 Arten, die in den Tropen und Subtropen der Alten Welt verbreitet sind. Obwohl 17 Arten in Afrika vorkommen, wird von diesen bisher nur *A. distachyos* regelmäßig als Gartenteichpflanze gepflegt. Von den 11 madagassischen Arten wurden in den letzten Jahren einige als neue Aquarienpflanzen eingeführt. Zur Zeit sind aus Madagaskar die folgenden Arten in Kultur: *Aponogeton boivinianus, A. longiplumulosus, A. madagascariensis* und *A. ulvaceus.* Einige Male wurden *A. bernierianus, A. capuronii, A. decaryi* und *A. tenuispicatus* importiert, doch haben diese Arten bisher keine größere Verbreitung erlangt, da sie schwierig zu pflegen sind. Von den 16 Vertretern dieser Gattung aus Asien und Australien sind *A. crispus, A. elongatus, A. rigidifolius, A. robinsonii* und *A. undulatus* brauchbare Aquarienpflanzen. Auch *A. jacobsenii, A. natans* und *A. loriae* wurden zwar mehrfach kultiviert, haben sich aber als Aquarienpflanzen nicht bewährt.

Natürliche Standorte der Aponogeton-Arten

Fast alle Wasserährengewächse machen am natürlichen Standort Ruhe- und Wachstumsphasen durch, deren Abfolge durch die ökologischen Bedingungen in ihrem jeweiligen Lebensraum ausgelöst wird. Während der Wachstumszeit lagert die Pflanze Eiweiß, Fette, Kohlenhydrate und Mineralstoffe in dem Speicherorgan ab. In der Ruhezeit überdauert die Knolle im Boden, um in der nächsten Vegetationsperiode wieder auszutreiben. *Aponogeton*-Knollen besitzen einen hohen Austrocknungswiderstand. Diese Fähigkeit der Wasserspeicherung wird zum Beispiel bei den jährlich zu Tausenden exportierten Knollen von *A. crispus* ausgenutzt, denn sie werden in großen Säcken völlig trocken verschickt. Es muß aber unbedingt darauf geachtet werden, daß die Knollen nicht schrumpfen. Zugleich darf der Vegetationspunkt nicht beschädigt werden. Bisher wurde in der aquaristischen Literatur meist die in dieser Form falsche Behauptung verbreitet, alle kultivierten *Aponogeton*-Arten unterlägen am natürlichen Standort einem periodischen Austrocknen der Gewässer. Entsprechend wird empfohlen, beim Einsetzen der Ruhezeit, was von der Pflanze durch Einziehen der Blätter signalisiert wird, die Knolle aus dem Aquarium zu nehmen und einige Monate kühl und mehr oder weniger feucht aufbewahren. Nach meinen Erkenntnissen, die an zahlreichen Standorten gewonnen wurden, führen diese Ansichten und Schlußfolgerungen häufig zu einer nicht biotopgerechten Pflege, die schließlich ein Absterben der Pflanze zur Folge haben kann. Vermutlich lassen sich diese bei Aquarianern weit verbreiteten irrigen Vorstellungen auf die ersten Massenimporte von *A. crispus* Anfang der 50er Jahre zurückführen, denn auf diese Art treffen obige Angaben in der Tat weitgehend zu, die dann irrtümlich auf die später importierten Arten übertragen wurden. Um zu einer biotopgerechten Haltung zu kommen, muß man die ökologischen Bedingungen, unter denen *Aponogeton*-Arten gedeihen, weitaus differenzierter betrachten, als das bislang getan wurde. Aus diesem Grunde wird hier eine Charakterisierung der Gewässertypen vorgenommen, in denen *Aponogeton*-Arten wachsen. Bei den einzelnen Arten sind die bisher bekannten ökologischen

Oben: Violettblühende Form von
A. ulvaceus

Unten: Weiblicher Blütenstand von
A. decaryi

Verhältnisse genannt, wodurch dem Leser eine Einordnung in dieses System ermöglicht wird. Die Angaben von Kulturerfahrungen sollen dann zu einer erfolgreichen, artgerechten Pflege beitragen. Es darf nicht verschwiegen werden, daß es bei manchen Arten aufgrund mangelnder ökologischer Daten zur Zeit schwer fällt, sie in das Schema einzuordnen.

Grundsätzlich lassen sich vier verschiedene Kategorien von Gewässertypen unterscheiden, in denen *Aponogeton*-Arten wachsen.

Dabei ist zu bemerken, daß einige Arten in mehreren Gewässertypen vorkommen.

1. **stehende, temporäre Gewässer (periodisch austrocknend)**
2. **stehende, permanente Gewässer (gewöhnlich nicht austrocknend)**
3. **fließende, temporäre Gewässer (periodisch austrocknend)**
4. **fließende, permanente Gewässer (nicht austrocknend)**

Gewässertyp 1 (stehend, temporär)

Bei diesem Gewässertyp handelt es sich um mehr oder weniger große Tümpel oder kleine Seen ohne merklichen Zu- und Abfluß, deren Wasserstand je nach Jahreszeit starken Schwankungen unterliegt. Gewöhnlich trocknen diese Gewässer während der regenarmen Jahreszeit völlig aus, so daß alle oberirdischen Pflanzenteile absterben und nur die Knolle im Bodengrund ruht. Mit Einsetzen der Regenzeit treiben die Knollen aufgrund der gespeicherten Reservestoffe erneut aus. Die Zeitspanne vom Beginn der Regenzeit bis zum vollständigen Austrocknen der Tümpel ist je nach geographischer Verbreitung von Art zu Art sehr unterschiedlich. Entsprechend verschieden lang sind auch die Ruhezeiten.

Kulturempfehlungen für die Arten des Gewässertyps 1

Die Knollen der in den Tropen verbreiteten *Aponogeton*-Arten, die in stehenden, temporären Gewässern vorkommen, unterliegen in der Ruhezeit hohen Temperaturen, weshalb die bisherige Empfehlung, die Knollen während der Ruhezeit bei einer niedrigen Temperatur aufzubewahren, völlig unverständlich ist. Selbstver-

ständlich lassen sich die natürlichen Lebensbedingungen nicht vollständig nachahmen, doch kann man versuchen, die Pflanzen weitestgehend biotopgerecht zu pflegen. Für eine artgerechte Haltung müssen die Knollen eher trocken als feucht bei Temperaturen zwischen etwa 20 und 25 °C gelagert werden, obwohl Temperaturen bis zu etwa 30 °C durchaus den natürlichen Bedingungen entsprechen können. Eine Möglichkeit besteht darin, die Exemplare in Töpfe zu pflanzen, die man mit Beginn der Ruhezeit aus dem Wasser herausnimmt, im geheizten Zimmer aufbewahrt und nach dem weitgehenden Austrocknen nur hin und wieder sehr wenig mit Wasser besprüht. Empfehlenswerter ist die Kultur der Pflanzen im Boden des Aquariums, da sie gewöhnlich besser gedeihen als bei der Topfkultur. Mit Beginn der Ruhepause sollten die Knollen aus dem Aquarium genommen und gut gesäubert werden. Bei manchen *Aponogeton*-Arten können sie viele Wochen vollständig trocken aufbewahrt werden. Um aber sicher zu gehen, daß sie nicht völlig austrocknen, kann man sie in einem zum Beispiel mit Erde oder Blähton gefüllten Blumentopf legen und diesen ab und zu ein wenig besprühen; er darf aber nicht naß gehalten werden, da sonst leicht Fäulnisprozesse einsetzen können.

Folgende Ihrer besprochenen Arten stammen zweifelsfrei aus diesem Gewässertyp: *A. abyssinicus, A. crispus, A. decaryi, A. natans* und *A. ulvaceus.*

Gewässertyp 2 (stehend, permanent)

Dieser Gewässertyp besitzt stehendes Wasser, das zwar den jahreszeitlichen Wasserstandsschwankungen unterliegt, aber nicht völlig austrocknet.

Kulturempfehlungen für die Arten des Gewässertyps 2

Mit Pflanzen aus stehenden, permanenten Gewässern sollte prinzipiell ebenso verfahren werden wie mit den Arten aus permanenten Fließgewässern (Typ 4). Bisher kann ich nur bestimmte Populationen von *A. crispus* und *A. ulvaceus* sicher diesem Gewässertyp zuordnen.

A. crispus ist zum Beispiel in den überall auf Sri Lanka künstlich angelegten Wasserspeichern

Temporärer Tümpel von *Aponogeton crispus* auf Sri Lanka

(Tanks) häufig, die gewöhnlich nicht austrocknen. Die Art wächst aber auch in stehenden, temporären Gewässern (Typ 1). Kulturerfahrungen zeigen, daß sie zwar eine Ruhephase durchmacht, aber nach wenigen Wochen, ohne daß die Knolle aus dem Aquarium herausgenommen wird, neue Blätter treibt. Damit sich die Knollen aber nicht zu schnell verbrauchen, ist es besser, sie gelegentlich aus dem Aquarium zu nehmen.

Gewässertyp 3 (fließend, temporär)

Bisher ist nur von wenigen *Aponogeton*-Arten bekannt oder zu vermuten, daß sie in Flüssen wachsen, die in der regenarmen Jahreszeit gelegentlich austrocknen. Da kaum Beobachtungen aus den Lebensräumen dieser Pflanzengruppe vorliegen, ist eine sichere Zuordnung zu diesem Gewässertyp schwierig, zumal austrocknende Fließgewässer nur selten anzutreffen sind. *A. boivinianus* und *A. ulvaceus* kommen vermutlich in solchen Gewässern vor. In bezug auf den jahreszeitlichen Wechsel entsprechen die Lebensbedingungen in diesem Gewässertyp in mancher Hinsicht denen, die in stehenden, temporären Gewässern (Typ 1) herrschen.

Kulturempfehlungen für die Arten des Gewässertyps 3

Die Arten aus temporären Fließgewässern können im Prinzip so behandelt werden wie beim Gewässertyp 1 geschildert. Da aber zu vermuten ist, daß die Flüsse, je nach Dauer der regenarmen Jahreszeit – nicht in jedem Jahr austrocknen, müssen die Arten dieses Gewässertyps im Aquarium nicht notwendigerweise regelmäßig eine Ruheperiode einlegen. Damit sich die Pflanze oder Knolle aber nicht zu schnell verbraucht, sollte man auch bei diesen Arten hin und wieder für eine Ruhezeit sorgen.

Gewässertyp 4 (fließend, permanent)

Dieser Gewässertyp bildet für die in Kultur befindlichen *Aponogeton*-Arten den wichtigsten Lebensraum. Dazu im Widerspruch steht jedoch, daß derartige Biotope in früheren Kulturanweisungen praktisch keine Erwähnung fanden. Die bisherigen Empfehlungen anderer Autoren, die Knollen während der Ruhezeit grundsätzlich aus dem Bodengrund herauszunehmen, steht aber nach meinen Beobachtungen häufig im Gegensatz zu den ökologischen Verhältnissen am na-

Aponogeton rigidifolius im Fließgewässer auf Sri Lanka

türlichen Standort. Dies gilt besonders für die Arten, die in permanenten Fließgewässern wachsen. Die Wasserährengewächse, die in diese Gruppe einzuordnen sind, durchlaufen im natürlichen Lebensraum Wachstums- und Ruhephasen, die abhängig von Trocken- und Regenzeiten sind. Diese periodischen Phasen hängen aber bei dieser besonderen Gruppe innerhalb der Gattung nicht mit dem Austrocknen der Gewässer zusammen (vgl. Gewässertyp 1), sondern vielmehr mit dem jahreszeitlich meist stark schwankenden Wasserstand. Während der Regenzeit ist er hoch und die Strömung stark; zudem dringt zu den Pflanzen durch die oft lehmige Trübung des Wassers kaum noch Licht, so daß das Wachstum aufgrund von Lichtmangel stagniert. Sinkt dann mit dem Ende der Regenzeit nach und nach der Wasserstand, treiben die Pflanzen durch eine zunehmend höhere Lichtintensität wieder aus, blühen und fruchten. Hinzu kommt, daß die vermehrte Zufuhr kühleren Wassers während der Regenzeit aus der Atmosphäre und aus den Bergen eine Verminderung der Wachstumsgeschwindigkeit bei den Pflanzen zur Folge hat. Die Ruhezeit der Pflanzen fällt also nicht mit der Trockenzeit, sondern – entgegen der in

der Aquaristik verbreiteten Meinung – mit der Regenzeit zusammen. Entsprechend liegt die Wachstums- und Vermehrungsphase der Pflanzen in der Trockenzeit. In diesem Zusammenhang ist aber zu bedenken, daß in den Tropen die Ausprägung der Jahreszeiten starken Schwankungen unterliegen kann, so daß Ruhe- und Wachstumsphasen verschieden lang sein können. Es gibt bisher keine Untersuchungen darüber, ob und wie lange die Knollen der verschiedenen *Aponogeton*-Arten, die aus permanenten Fließgewässern stammen, trockenliegen dürfen, ohne Schaden zu nehmen.

Folgende in Kultur befindliche Arten können diesem Gewässertyp eindeutig zugerechnet werden: *A. bernierianus*, *A. capuronii*, *A. jacobsenii*, *A. longiplumulosus*, *A. madagascariensis*, *A. rigidifolius*, *A. robinsonii* und *A. ulvaceus*.

Kulturempfehlungen für die Arten des Gewässertyps 4

Nach meinen Beobachtungen an natürlichen Standorten sollten die Knollen bei den Arten aus permanenten Fließgewässern nicht aus dem Aquarienboden genommen werden. Ein höherer Wasserstand, wie er während der Regenzeit anzutreffen ist, kann im Aquarium nicht nachvollzogen werden. Da aber offensichtlich Lichtmangel und eine niedrigere Wassertemperatur die ausschlaggebenden Faktoren für die veränderte Wachstumsrate während der Ruhezeit sind, kann man versuchen, diese Bedingungen im Aquarium zu simulieren. Infolgedessen empfehle ich, Pflanzen im Aquarium während der Ruhezeit zum Beispiel mit einem dunklen Stück Papier auf der Abdeckscheibe zu beschatten und die Temperatur um wenige Grade entsprechend den Ansprüchen der betreffenden Art zu senken. Ist eine derartige Pflege im Gesellschaftsaquarium nicht durchführbar, bleibt nur noch die Topfkultur, wenn man sich lange Zeit an seinen Pflanzen erfreuen möchte. Für die Topfkultur sollte die Ruhephase in einem separat eingerichteten, stark verdunkelten und entsprechend temperierten Aquarium „erzwungen" werden.

Literaturhinweise:
Leser, die an weiteren Informationen über die Gattung *Aponogeton* interessiert sind, seien auf folgende wichtige Literatur verwiesen:

Bruggen, H. W. E. van (1985): Monograph of the genus *Aponogeton* (Aponogetonaceae). Bibliotheca Botanica 137. E. Schweizerbart'sche Verlagsbuchhandlung, Stuttgart.

Bruggen, H. W. E. van (1990): Die Gattung *Aponogeton* (Aponogetonaceae). Aqua-Planta, Sonderheft Nr. 2. VDA-Arbeitskreis Wasserpflanzen, Berlin.

Weitere Aponogeton-Arten und ihre Verbreitung
Folgende bisher in der Aquaristik nicht oder sehr selten gepflegte *Aponogeton*-Arten sind zusätzlich bekannt (nach van Bruggen 1985):

Aponogeton afroviolaceus Lye
  Kenia, Tansania, Sambia, Simbabwe
Aponogeton angustifolius Aiton
  Südafrika (Kap der Guten Hoffnung)
Aponogeton appendiculatus H. Bruggen
  Indien
Aponogeton azureus H. Bruggen
  Namibia
Aponogeton bogneri H. Bruggen
  Zaire (Provinz Shaba)
Aponogeton bruggenii Yadav & Govekar
  Indien

Aponogeton bullosus H. Bruggen
  Australien (Queensland)
Aponogeton cordatus Jumelle
  Madagaskar
Aponogeton desertorum A. Sprengel
  Angola, Botswana, Mosambik, Namibia, Südafrika, Zaire, Sambia, Simbabwe
Aponogeton dioecus Bosser
  Madagaskar (Mandritsara)
Aponogeton fotianus Raynal
  Tschad (Golé)
Aponogeton hexatepalus H. Bruggen
  Westaustralien (Perth)
Aponogeton junceus Lehmann
  Angola, Lesotho, Namibia, Südafrika, Sambia, Simbabwe, Zaire
Aponogeton lakhonensis A. Camus
  Kambodscha, China, Indien, Indonesien (Sulawesi), Thailand, Vietnam
Aponogeton natalensis D. Oliver
  Botswana, Südafrika
Aponogeton nudiflorus Peter
  Äthiopien, Somalia, Kenia, Tansania
Aponogeton queenslandicus H. Bruggen
  Australien (Queensland)
Aponogeton ranunculiflorus Jacot Guill. & Marais
  Südafrika (Lesotho und angrenzendes Natal)
Aponogeton rehmannii D. Oliver
  Botswana, Kenia, Mosambik, Namibia, Südafrika, Sambia, Simbabwe
Aponogeton satarensis Raghavan, Kulkarni & Yadav
  Indien (Satara-Distrikt)
Aponogeton stuhlmannii Engler
  Kenia, Namibia, Südafrika, Tansania, Zaire, Sambia, Simbabwe
Aponogeton subconjugatus Schumacher & Thonning
  Kamerun, Tschad, Kongo, Ghana, Mali, Nigeria, Senegal, Sudan, Uganda
Aponogeton troupinii Raynal
  Tschad, Zaire
Aponogeton vallisnerioides Baker
  Weit verbreitet in den tropischen Gebieten Afrikas.
Aponogeton viridis Jumelle
  Madagaskar
Aponogeton womersleyi H. Bruggen
  Papua Neuguinea (Fly-River-Distrikt)

Blühendes Exemplar von *A. abyssinicus*

Aponogeton abyssinicus
A. Richard (1851)
Abessinische Wasserähre

Familie: Aponogetonaceae, Wasserähren.

Synonyme: *Aponogeton leptostachyus* E. Meyer var. *abyssinicus* (Hochstetter ex A. Richard) Engler & Krause, var. *minor* Baker, *A. boehmii* Engler, *Ouvirandra hildebrandtii* Eichler, *A. braunii* Krause, *A. oblongus* A. Peter.

Etymologie: *Aponogeton*: umgebildet aus dem Gattungsnamen *Potamogeton* (Anagramm); *abyssinicus*: aus Abessinien (Äthiopien) stammend.

Verbreitung: Ostafrika, von Äthiopien bis Malawi und Zaire.

Beschreibung: Amphibisch lebende Pflanze. Wurzelstock knollig oder länglich, bis 2,5 cm im Durchmesser. Submerse Blätter zunächst bandförmig, bis 12 cm lang und 6 mm breit, dann lanzettlich bis verkehrt eiförmig, bis 8,5 cm lang, 2,6 cm breit und bis 10 cm lang gestielt. Spreite häutig und etwas transparent, mit verschmälerter oder herablaufender Basis und spitzer oder stumpfer Spitze. Folgeblätter schwimmend, bis 50 cm lang gestielt. Schwimmblattspreite linealisch bis eiförmig, selten herzförmig, bis 16 cm lang und 5 cm breit, gewöhnlich ist sie aber bedeutend kleiner. Emerse Blätter wie die Schwimmblätter geformt, etwas ledrig und kürzer gestielt.

Blütenstengel bis 45 cm lang, kantig, dunkelrot bis grün gefärbt, unter Wasser schwach behaart, über Wasser fast kahl, unter dem Blütenstand nicht verdickt. Spatha 1,0–1,6 cm lang, abfallend. Blütenstand mit zwei 1,5–5 cm langen Ähren mit allseitswendigen Blüten. 2 Tepalen, violett oder weiß gefärbt. 6 Staubblätter (bei apomiktischen Pflanzen keine). 3 Fruchtblätter (bei apomiktischen Pflanzen bis 7). Frucht bis 7 × 2,75 mm groß mit (4-)7–10 Samen, die 1–2 × 0,75 mm groß sind, Samenschale doppelt.

Kultur: Bei *Aponogeton abyssinicus* handelt es sich um eine selten eingeführte Wasserähre, deren Hälterung im Aquarium aber durchaus möglich ist. Für die Kultur sind möglichst weiches Wasser sowie ein nahrhafter und lockerer Bodengrund zu empfehlen. Die günstigste Wassertemperatur liegt zwischen 24 und 28 °C. Die weißblühende Form von *A. abyssinicus* bildet im Aquarium eine bis 15 cm breite und 10 cm hohe Rosette aus hellgrünen Blättern, so daß sie nur für den Vordergrund in Betracht kommt. Die nur selten im Aquarium gebildeten Schwimmblätter sollte man entfernen, damit die folgenden Blätter wieder kurz gestielt bleiben. Auch eine emerse oder semi-emerse Haltung ist bei einer hohen Luftfeuchte möglich. Die besten Kulturergebnisse erzielt man in flachem Wasser. Eine Vermehrung kann nur generativ durch die sehr kleinen Samen erfolgen. Zwar keimen diese meistens gut, doch ist die Aufzucht der jungen Pflänzchen äußerst schwierig und sehr mühsam.

Ökologie: *Aponogeton abyssinicus* bewohnt flache, gewöhnlich temporäre Gewässer bis in eine Höhe von 2700 m. Von der Verfasserin wurden die weißblühende Pflanzen (gewöhnlich violett blühend) in der Selous Game Reserve, Tansania, gesammelt, wo wenige Exemplare nur an den Rändern eines Permanentgewässers in flachem Wasser, manchmal auch völlig emers auf feuchtem Bodengrund wuchsen.

Literaturhinweise: van Bruggen (1985, 1990); Kasselmann (1983b).

A. bernierianus auf Madagaskar

Natürlicher Standort von *A. bernierianus*

Aponogeton bernierianus
(Decaisne) Hooker fil. (1883)

Berniers Wasserähre

Familie: Aponogetonaceae, Wasserähren.
Synonyme: *Ouvirandra bernieriana* Decaisne (1837), *Aponogeton quadrangulare* Baker.
Etymologie: *Aponogeton:* siehe *A. abyssinicus;* *bernierianus:* nach dem Sammler Bernier.
Verbreitung: Ostmadagaskar.
Beschreibung: Wasserpflanze mit einer bis 3 cm dicken Knolle oder dickem und verzweigtem Rhizom. Blattspreite bis 13 cm lang gestielt, bandförmig, stark bullös und gewellt, bis 50(-120) cm lang und 1,5-6,5(-10) cm breit, dunkelgrün gefärbt.
Blütenstengel bis 75 cm lang, steif, unter dem Blütenstand verjüngt. Spatha bis 15 mm lang, abfallend. Blütenstand mit 3-15 bis 8 cm langen Ähren mit allseitswendigen Blüten. 2(3) weiße Tepalen. 6 Staubblätter. 3(4) Fruchtblätter mit je 2 Samenanlagen. Frucht etwa 10 × 7 mm. Samen etwa 7 × 4 mm groß, Samenschale einfach (van Bruggen 1985).
Kultur: *A. bernierianus* wurde erst wenige Male gesammelt. Die Pflege im Aquarium ist schwierig und gelang bisher nur vereinzelt. Vermutlich sind für eine erfolgreiche Kultur die ökologischen Verhältnisse zu berücksichtigen (weiches, kühles und stark bewegtes Wasser).
Ökologie: Die Art wächst in Flüssen und Bächen mit mehr oder weniger schnell fließendem Wasser bis zu einer Höhe von 1200 m an sonnigen und schattigen Standorten. An einem von der Verfasserin untersuchten Fundort bei Andasibé (Madagaskar) wuchsen blühende Pflanzen zur Trockenzeit in etwa 60 cm tiefem, klarem Wasser. Drei Monate später betrug der Wasserstand an diesem Standort zur regenreichen Jahreszeit (Ruhezeit für die Pflanzen!) mehr als 1,70 m. Das Wasser war nunmehr lehmig-trüb und die Strömung reißend. Eine vor Ort durchgeführte Wasseranalyse im Januar 1987 zur Regenzeit ergab eine Wassertemperatur von 20,6 °C bei einer Lufttemperatur von 24,6 °C, einen pH-Wert von 5,8 sowie eine Gesamt- und Karbonathärte von weniger als 1 °dH.
Sonstiges: Es sind zwei Formen bekannt, eine mit schmalen und eine mit breiten Blattspreiten. In der Vergangenheit wurden in fast jedem Monat blühende Pflanzen gesammelt.

Aponogeton boivinianus im Aquarium

Aponogeton boivinianus
Jumelle (1922)

Boivins Wasserähre

Familie: Aponogetonaceae, Wasserähren.
Synonyme: Keine.
Etymologie: *Aponogeton*: siehe *A. abyssinicus*; *boivinianus*: nach dem Sammler Boivin.
Verbreitung: Nordmadagaskar, Nosy Bé, Mayotte.
Beschreibung: Wasserpflanze. Knolle bis 3 cm im Durchmesser. Blattspreite bis 13(–22) cm gestielt, bandförmig, stark bullös und gewellt, etwas ledrig, bis 30(–60) cm lang, 1,5–5(–8) cm breit, dunkelgrün, junge Blätter hellgrün oder bräunlich gefärbt.
Blütenstengel bis 70 cm lang, unter dem Blütenstand schwammig verdickt. Spatha bis 4,5 cm lang, abfallend. Blütenstand mit 2 oder selten 3, bis 20 cm langen Ähren mit allseitswendigen Blüten. 2 weiße oder rosa Tepalen. 6 Staubblätter. 3(4) Fruchtblätter mit je (3–)6(7) Samenanlagen. Frucht bis 8 × 4 mm. Samen etwa 3 × 1 mm groß, Samenschale einfach (van Bruggen 1985, 1990).

Kultur: *A. boivinianus* ist eine der schönsten und für die Pflege im Aquarium empfehlenswertesten Wasserährengewächse. Die Pflanzen lassen sich in weichem und mittelhartem Wasser sowie schwach saurem bis leicht alkalischem pH-Wert problemlos pflegen. Der Bodengrund sollte locker und nährstoffreich sein. Entsprechend den natürlichen Bedingungen wirkt sich eine starke Wasserbewegung auch im Aquarium positiv auf das Wachstum aus. Optimale Temperatur 22–25 °C. Ausgewachsene Exemplare können eine stattliche Größe erreichen, weshalb geräumige Aquarien notwendig sind. Für eine dauerhafte Pflege empfiehlt es sich, sobald die Pflanzen durch Einziehen der Blätter den Beginn der Ruhezeit signalisieren, entweder die Lichtmenge zu reduzieren und – wenn möglich – die Temperatur um 2–3 °C zu senken, oder die Knolle nur wenig feucht bei Zimmertemperatur aufzubewahren. Möglicherweise entspricht es den optimalen Bedingungen, wenn beide Maßnahmen im Wechsel durchgeführt werden.
Ökologie: Die Art besiedelt Fließgewässer, die vermutlich nur gelegentlich austrocknen. Die Wasserwerte können stark schwanken (siehe van Bruggen 1990).

A. capuronii am Standort auf Madagaskar

Natürlicher Standort von A. capuronii

Aponogeton capuronii
H. W. E. van Bruggen (1968)
Capurons Wasserähre

Familie: Aponogetonaceae, Wasserähren.
Synonyme: Keine.
Etymologie: *Aponogeton*: siehe *A. abyssinicus*; *capuronii*: nach R. P. R. Capuron (1921–1971).
Verbreitung: Südostmadagaskar.
Beschreibung: Wasserpflanze mit einem bis 10 × 2 cm dicken Rhizom. Blattspreite 7–20 cm lang gestielt, etwas ledrig, 20–40 cm lang und 3–4,5(–8) cm breit, flach oder stark bullös und gewellt, dunkelolivgrün gefärbt. Spitze rund; Basis rund, keilförmig oder etwas herzförmig. Blütenstengel 40–60(–300) cm lang, unter dem Blütenstand verdickt. Spatha bis 1,5 cm lang, abfallend. Blütenstand mit 2, selten 3 bis 14 cm langen Ähren mit allseitswendigen Blüten. 2 weiße Tepalen. 6 Staubblätter. 3–4 Fruchtblätter mit je (2–)4 Samenanlagen. Frucht etwa 6 × 3 mm groß, endständig geschnäbelt. Samen bis 3,25 × 1,5 mm groß, Samenschale einfach (van Bruggen 1985).
Kultur: Eine dekorative Wasserähre, die aber wenig anpassungsfähig an die Lebensbedingungen im Aquarium ist. Sie wurde einige Male importiert, aber ihre Kultur gelang bislang nur ausnahmsweise. Im Botanischen Garten München wird von J. Bogner seit über 20 Jahren ein Exemplar mit bullösen Blattspreiten mit gutem Erfolg kultiviert. Die Hälterung erfolgt in weichem, schwach saurem Wasser an einem schattigen Standplatz. Nach diesen Erfahrungen benötigt *Aponogeton capuronii* keine ausgeprägte Ruhezeit.
Ökologie: Die Art wächst in Flüssen mit schnell fließendem Wasser. Bogner fand Pflanzen im Februar 1968 im Fluß Mandromondromotra (Madagaskar) in 20–30 cm tiefem Wasser. Als die Verfasserin im Dezember 1986 diesen Standort aufsuchte, hatte der Fluß eine Wasserhöhe bis knapp 2 m. Die Pflanzen besaßen kaum junge Blätter, was auf eine geringe Wachstumstätigkeit hindeutete. Wasserwerte dieses Standortes: Temperatur 27,3 °C (Luft 30 °C um 13.30 Uhr), pH 6,0, GH/KH < 1 °dH, Fe_2 = 0,05 mg/l, NO_2 nicht nachweisbar. Der Bodengrund bestand aus Sand und Kies vermischt mit grobem, gelbem Lehm.
Sonstiges: Es sind Standortformen mit bullösen, gewellten und flachen Spreiten bekannt.

Aponogeton crispus im Aquarium

Braune Form von *A. crispus* im Aquarium

Aponogeton crispus
Thunberg (1781)
Krause Wasserähre

Familie: Aponogetonaceae, Wasserähren.
Synonyme: *Aponogeton echinatum* Roxburgh.
Etymologie: *Aponogeton*: siehe *A. abyssinicus*; *crispus*: kraus, bezieht sich auf den Blattrand.
Verbreitung: Südindien, Sri Lanka.
Beschreibung: Variable Wasserpflanze. Knolle bis 5 cm groß. Submerse Blattspreite bis 10 cm gestielt, bandförmig, mit gewelltem oder gekräuseltem, selten flachem Blattrand, bis 50 cm lang, 4,5 cm breit, hell- bis dunkelgrün oder rötlichbraun gefärbt. Spreite der Schwimmblätter bis 20 cm lang, 2 cm breit.
Blütenstengel bis 75 cm lang, unter dem Blütenstand verdickt. Spatha bis 2,5 cm lang, abfallend. Blütenstand gewöhnlich mit einer bis 13 cm langen Ähre mit allseitswendigen Blüten. 2 weiße, rosa oder hellviolette Tepalen. 6 Staubblätter. 3 Fruchtblätter mit je 2 Samenanlagen. Frucht bis 18 × 7 mm, Samen bis 12 × 5 mm groß, Samenschale einfach (van Bruggen 1985, 1990).
Kultur: *A. crispus* ist eine empfehlenswerte,

schnell wachsende Knollenpflanze, die regelmäßig aus Asien in großen Mengen exportiert wird. Die Art liebt weiches, leicht saures Wasser mit Temperaturen von 25–32 °C, läßt sich aber auch in mittelhartem bis hartem Wasser bei gleichzeitiger CO_2-Düngung pflegen. In einem nährstoffreichen Bodengrund erreicht sie schnell eine Größe von 30–50 cm, so daß geräumige Aquarien zu empfehlen sind. Für eine artgerechte Haltung müssen die Knollen zwar nicht zu jeder Ruhezeit, aber hin und wieder außerhalb des Aquariums bei Zimmertemperatur eher trocken als feucht gelagert werden, da sie sich andernfalls schnell verbrauchen.
Ökologie: Die Art lebt gewöhnlich in temporären Tümpeln oder kleinen Seen, die in der regenarmen Jahreszeit völlig austrocknen können. Auf Sri Lanka kommt sie auch in den künstlich angelegten „Tanks" vor. An zwei Teichen mit massenhaften Beständen von *A. crispus* stellte ich im Januar 1985 auf Sri Lanka folgende Werte fest: 1) 32 °C, pH 6,6, GH/KH < 1 °dH, 222 µS/cm, rH 188 mV. 2) 31 °C, pH 7,1, GH 3 °dH, KH 2 °dH, 290 µS/cm, rH 178 mV. Der Bodengrund bestand aus festem Lehm, das Wasser war trüb.

Aponogeton crispus 'Kompakt' im Aquarium

Aponogeton crispus
'Kompakt'

Familie: Aponogetonaceae, Wasserähren.
Etymologie: *Aponogeton crispus*: siehe dort; 'Kompakt' = Sortenname der Wasserpflanzengärtnerei H. Barth, Dessau.
Verbreitung: Keine natürliche Verbreitung.
Beschreibung: Wasserpflanze. Knolle klein. Blätter bis 5 cm lang gestielt. Stiel dreikantig, bis 5 mm breit. Spreite schmal eiförmig bis lanzettlich, transparent, etwas ledrig, bis 15 cm lang und 6 cm breit, hellgrün oder schwach bräunlich gefärbt. Blattspitze stumpf gerundet; Basis stumpf. Blattrand eng gewellt. Mittelnerv kräftig, bis zu 4 Parallelnerven auf jeder Seite.
Kultur: Diese interessante Sorte, die durch Selektion in der Wasserpflanzengärtnerei H. Barth, Dessau, entstand, wirkt durch ihre ausgebreiteten, hellgrünen Blätter besonders dekorativ. Aufgrund ihres raschen Wachstums erfordert diese anspruchsvolle Pflanze eine intensive Beleuchtung, regelmäßige Nährstoffgaben und einen nahrhaften Bodengrund. Eine CO_2-Düngung ist zu empfehlen. Die Wasserhärte scheint für eine erfolgreiche Kultur wenig von Bedeutung zu sein. Auch in mittelhartem Wasser konnte die Verfasserin gute Wachstumserfolge erzielen. Der optimale Temperaturbereich liegt zwischen 24 und 28 °C. Die Nährstoffreserven der Knolle sind bei schnellem Wachstum nach etwa zwei bis drei Monaten verbraucht, so daß die Pflanze dann eine Ruhephase benötigt. Ein gut wachsendes Exemplar erreicht eine Breite von etwa 15–25 cm bei einer Höhe von 10–15 cm, so daß diese Sorte im Unterschied zu *A. crispus* und *A. crispus* × *rigidifolius* für eine Bepflanzung des Vordergrundes infrage kommt. Blütenstände entwickeln sich nur gelegentlich im Aquarium. Eine kommerzielle Vermehrung erfolgt durch Gewebekultur.
Sonstiges: In einer Importsendung von *A. crispus* wurde eine Pflanze entdeckt, die sich durch eine breite und leicht gewellte Blattspreite von den anderen Pflanzen unterschied und an *A. ulvaceus* erinnerte. Die aus den Samen dieses Exemplars herangezogenen Pflanzen wurden über sechs Jahre lang weiter selektiert, bis diese kompakte Sorte entstand. Sie wird mittlerweile in der Gewebekultur vermehrt.
Literaturhinweis: Barth (1988).

121

A. crispus × *rigidifolius* im Aquarium

Blütenstand von *A. crispus* × *rigidifolius*

Aponogeton crispus × rigidifolius

Beschreibung: Wasserpflanze, bis 60 cm hoch. Blätter bis 30 cm gestielt. Spreite bis 30 cm lang, 3–4,5 cm breit, etwas ledrig, mittel- bis dunkelgrün. Spitze rund; Basis stumpf oder herablaufend. Blattrand leicht gewellt.
Blütenstengel bis 80 cm lang, unter dem Blütenstand allmählich verdickt. Spatha etwa 2,5 cm lang, abfallend. Blütenstand eine bis 18 cm lange Ähre mit allseitswendigen Blüten. 2 weiße oder blaßviolette Tepalen. 6 Staubblätter. 3 Fruchtblätter. Früchte ohne Samen.
Kultur: *A. crispus* × *rigidifolius* vereint die positiven Wachstumseigenschaften beider Eltern in idealer Weise: Einerseits wächst die Kreuzung so rasch und problemlos wie *A. crispus*, andererseits benötigt sie im Aquarium keine Ruhepause, wie dieses für *A. rigidifolius* zutrifft. Aufgrund ihres raschen Wachstums und mächtigen Umfanges beansprucht die Pflanze im Aquarium einen beträchtlichen Raum. Selbst durch Reduzierung der Blätter wird ihr Wachstum nicht wesentlich beeinträchtigt. Nach meinen Erfahrungen ist die Kultur problemlos in mittelhartem Wasser bei pH-Werten von 7–7,6 möglich. Eine mittlere Beleuchtungsstärke ist ausreichend, allerdings bilden sich bei höherer Lichtintensität kräftigere Blattspreiten. Optimale Temperatur 24–28 °C. Empfehlenswert ist diese Kreuzung nur für größere Aquarien (ab 300 Liter Beckeninhalt). Eine vegetative Vermehrung erfolgt bei sehr kräftigen Exemplaren durch Jungpflanzen am Rhizom.
Sonstiges: Diese prächtige, aber seltene Kreuzung entstand in der Wasserpflanzengärtnerei Tropica (Dänemark). Da unklar ist, welche Art bei der Kreuzung die männliche (Pollen) bzw. die weibliche (Eizelle) Funktion übernahm, wurde bei der Namensgebung entsprechend den Nomenklaturregeln in alphabetischer Reihenfolge vorgegangen. Die Kreuzung ist steril und deshalb nicht generativ zu vermehren. Es bleibt zu wünschen, daß eine vegetative Vermehrung durch Gewebekultur erfolgt, was zusätzlich die Möglichkeit bietet, in Zukunft ganz auf Importe von *A. crispus* und *A. rigidifolius* verzichten zu können, da diese beiden Arten in der Aquaristik problemlos durch ihre Hybriden zu ersetzen sind, die für die Kulturbedingungen im Aquarium weit besser geeignet erscheinen.

Aponogeton decaryi im Aquarium

Aponogeton decaryi
Jumelle (1943)

Decarys Wasserähre

Familie: Aponogetonaceae, Wasserähren.
Synonyme: Keine.
Etymologie: *Aponogeton*: siehe *A. abyssinicus*; *decaryi*: nach R. Decary (etwa 1890–1973).
Verbreitung: Süd-, Südwest- und Zentralmadagaskar.
Beschreibung: Wasserpflanze. Knolle bis 1,5(–3) cm groß. Jugendblätter submers, spatel- bis löffelförmig, Blattstiel etwa 2–3mal so lang wie die Spreite, hellgrün. Folgeblätter schwimmend, bis 30 cm lang gestielt; Spreite der männlichen Pflanzen bis 7 × 3,5 cm, die der weiblichen bis 4 × 2,5 cm groß.
Pflanzen zweihäusig. Blütenstengel bis 30 cm lang, wenig verdickt. Männliche Spatha bis 10 mm, weibliche Spatha bis 7 mm lang, abfallend. Blütenstand zweiährig. Männlicher Blütenstand bis 9 cm lang. Männliche Blüte mit 2 weißen Tepalen, 6 Staubblättern, 3 sterilen, rudimentären Fruchtblättern. Weiblicher Blütenstand bis 3,5 cm lang. Weibliche Blüten nackt,

mit (2)3 Fruchtblättern mit je 2 Samenanlagen. Frucht bis 6 × 1,75 mm, Samen etwa 3 × 0,75 mm groß, Samenschale einfach.
Kultur: *A. decaryi* ist eine sehr selten importierte Art, die sich nur vorübergehend für die Kultur im Aquarium eignet. Die Verfasserin konnte in mittelhartem Wasser mit neutralem pH-Wert ein gutes Wachstum erzielen. Zunächst entwickeln sich einige submerse Blätter, so daß die Pflanzen im Vordergrund anfangs recht dekorativ wirken. Nach wenigen Wochen bilden sich jedoch Schwimmblätter, die für eine Hälterung im Aquarium wenig erwünscht sind. Hinzu kommt, daß die Wachstumsphase sehr kurz, die Ruhephase dagegen sehr lang ist und die Knollen aus dem Bodengrund herausgenommen und trocken aufbewahrt werden müssen. Schwimmblätter und Blütenstände erreichen nur in flachen Aquarien die Oberfläche.
Ökologie: Die Art besiedelt seichte Gewässer, Flüsse, Sumpfgebiete oder Tümpel, die während des größten Teils des Jahres trockenliegen.
Sonstiges: J. Bogner fand 1990 bei Antsalova nur weibliche Pflanzen von *A. decaryi*, die sich als apomiktisch herausstellten.
Literaturhinweise: van Bruggen (1990, 1991).

Aponogeton distachyos im Sommer in einem Teich

Aponogeton distachyos
Linné fil. (1781)
Zweiährige Wasserähre

Familie: Aponogetonaceae, Wasserähren.
Synonyme: *Aponogeton distachyum* var. *lagrangei* André.
Etymologie: *Aponogeton:* siehe *A. abyssinicus*; *distachyos*: zweiährig, bezieht sich auf den zweiährigen Blütenstand.
Verbreitung: Südafrika (Kap-Provinz), eingebürgert in vielen Ländern, auch in Südwesteuropa zu finden.
Beschreibung: Amphibisch lebende Pflanze. Knolle bis 6 cm im Durchmesser. Schwimmblätter bis 1 m lang gestielt. Spreite bis 23 cm lang und 7,5 cm breit, mittelgrün gefärbt. Blütenstengel bis 80 cm lang, unter dem Blütenstand wenig verdickt. Spatha bis 3 cm lang, abfallend. Blütenstand mit zwei sehr auffälligen, bis 4,5 cm langen Ähren. Blüten einseitswendig, in zwei Reihen angeordnet, mit einem sehr großen, weißen Tepalum, 8–16 Staubblättern und 2–6 Fruchtblättern mit je etwa 4 Samenanlagen. Frucht bis 22 × 6 mm, Samen bis 17 × 5 mm

groß, Samenschale einfach (van Bruggen 1985, 1990).
Kultur: Seit vielen Jahren wird *Aponogeton distachyos* regelmäßig in botanischen Gärten kultiviert. Auch ist die Pflanze häufig im Angebot des Fachhandels für Gartenteichpflanzen zu finden. Für die Kultur im Tropenaquarium eignet sich diese Wasserähre allerdings nicht, da sie einerseits hohe Temperaturen auf Dauer nicht verträgt, andererseits nur Schwimmblätter ausbildet. Im Gartenteich ist sie aber eine leicht zu pflegende Pflanze, die häufig (sogar noch im Herbst und in milden Wintern) Blütenstände ausbildet. Am besten pflanzt man die Knolle in einen Topf, der im Winter hereingeholt werden kann. Eine Vermehrung durch Samen stellt kein Problem dar. *Aponogeton distachyos* ist bedingt winterhart.
Ökologie: An den natürlichen Standorten wächst *Aponogeton distachyos* häufig in dichten Beständen in stehenden und langsam fließenden Gewässern. Es handelt sich in der Regel um temporäre Gewässer, die völlig austrocknen können. Van Bruggen erwähnt, daß die Pflanzen auch eine zeitlang emers wachsen und blühen können.

124

Aponogeton elongatus f. latifolius im Aquarium

Aponogeton elongatus
Bentham (1878)
Langblättrige Wasserähre

Familie: Aponogetonaceae, Wasserähren.
Synonyme: Keine.
Etymologie: *Aponogeton*: siehe *A. abyssinicus*; *elongatus*: verlängert, gestreckt.
Verbreitung: Nord-, Ost-, Nordwestaustralien.
Beschreibung: Wasserpflanze. Knolle bis 2,5 cm groß. Blätter gestielt, bandförmig, weich, hellgrün, gelblichgrün bis rötlichbraun. Van Bruggen unterscheidet 4 Formen: 1) *f. strigosus*: Knolle bestachelt (nur bei dieser Form). Blätter bis 40 × 0,5–5 cm, glatt oder gewellt. Schwimmblätter bis 11 × 1,7 cm. 2) *f. latifolius*: Blätter bis 50 × 1,2–5 cm, weniger als 10mal so lang wie breit, glatt oder gewellt. Schwimmblätter bis 16 × 4,5 cm. 3) *f. elongatus*: Blätter 15–30 × 1,2–2,5 cm, 10–15 mal so lang wie breit, gewellt. Blattstiel viel kürzer als die Spreite. Schwimmblätter bis 10 × 1,5–2 cm. 4) *f. longifolius*: Blätter bis 55 × 2,5 cm, mehr als 20mal so lang wie breit, flach oder gewellt. Stiel etwa so lang wie die Spreite. Schwimmblätter nicht bekannt.

Blütenstengel bis 1,50 m. Spatha bis 1,5 cm lang, abfallend. Ähre bis 20 cm lang, duftend, Blüten allseitswendig. 2 hellgrüne oder gelbe Tepalen. 6 Staubblätter. 3 Fruchtblätter, je 4–8 Samenanlagen. Frucht 5–6 × 3–4 mm. Samen bis 4 × 1,75 mm, Samenschale einfach.
Kultur: Während *A. elongatus* noch vor einigen Jahren gelegentlich im Handel zu finden war, wird sie nunmehr selten importiert. Die Verfasserin konnte mehrfach Exemplare der f. *latifolius* kultivieren. Die Pflanzen benötigen intensives Licht und entwickeln sich insbesondere in Abhängigkeit des Bodengrundes zu mehr oder weniger kräftigen Exemplaren. Ein optimales Wachstum erfolgte in mittelhartem Wasser (GH 10–12°dH, KH 5–10°dH) bei pH-Werten zwischen 7 und 8. CO_2-Düngung war nicht erforderlich. Blüten- und Fruchtstände bildeten sich häufig. Ruhezeit nach etwa 6 Monaten Wachstumsphase obligatorisch, da sonst die Knollen verfaulen.
Ökologie: *A. elongatus* wächst in stehenden oder fließenden Gewässern an schattigen und sonnigen Stellen. Differenzierte Informationen über die Ökologie der einzelnen Formen sind nicht bekannt.

Aponogeton jacobsenii am natürlichen Standort (Horton Plains, Sri Lanka)

Aponogeton jacobsenii
H. W. E. van Bruggen (1983)
Jacobsens Wasserähre

Familie: Aponogetonaceae, Wasserähren.
Synonyme: Keine.
Etymologie: *Aponogeton*: siehe *A. abyssinicus*; *jacobsenii*: nach dem dänischen Botaniker Niels Jacobsen (1941–).
Verbreitung: Sri Lanka (Zentralgebirge).
Beschreibung: Wasserpflanze. Rhizom knollig oder bis 22 cm lang, 4,5 cm dick. Blätter bis 20(–35) cm gestielt, ledrig, submers oder mit Schwimmblättern. Submerse Spreite eiförmig oder abgerundet dreieckig, bis 25(–30) cm lang, 5–8 cm breit, hell- bis dunkelgrün oder kräftig rotbraun gefärbt. Blattrand etwas gewellt. Schwimmblattspreite bis 7 × 2 cm groß.
Blütenstengel bis 80 cm lang, kaum verdickt. Spatha bis 19 mm lang, abfallend. Blütenstand eine bis 18 cm lange Ähre, Blüten allseitswendig. 2 weiße, selten rosa gefärbte Tepalen. 6 Staubblätter. 3 Fruchtblätter mit je 2 Samenanlagen. Frucht bis 13 × 5 mm groß. Samen bis 9 × 3 mm groß, Samenschale einfach.

Kultur: *A. jacobsenii* gedeiht nicht bei den hohen Temperaturen eines Tropenaquariums, ist daher für die Aquaristik von geringem Wert. Offenbar handelt es sich um eine wenig anpassungsfähige Art, worauf auch das kleine Verbreitungsgebiet hindeutet. Eine vorübergehende emerse Kultur bei hoher Luftfeuchte ist möglich, wobei die Exemplare aber wesentlich kleiner bleiben als submers. Es ist zu vermuten, daß die Art keine Ruhephase benötigt.
Ökologie: Besiedelt Flüsse mit kräftiger Strömung oder Teiche und Seen mit stehendem Wasser, zwischen 1650 und 2300 m. Zwei Standorte (Sri Lanka, Januar 1985): 1) Horton Plains, Savannenlandschaft, Fluß Belihul Oya, dichte Bestände unbeschattet in schnell fließendem Wasser in 30–80 cm Tiefe; Temperatur 16 °C, pH 7,7, GH/KH < 1 °dH, 21 µS/cm, rH 234 mV. Bodengrund felsig-lehmig. 2) Hakgala Botanic Gardens (ausgesetzt): einzelne Exemplare in fast stehendem Wasser, sonnig/schattig, auch emers; Temperatur 20 °C, pH 7,35, GH/KH < 1 °dH, 100 µS/cm. Bodengrund lehmig, fest.
Sonstiges: *A. jacobsenii* wurde lange Zeit irrtümlich für identisch mit *Aponogeton crispus* gehalten.

Blütenstand von *A. longiplumulosus*

Aponogeton longiplumulosus im Aquarium

Aponogeton longiplumulosus

H. W. E. van Bruggen (1968)

Familie: Aponogetonaceae, Wasserähren.
Synonyme: Keine.
Etymologie: *Aponogeton*: siehe *A. abyssinicus*; *longiplumulosus*: *longi-* = lang, *plumulosus:* mit einer Plumula versehen (Sproßknospe).
Verbreitung: Nordwestmadagaskar.
Beschreibung: Wasserpflanze. Knolle bis 2 cm groß. Blattspreite bis 18 cm gestielt, bandförmig, etwas transparent, zerbrechlich, mit stark gewelltem Blattrand, bis 40 cm lang, 1,5–4 cm breit, mittel- bis dunkelgrün.
Blütenstengel bis 150 cm lang, unterhalb des Blütenstandes deutlich verdickt. Spatha bis 2 cm lang, abfallend. Blütenstand mit (1)2(3–4) bis 12,5 cm langen Ähren mit allseitswendigen Blüten. 2 Tepalen, gewöhnlich auffällig rosa bis violett, seltener fast weiß. 6 Staubblätter. 3(4–6) Fruchtblätter mit je 2(4) Samenanlagen. Frucht bis 4 × 1,5 mm groß. Samen bis 3 × 1 mm groß, Samenschale einfach.
Kultur: *A. longiplumulosus* ist eine empfehlenswerte und leicht zu kultivierende Art, deren Pflege geräumige Aquarien voraussetzt. Durch ihre gewellten Blattränder wirkt sie besonders dekorativ. Im Aquarium werden die Pflanzen am prächtigsten, wenn man sie in weichem bis mittelhartem, saurem bis neutralem Wasser kultiviert. Die Temperatur sollte im Bereich von 22–26 °C liegen. Als Bodengrund eignet sich ungewaschener, grober Sand. Im Gegensatz zum natürlichen Standort ist für die Kultur im Aquarium keine starke Wasserbewegung erforderlich. Blütenstände bilden sich im Aquarium häufig, doch scheint eine Samenentwicklung selten zu sein. Die Art legt im Aquarium regelmäßig Ruhezeiten ein, treibt aber nach einigen Monaten wieder aus.
Ökologie: Nach den Angaben von Bogner wächst *A. longiplumulosus* in ganzjährig wasserführenden Flüssen mit starker Strömung im steinigen Bodengrund. Das Wasser hatte folgende Werte: pH-Wert 5,8–6,2, GH 7,8 °dH, KH 4,6 °dH, Leitfähigkeit 186 µS/cm bei 20 °C, Chlorid 1,6 mg/l.
Sonstiges: Bogner brachte erstmals 1970 lebende Pflanzen nach Deutschland mit. Erst um 1983 kamen häufiger Exemplare in den Zoofachhandel.

Aponogeton loriae im Aquarium

Aponogeton loriae
Martelli (1897)

Lorias Wasserähre

Familie: Aponogetonaceae, Wasserähren.
Synonyme: Keine.
Etymologie: *Aponogeton:* Erklärung bei *A. abyssinicus; loriae:* nach Lamberto Loria.
Verbreitung: Papua Neuguinea (Port Moresby).
Beschreibung: Wasserpflanze. Rhizom bis 4 × 2 cm groß. Blattspreite bis 40 cm gestielt, bandförmig, bis 70 cm lang, 2–4 cm breit, etwas ledrig, mit gewelltem Rand, olivgrün bis rotbraun gefärbt. Ähnelt *A. rigidifolius.*
Blütenstengel bis 90 cm lang, unter dem Blütenstand nicht verdickt. Spatha bis 22 mm lang, bleibend oder abfallend. Blütenstand eine bis 18 cm lange Ähre mit allseitswendigen Blüten. Tepalen 2, gelb. Staubblätter 6. Fruchtblätter 3 mit je 4–8 Samenanlagen. Frucht bis 6 × 3 mm, Same bis 4 × 1 mm groß, Samenschale einfach.
Kultur: Die Verfasserin sammelte im Juli 1988 *A. loriae* auf Papua Neuguinea und verteilte sie an Freunde, die sie auf ihre Eignung für die Aquarienkultur testeten. Alle Pflanzen wuchsen anfangs ausgezeichnet, gingen dann jedoch nach 1–2jähriger Kultur bei allen Pflegern ein. Leider konnten in dieser Zeit weder Samen erzielt werden noch eine Vermehrung durch Gewebekultur erfolgen, so daß die Pflanzen nunmehr aus den Aquarien wieder verschwunden sind. Nach den Erfahrungen handelt es sich bei *A. loriae* aber um eine zumindest vorübergehend nicht schwierig zu kultivierende und mittelschnell wachsende Pflanze. Was dann zum Zusammenbruch führte, ist nicht geklärt. *A. loriae* kommt mit einer mäßigen Beleuchtung aus. Der Bodengrund sollte nährstoffreich sein. Eine Kultur gelang gut in mittelhartem Wasser mit pH-Werten im alkalischen Bereich (7,4–7,7).
Ökologie: *A. loriae* wächst in Bächen und kleinen Flüssen mit schnell fließendem Wasser bei einer Fließgeschwindigkeit von 25–30 cm/Sek. Die Biotope trocknen vermutlich nicht aus. An dem aufgesuchten Fundort wurzelten die Pflanzen in bis 1 m tiefem Wasser im schlammigen, lockeren Bodengrund, der zum Teil mit Kieseln und Steinen durchsetzt war. Das Wasser war glasklar. Eine ausführliche Wasseranalyse dieses Fundortes siehe S. 47, Biotop Nr. 11.
Literaturhinweis: Kasselmann (1989a).

Breitblättrige Form von *Aponogeton madagascariensis* im Aquarium

Aponogeton madagascariensis
(Mirbel) H. W. E. van Bruggen (1968)

Gitterpflanze

Familie: Aponogetonaceae, Wasserähren.
Synonyme: *Uvirandra madagascariensis* Mirbel (1803), *A. fenestralis* Hooker f., *A. henkelianus* H. Baum, *A. guillotii* Hochreutiner, u.a.
Etymologie: *Aponogeton:* siehe *A. abyssinicus*; *madagascariensis*: aus Madagaskar stammend.
Verbreitung: Madagaskar, vermutlich Große Komoren-Insel sowie Mauritius (eingeführt).
Beschreibung: Wasserpflanze. Knolle bis 3 cm im Durchmesser oder längliches Rhizom. Blätter durch fehlendes Blattgewebe unterschiedlich groß gegittert. Spreite bis 60 cm lang und 1,5–16 cm breit. Riesengitterpflanze bis 100 cm lang und 18 cm breit. Zwerggitterpflanze mit runden Blättern, die nur 3–4 cm lang und 1–2 cm breit sind.
Blütenstengel bis 1,3 m lang. Spatha bis 2,5 cm lang, abfallend. Blütenstand mit 1–6 Ähren, diese bis 9(–20) cm lang. Blüten allseitswendig, mit 2–3 weißen, rosa bis violetten Tepalen, 6 Staubblättern, 3–6 Fruchtblättern mit je 2 oder

4 Samenanlagen. Frucht bis 8,5 × 5 mm groß. Samen bis 3,5 × 1,25 mm groß, Samenschale einfach.
Kultur: Die Gitterpflanze ist aufgrund ihrer ungewöhnlichen gitterartigen Blattstruktur seit vielen Jahren wohl unumstritten eine der populärsten Aquarienpflanzen, obwohl nur äußerst selten eine dauerhafte und befriedigende Kultur im Aquarium gelingt. Deshalb ist sie im allgemeinen auch nicht für den „Normalaquarianer" zu empfehlen, sondern sollte nur von Spezialisten gepflegt werden, die den hohen Ansprüchen der Art dauerhaft gerecht werden können: niedrige Temperatur, starke Wasserbewegung, weiches, saures Wasser, nährstoffreicher Bodengrund, mittlere Beleuchtungsintensität, regelmäßige Ruhezeiten (keine Trockenperiode!), siehe auch Angaben zur Ökologie. Da die Gitterpflanze neuerdings auch aus Gewebekulturen in den Zoofachhandel kommt, sind die früheren Vorbehalte gegen den Kauf der Pflanzen allerdings weitestgehend entkräftet, da die natürlichen Bestände dadurch nicht mehr dezimiert werden.
Ökologie: Die Art besitzt eine große innerartliche Variationsbreite. Die einzelnen Populatio-

Schmalblättrige Form von *A. madagascariensis* im Aquarium

nen sind extrem unterschiedlichen Bedingungen ausgesetzt, weshalb für jede die ökologischen Ansprüche separat betrachtet werden müssen. Im folgenden eine Zusammenfassung bisher publizierter Angaben (van Bruggen 1990): Die Pflanzen wachsen sowohl in kleinen Waldbächen und sehr schnell fließenden Flüssen als auch ausnahmsweise in stehendem Wasser, auf Basalt, kalkhaltigen Felsen sowie auf Sand, in tiefem Schatten und auch in intensivem Sonnenlicht bis in eine Höhe von 1800 Meter ü.d.M. Wasserwerte: Temperatur 18–26 °C, pH 5,0–7,3, GH < 1 bis 8 °dH, 30–780 µS/cm.

Nachfolgend die Beschreibung von zwei Fundorten der schmalblättrigen Form der Gitterpflanze, die von der Verfasserin auf Madagaskar untersucht wurden: 1) 1–2 m breiter Bach, schattig, schnell fließendes, klares, seichtes Wasser. Bodengrund: grober Sand, vermischt mit mehr oder weniger großen Steinen sowie größeren Felsbrocken. Wasseranalyse (Januar 1987): Wassertemperatur 18,5 °C, Lufttemperatur 23 °C, pH-Wert 5,6, GH/KH < 1 °dH, Fe$_2$ nicht nachweisbar. 2) Fluß, etwa 10 m breit, knietiefes, leicht trübes Wasser mit starker Strömung. Bodengrund: stark lehmhaltiger Sand, vermischt mit

Kies, Steinen und Felsbrocken. Lockere Bestände, teils schattig, teils sonnig. Beleuchtung um 10 Uhr bei schwacher Bewölkung (über Wasser) 70000, bei intensiver Sonneneinstrahlung 146000 Lux. Wassertemperatur 23,2 °C. Beide Standorte der schmalblättrigen Form führen ständig Wasser. Der Wasserstand war teilweise so hoch und die Strömung so stark, daß aufgrund des lehmigtrüben Wassers keine Pflanzen zu sehen waren. Wasseranalyse dieses Standortes siehe S. 47, Biotop Nr. 9, Foto S. 45.

Sonstiges: Es sind mehrere Wuchsformen der Gitterpflanze bekannt, deren Blattspreiten zwar in Form und Größe sehr verschieden sind, aber keinen taxonomischen Stellenwert besitzen. Von den Aquarianern werden nur zwei Formen gepflegt: eine Form mit breiten Blattspreiten und grober, eine andere mit schmalen Blattspreiten und feiner Gitterstruktur. Die Schmalblättrige ist weniger anspruchsvoll als die Breitblättrige Gitterpflanze. Zudem gibt es sowohl eine Riesenals auch eine Zwergform, die nicht im Fachhandel sind.

Literaturhinweise: Albers (1988); van Bruggen (1985, 1990); Kasselmann (1987a); Kiene (1963).

Aponogeton natans am natürlichen Standort auf Sri Lanka

Aponogeton natans
(Linné) Engler & Krause (1906)
Schwimmende Wasserähre

Familie: Aponogetonaceae, Wasserähren.
Synonyme: *Saururus natans* L. (1771), *Aponogeton monostachyon* L. f., u. a.
Etymologie: *Aponogeton*: siehe *A. abyssinicus*; *natans*: schwimmend.
Verbreitung: Sri Lanka, Indien.
Beschreibung: Gewöhnlich im Wasser wachsende Pflanze, selten auch ganz emers. Knolle bis 2 cm groß. Jugendblätter submers, bis 5 cm gestielt; Spreite lanzettlich, bis 6,5 × 1,5 cm, hellgrün; Blattrand gewellt. Folgeblätter schwimmend; Spreite bis 11,5 × 3 cm groß, mit herzförmiger Basis, hellgrün; Blattrand flach. Blütenstengel bis 45 cm lang, nicht verdickt. Spatha bis 15 mm lang, abfallend. Blütenstand eine bis 9 cm lange Ähre mit allseitswendigen Blüten. 2 Tepalen, bis 2 × 1 mm groß, weiß, rosa oder violett. 6 Staubblätter. 3 Fruchtblätter mit je etwa 8 Samenanlagen. Frucht bis 4 × 2,25 mm groß, sehr lang geschnäbelt. Samen etwa ,75 mm × 0,75 mm groß, Samenschale doppelt.

Kultur: Dieser zierliche, seltene *Aponogeton* bildet kaum submerse, sondern vorwiegend schwimmende Blätter, wodurch er wenig für die Aquaristik geeignet ist. Eine Kultur in flachen, intensiv beleuchteten Aquarien in weichem Wasser bei hohen Temperaturen ist aber gut möglich. Die Art benötigt vermutlich regelmäßige Ruhephasen. Obwohl sich an den Blütenständen durch Apomixis reichlich Samen bilden (*A. natans* besitzt die kleinsten Samen der Gattung), die auch leicht keimen, ist eine Aufzucht der Keimlinge sehr schwierig.
Ökologie: *Aponogeton natans* wächst in stehenden, temporären Gewässern bei hohen Temperaturen gewöhnlich unbeschattet bis in einer Höhe von 800 m. Gelegentlich findet man einzelne Exemplare auch völlig emers. Wasserwerte der untersuchten Standorte auf Sri Lanka (Januar 1985): 1) Kleiner, permanenter Wasserspeicher mit drei bis vier blühenden und fruchtenden Pflanzen: Temperatur 31 °C, pH 9,3, GH/KH < 1 °dH, 90 µS/cm, rH 140 mV. 2) Temporärer Tümpel mit stehendem Wasser, dichte Bestände: pH 6,95, GH und KH weit über 10 °dH, 4010 (!) µS/cm.
Literaturhinweise: van Bruggen (1985, 1990).

Aponogeton rigidifolius im Aquarium

Aponogeton rigidifolius

H. W. E. van Bruggen (1962)

Steifblättrige Wasserähre

Familie: Aponogetonaceae, Wasserähren.
Synonyme: Keine.
Etymologie: *Aponogeton*: siehe *A. abyssinicus*; *rigidifolius:* steifblättrig.
Verbreitung: Südwesten von Sri Lanka.
Beschreibung: Wasserpflanze mit langem, dünnem, verzweigtem Rhizom. Blätter bandförmig, bis 60(–120) cm lang, 3 cm breit, oliv- bis dunkelgrün, bei intensivem Licht auch rötlichbraun gefärbt. Blattrand flach oder gewellt.
Blütenstengel bis 110 cm lang, nicht oder wenig verdickt. Spatha bis 2 cm lang, abfallend. Blütenstand einährig, bis 15 cm lang, mit allseitswendigen Blüten. 2(3) weiße Tepalen. 6(–8) Staubblätter. 3 Fruchtblätter mit je 2 Samenanlagen. Frucht bis 12 × 6 mm. Samen bis 12 × 5 mm groß, Samenschale einfach.
Kultur: *A. rigidifolius* läßt sich am besten in weichem bis mittelhartem Wasser kultivieren, wobei ein pH-Wert im leicht sauren Bereich besonders günstig erscheint (CO_2-Düngung). We-
sentlich für eine Hälterung ist ferner eine ständige Wasserbewegung, so daß ein Platz in der Nähe des Filters optimal ist. Die Pflanze zählt zu den anspruchsvollen und lichtbedürftigen Arten. Bei der Beurteilung ihrer Eignung ist ein ganz wesentlicher Gesichtspunkt, daß diese Wasserähre ein langes, dünnes Rhizom bildet und keine Ruhephase benötigt. Die Art entwickelt sich im Aquarium zwar langsam, wächst aber im Laufe von vielen Monaten zu einer prächtigen Pflanze heran. Samen konnte die Verfasserin niemals erzielen (selbststeril?), jedoch gelingt eine vegetative Vermehrung an älteren Exemplaren gut durch Verzweigung des Rhizoms. Beim Erwerb sollte darauf geachtet werden, daß die Pflanze wenigstens eine Größe von 10 cm besitzen. Das Rhizom entwickelt sich erst im Laufe der Zeit.
Ökologie: Auf Sri Lanka (1/1985) durchgeführte Wasseranalysen (zusammengefaßt): Temp. 23–28 °C, pH 6,2–6,9, GH/KH < 1 °dH, 24–43 µS/cm, rH 210–263 mV. Die Bestände wuchsen immer in langsam fließendem bis schnell strömendem Wasser bis in 1,5 m Tiefe. Standorte schattig oder sonnig, Bodengrund sandig oder sandig-kiesig.
Literaturhinweis: Kasselmann (1991a).

Blütenstand von *Aponogeton robinsonii*   ***Aponogeton robinsonii* im Aquarium**

Aponogeton robinsonii

A. Camus (1911)

Robinsons Wasserähre

Familie: Aponogetonaceae, Wasserähren.
Synonyme: *Aponogeton eberhardtii* A. Camus (1914).
Etymologie: *Aponogeton*: siehe *A. abyssinicus*; *robinsonii*: nach C. Robinson (1871–1913).
Verbreitung: Zentral- und Südvietnam.
Beschreibung: Wasserpflanze. Knolle bis 3,5 cm groß. Blattspreite bis 50 cm gestielt, bandförmig, transparent, bis 29(–40) cm lang, 2,5–3,5(–4,5) cm breit, oliv- bis dunkelolivgrün, junge Blätter auch rötlich. Blattrand leicht gewellt. Schwimmblätter bis 19 × 4,5 cm groß. Blattrand flach. Blütenstengel bis 1,65 m lang, nicht oder wenig verdickt. Spatha 2–4,5 cm lang, abfallend. Blütenstand zweischenklig, Ähre 9–15 cm lang, Blüten einseitswendig. 2 weiße Tepalen. 6 Staubblätter. 3(4) Fruchtblätter mit je 2–4(5) Samenanlagen. Frucht bis 15 × 4 mm. Samen bis 14 × 5 mm groß, Samenschale einfach.
Kultur: Eine relativ seltene Kulturpflanze, die im Aquarium problemlos über mehrere Jahre

wachsen kann. Obwohl dieser *Aponogeton* am natürlichen Standort in sehr weichem Wasser vorkommt, läßt er sich auch noch gut in mittelhartem und hartem Wasser kultivieren. Ein schwach saures bis neutrales Milieu ist von Vorteil. Der Bodengrund sollte nährstoffreich und locker sein. Eine starke Wasserbewegung (Filternähe!) fördert kräftige Pflanzen. Damit die dekorative Wirkung dieser Wasserähre optimal zur Geltung kommt, sind Behälter mit wenigstens 50 cm Höhe zu empfehlen, in denen die langen Blattstiele durch andere Pflanzen verdeckt werden sollten. *A. robinsonii* macht im Aquarium im Gegensatz zu anderen Arten keine ausgesprochene Ruheperiode durch. Blütenstände bilden sich häufig. Vermehrung durch Samen.
Ökologie: Die Pflanzen wachsen an natürlichen Standorten in Flüssen mit langsam fließendem Wasser in schlammigem oder steinigem Bodengrund. Messungen ergaben eine Gesamthärte von 1 °dH und einen pH-Wert von 6,5.
Sonstiges: I. Hertel importierte die Art 1981 für die Aquaristik. Aufgrund einer großen Variabilität betrachtet H. W. E. van Bruggen, der Bearbeiter der Gattung, *A. eberhardtii* und *A. robinsonii* als konspezifisch.

Aponogeton tenuispicatus im Aquarium

Aponogeton tenuispicatus
H. W. E. van Bruggen (1968)

Feinährige Wasserähre

Familie: Aponogetonaceae, Wasserähren.
Synonyme: Keine.
Etymologie: *Aponogeton*: siehe *A. abyssinicus*; *tenuispicatus*: dünn- oder feinährig.
Verbreitung: Madagaskar (Halbinsel Masoala).
Beschreibung: Sumpfpflanze. Rhizom bis 5 × 1,5 cm groß. Blattspreite submers oder emers, 4–8 cm gestielt, eiförmig, schwach gewellt, ledrig, 10–13(–17) cm lang, 3–4(–5) cm breit, dunkelolivgrün. Oberseite rauh.
Blütenstengel bis 25 cm lang, nicht verdickt. Spatha bis 12 mm, abfallend oder bleibend. Blütenstand 1- oder 2ährig, bis 15 cm lang, mit allseitswendigen, sehr kleinen Blüten. 2 hellgrüne Tepalen. 6 Staubblätter. 1–3(4) Fruchtblätter, je 2 Samenanlagen. Frucht bis 5 × 3 mm. Samen etwa 2,5 × 1,5 mm groß, Samenschale einfach.
Kultur: Die Pflege dieser seltenen Wasserähre galt bis vor wenigen Jahren noch als ausgesprochen schwierig. Exemplare, die 1990 importiert wurden und immer zweiährig blühen, lassen sich dagegen offenbar relativ gut halten. Auch die Verfasserin kann seit dieser Zeit einen Erfolg mit der Kultur dieser Art in mittelhartem, leicht saurem Wasser (CO_2-Düngung) verzeichnen. Die Pflanzen erhalten eine mittelstarke Lichtintensität, die Temperatur beträgt zwischen 26 und 28 °C. Jacobsen (1993) berichtet über eine sehr befriedigende Kultur mit besonders kräftigen Exemplaren, die in Buchenlauberde kultiviert wurden. Nach seinen Informationen war das Wasser zudem weich und sauer. Die emerse Kultur sowie eine erfolgreiche generative Vermehrung durch Samen erwiesen sich als problemlos. Allerdings erreichen die Blütenstände nur in flachen Becken (Wasserstand maximal 20 cm) die Wasseroberfläche. Die Art bildet im Unterschied zu den meisten *Aponogeton*-Arten ein Rhizom. Im Aquarium ohne Ruhezeiten.
Ökologie: J. Bogner sammelte im Februar 1969 an der Typuslokalität emerse, einährige *A. tenuispicatus* am sumpfigen Ufer eines kleinen, beschatteten Wasserlaufes mit langsam fließendem Wasser. Wassertemperatur 30 °C, GH 0,40 °dH, 60 μS/cm (bei 20 °C), 18,5 mg Cl/l.
Literaturhinweise: van Bruggen (1990, 1991); Jacobsen (1993).

Violettblühende Form von *A. ulvaceus*

Weiß- und gelbblühende Form von
A. ulvaceus

Aponogeton ulvaceus
Baker (1881)
Meersalatähnliche Wasserähre

Familie: Aponogetonaceae, Wasserähren.
Synonyme: *A. ambongensis* Jumelle, *A. ulvaceus* var. *ambongensis* Jumelle, *A. violaceus* Lagerheim.
Etymologie: *Aponogeton:* siehe *A. abyssinicus*; *ulvaceus:* meersalatähnlich (*Ulva* = Meersalat).
Verbreitung: Madagaskar.
Beschreibung: Wasserpflanze. Knolle bis 3 cm groß, bestachelt, Knolle oft fehlend. Blattspreite bis 50 cm gestielt, bandförmig, transparent, weich, gewellt, etwas gedreht, selten flach, bis 45 cm lang, 2–8 cm breit, hellgrün.
Blütenstengel bis 80 cm, unter dem Blütenstand stark verdickt. Spatha bis 5 cm lang, abfallend. Blütenstand zweiährig, bis 15 cm, Blüten allseitswendig. 2 weiße, gelbe oder violette Tepalen. 6 Staubblätter. 3 Fruchtblätter mit je 4–6 Samenanlagen. Frucht bis 5 × 3 mm. Samen 3 × 1 mm groß, Samenschale doppelt.
Kultur: *A. ulvaceus* gehört zu den beliebten und häufig angebotenen Wasserähren. Eine Kultur

sowohl in weichem als auch mittelhartem Wasser, das eine schwach saure bis neutrale Reaktion (CO_2-Zufuhr) zeigen sollte, gelingt leicht. Regelmäßige Düngung sowie ein nährstoffreicher Bodengrund sind für kräftige Exemplare zu empfehlen. Optimale Temperatur 24–27 °C. Gut wachsende Pflanzen weisen gewöhnlich 30–40 Blätter auf; die Verfasserin zählte an einem violettblühenden Exemplar sogar 90 Blätter mit einer Länge von 95 cm sowie eine Vielzahl von Blüten- und Fruchtständen! Während dieses Exemplar seit mehreren Jahren ununterbrochen im Aquarium wächst, benötigen die weiß- und gelbblühenden Pflanzen regelmäßige Ruhezeiten. Eine Befruchtung gelingt bei den weiß- und gelbblühenden Formen nur selten (Kreuzbestäubung notwendig), ist aber bei der violettblühenden Form wesentlich leichter (selbstfertil).
Ökologie: Die Art wächst in stehenden bis schnell fließenden, weichen, manchmal aber auch kalkhaltigen, bis 80 cm tiefen Gewässern, sowohl an sonnigen als auch an beschatteten Stellen bis in eine Höhe von 1250 m. Besiedelt Temporär- und Permanentgewässer.
Sonstiges: Seit 1981 ist auch eine lebendgebärende Form bekannt, die aber sehr selten ist.

A. undulatus mit Adventivpflanzen

Blütenstand von *A. undulatus*

Aponogeton undulatus
Roxburgh (1832)
Gewellte Wasserähre

Familie: Aponogetonaceae, Wasserähren.
Synonyme: *A. stachyosporus* de Wit, u.a.
Etymologie: *Aponogeton:* siehe *Aponogeton abyssinicus; undulatus:* gewellt.
Verbreitung: Indien; vermutlich auch Bangladesch, Birma, Thailand, Malaysia (Johore) und Indonesien (Kalimantan).
Beschreibung: Wasserpflanze. Knolle bis 2,5 cm groß. Blattspreite bis 35 cm gestielt, bandförmig, bis 25 cm lang, 0,8–4,2 cm breit, mittelgrün gefärbt, mit transparenten Feldern. Blattrand schwach gewellt. Schwimmblätter selten, Spreite bis 70 cm gestielt, bis 20 × 3,5 cm groß.
Blütenstengel bis 55 cm lang, unter dem Blütenstand verdickt. Spatha bis 17 mm lang, abfallend oder bleibend. Blütenstand eine bis 11,5 cm lange Ähre mit allseitswendigen Blüten. 2 Tepalen, weiß oder rosa, relativ groß, abfallend. 6 Staubblätter. (2)3(4) Fruchtblätter mit je 2 Samenanlagen. Frucht 5–8 × 4 mm. Samen bis 8 × 3,25 mm groß, Samenschale einfach.

Kultur: Merkwürdigerweise ist diese Wasserähre nur selten im Fachhandel zu finden, obwohl sie sich besser als die meisten anderen *Aponogeton*-Arten für die Aquarienkultur eignet. Vorzüge dieser Art sind nicht nur das problemlose Wachstum, sondern auch die für Wasserähren ungewöhnliche vegetative Fortpflanzung: Anstelle der seltenen Blütenstände entwickeln sich an bis 35 cm langen Stielen Adventivpflanzen, die schon bald eine kleine Knolle bilden und sich nach etwa 2–6 Wochen lösen oder abgetrennt werden können. Weiches bis mittelhartes Wasser ist optimal für die Kultur geeignet. Eine CO_2-Düngung, viel Licht und ein nährstoffreicher Bodengrund sind zu empfehlen. Temperatur 22–28 °C. Mehrere Exemplare einzeln, aber dicht gepflanzt, ergeben die beste optische Wirkung. Im Aquarium meistens ohne Ruhephase.
Ökologie: Über den natürlichen Lebensraum ist kaum etwas bekannt. *A. undulatus* soll in Teichen wachsen und in den Monaten Juli, August und November blühen.
Sonstiges: *A. stachyosporus* de Wit aus Johore ist eine kleine Form von *A. undulatus* mit schmalen Blattspreiten.

Azolla caroliniana
Willdenow (1810)
Karolina-Algenfarn

Familie: Azollaceae, Algenfarngewächse.
Synonyme: *Azolla cristata* Kaulfuß, *Salvinia azolla* Raddi, *Azolla densa* Desvaux, *A. portoricensis* Sprengel.
Etymologie: *Azolla*: von *azo* (gr.) = Dürre und *ollyo* = töten, deutet auf das Absterben des Farnes bei Trockenheit hin; *caroliniana*: aus Karolina (Nordamerika) stammend.
Verbreitung: Nord-, Mittel- und Südamerika, eingebürgert in Europa, zwei Funde in Asien.
Beschreibung: Auf der Wasseroberfläche schwimmende oder im Schlamm wurzelnde, 0,7–2,5 cm große Wasserpflanze. Stengel horizontal, wenig gabelig verzweigt. Blätter wechselständig, dicht zweizeilig und überlappend, schuppenförmig. Jedes Blatt ist in 2 Lappen geteilt: Der Oberlappen befindet sich über Wasser und assimiliert, ist dick, 1,5 × 0,7–1,1 mm groß, fast spitz, mit schmalem, farblosen Hautrand, grün oder kräftig rotbraun (Herbstfärbung) gefärbt, oberseits papillös behaart; Haare zweizellig, unbenetzbar. Der Oberlappen besitzt eine nach unten offene Höhle, in der die Blaualge *Anabaena azollae* eine symbiotische Lebensweise mit *Azolla* führt. Der Unterlappen taucht ins Wasser, ist dünn und farblos.
Sporokarpien an den Unterlappen älterer Pflanzenteile. Mikrosporokarpium (männlich, größer als das weibliche) mit 8–40 lang gestielten, kugeligen Mikrosporangien, die viele Sporen enthalten, diese wiederum zu 3–6 Massulae (Sporenballen) vereint. Massulae mit dicht quergefächerten Glochidien (gestielte Widerhaken, die zur Verankerung dienen) besetzt. Makrosporangium nur mit einer Makrospore. Chromosomenzahl 2n = 48.
Kultur: Zur Kultur siehe *Azolla filiculoides*.
Ökologie: *A. caroliniana* ist in heimischen Gewässern seltener als die größere *A. filiculoides*, anzutreffen, was vorwiegend auf die mäßige Bildung von Sporen und Früchten zurückgeführt wird, die aber für die Entwicklung neuer Pflanzen im Frühjahr notwendig sind. Beide Arten lieben nährstoffreiches Wasser. An zwei natürlichen Standorten von *A. caroliniana* in Peru

Azolla caroliniana

wurden im Juli 1990 Wasseranalysen durchgeführt: 1) Rio Nanay, wenig bewegtes Wasser, größere Ansammlungen von *A. caroliniana* mit *Utricularia foliosa*, Wassertemperatur 25 °C, GH und KH < 1 °dH, pH 5,8, 10 µS/cm. 2) Rio Yanayacu (Ucayali-Einzug), Bucht mit wenig bewegtem Wasser, am Ufer eine dichte Schwimmpflanzendecke aus *A. caroliniana, Ceratopteris pteridoides, Eichhornia crassipes, Limnobium laevigatum, Phyllanthus fluitans, Pistia stratiotes, Ricciocarpus natans, Salvinia auriculata, Utricularia foliosa*. Eine ausführliche Wasseranalyse siehe Biotop Nr. 6 auf S. 46.
Sonstiges: Die mit *Azolla* in Symbiose lebende Blaualge *Anabaena azollae* ist in der Lage, den Luftstickstoff zu binden. Wegen dieser Fähigkeit wird *Azolla* zur Düngung von Reisfeldern verwendet. Zugleich besitzen Algenfarne einen hohen Nährwert und eignen sich daher als Vieh- und Fischfutter. In manchen Gebieten wird *Azolla* eingesetzt, um Moskitoplagen zu verhindern. In Indien ißt man Algenfarn fritiert, und in Afrika sollen die Pflanzen manchmal ein Bestandteil von Seife sein. Als Mittel gegen Halsschmerzen wird *Azolla* in Neuseeland benutzt.
Literaturhinweis: Lumpkin & Plucknett (1980).

Azolla filiculoides

Azolla filiculoides
Lamarck (1783)
Farnähnlicher Algenfarn, Großer Algenfarn

Familie: Azollaceae, Algenfarngewächse.
Synonyme: *A. magellanica* Willdenow, *A. squamosa* Molina, *A. arbuscula* Desvaux.
Etymologie: *Azolla*: siehe *Azolla caroliniana*; *filiculoides*: einem kleinen Farn ähnlich.
Verbreitung: Nord-, Mittel- und Südamerika, eingebürgert in Europa, vereinzelt in Südafrika, Australien, China, Japan, Neuseeland.
Beschreibung: Wie bei *A. caroliniana* angegeben, aber durch folgende Merkmale unterschieden: Stengel fiederig verzweigt. Pflanze 1–2,5 (–10) cm lang, größer als *A. caroliniana*. Oberlappen 2,5 × 0,9–1,4 mm groß, stumpf, mit breitem, farblosem Hautrand, blaugrün bis kräftig rotbraun, mit einzelligen Haaren. Mikrosporokarpium mit 35–100 Mikrosporangien. Massulae 5–8. Glochidien nicht quergefächert. Chromosomenzahl 2n = 48.
Kultur: *A. filiculoides* und *A. caroliniana* sind besonders gut als Schwimmpflanzen für Gartenteiche zu empfehlen. Für eine optimale Kultur benötigen sie ein nährstoffreiches, kaum bewegtes Wasser und einen hellen, sonnigen Standort. Während *A. filiculoides* leicht Sporen bildet, aus denen im Frühjahr neue Pflanzen entstehen, muß *A. caroliniana*, die nur selten Sporen entwickelt, an einem hellen, kühlen Platz überwintert werden. Im Herbst färben sich die Pflanzen bei niedrigen Temperaturen durch die Bildung von Anthozyanen rotbraun. Eine Kultur im Tropenaquarium ist häufig schwierig.
Ökologie: An drei tropischen Standorten wurden Wasseranalysen vorgenommen: Brasilien (3/1986): Amazonas bei Manaus, Wassertemp. 27–27,5 °C, pH 6,5–7,2, GH/KH < 1 °dH, 20–100 µS/cm. Brasilien (8/1987): Sumpfgebiet, Wassertemp. 27 °C (Lufttemp. 34,5 °C um 14 Uhr), pH 6,9, GH/KH < 1 °dH, 15 µS/cm. Venezuela (8/1989): Großer Tümpel, Wassertemp. 33 °C (Lufttemp. 34 °C um 10.30 Uhr), GH 3 °dH, KH 5 °dH, pH 7,3, 250 µS/cm.
Sonstiges: *A. filiculoides* läßt sich von der ähnlichen *A. caroliniana* gewöhnlich daran gut unterscheiden, daß *A. filiculoides* größer ist, lockerer wächst und die Sproßspitzen über die Wasseroberfläche hinausragen, während *A. caroliniana* flach dem Wasser aufliegt.

Azolla nilotica

Azolla nilotica
Mettenius (1867)
Nil-Algenfarn

Familie: Azollaceae, Algenfarngewächse.
Synonyme: Keine.
Etymologie: *Azolla*: siehe *A. caroliniana*; *nilotica*: am Nil wachsend.
Verbreitung: Zentral- und Ostafrika.
Beschreibung: Auf der Wasseroberfläche schwimmende oder im Schlamm wurzelnde Wasserpflanze, die mit einer Stengellänge von gewöhnlich 1,5–6 cm (selten bis 35 cm Länge) wesentlich größer als andere *Azolla*-Arten wird. Auch die büschelig angeordneten Wurzeln unterscheiden sich mit einer Länge von 1,5–5(–15) cm deutlich von den anderen hier beschriebenen Algenfarnen. Stengel horizontal wachsend, unbeblättert, sehr klein beschuppt, wechselständig verzweigt, etwa 1–1,5 mm dick. Blätter an den Seitensprossen wechselständig, zweizeilig, locker angeordnet, wenig überlappend, schuppenförmig. Oberlappen 1–1,3 mm lang, mit einem breiten, farblosen Hautrand, grün bis bläulichgrün (keine Anthozyanbildung); Unterlappen größer als Oberlappen, transparent, in der Mitte grünlich, außen farblos.
Sporokarpien gewöhnlich zu viert. Sporenballen (Massulae) ohne Glochidien (vgl. Beschreibung von *Azolla caroliniana*).
Kultur: *A. nilotica* ist ein seltener, aufgrund seiner Größe besonders auffälliger Algenfarn, der sehr licht- und wärmebedürftig ist. Kulturversuche im Aquarium schlugen bisher immer fehl. Im Gewächshaus ist im Sommer eine Hälterung bei geringem Wasserstand über schlammigem Bodengrund gut möglich. Erforderlich ist ein warmer, sonniger Standort. Die Überwinterung bereitet große Schwierigkeiten.
Ökologie: *A. nilotica* besiedelt stehende, flache Gewässer. In Tansania fand ich einmal große Bestände dieses reizvollen Farns in einem unbeschatteten, austrocknenden Tümpel sowohl schwimmend als auch in nassem Schlamm wurzelnd.
Sonstiges: Die Gattung *Azolla* weist insgesamt sechs Arten und 25 fossile Spezies auf. Außer den hier beschriebenen vier Arten sind noch *A. mexicana* Presl aus Nord-, Mittel- und Südamerika und *A. microphylla* Kaulfuß aus Südamerika und den Galapagos-Inseln bekannt.

Azolla pinnata am natürlichen Standort in Papua Neuguinea

Azolla pinnata
R. Brown (1810)
Gefiederter Algenfarn

Familie: Azollaceae, Algenfarngewächse.
Synonyme: *Azolla imbricata* (Roxburgh) Nakai, *A. africana* Desvaux, u.a.
Etymologie: *Azolla*: siehe *Azolla caroliniana*; *pinnata*: gefiedert.
Verbreitung: Afrika, Madagaskar, Asien, Australien, Neuguinea.
Beschreibung: Wasserpflanze, 1,5–2,5 cm groß. Stengel mit gefiederten Seitenzweigen, die zur Spitze hin kürzer werden, Umriß dreieckig. Blätter 1–2 mm lang, spitz oder rund. Oberlappen mit einzelligen Haaren, grün bis kräftig rotbraun gefärbt. Beschreibung sonst wie bei *Azolla caroliniana* angegeben. Massulae ohne Glochidien.
Kultur: *Azolla pinnata* ist wärmeliebender als *A. caroliniana* und *A. filiculoides*. Eine Kultur in flachem Wasser über einem schlammigen Bodengrund bereitet im Sommer keine Schwierigkeiten. Eine Überwinterung von *A. pinnata* ist nur an einem sehr hellen, warmen Standplatz möglich.

Ökologie: Die Art besiedelt nährstoffreiche Gewässer (z.B. Tümpel auf Viehweiden) mit stehendem oder kaum merklich fließendem Wasser. Die Verfasserin untersuchte 2 Standorte in Papua Neuguinea (7/1988): 1) Sumpfiger See, dichte Bestände: Temp. 31 °C (um 12.30 Uhr), GH 11 °dH, KH 15 °dH, pH 7,5, 510 µS/cm. 2) Sepik River, einzelne *A. pinnata*: Temp. 29 °C, GH 5 °dH, KH 6 °dH, pH 7,1, 275 µS/cm. Auf Madagaskar wächst *A. pinnata* häufig in Reisfeldern. Daten eines Standortes (12/1986): Temp. 27,5 °C (Luft 28 °C, 14 Uhr), GH 3 °dH, KH 2 °dH, pH 6,5, Fe_2 0,2 mg/l. Bodengrund laterithaltig, schlammig-lehmig.
Sonstiges: Für das Wachstum von *Azolla* sind Phosphor und Eisen die wichtigsten Faktoren (Lumpkin & Plucknett 1980). Die Pflanzen überleben bei einem pH-Wert von 3,5–10, das Optimum befindet sich aber bei 4,5–7. Das maximale Wachstum liegt entweder bei hoher Lichtintensität (60 000 Lux) und hohem pH-Wert (9–10) oder bei geringer Lichtintensität (15 000 Lux) und niedrigem pH-Wert (5–6). Das Temperaturoptimum für *Azolla pinnata* liegt bei 20–30 °C, die Pflanzen sterben ab unter 5 °C und über 45 °C.

Emerser Sproß von _B. caroliniana_ mit Blüten

Bacopa caroliniana im Aquarium

Bacopa caroliniana
(Walter) Robinson (1908)

Karolina-Fettblatt, Großblättriges Fettblatt

Familie: Scrophulariaceae, Rachenblütler.

Synonyme: _Obolaria caroliniana_ Walter (1788), _Monniera amplexicaulis_ Michaux, _Bacopa amplexicaulis_ (Michaux) Wettstein, u.a.

Etymologie: _Bacopa_: aus der Sprache der guyanischen Eingeborenen entnommener Pflanzenname; _caroliniana_: aus Karolina stammend.

Verbreitung: Südliche und mittlere USA.

Beschreibung: Bis 60 cm hohe Sumpfpflanze mit kriechenden oder aufsteigenden, wenig verzweigten Sprossen. Stengel bis 4 mm dick, fleischig, emers stark behaart, submers kahl. Blätter kreuzgegenständig, stengelumfassend, ganzrandig. Spreite eiförmig bis breit eirund, 2–3 cm lang, 8–20 mm breit, glänzend, fleischig, hell- bis olivgrün, bei intensivem Licht bräunlich. Pflanze riecht aromatisch.

Blüten einzeln, achselständig, blau oder schwach lila, selten weiß. Deckblätter 2 mm. Kelch 5teilig, 6–8 mm lang; äußere Kelchblätter lanzettlich bis breit eirund, innere schmal lanzettlich. Blüten-krone verwachsenblättrig, glockenförmig, bis 1,1 cm lang. 4 Staubblätter, zwei mit 6 mm, zwei mit 5 mm Länge. Griffel 6 mm lang.

Kultur: _B. caroliniana_ zählt zwar zu den lichtbedürftigen Arten, ist aber ansonsten anspruchslos. Sie wächst sowohl im ungeheizten Zimmeraquarium oder Paludarium als auch im Tropenaquarium bis etwa 25 °C. Höhere Temperaturen verträgt sie nur vorübergehend. Als Bodengrund genügt reiner Sand, dem etwas Lehm zugefügt werden kann. Die Art wächst in weichem Wasser besser als in hartem. Um einen guten optischen Eindruck zu erzielen, pflanzt man _B. caroliniana_ als Gruppe stufig im Vordergrund oder in der Mittelzone des Aquariums. Im Sommer bereitet auch eine emerse Kultur am Teichrand, bei der sich häufig Blüten entwickeln, keine Schwierigkeiten.

Ökologie: _B. caroliniana_ wächst in Sumpfgebieten, an den Rändern kleiner Bäche, manchmal in flachem Wasser submers, aber gewöhnlich semi-emers (Foto S. 14). Wasseranalyse eines Standortes in Mexiko (8/1985): Temperatur 29 °C, pH 6,9, GH 3 °dH, KH 3 °dH, Fe und NO_2 nicht nachweisbar, NH_4 0,5 mg/l. Bestände semi-emers am Rand eines größeren Teiches.

Bacopa crenata im Aquarium

Blüte von *B. crenata*

Bacopa crenata
(Beauvois) Hepper (1960)
Gekerbtes Fettblatt

Familie: Scrophulariaceae, Rachenblütler.
Synonyme: *Herpestis crenata* Beauvois (1819), *H. calycina* Bentham, *H. thonningii* Bentham, *Bacopa calycina* Engler ex De Wildeman, *Moniera calycina* Hiern.
Etymologie: *Bacopa*: siehe *Bacopa caroliniana*; *crenata*: gekerbt, bezieht sich auf den Blattrand.
Verbreitung: Westafrika von Senegal bis Angola, Tansania, Madagaskar.
Beschreibung: Bis 30 cm hohe, niederliegende oder aufsteigende Sumpfpflanze. Stengel 2–5 mm dick, rund, fleischig, unbehaart. Blätter kreuzgegenständig, bei submerser Kultur selten mit 3–5zähligen Quirlen. Blattspreite lanzettlich bis eiförmig, sitzend, 1,5–6 cm lang, 0,5–2 cm breit, emers gras- bis dunkelgrün, submers hellgrün gefärbt. Spitze rund; Basis stumpf. Mittelnerv deutlich. Blattrand gezackt bis gekerbt. Blüten einzeln, 2–4 mm gestielt. Brakteen 1 mm lang. 5 Kelchblätter. Krone weiß bis leicht rosa;

Oberlippe 2lappig; Unterlippe 3lappig, innen leicht gelblich. 4 Staubblätter. Griffel 2,5 mm lang. Kapsel 2fächrig, 5 × 2,5 mm groß; Samen zahlreich, dunkelbraun.
Kultur: *B. crenata* ist eine brauchbare, aber sehr anspruchsvolle, langsam wachsende Pflanze, die im Aquarium 10–20 cm hoch wird. Für eine erfolgreiche Haltung ist eine hohe Lichtintensität erforderlich. Ein nicht zu grober, nährstoffreicher Bodengrund unterstützt eine schnelle Wurzelbildung. Am günstigsten ist weiches bis mittelhartes, schwach saures Wasser mit Temperaturen von 23–28 °C. Da die Vermehrung durch Seitensprosse im Aquarium nur sehr spärlich ist, lassen sich Stecklinge für eine Gruppenbepflanzung besser in der unproblematischen emersen Kultur heranziehen. *B. crenata* ist besonders für Paludarien empfehlenswert. Hier blühen und fruchten die Pflanzen leicht. Auf feuchter Erde keimen die Samen nach wenigen Tagen.
Ökologie: *B. crenata* lebt im Sumpf, an feuchten und nassen Standorten, wächst aber auch ziemlich trocken in intensivem Sonnenlicht. Die Verfasserin fand die Art 1981 auf den Inseln Mafia und Sansibar in sehr weichem, schwach saurem Wasser.

Emerser Sproß von *Bacopa lanigera*

Blüte von *B. lanigera*

Bacopa lanigera
(G. Don) Wettstein (1891)
Wollig behaartes Fettblatt

Familie: Scrophulariaceae, Rachenblütler.
Synonyme: *Bramia lanigera* G. Don, *Herpestis lanigera* Chamisso & Schlechtendal, u.a.
Etymologie: *Bacopa*: siehe *B. caroliniana*; *lanigera*: Wolle tragend.
Verbreitung: Brasilien.
Beschreibung: Sumpfpflanze mit niederliegenden oder aufrechten Sprossen. Stengel 2–5 mm dick, fleischig, dicht wollig behaart. Blätter kreuzweise gegenständig (selten 3zählige Quirle), sitzend, stengelumfassend, kahl. Blattspreite eiförmig bis breit eirund, 2–3,2 cm lang, 1,7–2,8 cm breit, mit runder Spitze und deutlichem Mittelnerv. Blattrand emers gekerbt, submers fast ganzrandig. Färbung hell- bis mittelgrün mit deutlich weiß gefärbten Nerven, gelegentlich auch ganz grün.
Blüten einzeln, achselständig. Blütenstiel 5–15 mm lang, behaart. Brakteen 1 mm lang. 5 Kelchblätter, behaart. Blütenkrone 2lippig, 5zipflig, bis 1 × 0,8 cm groß, tief blauviolett gefärbt.

Oberlippe 2lappig, Unterlippe 3lappig, innerhalb der Krone mit einem gelben Fleck. 4 Staubblätter, kürzer als die Krone. Griffel etwa 5 mm lang; Narbe 2spaltig.
Kultur: *B. lanigera* wird seit vielen Jahren kultiviert, ist auch gelegentlich im Fachhandel, eignet sich aber nicht oder wenig für die Kultur im Aquarium. Empfehlenswert ist jedoch eine emerse Haltung im Paludarium, wo die Pflanzen zum optimalen Gedeihen eine intensive Beleuchtung sowie einen nahrhaften Bodengrund benötigen. Blüten bilden sich regelmäßig. Die starke Behaarung kann manchmal zurückgehen, was besonders bei stagnierender, feuchter Luft der Fall ist. Auffällig ist der intensive aromatische Geruch dieses Fettblattes, besonders wenn Stengel oder Blätter zwischen den Fingern zerrieben werden. Obwohl auch andere Fettblätter dieses Merkmal aufweisen können, läßt sich *Bacopa lanigera* gewöhnlich leicht daran erkennen.
Ökologie: Die Art wächst an feuchten und sumpfigen Standorten in stehendem Wasser.
Sonstiges: Es wurden 2 Varietäten beschrieben, die sich nur durch geringe Merkmale (Blattform, Kelch und Krone) unterscheiden.

Bacopa madagascariensis im Aquarium

Blüte von *B. madagascariensis*

Bacopa madagascariensis
(Bentham) Pennell (1946)
Madagassisches Fettblatt

Familie: Scrophulariaceae, Rachenblütler.
Synonyme: *Herpestis madagascariensis* (1836).
Etymologie: *Bacopa:* siehe *B. caroliniana; madagascariensis:* aus Madagaskar stammend.
Verbreitung: Madagaskar.
Beschreibung: Sumpfpflanze mit niederliegenden oder aufsteigenden, bis 1 m langen Sprossen, wenig verzweigt. Stengel bis 4 mm dick, schwach gerieft, fleischig, kahl. Blätter kreuzgegenständig, fast stengelumfassend. Spreite lanzettlich bis schmal eiförmig, 1–3 cm lang, 0,5–1,3 cm breit, hellgrün. Spitze spitz bis stumpf. Blattrand leicht gekerbt (ähnlich *B. crenata*).
Blüten einzeln, bis 2 cm gestielt. Brakteen 2–3 mm lang. 5 Kelchblätter. Krone 5zipflig, violett, etwa 11 × 10 mm groß. 4 Staubblätter, kürzer als die Krone. Griffel etwa 6 mm lang, die Staubblätter überragend.
Kultur: *B. madagascariensis* ist sowohl im Aquarium als auch im Paludarium eine gute Kulturpflanze. Mit einer submersen Wuchshöhe von 5–15 cm stellt sie eine ideale, dekorative Vordergrundpflanze dar. Eine mittlere bis starke Lichtintensität bildet die wichtigste Voraussetzung für die erfolgreiche Kultur. Werden die Pflanzen zu schwach beleuchtet, verlieren sie mit zunehmender Höhe die unteren Blätter. Obwohl das Madagassische Fettblatt am natürlichen Standort in sehr weichem, saurem Wasser wächst, läßt es sich auch in mittelhartem, leicht alkalischem Wasser noch kultivieren. Die Pflanzen bleiben dann aber merklich kleiner. Als Untergrund ist gewaschener Sand ausreichend. Temperatur 24–28 °C.
Ökologie: Die Verfasserin fand die Art auf Madagaskar häufig in Bächen, Überschwemmungsgebieten oder kleinen Tümpeln und Seen submers oder semi-emers im Wasser oder emers am Gewässerrand. Dabei war der nährstoffarme, häufig sandige Bodengrund immer feucht oder naß. Vereinzelt bestand die oberste Schicht auch aus schlammigen, torfigen und eisenhaltigen Ablagerungen. Mehrere Wasseranalysen (12/1986, zusammengefaßt): Temp. 28 °C (Luft 27 °C), GH/KH < 1 °dH, pH-Wert 4,8–6,0, Fe_2 0,2 mg/l. Die Sprosse wuchsen im intensiven Sonnenlicht (116 400 Lux um 10.30 Uhr).

Bacopa monnieri
(Linné) Pennell (1946)
Monniers Fettblatt, Kleines Fettblatt

Familie: Scrophulariaceae, Rachenblütler.
Synonyme: *Lysimachia monnieri* Linné (1756), *Gratiola monnieri* L., *G. monnieria* L., *Herpestis monnieria* Kunth (nom. ill.), *Bacopa monnieria* Wettstein (als *monniera*, nom. ill.).
Etymologie: *Bacopa*: siehe *Bacopa caroliniana*; *monnieri*: benannt nach dem Botaniker G. L. Le Monnier, Paris.
Verbreitung: Weit verbreitet in den Tropen und Subtropen Afrikas, Asiens, Australiens und Amerikas, in Europa vereinzelt eingeschleppt.
Beschreibung: Kriechende oder aufsteigende, bis etwa 40 cm hohe Sumpfpflanze. Stengel und Blätter kahl. Blätter kreuzgegenständig, sitzend oder undeutlich gestielt. Spreite schmal länglich bis schmal verkehrt oval, meistens aber schmal spatel- oder keilförmig, ganzrandig oder selten schwach gekerbt, mit runder Spitze, 10–25 mm lang und 3–10 mm breit, hell- bis dunkelgrün gefärbt.
Blüten achselständig, 1–3,5 cm lang gestielt. Deckblätter schmal linealisch, 3 mm lang. Die Einzelblüte besitzt einen fünfteiligen, 5–6 mm langen Kelch, eine fünflappige, etwa 10 mm lange Krone, 4 Staubblätter, von denen die beiden längeren etwas aus der Krone herausragen, und einen Griffel mit der kopfigen Narbe, der die Staubblätter überragt. Die breit glockenförmige Blütenkrone ist schwach rosa, weiß oder (seltener) blaßblau gefärbt.
Kultur: *Bacopa monnieri* ist eine sehr empfehlenswerte und anspruchslose Aquarienpflanze. Die Art wächst in weichem oder hartem, schwach saurem oder alkalischem Wasser gut; besonders kräftige Exemplare erzielte ich in hartem Wasser mit alkalischer Reaktion. Sogar in leicht brackigem Wasser ist eine Kultur möglich. Eine mittlere Beleuchtungsstärke reicht für ein gesundes Wachstum aus. Für den Bodengrund ist feiner Kies oder Sand zu empfehlen, in dem die Sprosse schneller Halt finden können. Die etwas steif wirkenden Pflanzen verzweigen sich submers nur wenig. Werden die Sproßspitzen abgeschnitten, treibt der Rest des im Bodengrund verbliebenen Stengels bald wieder aus. Minde-

Bacopa monnieri **im Aquarium**

stens 10 Sprosse sollten für eine wirkungsvolle Gruppe stufig gepflanzt im Vordergrund verwendet werden. Das Kleine Fettblatt eignet sich nicht nur für das Warmwasseraquarium, sondern kann auch im ungeheizten Zimmeraquarium und im Sommer am Rande des Gartenteichs kultiviert werden, da ein Temperaturbereich von 15–30 °C toleriert wird. Bei einer emersen Kultur in gespannter Luft bilden die Sprosse im Sommer regelmäßig kleine, weiße oder rosafarbene Blüten aus. Eine Vermehrung durch Samen ist sehr mühsam.
Ökologie: Die Verfasserin fand das Kleine Fettblatt an zahlreichen natürlichen Standorten auf Madagaskar, in Mexiko und Indonesien immer an feuchten und nassen Plätzen meistens semiemers. Auf Java kam es auch in schwach brackigem Wasser vor. Am Lac Elapa, Madagaskar, wuchsen blühende semi-emerse Sprosse unbeschattet am Rande des Sees in leicht trübem Wasser und auf sandigem Bodengrund. Eine Wasseranalyse, durchgeführt im Dezember 1986, brachte folgendes Ergebnis: Wassertemperatur 30 °C (Lufttemperatur 32 °C um 11.30 Uhr), pH 6, GH und KH < 1 °dH, Fe_2 und NO_2 nicht nachweisbar.

Bacopa myriophylloides am natürlichen Standort im Pantanal (Brasilien)

Bacopa myriophylloides
(Bentham) Wettstein (1891)
Myriophyllum-ähnliches Fettblatt

Familie: Scrophulariaceae, Rachenblütler.
Synonyme: *Herpestis myriophylloides* Bentham (1846).
Etymologie: *Bacopa:* s. *B. caroliniana*; *myriophylloides:* der Gattung *Myriophyllum* ähnlich.
Verbreitung: Brasilien (Prov. Minas Gerais).
Beschreibung: Zierliche Sumpfpflanze mit einem aufsteigenden oder aufrechten, kahlen oder wenig behaarten, bis 20 cm langen Stengel. Blätter gegenständig, scheinbar quirlständig, sitzend, stengelumfassend, linealisch-pfriemförmig. Blatt mit 5–7 Segmenten, diese 3–6 mm lang, 0,5–1 mm breit, mittelgrün. Submerse Sprosse sehr zart und brüchig. Blattsegmente nadelförmig, weich, hellgrün.
Blüten einzeln, achselständig, 1–2 cm gestielt. Brakteen etwa 1 mm lang. 5 Kelchblätter. Blütenkrone 2lippig, bis 8 × 8 mm groß, blaßblau. 4 Staubblätter, je zwei mit 4 mm, zwei mit 6 mm Länge. Griffel 5 mm lang. Narbe schwach 2lappig. Kapsel 2klappig, Samen länglich.

Kultur: *B. myriophylloides* wird erst seit einigen Monaten im Fachhandel angeboten. Im äußeren Erscheinungsbild ähnelt dieses Fettblatt einer *Myriophyllum*-Art. Es ist im Aquarium eine sehr schwierig zu kultivierende und anspruchsvolle Pflanze. Wichtig für eine befriedigende Kultur sind eine hohe Lichtintensität sowie vermutlich weiches und saures Wasser. Die submersen Sprosse sind leicht zerbrechlich und reagieren auf Nährstoffmangel schnell mit einem Glasigwerden der Blätter und anschließendem Wachstumsstopp. Algen können die Sprosse in kurzer Zeit ersticken. Vorsicht bei der Zugabe von chemischen Präparaten! Für die emerse Kultur sind eine hohe Luftfeuchte und gute Beleuchtung wichtig.
Ökologie: Die Verfasserin sammelte *B. myriophylloides* im nördlichen Pantanal im Staat Mato Grosso, Brasilien. Die Pflanzen wuchsen in einem Sumpfgebiet in intensivem Sonnenlicht sowohl als Land- als auch in seichtem Wasser als Wasserpflanzen. Der Bodengrund bestand aus laterithaltigem Schlamm. Wasseranalyse dieses Standortes (3/1986): Temperatur 28 °C (Lufttemp. 27 °C um 10.00 Uhr), pH-Wert 5,5, GH/KH < 1 °dH, 18 µS/cm.

Blühende Pflanze von *Baldellia ranunculoides*

Baldellia ranunculoides
(Linné) Parlatore (1854)
Hahnenfuß-ähnliche Baldellie

Familie: Alismataceae, Froschlöffelgewächse.
Synonyme: *Alisma ranunculoides* Linné (1753),
Echinodorus ranunculoides (L.) Ascherson.
Etymologie: *Baldellia*: nach B. Bartolini-Baldelli (19. Jahrh.); *ranunculoides*: der Gattung
Ranunculus (Hahnenfuß) ähnlich.
Verbreitung: Europa, Nordafrika.
Beschreibung: Kleine Sumpfpflanze mit rosettig angeordneten Blättern. Jugendblätter submers, linealisch, grasartig, 0,5-7 mm breit, bis
55 cm lang, ohne Seitennerven. Folgeblätter
schwimmend oder emers, bis 20 cm gestielt,
schmal elliptisch bis sehr schmal elliptisch, gewöhnlich 6-8 cm lang, 1 cm breit, hell- bis mittelgrün. Spitze spitz; Basis herablaufend oder
spitz.
Blütenstand mit 1-2(4) Blütenquirlen; jeder
Quirl mit 9-13(-30) Blüten. Blüten 3-11 cm gestielt, etwa 1 cm groß. 3 Kelchblätter, etwa 2 ×
2 mm groß. 3 Kronblätter, etwa 6 × 4 mm groß,
weiß oder blaßviolett, an der Basis gelb. 6 gelbe
Staubblätter; Filamente 1 mm lang. Fruchtblätter zahlreich, grün, kopfig angeordnet. Fruchtstand 5-7 mm groß; Nüsse 2,5 mm lang, 1 mm
breit, gerippt, grün.
Kultur: *B. ranunculoides* ist nicht für die Kultur
im Tropenaquarium geeignet, ist aber in gut
beleuchteten Kaltwasseraquarien sowie für die
Teichrandbepflanzung (bis etwa 40 cm tiefes
Wasser) gut zu verwenden. Häufig winterhart.
Die optimale Temperatur liegt um 20 °C, doch
werden über kurze Zeit auch höhere Temperaturen toleriert. Bei niedrigem Wasserstand bilden sich zuerst schwimmende, danach emerse
Blätter. Eine Vermehrung ist durch Aussaat der
zahlreichen Samen möglich, bei ssp. *repens* auch
durch Adventivpflanzenbildung auf Fruchtständen mit reifen Samen. Selten im Fachhandel.
Besonders gefährdete Art auf der Roten Liste.
Ökologie: Wächst an nassen und feuchten
Standorten, auch in schwach brackigem Wasser.
Sonstiges: Es werden die beiden Unterarten ssp.
ranunculoides und ssp. *repens* (gelegentlich
auch als eigenständige Arten) unterschieden, die
sich im wesentlichen durch verschiedene Blüten-
und Fruchtmerkmale (Kronblätter, Fruchtknoten, Nüßchen) trennen lassen.

Barclaya longifolia 'Rot' im Aquarium

Barclaya longifolia 'Grün' im Aquarium

Barclaya longifolia

Wallich (1827)

Langblättrige *Barclaya*

Familie: Nymphaeaceae, Seerosengewächse.

Synonyme: *Hydrostemma longifolium* (Wallich) Mabberley, *Barclaya pierreana* Gagnepain, *B. oblonga* Wall., u.a.

Etymologie: *Barclaya*: nach dem englischen Botaniker Robert Barclay (1751–1830); *longifolia*: langblättrig.

Verbreitung: Birma, Andamanen, Südthailand, südliches Hinterindien, Sumatra, Neuguinea.

Beschreibung: Wasserpflanze mit einem knolligen oder bis 6 cm langen, dünnen, fleischigen Rhizom. Blätter in einer Rosette, 3–10(–20) cm gestielt. Blattspreite länglich, häutig, 10–25(–35) cm lang, 2–5(–10) cm breit, oberseits kahl, unterseits etwas warzig. Jugendblätter mit runder Basis, Folgeblätter tief herzförmig bis leicht spießförmig. Blattrand gewellt. In Kultur sind eine rote und eine grüne Farbform, für die ich hier die Sortennamen 'Rot' und 'Grün' einführe. Bei der häufigeren Sorte 'Rot' sind die Blätter oberseits weinrot bis bräunlichrot und unterseits hellviolett, bei der seltenen Sorte 'Grün' sind sie oberseits olivgrün und unterseits ebenfalls hellviolett gefärbt.

Blütenstengel bis 50 cm lang. 5 Kelchblätter. 7–10 Kronblätter in 2–3 Kreisen, nur im oberen Teil frei, außen olivgrün, innen purpurrot bis dunkelviolett. Sterile Staubblätter in etwa 2 Reihen, fertile, freie Staubblätter in 3–6(–7) Reihen angeordnet. Fruchtknoten unterständig. (8–)10–12(–14) Fruchtblätter, radiär, ihre Fortsätze zu einer „Scheibe" verwachsen; diese sind am Ende frei, so daß durch die nach oben entstehende Öffnung Pollen auf die Fruchtblätter fällt (siehe auch Stengel 1982/83). Frucht eine Beere mit bis 300 etwa 1 mm großen, kugeligen, bräunlichen und dicht mit langen, weichen Stacheln versehenen Samen. Fruchtfleisch anfangs schleimig, klebrig und glasig, zur Reifezeit fest, weiß bis schwach rosa.

Kultur: Eine prächtige, empfehlenswerte, aber etwas anspruchsvolle Aquarienpflanze, die am besten in weichem bis mittelhartem, saurem Wasser bei hohen Temperaturen von 25–28 °C gepflegt wird. Ferner ist ein nährstoffreicher Bodengrund (Lehmzusatz) zu empfehlen. Dem Licht fällt weniger Bedeutung zu, doch dürfen

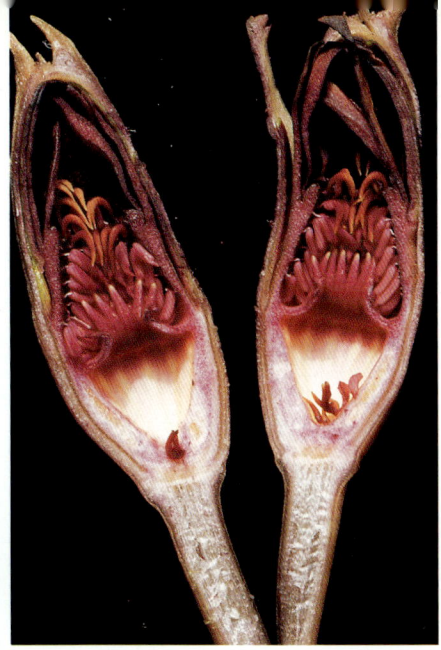

Schnitt durch eine Blüte von *B. longifolia*   Schnitt durch eine Frucht von *B. longifolia*

die Pflanzen natürlich nicht zu dunkel stehen. Für Schnecken sind die zarten Blätter eine willkommene Kost, so daß deshalb Vorsicht geboten ist. Nach einer Zeit guten Wachstums und reichlichen Blühens geht *Barclaya* gewöhnlich im Wuchs zurück, treibt jedoch nach wenigen Wochen wieder aus. Bei guten Kulturbedingungen kann eine Pflanze mehrere derartige Perioden überdauern; trotzdem sollten aber durch Samen immer wieder neue Pflanzen herangezogen werden. Ist in kleinen Aquarien ein niedriger, langsamer Wuchs erwünscht, empfiehlt es sich, die Pflanzen in einen Topf zu setzen, der in den Bodengrund eingegraben wird. Das Wachstum ist dann bedeutend langsamer, und die Pflanzen bleiben längere Zeit klein. Große Exemplare der Langblättrigen *Barclaya* lassen sich ausgezeichnet als Solitärpflanzen verwenden, kleine Pflanzen kann man vorübergehend auch als Gruppe stufig setzen.

Die generative Vermehrung durch Samen ist sehr produktiv. Im Aquarium entwickeln sich häufig unter Wasser Blüten, die sich nur selten öffnen, aber dennoch Samen ansetzen (Kleistogamie). Nach etwa sieben Wochen Reifezeit fault die Frucht ab und entläßt die Samen. Man läßt sie bei viel Licht keimen, da die Keimquote dann gewöhnlich sehr hoch ist. Die Jungpflanzen werden in einem flachen Aquarium bei guten Lichtverhältnissen aufgezogen. Anfangs wachsen sie schnell, doch tritt häufig nach wenigen Wochen ein Wachstumsstillstand ein. Diese schwierige Phase läßt sich gut überbrücken, wenn die Pflänzchen dann umgesetzt werden. *B. longifolia* verträgt das Umsetzen im allgemeinen gut und „belohnt" dieses oft mit noch besserem Wachstum. Nur während der Ruhezeit sollte sie nicht umgepflanzt werden. Schon mit einem Alter von etwa einem Jahr sind die Pflanzen blühfähig. Auch die seltene grüne Farbform kann ausgezeichnet im Aquarium wachsen, bleibt allerdings etwas kleiner.

Ökologie: Nach den Angaben von Bader (1992) wächst *B. longifolia* gewöhnlich in lockeren bis dichten Beständen an sonnigen und halbschattigen Stellen in rasch fließenden, überwiegend klaren Bächen mit weichem, saurem Wasser. Der Bodengrund war sandig-lehmig.

Sonstiges: Der Gattungsname *Barclaya* ist ein nomen conservandum (konservierter Name) und hat deshalb Priorität vor dem älteren Gattungsnamen *Hydrostemma*.

149

Barclaya motleyi

Barclaya motleyi
Hooker filius (1862)

Motleys *Barclaya*

Familie: Nymphaeaceae, Seerosengewächse.
Synonyme: *B. motleyi* var. *kunstleri* King, *B. kunstleri* (King) Ridley, *B. rotundifolia* Hotta, *Hydrostemma motleyi* (Wall.) Mabberley, *Hydrostemma kunstleri* (King) Stone, u.a.
Etymologie: *Barclaya*: siehe *Barclaya longifolia*; *motleyi*: nach dem Entdecker J. Motley (? – 1859).
Verbreitung: Sumatra, Malaiische Halbinsel, Borneo (Sarawak).
Beschreibung: Wasserpflanze. Blattstiel bis 17 cm lang, 1–2 mm dick, behaart. Blattspreite fast rund, selten lanzettlich, Basis herzförmig, 5–10 cm lang und fast ebenso breit, ganzrandig, derb, oberseits kahl, unterseits besonders an den Nerven behaart. Färbung oberseits grün bis rötlich, unterseits hellolivgrün, rötlich oder rostbraun.
Blüten ähnlich denen von *B. longifolia*, aber mit kürzerem Blütenstengel, behaarten Kelchblättern und weniger Staubblättern.

Kultur: Über längere Zeit ist die Aquarienkultur von *B. motleyi* noch nicht gelungen. Die Pflanzen benötigen ein sehr weiches, saures Wasser und einen nährstoffreichen, lockeren Bodengrund mit einer sauren Reaktion. Die Verfasserin konnte die besten Kulturergebnisse an einem freien, hellen Standplatz erzielen. Dort wuchsen einige Exemplare über mehrere Monate, doch wurden die neu gebildeten Blätter mit der Zeit immer kleiner. Jungpflanzen entstehen an langen Ausläufern. Die Blüten sind – wie bei *B. longifolia* – kleistogam. Über die Vermehrung durch Samen wurde bisher nicht berichtet.
Ökologie: Horst (1986) stellte in Schwarzwasserbächen mit *B. motleyi* neben zahlreichen Spurenelementen folgende Wasserwerte fest: Temperatur 25,5 °C, pH 4,4/5,2, GH 0,25 °dH, 18 µS/cm. Eine Bodengrundanalyse weist ebenfalls den niedrigen pH-Wert von 5,8 nach.
Sonstiges: In der Aquarienliteratur wird zusätzlich *B. rotundifolia* genannt, obwohl es sich dabei um ein Synonym von *B. motleyi* handelt. Der Sammler J. Motley beabsichtigte, ursprünglich den Namen *B. rotundifolia* zu verwenden. Nach seiner Ermordung beschrieb Hooker die Art zu Ehren des Sammlers.

Natürlicher Standort von *Blyxa aubertii* auf Sri Lanka

Blyxa aubertii

L. C. Richard (1814)

Auberts Fadenkraut

Glatt- oder Igelsamiges Fadenkraut

Familie: Hydrocharitaceae, Froschbißgewächse.
Synonyme: *Blyxa echinosperma* (C. B. Clarke)
Hooker, u. a.
Etymologie: *Blyxa*: von *blyzein* (gr.) = fließen,
in bezug auf die Standorte einiger *Blyxa*-Arten,
die in Bächen vorkommen; *aubertii*: nach dem
Entdecker der Pflanze Louis-Marie Aubert du
Petit-Thouars (1758–1831); *echinosperma*: igel-
samig.
Verbreitung: In Asien weit verbreitet von Indien
bis Neuguinea, Japan, Australien, var. *aubertii*
auch auf Madagaskar, vereinzelt in Mosambik
und Tansania (Mafia), eingeschleppt in Louisiana
(USA).
Beschreibung: Einjährige Wasserpflanze. Blätter in einer Rosette an einem kurzen, aufrechten
Wurzelstock. Spreite ungestielt, linealisch mit
lang verschmälerter Spitze, gewöhnlich bis
65 cm lang, 0,5–0,7 mm breit, weich, zerbrech-

lich, hellgrün gefärbt. Mittelnerv deutlich, Seitennerven parallel.
Blüten zweigeschlechtlich, gewöhnlich lang gestielt und einzeln in einer nicht aufgeblasenen
und ungeflügelten Spatha. Blütenbecher (Hypanthium) bis 15 cm lang. Je 3 Kelch-, Kron-, Staub-
und Fruchtblätter. Kronblätter weiß oder rötlich.
Frucht eine längliche Kapsel mit zahlreichen
elliptischen Samen. Var. *aubertii*: Samen
1,25–1,8 mm lang, glatt oder gerippt, unregelmäßig bestachelt, nicht geschwänzt; var. *echinosperma*: Samen 1,5–2,0 mm lang (ohne Anhängsel), gerippt, deutlich bedornt, an einem oder
beiden Enden bis zu 5 mm lang geschwänzt.
Kultur: *Blyxa aubertii* ist eine ausgesprochen
dekorative Wasserpflanze, die im Handel aufgrund ihrer zerbrechlichen Blätter leider nur
sehr selten zu erwerben ist. Von tropischen Reisen konnte ich diese Pflanze regelmäßig mit-
bringen und immer problemlos kultivieren. Sie
entwickelt sich in weichem, saurem Wasser zwar
am schönsten, eine zufriedenstellende Kultur gelingt aber auch gut in mittelhartem, schwach
alkalischem Wasser bei Temperaturen von
20–28 °C. Ein nährstoffreicher Bodengrund fördert kräftige Exemplare, die mit etwa 50 bis 100

Blyxa aubertii im Aquarium

Blüte von *Blyxa aubertii*

Blättern ein ungewöhnlicher Blickfang sind. Ein heller, freier Standplatz ist für eine optimale Kultur erforderlich. „Unruhige" und pflanzenfressende Fische sollten nicht mit *Blyxa* vergesellschaftet werden, da sie die empfindlichen Blätter beschädigen. Die unscheinbaren Blüten lassen sich auch im Aquarium regelmäßig beobachten. Sie entwickeln sich entweder über der Wasseroberfläche oder bei zu hohem Wasserstand submers und sind dann kleistogam. Samen werden reichlich gebildet. Im Aquarium ist *Blyxa aubertii* eine kurzlebige Pflanze, so daß man für eine rechtzeitige Vermehrung durch Samen sorgen muß, will man auf Dauer Freude an ihr haben. Gelegentlich erfolgt auch eine vegetative Vermehrung durch Teilung des Wurzelstockes.

Ökologie: Auf Madagaskar, wo *Blyxa aubertii* var. *aubertii* sehr häufig in Reisfeldern, Sumpfgebieten und kleineren Seen und Bächen mit langsam fließendem Wasser anzutreffen ist, wurden von der Autorin im Dezember 1986 mehrere Wasseranalysen durchgeführt, die hier zusammengefaßt wiedergegeben werden: Lufttemperatur 27,5–28,5 °C, Wassertemperatur 27,5–31,5 °C, pH 6,0–6,6, GH < 1–3 °dH, KH < 1–2 °dH,

Fe 0,05–0,2 mg/l, Beleuchtungsstärke an einem Standort 116 400 Lux in intensivem Sonnenlicht. Der Bodengrund war schlammig oder schlammig-lehmig, häufig auch mit Eisenablagerungen bedeckt, die auch auf den Blättern von *Blyxa* zu finden waren. Die Verfasserin wies *Blyxa aubertii* var. *aubertii* im Juni 1982 erstmals auf der Insel Mafia (Tansania) nach, wo die Pflanzen in temporären Tümpeln und Gräben in flachem Wasser in intensivem Sonnenlicht wuchsen. Auch auf Sri Lanka sind Reisfelder und Sumpfgebiete, die Eisenausfällungen aufweisen, häufig charakteristische Biotope von *B. aubertii* (siehe Foto S. 19). Eine Wasseranalyse eines Baches (5/1985) mit schnell fließendem Wasser ergab folgende Werte: pH 7,4, GH 21 °dH, KH 14 °dH, 1710 µS/cm, rH 179 mV.

Sonstiges: Cook & Lüönd (1983) beschrieben *Blyxa echinosperma*, die in der Aquarienliteratur lange Zeit als eigenständige Art geführt wurde, als Varietät von *B. aubertii*. Beide Varietäten lassen sich nur durch die Samen unterscheiden. Hauptunterschiede bilden die bei var. *aubertii* ungeschwänzten und bei var. *echinosperma* (C. B. Clarke) Cook & Lüönd mehr oder weniger lang geschwänzten Samen.

Emerse Pflanze von *Bolbitis heteroclita*

Bolbitis heteroclita
(Presl) Ching (1934)
Geschwänzter Wasserfarn

Familie: Lomariopsidaceae.
Synonyme: *Acrostichum heteroclitum* Presl (1825), u.a.
Etymologie: *Bolbitis*: *bolbos* = Zwiebel, Knolle; *heteroclita*: verschieden geborgen.
Verbreitung: Weit verbreitet in Asien, von Indien bis Japan und Neuguinea.
Beschreibung: Amphibisch lebender Farn. Rhizom gewöhnlich 3–7 mm dick, bis 15 cm lang, kriechend, dicht mit bis 5 × 1 mm großen, braunen Schuppen besetzt. Blattstiel 1,5–3 mm dick, bis 20 cm lang, im unteren Teil beschuppt. Sterile Blattspreite einfach oder mit 1–3 unpaarigen Fiederblättern, bei kleineren Exemplaren häufig 3zählig mit gestieltem Endblättchen; Spreite in Kultur gewöhnlich nicht größer als 25 × 17 cm. Fiederblätter sitzend oder kurz gestielt, gegen- oder wechselständig, gewöhnlich bis 10 × 5 cm groß, schmal eiförmig, ± geschwänzt, ganzrandig, hell- bis dunkelgrün. Junge Blätter mit gesägtem, gezähntem und gebuchtetem Blattrand.

Fertile, sporangientragende Blätter sind selten. Sporangien gleichmäßig und dicht auf der Blattunterseite verteilt.
Kultur: Für die Aquarienkultur eine wenig geeignete Art. Erfolgt dennoch ein Kulturversuch, sind weiches, saures Wasser, eine mäßige Beleuchtung und eine nicht zu hohe Temperatur bis etwa 25 °C empfehlenswert. Ferner sollte das Rhizom nicht in den Bodengrund eingepflanzt, sondern auf Dekorationsmaterial wie Steinen und Holz befestigt werden. Im Paludarium läßt sich der Farn ausgezeichnet verwenden, wo er auch gut auf feuchter Erde wächst. Das Rhizom sollte sich aber oberhalb des Pflanzsubstrates befinden. Bei hoher Luftfeuchte treten gelegentlich Adventivpflanzen auf, die nahe der Blattspitze gebildet werden.
Ökologie: Die Art wächst im Boden, auf Felsen oder am Grund von Bäumen im Regenwald in einer Höhe bis 1750 m. Manchmal lebt die Art auch in schnell fließenden Gewässern.
Sonstiges: *B. heteroclita* ist als ein Elternteil mehrerer Hybriden bekannt. Die Art steht *B. sinuata* (Presl) Hennipman sehr nahe; eine Unterscheidung basiert im wesentlichen auf der Gewebestruktur steriler Blätter.

Bolbitis heudelotii im Aquarium

B. heudelotii emers am Standort in Kamerun

Bolbitis heudelotii

(Fée) Alston (1934)

Heudelots Flußfarn, Kongo-Wasserfarn

Familie: Lomariopsidaceae.

Synonyme: *Gymnopteris heudelotii* Fée (1845), u. a.

Etymologie: *Bolbitis*: siehe *B. heteroclita*; *heudelotii*: nach Heudelot (1802–1837).

Verbreitung: Weit verbreitet in Afrika.

Beschreibung: Amphibisch lebender Farn. Rhizom 3–10 mm dick, bis 25 cm lang, kriechend, dicht mit braunen, bis 10 × 2 mm großen Schuppen besetzt. Blattstiel 2–5 mm dick, 8–40 cm lang, unten locker beschuppt. Emerse Blattspreite gefiedert, bis etwa 50 × 25 cm groß; Fiedern 1. Ordnung wechsel- oder gegenständig, ± eingeschnitten, schwach gezähnt, selten fast ganzrandig, hell- bis dunkelgrün. Submerse Blätter 1. Ordnung fiederspaltig, groß gezähnt, transparent, dunkelgrün.

Sporangientragende Blätter (Sporophylle) bis 100 cm lang; Fiedern fast ganzrandig bis gezähnt. Sporangien gleichmäßig und dicht auf der Unterseite verteilt; Sporen groß.

Kultur: *B. heudelotii* ist eine dekorative und beliebte Farnpflanze. Im allgemeinen ist die Kultur nicht schwierig, wenn man nachstehende Hinweise beachtet. Die Art liebt weiches, saures Wasser mit pH-Werten von etwa 6,0–6,8. Eine CO_2-Düngung wirkt sich positiv aus. Befindet sich der pH-Wert im alkalischen Bereich, werden die Blätter oft schwarz und fleckig. *Bolbitis* kann zwar gut im Aquarium ohne starke Wasserbewegung wachsen, doch gedeihen die Pflanzen in bewegtem Wasser (z.B. Filternähe) eindeutig besser. Eine mäßige Beleuchtung ist ausreichend. Die vegetative Vermehrung durch Seitentriebe und Rhizomteilung ist problemlos. Selten wurde auch eine Vermehrung durch Adventivpflanzen beobachtet. Diese entwickeln sich entweder direkt an den Fiederspitzen älterer Blätter oder an verzweigten Gewebeteilen.

Ökologie: Wächst in Flüssen mit sehr schnell fließendem Wasser auf Steinen und Felsen, manchmal auch im Bodengrund, sowohl submers als auch semi-emers im Schatten oder in vollem Sonnenlicht. An zwei Standorten in Kamerun stellte ich folgende Wasserwerte fest: 24°C, pH 5,5–5,7/7,2, GH 0,5/4° dH, KH < 0,1/0,8° dH, 40/120 µS/cm, Fe nicht nachweisbar.

Rötliche Sprosse von *C. aquatica* aus Venezuela

Grüne Form von *C. aquatica* im Aquarium

Cabomba aquatica
Aublet (1775)
Wasser-Haarnixe, Riesen-Haarnixe

Familie: Cabombaceae, Haarnixengewächse.
Synonyme: *Nectris aquatica* (Aublet) Willdenow, *C. schwartzii* Rataj.
Etymologie: *Cabomba*: vermutlich einheimischer Name von guyanischen Eingeborenen; *aquatica*: im Wasser lebend.
Verbreitung: Nördliches und mittleres Südamerika.
Beschreibung: Wasserpflanze, Sprosse bis 150 cm lang. Blätter gegenständig. Blattspreite nierenförmig bis fast kreisförmig im Umriß, 3,0–8,5 cm lang, 4,0–9,5 cm breit, 5teilig an der Basis, Blattabschnitte mehrfach 2–3fach gegabelt und in zahlreiche schmale Zipfel auslaufend, so daß jede Spreite bis 500 Segmente aufweist; diese deutlich in verschiedenen Ebenen. Es gibt Populationen mit grünen oder weinrot gefärbten Pflanzen.
Blütensproß mit ± zahlreichen, lang gestielten Schwimmblättern. Spreite ganzrandig, flach, schildförmig, breit elliptisch bis rundlich, 2,5–4 cm lang, 1,3–3,5 cm breit, oberseits grün, teils mit weinrotem Anflug, unterseits weinrot bis rosaviolett. Blüten 3–10 cm gestielt, 5–12 mm groß, 2- und 3zählig, mit je 2 oder 3 gelben Kelch- und Kronblättern sowie 3, 4 oder 6 Staub- und 1–3 Fruchtblättern. Kronblätter mit orangegelben Basisflecken, deutlich geöhrt. 1–4 Samenanlagen. Samen ellipsoid-eiförmig, warzig, bis $3,5 \times 2,5$ mm groß. Der Typ „*C. schwartzii*" besitzt gewöhnlich zweizählige Blüten, gelegentlich treten aber auch dreizählige Blüten auf.
Kultur: Von *C. aquatica* gibt es sehr unterschiedliche Formen. Im Fachhandel wird die als Riesen-Haarnixe bekannte grüne, bei intensivem Licht auch schwach rötliche Pflanze häufig angeboten, die einen besonders hohen Dekorationswert besitzt. Sie ist allerdings auf Dauer nicht leicht zu pflegen. Wichtig sind ein möglichst salzarmes, weiches, bewegtes Wasser, das einen pH-Wert im leicht sauren Bereich und eine Temperatur zwischen 23 und 25 °C aufweisen sollte. Die Lichtintensität muß sehr hoch sein. Unter optimalen Wachstumsbedingungen entwickelt die Riesen-Haarnixe nicht selten Schwimmblattsprosse mit dreizähligen Blüten; auch Früchte können dann beobachtet werden. Die als „*C.*

Zweizählige Blüte von *Cabomba aquatica*

Blüte von *C. furcata* (Typ „*warmingii*")

Blüte von *C. caroliniana* var. *flavida*

Blüte von *Cabomba palaeformis*

Cabomba aquatica (Typ „*schwartzii*") am Unterlauf des Paraná do Ariau, Brasilien

schwartzii" bekannten, rötlichen Pflanzen mit zweizähligen Blüten wachsen aufgrund ihrer extremen ökologischen Ansprüche in der Kultur nicht zufriedenstellend. Auch eine von W. Staeck in Venezuela gesammelte Form mit rötlichen Sprossen und dreizähligen Blüten ist recht schwierig zu kultivieren.

Ökologie: Der Typ „*C. schwartzii*" wächst im unteren und mittleren Einzugsgebiet des Rio Negro (Brasilien) sowohl in stark fließenden als auch seeähnlichen Gewässern ohne merkliche Wasserbewegung. Dort zeichnen sich die ökologischen Bedingungen durch ein extrem saures (pH 4,3–5,3) und mineralarmes, sehr weiches (GH und KH < 1°dH) Wasser aus. W. Staeck sammelte im April 1992 rötliche Exemplare von *C. aquatica* im Mündungsdelta des Orinoko in Venezuela (Rio Morichal Largo, Rio Uracoa). Die Pflanzen wuchsen in starker Strömung im klaren, stark braun gefärbten Wasser an voll besonnten Standorten. Der Bodengrund war sandig-schlammig. Wasserwerte: Temperatur 30°C, GH/KH < 1°dH, pH-Wert um 6, 30–50 μS/cm. Die ökologischen Bedingungen der als Riesen-Haarnixe kultivierten Pflanze sind nicht bekannt.

Sonstiges: Ørgaard (1991) stellte in einer Revision der Gattung *Cabomba* die bis dahin selbständige Art *C. schwartzii* in die Synonymie von *C. aquatica* und begründet dies u.a. mit der Vielgestaltigkeit der Blüten. Sie betrachtet die zweizähligen Blüten von *C. schwartzii* nur als intraspezifische Variablität und Folge einer in wenigen Populationen fixierten Mutation. In ihrer Bearbeitung rechnet sie nur noch 5 Arten zur Gattung *Cabomba*, von denen 4 aquaristisch bekannt sind und im folgenden ausführlich beschrieben werden. *Cabomba haynesii* Wiersema (1989) (Syn. *C. piauhyensis* Gardner f. *albida* Fassett) ist zwar schon seit vielen Jahren bekannt, wurde offenbar aber erst wenige Male importiert und ist nicht bei den Aquarianern in Kultur. Die Art ist in Mittelamerika und Südamerika verbreitet, doch gelten diese Angaben als sehr unvollständig. *C. haynesii* zeichnet sich durch gegenständige Blätter sowie weiße oder rosapurpurn gefärbte Blüten mit gewöhnlich drei Staubblättern aus. Die Samen sollen ebenso groß oder etwas größer als die von *C. furcata* sein.

Literaturhinweise: Kasselmann (1987b), Ørgaard (1991, 1992).

C. caroliniana var. caroliniana im Aquarium

C. caroliniana var. flavida im Aquarium

Cabomba caroliniana

A. Gray (1837)

Carolina-Haarnixe

Familie: Cabombaceae, Haarnixengewächse.

Synonyme: *Cabomba aubletii* Mich. (nomen nudum), *C. australis* Spegazzini, *C. caroliniana* A. Gray var. *paucipartita* Ramsh. & Florsch., *C. pulcherrima* (Harper) Fassett, u.a.

Etymologie: *Cabomba*: siehe *Cabomba aquatica; caroliniana*: aus Karolina stammend.

Verbreitung: Östliche USA, südöstliches Südamerika, in Asien stellenweise eingeschleppt.

Beschreibung: Wasserpflanze, Sprosse bis 1,50 m lang. Blätter gewöhnlich gegenständig, selten in 3blättrigen Quirlen, 0,5–2,0 cm gestielt. Blattspreite halbkreis- bis nierenförmig im Umriß, 2–3 cm lang, 3–6 cm breit, an der Basis 5teilig, Blattabschnitte mehrmals 2–3fach gegabelt, so daß jedes Blatt bis 200 Segmente aufweist. Die Pflanzen sind hell- bis mittelgrün oder blaß weinrot gefärbt.

Blütensproß mit wenigen Schwimmblättern. Diese schildförmig, linealisch, 15–20 mm lang, 1,5–2 mm breit, grün. Blüten 3zählig, 6–15 mm im Durchmesser. Kelchblätter außen grünlich oder weiß, innen weiß, an der Basis grünlichgelb gefärbt. Kronblätter weiß (var. *caroliniana*), blaßgelb (var. *flavida*) oder purpurn gefärbt (var. *pulcherrima*), deutlich geöhrt, mit gelben Basisflecken. (3–)6 Staubblätter. 2–4 Fruchtblätter mit 1–3 Samenanlagen. Samen eiförmig bis länglich-ellipsoid, 1,5–3,0 × 1,0–1,5 mm dick, warzig.

Kultur: Von den kultivierten Haarnixen ist *Cabomba caroliniana* am beliebtesten und am leichtesten zu pflegen. Die Art bevorzugt weiches, leicht saures Wasser zum Gedeihen. Dennoch ist auch eine Kultur in mittelhartem oder hartem Wasser möglich. Obwohl die Carolina-Haarnixe von den *Cabomba*-Arten die geringsten Lichtansprüche stellt, sollte man ihren Lichtbedarf nicht unterschätzen. Kräftige Sprosse mit raschem Wachstum wird man nur bei einer mittleren bis starken Beleuchtung erzielen. Häufig werden die Pflanzen zu warm gehalten, weshalb sie sich dann schnell „verausgaben". Daher sollte die Temperatur möglichst 25 °C nur gelegentlich überschreiten (vgl. Verbreitung und Ökologie). In einem Bodengrund aus Sand oder feinem Kies lassen sich die zarten Stengel von *C. caroliniana* leicht einpflanzen.

Blüte von *C. caroliniana* var. *caroliniana*   ***C. caroliniana* 'Silbergrüne'**

Ökologie: *Cabomba caroliniana* wächst in stehenden und langsam bis schnell strömenden Gewässern in bis 1,50 m Tiefe. An verschiedenen Standorten von var. *caroliniana* wurden von der Verfasserin folgende Wasserwerte gemessen: 1) Sri Lanka (1/1985, Pflanzen ausgesetzt), Standort halbschattig, GH 3°dH, KH 2°dH, pH 5,8, 91 µS/cm, rH 240 mV. Die Pflanzen werden von den Einheimischen als Gemüse gegessen. 2) Bolivien (8/1991): Bach mit stehendem Wasser im Einzugsgebiet des Rio Pirai, unbeschattet, Wassertemperatur 17°C (Lufttemperatur 18°C um 12 Uhr), GH 4°dH, KH 11°dH, pH 6,5, 125 µS/cm. 3) Argentinien (7/1993): Fluß mit schnell fließendem Wasser, ungewöhnlich kräftige Exemplare, Bodengrund lehmig, siehe die ausführliche Wasseranalyse auf S. 46, Biotop Nr. 5.

Cabomba caroliniana var. *flavida* besiedelt ähnliche Lebensräume wie var. *caroliniana*. Die Verfasserin konnte zwar beide Varietäten im Nordosten Argentiniens im selben Areal antreffen, sie wuchsen aber nicht syntop. Während var. *caroliniana* sowohl in stehenden als auch schnell strömenden Gewässern gefunden wurde, wuchs var. *flavida* nur in fast stehendem Wasser. Die Sprosse waren deutlich kleiner als die von var. *caroliniana*. An zwei Standorten von var. *flavida* wurden Wasseranalysen angefertigt: 1) Tümpel, fast stehendes, klares Wasser, Tiefe bis etwa 1 m, Pflanzen stark veralgt, Bodengrund sandig, Wassertemperatur 12°C (Lufttemperatur 20,5°C um 11.30 Uhr), GH < 1°dH, KH 2°dH, pH 6, 40 µS/cm. 2) Dichte Bestände in bis knietiefem Wasser in einem kleinem Bach, der einen Zulauf zu einem See bildet, fast stehendes Wasser, Bodengrund schlammig-sandig, Standort sonnig-schattig, Pflanzen dicht belegt mit Mulm und Algen, siehe die Wasseranalyse auf S. 46, Biotop Nr. 4.

Sonstiges: Ørgaard (1991) unterscheidet außer der gewöhnlich kultivierten var. *caroliniana* noch var. *flavida* Ørgaard und var. *pulcherrima* Harper, die aber nur sehr selten kultiviert werden.

Von *C. caroliniana* var. *caroliniana* existiert auch eine Form mit gedrehten Blattsegmenten, die mit dem Sortennamen *Cabomba caroliniana* 'Silbergrüne' bezeichnet wird und in der Wasserpflanzengärtnerei H. Barth, Dessau, entstand, aber leider nur selten zu erwerben ist.

Cabomba furcata am natürlichen Standort im Rio Guaporé (Brasilien)

Cabomba furcata
Schultes & Schultes f. (1830)
Gegabelte Haarnixe

Familie: Cabombaceae, Haarnixengewächse.
Synonyme: *Nectris furcata* Leandro (nom. nud.), *Cabomba piauhyensis* Gardner (1844); *C. warmingii* Caspary, *C. pubescens* Ule.
Etymologie: *Cabomba*: siehe *C. aquatica*; *furcata*: gabelförmig, bezieht sich auf die Blattspreite.
Verbreitung: In den wärmeren Gebieten Südamerikas, vereinzelt in Mittelamerika.
Beschreibung: Wasserpflanze mit 40–100 cm langen Sprossen. Blätter gewöhnlich in dreiblättrigen Quirlen, selten gegenständig, 0,3–2,0 cm gestielt. Blattspreite nierenförmig bis fast kreisförmig im Umriß, 1,5–3,0 cm lang, 2–6 cm breit, 5- bis 7teilig an der Basis, Blattabschnitte mehrfach 2–3fach gegabelt und in bis zu 60 haarförmigen Segmenten auslaufend. Pflanzen olivgrün bis rötlichbraun, bei intensivem Licht weinrot gefärbt.
Der Blütenproß besitzt bis zu sechszählige Blattquirle und nur wenige Schwimmblätter.

Diese schildförmig, linealisch, 13–25 mm lang, 1–3 mm breit (Typ „warmingii" weniger als 1 mm breit), olivgrün gefärbt. Blüten 3zählig, 6–15 mm groß, mit je 3 blaß- bis kräftig rötlich- oder blauvioletten, manchmal fast weißen, an der Basis gelben Kelch- und Kronblättern; Kronblätter schwach geöhrt, mit gelben Basisflecken. (3–)6 Staubblätter. (1)2–3(4) Fruchtblätter mit (1–)5 Samenanlagen. Samen kugelig, 1–2 mm dick, stachelig, können vermutlich eine Trockenzeit überstehen.
Kultur: *C. furcata* ist von den im Handel erhältlichen Haarnixen am schwierigsten zu pflegen. Aufgrund der kräftig braunroten Färbung wird der Aquarianer aber immer wieder verleitet, es mit dieser auffällig dekorativen Art zu versuchen. Auf Dauer gedeihen die Sprosse nur gut im Aquarium in sehr weichem, salzarmem Wasser mit einem pH-Wert im neutralen bis stark sauren Bereich. Wichtig ist ferner eine intensive Beleuchtung und völlig klares Wasser. Der Bodengrund sollte nährstoffreich sein. Der optimale Temperaturbereich liegt zwischen 24 und 30 °C. Bei schlechten Wachstumsbedingungen zerfallen die Sprosse innerhalb kurzer Zeit. Bei gesunden Pflanzen erfolgt eine Vermehrung sehr

Blüten von *Cabomba furcata*

***C. furcata* (Typ „*warmingii*") im Aquarium**

leicht durch Seitensprosse. Besonders dekorativ wirken mehrere Stecklinge dicht in stufiger Anordnung gepflanzt. Die Autorin versuchte mehrfach vergeblich, den Typ „*warmingii*" zu kultivieren.

Ökologie: *C. furcata* wächst sowohl in stehenden, temporären Gewässern als auch in Flüssen mit langsam fließendem Wasser an ruhigen Stellen. In den tropischen Gebieten Südamerikas kann man diese typische Weichwasserpflanze sehr häufig antreffen. Die Verfasserin hatte die Möglichkeit, einige Wasseranalysen natürlicher Standorte vorzunehmen, die hier zusammengefaßt wiedergegeben werden: 1) Brasilien (3/1986), Sumpf, stehendes Wasser, Wassertemperatur 28–35 °C, pH-Wert 5,5, GH/KH < 1 °dH, 18 µS/cm. 2) Brasilien (siehe die vollständige Wasseranalyse vom Rio Guaporé auf S. 46. 3) Venezuela (siehe die vollständige Wasseranalyse des Biotops Nr. 3 mit *C. furcata* und *Ludwigia inclinata* auf S. 46). 4) Bolivien (8/1991, Analyse W. Staeck): Lago de Mandioré, stehendes, flaches Wasser, Bodengrund sandig-schlammig, vollsonnig, Wassertemperatur 25 °C um 14 Uhr, GH 1 °dH, KH 4 °dH, pH 7,6, 60 µS/cm. Der Typ „*warmingii*" wurde im nördlichen Pan-

tanal (Brasilien) in Sumpfgebieten mit stehendem, flachem Wasser an sonnigen Standorten gefunden. Die Sprosse wurzelten im schlammiglehmigen Boden oder trieben frei an der Wasseroberfläche. Mehrere Wasseranalysen, die im März 1986 zur Regenzeit durchgeführt wurden, ergaben folgende Werte: Wassertemperatur 33–35 °C, pH 5,5, GH/KH < 1 °dH. Zur Trockenzeit (8/1987) wuchsen die Sprosse sehr vereinzelt, weil viele Tümpel ausgetrocknet waren. An einem weiteren Standort bei Vila Bela wurden Pflanzen in einem beschatteten Tümpel mit stehendem Wasser bei folgenden Wasserwerten gefunden: Temperatur 25 °C, pH 6,2, GH/KH < 1 °dH, 5 µS/cm.

Sonstiges: Ørgaard (1991) stellte *Cabomba warmingii* sowie die lange Zeit unter falschem Namen kultivierte *C. piauhyensis* in die Synonymie von *C. furcata*. Chromosomenzählungen ergaben, daß der Typ „*warmingii*" ziemlich sicher eine diploide Form von *C. furcata* bildet, die im ganzen kleiner ist und eine besondere Anpassungsform an bestimmte Umweltbedingungen darstellt.

Literaturhinweise: Kasselmann (1988), Ørgaard (1991, 1992).

Cabomba palaeformis 'Grün' im Aquarium

C. palaeformis 'Rotbraun' im Aquarium

Cabomba palaeformiş
Fassett (1953)
Mexikanische Haarnixe

Familie: Cabombaceae, Haarnixengewächse.
Synonyme: Keine.
Etymologie: *Cabomba*: s. *C. aquatica*; *palaeformis*: *palaios* (gr.) = alt, *-formis* = förmig.
Verbreitung: Mittelamerika.
Beschreibung: Wasserpflanze mit bis 1 m langen Sprossen. Schwimmblätter schildförmig, linealisch. Blüten 3zählig, etwa 6 mm groß. Kelchblätter weiß. Kronblätter an der Basis klein geöhrt, Basisflecken gelb. 1(2) Fruchtblätter. Samen kugelig, 2 mm, mit langen Auswüchsen.
Sorte 'Grün': Blätter gegenständig, grasgrün. Spreite nierenförmig, 2,5–5,0 cm breit, 1,5–2,5 cm lang; 40–90 Segmente. Blütensproß bis 10 cm lang. Schwimmblätter 10–15 mm gestielt, bis 11 × 1,4 mm groß. 2 Samenanlagen.
Sorte 'Rotbraun': Blätter gegenständig oder in bis 4zähligen Quirlen, rotbraun. Blattspreite nierenförmig bis fast kreisförmig, 2,5–5,5 cm breit, 2,5–4,5 cm lang; 80–180 Segmente. Blütensproß bis 2,5 cm lang. Schwimmblätter bis 10 mm ge

stielt, bis 9 × 0,8 mm groß, oberseits rotbraun, unterseits leicht rosaviolett. 1(2) Samenanlagen.
Kultur: Von allen *Cabomba*-Arten läßt sich *C. palaeformis* im Aquarium am leichtesten kultivieren. Sie gedeiht am besten in mittelhartem bis hartem Wasser mit leicht alkalischen pH-Werten. Eine CO_2-Düngung ist nicht erforderlich. Die Lichtansprüche liegen im mittleren Bereich. In einem nahrhaften Bodengrund werden aus den unteren Knoten ständig neue Seitensprosse gebildet, so daß die Vermehrung kein Problem darstellt. An der Wasseroberfläche bilden sich regelmäßig Blütensprosse mit Schwimmblättern. Die rotbraune Sorte wächst schneller und buschiger als die grüne.
Ökologie: Verbreitet in stehenden bis sehr langsam fließenden Gewässern. Die Verfasserin sammelte die rotbraune Sorte in der Laguna Nob (Mexiko). Die Sprosse wuchsen sonnig und halbschattig im schlammigen Boden bis zu einer Tiefe von 1 m oder schwammen an der Wasseroberfläche. Wasserwerte (8/1985): Temp. 33 °C (13 Uhr), GH 5 °dH, KH 6 °dH, pH-Wert 6,9, Fe nicht nachweisbar, NO_2 0,1 mg/l, NH_4 0,5 mg/l.
Literaturhinweis: Kasselmann (1988).

Cardamine lyrata im Aquarium

Cardamine lyrata

Bunge (1835)

Japanisches Schaumkraut

Familie: Brassicaceae, Kreuzblütler.

Synonyme: Keine.

Etymologie: *Cardamine*: von (gr.) *kardamon* = Kresse; *lyrata*: leierförmig (Blattform).

Verbreitung: Ostsibirien, nördl. China, Japan.

Beschreibung: Emerser Stengel kriechend, bis 0 cm lang, 1 mm dick, kahl, häufig verzweigt, in allen Knoten wurzelnd. Submerse Sprosse aufrecht, bis 40 cm lang. Blätter wechselständig, is 2 cm gestielt; Nebenblätter klein. Emerse Blattspreite nierenförmig bis fast rund mit herzförmiger Basis und runder Spitze, selten unpaarig gefiedert mit großem Endlappen, bis 3 cm lang, 2–3,5 cm breit. Submerse Spreite hellgrün gefärbt, emerse hell- bis mittelgrün, manchmal schwach rötlich. Blattrand gekerbt, leicht gewellt.

Blütenstand eine Traube mit 10–30 gestielten Blüten. 4 Kelchblätter, etwa 3 mm lang. 4 weiße Kronblätter, 5–8 mm lang. 6 Staubblätter in 2 Kreisen. Frucht eine flache Schote, deren Klappen sich beim Öffnen spiralig aufrollen. Samen zahlreich.

Kultur: Diese häufig im Handel angebotene zarte Pflanze ist auf Dauer nur für die Kultur im Kaltwasseraquarium oder Gartenteich geeignet. Vorübergehend überstehen die Pflanzen aber höhere Wärme (bis 27 °C) ohne Schaden; allerdings entwickeln sich dann immer kleinere Blattspreiten und längere Internodien, was wenig dekorativ wirkt. Am besten lassen sich die Sprosse an einem sonnigen Standplatz emers in der Sumpfzone oder submers und flutend in flachem Wasser eines Gartenteiches verwenden. Vermehrung durch Seitensprosse und Samen, die aus der Schote herausgeschleudert werden.

Ökologie: Nach Wendt (1952–84) bewohnt *C. lyrata* als Sumpfpflanze Wiesen, Moore und Überschwemmungsgebiete. Sie lebt an den Rändern stehender oder fließender Gewässer, wo sie in das Wasser vordringt und sich zur submersen Form entwickelt.

Sonstiges: Unterscheidungsmerkmal zur Gattung *Rorippa*: Bei *Cardamine* ist die Schote abgeflacht, und die Klappen rollen sich beim Öffnen auf, bei *Rorippa* ist die Schote rund, und die Klappen rollen sich nicht auf.

Ceratophyllum demersum var. *demersum* aus Bolivien: Frucht und Aquarienpflanze

Ceratophyllum demersum
Linné (1753)
Gemeines Hornblatt

Familie: Ceratophyllaceae, Hornblattgewächse.
Synonyme: Zahlreiche (s. Wilmot-Dear 1985).
Etymologie: *Ceratophyllum*: *keras* = Horn, *phyllon* = Blatt; *demersum*: versenkt.
Verbreitung: var. *demersum*: weltweit; var. apiculatum: Nordeuropa, Indien, Argentinien, Zaire? USA? Kuba?; var. *inerme*: Nordeuropa, Irak, Ghana; var. *platyacanthum*: Nord- und Mitteleuropa, Ferner Osten, Ostasien.
Beschreibung: Unter der Wasseroberfläche frei flutende, wurzellose oder mit Rhizoiden im Bodengrund verankerte Wasserpflanze. Stengel über 1 m lang, häufig verzweigt, weich oder hart, leicht zerbrechlich. Blätter in 6–12zähligen Quirlen, bis 4 cm im Durchmesser, mittel- bis dunkelgrün. Blatt gewöhnlich 1–2mal gegabelt, mit 3–4 Segmenten, unterseits seitlich in 2 Reihen bestachelt.
Pflanzen einhäusig, Blüten eingeschlechtlich, unscheinbar. Männliche und weibliche Blüten einzeln, ± sitzend. Blütenhülle mit 8–13 lineali-

schen Segmenten. Männliche Blüte mit zahlreichen (häufig über 20) Staubblättern. Weibliche Blüte mit 1 Fruchtblatt, oberständigen Fruchtknoten und langem Griffel. Frucht eine einsamige Nuß mit 0 oder 2 basalen und endständigen Stachel, häufig auch warzig und mit seitlichen Stacheln.
Kultur: *C. demersum* ist eine anspruchslose empfehlenswerte Wasserpflanze, die – je nach Herkunft – als Teichpflanze (winterhart), im Kaltwasseraquarium oder im Tropenaquarium verwendet werden kann. Sie liebt mittelhartes bis hartes, alkalisches Wasser mit Temperaturen bis etwa 30 °C. Die Lichtansprüche sind bescheiden. Man kann die Sprosse im Aquarium an der Wasseroberfläche fluten lassen, oder – was dekorativer ist – als Bund pflanzen. Allerdings erreichen so verwendete Exemplare sehr schnell die Wasseroberfläche, so daß man sie häufig kürzen muß. Durch das schnelle Wachstum kann das Gemeine Hornblatt gut in mit Algen befallenen Aquarien als Nährstoffkonkurrent eingesetzt werden. Auf einen Zusatz von chemischen Mitteln reagieren die Pflanzen allerdings häufig mit Zerfall. Aufgrund der harten Blattstruktur (Bezug des Namens) ist die Art besonders gut für

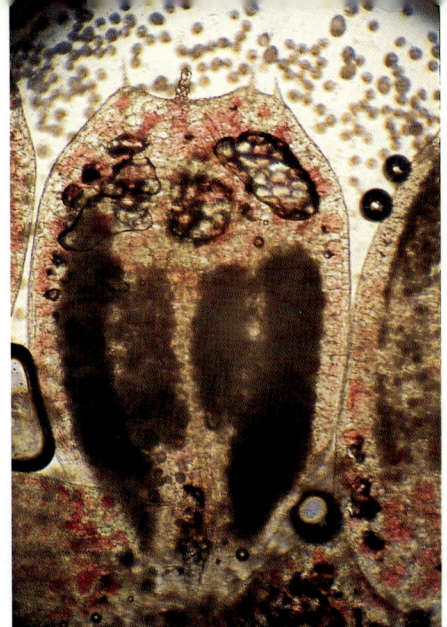

Frucht von *C. submersum* var. *echinatum* (Peru)

Staubblatt mit 4 Pollensäcken (Mikroskopbild)

Cichlidenaquarien geeignet. Blüten werden gelegentlich, Früchte dagegen selten gebildet. Der Pollen wird durch das Wasser übertragen.

Ökologie: Die Art besiedelt stehende und langsam fließende, vorwiegend eutrophe Gewässer, gelegentlich auch Brackwasser. Je nach Standortbedingungen kann das Gemeine Hornblatt im Habitus sehr differieren. So fand ich zum Beispiel in den ostafrikanischen Grabenseen Tanganjika und Malawi eine Form mit besonders kompaktem Habitus und extrem harter Blattstruktur, die ideal an den natürlichen Lebensraum (starke Wasserbewegung, hartes, karbonatreiches, alkalisches Wasser, siehe Wasseranalyse S. 47) angepaßt ist. In bis 10 m Tiefe gedeihen die Pflanzen aufgrund ihres kompakten Wuchses (größere Dichte, vergleichbar mit den in einheimischen Gewässern gebildeten Wintersprossen) nicht fluend, sondern auf dem Bodengrund der Seen, wo die Wasserbewegung geringer ist als an der Wasseroberfläche. Diese charakteristische Wuchsorm bleibt im Aquarium nicht erhalten (Kasselmann 1989). Andererseits gibt es auch Wuchsormen, die nur geringe Modifikationen zeigen. Ausgewählte Standortangaben: 1) Sambia (3/1986): Lake Mweru Wantipa, Wassertemp.

26,5 °C (Lufttemp. 28 °C um 13 Uhr), pH 8,4, GH < 1 °dH, KH 18 °dH, 6450 µS/cm. Bodengrund sandig-kiesig. 2) Papua Neuguinea (7/1988): Fluß mit langsam fließendem Wasser. Bodengrund kiesig-schlammig. Wassertemp. 28 °C (Lufttemp. 28 °C um 12 Uhr), pH 7,6, GH und KH 12 °dH, 500 µS/cm. 3) Papua Neuguinea: Sumpfiger See, Wassertemp. 31 °C um 12.30 Uhr, pH 7,5, GH 11 °dH, KH 15 °dH, 510 µS/cm. 4) Brasilien, Amazonas bei Manaus (3/1986): Wassertemp. 27–27,5 °C, pH 6,5–7,2, GH/KH < 1 °dH. 20–100 µS/cm. 5) Peru (7/1990): Rio Yanayacu, langsam fließendes Wasser, ausführliche Wasseranalyse auf S. 46. 6) Mexiko (8/1985): Lagune, Wassertemp. 27 °C (Lufttemp. 26 °C), pH 7,5, GH 6 °dH, KH 6 °dH, NO_2 nicht nachweisbar, NH_4 1,0 mg/l, Fe nicht nachweisbar. 7) Argentinien (7/1993): Fluß, Wassertemperatur 18,9 °C (Lufttemp. 33 °C um 15.30 Uhr), pH 7,6, GH 25 °dH, KH 24 °dH. 8) Insel Mafia (12/1980): Kleiner See, siehe die vollständige Wasseranalyse auf S. 47.

Sonstiges: Wilmot-Dear (1985) führt 4 Varietäten sowie 3 Formen an, die sich nur durch die Bestachelung und Oberflächenstruktur der Früchte unterscheiden.

Ceratophyllum submersum im Aquarium

Ceratophyllum submersum
Linné (1763)
Zartes oder glattes Hornblatt

Familie: Ceratophyllaceae, Hornblattgewächse.
Synonyme: Zahlreiche (s. Wilmot-Dear 1985).
Etymologie: *Ceratophyllum*: siehe *C. demersum*; *submersum*: untergetaucht, bezieht sich auf die Lebensweise der Pflanze.
Verbreitung: subsp. *submersum*: weltweit; var. *submersum*: Europa, Westasien, Türkei, Jemen, China, Malaysia, trop. Afrika, USA (selten häufig); var. *squamosum*: China; var. *haynaldianum*: Ungarn; subsp. *muricatum* var. *echinatum*: Westasien, Südeuropa, Indien, China, Ostasien, trop. und Südafrika, USA, Mittelamerika, nördliches Südamerika; var. *manschuricum*: Osteuropa, China.
Beschreibung: Von *C. demersum* durch folgende Merkmale zu unterscheiden: Stengel und Blätter zart, weich, hellgrün gefärbt. Blattquirl 4–7 cm im Durchmesser. Blätter gewöhnlich 3–4mal gegabelt und mit etwa 6–8 fadenförmigen Segmenten, die unterseits an der Seite manchmal mit sehr feinen Zähnchen besetzt sind.

Blütenmerkmale wie bei *Ceratophyllum demersum*, aber männliche Blüte häufig mit weniger als 10 Staubblättern. Wichtigstes Unterscheidungsmerkmal ist die Frucht: basale Stachel fehlen oder sind flach und gewöhnlich nicht kräftig; Rand ganzrandig, gekerbt, geflügelt oder bestachelt; Oberfläche glatt oder warzig.
Kultur: *C. submersum* ist eine ziemlich seltene Kulturpflanze, die auch in den einheimischen Gewässern nur sehr verstreut auftritt. Die Art ist ebenso wie *C. demersum* anspruchslos und empfehlenswert. Zur Kultur und Verwendung siehe dort. Leider brechen die Stengel vom Hornblatt beim Versand sehr leicht, was wohl der Grund für seine Seltenheit im Zoofachhandel ist.
Ökologie: *Ceratophyllum submersum* wächst an den natürlichen Standorten gewöhnlich in stehenden, seltener in langsam fließenden, mesotrophen bis eutrophen Gewässern, die auch temporär sein können. Die Art ist wärmebedürftiger als *C. demersum*.
Sonstiges: Wilmot-Dear (1985) unterscheidet 2 Unterarten mit 5 Varietäten, die sich nur durch die Bestachelung und Oberflächenstruktur der Früchte unterscheiden.

Ceratopteris cornuta
(P. Beauvois) Le Prieur (1830)
Gehörnter Hornfarn

Familie: Pteridaceae, Flügelfarngewächse.
Synonyme: *Pteris cornuta* P. Beauv. (1806), u.a.
Etymologie: *Ceratopteris*: *keras* = Horn, *pteris* = Farn, bezieht sich auf die wie Hörner aussehenden Blattlappen; *cornuta*: gehört.
Verbreitung: Afrika (Senegal bis Sudan, südlich bis Tansania), Madagaskar, isolierte Populationen in Jemen (Insel Sokotra), Saudi-Arabien, Irak, Nordostindien, Burma, Indonesien, Nordaustralien.
Beschreibung: Pflanzen schwimmend, dann nur mit sterilen Blättern, oder an nassen Standorten im Bodengrund wurzelnd und nach ein paar Übergangsblättern fertile Blätter bildend. Rhizom kurz, aufrecht. Blätter sehr unterschiedlich geformt, hellgrün. Sterile Blätter: Stiel 4–18(–30) cm lang, 1,5–5(–8) mm dick. Spreite 7–27 cm lang, 6–20 cm breit, im Umriß gewöhnlich dreieckig, seltener lanzettlich oder dreieckig-verkehrt länglich, anfangs ungeteilt, mit zunehmendem Alter der Pflanze gelappt und gebuchtet, ab einem mittleren Entwicklungsstadium fiederteilig. Zahlreiche Adventivpflanzen am Blattrand.
Fertile Blätter: Stiel bis 31 cm lang, bis 9 mm dick, nicht schwammig. Spreite bis 47 cm lang, bis 28 cm breit, fiederschnittig. Blattränder nach unten eingerollt, mit 1–3 Reihen von Sporangien. Sporangium mit 32 Sporen.
Kultur: Dieser schnellwüchsige, anspruchslose Farn zählt bei den Aquarianern schon seit vielen Jahren zu den beliebtesten Pflanzen. Denn einerseits ist er ausgezeichnet als Schwimmpflanze beispielsweise in Zuchtaquarien geeignet, wo die feingliedrigen Wurzeln und die schwimmenden Blätter von Labyrinthern bevorzugt zum Schaumnestbau verwendet werden, andererseits läßt er sich auch in den Bodengrund eingepflanzt problemlos kultivieren. Härte und pH-Wert des Wassers spielen bei der Kultur keine wesentliche Rolle. Eine mittlere Beleuchtungsintensität ist ausreichend. Optimale Temperatur 22–28 °C. Interessant und einfach durchzuführen ist die generative Vermehrung durch Sporen. Hierzu kultiviert man den Farn auf

Ceratopteris cornuta **im Aquarium**

feuchter Erde und in gespannter Luft, bis fertile Wedel entwickelt werden, die in den nach unten eingerollten Blatträndern zahlreiche Sporenhäufchen aufweisen. Die wie „braunes Pulver" aussehenden Sporen keimen gut auf feuchter Erde und wachsen sehr schnell zu neuen Farnpflanzen heran.
Ökologie: Besiedelt nasse Standorte, nur gelegentlich schwimmend in stehenden oder langsam fließenden Gewässern zu finden. Standortangaben: Sri Lanka (1/1985): Kleiner Fluß mit langsam fließendem Wasser, pH 7,8, GH 3°dH, KH 2°dH, 91 µS/cm, rH 240 mV. Eine ausführliche Biotopbeschreibung und Wasseranalyse siehe See Mafia auf S. 47.
Sonstiges: Die Unterscheidung der hier beschriebenen drei *Ceratopteris*-Arten ist nicht einfach, weshalb manche Botaniker die Auffassung vertreten, daß es sich nur um eine variable Art (*C. thalictroides*) handelt. Tatsächlich gibt es aber bei vergleichender Kultur Unterscheidungsmerkmale, mit deren Hilfe die Arten getrennt werden können. Eine sichere Bestimmung von natürlichen Aufsammlungen wird dadurch erschwert, daß Hybriden in den überlappenden Verbreitungsgebieten auftreten.

Ceratopteris pteridoides mit sporentragenden Blättern am Rio Yanayacu (Peru)

Ceratopteris pteridoides
(Hooker) Hieronymus (1905)
Schwimmender Hornfarn

Familie: Pteridaceae, Flügelfarngewächse.
Synonyme: *Parkeria pteridoides* Hooker (1825), u.a.
Etymologie: *Ceratopteris*: siehe *C. cornuta*; *pteridoides*: Adlerfarn-(*Pteridium*)ähnlich.
Verbreitung: Südamerika (Amazonas-Gebiet bis Peru, Kolumbien, Venezuela), Mittelamerika (Panama bis Guatemala); isolierte Populationen in Brasilien, Nordargentinien, Paraguay; Nordvietnam (?).
Beschreibung: Sumpfpflanze. Rhizom bis 3 cm lang, 2 mm dick, aufrecht. Blätter sehr unterschiedlich geformt, hellgrün. Sterile Blätter: Stiel 1–8(–19) cm lang, bis 2,5 cm dick. Spreite 5–13(–19) cm lang, 5–16(–24) cm breit, im Umriß gewöhnlich dreieckig, von fast ungeteilt bis handförmig 3lappig, mit zunehmendem Alter gebuchtet bis fiederteilig.
Fertile Blätter entwickeln sich an schwimmenden und im Bodengrund wurzelnden Exemplaren. Stiel 4–8(–26) cm lang, bis 3 cm schwammig verdickt. Spreite 8–15(–30) cm lang, fiederschnittig. Blattränder nach unten eingerollt, mit 2–4 Reihen von Sporangien. Sporangium mit 32 Sporen.
Kultur: Im Gegensatz zu *C. cornuta* und *C. thalictroides*, die sich als ausgezeichnete Aquarienpflanzen bewährt haben, ist *C. pteridoides* sehr schwierig zu pflegen und deshalb nur selten in Kultur – im Gegensatz zu vielen aquaristischen Literaturangaben, die auf einer offensichtlichen Verwechslung mit *C. cornuta* beruhen. Eine Hälterung gelingt am besten als Schwimmpflanze über schlammigem Bodengrund, bei intensivem Licht, wenig bewegtem Wasser sowie emers auf mäßig feuchtem Boden, wo sich auch die fertilen Blätter entwickeln. Intensive Adventivpflanzenbildung selten.
Ökologie: Im natürlichen Lebensraum schwimmen die Pflanzen entweder auf der Wasseroberfläche oder wurzeln an nassen Stellen im Bodengrund. Wasseranalysen von zwei Biotopen: Brasilien (3/1986): Amazonas bei Manaus, Wassertemp. 27 °C, pH 6,5–7,2, GH/KH < 1 °dH, 20–100 μS/cm. Peru (7/1990): Rio Yanayacu, ruhige Bucht, siehe ausführliche Wasseranalyse Biotop Nr. 6 auf S. 46 und Foto S. 34.

Ceratopteris thalictroides
(Linné) Brongniart (1821)
Sumatrafarn

Familie: Pteridaceae, Flügelfarngewächse.

Synonyme: *Acrostichum thalictroides* L. (1753), u.a.

Etymologie: *Ceratopteris*: siehe *Ceratopteris cornuta*; *thalictroides*: der Gattung *Thalictrum* (Wiesenraute) ähnlich.

Verbreitung: Südostasien, Nordaustralien; isolierte Populationen in Tansania, Florida, Mittelamerika, nördliches bis mittleres Südamerika.

Beschreibung: Gewöhnlich im Bodengrund wurzelnder, amphibisch lebender Farn mit kurzem, aufrechtem Rhizom. Blätter verschieden geformt, hellgrün gefärbt. Sterile Blätter: Stiel bis 15(-31) cm lang, 2-5(-8) mm dick. Spreite 3-20(-41) cm lang, 1,5-10(-20) cm breit, im Umriß lanzettlich, selten lanzettlich-eiförmig und dreieckig, im frühen Entwicklungsstadium der Pflanze fiederteilig und fiederschnittig. Blattrand mit wenigen Adventivpflanzen.

Fertile Blätter: Stiel bis 25(-46) cm lang, 2-8(-11) mm dick, nicht schwammig verdickt. Spreite 10-55(-82) cm lang, 3-25(-48) cm breit, fiederschnittig. Blattränder nach unten eingerollt, mit 1-3 Reihen von Sporangien. Sporangium mit 32 Sporen.

Kultur: Eine Kultur dieser dekorativen, anspruchslosen Farnpflanze ist sehr zu empfehlen. Im Unterschied zu *C. cornuta* ist der Sumatrafarn wüchsiger, wenn er in den Bodengrund eingepflanzt (!) wird. Da er bei gutem Wachstum jedoch innerhalb weniger Wochen einen beachtlichen Raum in Anspruch nimmt und mit seinen kräftigen Wurzeln schnell den Bodengrund durchzieht, müssen die Blätter regelmäßig reduziert und zu große Exemplare durch Jungpflanzen ersetzt werden. Adventivpflanzen bilden sich seltener als bei *C. cornuta*. Die Kultur gelingt sowohl in weichem, als auch hartem, schwach saurem oder leicht alkalischem Wasser. Mittlere Beleuchtungsstärke. Temperatur 22-28 °C. Zur generativen Vermehrung siehe *C. cornuta*.

Ökologie: Einige Wasseranalysen natürlicher Standorte: Papua Neuguinea (7/1988): Kleiner Fluß, langsam bis schnell fließendes Wasser, submerse Pflanzen an einer schattig-sonnigen

Ceratopteris thalictroides **im Aquarium**

Stelle, Wassertemp. 26 °C (Luft 28 °C um 11 Uhr), pH 8,4, GH 17 °dH, KH 25 °dH, 1100 µS/cm. Ferner eine ausführliche Wasseranalyse vom Sepik-River, Biotop Nr. 10 auf S. 47. Brasilien (7/1987): Sumpfgebiet, langsam fließendes Wasser, Wassertemp. 22 °C (Lufttemp. 27 °C um 10 Uhr), pH 6,8, GH und KH < 1 °dH, 10 µS/cm. Venezuela (8/1989): Tümpel, Bodengrund schlammig, Wassertemp. 28 °C (Lufttemp. 31 °C um 12 Uhr), pH 6,6, GH 2 °dH, KH 4 °dH, 100 µS/cm.

Sonstiges: Bei *C. cornuta* und *C. pteridoides* treten die fiederschnittigen Blätter erst in einem späten Entwicklungszustand der Pflanze auf, während sie bei *C. thalictroides* schon sehr früh gebildet werden.

Eine vierte, noch nicht eingeführte Art ist *C. richardii* Brongniart, die im Unterschied zu den drei anderen Arten nicht 32 Sporen, sondern nur 16 ziemlich große Sporen pro Sporangium aufweist. Diese Art ist in Afrika (von Senegal bis Liberia, Sudan), Madagaskar, Nordamerika (Louisana, Florida), Mittelamerika (Guatemala) und Südamerika (von Brasilien bis Franz. Guayana, Venezuela) verbreitet.

Literaturhinweis: Lloyd (1974).

Crassula helmsii im Aquarium

Emerser Sproß von *C. helmsii* mit Blüten

Crassula helmsii
(Kirk) Cockayne (1907)
Australisches Nadelkraut

Familie: Crassulaceae, Dickblattgewächse.
Synonyme: *Tillaea helmsii* Kirk (1899), *T. recurva* Hooker f., *Crassula recurva* (Hooker f.) Ostenfeld, non N. E. Brown, *Bulliardia recurva* Hooker f.
Etymologie: *Crassula: crassus* = dick, Dickblatt; *helmsii:* nach R. Helms (1842–1914).
Verbreitung: Weit verbreitet in Australien, Neuseeland, in England eingeschleppt.
Beschreibung: Kleine, ausdauernde Sumpfpflanze mit emers kriechenden, submers aufrechten, häufig verzweigten Sprossen. Blätter kreuzweise gegenständig, sitzend. Blattspreite linealisch bis lanzettlich, spitz, fleischig, bei Landpflanzen etwa 5–10 mm lang und 1–2 mm breit, unter Wasser bis 15 mm lang und 0,5–1 mm breit, hellgrün gefärbt. Nervatur undeutlich zu erkennen.
Blüten zweigeschlechtlich, einzeln, 2–3 mm gestielt, etwa 3–4 mm groß. 4 grüne Kelchblätter. 4 weiße, dreieckige, etwa 1 mm lange Kronblätter.

4 Staubblätter, etwas kürzer als die Kronblätter. 4 Fruchtblätter; Griffel kurz.
Kultur: *Crassula helmsii* ist eine unauffällige, selten kultivierte Pflanze, die für die Pflege im Kaltwasseraquarium oder vorübergehend auch im tropischen Aquarium mit einer Temperatur bis etwa 23 °C geeignet ist. Da die Art lichtbedürftig ist, sollte sie als eine kleine Gruppe im Vordergrund des Aquariums an einem hellem Standplatz wachsen. Bodengrund und Wasserwerte sind nur von untergeordneter Bedeutung. Bei optimalen Wachstumsbedingungen verzweigen sich die Sprosse reichlich. Die emerse Kultur auf feuchtem Bodengrund, auch in trockener Zimmerluft, ist problemlos.
Ökologie: In Australien wächst *C. helmsii* im ruhigen, flachen Wasser von Sümpfen und an den Flußrändern. In England, wo die Art als Zierpflanze eingeführt wurde, hat sie sich in den letzten 25 Jahren explosionsartig in der Natur ausgebreitet (Plain 1987) und schon viele einheimische Wasserpflanzen verdrängt. Anders als in Australien soll sie sich in England sogar in schnell fließendem Wasser besser vermehren und auch in alkalischen Seen bis zu einer Tiefe von drei Metern vorkommen.

Crinum calamistratum im Aquarium

Kräftige Pflanze mit vielen Brutzwiebeln

Crinum calamistratum
Bogner & Heine (1987)
Dauerwellen-Hakenlilie

Familie: Amaryllidaceae, Narzissengewächse.
Synonyme: *Crinum natans* „crispus" (Liebhaberbezeichnung).
Etymologie: *Crinum*: von *krinon* = Lilie, Hakenlilie; *calamistratum*: gekräuselt, lockig.
Verbreitung: Westkamerun (nahe Kumba).
Beschreibung: Wasserpflanze mit länglicher, 1–3 cm dicker, bis 10 cm langer Zwiebel. Blätter rosettig, bandförmig, etwas gedreht, 70–100(–200) cm lang, 0,2–0,7 cm breit, dunkelgrün; Blattrand gekräuselt. Mittelnerv deutlich.
Blütenstengel bis 80 cm lang, aufrecht. Blütenstand mit 1–3 duftenden Blüten. Brakteen etwa 3,5 cm lang. Blüte mit einer aufrechten, 10–12 cm langen, grünen Perigonröhre, 6 weißen, zurückgebogenen, sehr schmalen, 6–7 cm langen und 0,5–0,8 cm breiten Perigonblättern sowie 6 Staubblättern. Griffel etwa 7 cm lang. Früchte nicht bekannt.
Kultur: Die Dauerwellen-Hakenlilie ist mit ihren stark gekräuselten Blättern eine besonders auffällige Zwiebelpflanze, die gelegentlich importiert wird. Die Kulturansprüche sind nicht sehr hoch: Weiches bis mittelhartes Wasser mit einem pH-Wert um 7 ist zu empfehlen. Der Bodengrund sollte eine Höhe von mindestens 8 cm besitzen und nährstoffreich sein (z.B. Lehmzusatz). Eine mittlere Lichtintensität ist ausreichend. Starke Wasserbewegung scheint das Wachstum zu fördern. *C. calamistratum* wächst bedeutend langsamer als *C. natans* und *C. thaianum*, so daß einige Monate vergehen, bis ein stattliches Exemplar herangewachsen ist. Auf ein Umpflanzen reagiert die Dauerwellen-Hakenlilie sehr negativ. Nur für Aquarien mit einer Mindesthöhe von 50 cm geeignet. Nur an kräftigen Exemplaren ist eine vegetative Vermehrung durch Brutzwiebeln häufig. Generative Vermehrung unbekannt.
Ökologie: Über die natürlichen Standorte ist praktisch nichts bekannt. Der Sammler H. Gregory fand die Pflanze im Juni 1948 bei Kumba im Fluß wachsend mit submersen Blättern. Der Standort war wahrscheinlich während der vorhergehenden Monate ausgetrocknet. Die Art scheint nur sehr lokal verbreitet zu sein.
Literaturhinweis: Bogner & Heine (1987).

Biotop von *C. natans* in Kamerun

Crinum natans

Baker (1898)

Flutende Hakenlilie

Familie: Amaryllidaceae, Narzissengewächse.
Synonyme: Keine.
Etymologie: *Crinum*: siehe *Crinum calamistratum*; *natans*: schwimmend.
Verbreitung: In Westafrika von Guinea bis Kamerun und südlich bis Zaire.
Beschreibung: Kräftige Wasserpflanze mit einer fast kugeligen, bis 4,5 cm dicken Zwiebel. Blätter rosettig, bandförmig, dunkelgrün gefärbt, bis 140 cm lang und 2–5 cm breit, gewöhnlich stark gewellt, selten fast flach; Blattrand unregelmäßig gezähnt. Mittelnerv gewöhnlich deutlich. Blütenstengel bis 75 cm lang, aufrecht. Blütenstand mit bis 5 wohlriechenden Blüten. Brakteen bis 3,5 cm lang. Blüte mit einer aufrechten, 10–18 cm langen, grünen Perigonröhre, 6 weißen, etwas hängenden, schmal lanzettlichen, 5–9 cm langen, 0,9–1,6 cm breiten Perigonblättern sowie 6 Staubblättern. Griffel länger als die Staubblätter. Fruchtstand mit 3–4 Früchten. Frucht kugelig, glänzend, bis etwa 2 cm im

Durchmesser groß, dunkelgrün, mit einer etwa 1 cm langen Spitze. Samen unregelmäßig geformt, bis 1,7 cm lang.

Kultur: Eine sehr groß werdende, dekorative Art, die nur selten in den Aquarien zu finden ist. Für die Kultur sollten geräumige Becken zur Verfügung stehen, so daß die bandförmigen Blätter an der Wasseroberfläche fluten können. Im Aquarium läßt sich *C. natans* gut in weichem bis mittelhartem Wasser und einem pH-Wert um den Neutralbereich kultivieren. Der Bodengrund sollte entsprechend der großen Zwiebel eine Mindesthöhe von 10 cm haben, grob und nährstoffreich sein. Da die Pflanzen an den Standorten schnell fließendes Wasser bevorzugen, sollte man auch im Aquarium für eine starke Wasserbewegung sorgen. *C. natans* vermehrt sich gelegentlich vegetativ durch Brutzwiebeln an kräftigen Mutterpflanzen. Empfehlenswert und produktiv ist die generative Vermehrung. Die Samen keimen gut, und die Jungpflanzen wachsen rasch heran und erreichen schon nach etwa 10 Wochen eine Höhe von etwa 15 cm.

Ökologie: Die Art wächst in sehr schnell fließenden, stark beschatteten Regenwaldbächen und -flüssen, aber auch in voller Sonne, in kiesigem und felsigem oder schlammigem Bodengrund in Höhen bis zu 650 m. Meine Wasseruntersuchungen an verschiedenen Standorten in Kamerun hatten folgende Ergebnisse: Temperatur 24–30 °C, pH-Wert 5,5–7,8, GH 0,5–4 °dH, KH < 1–3,5 °dH, 35–220 µS/cm, Fe_2/Fe_3 nicht nachweisbar. Beeindruckend sind die am natürlichen Biotop sich über die Wasseroberfläche erhebenden, wunderschönen und wohlriechenden Blüten. Flußläufe sind häufig mit einem Blütenmeer übersät, ein bezaubernder Anblick, den man nicht so schnell vergißt.

Sonstiges: Von *Crinum natans* wurden Pflanzen mit unterschiedlich breiten und mehr oder weniger stark gewellten Blättern gefunden. Nach den Untersuchungen an Kulturpflanzen variieren diese Merkmale unter gleichen Bedingungen nicht. Übergangsformen kommen zwar in der Natur vor, sind aber nur als verschiedene Ökotypen ohne taxonomischen Wert anzusehen. Möglicherweise existiert in Kamerun auch eine natürliche Hybride zwischen *C. natans* und *C. jagus* mit 2–2,5 cm breiten Blattspreiten (Nordal & Wahlstrøm 1980).

Crinum thaianum im Aquarium

C. thaianum mit gedrehten Blattspreiten

Crinum thaianum
J. Schulze (1971)
Thailändische Hakenlilie

Familie: Amaryllidaceae, Narzissengewächse.
Synonyme: Keine.
Etymologie: *Crinum*: siehe *C. calamistratum*; *thaianum*: aus Thailand stammend.
Verbreitung: Südthailand.
Beschreibung: Wasserpflanze mit bis 7 cm dikker Zwiebel. Blätter rosettig, bandförmig, wenig oder stark gedreht, weich, schwer zerreißbar, 1–3 m lang, 1,5–2,5 cm breit, mittelgrün. Blattrand fein gezähnt, nicht gewellt. Nervatur ohne deutlichen Mittelnerv.
Blütenstengel bis 80 cm lang, aufrecht. Blütenstand mit 5–7(–10) duftenden Blüten. Blüte mit einer aufrechten, 12–14 cm langen, grünen Perigonröhre, 6 weißen, zurückgebogenen, 6,5–10 cm langen und 0,8–1,1 cm breiten Perigonblättern sowie 6 Staubblättern. Samen unregelmäßig geformt, bis 2,5 cm lang.
Kultur: Die Thailändische Hakenlilie ist eine besonders anpassungsfähige und schnellwüchsige Art mit nur mäßigem Lichtanspruch.

Sie gedeiht in weichem und hartem Wasser bei Temperaturen von 22 bis 27 °C und benötigt einen mindestens 8 cm hohen, nährstoffreichen Bodengrund, in dem sich das kräftige Wurzelwerk ausbreiten kann. Mit *C. thaianum* lassen sich sehr wirkungsvoll Seiten- und Rückwände vor allem hoher Becken dekorieren, indem mehrere Exemplare dicht nebeneinander gepflanzt werden. Aufgrund des schnellen Wachstums entsteht schon nach kurzer Zeit ein dichtes Gewirr von lang flutenden Blättern an der Wasseroberfläche. Eine Vermehrung durch Brutzwiebeln an älteren Pflanzen ist häufiger als bei *C. natans*. Zur generativen Vermehrung siehe dort.
Ökologie: Schulze (1971a) fand die Art in Fließgewässern sehr tief im Bodengrund verwurzelt bei einem Wasserstand bis 2 m. Das Wasser war extrem weich, die Temperatur betrug im April mittags 27 °C. Der Bodengrund bestand aus festem lehmig-kiesigem Sand oder war reich an Lehm und Schlamm. Die Standorte waren gewöhnlich schattig, erhielten aber zeitweise volles Sonnenlicht.
Sonstiges: Gelegentlich wird eine abweichende Form mit stark gedrehten Blattspreiten angeboten (Korkenzieher-Hakenlilie).

Die Gattung Cryptocoryne

Deutscher Name: Wasserkelch
Familie Araceae, Aronstabgewächse

Zur Nomenklatur

Die wichtigsten Bearbeitungen der Gattung *Cryptocoryne* erfolgten durch Engler (1920), de Wit (1971, 1982, 1990), Rataj (1975b), Jacobsen (1976, 1980, 1981, 1982, 1985a, 1987a, 1991) und Jacobsen & Bogner (1986/1987). Ratajs Revision war unzulänglich, und fast alle seiner Neubeschreibungen wurden als Synonyme wieder eingezogen. Auch de Wit benannte mehrere neue Arten, deren Beschreibungen aus damaliger Sicht im allgemeinen berechtigt waren. In den vergangenen etwa 20 Jahren konnten durch Chromosomenzählungen, Pollenuntersuchungen, Beobachtungen an den natürlichen Standorten sowie vergleichende Kultur die komplizierten Verwandtschaftsbeziehungen zwischen den einzelnen Arten genauer erforscht werden, und man begann, Zusammenhänge besser zu verstehen. Infolgedessen wurden gebräuchliche Namen eingezogen, und die Aquarianer mußten sich an viele neue Namen gewöhnen. In diesem Zusammenhang verdienen die sorgfältigen und ausführlichen Publikationen des dänischen Botanikers Prof. Dr. Niels Jacobsen große Beachtung, durch die insbesondere viele taxonomische Fragen aber auch Probleme bei der Kultur geklärt wurden. Es gibt keine Gattung, in der Aquarianer und Wissenschaftler so fruchtbar zusammenarbeiten wie bei den Cryptocorynen. Deshalb möchte ich in diesem Zusammenhang Josef Bogner, Jan Bastmeijer und Hans Ehrenberg nennen, die sich neben anderen durch ihren unermüdlichen Einsatz bei der Klärung von Fragen zur Taxonomie und Kultur auszeichnen. Auch mein verstorbener Freund Friedrich Möhlmann, der sich um die Kultur von Cryptocorynen große Verdienste erworben hat, bleibt unvergessen.

Die zahlreichen Aufsammlungen der letzten Jahre und die daraus gewonnenen neuen Erkenntnisse zeigen deutlich, daß die Variationsbreite einzelner Arten sehr groß sein kann. Auch für die Zukunft ist damit zu rechnen, daß Arten als polymorphe Spezies erkannt werden und Namensänderungen notwendig sind. Im wesentlichen folge ich den taxonomischen Ansichten von Jacobsen. Spätere Publikationen anderer Autoren werden aber ebenfalls berücksichtigt. Von den zur Zeit 56 anerkannten Arten werden hier 37 Spezies und 1 Hybride ausführlich dargestellt. Dabei finden vor allem die Cryptocorynen Berücksichtigung, die sich im Aquarium gut pflegen lassen. Zusätzlich werden einige seltene Arten, über deren Kultur noch sehr wenig bekannt ist und die nur von einer kleinen Gruppe von Spezialisten gepflegt werden, mit aufgenommen.

Verbreitung der Cryptocoryne-Arten

Die Gattung *Cryptocoryne* ist im tropischen Süd- und Südostasien sowie Neuguinea beheimatet. Die meisten Arten sind nur in einem relativ kleinen Areal zu finden. Die größte Verbreitung nimmt *C. ciliata* mit einem Vorkommen von Indien bis Neuguinea ein. Die Verbreitungsangaben der einzelnen Arten können der Tabelle 4 auf S. 180/181 entnommen werden.

Allgemeine Merkmale der Gattung

Habitus

Die Gattung *Cryptocoryne* enthält Wasser- und Sumpfpflanzen, die sich in der Regel vegetativ durch unterirdische Ausläufer vermehren. Alle Cryptocorynen weisen ein gewöhnlich kriechendes (selten aufrechtes), mehr oder weniger dickes Rhizom auf, an dem die Blätter in einer Rosette angeordnet sind. Sie sind (mit Ausnahme der Winterblätter von *C. retrospiralis*) in Stiel und Spreite gegliedert und weisen an der Basis eine unauffällige Scheide auf. Im Unterschied zur Gattung *Lagenandra*, bei der die junge Blattspreite von beiden Blatträndern her eingerollt ist (involute Vernation), ist sie bei den *Cryptocoryne*-Arten nur von einer Seite tütenförmig eingerollt (konvolute Vernation).

Blütenstände

Cryptocorynen reagieren auf Umwelteinflüsse in ihrem Aussehen sehr veränderlich; deshalb genügen Habitusmerkmale nur selten für eine si-

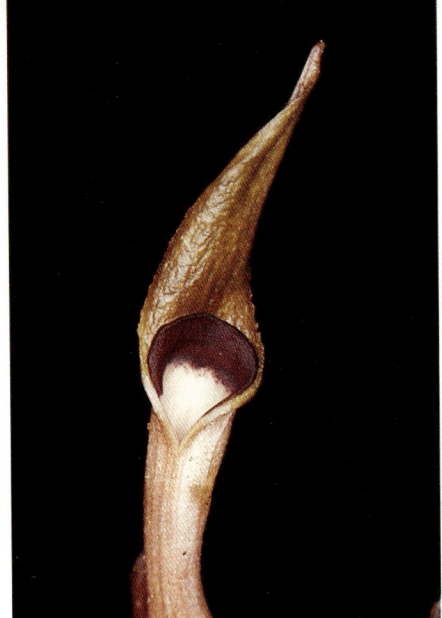

Spathaspreite von *Cryptocoryne × willisii*   **Spathaspreite von *Cryptocoryne beckettii***

chere Bestimmung. Wichtigstes Kriterium zur Unterscheidung der Arten sind die Blütenstände. Sie lassen sich nur selten an Exemplaren unter Wasser beobachten (Ausnahmen *C. affinis, C. cordata*). Deshalb ist es in der Regel notwendig, die Cryptocorynen bei niedrigem Wasserstand oder als Landpflanzen bei hoher Luftfeuchte zu kultivieren. Einige Arten kommen dann sehr leicht zum Blühen (z.B. *C. beckettii, C. cordata, C. wendtii*), bei anderen ist sehr viel Geduld sowie entsprechende Kenntnis über ihre besonderen Lebensansprüche erforderlich.

Der Blütenstand besteht aus einer gestielten Spatha, die an der Basis zu einem Kessel erweitert ist. In diesem sind die Blütenorgane verborgen [*kryptos* (gr.) = verborgen und *koryne* (gr.) = Kolben]. Darüber setzt sich die Spatha als schmale Röhre fort, und an ihrer Öffnung schließt sich die Spathaspreite an. Eine Ausnahme bildet *C. spiralis*, da eine Röhre zwischen Kessel und Spreite fehlt.

Der Aufbau des Kessels ist besonders interessant: An einem Kolben (Spadix) sind im unteren Teil 4–8 weibliche Blüten in einem Kreis angeordnet, direkt darüber befinden sich einige kleine Duftkörper, dann folgt gewöhnlich ein nackter Teil der Spadix, dessen Ende in Quirlen übereinander eine mehr oder weniger große Zahl von männlichen Blüten folgt. Kessel und Röhre sind durch eine bewegliche Verschlußklappe (ein häutiges Blättchen) verschließbar (Kesselfallenblume).

Farbe, Form und Oberflächenstruktur der Spathaspreite bilden die auffälligsten Merkmale des Blütenstandes. Die Spathaspreite kann aufrecht oder geneigt, zugespitzt oder geschwänzt, flach oder gedreht, glatt, warzig oder runzlig sein. Meistens ist die Spathaspreite, die an ihrer Öffnung zur Röhre einen mehr oder weniger deutlichen Kragen oder eine Schlundzone aufweist, auffällig gefärbt und spielt bei der Anlockung von Insekten eine wichtige Rolle.

Die Färbung der Spathaspreite wurde lange Zeit als eines der wichtigsten Unterscheidungsmerkmale angesehen, weil man die Variationsbreite einiger Arten noch unzureichend kannte. Die Aufsammlungen der letzten Jahre, z.B. von *C. alba, C. minima, C. pontederiifolia, C. spiralis* und *C. thwaitesii*, zeigen aber, daß die Färbung stark variieren kann und folglich diesem Merkmal eine geringere systematische Bedeutung zukommt als bislang angenommen.

Bestäubung

Während der Anthese öffnet sich die Spatha. Durch einen süßlichen Aasgeruch der Duftkörper sowie die auffällige Färbung der Spathaspreite werden sehr kleine Fliegen angelockt. Sie kriechen durch die Röhre in den geöffneten Kessel hinein und laden dabei von anderen Blütenständen mitgebrachten Pollen auf den empfängnisfähigen und dann feuchten (weiblichen) Narben ab. Zu diesem Zeitpunkt sind die männlichen Blüten des besuchten Blütenstandes noch nicht reif. Nach einigen Stunden bewegt sich die Verschlußklappe nach oben und verschließt für etwa einen Tag lang den Ausgang, so daß die im Kessel befindlichen Insekten eingesperrt sind. Nun geht der Blütenstand in sein männliches Stadium über, d. h., die männlichen Blüten werden reif, während die weiblichen Blüten nicht mehr empfängnisfähig sind. Beim Umherirren im Kessel bleibt der schleimige Pollen an den gefangenen Insekten hängen. Am dritten Blühtag öffnet sich die Verschlußklappe wieder, und die Insekten können zum nächsten Blütenstand fliegen, in dem sie den mitgebrachten Pollen abstreifen und eine Kreuzbestäubung vollziehen.

Diese Angaben zur Bestäubung basieren keineswegs nur auf theoretischer Grundlage, wie es manchmal behauptet wird. Allerdings sind Abweichungen bei einzelnen Arten beobachtet worden.

Um eine künstliche Bestäubung zu erreichen, benötigt man zwei Blütenstände. Man entfernt mit Hilfe einer Rasierklinge bei einem etwa einen Tag alten Blütenstand einen Teil der Kesselwand, um so an die Blütenorgane heranzukommen. Nun wird Pollen eines etwa drei Tage alten Blütenstandes, dessen Kessel ebenfalls aufgeschnitten wird, auf die (weiblichen) Narben des ersten Blütenstandes übertragen. Nach erfolgreicher Bestäubung schwellen die Fruchtknoten an. Bis zur vollen Reife benötigt die Frucht etwa sechs bis neun Monate. Kurz vor der Fruchtreife verlängert sich bei vielen Arten der Stiel des Fruchtstandes auffällig. Dann platzt das Synkarpium (Sammelfrucht aus verwachsenen Früchten) an der Spitze auf (ein wichtiger Unterschied zur Gattung *Lagenandra*, bei der sich die freien Beeren an der Basis öffnen) und entläßt innerhalb weniger Stunden die Samen, die zu-

erst auf der Wasseroberfläche schwimmen. Das charakteristische Aussehen der Samen sowie die Oberflächenstruktur der Früchte wurde bislang nur bei einigen Cryptocorynen ausreichend untersucht, nicht zuletzt deshalb, weil von zahlreichen Arten weder Früchte noch Samen bekannt sind.

Weitere Merkmale

Außer den hier genannten wesentlichen Unterscheidungsmerkmalen sind auch die Form der verwachsenen Fruchtknoten und der Narben, die Anzahl der männlichen Blüten sowie die bei bestimmten Arten vorhandenen grübchenartigen Vertiefungen in der inneren Kesselwand, deren Bedeutung nicht sicher bekannt ist, arttypisch.

Erwähnenswert ist ferner, daß es selbst innerhalb einer Cryptocorynen-Art eine große Variationsbreite bestimmter Merkmale geben kann. So variiert beispielsweise die Farbe der Spathaspreite bei *Cryptocoryne undulata* von cremefarben über gelblich bis bräunlich, die von *C. alba* kann weiß, rosa oder dunkelrot gefärbt sein. Auch weisen die verschiedenen Rassen einer Art nicht selten große Unterschiede im Blüh- und Wuchsverhalten auf. Die zahlreichen Standortformen von *C. wendtii* sind zum Beispiel nicht gleichermaßen gut für die Kultur geeignet. Ebenso gibt es bei *C. spiralis* ökologische Typen, die sich gut im Aquarium pflegen lassen, während andere überhaupt nicht für die Unterwasserkultur verwendbar sind.

Bei den Einzelbeschreibungen kann nicht immer auf alle Unterschiede zwischen den ökologischen Rassen eingegangen werden. Es wird aber versucht, diesem Problem immer dann besondere Aufmerksamkeit zu widmen, wenn es für die Aquarianer von Bedeutung ist.

Chromosomenzahlen

Die unterschiedlichen Chromosomenzahlen der Cryptocorynen sind ein wesentliches Hilfsmittel, um die Verwandtschaft innerhalb der Gattung zu erklären. Zusätzliche Rückschlüsse auf ihre Evolution und verwandtschaftlichen Beziehungen lassen sich aus ihrer Verbreitung, Morphologie und Ökologie ableiten, so daß eine Einteilung in systematische Gruppen erfolgen kann. Die Tabelle auf S. 180/181, in der alle bisher bekannten

Natürlicher Standort von *Cryptocoryne bogneri* auf Sri Lanka

Chromosomenzahlen von Cryptocorynen angeführt werden, ermöglicht einen guten Überblick über den derzeitigen Stand der Hypothesen über die Verwandtschaft und Systematik der Arten. In Zukunft könnte auch eine Untersuchung der Erbsubstanz, d. h. der DNA-Sequenzen, wie sie bei anderen Pflanzengattungen schon vereinzelt vorgenommen wurden, zur weiteren Klärung der Verwandtschaftsverhältnisse beitragen.

Natürliche Standorte von Cryptocorynen

Unsere Kenntnis über die natürlichen Standorte von Cryptocorynen ist in den letzten Jahren erheblich gestiegen. Unter den zahlreichen Arbeiten sind besonders die Publikationen von Schulze (1971b, 1978), Horst (1983, 1986), Jacobsen (1976, 1980, 1982, 1985a, 1986, 1991) und Jacobsen & Bogner (1986, 1987) hervorzuheben. Diese Untersuchungen zeigen, daß die Cryptocorynen, die vermutlich alle einen gemeinsamen (monophyletischen) Ursprung haben, im Laufe der Evolution sehr unterschiedliche Lebensräume eroberten. Die meisten weisen nur ein eng begrenztes, endemisches Verbreitungsgebiet auf. Lebensräume sind im allgemeinen mehr

oder weniger schnell fließende Gewässer, deren Ufer sowie Restwassertümpel von Überschwemmungsgebieten, die periodisch austrocknen (temporäre Gewässer). Einige Cryptocorynen leben in Meeresnähe in Flüssen, die durch die Gezeiten beeinflußt werden.

Zu den wichtigsten ökologischen Faktoren, die das Auftreten von Cryptocorynen beeinflussen, zählen der Wasserchemismus sowie die Zusammensetzung des Bodengrundes.

Die veröffentlichten Wasseranalysen von natürlichen Standorten veranschaulichen deutlich, daß der Wasserzusammensetzung, insbesondere dem pH-Wert und der Härte, eine ganz besondere Bedeutung für das Wachstum der Pflanzen zukommt. Während die Cryptocorynen von Sri Lanka gewöhnlich in Gewässern angetroffen werden, die einen schwach sauren bis leicht alkalischen pH-Wert sowie überwiegend mittelhartes bis hartes Wasser aufweisen, zeichnen sich die Biotope der Cryptocorynen von Borneo und der Malaiischen Halbinsel größtenteils durch ein sehr weiches, extrem saures Milieu aus. Es verwundert daher nicht, daß sich Arten aus Sri Lanka (ausgenommen *C. bogneri, C. thwaitesii, C. alba*) besser für die Aquarienkultur eignen als Cryptocorynen aus typischen Schwarzwasserbiotopen Borneos oder der Malaiischen Halbinsel.

Auch die Beschaffenheit des Bodengrundes ist ein wesentlicher ökologischer Faktor, auf den viele *Cryptocoryne*-Arten hochgradig spezialisiert sind. Selbst gegenüber minimalen Abweichungen von ihrem Optimum besitzen sie deshalb häufig nur eine geringe Toleranz. Cryptocorynen wachsen an den natürlichen Standorten in sehr unterschiedlichen Böden. Arten aus Bächen und Flüssen tropischer Regenwälder leben in lehmigem oder schlammigem, eisenhaltigem Boden, der durch abgestorbenes Pflanzenmaterial einen hohen Anteil an Humusstoffen aufweist. Infolgedessen liegen die pH-Werte des Bodengrundes, wie mehrfach dokumentiert, im stark sauren Bereich. In schnell fließenden Bächen und Flüssen mit sandig-kiesigem Bodengrund wurde dagegen gewöhnlich eine schwach saure Reaktion nachgewiesen.

Außer den genannten Einzelfaktoren Wasserchemismus und Bodengrund ist als weiterer wesentlicher Umweltfaktor die Lichtintensität zu nennen. Die meisten Cryptocorynen der Malaiischen Halbinsel, von Borneo und Sumatra wachsen an halbschattigen bis vollschattigen Standorten; voll besonnte Biotope sind nur gelegentlich bei Cryptocorynen aus Sri Lanka zu finden.

Die natürlichen Standorte der Cryptocorynen sind außerordentlich verschieden, weshalb Verallgemeinerungen bedenklich sind, da sie zu falschen Vorstellungen und Folgerungen verleiten. Deshalb ist eine differenzierte Betrachtungsweise, die die ökologischen Verhältnisse jeder einzelnen *Cryptocoryne*-Art berücksichtigt, unverzichtbar. Aus diesem Grunde wird den natürlichen Lebensräumen dieser hoch spezialisierten Gattung bei den jeweiligen Beschreibungen der einzelnen Arten unter Einbeziehung aller bisher vorliegenden Informationen große Aufmerksamkeit gewidmet.

Allgemeine Kulturempfehlungen

Von den zahlreichen Cryptocorynen werden nur etwa 10 bis 15 Arten regelmäßig als Aquarienpflanzen angeboten. Obwohl sich auch die übrigen größtenteils in Kultur befinden, werden sie aber auch in Zukunft nur Spezialisten vorbehalten bleiben, da die Mehrzahl der selteneren Arten an den natürlichen Standorten unter besonderen ökologischen Verhältnissen gedeihen (z.B. in sehr saurem Milieu) und sich infolgedessen den Aquarienbedingungen nicht befriedigend anpassen. Häufig gedeihen diese Cryptocorynen jedoch erfolgreich in der emersen Kultur, bei der sie sogar den Pfleger nicht selten mit dekorativen Blütenständen erfreuen. So ist es nicht verwunderlich, daß sich eine beträchtliche Zahl von Aquarianern auf die emerse Pflege von *Cryptocoryne*-Arten spezialisiert hat und sich intensiv darum bemüht, die in ihren natürlichen Beständen häufig bedrohten Pflanzen in der Kultur nicht wieder aussterben zu lassen.

Submerse Kultur

Cryptocorynen gehören zum festen Bestandteil der Aquarienflora. Am häufigsten werden *Cryptocoryne affinis, C. beckettii, C. cordata, C. crispatula, C. parva, C. pontederiifolia, C. undulata, C. wendtii* und *C. × willisii* im Fachhandel angeboten. Diese Arten sind im allgemeinen problemlos im Aquarium zu halten. Gelegentlich werden noch *C. albida, C. aponogetifolia* und *C. moehlmannii* gepflegt, als weitere empfehlenswerte Arten kamen in den letzten Jahren *C. hudoroi* und *C. usteriana* hinzu. Alle genannten Cryptocorynen lassen sich in einem Bodengrund aus Sand und Kies, dem beispielsweise etwas Lehm oder Dünger zur Nährstoffanreicherung zugefügt werden kann, zufriedenstellend pflegen. Für eine optimale Kultur ist eine mittlere Beleuchtungsintensität zu empfehlen. Zwar gedeihen die meisten Arten noch bei schwacher Beleuchtung, doch entwickeln sie sich bei hellem Stand wesentlich besser.

Cryptocorynen sind empfindliche Gewächse. Grundsätzlich ist bei der submersen Kultur dieser Pflanzen zu beachten, daß sie so wenig wie möglich umgesetzt werden. Auf Störungen reagieren sie nicht selten mit der sogenannten Cryptocorynenfäule, dem plötzlichen und raschen Zerfall der Blätter. Die Cryptocorynenfäule kann auch bei gut wachsenden Pflanzenbeständen auftreten. Hierbei handelt es sich nicht etwa um eine Krankheit, wie in der Vergangenheit vermutet wurde, sondern um eine Reaktion auf veränderte Umweltbedingungen, die zu physiologischen Störungen der Pflanze führt. Dabei können schon geringe Verschiebungen einiger Wasserwerte, beispielsweise infolge eines Wasserwechsels, oder das Austauschen einer defekten Leuchtstoffröhre Auslöser für die Cryptocorynenfäule sein, die einen prächtigen Pflanzenbestand innerhalb weniger Tage zusammenbrechen läßt. Danach ist viel Geduld erforderlich, bis die im Bodengrund verbliebenen Rhizome wieder austreiben. Nicht alle Wasserkelche reagieren in dieser extremen Weise negativ auf Umweltveränderungen. So kann man beispielsweise beobachten, daß *C. undulata* plötzlich zusammenbricht, während *C. wendtii* im selben Aquarium optimal gedeiht. Die beste Maßnahme zur Vorbeugung gegen die Cryptocorynenfäule besteht darin, ein konstant gleichmäßiges Milieu zu schaffen, d. h. zum Beispiel einen Teilwasserwechsel regelmäßig vorzunehmen sowie Dünger nur gering und auf einen größeren Zeitraum verteilt zu dosieren.

Emerse Kultur

Fast alle Cryptocorynen lassen sich über Wasser bei hoher Luftfeuchte in feuchtem Bodengrund kultivieren. Zu diesem Zweck eignet sich ein leeres Aquarium, das mit einer Scheibe abgedeckt wird. Kunstlichtbeleuchtung ist ausreichend. Eine einfache Methode der Kultur besteht nun darin, so viel Wasser in das Aquarium zu füllen, bis die Töpfe mit den Cryptocorynen etwa ein bis drei Zentimeter im Wasser stehen. Mit Hilfe eines Ausströmers, der sich in einem separaten kleinen Gefäß mit Wasser befindet, wird für eine Luftzirkulation und zugleich hohe Luftfeuchte gesorgt. Zusätzlich kann man das Wasser langsam durch einen Filter fließen lassen, um somit eine gleichmäßige Wasserbewegung und Nährstoffzufuhr zu gewährleisten.

Die Kultur von Cryptocorynen im Paludarium stellt den Pfleger heute nur noch bei wenigen Arten (z. B. bei *C. bogneri*) vor fast unlösbare Probleme. Wichtigster Faktor bei der emersen Kultur ist die Zusammensetzung des Bodengrundes. Im allgemeinen lassen sich die Arten, die leicht im Aquarium zu kultivieren sind, auch ohne größere Schwierigkeiten in einem Sand-Lehm-Kies-Gemisch pflegen. Auch ungedüngter Torf und Merantispäne sind als Beimischungen

Sämlinge von *Cryptocoryne ciliata*

verwendbar. Einheitserde und Wasserpflanzenerde können nur bedingt empfohlen werden. Einige Arten wachsen sogar gut in Hydrokultur. In diesem Fall wird als Pflanzsubstrat ausschließlich feiner Kies verwendet und mit Lewatit HD 5, einem speziellen Dünger für Hydropflanzen, gedüngt. Dabei wird der Dünger entweder in den Wasserteil des Aquariums gestreut oder über einen separaten Wasserkreislauf zugeführt (Ehrenberg 1990). Schwieriger sind die Cryptocorynen zu pflegen, die aus Gewässern stammen, deren Bodengrund und Wasser sich aufgrund von Humusstoffen durch einen auffällig niedrigen pH-Wert auszeichnen. Hier hat die Verwendung von Buchenlauberde als Bodensubstrat oder als Beimischung zu erstaunlichen Wachstumserfolgen geführt (Jacobsen 1992).

Obwohl in den letzten Jahren große Fortschritte bei der Lösung von Kulturproblemen gemacht wurden, sind keineswegs alle Fragen geklärt. Zudem gelang es bisher nur in wenigen Fällen, die schwierigen *Cryptocoryne*-Arten auch im Aquarium zufriedenstellend zu pflegen. Somit wird es für den engagierten Cryptocorynenfreund auch in Zukunft noch ein interessantes und vielseitiges Betätigungsfeld geben.

Tabelle 4: Chromosomenzahlen und Verbreitung der Cryptocorynen
(u. a. nach Jacobsen 1977, Arends *et al.* 1982, Reumer 1984)

Basiszahl	Artname	Chromosomenzahlen	Verbreitung
x = 10	*C. striolata* Engler	20	Borneo
	C. keei N. Jacobsen	20	Borneo
	C. hudoroi Bogner & Jacobsen	20	Borneo
x = 11	*C. ciliata* (Roxburgh) Schott	22, 33	Indien bis Neuguinea
	C. spiralis (Retzius) Wydler var. *spiralis*	33, 66, 88, 110, 132	Indien
	C. spiralis var. *cognatoides* (Blatter & McCann) Yadav, Patil & Bogner	66/72	Indien
x = 14	*C. wendtii* de Wit	28, 42	Sri Lanka
	C. beckettii Trimen	28, 42	Sri Lanka
	C. undulata Wendt	28, 42	Sri Lanka
	C. walkeri Schott	28, 42	Sri Lanka
	C. x *willisii* Reitz	28	Sri Lanka
	C. parva de Wit	28	Sri Lanka
	C. nevillii Hooker f.	28	Sri Lanka
	C. cognata Schott	28	Indien
x = 15	*C. pontederiifolia* Schott	30	Sumatra
	C. moehlmannii de Wit	30	Sumatra
	C. villosa N. Jacobsen	30	Sumatra
	C. longicauda Engler	30	Malaiische Halbinsel, Sumatra, Borneo
x = 17	*C. annamica* Serebryanyi	34	Vietnam
	C. vietnamensis Mühlberg & Hertel	34	Vietnam
	C. amicorum de Wit & Jacobsen	34	Sumatra
	C. gasseri N. Jacobsen	34	Sumatra?
	C. scurrilis de Wit	68	Sumatra
	C. diderici de Wit	34	Sumatra, Malaiische Halbinsel?
	C. griffithii Schott	34	Malaiische Halbinsel
	C. minima Ridley	34	Malaiische Halbinsel
	C. purpurea Ridley	34	Malaiische Halbinsel
	C. jacobsenii de Wit	34	Malaiische Halbinsel
	C. zukalii Rataj	34	Malaiische Halbinsel
	C. elliptica Hooker f.	34	Malaiische Halbinsel
	C. schulzei de Wit	34	Malaiische Halbinsel

Tabelle 4: Chromosomenzahlen und Verbreitung der Cryptocorynen
(u.a. nach Jacobsen 1977, Arends *et al.* 1982, Reumer 1984)

Basiszahl	Artname	Chromosomenzahlen	Verbreitung
	C. nurii Furtado	34	Malaiische Halbinsel
	C. affinis Hooker f.	34	Malaiische Halbinsel
	C. cordata Griffith	34, 68, 85, 102	Malaiische Halbinsel, Borneo
	C. edithiae de Wit	68	Borneo
	C. grabowskii Engler	68	Borneo
	C. zonata de Wit	68	Borneo
	C. ferruginea Engler	34	Borneo
	C. fusca de Wit	34	Borneo
	C. auriculata Engler	34	Borneo
	C. bullosa Engler	34	Borneo
	C. pallidinervia Engler	34	Borneo
	C. usteriana Engler	34	Philippinen
	C. pygmaea Merrill	34	Philippinen
	C. aponogetifolia	34	Philippinen
	C. versteegii Engler	34	Neuguinea
x = 18	*C. albida* Parker	36	Thailand, Birma
	C. crispatula Engler	36, 54	Indien bis Südchina
	C. retrospiralis (Roxburgh) Kunth	36, 72	Indien
	C. consobrina Schott	36	Indien
	C. thwaitesii Schott	36	Sri Lanka
	C. bogneri Rataj	36	Sri Lanka
	C. alba de Wit	36	Sri Lanka
	C. lingua Engler	36	Borneo

Bei den Arten *Cryptocoryne cruddasiana* Prain aus Birma, *C. decus-silvae* de Wit von der Malaiischen Halbinsel und *C. dewitii* N. Jacobsen aus Neuguinea sind die Chromosomenzahl nicht bekannt.

Submerse Blätter von *Cryptocoryne affinis* **Emerse Pflanze mit Blütenstand**

Cryptocoryne affinis
Hooker f. (1893)

Familie: Araceae, Aronstabgewächse.
Synonyme: *C. haerteliana* Milk., *C. affinis*
Hook. f. ssp. *haerteliana* (Milk.) Schöpfel.
Etymologie: *Cryptocoryne*: (gr.) *kryptos* = verborgen, *koryne* = Kolben, bezieht sich auf den im Kessel verborgenen Blütenkolben; *affinis*: verwandt.
Verbreitung: Malaiische Halbinsel.
Beschreibung: Sumpfpflanze, submers bis 40 cm hoch, emers viel kleiner. Blätter bis 20 cm gestielt. Spreite lanzettlich bis schmal lanzettlich, bis 23 cm lang, 2–5 cm breit, ± bullös. Spitze spitz; Basis spitz oder rund. Färbung oberseits olivgrün, gelegentlich bräunlich, unterseits gewöhnlich weinrot.
Spatha 5,5–32 cm, Röhre 1,5–15 cm. Spathaspreite 3–20 cm lang, aufrecht, lang zugespitzt, 4–15mal spiralig gedreht, innen glatt, dunkelpurpurn. Ein Kragen fehlt. Weibliche Blüten gewöhnlich 5–7. Männliche Blüten etwa 50. Chromosomenzahl 2n = 34.
Kultur: Diese anspruchslose *Cryptocoryne* wird

schon seit über 50 Jahren in Aquarien gepflegt. Leider ist *C. affinis* für die emerse Kultur und schnelle Vermehrung in den Gärtnereien nicht gut geeignet, so daß sie immer mehr von den leichter zu kultivierenden Arten *C. undulata*, *C. walkeri* und *C. wendtii* verdrängt wird. Für die Haltung ist eine geringe bis mittlere Beleuchtungsstärke ausreichend. Optimales Wachstum erzielt man in mittelhartem bis hartem, leicht alkalischem Wasser bei einer Temperatur von 22–26 °C. Als Bodengrund genügt gewaschener Sand. Bei ungestörtem Wachstum ist die Vermehrung sehr produktiv. Es sind verschiedene Formen in Kultur, die sich durch Wuchshöhe, Blattbreite und Färbung unterscheiden. Die Art ist sehr anfällig für die Cryptocorynenfäule. Blütenstände mit langen Spathen werden gelegentlich auch unter Wasser gebildet.
Ökologie: Jacobsen & Bogner (1987) fanden *C. affinis* in dichten Beständen auf Sandbänken kleiner Gewässer mit starker Strömung. Die üppigsten Exemplare wuchsen submers. Die kleineren emersen Pflanzen waren im Schatten rotbraun, in der Sonne bullös und grün. Die Habitate befinden sich zum Teil in Kalksteingebieten. Siehe auch Bodengrundanalyse (Horst, 1986).

Emerse Pflanzen von *Cryptocoryne alba* mit Blütenstand

Cryptocoryne alba
de Wit (1975)
Weißer Wasserkelch

Familie: Araceae, Aronstabgewächse.
Synonyme: Keine.
Etymologie: *Cryptocoryne*: siehe *C. affinis*; *alba*: weiß, bezieht sich auf weiß gefärbte Spathaspreiten.
Verbreitung: Südwesten von Sri Lanka.
Beschreibung: Sumpfpflanze, 5–20 cm hoch. Blätter bis 11 cm gestielt. Spreite schmal elliptisch bis lanzettlich oder schmal eiförmig, 3–10 cm lang, 2–3,5 cm breit, oberseits glatt oder rauh. Spitze spitz oder rund; Basis rund bis schwach herzförmig. Blattrand glatt, gewellt oder fein gekräuselt. Es sind Farbformen mit sowohl olivgrünen, braunen als auch rötlich marmorierten Blättern bekannt, seit 1990 eine weitere mit rein grünen Blättern.
Spatha 4–11 cm lang. Röhre 0,3–1,5 cm lang. Spathaspreite 3–7 cm lang, ± lang geschwänzt, nicht gedreht, ± aufrecht, innen glatt oder warzig, weiß, rosa oder dunkelrot gefärbt. Kragen fehlt oder deutlich ausgebildet. Schlund wie die Spreite gefärbt. Weibliche Blüten 4–6. Männliche Blüten 20–50. Chromosomenzahl 2n = 36.

Kultur: Eine seltene *Cryptocoryne*, die nur bedingt für die submerse Kultur im Aquarium geeignet ist. Vermutlich verlangt die Art ein saures Milieu und eine nicht zu starke Beleuchtung. Das Wachstum ist bei emerser Kultur auf nahrhaftem, schwach saurem Boden wie bei *C. thwaitesii* zufriedenstellend. Blütenstände werden regelmäßig gebildet.
Ökologie: *C. alba* wächst gewöhnlich stark beschattet an Bachrändern im tropischen Regenwald auf lehmig-morastigem Boden. Die grüne Farbform wurde von A. Waser in intensiver Sonne auf lehmigem Bodengrund gefunden.
Sonstiges: *C. alba* ist eng mit *C. thwaitesii* verwandt, und es gibt kaum gute Unterscheidungsmerkmale. Bis vor einigen Jahren galt die Blütenfarbe als ein wesentliches Merkmal. Anfang der 80er Jahre wurden dann Pflanzen von *C. alba* eingeführt, die rosa und dunkelrot blühten. 1990 wurden von Waser weitere Exemplare gesammelt, von denen eine Pflanze einen Blütenstand entwickelte, der eine dunkelpurpurrote Spathaspreite mit einem deutlichen Kragen und einer warzigen Oberfläche aufwies.

Cryptocoryne albida im Aquarium

Cryptocoryne albida

R. N. Parker (1931)

Weißlicher Wasserkelch

Familie: Araceae, Aronstabgewächse.

Synonyme: *Cryptocoryne retrospiralis* (Roxburgh) Kunth ssp. *albida* (Parker) Rataj, *C. retrospiralis* var. *costata* (Gagnepain) de Wit, *C. costata* Gagnepain, *C. hansenii* S. Y. Hu, *C. korthausae* Rataj.

Etymologie: *Cryptocoryne*: siehe *Cryptocoryne affinis*; *albida*: weißlich, bezieht sich auf die Färbung der Spathaspreite.

Verbreitung: Birma, Südthailand.

Beschreibung: Sumpfpflanze, emers bis 20 cm, submers 5–10 cm hoch. Blätter 2–15 cm lang gestielt. Die Spreite ist linealisch bis sehr schmal lanzettlich, emers 10–30 cm lang und 1–2 cm breit, niedergebogen, glatt oder leicht gewellt, submers kurz gestielt, gewöhnlich etwa 5–10 cm lang und 0,4–1,0 cm breit. Spitze spitz; Blattbasis verschmälert. Blattrand ganzrandig oder wenig gezähnt. Die Blätter sind sehr variabel gefärbt, von hellgrün bis rötlichbraun oder dunkelbraun marmoriert.

Spatha 8–20 cm lang. Röhre 5–15 cm lang. Spathaspreite 1–4 cm lang, zugespitzt, aufrecht oder etwas zurückgebogen, mehr oder weniger spiralig gedreht, innen weiß bis cremefarben mit grauem Rand. Spreite und Schlund fast glatt und gewöhnlich mit vielen kleinen braunroten Flecken. Ein Kragen fehlt. Weibliche Blüten 4–7. Männliche Blüten 80–120. Chromosomenzahl $2n = 36$.

Kultur: Sowohl die sehr dekorative rotbraune (Synonym *Cryptocoryne costata* Gagnepain) als auch die grüne Wuchsform von *C. albida* werden selten im Fachhandel angeboten. Beide Formen gedeihen nicht immer zufriedenstellend in der Kultur. Auch unter optimalen Bedingungen wachsen und vermehren sich die Pflanzen nur mäßig und bleiben submers gewöhnlich viel schmächtiger als an den natürlichen Standorten. Sowohl in weichem als auch in mittelhartem Wasser bei pH-Werten um 7 gelingt eine Kultur, weiches Wasser scheint aber vorteilhafter zu sein. Die Pflanzen begnügen sich mit wenig Licht, wachsen im Aquarium aber besser an freien Plätzen mit mittelstarker Beleuchtung. Als Bodengrund ist grober Sand ausreichend, allerdings wirkt sich ein nährstoffhaltigerer,

Spathaspreite von _C. albida_

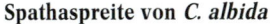

C. albida (Synonym _C. costata_) im Aquarium

zum Beispiel mit Lehm angereicherter, etwas saurer Bodengrund wachstumsfördernd aus. Der optimale Temperaturbereich liegt zwischen 22 und 28 °C. Aufgrund der geringen Wuchshöhe im Aquarium sollte _C. albida_ als Gruppe im Vordergrund Verwendung finden. Im Unterschied zur submersen Kultur lassen sich beide genannten Wuchsformen emers leicht kultivieren und blühen auch regelmäßig. Auch über Wasser ist die Vermehrungsrate aber nur gering. Als Bodengrund läßt sich in der emersen Kultur beispielsweise ein Gemisch aus Lehm und Sand gut verwenden.

Ökologie: Jacobsen (1991) berichtet über einen natürlichen Standort von _C. albida_, der als repräsentativ angesehen wird. In einem etwa vier Meter breiten Fluß wuchsen dichte Bestände sowohl am Flußufer in langsam fließendem Wasser als auch außerhalb des Wassers auf Sandbänken. Der Bodengrund bestand aus Sand und kleinen Steinen. Die Wassertemperatur betrug 27 °C. Die Pflanzen, die an freien Plätzen gefunden wurden, hatten dunkelgrüne oder mehr rötliche Blätter, während diejenigen, die in dichten Beständen oder im Schatten wuchsen, hellgrüne Blätter besaßen. Es wurden alle Über-

gänge angetroffen. Im Schatten waren die Blätter mehr oder weniger aufrecht, in der vollen Sonne lagen sie flach auf dem Bodengrund. Die Blütezeit ist gewöhnlich von Dezember bis Februar.

Horst (1986) berichtet von den tief im Bodengrund verwurzelten Pflanzen, deren Wurzeln trotz Einsatz von Werkzeugen nicht in ihrer vollen Länge ausgegraben werden konnten. Er ermittelte an einem natürlichen Standort folgende Wasserwerte: Temperatur 28,9 °C, pH-Wert 7,2–7,3, GH 0,2° dH, KH 0,1° dH, 22,5 µS/cm, O_2 10 mg/l, Fe 0,1 mg/l, Nitrat und Phosphat waren nicht nachweisbar. Eine Bodenprobe ergab folgendes Ergebnis: pH-Wert 4,9, P_2O_2 2 mg/l, K_2O 4 mg/l, Mg 4 mg/l, Fe 78 mg/l, Mn 10,7 mg/l, Cu 0,5 mg/l, Zn 0,9 mg/l.

Sonstiges: Jacobsen (1980, 1991) zeigte, daß die Variationsbreite von _C. albida_ sowohl im Habitus als auch im Aussehen der Spathaspreite so groß ist, daß _C. albida_ und _C. costata_ nicht zu unterscheiden sind.

Cryptocoryne albida ist eng verwandt mit _C. crispatula_ und _C. retrospiralis._ Wichtige Unterschiede betreffen die Form und Farbe der Spathaspreite.

Cryptocoryne aponogetifolia **im Aquarium**

Cryptocoryne aponogetifolia
Merrill (1919)

Aponogeton-blättriger Wasserkelch

Familie: Araceae, Aronstabgewächse.
Synonyme: Keine.
Etymologie: *Cryptocoryne*: siehe *Cryptocoryne affinis*; *aponogetifolia*: *Aponogeton*-blättrig (Gattung *Aponogeton*).
Verbreitung: Philippinen (Luzon, Panay, Negros).
Beschreibung: Wasserpflanze. Blätter bis 100 cm gestielt. Blattspreite sehr schmal elliptisch bis bandförmig, bis 50 cm lang, 2–4 cm breit, sehr stark bullös, mittel- bis dunkelgrün. Spitze spitz; Basis spitz. Mittelnerv deutlich. Spatha 13–25 cm lang, bis 20 cm gestielt. Röhre 7–17 cm lang. Spathaspreite 4–6 cm, lang geschwänzt und ein paarmal gedreht, aufrecht, innen runzlig, purpurfarben. Ein Kragen fehlt. Schlundzone glatt, purpurfarben. Weibliche Blüten 6–8. Männliche Blüten 60–70. Chromosomen 2n = 34.
Kultur: *C. aponogetifolia* zählt zu den häufig gepflegten und bewährten *Cryptocoryne*-Arten.

Die Kultur ist problemlos auch in hartem Wasser und in einem kalkreichen Bodengrund möglich. Die Art benötigt wenig Licht. Aufgrund der kräftigen Rhizome und starken Wurzelbildung ist ein grobkörniger, wenigstens 8 cm hoher Sand-Kies-Bodengrund zu empfehlen. Optimaler Temperaturbereich 21–27 °C. Sind die Pflanzen erst einmal angewachsen, vermehren sie sich rasch durch Ausläufer. Aufgrund der bis über einen Meter langen Blätter ist *C. aponogetifolia* besonders gut für die Bepflanzung von Seiten- und Rückwänden in sehr hohen Aquarien geeignet. Blütenstände werden nur an submersen Pflanzen gebildet, sind aber in Kultur sehr selten. Eine emerse Haltung ist nicht empfehlenswert.
Ökologie: Nach Schulze (1978) und Bogner (1984) gedeiht die Art in Flüssen mit schnell fließendem Wasser in Tiefen bis 2 m. Die Exemplare wachsen gewöhnlich submers in dichten Beständen in kiesig-sandigem Boden aus Basalt oder im Verwitterungsboden von Kalkgestein an schattigen oder sonnigen Stellen.
Sonstiges: Für weniger hohe Aquarien sind die ähnlich aussehenden *C. hudoroi* und *C. usteriana* eine gute Alternative zu *C. aponogetifolia*.

Cryptocoryne beckettii **im Aquarium**

Cryptocoryne beckettii
Trimen (1885)

Becketts Wasserkelch

Familie: Araceae, Aronstabgewächse.
Synonyme: *C. petchii* Alston.
Etymologie: *Cryptocoryne*: siehe *C. affinis*; *beckettii*: nach T. W. N. Beckett (1838–1906).
Verbreitung: Mittleres und südwestliches Sri Lanka.
Beschreibung: Sumpfpflanze, 10–25 cm hoch. Blattstiel bis 15 cm lang, häufig braunrötlich gefärbt. Spreite schmal lanzettlich bis eiförmig, 3–13 cm lang, 1,5–4,0 cm breit, glatt oder etwas gewellt. Spitze spitz; Basis von gestutzt bis schwach herzförmig. Rand gewellt oder schwach gekräuselt. Färbung oberseits von oliv- bis dunkelgrün und rötlichbraun bis dunkelbraun, manchmal marmoriert, unterseits grün, bräunlich oder weinrot.
Spatha 6–12(–20) cm lang. Röhre 3–10(–16) cm lang. Spathaspreite 1,5–4 cm lang, nicht geschwänzt, nicht oder wenig gedreht, aufrecht oder etwas zurückgebogen, innen glatt oder wenig rauh, gelblich bis hellbraun mit einer brau-

nen bis dunkelpurpurnen Kragenzone. Schlund weiß oder unregelmäßig purpur gefleckt. Weibliche Blüten 4–8. Männliche Blüten 40–60. Chromosomenzahl 2n = 28, 42.
Kultur: Seit über 60 Jahren eine der bewährtesten *Cryptocoryne*-Arten. Die Kultur entspricht der von *C. wendtii* (siehe dort).
Ökologie: *C. beckettii* führt an den beschatteten Ufern von Bächen und Flüssen eine amphibische Lebensweise. Die Art soll auch im Quellwasser von Brunnen vorkommen. Horst (1986) berichtet von einem untypischen Cryptocorynenbiotop, einem vollbesonnten Bach zwischen Reisfeldern, in dem *C. beckettii* zusammen mit *C. wendtii* vergesellschaftet war. Es wurden u.a. folgende Wasserwerte ermittelt: Temperatur 26 °C, GH 4,5° dH, KH 5,2° dH, pH 7,8, 148 µS/cm, Fe 0,27 mg/l. Obwohl die Art häufig gesammelt wurde, sind weitere Wasseranalysen nicht bekannt.
Sonstiges: Bei der viele Jahre lang als *C. petchii* kultivierten Pflanze handelt es sich um eine triploide Form von *C. beckettii* mit stark defekten Pollen (Jacobsen 1987a). Gesicherte natürliche Standorte der triploiden Form sind nicht bekannt, möglicherweise kommt sie im Südwesten von Kandy vor.

Cryptocoryne bogneri mit Blütenstand, Pflanze vom natürlichen Standort auf Sri Lanka

Cryptocoryne bogneri
Rataj (1975)
Bogners Wasserkelch

Familie: Araceae, Aronstabgewächse.
Synonyme: *Cryptocoryne bogneri* de Wit (nur wenige Monate nach Ratajs Beschreibung).
Etymologie: *Cryptocoryne*: siehe *C. affinis*; *bogneri*: nach dem Entdecker Josef Bogner.
Verbreitung: Im Südwesten von Sri Lanka.
Beschreibung: Sumpfpflanze, 5–10 cm hoch. Blattstiel 2–5(–12) cm lang. Spreite 3–8 cm lang, 1,5–4 cm breit, glatt oder wenig gewellt, emers eiförmig, oberseits rauh, submers lanzettlich, glatt, oliv- bis dunkelgrün oder bräunlich, häufig mit rötlichen Nerven. Spitze spitz oder stumpf; Basis gestutzt, rund bis schwach herzförmig. Blattrand submers ganzrandig, emers fein gekräuselt.
Spatha (3–)4–6(–8) cm lang. Röhre 1–3 cm lang. Spathaspreite (1–)2–3(–5) cm lang, nicht zugespitzt, nach vorne gebogen, am oberen Rand warzig, sonst glatt, hellgelb. Ein Kragen fehlt. Schlundzone hellgelb. Weibliche Blüten 4–6. Männl. Blüten 20–30. Chromosomen 2n = 36.

Kultur: Die bisherigen Erfahrungen zeigen, daß *C. bogneri* eine wenig anpassungsfähige Art ist, deren Kultur nur vereinzelt gelang.
Ökologie: Es sind bisher nur zwei Fundorte mit sehr kleinen Populationen bekannt. Ein Standort bei Atweltota, an dem Bogner 1973 die Art sammelte, wurde von der Verfasserin im Januar 1985 aufgesucht. Die Pflanzen wuchsen dort in einem 0,5–1 m breiten Bach mit mäßiger Strömung in 5–10 cm tiefem Wasser. Der Bodengrund war felsig, und das Bachbett war zudem durchsetzt mit Kies, Sand, Lehm und Fallaub. Die in tiefem Schatten wachsenden Exemplare waren sowohl submers als auch emers zu finden. Bemerkenswert ist die Variabilität der Art, denn an ein und denselben Pflanzen waren sowohl grüne als auch braun gefärbte Blätter vorhanden. Wasseranalyse dieses Standortes: Temperatur 23 °C, pH 6,6, GH/KH < 1° dH, 28 µS/cm, rH 258 mV.
Sonstiges: *C. bogneri* zählt zu den bedrohten Arten auf Sri Lanka, denn ökologische Veränderungen der Standorte sind mit fortschreitender Kultivierung der Gebiete immer stärker zu befürchten. Die Art ist nur anhand von Blütenständen sicher von *C. thwaitesii* und *C. alba* zu unterscheiden.

Aufplatzende Frucht von *C. ciliata*

C. ciliata am Standort auf Sulawesi

Cryptocoryne ciliata
(Roxburgh) Schott (1857)
Gewimperter Wasserkelch

Familie: Araceae, Aronstabgewächse.
Synonyme: *Ambrosina ciliata* Roxb. (1819), u. a.
Etymologie: *Cryptocoryne*: siehe *C. affinis*; *ciliata*: gewimpert (Spathaspreite).
Verbreitung: Von Indien bis Neuguinea.
Beschreibung: Sumpfpflanze, emers 50–90 cm, submers bis 50 cm hoch. Diploide Pflanzen bilden Ausläufer, triploide Formen entwickeln kurze, aufrechte Ausläufer, die vom Rhizom abbrechen. Blätter bis 40 cm gestielt. Spreite schmal lanzettlich bis schmal eiförmig, 15–25(–50) cm lang, 2–7(–20) cm breit, ledrig, fleischig, steif, senkrecht, glatt, mittelgrün. Spitze spitz bis stachelspitz; Basis keilförmig, gestutzt oder herzförmig.
Spatha 10–50 cm lang. Röhre 4–40 cm lang. Spathaspreite sehr variabel, 3–10 cm lang, ± zugespitzt, nicht gedreht, ± aufrecht, innen rauh bis warzig, von blaßgelb bis bräunlichpurpurfarben; Rand der Spreite ± lang gewimpert. Kragen gelb.

Schlund blaßgelb, rot gepunktet. Weibliche Blüten 4–8. Männliche Blüten 20–120. Chromosomenzahl 2n = 22, 33.
Kultur: Eine sehr großwüchsige *Cryptocoryne*, die nur für hohe Aquarien verwendbar ist. Auffällig ist der steife, aufrechte Wuchs der Blätter. *C. ciliata* eignet sich sowohl für die Bepflanzung von Süß- und Brackwasseraquarien als auch für die Haltung im Paludarium. Für die Kultur im Aquarium muß der Bodengrund nährstoffreich sein. Ein gut beleuchteter Standplatz ist zu empfehlen. Optimale Temperatur 22–26 °C. Während submers die Vermehrungsrate gering ist, bilden sich emers dagegen willig Ausläufer. Blüten- und Fruchtbildung häufig. Vermehrung durch Samen sehr produktiv.
Ökologie: *C. ciliata* besiedelt Standorte im Süß- und Brackwasser im Bereich der Gezeitenzone auf schlammigem Boden. Die Verfasserin fand die Art an der Ostküste Javas unweit des Meeres in vollem Sonnenlicht, andererseits aber auch an sehr schattigen Plätzen auf Sulawesi.
Sonstiges: Auffällig sind die pfriemförmigen Blätter der Sämlinge. Sie dienen der Verankerung und sind sehr widerstandsfähig, wodurch auch die weite Verbreitung zu erklären ist.

Grünblättriger Typ von *C. cordata*

Cryptocoryne cordata
Griffith (1851)
Herzblättriger Wasserkelch

Familie: Araceae, Aronstabgewächse.

Synonyme: *Cryptocoryne kerrii* Gagnepain, *C. siamensis* Gagnep., *C. blassii* de Wit, *C. evae* Rataj var. *evae*, *C. evae* var. *recordata* Rataj, *C. siamensis* var. *ewansii* Rataj, *C. siamensis* var. *kerrii* (Gagnep.) Rataj, *C. stonei* Rataj, *C. siamensis* Gagnepain var. *schneideri* Schöpfel.

Etymologie: *Cryptocoryne*: siehe *C. affinis*; *cordata*: herzförmig (Blattspreite).

Verbreitung: Malaiische Halbinsel: Westmalaysia bis Südthailand, ein Fundort auf Borneo.

Beschreibung: Sumpfpflanze, emers bis 25 cm, submers bis 60 cm hoch. Blätter 5–45 cm gestielt. Spreite von länglich, schmal elliptisch bis eiförmig, 5–19 cm lang, 1–5(–10) cm breit, glatt oder etwas bullös. Spitze spitz; Basis spitz, stumpf, gestutzt oder herzförmig. Blattrand ganzrandig. Färbung der Formen variabel, oberseits olivgrün, bräunlich bis kräftig bronzefarben, gelegentlich marmoriert, glänzend, unterseits grün bis kräftig weinrot, glänzend.

Spatha 5–30 cm lang. Röhre 2–22 cm lang. Spathaspreite 1,5–7 cm lang, lang zugespitzt, aufrecht oder zurückgebogen, innen glatt bis wenig rauh, gewöhnlich leuchtend gelb, gelegentlich auch bräunlich bis rötlichbraun gefärbt (häufig entlang des Randes). Ein Kragen fehlt. Schlundzone glatt, leuchtend gelb. Weibliche Blüten 5–8. Männliche Blüten 20–60. Chromosomenzahl $2n = 34, 68, 85, 102$.

Kultur: Einige der verschiedenen Formen von *C. cordata* sind schon seit vielen Jahren als ausgezeichnete Aquarienpflanzen bekannt. In Kultur gutwüchsig und am häufigsten sind die früher als eigenständige Arten aufgefaßten *C. siamensis* und *C. blassii* mit eiförmigen Blattspreiten ohne herzförmige Basis. Sie lassen sich submers vorwiegend an einer oberseits olivgrünen bzw. bronzebraunen Blattfärbung erkennen. Nach Jacobsen (1979) sollen die Formen mit herzförmigen Blattspreiten schwieriger zu pflegen sein. In der Kultur bevorzugt *C. cordata* ein weiches, saures Wasser, schwache bis mittlere Beleuchtungsstärke und einen nährstoffreichen,

C. cordata (Typ „*blassii*") im Aquarium ▷

Cryptocoryne cordata 'Rosanervig'

Spathaspreite von *C. cordata*

kalkarmen Bodengrund. Manche Formen, wie die *blassii-siamensis*-Typen, sind aber anpassungsfähig und gedeihen auch noch in mittelhartem, schwach alkalischem Wasser. Der optimale Temperaturbereich liegt zwischen 23 und 27 °C. Nach einer langen Eingewöhnungszeit bilden gut wachsende Exemplare viele Ausläufer. Auch eine emerse Kultur, z.B. in einem Sand-Lehm-Torfgemisch, ist nicht schwierig. Blütenstände bilden sich emers häufig, gelegentlich aber auch im Aquarium.

Ökologie: *C. cordata* besiedelt Bäche und kleine Flüsse mit langsam bis schnell fließendem Wasser. Die dichten Bestände wachsen sowohl in intensivem Sonnenlicht als auch in tiefem Schatten. Jacobsen (1985b) fand Pflanzen in Johore sowohl im schlammigen Bodengrund, der sich aus verrotteten Blättern und Zweigen zusammensetzte, als auch in sandig-kiesigem Substrat, das häufig mit einer hohen Fallaubschicht bedeckt war. Während das Wasser auf der Malaiischen Halbinsel sehr sauer (pH 4,5–6) und weich (0–2° dH) sowie häufig bräunlich gefärbt war, stellte Horst (1986) in Südthailand höhere pH-Werte (5,5–6,3) fest sowie ein ebenfalls sehr weiches, aber klares Wasser (GH und KH < 1°

dH) mit einem geringen Salzgehalt. Die Temperaturen betrugen 25–27 °C. Informativ sind die bei Horst veröffentlichten Bodengrundanalysen, die eine auffällig saure Reaktion des Bodengrundes (pH 4,4/5,6) zeigen.

Sonstiges: Jacobsen betrachtet *C. kerrii, C. siamensis, C. blassii* und *C. evae* nur als lokale Formen einer variablen Art.

Cryptocoryne cordata Griffith 'Rosanervig'

Im Jahre 1972 fand P. Schneider (Schweiz) in einer Importsendung ein Exemplar von *C. cordata* mit einer weißen bis hellrosa gefärbten Nervatur, das er vegetativ weitervermehrte. Bogner & Jacobsen billigten dieser Pflanze 1985 den Sortenstatus zu. Aufgrund einer allgemein akzeptierten Hypothese geht das Merkmal auf eine Mutation zurück. Kulturerfahrungen zeigen jedoch, daß der Grad seiner Ausprägung in starkem Maße umweltabhängig ist, d. h. durch die Kulturbedingungen beeinflußt wird. Mit welchen Maßnahmen allerdings eine möglichst kontrastreiche Zeichnung gezielt erreicht werden kann, ist zwar viel diskutiert, aber bisher nicht eindeutig geklärt worden.

Cryptocoryne crispatula var. *balansae* im Aquarium

Cryptocoryne crispatula
Engler (1920)
Grasblättriger Wasserkelch

Familie: Araceae, Aronstabgewächse.
Synonyme: 1.) var. *crispatula*: *C. retrospiralis* (Roxburgh) Kunth var. *crispatula* (Engler) de Wit, *C. bertilihansenii* Rataj; 2.) var. *flaccidifolia*: keine; 3.) var. *balansae* (Gagnep.) N. Jacobsen: *C. balansae* Gagnep., *C. longispatha* Merrill, *C. kwangsiensis* H. Li; 4.) var. *sinensis* (Merr.) N. Jacobsen: *C. sinensis* Merr., *C. yunnanensis* H. Li; 5.) var. *tonkinensis* (Gagnep.) N. Jacobsen: *C. tonkinensis* Gagnep., *C. retrospiralis* (Roxb.) Kunth var. *tonkinensis* (Gagnep.) de Wit.
Etymologie: *Cryptocoryne*: siehe *C. affinis*; *crispatula*: etwas gekräuselt.
Verbreitung: Östliches Indien, Thailand, Laos, Südvietnam und Südchina.
Beschreibung: Sumpfpflanze, emers 10–25 cm, submers 20–70 cm hoch. Blätter bis 25 cm gestielt, sehr variabel. Blattspreite schmal linealisch bis lanzettlich, 10–50 cm lang, 0,2–4 cm breit, von glatt, gewellt bis stark bullös, schlaff oder steif, hell- bis dunkelgrün, bräunlich und rötlichbraun. Spitze spitz; Basis verschmälert, selten rund. Blattrand ganzrandig oder fein gezähnt.

Spatha 5–40 cm lang. Röhre 2,5–30 cm lang, etwas gedreht. Spathasspreite (1–)3–8 cm lang, spiralig gedreht, innen glatt, weiß, cremefarben, blaßgrau oder grünlich gefärbt, mit rötlichen bis dunkelpurpurfarbenen Flecken und Strichen, die manchmal die Oberfläche fast vollständig bedecken können oder auch ganz fehlen. Kein Kragen. Schlund wie die Spathasspreite gefärbt. Weibliche Blüten 4–6. Männliche Blüten 30–130. Chromosomenzahl 2n = 36, 54.
Kultur: Die Varietäten von *C. crispatula* eignen sich - in Abhängigkeit von ihren natürlichen Lebensbedingungen - offensichtlich sehr unterschiedlich für die Pflege im Aquarium. Am besten für die submerse Kultur verwendbar und auch seit vielen Jahren regelmäßig im Fachhandel ist var. *balansae*, die in verschiedenen Formen gepflegt wird. Diese gedeihen gut in mittelhartem und hartem Wasser mit alkalischen pH-Werten und kommen mit einer schwachen bis mittleren Beleuchtungsstärke aus. Ziemlich selten werden var. *crispatula*, var. *flac-*

Emerse Pflanzen von *C. crispatula* var. *crispatula* im Phu Khieo Nationalpark (Thailand)

cidifolia und var. *tonkinensis* gepflegt. Nicht in Kultur ist var. *sinensis*.

Ökologie: Die verschiedenen Varietäten und ökologischen Rassen von *C. crispatula* sind stark den natürlichen Lebensbedingungen, insbesondere wechselndem Wasserstand und Licht, angepaßt. Jacobsen (1980, 1991) untersuchte mehrere Fundorte in Thailand. Dabei stellte er fest, daß in Flüssen mit mehr konstantem Wasserstand und weniger ausgeprägten Schwankungen die mehr aquatischen Formen auftreten, zum Beispiel die langen, schmalblättrigen Formen mit gewellter oder bullöser Spreite, während in Flüssen mit jahreszeitlich wechselndem Wasserstand die mehr amphibischen Formen verbreitet sind, die sich durch kürzere, mehr oder weniger glatte Blätter auszeichnen. Es wurden jedoch Übergänge zwischen den verschiedenen Formen gefunden. Kultivierte Pflanzen behielten eine ziemlich konstante Blattform bei. Im Fluß Mueak Lek fand Jacobsen Ende Februar 1977 *C. crispatula* var. *balansae* in kalkreichem Wasser bei einer Temperatur von 24°C. Die besonders kräftigen Exemplare waren von einer Kalkkruste überzogen. Im Phu Khieo Nationalpark wuchs *C. crispatula* var. *crispatula* im schnell fließenden Wasser des Huae Mae Chem-Flusses bei 21°C. In einem Tümpel eines Nebenflusses wurde nur eine Temperatur von 16°C gemessen. Der Bodengrund bestand zumeist aus großen Steinen und Felsen.

Bestimmungsschlüssel zu den Varietäten
(nach Jacobsen 1991)

1. Blätter bullös oder gewellt 2
1. Blätter glatt 4
2. Blätter 1–4 cm breit, bullös. . . . var. *balansae*
2. Blätter schmaler, 0,2–1,2cm breit, gewellt . .3
3. Blätter 0,2–0,4 cm breit. . . . .var. *tonkinensis*
3. Blätter 0,4–1,2 cm breit. . . . var. *flaccidifolia*
4. Blätter ziemlich steif, 10–15(-20)cm lang, 0,8–1,5 cm breit. . . . . .var. *sinensis*
4. Blätter länger und/oder schmaler 5
5. Blätter sehr schmal, 0,2–0,4cm breit, 20(-30) cm lang, schlaff . . . .var. *tonkinensis*
5. Blätter 0,4–1,6 cm breit, 15–50 cm lang, ziemlich steif oder schlaff 6
6. Blätter ziemlich steif, 15–40 cm lang, Rand glatt oder fein gezähnt . . . . . . var. *crispatula*
6. Blätter schlaff, 20–50 cm lang, Rand glatt oder etwas gewellt . . . . var. *flaccidifolia*

Cryptocoryne diderici mit Blütenstand

C. ferruginea: Spatha mit geöffnetem Kessel

Cryptocoryne diderici
de Wit (1970)

Familie: Araceae, Aronstabgewächse.
Synonyme: Keine.
Etymologie: *Cryptocoryne:* s. *C. affinis; diderici:* nach Dirk de Wit (Vater des Beschreibers).
Verbreitung: Sumatra.
Beschreibung: Blattspreite 5–11 cm gestielt, eiförmig mit herzförmiger Basis, 4–7 cm lang, 2–4 cm breit, dunkelgrün bis purpurfarben.
Spatha 8–11(–20) cm lang. Spreite kurz geschwänzt, etwas nach hinten gebogen, nicht gereht, innen rauh, hellbraun gefärbt. Schlundzone breit, etwas verdickt, gelb. Ein Kragen fehlt. Weibliche Blüten etwa 6. Männliche Blüten 25–35. Chromosomenzahl 2n = 34.
Kultur: Dieser seltene Wasserkelch wurde bisher nicht submers kultiviert. Die emerse Pflege ist in einem Bodengrund aus Lehm oder Buchenlauberde zu empfehlen. Temperatur um 25 °C.
Ökologie: Jacobsen & Bogner (1987) fanden *C. diderici* am Ufer eines Baches östlich von Muabungo, Sumatra, dem einzigen Fundort.
Sonstiges: Eng verwandt mit *C. cordata.*

Cryptocoryne ferruginea
Engler (1879)

Familie: Araceae, Aronstabgewächse.
Synonyme: *C. pontederiifolia* Schott var. *sarawacensis* Rataj, *C. sarawacensis* (Rataj) Jacobs.
Etymologie: *Cryptocoryne:* siehe *C. affinis; ferruginea:* rostfarbig (Spathaspreite).
Verbreitung: Borneo (Sarawak).
Beschreibung: Spreite schmal eiförmig bis eiförmig mit einer gestutzten oder herzförmigen Basis, 3–12 cm lang, 1,5–3 cm breit, oberseits grün, häufig quergestreift, unterseits manchmal purpurn und ± kurz behaart.
Spatha 10–15 cm, Röhre 1–2 cm, Spreite 8–11 cm lang, sehr lang geschwänzt, ± schief gedreht, innen stark runzlig, purpurfarben. Kragen schwarzpurpurn. Weibliche Blüten 5. Männliche Blüten etwa 30. Chromosomenzahl 2n = 34.
Kultur: Diese seltene *Cryptocoryne* läßt sich nur in weichem, saurem Wasser zufriedenstellend pflegen. Temperatur um 25 °C.
Ökologie: *C. ferruginea* wächst in schlammigem Boden langsam fließender Gewässer im Bereich der Süßwassergezeitenzone.

Cryptocoryne fusca im Aquarium

Spatha von *C. fusca*

Cryptocoryne fusca
de Wit (1970)

Rotbrauner Wasserkelch

Familie: Araceae, Aronstabgewächse.

Synonyme: *Cryptocoryne tortilis* de Wit.

Etymologie: *Cryptocoryne*: siehe *C. affinis*; *fusca*: rotbraun, bezieht sich auf die Färbung der Spathaspreite.

Verbreitung: Borneo (Südwestkalimantan).

Beschreibung: Blattstiel bis 17 cm. Blattspreite schmal eiförmig, bis 10 cm lang, 5 cm breit, oberseits hellgrün, unterseits weißlichgrün. Spitze spitz; Basis geöhrt oder herzförmig. Blattrand und Blattunterseite manchmal dicht behaart. Spatha 8–20 cm lang. Spreite aufrecht, lang zugespitzt, wenig bis mehrfach gedreht und mit einem schmalen Spalt öffnend, innen stark warzig, am Rand mit kleinen Zähnchen oder Auswüchsen, dunkelpurpurn. Ein Kragen fehlt. Weibliche Blüten etwa 5–6. Männliche Blüten etwa 40–60. Chromosomenzahl 2n = 34.

Kultur: *Cryptocoryne fusca* wurde relativ häufig in den 50er und 60er Jahren unter dem unzutreffenden Namen *C. longicauda* im Aquarium kultiviert. Danach verschwand die Art wieder vollständig. Erst seit wenigen Jahren wird si wieder vermehrt von *Cryptocoryne*-Liebhaber gepflegt. Die submerse Kultur von *C. fusca* ge lingt zwar am besten in weichem, saurem Was ser, doch konnte die Verfasserin auch zufrieden stellende Ergebnisse in sehr hartem, schwac alkalischem Wasser verzeichnen. Wichtig er scheint dabei die Verwendung eines Bodengrun des mit saurer Reaktion (Torf). Optimale Tem peratur etwa 23–27 °C. Auch bei einer emerse Kultur ist *C. fusca* nicht anspruchsvoll und läß sich beispielsweise in einem Gemisch aus San und Buchenlauberde leicht pflegen.

Ökologie: *C. fusca* besiedelt die Ufer von Flüs sen im Bereich der Süßwassergezeitenzone.

Sonstiges: De Wit (1990) hält *C. fusca* und *tortilis* für zwei eigenständige Arten. Seiner Me nung nach sollen deutliche Unterschiede in de Länge der Spatha und Röhre, Färbung der Spa thaspreite, Struktur des Kessels, Form der Na ben und Duftkörper sowie Anzahl der männ lichen Blüten vorhanden sein. Nach den Unte suchungen von Jacobsen (1979) soll es sich dag gen um nur eine vielgestaltige Art handeln.

Literaturhinweis: Bastmeijer (1993).

Spatha von *Cryptocoryne gasseri*

Cryptocoryne griffithii mit Blütenstand

Cryptocoryne gasseri
J. Jacobsen (1979)
Gassers Wasserkelch

Familie: Araceae, Aronstabgewächse.
Synonyme: Keine.
Etymologie: *Cryptocoryne*: siehe *C. affinis*; *gasseri*: nach R. A. Gasser (Florida).
Verbreitung: Fundorte sind unbekannt. Exporte kamen zusammen mit *C. scurrilis* aus Sumatra.
Beschreibung: Blattspreite schmal eiförmig mit schwach herzförmiger Basis, bis 4 cm lang und 1,5 cm breit, stark bullös, dunkelgrün.
Spatha etwa 4 cm, Röhre etwa 1-2 cm, Spathapreite 2 cm lang, zugespitzt, weit nach unten zurückgebogen, innen rauh oder leicht warzig, hellgelb. Spreitenrand mit kleinen Höckern. Kragen wulstig, schmal. Schlund sehr klein. Weibliche Blüten 4. Männliche Blüten 30-40. Chromosomenzahl 2n = 30.
Kultur: Eine sehr seltene, schwierig zu kultivierende *Cryptocoryne*. Hans Ehrenberg (Berlin) gelang es, emerse Pflanzen, die in Buchenlauberde kultiviert wurden, Anfang 1994 zum Blühen zu bringen. Aquarienkultur unbekannt.

Cryptocoryne griffithii
Schott (1856)
Griffiths Wasserkelch

Familie: Araceae, Aronstabgewächse.
Synonyme: Keine.
Etymologie: *Cryptocoryne*: siehe *C. affinis*; *griffithii*: nach William Griffith (1810–1845).
Verbreitung: Malaiische Halbinsel.
Beschreibung: Blattstiel 10–15 cm. Spreite breit eirund mit herzförmiger Basis, 5,5–7 cm lang, 4–5 cm breit, oberseits dunkelgrün bis purpurn, unterseits purpurfarben.
Spatha 5–15 cm lang. Spreite nach hinten geneigt, nicht gedreht, kurz geschwänzt, innen warzig, purpurn. Kragen schmal. Kragen und Schlund purpurn. Chromosomenzahl 2n = 34.
Kultur: Eine seltene, schwer zu pflegende *Cryptocoryne*-Art, die nur in sehr saurem Wasser wächst. Bei emerser Kultur ist die Verwendung von Buchenlauberde zu empfehlen.
Ökologie: Jacobsen & Bogner (1987) berichten über 2 Standorte, an denen *C. griffithii* zusammen mit *Barclaya motleyi* in langsam fließendem Wasser in humusreichem Boden wächst.

Cryptocoryne hudoroi **im Aquarium**

Cryptocoryne hudoroi
Bogner & Jacobsen (1985)
Hudoros Wasserkelch

Familie: Araceae, Aronstabgewächse.
Synonyme: Keine.
Etymologie: *Cryptocoryne*: siehe *C. affinis*; *hudoroi*: nach dem Sammler Frans Hudoro.
Verbreitung: Borneo (Kalimantan).
Beschreibung: Wasserpflanze, 20–50 cm hoch. Blätter 4–26 cm gestielt. Blattspreite sehr schmal elliptisch, gelegentlich verkehrt schmal lanzettlich, 7–30 cm lang, 2–5 cm breit, stark bullös. Spitze spitz bis zugespitzt; Basis rund. Blattrand etwas gewellt. Färbung mittelgrün, häufig mit bräunlichem Rand, unterseits etwas heller, gelegentlich bräunlich. Nerven deutlich.
Spatha 9–30 cm lang. Röhre 5–20 cm lang. Spathaspreite 3–6 cm, lang zugespitzt, aufrecht, mehrmals spiralig gedreht, innen gerunzelt, blaßgelb bis schmutzig dunkelrot. Kragen fehlt. Schlund gelblich, mit purpurnen Punkten. Weibliche Blüten 4–6. Männliche Blüten (20–)40–60. Chromosomenzahl $2n = 20$.
Kultur: *C. hudoroi* ist eine der schönsten und empfehlenswertesten Neueinführungen der letzten Jahre. Auffällig sind die stark bullösen Blattspreiten, die man auch von *C. aponogetifolia* her kennt. Verglichen mit dieser Art ist *C. hudoroi* aufgrund der geringeren Wuchshöhe weitaus besser für die meisten Aquarien geeignet. In weichem und mittelhartem Wasser gelingt die submerse Kultur problemlos. Als Bodengrund ist Kies oder Sand zu empfehlen, wobei eine geringe Lehmzugabe gewöhnlich kräftigeren Wuchs fördert. Die Wassertemperatur kann zwischen 18 und 30 °C liegen, optimal sind 24–26 °C. Die Vermehrung durch Ausläufer ist sehr produktiv. Eine emerse Kultur, bei der die Pflanzen wesentlich kleinere Blätter bilden, ist zwar bei hoher Luftfeuchte möglich, allerdings wenig empfehlenswert. Blütenstände werden selten gebildet.
Ökologie: *C. hudoroi* ist bisher nur an zwei Fundorten gesammelt worden, weshalb über die Ökologie kaum etwas bekannt ist. An einem Standort wurden die Pflanzen in einem Bach mit schnell fließendem Wasser gefunden.
Sonstiges: *C. hudoroi* ähnelt besonders *C. aponogetifolia, C. bullosa, C. keei* und *C. usteriana*.
Literaturhinweis: Bogner (1990).

Cryptocoryne keei im Aquarium

Cryptocoryne keei
Jacobsen (1982)

Kees Wasserkelch

Familie: Araceae, Aronstabgewächse.

Synonyme: Keine.

Etymologie: *Cryptocoryne*: siehe *C. affinis*; *keei*: nach dem Sammler Henry Ong Kee Chuan.

Verbreitung: Borneo (Sarawak, bei Bau).

Beschreibung: Wasserpflanze, 10–20 cm hoch. Blätter bis 9 cm gestielt. Spreite lanzettlich bis schmal lanzettlich, 3–12,5 cm lang, 1,0–4,0 cm breit, stark bullös. Spitze spitz; Basis rund oder schwach herzförmig. Blattrand fein gewellt. Färbung oberseits dunkelgrün, in den Vertiefungen häufig bräunlich, gelegentlich bronzefarben, unterseits bräunlich bis rötlich. Nerven deutlich, unterseits manchmal rötlich. Spatha 3–6 cm lang. Röhre 1–2 cm lang. Spathaspreite 1–3 cm, lang zugespitzt, zurückgebogen, ± spiralig gedreht, innen warzig, grünlich, bräunlich oder dunkelrotbraun. Ein Kragen fehlt. Schlund fein punktiert, oben gelblich oder bräunlich, unten blaß purpurfarben. Weibliche Blüten etwa 6. Männliche Blüten etwa 40. Chromosomenzahl 2n = 20.

Kultur: Eine dekorative, seltene *Cryptocoryne*, deren dauerhafte Kultur im Aquarium bisher nur vereinzelt gelungen ist. Verschiedentlich wurde beobachtet, daß gut wachsende Bestände plötzlich zusammenbrachen (Cryptocorynenfäule), wobei die Belastung des Wassers möglicherweise eine Rolle spielte. Im Unterschied zu anderen Cryptocorynen von Borneo läßt sich *C. keei* auch in alkalischem, kalkhaltigem Wasser kultivieren. Eine emerse Kultur ist schwierig und gelingt nur bei sehr hoher Luftfeuchte.

Ökologie: Kettner (1992) berichtet über den einzigen bekannten Standort. Dichte Bestände wuchsen in einem 1–2 m breiten Bach mit schnell fließendem Wasser in kiesig-sandigem Bodengrund. Es war Niedrigwasser (März); der Wasserstand betrug 20–30 cm, kann aber zur Regenzeit auf 2 m ansteigen. Der pH-Wert betrug 6,8–7,3 (für Borneo ungewöhnlich hoch, was auf Kalkformationen zurückzuführen ist).

Sonstiges: Von *C. hudoroi* und *C. usteriana* läßt sich *C. keei* durch die meist bräunliche Färbung in den Blattvertiefungen unterscheiden.

Literaturhinweis: Ehrenberg & Bogner (1992).

Emerse Pflanze von *Cryptocoryne lingua* mit Blütenstand

Cryptocoryne lingua
Engler (1879)

Zungenwasserkelch

Familie: Araceae, Aronstabgewächse.
Synonyme: *C. spathulata* Engler.
Etymologie: *Cryptocoryne*: siehe *C. affinis*;
lingua: Zunge, bezieht sich auf die zungenför-
mige Blattspreite.
Verbreitung: Borneo (Sarawak).
Beschreibung: Sumpfpflanze, 8-15 cm hoch.
Blätter mit einem 4-10 cm langen, fleischigen
Stiel. Spreite schmal eiförmig, zungenförmig,
2-7 cm lang, 1-3,5 cm breit, etwas fleischig, glatt.
Spitze spitz; Basis stumpf oder keilförmig. Blattrand ganzrandig. Färbung hellgrün. Nerven undeutlich.
Spatha 8-15 cm lang. Röhre 3-8 cm lang. Spathaspreite 3-5 cm lang, ± lang geschwänzt, ±
aufrecht, gelegentlich wenig gedreht, innen glatt,
im unteren Teil und im Schlund leuchtend gelb
und mit purpurroten Punkten übersät, im oberen Teil purpurn gefärbt. Ein Kragen fehlt. Weibliche Blüten 4-6. Männliche Blüten 20-50. Chromosomenzahl 2n = 36.

Kultur: Obwohl *C. lingua* am natürlichen Standort zweimal täglich vom Wasser überflutet wird,
ist die Art wenig für die Aquarienkultur geeignet. Horst (1986) versuchte eine submerse Kultur
durch Nachahmung der Gezeiten, hatte aber
auch damit auf Dauer keinen Erfolg. Demgegenüber gelingt eine emerse Kultur gut in Lehmboden. Wachstum und Vermehrung sind sehr
langsam. Blütenstände bilden sich regelmäßig.
Ökologie: *C. lingua* besiedelt in Sarawak fast
die gleichen Standorte wie *C. ciliata*, nämlich
den Süßwasserbereich von Flüssen, der dem Einfluß der Gezeiten unterliegt. Nach Schulze
(1971b) liegen aber die Biotope von *C. lingua*
weiter flußaufwärts. Dort wächst die Art stark
beschattet in großen Beständen rasenförmig, tief
verwurzelt im weichen Lehmboden an den Ufer-
böschungen in der Zone des beginnenden Re-
genwaldes. Horst berichtet über einen täglich
zweimaligen Anstieg und Abfall des Wassers von
mehr als einem Meter, der durch den Tidenhub
des Meeres verursacht wird. Er stellte an einem
Standort bei einer Lufttemperatur von 32 °C folgende Wasserwerte fest: Temperatur 27 °C, GH
0,8° dH, KH 1,3° dH, pH 6,6, 32 µS/cm, Fe 1,5
mg/l sowie viele andere Spurenelemente.

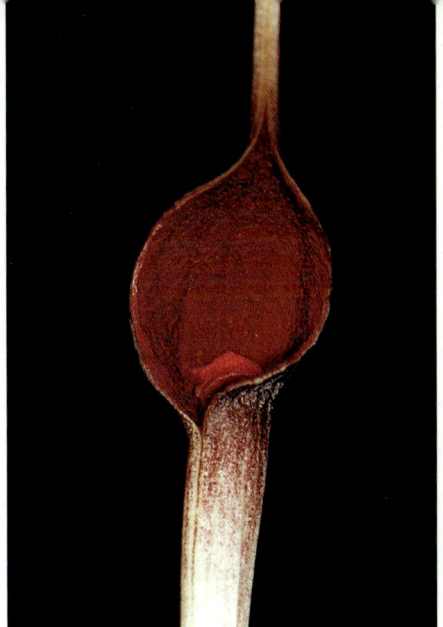

C. longicauda emers mit Blütenstand　　　　**Spatha von C. longicauda**

Cryptocoryne longicauda
Engler (1879)
Langschwänziger Wasserkelch

Familie: Araceae, Aronstabgewächse.
Synonyme: *C. caudata* N.E. Brown, *C. johorensis* Engler.
Etymologie: *Cryptocoryne:* siehe *C. affinis; longicauda:* langschwänzig, bezieht sich auf die lang geschwänzte Spathaspreite.
Verbreitung: Malaiische Halbinsel (Johore), Sumatra und Borneo (Sarawak).
Beschreibung: Sumpfpflanze, emers bis 20 cm, submers bis 40 cm hoch. Blattstiel 5–30 cm. Spreite eiförmig, 3–15 cm lang, 3–10 cm breit, glatt bis bullös, olivgrün, manchmal schwach purpurn. Spitze spitz; Basis herzförmig. Rand ganzrandig bis fein gekräuselt.
Spatha 20–50 cm, Röhre 8–20 cm, Spreite 15–31 cm lang, sehr lang geschwänzt, anfangs aufrecht, später nach vorn geneigt, runzlig, dunkelpurpurn. Kragen heller als die Spreite. Schlund fast glatt. Weibliche Blüten 5–7. Männliche Blüten 30–50. Chromosomenzahl 2n = 30.
Kultur: Die Art ist offenbar wenig anpassungs-

fähig an die Bedingungen im Aquarium. Vermutlich benötigt sie ein sehr saures Wasser, schwache Beleuchtung und eine verhältnismäßig hohe Temperatur von über 25 °C. Eine emerse Kultur gelingt am ehesten auf einem Boden mit saurer Reaktion, so wurden z.B. mit Buchenlauberde gute Erfahrungen gemacht.
Ökologie: Jacobsen & Bogner (1987) berichten über einen 4–6 m breiten, schlammigen Bach mit *C. longicauda,* der häufig dem Sonnenlicht ausgesetzt ist. Schulze (1971) fand *C. longicauda* an mehreren Standorten in Sarawak: In einem stark beschatteten Fluß, auf sandig-lehmigen Uferbänken, vergesellschaftet mit *C. zonata;* ferner in einem Waldflüßchen in über 1 m tiefem Wasser und in einem schmalen Waldbach, in dem ausgedehnte Bestände in einer Wassertiefe bis zu 15 cm in weichem Lehmboden wuchsen.
Sonstiges: Während *C. longicauda* auf der Malaiischen Halbinsel und auf Sumatra nur von jeweils einem Fundort bekannt ist, kommt die Art dagegen auf Borneo sehr häufig vor. Bei der in den 50er und 60er Jahren unter dem Namen *C. longicauda* kultivierten Pflanze handelte es sich um *C. fusca.*
Literaturhinweis: Jacobsen (1985a).

Blütenstände von *Cryptocoryne minima* mit bräunlicher und gelber Spathaspreite

Cryptocoryne minima
Ridley (1910)
Sehr kleiner Wasserkelch

Familie: Araceae, Aronstabgewächse.
Synonyme: *Cryptocoryne zewaldiae* de Wit.
Etymologie: *Cryptocoryne*: siehe *C. affinis*; *minima*: sehr klein.
Verbreitung: Malaiische Halbinsel.
Beschreibung: Blattstiel bis 12 cm lang. Blattspreite sehr variabel, lanzettlich bis eiförmig, 5–7 cm lang, 1,5–5 cm breit, glatt oder leicht bullös, hellgrün, bräunlich oder purpurfarben. Spitze spitz; Basis spitz, rund oder schwach herzförmig.
Spatha 3,5 cm, Röhre 0,5 cm, Spathaspreite 2 cm lang, lang zugespitzt, nach hinten und weit nach unten gebogen, nicht gedreht, innen warzig, sehr unterschiedlich gefärbt, von hellgelb, hell- bis dunkelbraun und dunkelpurpurn. Kragen deutlich, wulstig. Schlund sehr klein. Weibliche Blüten 4 (5–6) 7. Männliche Blüten 15–35. Chromosomenzahl 2n = 34.
Kultur: *Cryptocoryne minima* ist eine seltene Pflanze, über deren Kultur im Aquarium bisher

kaum etwas bekannt ist. Jacobsen (1982) nennt als wichtige Pflegebedingungen einen nährstoffreichen Bodengrund, eine nicht zu starke Beleuchtung sowie eine Wassertemperatur von 22–28 °C.
Ökologie: Jacobsen & Bogner (1986/1987) berichten über mehrere natürliche Standorte von *Cryptocoryne minima* auf der Malaiischen Halbinsel. Nach ihren Angaben wachsen die Bestände in oder an den Rändern langsam fließender Bäche oder Flüsse sowie gelegentlich in Urwaldtümpeln in sandig-schlammigem Bodengrund. Die Biotope lagen innerhalb von Kautschukplantagen oder im Wald. In Abhängigkeit vom jeweiligen Lebensraum zeichneten sich die Pflanzen durch starke Unterschiede in der Größe, Form und Farbe der Blätter aus.
Sonstiges: Die Untersuchungen an den natürlichen Standorten sowie die Kultur der gesammelten Pflanzen zeigen, daß *C. minima* eine polymorphe Art ist, die auf unterschiedliche Lebensbedingungen sehr veränderlich im Aussehen reagiert. Auch die von de Wit als *Cryptocoryne zewaldiae* beschriebenen Pflanzen werden daher als großblättrige Form von *C. minima* angesehen.

Cryptocoryne moehlmannii im Aquarium

Cryptocoryne moehlmannii
de Wit (1982)
Möhlmanns Wasserkelch

Familie: Araceae, Aronstabgewächse.
Synonyme: Keine.
Etymologie: *Cryptocoryne*: siehe *C. affinis*; *moehlmannii*: nach F. Möhlmann (1920–1991), der sich um die Kultur von Cryptocorynen sehr verdient gemacht hat.
Verbreitung: Zentrales Westsumatra.
Beschreibung: Sumpfpflanze mit kriechendem Rhizom, 10–30 cm hoch. Blätter 5–15(–20) cm lang gestielt. Spreite lanzettlich bis schmal eiförmig, 10–15 cm lang und 3,5–7 cm breit, glatt oder wenig bullös. Spitze spitz und Basis schwach bis deutlich herzförmig. Blattrand ganzrandig. Färbung hell- bis olivgrün, nicht bräunlich.
Spatha 4–6 cm lang. Röhre 0,5–1 cm lang. Spathaspreite 3–3,5 cm lang, lang zugespitzt, ± aufrecht (Form von Tapaktuan) oder 1/2mal schief gedreht (Form von Sasok), warzig, innen dunkelpurpurn. Kragenzone schmal. Schlund und Kragen so gefärbt wie die Spreite. Weibliche Blüten

5. Männliche Blüten 25–30. Chromosomenzahl $2n = 30$.
Kultur: *C. moehlmannii* ist eine dekorative, anspruchlose, sehr empfehlenswerte *Cryptocoryne*. Im Aquarium ist die Art genauso problemlos zu pflegen wie die kaum zu unterscheidende *C. pontederiifolia*. Zur Kultur siehe dort.
Ökologie: *C. moehlmannii* besiedelt ähnliche Standorte wie *C. pontederiifolia*. Die Art wächst in langsam fließendem Wasser von Flüssen und Bächen in Tieflandwäldern. Die Gewässer werden in ihrem unteren Lauf durch Ebbe und Flut beeinflußt.
Sonstiges: *Cryptocoryne moehlmannii* wurde erst vor wenigen Jahren aus Westsumatra importiert. Aufgrund des ähnlichen Aussehens wurde die Art zunächst als *C. pontederiifolia* angesehen. Erst anhand der Blütenstände, die sich an emersen Pflanzen entwickelten, stellte man fest, daß es sich um zwei verschiedene Arten handelt. Ein weiteres, aber nicht immer sicheres Unterscheidungsmerkmal ist die bei *C. moehlmannii* rein grün, bei *C. pontederiifolia* aber gelegentlich bräunlich oder schwach violett gefärbten Blätter.
Literaturhinweis: Jacobsen (1988).

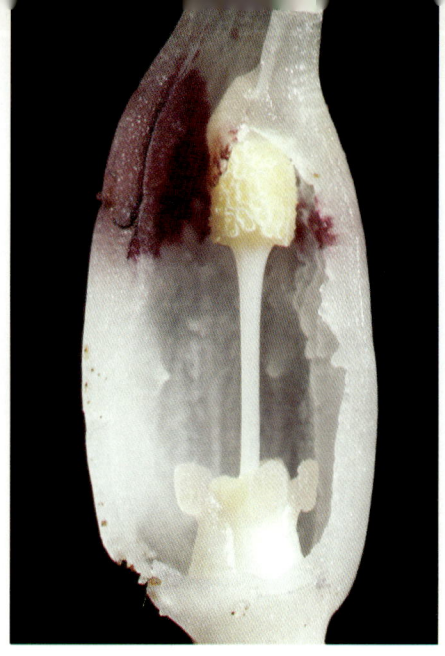

Spathaspreite von *C. nevillii*

Geöffneter Kessel von *C. nevillii*

Cryptocoryne nevillii
Hooker f. (1898)

Nevills Wasserkelch

Familie: Araceae, Aronstabgewächse.
Synonyme: Keine.
Etymologie: *Cryptocoryne*: siehe *Cryptocoryne affinis*; *nevillii*: nach dem Entdecker der Pflanze H. Nevill.
Verbreitung: Zentrales östliches Sri Lanka.
Beschreibung: Rhizom kräftig. Bei *C. nevillii* wurde bisher noch keine Ausläuferbildung beobachtet. Blattspreite schmal elliptisch bis schmal eiförmig, abgerundet, 2–8 cm lang und 1–2 cm breit, mittelgrün gefärbt.
Spatha 10–20 cm, Röhre 8–15 cm, Spreite 2–3 cm lang, aufrecht, um etwa 180 Grad gedreht, innen glatt, im unteren Teil dunkelpurpurn, im oberen Teil bräunlich gefärbt. Kragen wulstig, schwarzpurpurn. Schlundzone breit, mit auffälligen schwarzpurpurnen Flecken. Weibliche Blüten 4–6. Männliche Blüten 60–80. Chromosomenzahl 2n = 28.
Kultur: *Cryptocoryne nevillii* eignet sich nicht für eine Pflege im Aquarium. Bei der emersen Kultur legen die ziemlich seltenen Pflanzen regelmäßig Ruhezeiten ein, in denen sie völlig einziehen.
Ökologie: Im Unterschied zu anderen Cryptocorynen wächst *C. nevillii* nicht im Fließwasser, sondern an sumpfigen Stellen, die periodisch überschwemmt werden. Diese Standorte trocknen zur regenarmen Jahreszeit aus, das Laub vertrocknet, und nur die kräftigen Rhizome verbleiben im sandigen Bodengrund. Die Art besiedelt vollsonnige Plätze. Die Ruhezeit beträgt etwa sechs Monate. Mit Beginn der Regenzeit blühen die Pflanzen.
Sonstiges: Untersuchungen von Jacobsen ergaben, daß die in der Aquaristik viele Jahre mit *C. nevillii* bezeichnete Pflanze richtig *Cryptocoryne × willisii* Reitz heißen muß. Die „echte" *C. nevillii* ist erst seit 1979 in Kultur.
Literaturhinweis: Jacobsen (1981, 1987a).

Spatha von *Cryptocoryne nurii*

Geöffneter Kessel von *C. nurii*

Cryptocoryne nurii
Furtado (1935)
Nurs Wasserkelch

Familie: Araceae, Aronstabgewächse.
Synonyme: *Cryptocoryne* „serrulata".
Etymologie: *Cryptocoryne*: siehe *C. affinis*; *nurii*: nach dem Pflanzensammler Nur.
Verbreitung: Malaiische Halbinsel.
Beschreibung: Blattstiel 3–10(–20) cm lang. Blattspreite lanzettlich bis schmal eiförmig, 5–18 cm lang, 1,5–3 cm breit, dunkelgrün bis rotbraun marmoriert, häufig mit kurzen roten Linien. Spitze spitz; Basis rund oder schwach herzförmig. Blattrand mehr oder weniger gekräuselt.
Spatha etwa 5 cm lang. Röhre 1,5 cm, Kessel 1 cm lang. Spathaspreite etwa 2,5 cm lang, breit herzförmig, nach hinten gebogen, kurz geschwänzt, nicht gedreht, innen mit großen unregelmäßigen Auswüchsen versehen, dunkelpurpurn. Schlund sehr klein. Kragen wulstig. Weibliche Blüten 5–7. Männliche Blüten 25–30. Chromosomenzahl 2n = 34. (Die Größenangaben beruhen auf Blütenständen kultivierter Pflanzen. Die bei de Wit

1990 genannten Längenangaben der Röhre und Spathaspreite beziehen sich vermutlich auf Exemplare natürlicher Standorte).
Kultur: Die Kultur dieser seltenen *Cryptocoryne* ist im Aquarium außerordentlich schwierig. Vermutlich braucht die Art das sehr weiche, saure Wasser der natürlichen Standorte. Eine Pflege über Wasser ist ebenfalls nicht einfach, gelingt aber zufriedenstellend, wenn die Pflanzen in einem Substrat mit saurer Reaktion (z.B. Buchenlauberde) kultiviert werden. An gut wachsenden Exemplaren lassen sich gelegentlich die zwar kleinen, aber auffällig dekorativen Blütenstände beobachten.
Ökologie: *Cryptocoryne nurii* bewohnt schattige und sonnige Plätze in schnell fließenden Bächen und Flüssen, die einen kiesig-sandigen Bodengrund aufweisen. Die bisherigen Wasseranalysen an den natürlichen Standorten zeigen, daß die Pflanzen in sehr saurem Gewässern mit einem pH-Wert um 5 zu finden sind.
Sonstiges: Obwohl *Cryptocoryne nurii* in den letzten Jahren gelegentlich eingeführt wurde, ist die Art aufgrund ihrer problematischen Pflege auch bei *Cryptocoryne*-Liebhabern sehr selten in Kultur.

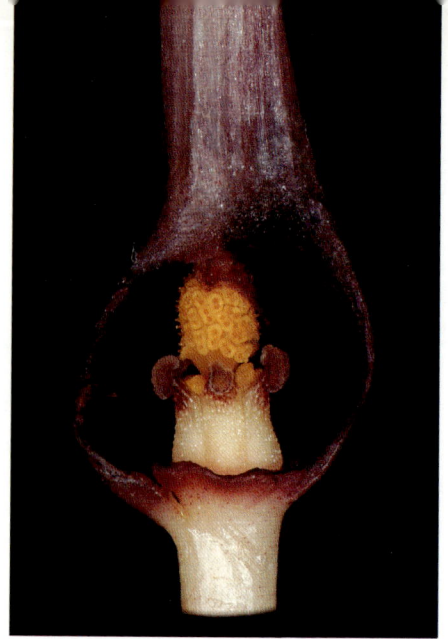

Spatha von *Cryptocoryne pallidinervia*   **Geöffneter Kessel von** *C. pallidinervia*

Cryptocoryne pallidinervia
Engler (1879)
Hellnerviger Wasserkelch

Familie: Araceae, Aronstabgewächse.
Synonyme: *C. venemae* de Wit, *C. pallidinervia*
Engler ssp. *venemae* (de Wit) de Wit.
Etymologie: *Cryptocoryne*: siehe *C. affinis*; *pallidinervia*: mit blassen Nerven; bezieht sich auf
die Typuspflanzen; bei kultivierten Pflanzen
meist nicht ausgeprägt.
Verbreitung: Borneo (Sarawak, Kalimantan).
Beschreibung: Sumpfpflanze, bis 15 cm hoch.
Blätter 5–10 cm gestielt. Spreite eiförmig, 3–7 cm
lang, 2–4,5 cm breit, gewöhnlich stark bullös,
selten glatt. Spitze spitz; Basis herzförmig. Blattrand manchmal fein gewellt. Färbung oberseits
mittelgrün, am Fundort unterseits schwach purpurfarben.
Spatha 5–12 cm (bei Importpflanzen bis 20 cm)
lang. Röhre 3–10 cm lang. Spathaspreite etwa
1 cm lang, zugespitzt, aufrecht oder der obere
Teil nach außen eingerollt, innen runzlig, purpurfarben. Kragen und Spreitenrand höckrig,
purpurfarben, Kragenzone glatt, leuchtend gelb

und zum Schlund hin rot gepunktet. Steriler Teil
des Blütenkolbens auffällig kurz. Weibliche Blüten 4–7. Männliche Blüten 30–50. Chromosomenzahl 2n = 34.
Kultur: Eine Aquarienkultur von *C. pallidinervia* ist noch nicht gelungen. Vermutlich muß der
pH-Wert des Aquarienwassers sehr niedrig sein.
Bastmeijer & Kettner (1991) berichten über eine
erfolgreiche emerse Kultur in Töpfen mit einer
Mischung aus Quarzsand und Torf.
Ökologie: *C. pallidinervia* kommt in Gewässern mit langsam fließendem Wasser in Sumpfwäldern vor. Die kleinen Bestände wachsen in
geringer Wassertiefe zwischen dem Fallaub der
Bäume in saurem Milieu. Nach den Angaben von
Sammlern soll die Art nicht selten sein.
Sonstiges: De Wit (1990) bezweifelt, daß die von
Engler beschriebene *C. pallidinervia* mit bullösen Blattspreiten identisch ist mit der Pflanze,
die heute unter diesem Namen kultiviert wird.
Nach den Untersuchungen von Jacobsen (1985a)
läßt sich die von de Wit beschriebene *C. venemae*, die sich von *C. pallidinervia* durch glatte
Blattspreiten und eine zweiteilige Narbe unterscheiden soll, nicht von *C. pallidinervia* Engler
trennen.

Spatha von *Cryptocoryne parva*

Cryptocoryne parva mit Fruchtstand

Cryptocoryne parva
de Wit (1970)

Kleiner Wasserkelch

Familie: Araceae, Aronstabgewächse.
Synonyme: *C. nevillii* sensu auct., non Hook. f.
Etymologie: *Cryptocoryne*: siehe *C. affinis*; *parva*: klein.
Verbreitung: Zentrales Sri Lanka.
Beschreibung: Sumpfpflanze, bis 10 cm hoch. Blätter 1–6(–10) cm gestielt. Spreite schmal elliptisch bis lanzettlich, ganzrandig, emers 1,5–2,5 cm lang, 0,4–0,8 cm breit, submers bis 2 cm lang, 0,2–0,3 cm breit, glatt, mittel- bis dunkelgrün gefärbt. Spitze spitz; Basis keilförmig. Nervatur undeutlich.
Spatha 1,5–2,5(–3,5) cm lang. Röhre 0,7–1,5 cm lang. Spathaspreite 0,4–1,2 cm lang, nicht geschwänzt, schief gedreht, innen rauh bis warzig, purpurfarben. Kragen und Schlund dunkelpurpurn. Weibliche Blüten 4–6. Männliche Blüten 30–50. Chromosomenzahl $2n = 28$.
Kultur: *C. parva* ist der kleinste Wasserkelch. Die Art besitzt eine gute Anpassungsfähigkeit an die Kulturbedingungen. Obwohl sie zu den recht langsam wachsenden Pflanzen zählt, erfreut sie sich aufgrund ihrer problemlosen Kultur seit vielen Jahren großer Beliebtheit. Weiches Wasser, wie es die natürlichen Standorte aufweisen, ist für die Kultur nicht notwendig, denn *C. parva* toleriert auch hartes Leitungswasser mit pH-Werten im alkalischen Bereich. Als Bodengrund genügt gewaschener Sand. Im Aquarium breiten sich die Blätter an einem hellen Standplatz waagerecht aus, an einem schattigen Ort wachsen sie dagegen mehr aufrecht. Eine vegetative Vermehrung erfolgt relativ langsam. Optimale Temperatur 23–28 °C. Auch eine emerse Kultur, in der sich gelegentlich die unauffälligen Blütenstände entwickeln, ist ohne Probleme.
Ökologie: Die Art wächst als Sumpfpflanze an den Ufern schnell fließender Flüsse in dichten Beständen. Obwohl *C. parva* häufig gesammelt wurde, ist bisher nur von Horst (1986), der die Art zusammen mit *C. × willisii* im Mahaweli-Ganga fand, eine Wasseranalyse publiziert worden: Temperatur 26 °C, GH/KH 0,7° dH, pH 6,8, 36 µS/cm, Fe 0,1 mg/l sowie viele andere Spurenelemente. Der Bodengrund war lehmig, der Standort sonnig, nur gelegentlich leicht beschattet.

Blütenstände von *Cryptocoryne pontederiifolia* mit gelber und rötlicher Spathaspreite

Cryptocoryne pontederiifolia
Schott (1863)
Pontederia-blättriger Wasserkelch

Familie: Araceae, Aronstabgewächse.
Synonyme: *C. sulphurea* de Wit.
Etymologie: *Cryptocoryne*: siehe *C. affinis*; *pontederiifolia*: bezieht sich auf die Ähnlichkeit der Blätter der Gattung *Pontederia*.
Verbreitung: Sumatra (Provinz Padang).
Beschreibung: Sumpfpflanze, 10–40 cm hoch. Spreite lanzettlich bis schmal eiförmig, 9–14 cm lang, 3–8 cm breit, glatt oder wenig bullös, hell- bis olivgrün, gelegentlich bräunlich oder schwach violett gefärbt. Spitze spitz; Basis gewöhnlich herzförmig.
Spatha 4–7 cm lang. Röhre bis 0,5 cm lang. Spreite 1,5–5 cm, lang zugespitzt, aufrecht oder zurückgebogen, wenig gedreht, rauh bis schwach runzlig, innen gelb oder rötlich. Kragenzone breit, glatt bis wenig rauh, Färbung wie die Spreite. Weibliche Blüten 5–6. Männliche Blüten 20–35. Chromosomenzahl 2n = 30.
Kultur: Aufgrund der problemlosen Pflege zählt *C. pontederiifolia* zu den häufig gepflegten Was-

serkelchen. Ein schattiger Standplatz reicht aus, jedoch erreichen gering beleuchtete Exemplare eine größere Wuchshöhe als bei intensivem Licht kultivierte Pflanzen. In weichem bis mittelhartem, schwach saurem bis neutralem Wasser fühlt sich die Art am wohlsten. Je nach Nährstoffangebot wird der Habitus mehr oder weniger kräftig. *C. pontederiifolia* gedeiht bei Temperaturen von 18 bis 28 °C, wobei der optimale Bereich zwischen 22 und 25 °C liegt. Nach einer Anwachsphase von einigen Wochen gedeihen die Pflanzen relativ schnell und vermehren sich leicht durch Ausläufer. Auf Störungen reagieren die Pflanzen nicht selten mit der sogenannten Cryptocorynenfäule.
C. pontederiifolia zählt zu den mittelgroßen Cryptocorynen und sollte als Gruppe gepflanzt werden.
Ökologie: Die Art wächst in der Süßwassergezeitenzone zusammen mit *Nypa fruticans* (Nipa-Palme). Siehe auch *C. moehlmannii.*
Sonstiges: Bogner & Jacobsen brachten 1985 *C. pontederiifolia* aus Westsumatra mit. Die an einem einzigen Standort gesammelten Pflanzen entwickelten in Kultur sowohl gelb als auch rötlich gefärbte Spathaspreiten.

Spathaspreite von _Cryptocoryne purpurea_

Geöffneter Kessel von _C. purpurea_

Cryptocoryne purpurea
Ridley (1902)

Purpurwasserkelch

Familie: Araceae, Aronstabgewächse.
Synonyme: _C. griffithii_ sensu Hooker, non Schott, _C. aquatica_ J. J. Hoedeman, _C. purpurea_ Ridley f. _concolor_ de Wit, _C. hejnyi_ Rataj, _C. purpurea_ Ridley f. _nana_ de Wit.
Etymologie: _Cryptocoryne_: siehe _C. affinis_; _purpurea_: purpurn (Farbe der Spathaspreite).
Verbreitung: Malaiische Halbinsel.
Beschreibung: Sumpfpflanze. Blätter 5–25 cm gestielt. Spreite eiförmig bis elliptisch, an der Basis stumpf bis schwach herzförmig, 5–12 cm lang, 2–4 cm breit, submers oberseits dunkelgrün, unterseits hellgrün, mit unregelmäßig purpurfarbenen Nerven und Zeichnungen; emerse Spreite kleiner als submers, oberseits dunkelgrün bis purpurbraun, unterseits rötlich.
Spatha 7–20 cm, Röhre 3–13 cm, Spreite 3,5–5 cm lang, kurz geschwänzt, ± aufrecht, nicht oder wenig gedreht, rauh bis runzlig (nicht warzig wie bei _C. griffithii_), purpurrot bis purpurbraun. Ein Kragen fehlt. Schlundzone breit, gefärbt wie

die Spreite oder orangefarben. Weibliche Blüten 5–8. Männliche Blüten 40–60. Chromosomenzahl 2n = 34.
Kultur: _C. purpurea_ wurde bisher nur gelegentlich im Aquarium kultiviert. Jacobsen (1987b) empfiehlt eine Temperatur von 22–26 °C, eine mittlere Lichtintensität und ein weiches, saures Wasser mit einem pH-Wert von 5–6. Zugleich weist er aber daraufhin, daß die Pflanzen anpassungsfähig sind. Für eine emerse Kultur eignet sich ein nicht zu nährstoffreicher Bodengrund, zum Beispiel mit Torf und Ton vermischter Sand oder Buchenlauberde.
Ökologie: Jacobsen (1986) berichtet über die wohl größte Population von _C. purpurea_: das riesige Tieflandsumpfgebiet Tasek Bera auf der Malaiischen Halbinsel. Siehe die ausführliche Biotopbeschreibung Nr. 12 auf S. 47.
Sonstiges: _Cryptocoryne purpurea_ ist bisher ausschließlich aus Kota Tinggii (um 1900) und dem oben beschriebenen Lebensraum Tasek Bera bekannt. Die Art wurde früher öfters unter dem Namen _C. griffithii_ eingeführt und nicht als _C. purpurea_ erkannt. Die Pflanze weist sterilen Pollen auf, ein Hinweis auf einen hybriden Ursprung.

Cryptocoryne retrospiralis im Aquarium (ganz rechts im Bild)

Cryptocoryne retrospiralis
(Roxburgh) Kunth (1841)
Gedrehter Wasserkelch

Familie: Araceae, Aronstabgewächse.
Synonyme: *Ambrosina retrospiralis* Roxb. (1814), *A. unilocularis* Roxb., *Cryptocoryne unilocularis* (Roxb.) Kunth, *C. roxburghii* Schott, *C. roxburghii* Dalzell, *C. dalzellii* Schott, *Lagenandra dalzelii* (Schott) Rataj.
Etymologie: *Cryptocoryne*: siehe *C. affinis*; *retrospiralis*: spiralig zurückgedreht, bezieht sich auf die Spathaspreite.
Verbreitung: Indien.
Beschreibung: Sumpfpflanze. Langtagblätter linealisch bis bandförmig, 15–40 cm lang, 0,1–1,0(–1,5) cm breit, glatt oder wenig gewellt. Spitze spitz; Basis verschmälert. Blattrand ganzrandig, manchmal fein gezähnt. Emerse Kurztagblätter pfriemförmig, rund, 10–15 cm lang. Färbung hellgrün.
Spatha 10–30 cm lang. Röhre 5–20 cm lang, etwas gedreht. Spathaspreite (1–)3–8 cm lang, aufrecht, spiralig gedreht, nur mit einem Spalt geöffnet, innen glatt, gelblich bis grünlich und mit

ziemlich großen, rötlichen Flecken. Ein Kragen fehlt. Weibliche Blüten 4–7. Männliche Blüten 100–140. Chromosomenzahl 2n = 36, 72.
Kultur: Die früher und teilweise heute noch in der aquaristischen Literatur unter dem Namen *C. retrospiralis* angegebenen Kulturhinweise beziehen sich in der Regel auf verschiedene Formen von *C. crispatula*. Die „echte" *C. retrospiralis* wurde nicht oft eingeführt und ist sehr selten.
Nach den bisherigen Erfahrungen eignet sich diese Art wenig für die ständige Pflege im Aquarium. Allerdings ist eine emerse Kultur gut möglich, wobei auf einem reinen Lehmboden besonders gute Wachstumsergebnisse erzielt werden. Typisch für *C. retrospiralis* ist die Bildung von kurzen, pfriemförmigen „Winterblättern", die sich im Kurztag entwickeln. Eine vegetative Vermehrung ist relativ langsam. Blütenstände bilden sich nur im Sommer.
Ökologie: Nach Jacobsen wächst die Art an den natürlichen Standorten im sandig-steinigen Bodengrund in und am Rand von Flüssen. Während der Blütezeit (Oktober bis Februar) wachsen die Pflanzen mehr oder weniger emers.
Literaturhinweis: Jacobsen (1991).

Spatha von *Cryptocoryne schulzei*

Spathaspreite von *Cryptocoryne scurrilis*

Cryptocoryne schulzei
de Wit (1971)

Familie: Araceae, Aronstabgewächse.
Synonyme: Keine.
Etymologie: *Cryptocoryne*: siehe *C. affinis*; *schulzei*: nach dem Entdecker der Pflanze J. Schulze, Berlin.
Verbreitung: Malaiische Halbinsel (Johore).
Beschreibung: Blattspreite lanzettlich, 4–6 cm lang, 1,5–4 cm breit, Basis rund oder schwach herzförmig, grün oder bräunlich, marmoriert. Spatha 3,5–11,5 cm lang. Röhre 1–6 cm lang. Spathaspreite 1,0–3,5 cm lang, aufrecht oder nach hinten gebogen, lang zugespitzt, nicht oder wenig gedreht, gelb oder dunkelrot mit gelbem Rand. Kragen deutlich. Schlund breit, hell- oder dunkelpurpurfarben.
Kultur: Dieser seltene Wasserkelch wurde bisher kaum im Aquarium kultiviert. Eine Pflege gelingt am ehesten in weichem, saurem Wasser, emers in Buchenlauberde.
Ökologie: *C. schulzei* wächst in langsam fließenden, sauren Regenwaldbächen im schlammigen Boden häufig mit *Barclaya motleyi*.

Cryptocoryne scurrilis
de Wit (1962)

Familie: Araceae, Aronstabgewächse.
Synonyme: *C. bullosa* Engler var. *scurrilis* (de Wit) Rataj.
Etymologie: *Cryptocoryne*: siehe *C. affinis*; *scurrilis*: lustig, närrisch, bezieht sich auf das Aussehen der Spathaspreite.
Verbreitung: Sumatra.
Beschreibung: Blattstiel bis 11 cm. Blattspreite lanzettlich, häufig mit herzförmiger Basis, bis 11 × 4 cm groß, glatt oder schwach bullös, oberseits grün oder bräunlich, unterseits häufig purpurn. Spatha 5–11 cm, Röhre 2,5–6 cm, Spreite 2–2,5 cm lang, zugespitzt, schräg nach hinten gebogen, innen stark warzig, am Rand höckrig, hell- bis dunkelbraun. Kragen wulstig, schmal. Schlund sehr klein, gelblich. Weibliche Blüten 5–8. Männliche Blüten 30–50. Chromosomenzahl 2n = 68 (Bastmeijer 1989).
Kultur: Eine Aquarienkultur dieser seltenen *Cryptocoryne* gelang bisher nicht. Dagegen ist eine emerse Pflege relativ leicht in Buchenlauberde oder einem Gemisch aus Sand und Torf.

C. spiralis var. *cognatoides* am Standort (Western Ghats, Indien) mit gelben Spathaspreiten

Cryptocoryne spiralis
(Retzius) Wydler (1830)
Spiraliger Wasserkelch

Familie: Araceae, Aronstabgewächse.

Synonyme: *Arum spirale* Retzius (1779), *C. huegelii* Schott, *C. tortuosa* Blatter & McCann; für *C. spiralis* var. *cognatoides:* *C. cognatoides* Blatter & McCann.

Etymologie: *Cryptocoryne*: siehe *C. affinis; spiralis*: spiralig gewunden, bezieht sich auf die Spathaspreite.

Verbreitung: Südliches Indien, Bangladesch.

Beschreibung: Sehr variable Sumpfpflanze. Blätter 1–37 cm gestielt. Spreite emers lanzettlich bis schmal lanzettlich oder sehr schmal elliptisch, submers linealisch oder bandförmig, 10–70 cm lang und 1–5 cm breit. Spitze spitz; Basis ± keilförmig bis spitz. Blattrand ganzrandig oder etwas gewellt. Färbung emers grasgrün, submers hellgrün, bei manchen Formen auch bräunlich.

Spatha ohne Röhre. Spathaspreite lang zugespitzt, aufrecht, wenig bis 5mal spiralig gedreht. Spreitenrand mit gezähnten Auswüchsen. Ein Kragen fehlt. Weibliche Blüten 4–6. Männliche Blüten etwa 50–65. Chromosomenzahl 2n = 33, 66, 88, 110, 132. Var. *spiralis*: Spatha 6,5–12 cm lang. Kessel 1–1,5 cm, Spathaspreite 5–10 cm lang, innen deutlich quer gerunzelt, purpurfarben oder seltener gelb. Chromosomenzahl 2n = 33, 66, 88, 110, 132. Var. *cognatoides:* Spatha 15–35 cm, Kessel 3–7 cm, Spathaspreite 11–32 cm lang, innen auf einer Länge von 3–4 cm quer gerunzelt und nach oben glatt werdend, unten purpurfarben, oben gelb oder ganz purpurfarben. Chromosomenzahl 2n = 66/72.

Kultur: *C. spiralis* ist nicht nur eine polymorphe Art, die einzelnen Typen sind auch sehr unterschiedlich in ihren Kulturansprüchen. Früher wurden nur solche Formen gepflegt, die sich nur bedingt submers kultivieren ließen und sich unter Wasser kaum vermehrten. Vor einigen Jahren brachte Prof. Cook eine neue Wuchsform aus Indien mit, die sich dagegen ausgezeichnet für die Kultur im Aquarium eignet und zudem willig vermehrt. Obwohl diese Pflanzen noch sehr selten sind, ist zu erwarten, daß sie eine größere Verbreitung in der Aquaristik finden werden. Nach bisherigen Erfahrungen wachsen sie problemlos in mittelhartem Leitungswasser, in ei-

Cryptocoryne spiralis im Aquarium

Spatha von *C. spiralis* mit geöffnetem Kessel

nem schwach sauren bis leicht alkalischen Milieu und bei einer Temperatur von 23-27 °C. Ein nährstoffreicher Bodengrund (Lehm- und Torfzugabe) sowie ein mittelheller Standplatz sind zu empfehlen. Die Exemplare entwickeln ein kräftiges Wurzelwerk mit langen Ausläufern, so daß der Bodengrund eine Höhe von mindestens 5-7 cm aufweisen sollte. Die bei vielen anderen Cryptocorynen gelegentlich auftretende Cryptocorynenfäule ist bei *C. spiralis* nicht bekannt. Aufgrund einer Wuchshöhe von 40-50 cm ist eine Gruppe dieser neuen Form nur für die Mittel- oder Hintergrundbepflanzung zu verwenden. Eine emerse Kultur in einem lehmigen Bodengrund, dem etwas Sand und Torf hinzugefügt werden kann, ist ebenfalls problemlos. Blütenstände werden an kräftigen Pflanzen häufig gebildet.

Über die Kultur der var. *cognatoides* liegen bisher erst wenige Erfahrungen vor. Interessanterweise legt diese Varietät unter Kulturbedingungen im Unterschied zu var. *spiralis* eine Ruhezeit ein und zieht vollkommen ein (siehe Yadav, Patil & Bogner 1993).

Ökologie: *C. spiralis* var. *spiralis* besiedelt Flußufer sowie feuchte Standorte, die in der Regenzeit vorübergehend überschwemmt werden. Bogner fand prächtige Horste auch als Unkraut in Reisfeldern. Während var. *spiralis* nur in tieferen Lagen verbreitet ist, wächst var. *cognatoides* entlang von Bächen und Flüssen in Waldgebieten in höheren Lagen von 650–900 m mit hohen Niederschlägen und einem feuchten Klima von Juni bis September.

Yadav, Patil & Bogner (1993) berichten eindrucksvoll über die Phänologie von *Cryptocoryne spiralis* var. *cognatoides*. Nach ihren Angaben verlängert sich nach den ersten Monsunregen Anfang Juni der Stiel und hebt den Fruchtstand über den Boden empor, so daß nach dem Öffnen der Frucht die frei werdenden Samen durch das fließende Wasser über größere Entfernungen verbreitet werden. Die Pflanzen zeigen ihr vegetatives Wachstum von Juni bis September. Von September bis November blühen sie. Die Autoren berichten auch über einen Standort bei Amboli, bei dem es sich um eine gemischte Population von var. *spiralis* und var. *cognatoides* handelt, die sich untereinander kreuzen und alle Zwischenformen zeigen.

Literaturhinweise: Bastmeijer (1992); Yadav, Patil & Bogner (1993).

Emerse Pflanze von *C. striolata* mit Spatha

Spathaspreite von *C. striolata*

Cryptocoryne striolata
Engler (1879)
Gestreifter Wasserkelch

Familie: Araceae, Aronstabgewächse.
Synonyme: *Cryptocoryne gracilis* de Wit, *Cryptocoryne gracilis* var. *gracilis* (de Wit) de Wit, *C. striolata* Engler var. *ongii* de Wit, *Cryptocoryne* „ongii".
Etymologie: *Cryptocoryne*: siehe *C. affinis*; *striolata*: fein gestreift, bezieht sich auf die Färbung der Blattoberseite.
Verbreitung: Borneo.
Beschreibung: Blattstiel bis 10(-18) cm lang. Blattspreite lanzettlich bis schmal elliptisch, mit runder oder wenig herzförmiger Basis, 2–12 cm lang und 1–4 cm breit, glatt oder schwach bullös, sehr veränderlich in der Färbung, oberseits von dunkelgrün bis bronzefarben, häufig gestreift oder marmoriert, unterseits mehr oder weniger purpurn oder bräunlich gefärbt.
Spatha 5–10(-20) cm lang. Röhre 2–7(-14) cm lang. Spathaspreite 2–3(-5) cm lang, mehr oder weniger aufrecht, lang zugespitzt oder geschwänzt, von wenig bis mehrfach gedreht, cremefarben bis purpurn. Ein Kragen fehlt. Kragenzone deutlich, purpurfarben bis rötlichbraun, manchmal gefleckt. Weibliche Blüten 4–6. Männliche Blüten 30–50. Chromosomenzahl 2n = 20.
Kultur: Die Pflege dieser seltenen *Cryptocoryne* ist im Aquarium außerordentlich schwierig. Vermutlich muß das Wasser entsprechend den natürlichen Bedingungen sehr sauer und weich sein sowie eine Temperatur von etwa 25–28 °C aufweisen. Bei der emersen Kultur bleibt *C. striolata* kleiner als submers. Mit Buchenlauberde als Bodengrund wurden gute Kulturerfahrungen gemacht. Gut wachsende Exemplare bilden gelegentlich Blütenstände.
Ökologie: *Cryptocoryne striolata* wächst an den natürlichen Standorten meistens submers an beschatteten Stellen in mehr oder weniger schnell fließenden Gewässern in steinigem, sandig-kiesigem oder humusreichem Bodengrund. Die prächtigsten Bestände wurden in schnell strömendem Wasser gefunden.
Literaturhinweis: Jacobsen (1985).

Submerse Bestände von *C. thwaitesii* in einem Bach im Kottawa-Wald (Sri Lanka)

Cryptocoryne thwaitesii
Schott (1857)

Thwaites' Wasserkelch

Familie: Araceae, Aronstabgewächse.
Synonyme: Keine.
Etymologie: *Cryptocoryne*: siehe *C. affinis*; *thwaitesii*: nach G.H.K. Thwaites (1812–1882).
Verbreitung: Südwestliches Sri Lanka.
Beschreibung: Sumpfpflanze, emers 5–10 cm, submers bis 20 cm hoch. Emerse Blattspreite 1–5 cm gestielt, eiförmig, 3,5–4 × 1,5–3 cm groß, Rand gekräuselt, oberseits rauh, olivgrün bis bräunlich, unterseits blasser. Submers bis 15 cm gestielt, lanzettlich, 5–8 × 2–3 cm groß, ganzrandig bis schwach gezähnt, oberseits glatt, bronzefarben, unterseits rotbraun. Spitze spitz bis stumpf; Basis rund oder schwach herzförmig. Spatha 6–12 cm lang. Röhre 2–4 cm lang; Kessel und Röhre innen rot gefleckt. Spathaspreite 3,5–7 cm lang, geschwänzt, aufrecht oder nach vorne geneigt, innen glatt, rein weiß oder ± rot gepunktet. Ein Kragen fehlt. Weibliche Blüten 4–6. Männliche Blüten 20–30. Chromosomenzahl 2n = 36.

Kultur: *C. thwaitesii* wurde Ende der 50er Jahre des öfteren importiert, ist aber inzwischen sehr selten geworden. Über eine erfolgreiche submerse Pflege wurde zwar gelegentlich berichtet, die Kultur dieser dekorativen Art im Aquarium ist jedoch ein Problem. Weiches Wasser, ein nährstoffreicher Bodengrund und ein nicht zu heller Standplatz gehören zu den Voraussetzungen für ein befriedigendes Wachstum. Eine emerse Kultur gelingt dagegen bei hoher Luftfeuchte an einem schattigen Standort ohne größere Schwierigkeiten. Als Bodengrund kann ein Gemisch aus Sand, Lehm, Kies und Erde verwendet werden.

Ökologie: *C. thwaitesii* besiedelt kleine Fließgewässer. Die Verfasserin fand verstreut wachsende submerse Bestände mit prächtigen, bronzefarbenen Blättern im flachen Wasser eines schattig-sonnigen Baches im Kottawa-Wald (Sri Lanka). Am Bachrand wuchsen im feuchten Bodengrund einzelne emerse Exemplare sehr stark beschattet. Wasseranalyse dieses Fundortes (1/1985): Temperatur 24 °C, pH 6,92, GH/ KH < 1 ° dH, 43 µS/cm, rH 263 mV. Vgl. dazu die Bodengrundanalyse dieses Standortes (Jacobsen 1984) und eine Wasseranalyse (Horst 1986).

Natürlicher Standort von *Cryptocoryne thwaitesii* im Kottawa-Wald (Sri Lanka)

Diploide Pflanzen von *Cryptocoryne undulata* im Aquarium

Cryptocoryne undulata

Wendt (1955)

Gewellter Wasserkelch

Familie: Araceae, Aronstabgewächse.
Synonyme: *C. willisii* Baum, *C. axelrodii* Rataj.
Etymologie: *Cryptocoryne*: siehe *C. affinis*; *undulata*: gewellt, bezieht sich auf die Struktur der Blattspreite.
Verbreitung: Zentrales Sri Lanka.
Beschreibung: Sumpfpflanze, 10–25 cm hoch. Blätter 7–15 cm gestielt. Spreite lanzettlich bis schmal lanzettlich, 4–11(–15) cm lang, 1–3 cm breit, etwas gewellt. Spitze spitz; Basis verschmälert, spitz, gestutzt oder schwach herzförmig. Rand ganzrandig oder gewellt. Färbung oberseits von mittelgrün bis dunkelbraun, manchmal marmoriert, unterseits grün oder braun, häufig mit rötlichen Nerven.
Spatha 4–10 cm lang. Röhre 2–6 cm lang. Spathaspreite 1,5–4 cm lang, ± zugespitzt, wenig bis spiralig gedreht, auch etwas schief gedreht, innen wenig rauh, Spathaspreite und Kragen cremefarben bis gelblich oder bräunlich. Schlund weiß gefärbt. Weibliche Blüten 4–7.

Männliche Blüten 30–70. Chromosomenzahl 2n = 28, 42.
Kultur: *C. undulata* (früher *C. willisii* Baum) gilt seit vielen Jahren als beliebte und problemlose Aquarienpflanze. Sowohl diploide (2n = 28) als auch triploide Pflanzen (2n = 42) gedeihen und vermehren sich schnell; die triploide Form wird submers größer und bildet dekorative dunkelbraun gefärbte, marmorierte Blätter. Beide Formen sind anpassungsfähig an Wasserwerte und Beleuchtung. Als Substrat eignet sich am besten ein sandiger Bodengrund mit einer Lehmzugabe. Optimale Temperatur 22–26 °C. Emerse Kultur ebenfalls nicht schwierig.
Ökologie: *C. undulata* wächst in Bächen und Flüssen sowohl submers als auch emers. Wasseranalysen wurden bislang nicht publiziert.
Sonstiges: *C. undulata* unterscheidet sich im Aquarium manchmal von den *C.-wendtii*-Wuchsformen dadurch, daß mit zunehmendem Alter der Pflanzen aufgrund großer Internodienabstände die Rhizome senkrecht aus dem Bodengrund nach oben wachsen.
Jacobsen (1981) äußerte sich ausführlich zu der komplizierten Problematik der Verwendung der Namen *undulata*, *willisii* und *nevillii*.

Cryptocoryne usteriana im Aquarium

Spathaspreite von *C. usteriana*

Cryptocoryne usteriana
Engler (1905)

Usteris Wasserkelch

Familie: Araceae, Aronstabgewächse.
Synonyme: Keine.
Etymologie: *Cryptocoryne*: siehe *C. affinis*; *usteriana*: nach A. Usteri (1869–1948).
Verbreitung: Philippinen (Insel Guimaras).
Beschreibung: Wasserpflanze, bis 70 cm hoch. Blätter bis 30 cm gestielt. Spreite lanzettlich bis schmal elliptisch, bis 40 cm lang, 2–6 cm breit, bullös. Spitze spitz; Basis rund oder spitz. Blattrand gewellt. Färbung mittelgrün, unterseits häufig schwach bis kräftig weinrot. Mittelnerv kräftig.
Spatha 5–14 cm lang. Röhre 3,5–9 cm lang. Spathaspreite 1,8–3,5 cm, lang zugespitzt oder kurz geschwänzt, wenig gedreht, innen leicht warzig, leuchtend gelb, Rand schmal purpurfarben. Ein Kragen fehlt. Schlund und Schlundzone glatt, leuchtend gelb. Weibliche Blüten 5–6. Männliche Blüten 20–50. Chromosomenzahl 2n = 34.
Kultur: *C. usteriana* ist zwar derzeit ziemlich selten, wird aber aufgrund der Anspruchslosig-

keit im Aquarium in den nächsten Jahren sicher eine weite Verbreitung erlangen. Die Art wächst ausgezeichnet in hartem Wasser, benötigt eine mittlere Beleuchtungsstärke sowie einen lockeren, möglichst nahrhaften Bodengrund. Nach einer kurzen Eingewöhnungsphase bilden sich willig Ausläufer. Je nach Größe des Aquariums ist die Art für die mittlere und hintere Bepflanzungszone geeignet. Optimale Temperatur 22–26 °C.
Ökologie: A. Usteri sammelte diese *Cryptocoryne* 1903 erstmals bei Buenavista, einem Standort, der heute nicht mehr besteht. Im Sommer 1983 fand J. Bogner die Art erneut auf der Insel Guimaras im Bigo River beim Dorf Concepcion. Kleine Bestände wuchsen dort beschattet in seichtem Wasser in kiesig-sandigem Boden. Der pH-Wert betrug etwa 6. Die Pflanzen stellten eine Hungerform dar.
Sonstiges: Die Typusaufsammlungen von *C. usteriana* zeigen im Habitus eine große Variabilität, weshalb jahrelang die Auffassung vorherrschte, daß es sich bei *C. aponogetifolia* und *C. usteriana* um eine Art handelt. Erst die Untersuchungen von Bogner (1984) im natürlichen Lebensraum erbrachten eine Klärung.

218

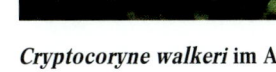

Geöffnete Frucht von *Cryptocoryne walkeri*   ***Cryptocoryne walkeri* im Aquarium**

Cryptocoryne walkeri
Schott (1857)

Walkers Wasserkelch

Familie: Araceae, Aronstabgewächse.

Synonyme: *C. lutea* Alston, *C. lutea* Alston var. *minor* Alston, *C. legroi* de Wit, *C. walkeri* Schott var. *lutea* (Alston) Rataj, *C. walkeri* Schott var. *legroi* (de Wit) Rataj.

Etymologie: *Cryptocoryne*: siehe *C. affinis*; *walkeri*: nach A. W. Walker.

Verbreitung: Zentrales Sri Lanka.

Beschreibung: Sumpfpflanze, 10–25 cm hoch. Blätter 5–16 cm gestielt. Blattspreite lanzettlich, eiförmig bis schmal eiförmig, 3–9(–15) cm lang, 1,5–3,5(–6) cm breit, glatt. Spitze spitz; Basis keilförmig, rund bis schwach herzförmig. Rand ganzrandig, manchmal fein gewellt. Färbung grasgrün oder bräunlich. Nerven deutlich, häufig rot gefärbt.

Spatha 5–15(–28) cm lang. Röhre 3–10(–20) cm lang. Spathaspreite sehr variabel, 1,5–5(–6) cm, ± lang zugespitzt, etwas zurückgebogen, ± gedreht, fast glatt oder leicht rauh, grünlich oder hellgelb, nach bräunlich wechselnd. Kragen wie die Spreite gefärbt. Schlund grünlich, gelblich oder blaßpurpurn. Weibliche Blüten 4–7. Männliche Blüten 40–90. Chromosomenzahl 2n = 28, 42.

Kultur: Im Handel sind grüne und braune Farbformen, die sich alle für die submerse Kultur eignen. Sie lassen sich durch ihren etwas steifen, aufrechten Wuchs gut von *C. wendtii* und *C. beckettii* unterscheiden. Die Vermehrung ist allerdings langsamer als bei diesen Arten. Zur Kultur siehe dort.

Ökologie: Horst (1986) fand die Art am Ufer des Deduru Oya auf morastigem Lehmboden. Er stellte folgende Wasserwerte fest, die aber untypisch für Sri Lanka sind: Temp. 29 °C, GH 13,5° dH, KH 8,7° dH, pH 7,8, 760 µS/cm.

Sonstiges: Nach den Untersuchungen von Jacobsen (1987a) läßt sich aufgrund von Übergängen nicht zwischen Formen mit einem deutlichen Kragen und Formen mit einer breiten Kragenzone unterscheiden (ursprünglich Hauptunterscheidungsmerkmal), so daß die von de Wit als eigenständige Art unterschiedene *C. lutea* auch zu *C. walkeri* gerechnet werden muß. Die frühere *C. legroi* ist eine triploide Form (2n = 42) von *C. walkeri*. Fundorte der triploiden Form sind nicht bekannt.

C. walkeri × *nevillii* im Aquarium

Spathaspreite von *C. walkeri* × *nevillii*

Cryptocoryne walkeri × nevillii
Bastard-Wasserkelch

Familie: Araceae, Aronstabgewächse.
Etymologie: *Cryptocoryne*: siehe *C. affinis*; *walkeri*: nach A.W. Walker; *nevilii*: nach H. Nevill.
Verbreitung: Keine natürliche Verbreitung (künstliche Hybride).
Beschreibung: Sumpfpflanze, emers 5–15 cm, submers 2–7 cm hoch. Blätter bis 12 cm gestielt, manchmal etwas fleischig und steif. Blattspreite lanzettlich, bis 5,5 cm lang, 1,8 cm breit, glatt. Spitze spitz; Basis rund. Färbung hell- bis mittelgrün.
Spatha bis 17 cm lang. Röhre bis 10 cm lang. Spathaspreite etwa 5 cm lang, aufrecht, lang zugespitzt, wenig gedreht, rauh, schmutziggelb gefärbt. Kragen deutlich. Schlund und Kragenzone dunkelpurpurn. Weibliche Blüten 4. Männliche Blüten etwa 60.
Kultur: *C. walkeri* × *nevillii* ist eine kleinwüchsige Hybride, die zwar langsam wächst, aber sehr anspruchslos ist. In der emersen Kultur bilden sich im Laufe von mehreren Monaten dichte Bestände, die ein auffällig kräftiges Wurzelgeflecht aufweisen. Je nach Kulturbedingungen (Luftfeuchte, Beleuchtung) entwickeln sich Exemplare mit mehr oder weniger lang gestielten Blättern, die entweder weich oder ziemlich steif und etwas fleischig sind. Der Bodengrund sollte nährstoffreich sein und kann zum Beispiel aus einem Lehm-Sand-Gemisch bestehen. Blütenstände bilden sich sehr häufig das ganze Jahr über. Eine Kultur im Aquarium ist nach den Erfahrungen der Verfasserin in mittelhartem, schwach saurem bis leicht alkalischem Wasser bei Temperaturen von 25–28 °C und mittlerer Beleuchtungsintensität problemlos möglich. Auch submers entwickeln die kleinen Pflanzen erstaunlich lange und kräftige Wurzeln. Der Bastard-Wasserkelch vermehrt sich nur sehr langsam. *Cryptocoryne walkeri* × *nevillii* ist immergrün, kann aber vorübergehend im Wuchs zurückgehen.
Sonstiges: Diese Hybride entstand bei Kreuzungsexperimenten, die N. Jacobsen im Winter 1977/1978 durchführte, um den Nachweis des hybriden Ursprungs von *C.* × *willisii* zu erbringen. Dieser Hybridkomplex geht auf die Eltern *C. parva* und *C. walkeri* oder *C. beckettii* zurück (Jacobsen 1981).

Grüne Farbform von *Cryptocoryne wendtii* im Aquarium

Cryptocoryne wendtii
de Wit (1958)
Wendts Wasserkelch

Familie: Araceae, Aronstabgewächse.

Synonyme: *Cryptocoryne wendtii* de Wit var. *wendtii* var. *jahnelli* Rataj, var. *krauteri* Rataj, var. *nana* Rataj, var. *rubella* Rataj.

Etymologie: *Cryptocoryne*: siehe *C. affinis*; *wendtii*: nach Albert Wendt (1887–1958), deutscher Liebhaberbotaniker, schrieb das umfangreiche Sammelwerk „Die Aquarienpflanzen in Wort und Bild".

Verbreitung: Zentrales, westliches bis nordwestliches Sri Lanka.

Beschreibung: Sumpfpflanze, 10–30 cm hoch. Blätter 5–20(–25) cm gestielt. Blattspreite elliptisch bis sehr schmal elliptisch oder schmal lanzettlich bis schmal eiförmig, 5–15(–23) cm lang, 1,0–4,5 cm breit, flach oder etwas gewellt. Blattspitze spitz; Basis keilförmig, stumpf oder schwach herzförmig. Blattrand ganzrandig oder gewellt. Färbung sehr unterschiedlich, von verschiedenen Grüntönen bis dunkelbraun, manchmal etwas marmoriert.

Spatha 5–12(–17) cm lang. Röhre 3–8(–12) cm lang. Spathaspreite (1–)1,5–3(–5) cm lang, mehr oder weniger lang zugespitzt, wenig gedreht, innen glatt bis etwas rauh, Kragen und Spreite dunkelbraun bis purpurbraun gefärbt. Schlund weiß. Weibliche Blüten 4–7. Männliche Blüten 35–80. Chromosomenzahl 2n = 28, 42.

Kultur: *C. wendtii* ist wohl unumstritten der empfehlenswerteste Wasserkelch für die Aquarienkultur. Er vereinigt dekoratives Aussehen und optimales Wachstum in geradezu idealer Weise. Im Handel werden mehrere Wuchsformen angeboten, die ausnahmslos für eine submerse Kultur geeignet sind. Für ein gutes Wachstum genügt ein schattiger Standplatz. Die Pflanzen sind anpassungsfähig an die Wasserwerte und gedeihen sowohl in weichem als hartem als auch schwach saurem oder alkalischem Wasser. Die Vermehrung erfolgt schnell durch Ausläufer, so daß sich in wenigen Wochen dichte Bestände entwickeln. Der optimale Temperaturbereich liegt zwischen 22 und 26 °C, aber auch höhere und niedrigere Temperaturen werden noch über kurze Zeit toleriert.

Auch die emerse Kultur von *C. wendtii* ist problemlos möglich, wenn man für eine hohe

221

Braune Form von *C. wendtii* im Aquarium

Spathaspreite von *C. wendtii*

Luftfeuchte und einen nährstoffreichen Bodengrund sorgt. Dieser kann zum Beispiel aus einem Lehm-Sand-Gemisch bestehen.

Die unscheinbaren Blütenstände bilden sich sehr häufig.

Ökologie: Obwohl *C. wendtii* oft an den natürlichen Standorten gesammelt wurde, sind kaum detaillierte Informationen über die Fundorte publiziert worden. Offenbar wächst dieser Wasserkelch gewöhnlich in oder an den Rändern von Bächen und Flüssen.

Horst (1986) fand *Cryptocoryne wendtii* an einem untypischen Cryptocorynen-Standort in einem Bach zwischen Reisfeldern im intensiven Sonnenlicht, wo die Pflanzen auffällig bullöse und auf dem Boden aufliegende Blätter entwickelten. Es wurden unter anderen folgende Wasserwerte ermittelt: Wassertemperatur 26 °C, GH 4,5 °dH, KH 5,2 °dH, pH 7,8, 148 µS/cm, Fe 0,27 mg/l.

Horst (1983) nennt als einen weiteren Fundort einen Bach mit einer braunen und einer grünen Farbform von *Cryptocoryne wendtii*. Zur Trockenzeit stellte er folgende Werte fest: Wassertemperatur 27,5 °C, pH 6,4, Härte 0,5 °dH, Fe 0,112 mg/l.

Sonstiges: Von *Cryptocoryne wendtii* sind zahlreiche natürliche Standortvarianten bekannt, die sich in ihrer Größe, Blattform und Färbung unterscheiden. Diese besonderen Merkmale sind jedoch keineswegs durchgängig konstant: Zum Beispiel kann die Blattfarbe mancher Formen unter verschiedenen Kulturbedingungen sehr stark variieren.

Aufgrund dieses unterschiedlichen Aussehens der Pflanzen wurden von Rataj fünf Varietäten (var. *wendtii*, var. *jahnelli*, var. *krauteri*, var. *nana*, var. *rubella*) beschrieben, deren willkürliche Abgrenzung allerdings fragwürdig erscheint. Da nicht bewiesen ist, daß die Unterschiede im Aussehen auf unterschiedlichem Erbgut beruhen, sind die verschiedenen Wuchsformen nur als Farb- und Formmodifikationen zu betrachten und somit als Synonyme zu *C. wendtii* einzustufen.

Die Firma Tropica vertreibt eine braune, gutwüchsige Farbform unter der Sortenbezeichnung *C. wendtii* 'Mi Oya'.

Spathaspreite von *Cryptocoryne × willisii*

Cryptocoryne × willisii im Aquarium

Cryptocoryne × willisii

Reitz (1908)

Willis Wasserkelch

Familie: Araceae, Aronstabgewächse.
Synonyme: *Cryptocoryne nevillii* sensu auct., non Hook. f., *C. lucens* de Wit.
Etymologie: *Cryptocoryne*: siehe *C. affinis*; *willisii*: benannt nach J. C. Willis.
Verbreitung: Zentrales Sri Lanka.
Beschreibung: Sumpfpflanze, emers bis 25 cm, submers 5–15 cm hoch. Blätter 2–12(–20) cm gestielt. Spreite schmal eiförmig bis lanzettlich, 1,5–12 cm lang, 0,6–2,5 cm breit, glatt, mittelgrün gefärbt. Spitze gewöhnlich spitz; Basis spitz oder schwach herzförmig. Blattrand ganzrandig. Nervatur undeutlich.
Spatha 4–8 cm lang. Röhre 2–5 cm lang. Spathaspreite 0,8–3 cm lang, nicht geschwänzt, aufrecht und kaum gedreht, deutlich rauh bis warzig, gewöhnlich bräunlich bis dunkel purpurfarben. Kragen tief purpurfarben (gelegentlich gelblich). Schlund wie die Spreite gefärbt oder rötlich. Weibliche Blüten 4–7. Männliche Blüten 40–60. Pollen steril. Chromosomenzahl 2n = 28.

Kultur: Eine empfehlenswerte, beliebte Aquarienpflanze. Die Kultur entspricht der von *C. parva* (siehe dort), *C. × willisii* ist aber schnellwüchsiger.
Ökologie: Willis Wasserkelch wächst submers und emers in der Uferzone von Flüssen. Weitere ökologische Daten siehe *C. parva*.
Sonstiges: Jacobsen wies durch Kreuzungsversuche nach, daß es sich bei *C. × willisii* um eine Hybride handelt, die auf eine Kreuzung von *C. parva* mit *C. walkeri* oder *C. beckettii* zurückgeht. Kreuzungen aus den drei genannten Arten bilden einen äußerst variablen Hybridkomplex, zu dem Jacobsen auch die von de Wit beschriebene *C. lucens* zählt. De Wit widerspricht zwar nicht der Auffassung, daß *C. lucens* eine Kreuzung ist, verwendet aber nicht die Schreibweise *Cryptocoryne × lucens*, die die Pflanze als Hybride kennzeichnet. Weiteres zu diesem Problem siehe Jacobsen (1981, 1982, 1987) und de Wit (1990).
C. × willisii wurde viele Jahre lang fälschlich unter dem Namen *C. nevillii* kultiviert; die echte *C. nevillii* wurde aber erst Mitte der 70er Jahre von D. H. Nicolson eingeführt und eignet sich nicht für die Aquarienkultur.

Cyperus helferi (Mitte) im Aquarium

Cyperus helferi
Boeckeler (1874)

Helfers Zypergras

Familie: Cyperaceae, Zypergrasgewächse.
Synonyme: Keine.
Etymologie: *Cyperus*: von kypeiros = gr. Pflanzenname; *helferi*: nach dem Sammler Johann Wilhelm Helfer (1810–1840).
Verbreitung: Indien, Birma, Thailand, Kambodscha, Westmalaysia.
Beschreibung: Sumpfpflanze, bis 60 cm hoch. Rhizom kriechend, bis 5 cm lang, 7 mm dick, stark verzweigt. Blätter grundständig, büschelig wachsend, 10–60 cm lang, 2–9 mm breit, bandförmig, lang zugespitzt, grasartig, schlaff, flach, in der Mitte der Spreite mit einer tiefen, kantigen Rinne, grün, am Rand mit winzigen Zähnchen, dadurch etwas rauh. Blattbasis scheidig; Blattscheiden geschlossen und die jüngeren Blattbasen umfassend; Blattscheide rötlich und mit schmalem, transparentem Blatthäutchen. Blütenstengel 3kantig, bis 45 cm lang. Blütenstand endständig, zusammengesetzt, doldenartig, aus 5–9 ungleich langen, bis 14 cm langen

Strahlen bestehend, mit Adventivpflanzen. Brakteen ausgebreitet. Teilblütenstände 2–7fingerig. Jedes Ährchen gestielt, 8–12blütig, zweizeilig, 5–10 mm lang, 1,5–2 mm breit. Spelzen eiförmig, zugespitzt, etwas zusammengedrückt, 3 mm lang, grün mit farblosem Rand. 2 Staubblätter. Griffel 3spaltig. Perigonborsten fehlen. Nuß 3kantig, länglich, 1,2–1,4 mm lang, 0,8 mm breit, hellbraun.
Kultur: Dieses Zypergras, das erst 1991 von der Gärtnerei Tropica (Dänemark) eingeführt wurde, ist sowohl in weichem als auch hartem Wasser gut für die Kultur im Aquarium geeignet. Voraussetzungen bilden insbesondere eine gute Beleuchtung sowie ein nahrhafter Bodengrund. Der optimale Temperaturbereich liegt bei etwa 22–26 °C. Damit der grasartige Habitus dekorativ zur Geltung kommt, ist ein freier Standplatz zu empfehlen. Eine vegetative Vermehrung erfolgt durch Rhizomteilung sowie Adventivpflanzen an den emersen Blütenständen. Eine Kultur im Paludarium bei feuchter Luft gelingt leicht im lehmigen Bodengrund.
Ökologie: H. Windeløv fand die Pflanzen in Südthailand 20 km von Ranong entfernt in einem Fluß.

Didiplis diandra im Aquarium

Didiplis diandra
(De Candolle) Wood (1855)
Amerikanische Bachburgel

Familie: Lythraceae, Weiderichgewächse.
Synonyme: *Peplis diandra* De Candolle (1828),
u.a.
Etymologie: *Didiplis: dis =* zweimal, *diploos =*
doppelt; *diandra:* zweimännig, bezieht sich auf
eine untypische Pflanze mit 2 Staubblättern.
Verbreitung: Östliches Nordamerika.
Beschreibung: Zarte Sumpfpflanze, emers
5–10 cm, submers 10–40 cm hoch. Stengel
1–1,5 mm dick, kahl. Blätter sitzend, kreuzweise
gegenständig, stengelumfassend. Blattspreite
ganzrandig, emers keilförmig bis lanzettlich,
7–25 mm lang, 2–4,5 mm breit, hellgrün, submers schmal linealisch, 2,2–2,6 cm lang,
1,5–3 mm breit, hellgrün bis leuchtend rot.
Blüten achselständig, einzeln, kleistogam oder
chasmogam. Blüte 2 mm groß, mit 4 dreieckigen,
grünen bis roten Kelchblättern. Kelchanhängsel
und Kronblätter fehlen. 4 Staubblätter. Griffel
sehr kurz oder fehlend. Fruchtknoten kugelig.
Kapsel mit etwa 0,7 mm großen Samen.

Kultur: Anspruchsvolle, empfindliche, lichtbedürftige Aquarienpflanze. Die Lichtintensität im
Aquarium ist erst dann hoch genug, wenn sich
die Blätter an den Sproßspitzen rötlich färben
und sich die unscheinbaren Blüten bilden. Weiches bis mittelhartes Wasser mit zusätzlicher
CO_2-Düngung ist für ein gesundes Wachstum zu
empfehlen. Temperaturoptimum 22–26 °C, aber
vorübergehend auch höher. Für eine schnelle
Wurzelbildung eignet sich ein feinkörniger,
nährstoffreicher Bodengrund. Der zierliche Habitus kommt nur bei der Anordnung in einer
Gruppe zur Geltung. Jeder Sproß muß aber einzeln gesetzt werden, da er leicht bricht und bei
Lichtmangel an den unteren Stengeln fault.
Prächtige Kontrastpflanze für den Vordergrund
oder Mittelzone. Vermehrung durch Seiten-
sprosse. Reagiert auf Algenbefall und chemische
Zugaben äußerst empfindlich.
Ökologie: *D. diandra* wächst sowohl submers in
flachen, stehenden Gewässern als auch emers an
den Ufern von Seen und Flüssen.
Sonstiges: *Peplis diandra* ist ein Synonym. Die
Abgrenzung der Gattungen beruht auf fehlenden
Kelchanhängseln sowie 6zähligen Blüten bei
Peplis und 4zähligen bei *Didiplis.*

225

Die Gattung Echinodorus

Deutscher Name: Schwertpflanzen
Familie Alismataceae, Froschlöffelgewächse

Zur Nomenklatur

Die Gattung *Echinodorus* wurde zuerst von Micheli (1881) ausführlich behandelt, weitere Bearbeitungen erfolgten durch Buchenau (1903) und Fassett (1955). Eine Revision der Gattung publizierte dann Rataj (1975a.). Da diese lange Zeit die einzige neuere Veröffentlichung war, stellte sie für die Aquarianer viele Jahre lang eine wichtige Grundlage für die Bestimmung der Arten dar. Schon früh gab es aber kritische Stimmen, die Rataj vorhielten, daß er leichtfertig zu viele Arten und Varietäten beschrieb. In den letzten Jahren befaßten sich die beiden Botaniker R. R. Haynes (University of Alabama) und L. B. Holm-Nielsen (University of Aarhus) mit dieser Gattung und veröffentlichten zunächst Vorarbeiten zu einer grundlegenden Monographie (1984, 1986). In diesen Publikationen wird deutlich, daß Ratajs Revision in vielen Teilen unzulänglich, und was die zahlreichen Neubeschreibungen betrifft, als vorschnell einzustufen ist. Viele dieser Beschreibungen erfolgten unkritisch, und die betreffenden Arten wurden inzwischen als Synonyme wieder eingezogen. Insbesondere für die Aquarianer stellen Namensänderungen ein besonderes Ärgernis dar, wenn sie Arten betreffen, an die man sich im Laufe vieler Jahre gewöhnt hat und die aus der Aquaristik kaum mehr wegzudenken sind.

In der Monographie der Gattung *Echinodorus* durch Haynes & Holm-Nielsen (1994) werden nunmehr von den bei Rataj (1975a) beschriebenen 47 Arten und zahlreichen Varietäten nur noch 26 Arten mit einigen Unterarten anerkannt. Allerdings klammert diese Bearbeitung in der *Flora Neotropica* einige wenige Arten aus, die eine dem Florenwerk nicht entsprechende Verbreitung aufweisen.

Zweifellos ist diese Revision als sorgfältig und gründlich einzustufen. Dennoch kann auch sie nicht in allen Teilen befriedigen. Vor allem wird in dieser wissenschaftlichen Arbeit die bei fast allen Arten unter submersen Bedingungen veränderte Blattform, die sich nur bei der Kultur im Aquarium ausreichend studieren läßt, viel zu wenig berücksichtigt. Infolgedessen werden mehrfach nahe verwandte Arten, die im Aquarium anhand des submersen Habitus deutlich zu unterscheiden sind, zu einer polymorphen Spezies zusammengefaßt. Diese zum Teil praxisorientierte, subjektive Betrachtungsweise entspricht nicht den Bedürfnissen der Aquarianer.

In diesem Buch werden praktisch alle in der Aquaristik bekannten und kultivierten Arten ausführlich beschrieben. Dabei folge ich im wesentlichen den Ergebnissen von Haynes & Holm-Nielsen, behalte aber, um nicht zu einer weiteren Namensverwirrung beizutragen, in Zweifelsfällen vorläufig die bisherigen Artnamen bis zu einer endgültigen Klärung bei.

Die Beschreibungen wurden in den meisten Fällen nach herbarisierten sowie kultivierten Pflanzen, die von der Verfasserin an den natürlichen Standorten gesammelt und von Haynes & Holm-Nielsen bestimmt wurden, angefertigt. Ferner wurden einige Sorten und Kreuzungen mit aufgenommen, die in der Aquaristik eine Bedeutung haben und im Fachhandel erhältlich sind. Nur Arten, die bisher noch nicht in Kultur waren und der Verfasserin unbekannt sind, fehlen in diesem Buch. In diesen Fällen sei auf die wissenschaftlichen Arbeiten im Literaturverzeichnis verwiesen.

Zum Gebrauch des deutschen Namens

Der deutsche Trivialname Amazonasschwertpflanze wird zu Unrecht für *Echinodorus*-Arten verwendet, denn er erweckt den Eindruck, daß sie alle im unmittelbaren Bereich des Amazonas oder dessen Einzugsgebiet vorkommen, was jedoch völlig irreführend ist. Ich habe daher – mit Ausnahme von *Echinodorus amazonicus* – für die Gattung *Echinodorus* den deutschen Namen „*Schwertpflanze*" gewählt, weil sich dieser Name seit langem eingebürgert hat. Die Übersetzung des wissenschaftlichen Namens „Igelschlauch", die sich auf die stacheligen Fruchtstände bezieht, ist merkwürdigerweise nicht gebräuchlich.

Neue Sorten: *Echinodorus* 'Oriental' (oben) und *Echinodorus* 'Kleiner Bär' (unten)

Neue Sorten: *Echinodorus* 'Apart' (oben) und *Echinodorus* 'Ozelot' (unten)

Neue Sorte: *Echinodorus* 'Grüner Panda'

Merkmale der Gattung

Alle *Echinodorus*-Arten sind einjährige oder ausdauernde Wasser- oder Sumpfpflanzen. Während die mittelgroßen und großen Schwertpflanzen mehr oder weniger kräftige Rhizome aufweisen, über die sie sich auch vegetativ vermehren, sind die kleinen Arten ausläuferbildend. Manche Arten bilden knöllchenförmige Verdickungen an den Wurzeln. Dieses Merkmal, das offenbar stark von Umweltbedingungen abhängig ist, wurde bisher kaum untersucht und verdient größere Beachtung.

Die Blätter sind in einer Rosette angeordnet und je nach Lebensbedingungen sehr variabel. So verändert sich häufig unter Wasser die Blattform und bildet im Vergleich zu emersen Pflanzen einen völlig verschiedenen Habitus. Der Blattstiel ist meistens dreikantig, gelegentlich aber auch rund. Ein arttypisches Merkmal ist das Fehlen oder Vorhandensein von durchscheinenden Zeichnungen in der Blattspreite, die aus mehr oder weniger langen Linien und/oder Punkten bestehen (siehe Abb. S. 274). Bei diesen Zeichnungen handelt es sich um Milchsafträume, die am besten an emersen Blättern sowie herbarisierten Pflanzen mit einer Lupe im Gegenlicht zu erkennen sind. Bei einigen Arten sind diese durchscheinenden Zeichnungen auch an submersen Blättern zu sehen. Fast alle bisher untersuchten *Echinodorus*-Arten wiesen eine Chromosomenzahl von $2n = 22$ auf. Nur bei wenigen (*E. angustifolius* ?, *E. opacus*, *E. osiris*, *E. portoalegrensis*, *E. quadricostatus*) wurde ein triploider Chromosomensatz festgestellt. Ursache für die Triploidie können ein hybrider Ursprung oder eine Mutation sein. Welche Hypothese zutrifft, ist nur schwer zu entscheiden.

Blütenstände bilden sich je nach Art entweder an submers kultivierten Pflanzen und/oder an Landpflanzen. Der Blütenstand kann einfach oder verzweigt, aufrecht, herabhängend oder kriechend sein, mit oder ohne Adventivpflanzen (Proliferation). Er ist deutlich gestielt, und die Form des Blütenstengels ist rund oder kantig.

Der Blütenstand besteht aus einer unterschiedlich großen Zahl von Blütenquirlen, die wiederum eine mehr oder weniger große Zahl von Blüten aufweisen. Am Grunde des Blütenquirls befinden sich drei Deckblätter, deren Form und Länge zur Unterscheidung der Arten herangezogen werden. Wesentliche Unterscheidungs-

Echinodorus grandiflorus ssp. *aureus* am Standort in Mexiko

merkmale stellen auch die Länge des Blütenstiels sowie die Größe, Form und Struktur der drei grünen Kelch- und der drei weißen Kronblätter dar. Die Blüten sind immer zweigeschlechtlich (im Unterschied zur verwandten Gattung *Sagittaria*). Jede Blüte weist eine mehr oder weniger konstante Zahl von Staubblättern auf sowie eine größere Zahl von Fruchtblättern (Karpellen), die in Spiralen angeordnet sind. Die Fruchtköpfe bestehen gewöhnlich aus zahlreichen Samen. Die Oberflächenstruktur der Samen ist bei den *Echinodorus*-Arten ein besonders charakteristisches Merkmal. Die Nüßchen sind an den Seiten gerippt und besitzen eine mehr oder weniger große Zahl von Drüsen, die bisweilen auch ganz fehlen können. An der Spitze des Samens befindet sich ein arttypischer Schnabel (Griffelrest).

Einige der genannten Merkmale können in Abhängigkeit von den Umweltbedingungen beträchtlich variieren. So bilden zum Beispiel Pflanzen trockener Standorte gedrungenere Rosetten, lederartige Spreiten, kürzere Blütenstände und Blütenstiele sowie kleinere Blüten als Pflanzen nasser oder feuchter Standorte. Nur die gemeinsame Betrachtung aller wichtigen Merkmale ermöglicht bei *Echinodorus*-Arten eine sichere Bestimmung.

In dem vorliegenden Buch werden zwar bei den Pflanzenbeschreibungen alle wesentlichen Artmerkmale genannt, die dem Leser eine Bestimmung seiner Pflanzen ermöglichen. Es darf aber nicht verschwiegen werden, daß die Gattung *Echinodorus* in dieser Hinsicht äußerst schwierig ist, zumal auch viele Hybriden in Kultur sind, und daß die Bestimmung vieler Arten gewisse botanische Spezialkenntnisse voraussetzt.

Verbreitung der Echinodorus-Arten

Die Verbreitung der Gattung *Echinodorus* erstreckt sich ausschließlich auf den amerikanischen Kontinent. Ihre Nordgrenze liegt in den USA, die Südgrenze in Argentinien. Rataj beschrieb zwei Arten (*E. africanus* und *E. veronikae*) aus Afrika (Kamerun), ging dabei aber offensichtlich von irrigen Voraussetzungen aus. Bei der ersten Art konnte die Verfasserin am natürlichen Standort klären, daß es sich bei den angeblichen Pflanzen aus Kamerun um eine Verwechslung mit *Limnophyton fluitans* handelte und daß *E. africanus* mit Sicherheit nicht aus

Echinodorus grisebachii am Rand eines Flusses in Venezuela

Afrika stammt (siehe auch S. 274). Auch die Herkunftsangabe für die zweite Art, für die Rataj lapidar ebenfalls Kamerun als Typuslokalität angibt, ist ebenso wenig glaubwürdig.

Natürliche Standorte von Echinodorus-Arten

Über die Ökologie der für die Aquaristik wichtigen Gattung *Echinodorus* ist bisher erstaunlich wenig veröffentlicht worden. Auch in wissenschaftlichen Arbeiten sind kaum Angaben über natürliche Standorte zu finden. Unter den aquaristischen Veröffentlichungen sind besonders die Arbeiten von Schulze (1968) als informativ hervorzuheben. Andere Publikationen (de Graaf 1988) enthalten dagegen recht merkwürdige Angaben über die natürlichen Habitate. So sollen zum Beispiel die *Echinodorus*-Arten ausnahmslos Rheophyten, d. h. Pflanzen stark strömender Gewässer, sein und grundsätzlich nur an sonnigen Stellen vorkommen. Solche Verallgemeinerungen sind natürlich unsinnig.

Auf mehreren Reisen nach Mittel- und Südamerika hatte die Verfasserin die Gelegenheit, Beobachtungen und Messungen an zahlreichen natür-

lichen Standorten vieler *Echinodorus*-Arten durchzuführen. Es ist mir daher ein besonderes Anliegen, die dabei gewonnenen Erkenntnisse im folgenden zusammenzufassen, um dadurch zum besseren Verständnis der Lebensweisen dieser Pflanzen beizutragen. Die Beschreibung einzelner Fundorte erfolgt in den Porträts der verschiedenen Arten.

Allgemeine Charakterisierung der Standorte

Die Mehrzahl der *Echinodorus*-Arten wächst entweder in sumpfigen Überschwemmungsgebieten oder im unmittelbaren Uferbereich von stehenden und fließenden Gewässern. Einige Arten leben sogar in Temporärgewässern, die vollständig austrocknen, und in deren Bodengrund die Pflanzen mit ihren kräftigen Rhizomen überdauern. (Diese Arten weisen einen in etwa ähnlichen Lebenszyklus auf wie einige *Aponogeton*-Arten). Nur von wenigen Schwertpflanzen ist bekannt, daß sie vermutlich ganzjährig unter Wasser wachsen, aufgrund ihres Rhizoms aber dennoch ebenfalls eine kurze Trockenzeit überdauern könnten. Nur in dieser Gruppe gibt es als Ausnahme einige wenige Arten, die zumindest

231

zeitweise in stärker strömenden Gewässern auftreten.

Echinodorus-Arten besiedeln sowohl sonnige, als auch schattige Standorte.

Umweltfaktoren

1. Wasserstandsschwankungen in Gebieten mit ausgeprägtem Jahreszeitenklima

Die in tropischen oder subtropischen Gebieten wachsenden *Echinodorus*-Arten sind in ihren Lebensansprüchen an periodische Trocken- und Regenzeiten und die damit verbundenen jahreszeitlichen Wasserstandsschwankungen angepaßt. Es sind aber nur wenige *Echinodorus*-Arten in der Lage, Wasserstandsschwankungen von mehr als ein- bis eineinhalb Meter über längere Zeit zu überstehen. Die meisten Arten würden, sobald ihre Blätter aufgrund von Lichtmangel absterben, höchstens kurze Zeit mit Hilfe ihres Rhizoms überdauern. Hierdurch ist leicht zu erklären, weshalb Schwertpflanzen nicht im unmittelbaren Bereich des Amazonas bei Wasserstandsschwankungen von sechs bis acht Metern vorkommen können, sondern nur in seinen entfernten Einzugsgebieten.

Viele Arten aus subtropischen Gebieten wachsen während der Trockenzeit (regenarme, kalte Jahreszeit) mehr oder weniger nahe am Rande der Gewässer vollständig emers oder stehen nur wenige Zentimeter im Wasser. Zur Hochwasserzeit (regenreiche, warme Jahreszeit) führen sie dagegen eine teilweise oder auch ganz untergetauchte Lebensweise. Die Pflanzen solcher Standorte sind also in der Lage, sich im jahreszeitlichen Verlauf an eine emerse und submerse Lebensweise anzupassen.

Es kommt nicht selten vor, daß mehrere *Echinodorus*-Arten an einem Standort zu finden sind. Dabei besiedeln kleine und mittelgroße Arten zumeist andere ökologische Nischen als die großen Schwertpflanzen. Die kleinen Arten wachsen während der Trockenzeit mehrere Meter vom Flußufer entfernt und können folglich zeitweise einen sehr trockenen Standort vertragen, während die größeren Spezies, die während der Hochwasserzeit auch einen höheren Wasserstand tolerieren, näher am Flußrand vorkommen.

Interessant im Hinblick auf mögliche Naturhybriden ist, daß auch mehrere Arten in demselben Areal durcheinander wachsen können. Welche Arten dabei miteinander vergesellschaftet sind, ist kaum bekannt, für Schlußfolgerungen in bezug auf die Artabgrenzung, Variabilität der Pflanzen, Mutationen und Naturhybriden aber von größter Bedeutung.

Bei ökologischen Betrachtungen sind auch die jahrelangen Kulturerfahrungen der Aquarianer von Interesse, die mit den Beobachtungen an natürlichen Standorten im Einklang stehen. Aus der Kultur weiß man, daß größere Arten, wie zum Beispiel *E. grandiflorus* ssp. *grandiflorus*, *E. macrophyllus* und *E. paniculatus* ein starkes Bestreben haben, aus dem Wasser herauszuwachsen und nur wenige submerse Blätter ausbilden. Ähnlich wird das Wachstum dieser Arten auch während der Hochwasserzeit sein: Die Pflanzen sind in der Lage, sich dem erhöhten Wasserstand und der damit verbundenen Lichtreduzierung anzupassen, indem sie längere Blattstiele entwickeln. Ferner ist aufgrund von Kulturerfahrungen bekannt, daß kleinbleibende Schwertpflanzen, wie zum Beispiel *E. tenellus* und *E. bolivianus*, lichtbedürftiger sind. In der Natur wachsen sie deshalb nur an solchen Standorten, wo sie auch während der Hochwasserzeit noch genügend Licht für ein ausreichendes Wachstum erhalten, d. h. in dem Bereich, der bei maximalem Wasserstand gerade noch vom Fluß erreicht wird.

2. Klimarhythmik

Einen wesentlichen Einfluß auf die Lebensweise von *Echinodorus*-Arten der subtropischen Gebiete haben auch die klimatischen Veränderungen in den regenreichen (warmen) und regenarmen (kalten) Jahreszeiten. Pflanzen dieser Bereiche sind in der Lage, extreme Temperaturschwankungen zu vertragen. So können zum Beispiel die Temperaturen in den subtropischen Bereichen der Südhalbkugel (Südbrasilien bis Nordargentinien), in denen eine größere Zahl von *Echinodorus*-Arten lebt, gelegentlich bis zur Frostgrenze sinken. Andererseits erreichen dort die Lufttemperaturen in der warmen Jahreszeit Werte über 30 °C.

Über den Einfluß der Veränderung der relativen Luftfeuchte auf das Wachstum der emersen *Echinodorus*-Arten liegen bisher keine Untersuchungen vor.

Adventivpflanzenbildung bei *Echinodorus uruguayensis*

3. Sonstige ökologische Faktoren

Außer den Einzelfaktoren Wasserstand und Temperatur sind als weitere wesentliche Umweltfaktoren die Lichtintensität und die Tageslänge, die Zusammensetzung und der Wassergehalt des Bodengrundes sowie der Wasserchemismus zu nennen, die bereits in den einleitenden Kapiteln behandelt wurden.

Zum Vegetationsrhythmus von Echinodorus-Arten

Im folgenden möchte ich aufgrund meiner Beobachtungen zu unterschiedlichen Jahreszeiten an vielen *Echinodorus*-Habitaten den Versuch unternehmen, eine Darstellung der Lebensweise von *Echinodorus*-Arten zu geben. Es sei allerdings ausdrücklich betont, daß es sich hierbei nur um ein vereinfachtes und ergänzungsbedürftiges Schema handeln kann, da von vielen Spezies keine oder nur wenige Angaben über die natürlichen Standorte bekannt sind. Die spezielle Ökologie einzelner Arten sollte daher künftig gezielter untersucht werden, um das Leben dieser interessanten Pflanzengattung besser zu verstehen.

a) Amphibische Echinodorus-Arten

Amphibisch wachsende *Echinodorus*-Arten haben sich dem periodischen Wechsel von regenreichen und regenarmen Jahreszeiten, die durch Wasserstands-, Temperatur- und Lichtschwankungen geprägt sind, besonders angepaßt. Mit Einsetzen der Regenzeit geraten viele Arten unter Wasser und bilden (je nach Wasserstand) zunächst submerse Blätter. Beginnt der Wasserstand schließlich wieder langsam zu sinken, schieben die Pflanzen verstärkt Blätter über die Wasseroberfläche und wachsen auf ihre volle Größe heran. Nur bei niedrigem Wasserstand setzt eine Blüten- und Fruchtbildung ein. Beginnen die Standorte auszutrocknen, entwickeln die Pflanzen immer kleinere Blattrosetten und kürzere Blütenstände, bis das Laub in Abhängigkeit von der Feuchtigkeit des Bodengrundes ganz vertrocknet und manchmal nur noch das Rhizom im trockenen Bodengrund überdauert. Die reifen Samen verbleiben vorerst entweder am Fruchtstand oder sie fallen auf den Bodengrund, wo sie in einem Ruhezustand verweilen, bis die nächste Regenzeit einsetzt und sie durch günstige Umweltbedingungen zum Keimen angeregt werden.

Echinodorus paniculatus am Standort in Mexiko

b) Unter Wasser wachsende Echinodorus-Arten

Die in ganzjährig wasserführenden Gewässern vorkommenden *Echinodorus*-Arten sind in erster Linie an die wechselnde Lichtintensität im Wasser angepaßt, die sich aus den jahreszeitlich bedingten Schwankungen des Wasserstandes ergibt. Zur regenreichen Jahreszeit ist der Wasserstand hoch, und durch die infolgedessen reduzierte Lichtmenge sind die Pflanzen in ihrer Photosynthese beeinträchtigt und verringern ihre Assimilationstätigkeit. Sinkt der Wasserstand, erhalten sie wieder mehr Licht, wachsen verstärkt und bilden Blütenstände. Ein vorübergehendes Austrocknen des Gewässers infolge extremer Witterungsbedingungen könnten die Pflanzen mit Hilfe ihres Rhizoms kurzfristig überstehen.

Interessant bei diesem Lebenszyklus sind die Beziehungen zwischen dem Wasserstand und den Temperaturverhältnissen im subtropischen Bereich der Südhalbkugel: Bei niedrigstem Wasserstand, wenn die Pflanzen am stärksten assimilieren und auch blühen, sind die Wassertemperaturen am niedrigsten, bei Hochwasser und geringem Wachstum der Pflanzen erreichen die

Wassertemperaturen dagegen ihre Höchstwerte! Folgende *Echinodorus*-Arten dürften einen solchen Vegetationsrhythmus aufweisen: *E. osiris*, *E. opacus*, *E. portoalegrensis* und *E. uruguayensis*.

Allgemeine Kulturempfehlungen

Echinodorus-Arten sind beliebte und in der Regel anspruchslose Pflanzen, die für das tropische Aquarium zu empfehlen sind. Viele Arten eignen sich allerdings nur für geräumige Aquarien ab etwa 100 Liter Beckeninhalt, da sie bei guten Wachstumsbedingungen in einem kleinen Aquarium zu stark dominieren würden. Allerdings können die Blätter größerer Exemplare auch regelmäßig ausgeschnitten werden, was das Wachstum nicht wesentlich beeinträchtigt. Folgeblätter bleiben dann jedoch zunächst wieder kleiner.

Zu groß gewordene Exemplare lassen sich gut umpflanzen; auf ein damit verbundenes Beschneiden der Wurzeln reagieren sie nur kurze Zeit mit verlangsamtem Wachstum.

Fast alle Schwertpflanzen lassen sich in weichem oder hartem Wasser problemlos kultivie-

Echinodorus tenellus **am Standort in Bolivien**

ren, wobei sich der pH-Wert etwa zwischen 6,5 und 7,5 bewegen sollte. Obwohl viele Arten mit einer mäßigen Beleuchtungsstärke auskommen, wird durch eine höhere Lichtstärke ganz eindeutig ein besseres Wachstum gefördert. Der Bodengrund sollte nährstoffhaltig sein. Bei schnell wachsenden Arten kommt es häufig zu Eisenmangel, was die Pflanzen durch Gelbfärbung der Blätter (Chlorophyllmangel) anzeigen, so daß bei derartigen Mangelerscheinungen gedüngt werden muß.

Im allgemeinen lassen sich *Echinodorus*-Arten bei Temperaturen zwischen 23 und 26 °C optimal kultivieren, einige Schwertpflanzen aus gemäßigten oder subtropischen Gebieten vertragen aber auch viel niedrigere Temperaturen bis etwa 12 °C, vorübergehend sogar bis zur Frostgrenze. Andere Arten aus tropischen Gebieten lassen sich auch noch gut bei Temperaturen um 30 °C im Aquarium pflegen.

Zur Blühinduktion von Echinodorus-Arten

Eine vegetative Vermehrung erfolgt bei kleineren Arten in der Regel durch Ableger an Ausläufern, bei größeren Arten entwickeln sich gelegentlich am Rhizom Tochterpflanzen, am produktivsten ist aber die Vermehrung durch Adventivpflanzen, die bei vielen Schwertpflanzen an den Quirlen der Blütenstände gebildet werden. Diese treten auch gelegentlich an Aquariumpflanzen auf, was immer ein Zeichen guten Wachstums ist. Strebt der Blütenstand aus dem Wasser heraus, wird er zur besseren Adventivpflanzenbildung unter Wasser gedrückt. Sobald die Adventivpflanzen kräftig genug sind und Wurzeln entwickelt haben, können sie durch leichtes Drehen gelöst und eingepflanzt werden. Unter Wasser öffnen sich die Blüten gewöhnlich nicht. Zur Untersuchung der Blüten ist also ein Herauswachsen des Blütenstandes aus dem Wasser notwendig.

Auslösefaktoren für eine Blütenbildung können die Temperatur und die Länge der Beleuchtungsdauer sein. Bei der Kultur fand man heraus, daß manche Schwertpflanzen unabhängig von der zugeführten Energiemenge nur im Sommer, andere dagegen nur im Winter und wiederum andere das ganze Jahr über blühen und dabei ihre häufig charakteristischen Wuchsformen ausbilden. Entsprechend unterscheidet man zwischen Kurztagpflanzen (Pflanzen, die bei einer Be-

Die Blüten von *Echinodorus* werden häufig von Schmetterlingen aufgesucht

leuchtungsdauer von weniger als 12 Stunden blühen), Langtagpflanzen (Blütenbildung bei mehr als 12 Stunden Tageslänge) und tagneutralen Pflanzen (Tagesperiode ohne Einfluß auf die Blütenbildung). Dieses photoperiodische Verhalten kann zum Beispiel in Gärtnereien ausgenutzt werden, um die Produktivität der Vermehrung zu fördern. Bei einigen Arten lassen sich mit Hilfe der Beleuchtungsdauer schon frühzeitig an sehr kleinen Pflanzen Blütenstände mit Adventivpflanzen induzieren, andere Arten benötigen zum Blühen eine vorherige Kälteperiode.

Nicht immer decken sich die publizierten Ansichten über die Blühinduktion einzelner Arten. Dabei steht die Glaubwürdigkeit der Autoren nicht infrage. Vielmehr ist ein unterschiedliches Blühverhalten vermutlich mit der geografischen Herkunft der Pflanzen zu erklären. So ist gut vorstellbar, daß Populationen aus Ländern mit einer großen geografischen Distanz in Nordsüdrichtung sich den verschiedenen natürlichen Bedingungen in ihren Habitaten angepaßt haben und unterschiedlich auf die Länge der Beleuchtungsdauer reagieren. Zum Beispiel gilt *Echinodorus berteroi* als Langtagpflanze, van der Vlugt

(1993b) berichtet jedoch glaubhaft, daß sich seine von Curaçao mitgebrachten Exemplare als tagneutral erwiesen haben.

Die bisherigen Beobachtungen zur Blühinduktion von *Echinodorus*-Arten sind keineswegs vollständig, sondern ziemlich lückenhaft, könnten jedoch in Zusammenarbeit mit Wasserpflanzengärtnereien sowie durch Untersuchungen an natürlichen Standorten weiter vervollständigt werden. Für Interessierte bietet sich hier ein weites Experimentierfeld.

Soweit das Blühverhalten der jeweiligen *Echinodorus*-Art gut bekannt ist und von mir bestätigt werden kann, wird bei den Beschreibungen darauf eingegangen.

Künstliche Hybriden

Seit einigen Jahren ist bekannt, daß sich einige *Echinodorus*-Arten leicht miteinander kreuzen lassen. Die ersten gezielten Kreuzungsversuche in Wasserpflanzengärtnereien begannen etwa Mitte der 80er Jahre. Sinn dieser Experimente war es, für die Aquaristik neue Pflanzen zu erhalten, die sich in ihrer Färbung und ihrem Habitus von den bisherigen Arten auffällig un-

Fruchtstand von *Echinodorus schlueteri*

Nüßchen von *Echinodorus schlueteri*

terscheiden. Zusätzlich sollten sie schnellwüchsig und anspruchslos sein.

Bei diesen Kreuzungsversuchen entstanden in der Tat sehr dekorative Hybriden, von denen inzwischen einige als Sorten im Zoofachhandel ständig angeboten werden. Alle Bastarde, für die bisher ein Sortenname publiziert wurde, werden in diesem Buch berücksichtigt.

Seit Beginn dieser Kreuzungsversuche konnte beobachtet werden, daß durch die Züchtung neuer *Echinodorus*-Sorten die ursprünglichen Arten leider immer mehr aus den Aquarien verdrängt werden. Zugleich wurden auch Pflanzen angeboten, bei denen es sich zwar offensichtlich um Hybriden handelte, die aber nicht als solche kenntlich gemacht wurden.

Eine solche Praxis ist zu verurteilen, denn sie führt zu einem heillosen Durcheinander. Grundsätzlich ist gegen eine kommerzielle Vermarktung von Hybriden, wie sie in der Zierpflanzenzucht seit langem erfolgt, nichts einzuwenden, wenn die Kreuzungen als solche zum Beispiel durch ein Muliplikationszeichen (x) ausreichend gekennzeichnet werden. Auch besteht die Möglichkeit, einen Sortennamen zu verwenden.

Echinodorus amazonicus **im Aquarium**

Echinodorus amazonicus
Rataj (1970)
Amazonas-Schwertpflanze

Familie: Alismataceae, Froschlöffelgewächse.
Synonyme: *Echinodorus brevipedicellatus* auct. non (O. Kuntze) Buchenau.
Etymologie: *Echinodorus*: siehe *E. aschersonianus*; *amazonicus*: vom Amazonas stammend.
Verbreitung: Zwei Fundorte im bras. Amazonasgebiet: Rio Jamari (Rondonia), Belém (Pará).
Beschreibung: Mittelgroße Schwertpflanze, submers 30–50 cm hoch. Blattstiel bis 10 cm lang. Blattspreite schmal lanzettlich, häufig etwas seitwärts gebogen, bis 40 cm lang, 1,5–3 cm breit, mittelgrün mit dunklen Quernerven. Blattspitze und -basis spitz. 5 Nerven. Durchscheinende Linien vorhanden.
Blütenstände an submersen Pflanzen im Lang- und Kurztag, die Pflanzen weit überragend, einfach oder verzweigt, mit Adventivpflanzen. Blütenstand mit 4–6 Quirlen. Jeder Quirl mit 3–6(-12) Blüten (öffnen sich nicht unter Wasser). Deckblätter länger als die Blütenstiele. Blüten bis 1 cm gestielt, im Durchmesser etwa 1–1,5 cm.

(6)9(12) Staubblätter. Nüßchen 2×1 mm groß, auf jeder Seite mit 3–4 Rippen und 2–5 oder mehr Drüsen. Schnabel 0,5–0,75 mm lang (z. T. nach Rataj 1975a).
Kultur: *E. amazonicus* zählt zu den mittelgroßen und besonders empfehlenswerten Schwertpflanzen. Seit vielen Jahren gehört diese Art, die lange Zeit fälschlich mit *E. brevipedicellatus* bezeichnet wurde, zum Standardsortiment der Aquarienpflanzen, was ihre Anspruchslosigkeit beweist. In Abhängigkeit vom Nährstoffangebot des Bodengrundes entwickeln sich mehr oder weniger kräftige Exemplare. In kleineren Aquarien bis 100 l Inhalt sollte der Bodengrund nur aus Sand bestehen, damit die Pflanzen nicht zu groß werden. In mittelgroßen Aquarien mit einem nährstoffreichen Bodengrund ist eine Verwendung als Solitärpflanze zu empfehlen. In sehr geräumigen Behältern kann auch eine Gruppe dekorativ wirken. Obwohl der Lichtbedarf nur mittelmäßig ist, sollte man darauf achten, daß *E. amazonicus* einen freien, hellen Standplatz erhält. Der optimale Temperaturbereich liegt zwischen 22 und 26 °C. Eine vegetative Vermehrung ist bei dieser Art kein Problem, denn kräftige Exemplare entwickeln im Aquarium häufig Blütenstände mit zahlreichen Adventivpflanzen. Diese können bei einer Größe von mehreren Zentimetern abgetrennt und eingepflanzt werden.
Ökologie: Die Pflanzen wachsen im langsam fließenden und stehenden Wasser in einer Tiefe von 50–100 cm.
Sonstiges: Haynes & Holm-Nielsen (1994) halten *E. amazonicus*, *E. bleheri* und *E. parviflorus* für Synonyme der polymorphen Art *E. grisebachii*. Diese Ansicht trägt dem unterschiedlichen submersen Habitus der Pflanzen viel zu wenig Rechnung. Im Aquarium entwickeln sich verschieden aussehende und leicht zu identifizierende Pflanzen ohne Übergänge. Deshalb erscheinen Studien an den kaum bekannten natürlichen Standorten sowie eine vergleichende Kultur verschiedener Populationen dieser Arten notwendig, um zu befriedigenden Ergebnissen zu kommen. Obwohl die enge Verwandtschaft dieser Arten auf der Hand liegt, halte ich es derzeit für richtiger, die bisherigen Namen beizubehalten, da sie den Bedürfnissen der aquaristischen Praxis entgegenkommt.

Echinodorus angustifolius im Aquarium

Echinodorus angustifolius
Rataj (1975)
Schmalblättrige Schwertpflanze

Familie: Alismataceae, Froschlöffelgewächse.
Synonyme: Keine.
Etymologie: *Echinodorus*: siehe *E. aschersonianus*; *angustifolius*: schmalblättrig.
Verbreitung: Brasilien (Mato Grosso).
Beschreibung: Ausläuferbildende, zarte Sumpfpflanze. Emerse Blätter linealisch, 6–15 cm lang, 0,6–1 cm breit. Submerse Blätter kurz gestielt, bandförmig, bis 60 cm lang, 3–4 mm breit, hellgrün. Blattspitze lang zugespitzt; Basis herablaufend.
Blütenstände aufrecht, mit Blütenstengel zusammen 15–25 cm lang. Blütenstand mit 2–3 Quirlen. Blütenstiel 1–3 cm lang. Blüte im Durchmesser 1,2–1,5 cm groß. Nüßchen 1,2–1,6 mm lang, auf jeder Seite mit 3 Rippen (Beschreibung emerser Pflanzen und Blüten nach Rataj 1975a).
Kultur: Obwohl *Echinodorus angustifolius* zu den empfehlenswertesten und anspruchslosesten Schwertpflanzen gehört, wird sie überraschenderweise kaum für die Aquarienkultur angeboten. Die Pflanze fällt durch ihre besonders langen, bandförmigen Blattspreiten auf, wodurch sie leicht mit schmalblättrigen Vallisnerien verwechselt werden kann. Eine Kultur von *E. angustifolius* ist nicht schwierig: Sowohl weiches als auch hartes Wasser ist geeignet. Ein schwach saures Milieu ist von Vorteil. Temperatur etwa 20–28 °C.
Die Schmalblättrige Schwertpflanze bildet willig Ausläufer, so daß die vegetative Vermehrung kein Problem darstellt. Eine Gruppe an einem freien Standplatz oder eine Verwendung an den Seiten- und Rückwänden wirkt dekorativ. Bei einer intensiven Beleuchtung wachsen die Pflanzen am schönsten.
Ökologie: Genaue Informationen fehlen.
Sonstiges: Die systematische Stellung von *E. angustifolius* ist ungeklärt. Die Pflanze ist eng verwandt mit *E. bolivianus*, von dem sie sich durch die längeren submersen Blätter unterscheidet. *E. angustifolius* soll triploid sein (de Wit 1990); in diesem Fall könnte es sich um eine Form (Hybride oder Mutation) von *E. bolivianus* handeln. Bis zur endgültigen Klärung halte ich es für sinnvoll, den bisherigen Namen *E. angustifolius* beizubehalten.

Echinodorus aschersonianus im Aquarium

Echinodorus aschersonianus

Graebner (1911)

Aschersons Schwertpflanze

Familie: Alismataceae, Froschlöffelgewächse.
Synonyme: *E. aschersonianus* var. *nulliglandulosus* Rataj.
Etymologie: *Echinodorus*: (gr.) *echinos* = Igel, *doros* = Schlauch, Igelschlauch, bezieht sich auf die stacheligen Früchte; *aschersonianus*: nach dem deutschen Botaniker P. Ascherson (1834–1913).
Verbreitung: Südbrasilien bis Argentinien.
Beschreibung: Kleine bis mittelgroße Sumpfpflanze. Emerse Pflanzen: Stiel gewöhnlich bis 10 cm lang, halbrund. Spreite schmal eiförmig, 6–14 cm lang, 3,5–6 cm breit, mittelgrün. Blattspitze rund oder zugespitzt; Basis schwach herzförmig, mit winzigen Zähnchen. Submerse Blätter meist kurz gestielt, mit schmal lanzettlichen, bis 10 × 3 cm großen Blattspreiten. Eine Veränderung der Blattspreiten in Abhängigkeit der Beleuchtungsdauer konnte nicht festgestellt werden. 3–7 Nerven. Durchscheinende Zeichnungen fehlen.

Blütenstände emers und submers, anfangs herabhängend, dann kriechend, unverzweigt, mit wenigen Adventivpflanzen. Blütenstengel 1–1,5 mm dick, rund, weich, kahl. Blütenstand gewöhnlich mit 1–2 Quirlen; Stengel zwischen den Quirlen rund. Jeder Quirl mit etwa 4 Blüten. Deckblätter bis 1 cm lang. Blüten bis 8 cm gestielt, etwa 3–3,5 cm groß. Etwa 18 Staubblätter. Nüßchen etwa 2 mm lang, auf jeder Seite mit 3–4 Rippen und 0–1 Drüsen.
Kultur: Eine empfehlenswerte, lichtbedürftige Schwertpflanze für den Vordergrund oder die Mittelzone des Aquariums. Kulturprobleme sind meistens auf einen zu nährstoffarmen Bodengrund zurückzuführen. Die Art wächst in weichem und hartem Wasser gesund. Optimale Temperatur 22–26 °C. *E. aschersonianus* läßt sich als Solitär- oder Gruppenpflanze verwenden. Vermehrung durch Adventivpflanzen der im Kurz- und Langtag gebildeten Blütenstände.
Ökologie: Genaue Informationen fehlen.
Sonstiges: Emerse Pflanzen von *E. aschersonianus* sind von anderen Arten der Gattung leicht durch die herzförmigen, kleinen Blattspreiten ohne durchscheinende Zeichnungen sowie den niederliegenden Blütenstengel zu trennen.

Echinodorus × barthii im Aquarium

Echinodorus × barthii

Mühlberg (1986)

Barths Schwertpflanze

Familie: Alismataceae, Froschlöffelgewächse.
Handelsname: *E.* „osiris doppelt rot".
Etymologie: *Echinodorus*: siehe *E. aschersonianus*; *barthii:* nach dem Züchter H. Barth.
Verbreitung: Keine natürliche Verbreitung.
Beschreibung: Hybride, im Aquarium 10–20 cm hoch, 20–40 cm breit. Emerse Spreite bis 50 cm gestielt, elliptisch, schmal eiförmig oder verkehrt schmal eiförmig, bis 17 cm lang, 10 cm breit. Spitze spitz; Basis rund oder schwach herzförmig. Submerse Spreite bis 10 cm gestielt, schmal elliptisch, bis 12 cm lang, 2–4(–6) cm breit, dunkelbraunrot gefärbt. Spitze spitz oder stumpf zugespitzt; Basis spitz oder stumpf. Blattränder schwach gewellt und nach außen eingerollt. Submers 3–5, emers 5–7 Nerven. Durchscheinende lange und mittellange Linien. Blütenstände an emersen Pflanzen im Kurztag, mit Blütenstengel zusammen bis 1 m lang, mit Adventivpflanzen. 5–6 Quirle. Blüten etwa 3,5 cm groß. 18–22 Staubblätter. Nüßchen fertil.

Kultur: Aufgrund der dunkelbraunroten Blattfärbung eine sehr dekorative Hybride, die in der vorderen oder mittleren Bepflanzungszone Verwendung findet. Störend wirken nur die nach außen eingerollten Blattränder. Eine Kultur ist sowohl in weichem als auch hartem Wasser kein Problem. Heller Stand erforderlich. Ein nährstoffreicher Bodengrund ist zu empfehlen. Temperatur etwa 18–26 °C. Vermehrung nur durch Adventivpflanzen, da bei einer Aussaat der durch Selbstbestäubung gewonnenen Samen unterschiedliche Phänotypen entstehen.
Sonstiges: Der Bastard wurde unter dem Handelsnamen *E.* „osiris doppelt rot" in die Aquaristik eingeführt und 1986 von Mühlberg, in der irrtümlichen Annahme, es handele sich um eine gute Art, als *E. barthii* beschrieben. Zweifelsohne handelt es sich aber um eine Kreuzung, die möglicherweise bei einem australischen Pflanzenzüchter entstand. Nach dessen Angaben ist *E. uruguayensis* eine der beiden Elternarten. In der Wasserpflanzengärtnerei J. Hoechstetter, Trostberg, hatte die Verfasserin die Möglichkeit, die F1-Generation von *E. × barthii* zu sehen, wobei eine deutliche Aufspaltung zu erkennen war.
Literaturhinweis: Mühlberg (1986).

E. berteroi submers bei Kurztagbedingungen und mit im Langtag induzierten Blütenständen

Echinodorus berteroi
(Sprengel) Fassett (1955)
Zellophanpflanze

Familie: Alismataceae, Froschlöffelgewächse.
Synonyme: *Alisma berteroi* Sprengel (1825), *A. rostratum* Nuttall, *E. rostratus* (Nutt.) Engelmann, *E. patagonicus* Spegazzini, u.a.
Etymologie: *Echinodorus*: siehe *E. aschersonianus*; *berteroi*: nach J. Bertero (1789–1831).
Verbreitung: USA und Mittelamerika (häufig); vereinzelt in Venezuela, Guyana, Ekuador, Peru.
Beschreibung: Kräftige Sumpfpflanze, im Aquarium bis 70 cm hoch. Blattstiel bis 50 cm (selten mehr) lang, 3kantig. Emerse Spreite breit eirund mit stumpfer, runder Spitze, herzförmiger Basis und runden Basislappen, 8–20 cm lang, 5–14 cm breit, mittelgrün. Submerse Spreite sehr variabel: Jugendblätter bandförmig, undeutlich gestielt, bis 40 cm lang, 1,5 cm breit, dünn; Folgeblätter von schmal lanzettlich bis schmal elliptisch mit gewelltem Blattrand und geflügeltem Blattstiel, bis 40 cm gestielt, 20–30 cm lang, 3–4 cm breit, dünn, zerbrechlich, transparent, hellgrün mit dunklen Nerven, so daß ein netzar-tiges Muster entsteht. Danach folgen lang gestielte Schwimm- und Luftblätter mit herzförmigen Blattspreiten. 3–13 Nerven. Durchscheinende Linien deutlich.

Blütenstände gewöhnlich im Langtag, die Pflanzen überragend, verzweigt, aufrecht, ohne Adventivpflanzen. Blütenstengel bis 60 cm lang, 3kantig oder fast rund. Blütenstand bis 30 cm lang, mit 2–9 jeweils 3–7blütigen Quirlen. Stengel zwischen den Quirlen 3kantig. Deckblätter lanzettlich, 3–10 mm lang, 1–3 mm breit. Blüten 1–2 cm gestielt, etwa 1 cm groß. Kelchblätter 0,9–3,4 mm lang, 1,3–2,9 mm breit. Kronblätter 2,5–4 mm lang, etwa 3,5 mm breit. 12(–15?) Staubblätter. Karpelle zahlreich. Nüßchen 2–3 mm lang, 1–1,5 mm breit, geflügelt, mit 3–4 Rippen und 1 Drüse auf jeder Seite; Schnabel 1 mm lang.
Kultur: Obwohl *E. berteroi* durch die etwas transparenten, auffälligen Blattspreiten eine ungewöhnlich dekorative Schwertpflanze für die Aquarienkultur ist, wird sie leider heute nicht mehr häufig im Fachhandel angeboten. Vielfach ist bei den Aquarianern nicht bekannt, daß die Art bei einer Beleuchtungsdauer von mehr als 12 Stunden (Langtag) ein starkes Bestreben ent-

Echinodorus berteroi am natürlichen Standort in Mexiko

wickelt, Schwimm- sowie Luftblätter auszubilden, um danach zu blühen.

Dieses photoperiodische Verhalten läßt sich schon an sehr kleinen (ab 5 cm Höhe), emersen Exemplaren beobachten, bei denen durch Langtagbelichtung frühzeitig Blütenstände induziert werden können. Da die Zellophanpflanze keine Adventivpflanzen an den Blütenständen bildet, kann dieses Verhalten für eine produktive Vermehrung durch die gut keimenden Samen genutzt werden. Im Aquarium läßt sich diese augenfällige Solitärpflanze leicht bei einer mittleren bis intensiven Beleuchtungsstärke, in weichem oder hartem Wasser, einem nahrhaftem Bodengrund und bei optimalen Temperaturen zwischen 20–27 °C pflegen.

Ökologie: *E. berteroi* besiedelt die Ufer von Flüssen sowie gewöhnlich temporäre Tümpel. In Abhängigkeit von der Jahreszeit bilden sich Wasser-, Schwimm- und Luftblätter sowie Blüten- und Fruchtstände. Je geringer der Feuchtigkeitsgehalt des Bodengrundes wird, umso kleiner werden die Pflanzen, bis sie schließlich ganz zugrunde gehen und bei der nächsten Regenzeit wieder aus Samen heranwachsen. Die Verfasserin fand dichte Bestände von *E. berteroi* in aus-

trocknenden Tümpeln in Mexiko (zwischen Tuxpan und Valles) im August 1984 in intensivem Sonnenlicht auf schlammigem Bodengrund. Während in flachem Wasser viele Pflanzen mit nur submersen und schwimmenden Blättern zu finden waren, besaßen Exemplare am Rande der Gewässer bereits emerse Blätter und Blütenstände. Van der Vlugt (1993b) berichtet über natürliche Standorte auf der Insel Curaçao. Diese Pflanzen von *E. berteroi* erwiesen sich als tagneutral. Eine Wasseranalyse nach starken Regelfällen weist ein sehr hartes, alkalisches, salzreiches Wasser nach.

Sonstiges: Rataj (1975a) unterscheidet var. *berteroi* (Nord- und Mittelamerika) und var. *patagonicus* (Argentinien), deren Beschreibung er ausschließlich auf die geografische Herkunft stützt. Zugleich vermutet er, daß *E. berteroi* var. *patagonicus* durch Vögel eingeschleppt sein könnte. Inzwischen wurde *E. berteroi* aber auch an je einem Fundort in Ekuador und Peru gesammelt, so daß diese Hypothese widerlegt ist. Holm-Nielsen & Haynes (1986) fanden bei ihren Untersuchungen keine charakteristischen Unterscheidungsmerkmale, weshalb keine Varietäten von *E. berteroi* anerkannt werden.

Echinodorus bleheri im Aquarium

Echinodorus bleheri
Rataj (1970)
Blehers Schwertpflanze
Breitblättrige oder Große Schwertpflanze

Familie: Alismataceae, Froschlöffelgewächse.
Synonyme: *Echinodorus paniculatus* auct. non Micheli, *E.* „rangeri", *E.* „platyphylla".
Etymologie: *Echinodorus*: siehe *E. aschersonianus*; *bleheri*: nach A. Bleher (?).
Verbreitung: Unbekannt.
Beschreibung: Mittelgroße Sumpfpflanze, emers bis 40 cm, submers bis 60 cm hoch. Blattstiel 10–20 cm lang, kantig. Emerse Spreite schmal elliptisch, 10–20 cm lang, 2,5–6,0 cm breit, mittelgrün. Spitze spitz oder zugespitzt; Basis spitz und etwas herablaufend. 5 Nerven, innere anfangs mit dem Mittelnerv zusammen verlaufend. Submerse Spreite sehr schmal elliptisch, bis 40 cm lang, 4–8 cm breit, mittel- bis dunkelgrün, am Rand schwach gewellt. Durchscheinende Linien mehr oder weniger lang. Blütenstände im Lang- und Kurztag, selten submers, häufiger emers, die Pflanzen weit überragend, herabhängend, verzweigt, mit Adventivpflanzen. Blüten etwa 0,8 cm groß. 9 Staubblätter. Nüßchen nicht gesehen.
Kultur: *E. bleheri* vereinigt dekoratives Aussehen mit optimalen Wachstumseigenschaften. Im Handel zählt die Art daher seit vielen Jahren zum regelmäßigen Sortiment. Innerhalb weniger Monate entwickelt sich im Aquarium ein umfangreicher, dichter Busch mit zahlreichen Blättern, die bei guten Bedingungen eine Höhe von 40–60 cm erreichen. Aufgrund des schnellen Wachstums muß der Bodengrund gelegentlich gedüngt werden; der Zeitpunkt dafür ist leicht am Wuchsverhalten erkennbar: Bilden sich plötzlich kürzere, hellgrüne Blätter, ist ein Nachdüngen erforderlich. Eine mittlere Lichtintensität ist ausreichend. Empfehlenswerte Temperatur 22–28 °C. Im Unterschied zum ähnlichen *E. amazonicus* entwickelt *E. bleheri* im Aquarium relativ selten Blütenstände mit Adventivpflanzen. In Wasserpflanzengärtnereien werden die Pflanzen emers bei hoher Luftfeuchte kultiviert und bilden dann leichter Blütenstände.
Ökologie: Genaue Informationen fehlen.
Sonstiges: Zur systematischen Stellung von *E. bleheri* siehe *Echinodorus amazonicus*.

Echinodorus bolivianus im Aquarium

Echinodorus bolivianus
(Rusby) Holm-Nielsen (1979)
Bolivianische Schwertpflanze

Familie: Alismataceae, Froschlöffelgewächse.
Synonyme: *Alisma bolivianum* Rusby (1927), *Echinodorus austroamericanus* Rataj, u.a.
Etymologie: *Echinodorus*: siehe *E. aschersonianus*; *bolivianus*: aus Bolivien stammend.
Verbreitung: Südamerika: Ekuador, Brasilien, Bolivien, Peru, Argentinien, Paraguay.
Beschreibung: Ausläuferbildende, kleine Sumpfpflanze, emers bis 25 cm, submers bis 10 cm hoch. Emerse Spreite bis 20 cm gestielt, linealisch, 2–8 cm lang, 3–10 mm breit, mit spitzer Spitze und herablaufender Basis, mittelgrün. Submerse Spreite 1–2 cm gestielt, bis 10 cm lang, 5–7 mm breit, hellgrün. 3(–5) Nerven. Durchscheinende Linien lang.
Blütenstände emers, gleich hoch oder die Pflanzen überragend, bis 13 cm gestielt, ohne Adventivpflanzen. Blütenstand aufrecht, nicht verzweigt, bis 6 cm lang, mit 1–4 Quirlen. Blütenstengel und Stengel zwischen den Quirlen rund, weich. Jeder Quirl mit 6–14 Blüten. Blüten

2–6 cm gestielt, etwa 1,3 cm groß. Deckblätter etwa 5 × 2 mm, Kelchblätter bis 6 × 2 mm, Kronblätter 6 × 3 mm groß. 9 Staubblätter; Filament bis 3 mm lang. Nüßchen 0,8–1,5 mm lang, 0,5–1 mm breit, auf jeder Seite mit 3 Rippen, ohne Drüsen; Schnabel winzig.
Kultur: Diese kleinwüchsige Schwertpflanze ist mit ihren hellgrünen Blättern eine sehr dekorative und empfehlenswerte Vordergrundpflanze. Die Kultur entspricht im wesentlichen der von *E. quadricostatus*. Nach meinen Erfahrungen benötigt *E. bolivianus* aber eine längere Anwachsphase und scheint etwas lichtbedürftiger zu sein. Optimale Temperatur 20–26 °C. Kräftige Exemplare vermehren sich reichlich durch Ausläufer.
Ökologie: Zur Zeit des Niedrigwassers sah die Verfasserin einzelne Exemplare von *E. bolivianus* am Rio Guaporé (Südwestbrasilien) etwa 5 m vom Ufer entfernt an schattigen Stellen. Es ist zu vermuten, daß die Pflanzen während der Hochwasserzeit in flachem Wasser zu finden sind. Aufgrund des geringen Feuchtigkeitsgehaltes des Bodengrundes erreichten sie nur eine Wuchshöhe von 10–15 cm.
Sonstiges: Zur Unterscheidung von *E. quadricostatus* siehe dort.

Echinodorus cordifolius **im Aquarium**

Echinodorus cordifolius
(Linné) Grisebach (1857)
Herzblättrige Schwertpflanze

Familie: Alismataceae, Froschlöffelgewächse.
Synonyme: *Alisma cordifolia* L. (1753), *E. ovalis* Wright, *E. fluitans* Fassett, *E. radicans* Engelmann, u.a.
Etymologie: *Echinodorus*: siehe *E. aschersonianus*; *cordifolius*: herzblättrig.
Verbreitung: ssp. *cordifolius*: Venezuela, Karibische Inseln, Mexiko; ssp. *fluitans:* östl. USA, Mexiko, Kolumbien, Venezuela.
Beschreibung: Kräftige Sumpfpflanze. Blattstiel bis 120 cm lang, 3kantig, kahl. Spreite breit eiförmig, bis 40 × 24 cm groß, mit spitzer, gelegentlich runder Spitze sowie runder, gestutzter oder schwach herzförmiger Basis mit runden Basislappen, mittelgrün, submers häufig mit rötlichen Flecken. (5)7–9 Nerven. Durchscheinende Linien kurz und deutlich (ssp. *cordifolius*) oder fehlend (ssp. *fluitans*).
Blütenstände emers oder submers im Langtag, anfangs aufrecht, dann herabhängend und kriechend, mit Adventivpflanzen. Blütenstengel bis

110 cm. Blütenstand mit 7–12 Quirlen, Stengel zwischen den Quirlen 3kantig. Jeder Quirl mit 5–12(–15) Blüten. Deckblätter 1,5–2,5 cm lang, zugespitzt. Blüten 1–7 cm gestielt, etwa 2,5–3 cm groß. Kelchblätter etwa 5 × 6 mm. Kronblätter 1,2–1,7 cm groß, fast rund. Etwa 17–22 Staubblätter; Filament bis 2 mm. Karpelle zahlreich. Nüßchen etwa 2,5 mm lang, 0,8–1,2 mm breit, auf jeder Seite mit 3–4 Rippen und 1–5 Drüsen; Schnabel bis 1 mm.
Kultur: *E. cordifolius* zählt zu den mittelgroßen bis großen Schwertpflanzen, deren Kultur geräumige Aquarien erfordert. Leider neigen die meisten der kultivierten Populationen mit zunehmender Größe und im Langtag (mehr als 12 Stunden Beleuchtung) dazu, mit ihren herzförmigen Blattspreiten aus dem Wasser herauszuwachsen. Um diese für die Aquarienkultur meistens unerwünschte Eigenschaft zu unterdrükken, ist es ratsam, die Beleuchtungsdauer auf 11 Stunden zu reduzieren. Wird *E. cordifolius* dennoch im Langtag kultiviert, sollte ein nährstoffarmer Bodengrund und eine nicht zu starke Beleuchtung verwendet werden. Zu groß gewordene Pflanzen lassen sich durch radikales Entfernen von Blättern über längere Zeit klein halten. Für die Bepflanzung eines Aquariums eignen sich am besten Adventivpflanzen, da diese viele Monate benötigen, bis sie zurückgeschnitten werden müssen. Wer sich diese Mühe nicht machen möchte oder weniger als 50 cm hohe Aquarien besitzt, sollte besser auf eine der zahlreichen kleineren *Echinodorus*-Arten zurückgreifen. Eine Kultur von *E. cordifolius* ist auch im ungeheizten Zimmeraquarium und während der Sommermonate im Freien möglich. Optimale Temperatur 20–28 °C.
Ökologie: *E. cordifolius* besiedelt sumpfige Standorte. Die Verfasserin fand ssp. *fluitans* in Mexiko (8/1985) in (vermutlich) temporären Gewässern in flachem Wasser.
Sonstiges: Nach Haynes & Holm-Nielsen (1986, 1994) stellen *E. cordifolius*, *E. ovalis* Wright und *E. fluitans* Fassett eine polymorphe Art dar. Die Autoren unterscheiden die Unterarten ssp. *cordifolius* und ssp. *fluitans* (Fassett) Haynes & Holm-Nielsen, die sich durch verschiedene Verbreitungsgebiete sowie das Vorhandensein oder Fehlen von durchscheinenden Zeichnungen in den Blattspreiten unterscheiden.

Blattspreite von *Echinodorus cordifolius* 'Tropica Marble Queen'

Echinodorus cordifolius 'Tropica Marble Queen'

Familie: Alismataceae, Froschlöffelgewächse.

Etymologie: 'Tropica Marble Queen' = Sortenbezeichnung (Cultivar), bezieht sich auf die besonders bei emersen Pflanzen stark gefleckten Blätter. Dieses Zeichnungsmuster entsteht durch unterschiedliche quantitative Verteilung des Chlorophylls in den Blattzellen, so daß sich ein Farbmuster aus hellen und dunklen Grün- und Brauntönen bildet.

Beschreibung: Kräftige Sumpfpflanze, bis 50 cm hoch. Blätter lang gestielt, emers schmal eiförmig mit herzförmiger Basis, spitz, 15–20 cm lang und 6–9 cm breit. Submerse Spreite anfangs lanzettlich, 10–20 cm lang und 2,5–5 cm breit, mit zunehmendem Alter so geformt wie emers. Blütenstand mit Adventivpflanzen.

Kultur: *E. cordifolius* 'Tropica Marble Queen' ist eine problemlose und dekorative Sorte. Die aus emersen Kulturen im Zoofachhandel angebotenen Pflanzen wirken durch die oben beschriebenen Chlorophylldefekte besonders dekorativ und auffällig. Im Gewächshaus kultivierte Pflanzen wachsen unter Wasser gut weiter und sind sehr schnellwüchsig. Die Ausprägung der Flekkung läßt allerdings beim submersen Wachstum nach, so daß das Zeichnungsmuster schließlich nicht mehr so deutlich zu erkennen ist. Bei einer schwachen Beleuchtung scheint die Ausprägung der Fleckung stärker zu sein als bei einer hohen Lichtintensität. Viel Licht fördert aber die Bildung von Anthozyanen, so daß junge Blätter dann einen kräftig rötlichbraunen Anflug aufweisen können.

Gewaschener Sandboden ist als Kultursubstrat ausreichend. Die Pflanzen tolerieren mittelhartes und hartes Wasser sowie pH-Werte im leicht alkalischen Bereich. Die Neigung, emerse Blätter zu bilden, ist sehr groß, weshalb zu kräftig gewordene Exemplare nach einigen Monaten durch kleine Pflanzen ausgetauscht werden müssen.

Sonstiges: Bei dieser Sorte handelt es sich nicht – wie anfangs vermutet – um eine Kreuzung, sondern eindeutig um eine virusinfizierte Pflanze. Der Virus überträgt sich von emersen Pflanzen schnell auf die Schwimmblätter von Seerosen. Vorsicht ist also angebracht! Ein Sortenschutz wurde nicht erteilt.

Echinodorus grandiflorus ssp. *grandiflorus* am Ufer des Rio Guaporé (Brasilien)

Echinodorus grandiflorus

(Chamisso & Schlechtendal) Micheli (1881)

Großblütige Schwertpflanze

Familie: Alismataceae, Froschlöffelgewächse.

Synonyme: Für ssp. *grandiflorus: Alisma grandiflorum* Cham. & Schlecht. (1827), *E. argentinensis* Rataj, u.a. Für ssp. *aureus* (Fassett) Haynes & Holm-Nielsen: *E. grandiflorus* var. *aureus* Fassett, *E. muricatus* Grisebach, u.a.

Etymologie: *Echinodorus*: siehe *E. aschersonianus; grandiflorus*: großblütig.

Verbreitung: Ssp. *grandiflorus* von Zentralbrasilien bis Argentinien, ssp. *aureus* von Kuba, Mexiko bis Zentralbrasilien.

Beschreibung: Kräftige Sumpfpflanze. Blattstiel bis 100 cm lang, rund. Ssp. *aureus:* Blattspreite bis 40 × 35 cm groß, eiförmig bis sehr breit eirund mit stumpfer, runder Spitze und herzförmiger Basis mit runden Basislappen. Stiel und Blattunterseite an den Nerven mit Warzen und Sternhaaren. (9-) 17-21 Nerven. Blattspreite mit durchscheinenden Punkten. Ssp. *grandiflorus*: Emerse Spreite lanzettlich bis schmal eiförmig, gewöhnlich bis 20 × 9 cm groß, mit spitzer Spitze und runder (nicht herzförmiger) Basis, mittelgrün gefärbt, im intensiven Sonnenlicht auch mit roten Nerven, junge Blätter dunkelrot. 5-7(-11) Nerven. Durchscheinende Linien deutlich, selten fehlend. Submerse Blattspreite ± gestielt, sehr schmal elliptisch, bis 25 cm lang, 1,5-4 cm breit, spitz, Basis herablaufend, hellgrün.

Blütenstände verzweigt, die Pflanzen überragend, ohne Adventivpflanzen. Blütenstengel bis 60 cm, rund. Blütenstand bis 50 cm lang, mit 5-10 Quirlen, Stengel zwischen den Quirlen 3kantig, warzig und behaart. Blütenquirl mit 3-9 Blüten. Blüten von fast sitzend, bis 1 cm oder bis 4 cm gestielt, im Durchmesser 1-3,5 cm groß. Deckblätter 0,8-3 cm lang, zugespitzt. Kelchblätter 5-8 mm lang, 4-5 mm breit. Kronblätter 0,6-2 cm lang, 0,5-1,8 cm breit. 21-30 Staubblätter; Filament 2-3 mm. Karpelle zahlreich. Nüßchen 2-3 mm lang, 0,5-1,5 mm breit, auf jeder Seite mit 2-3 Rippen und mehreren Drüsen; Schnabel von fast fehlend bis etwa 1 mm lang.

Kultur: *E. grandiflorus* ssp. *aureus* ist wenig für die submerse Kultur geeignet. Im Aquarium haben die Exemplare mit zunehmender Größe schnell das Bestreben, ihre Blattspreiten aus

E. grandiflorus **submers am natürlichen Standort in Argentinien**

dem Wasser zu erheben. Demgegenüber ist ssp. *grandiflorus* ein anspruchsloses, gut geeignetes Gewächs für die Pflege im Aquarium. Gelegentlich bilden sich bei dieser Unterart, die regelmäßig im Handel (häufig als *E. argentinensis*) angeboten wird, plötzlich lang gestielte Blätter, die sofort entfernt werden sollten; Folgeblätter bleiben dann wieder kürzer gestielt. Eine Kultur ist sowohl in weichem als auch hartem Wasser bei optimalen Temperaturen zwischen 20 und 28 °C möglich. Die Verwendung eines nährstoffreichen Bodens ist zu empfehlen.

Ökologie: Ssp. *grandiflorus* zeichnet sich durch eine erstaunliche Variabilität aus. Die Verfasserin untersuchte natürliche Bestände am Rio Guaporé (Südwestbrasilien) im August 1987, wo die Pflanzen zusammen mit *E. paniculatus* wuchsen. Auf trockenem Untergrund erreichten sie nur eine geringe Höhe, entwickelten kleine Blattspreiten und dementsprechend kurze Blütenstände. Pflanzen trockener Standorte bildeten lederartige Blattspreiten aus, während solche, die nahe am Wasser standen, weiche, herunterhängende, lang gestielte Blattspreiten aufwiesen. Pflanzen im intensiven Sonnenlicht besaßen neben rein grün gefärbten auch grüne Blattsprei-

ten mit roten Nerven und dunkelrote Blätter. An einem weiteren Standort in Brasilien wuchs ssp. *grandiflorus* zusammen mit *E. subalatus*. Im Unterschied zu dem oben beschriebenen Fundort, sah ich in Mexiko ssp. *aureus* nicht am Rande von Flüssen, sondern in temporären, kleinen Gewässern.

In Argentinien (zwischen La Cruz und Mercedes) untersuchte ich im Juli 1993 submerse und emerse Pflanzen von *E. grandiflorus*, die durchscheinende Linien *und* Punkte aufwiesen. Wasserwerte eines Standortes: Temp. 9,5 °C (Lufttemp. 18 °C um 14.30 Uhr), pH 7, GH < 1 °dH, KH 3 °dH, 150 µS/cm, O_2 11,5 mg/l.

Sonstiges: Nach Haynes & Holm-Nielsen (1986) ist die von Rataj erst später beschriebene Art *E. argentinensis* mit dem Typus von *E. grandiflorus* identisch und somit als Synonym von *E. grandiflorus* aufzufassen.

Hauptunterscheidungsmerkmal zwischen den beiden Unterarten ssp. *grandiflorus* und ssp. *aureus* ist der Besitz von durchscheinenden Punkten *oder* Linien in den Blättern. In den überlappenden Verbreitungsgebieten treten Zwischenformen auf, die durchscheinende Punkte *und* Linien aufweisen.

Echinodorus grisebachii **im Aquarium**

Echinodorus grisebachii

Small (1909)

Grisebachs Schwertpflanze

Familie: Alismataceae, Froschlöffelgewächse.
Synonyme: *Echinodorus gracilis* Rataj.
Etymologie: *Echinodorus*: siehe *E. amazonicus*;
grisebachii: nach dem deutschen Botaniker H.R.
A. Grisebach (1814–1879).
Verbreitung: Mittel- und Südamerika.
Beschreibung: Kleine bis mittelgroße, variable
Sumpfpflanze mit kurzem, dünnem Rhizom.
Blattstiel 2–23 cm lang, dreikantig. Emerse Blatt-
spreite sehr schmal elliptisch bis elliptisch oder
schmal eiförmig, 5–12 cm lang und 1,5–6 cm
breit, mit spitzer Spitze und spitzer oder runder
Basis, ganzrandig, hell- bis mittelgrün gefärbt.
3–7 Nerven. Durchscheinende Linien vorhanden.
Submerse Spreite bis 20 cm lang gestielt, bandförmig bis linealisch, transparent, bis 40 cm lang
und 0,5–3(–4) cm breit, spitz und mit herablaufender Basis, mittel- bis dunkelgrün gefärbt.
Blütenstände emers, aufrecht, nicht verzweigt,
die Pflanze überragend, mit oder ohne Adventivpflanzen. Blütenstengel und Blütenstand zusammen bis 35(–50) cm lang. Stengel zwischen
den Quirlen dreikantig. Blütenstand mit 4–8
Quirlen, jeder Quirl mit 3(–6) Blüten. Blüten von
sehr kurz bis 1,5 cm gestielt, im Durchmesser
etwa 1 cm groß. Deckblätter bis 1 cm lang. Kelchblätter etwa 3 mm lang, 2–3 mm breit. Kronblätter etwa 5 mm lang, 4 mm breit. Staubblätter 9;
Filament bis 1 mm lang. Karpelle zahlreich. Nüßchen bis $2 \times 0,5$ mm groß, geflügelt, mit 3–4
Rippen und 2–8 Drüsen; Schnabel bis 0,3 mm
lang.
Kultur: Diese in der Aquarienliteratur häufig
mit anderen Arten der Gattung verwechselte
Spezies wurde bisher nur vereinzelt gesammelt
und kultiviert. Sie wird zur Zeit nicht durch den
Fachhandel vertrieben.
Nach den Erfahrungen der Verfasserin stellt *E.
grisebachii* keine besonderen Ansprüche an die
Pflege im Aquarium, allerdings ist sie lichtbedürftiger als die nahe verwandten Arten *E. amazonicus, E. bleheri* und *E. parviflorus.* An einem
hellen Standplatz sowie auf einem nahrhaften
Bodengrund bilden sich stattliche Pflanzen mit
einer Höhe bis 60 cm. An seit mehreren Jahren
im Aquarium prächtig gedeihenden Exemplaren
von *E. grisebachii* wurden bisher noch keine

Echinodorus grisebachii blühend auf trockenem Boden am Ufer des Rio Guaporé (Brasilien)

Blütenstände beobachtet. Im Unterschied dazu bilden sich bei der submersen Kultur von *Echinodorus amazonicus, E. bleheri* und *E. parviflorus* sehr häufig Blütenstände mit Adventivpflanzen.

Ökologie: Die Autorin untersuchte natürliche Standorte von *E. grisebachii* am Rio Guaporé (Südwestbrasilien) im August 1987 zur Niedrigwasserzeit. Je nach Feuchtigkeitsgehalt des Bodengrundes entwickelten sich sehr unterschiedlich aussehende Pflanzen. Auf ziemlich trockenem Bodengrund, etwa 5 m vom Flußufer entfernt, bildeten sich in intensivem Sonnenlicht nur etwa 7 cm hohe, blühende und fruchtende, kompakte Rosetten. Die oberste Schicht des Bodengrundes bestand aus Erde, die folgende aus Sand. Die am Flußufer in flachem Wasser schattig wachsenden Bestände von *E. grisebachii* wiesen sowohl submerse als auch emerse Blätter auf, die wesentlich größer und länger gestielt waren. Auch die Blütenstände sowie Blütenstiele waren bedeutend länger. Eine Adventivpflanzenbildung konnte die Verfasserin bei den Pflanzen von *Echinodorus grisebachii* am Guaporé nicht beobachten.

Am Flußufer des Rio Tiquire (Venezuela, Estado Bolivar), einem rechtsseitigen Nebenfluß des Rio Caura, der in den mittleren Orinoko entwässert, fand W. Staeck im August 1989 Pflanzenbestände von *E. grisebachii* in so tiefem Wasser, daß man sie vom Ufer aus nicht erkennen konnte. Wasserwerte: Temp. 25,3 °C (Lufttemp. 29° um 17 Uhr), pH 5,8, GH und KH < 1 °dH, 35 µS/cm.

Zur Zeit des Niedrigwassers im April 1992 wuchsen die Pflanzen am selben Standort völlig emers und wiesen Blüten- und Fruchtstände mit vereinzelten Adventivpflanzen auf. Wasserwerte: Temperatur 28,5 °C (Lufttemperatur 36 °C um 16.30 Uhr), pH 6,6, GH und KH < 1 °dH, 10 µS/cm.

Sonstiges: Unter dem Namen *E. grisebachii* werden in der Aquarienliteratur verschiedene Pflanzen genannt. Die hier beschriebenen Aufsammlungen, die von dem *Echinodorus*-Bearbeiter Holm-Nielsen bestimmt wurden, bilden nur relativ schmale submerse Blätter aus. Haynes & Holm-Nielsen (1994) halten *Echinodorus grisebachii* für identisch mit *Echinodorus amazonicus, E. bleheri* und *E. parviflorus*, eine Auffassung, die ich nicht teile (siehe *Echinodorus amazonicus*).

251

Echinodorus horizontalis **im Aquarium**

Echinodorus horizontalis
Rataj (1969)

Horizontale Schwertpflanze

Familie: Alismataceae, Froschlöffelgewächse.
Synonyme: Keine.
Etymologie: *Echinodorus*: siehe *E. aschersonianus*; *horizontalis*: waagerecht, bezieht sich auf die Stellung der Blattspreite.
Verbreitung: Südamerika: Ostvenezuela, Kolumbien, Ekuador, Peru, Brasilien, im entfernten Einzugsbereich des Amazonas.
Beschreibung: Mittelgroße Sumpfpflanze, emers 20–50 cm, submers bis 35 cm hoch, 35–50 cm breit. Rhizom bis 7 × 2 cm groß. Blattstiel bis 20(–60) cm lang. Blattspreite 10–20(–25) cm lang, 5–10(–15) cm breit, eiförmig, spitz, Basis herzförmig gerundet, hellgrün, junge Blätter hellbraun gefärbt. Nerven 7–11. Die durchscheinenden Linien bilden ein netzartiges Muster.
Die relativ seltenen Blütenstände bilden sich an emersen Pflanzen im Kurztag, sind aber auch gelegentlich submers zu beobachten. Blütenstengel 15–20(–50) cm lang, rund, kahl, 4–5 mm dick.

Blütenstand 30–40(–100) cm lang, die Pflanze überragend, niedergebogen. Blütenstand unverzweigt, mit 3–4 Blütenquirlen. Quirl mit 3–4(–6) Blüten und wenigen Adventivpflanzen. Blüte bis 2 cm lang gestielt, nur kurz und wenig geöffnet, bis 1,5 cm im Durchmesser groß. (2)3 Deckblätter, etwa 2–3(–7,5) cm lang, etwa 7 mm breit, lang zugespitzt. Kelchblätter bis 10 mm breit, 9 mm lang, eng anliegend. Kronblätter bis 5 × 4 mm groß. 20–22 (nach Rataj 24–30) Staubblätter; Filamente und Antheren je bis 1,5 mm lang. Karpelle zahlreich. Fruchtstand 1 cm im Durchmesser. Nüßchen keulenförmig, auf jeder Seite 3rippig, nicht geflügelt, mit 6–9 Drüsen, 2,5–3,1 mm lang, 0,2–1,1 mm breit; Schnabel 0,4–0,8 mm lang.
Kultur: *Echinodorus horizontalis* ist eine empfehlenswerte, mittelgroße Schwertpflanze, die seit vielen Jahren zum Sortiment der Wasserpflanzengärtnereien zählt, aber nur relativ selten angeboten wird, da sie im Vergleich zu anderen *Echinodorus*-Arten eine erheblich geringere vegetative Vermehrung durch Adventivpflanzen aufweist.
Im Aquarium ist das Wachstum relativ langsam, so daß selbst bei optimalen Lebensbedingungen

Echinodorus horizontalis am natürlichen Standort bei der Stadt Coca (Ekuador)

viele Monate vergehen, bis sich ein kräftiges Exemplar entwickelt hat. Nach einer langen Anwachsphase bildet sich eine breite horizontale Rosette, was bei der Bepflanzung Beachtung finden muß. Solitärpflanzen benötigen einen freien, hellen Standplatz. Für ein gesundes Wachstum genügt aber eine mittlere Beleuchtungsstärke. Gewöhnlich reichen gewaschener Sand oder Kies als Bodengrund, doch fördert ein nährstoffreicheres Substrat kräftigere Exemplare. Die Art wächst am besten in weichem, schwach saurem Wasser, aber auch mittelhartes Wasser ist für eine erfolgreiche Kultur noch geeignet. Dabei sollte der pH-Wert im schwach sauren bis neutralen Bereich liegen. In weichem Wasser kann es gelegentlich zur Eisenchlorose kommen, so daß man bei entsprechenden Mangelerscheinungen ab und zu düngen sollte. Der optimale Temperaturbereich liegt zwischen 25 und 29 °C.

Ökologie: Die Verfasserin konnte mehrere Standorte in der Umgebung der Stadt Coca (Ekuador) untersuchen, wo *E. horizontalis* eine häufige Art ist, die aber nur in geringer Individuenzahl vorkommt. Natürliche Lebensräume sind Bäche und kleine Flüsse mit einer mäßigen Fließgeschwindigkeit sowie deren Überschwemmungsgebiete. Zur Niedrigwasserzeit (Anfang Februar 1990) wuchsen alle Exemplare am Rande der Biotope in flachem Wasser, das trübe oder klar war und aufgrund von Humusstoffen häufig eine bräunliche Färbung aufwies. Mit ihrem kräftigen Wurzelwerk wurzelten die Pflanzen im weichen, schlammigen, sandigen Boden, dessen oberste Schicht aus Laub bestand. Die untersuchten Standorte waren sowohl vollsonnig als auch teilweise von umstehenden Bäumen beschattet. An einigen Exemplaren, die in flachem Wasser wuchsen, waren Blütenstände und einzelne Adventivpflanzen vorhanden. Die Blütenstände waren umgebogen, so daß die Adventivpflanzen im Wasser und im Schlamm wurzelten. An verschiedenen Fundorten vor Ort durchgeführte Wasseranalysen ergaben immer ein sehr weiches, saures Milieu. An einem natürlichen Standort, an dem die größten Exemplare von *Echinodorus horizontalis* in kleinen Populationen gefunden wurden, konnte folgende Wasseranalyse ermittelt werden: Wassertemperatur 26 °C (Lufttemperatur um 12.45 Uhr 29 °C), pH-Wert 6,5, GH < 1 °dH, KH 3 °dH, 95 µS/cm.

Pflanze und Blüte von *E. macrophyllus* ssp. *scaber* an der Laguna Cocococha (Peru)

Echinodorus macrophyllus
(Kunth) Micheli (1881)
Großblättrige Schwertpflanze

Familie: Alismataceae, Froschlöffelgewächse.

Synonyme: Für ssp. *macrophyllus: Alisma macrophyllum* Kunth (1841); für ssp. *scaber* (Rataj) Haynes & Holm-Nielsen: *Echinodorus scaber* Rataj, *E. scaber* var. *proliferatus* Rataj.

Etymologie: *Echinodorus:* siehe *E. aschersonianus; macrophyllus:* großblättrig.

Verbreitung: Südnikaragua, Venezuela bis Argentinien.

Beschreibung: Kräftige Sumpfpflanze. Blattstiel bis 1 m lang, rund, kahl (ssp. *macrophyllus*) oder warzig mit Sternhaaren (ssp. *scaber*). Emerse Spreite 15–40 cm lang, 8–25 cm breit, eiförmig bis breit eirund, mit stumpfer, runder oder eingebuchteter Spitze sowie herzförmig gerundeter Basis. (7–9)11–13 Nerven. Blattunterseite mit behaarten Warzen. Submerse Blätter kleiner, mit bräunlichen Flecken, meist mit 7–9 Nerven. Durchscheinende Zeichnungen fehlen.

Blütenstände emers, verzweigt, mit oder ohne Adventivpflanzen. Blütenstengel bis 120 cm, rund, warzig und behaart. Blütenstand bis 50 cm lang, mit 4–13 Quirlen, zwischen den Quirlen 3kantig. Jeder Quirl mit 6–9 (–20) Blüten. Deckblätter 0,5–1,3 cm lang. Blüten 0,5–2 cm gestielt, etwa 2,3–2,7 cm groß. Kelchblätter etwa 5 × 7 mm. Kronblätter 1,5 × 1,7 cm groß. 20–25 Staubblätter; Filament bis 3 mm. Karpelle zahlreich. Nüßchen 1–3 mm lang, 0,8–1,2 mm breit, auf jeder Seite mit 2–4 seitlichen Rippen, ohne oder mit 1–5 Drüsen; Schnabel 0,3–1,2 mm.

Kultur: Wie bei *E. cordifolius* angegeben.

Ökologie: Die Autorin fand zwei Standorte: 1) Südwestbrasilien (3/1986), große, blühende Bestände in flachem Wasser eines Überschwemmungsgebietes des Rio Cuiabá zusammen mit *E. paniculatus.* Wasseranalyse: Temp. 28 °C (Luft 27 °C um 10 Uhr) pH 5,5, GH/KH < 1 °dH, 18 µS/cm. 2) Peru (8/1992), Laguna Cocococha, Reserva Natural de Tambopata: Kleine, blühende Bestände unbeschattet am Rande des Sees auf lehmigem Bodengrund.

Sonstiges: Rataj beschrieb *E. scaber,* der sich durch andersartige Früchte von *E. macrophyllus* unterscheiden soll. Nach Haynes & Holm-Nielsen (1986) verwendete Rataj für seine Beschreibung unreife Früchte von *E. macrophyllus.*

Echinodorus martii **im Aquarium**

Echinodorus martii
Micheli (1881)
Gewelltblättrige Schwertpflanze

Familie: Alismataceae, Froschlöffelgewächse.
Synonyme: *E. martii* Micheli β *major* Micheli, *E. major* (Micheli) Rataj, *E.* „leopoldina".
Etymologie: *Echinodorus*: siehe *E. aschersonianus*; *martii*: nach dem deutschen Botaniker K. F. P. von Martius (1794–1868).
Verbreitung: Östliches Brasilien.
Beschreibung: Mittelgroße Schwertpflanze, emers bis 25 cm, submers bis 60 cm hoch. Emers: Stiel bis 5 cm, halbrund. Spreite verkehrt lanzettlich, bis 20 × 5 cm groß, hellgrün. Spitze spitz; Basis gewöhnlich gestutzt. Blattrand gewellt. 3–7 Nerven. Submerse Pflanzen wesentlich größer. Blattstiel 5–20 cm lang. Spreite schmal verkehrt lanzettlich, bis 40 cm lang, 3–5(–10) cm breit, hellgrün. Durchscheinende Zeichnungen fehlen gewöhnlich.
Blütenstände emers und submers, die Pflanzen überragend, unverzweigt, mit Adventivpflanzen. Blütenstengel fast rund, mit bis 10 Quirlen; Stengel zwischen den Quirlen schwach kantig. Quirl mit 6–15 Blüten. Deckblätter 1,7–2,5 cm lang, verwachsen, auffällig breit (1 cm), lang zugespitzt. Blüten 0,5–1,5 cm gestielt, im Durchmesser 1,5–2 cm. Kronblätter 7–9 mm breit, 1,1–1,3 cm lang. 9–12 Staubblätter. Nüßchen auf jeder Seite mit 4 Rippen und vielen Drüsen.
Kultur: Diese den Aquarianern auch unter dem Namen *E. major* gut bekannte Pflanze ist mit ihren gewellten, hellgrünen Blättern wohl eine der prächtigsten Schwertpflanzen überhaupt. Im Unterschied zu anderen großwüchsigen Arten dieser Gattung bildet sie bei der submersen Kultur keine Schwimm- und emersen Blätter. Diese positive Eigenschaft sowie ihre im allgemeinen problemlose Pflege machen sie zu einer idealen Aquarienpflanze. Kulturschwierigkeiten sind in der Regel durch eine kräftige Düngung des Bodengrundes und stärkere Beleuchtung zu beheben. Eine Pflege gelingt sowohl in weichem als auch hartem, schwach saurem oder leicht alkalischem Wasser. Empfehlenswerte Temperatur 24–26 °C.
Manchmal sterben die Pflanzen nach einer Blüten- und Fruchtbildung ab (einjährige Populationen?).
Ökologie: Genaue Informationen fehlen.

Echinodorus opacus im Aquarium

Echinodorus opacus
Rataj (1970)
Dunkle Schwertpflanze

Familie: Alismataceae, Froschlöffelgewächse.
Synonyme: Keine.
Etymologie: *Echinodorus*: siehe *E. aschersonianus*; *opacus*: schattig, dunkel.
Verbreitung: Südbrasilien: Paraná (Ponta Grossa) und Santa Catarina (Tangara).
Beschreibung: Mittelgroße Wasserpflanze mit kurzem Rhizom, bis 30 cm hoch. Blattstiel bis 20 cm lang, fast rund, hart. Spreite schmal eiförmig bis eiförmig, bis 13 cm lang, 8 cm breit, auffällig steif, ledrig, mittel- bis dunkelolivgrün. Spitze spitz, stachelspitzig oder stumpf gerundet; Basis an kräftigen Pflanzen herzförmig. Blattrand flach. 5–7 Nerven. Durchscheinende Zeichnungen fehlen. Chromosomen 2n = 33.
Blütenstände sehr selten an submersen Exemplaren, unverzweigt, die Pflanzen überragend, mit Adventivpflanzen. Blüten im Knospenstadium verkümmernd. Nüßchen unbekannt.
Kultur: *Echinodorus opacus* ist eine anspruchsvolle, sehr seltene Schwertpflanze. Auffällig sind die lederartigen, steifen Blätter, die anfangs niederliegend, bei älteren Pflanzen aufrecht wachsen. Das Wurzelwachstum ist außerordentlich langsam, weshalb eine gezielte Düngung des Bodengrundes mit Lehm im Wurzelbereich der Pflanze zu empfehlen ist. Da neu gepflanzte Exemplare eine lange Eingewöhnungsphase brauchen, sollten sie so wenig wie möglich umgesetzt werden. Auch bei guten Bedingungen zeigt *E. opacus* ein sehr langsames Wachstum. Obwohl der Lichtbedarf nur mäßig ist, sollte man darauf achten, daß die Pflanzen einen freien, hellen Standplatz erhalten. Eine Pflege ist am besten in weichem, schwach saurem Wasser möglich. Optimale Temperatur 18-24 °C. Die vegetative Vermehrung ist nur sehr gering und gelingt durch Rhizomteilung und Adventivpflanzen an den seltenen Blütenständen. Eine emerse Kultur ist schwierig, aber bei hoher Luftfeuchte möglich.
Ökologie: Wanke & Wanke (1994) beschreiben ein Vorkommen von *E. opacus* im Rio Chopim. Oberhalb eines natürlichen Wehrs staute sich das Wasser auf einer Länge von mehreren hundert Metern. Große Bestände von *E. osiris* mit herzförmigen Luftblättern wuchsen auf Sandbänken mitten im Fluß. Es wurden sechs große Populationen mit jeweils mehreren hundert Exemplaren festgestellt. Außerhalb dieses aufgestauten Teiles konnten keine *Echinodorus* mehr gefunden werden. Weitere Wasserpflanzen waren *Isoetes* sp., *Mayaca* und *Eichhornia*. Das Wasser hatte eine Leitfähigkeit von 42,1 µS/cm und einen pH-Wert von 6,5 bei einer Temperatur um 23 °C. Ein gemeinsames Vorkommen von *E. opacus* mit *E. portoalegrensis* und *E. uruguayensis* im Rio Peixe in Videira, über das Graaf (1992) berichtet, können Wanke & Wanke nicht bestätigen.
Sonstiges: Unklar ist die systematische Stellung von *E. opacus* und *E. portoalegrensis*, die Rataj 1970 anhand von sterilen Exemplaren beschrieb. Bei beiden Arten wurde Triploidie festgestellt (de Graaf 1981). Inzwischen traten in der Kultur vereinzelt Blütenstände mit Adventivpflanzen auf, deren Blüten sich aber nicht öffneten. Über das Aussehen von reifen Nüßchen ist bisher nichts bekannt. Wie im Fall von *E. osiris* könnte es sich bei beiden Arten um natürliche Hybriden oder Mutationen handeln.

256

Echinodorus osiris
Rataj (1970)
Osiris' Schwertpflanze

Familie: Alismataceae, Froschlöffelgewächse.
Handelsnamen: E. osiris rubra, E. aureobrunneus.
Etymologie: *Echinodorus*: siehe *E. aschersonianus*; *osiris*: bezieht sich auf die brasilianische Wasserpflanzengärtnerei Lotus Osiris.
Verbreitung: Südbrasilien (wenige Standorte).
Beschreibung: Durch folgende Merkmale von *E. uruguayensis* unterschieden: *E. osiris* bildet leicht emerse Blätter. Blattstiel 40–70 cm lang. Spreite elliptisch oder schmal eiförmig, 15–25 cm lang, 7–15 cm breit. Submerse Spreite 10–40 cm gestielt, sehr schmal elliptisch, schmal lanzettlich oder verkehrt schmal lanzettlich, 10–30 cm lang, 3–9 cm breit, olivgrün oder braunrot. Blattrand ± gewellt. (3)5(7) Nerven. Durchscheinende Punkte und Linien deutlich. Blütenstengel mit Blütenstand über 1 m lang, mit Adventivpflanzen. 6–10 Quirle. Blüten häufig nicht geöffnet. 18(–24) Staubblätter. Steril. Chromosomen 2n = 33.
Kultur: *E. osiris* ist eine der empfehlenswertesten Schwertpflanzen für die Aquarienkultur. Die sich unter starker Beleuchtung entwickelnden rotbraunen Blätter verleihen der Solitärpflanze ein besonders dekoratives Aussehen. Die Art läßt sich in weichem und hartem Wasser problemlos pflegen. Ein nährstoffreicher Bodengrund fördert einen kräftigen Wuchs. Optimale Temperatur 18–26 °C. Die triploide Pflanze bildet keinen Samen, so daß man auf die Vermehrung durch Adventivpflanzen an den Blütenständen sowie am Rhizom angewiesen ist.
Ökologie: Schulze (1968) fand im August 1967 (Winter) westlich von Curitiba und Ponta Grossa in einem rasch strömenden Fluß große Bestände von *E. uruguayensis* (Syn. *E. horemanii*) und *E. osiris* sowie einige Pflanzen von *E. opacus* und *E. grisebachii* (?, mit *E. intermedius* Grisebach bezeichnet). Das nährstoffarme Wasser wies keine nachweisbare Härte auf, einen pH-Wert von 6,2 und eine Temperatur von 12–15 °C. *E. osiris* wuchs unbeschattet in bis 50 cm tiefem Wasser, im sehr festen, steinig-kiesig-lehmigen Bodengrund. Wanke & Wanke (1994) untersuch-

Echinodorus osiris **im Aquarium**

ten im März 1994 zwei Flüsse bei Guarapuava mit *E. osiris* und anderen Arten. Wasseranalysen ergaben bei Temperaturen von 21 °C und unter 20 °C pH-Werte von 6,3 und 6,5 und eine Leitfähigkeit unter 20 µS/cm.
Sonstiges: Haynes & Holm-Nielsen (1994) führen diesen triploiden *Echinodorus* als ein Synonym von *E. uruguayensis* an. Es gibt allerdings einige Gründe, die dafür sprechen, daß es sich um eine natürliche Hybride handelt. So zeigt die obige Standortbeschreibung, daß mindestens vier *Echinodorus*-Arten in unmittelbarer Nähe zusammen vorkommen. Kreuzungsexperimente mit diesen Arten könnten den Nachweis des hybriden Ursprungs erbringen. Obwohl bisher nur *Echinodorus*-Arten mit einer Chromosomenzahl von 2n = 22 (die triploiden ausgenommen) bekannt sind, ist nicht auszuschließen, daß eine Art mit einer Chromosomenzahl von 2n = 44 gefunden wird, wodurch sich leicht triploide Bastarde erklären ließen. Außerdem könnten auch die Sterilität sowie der Besitz von sowohl durchscheinenden Punkten als auch unterschiedlich langen Linien in den Blattspreiten von *E. osiris* auf eine Hybride hindeuten (bei *E. uruguayensis* fast nur lange Linien).

Echinodorus palaefolius im Aquarium

Echinodorus palaefolius
(Nees & Martius) MacBride (1931)

Familie: Alismataceae, Froschlöffelgewächse.
Synonyme: *Sagittaria palaefolia* Nees & Martius (1823), *Alisma palaefolium* (Nees & Martius) Kunth, *A. ellipticum* Martius, *E. palaefolius* var. *latifolius* (Micheli) Rataj, *E. palaefolius* var. *minus* (Seubert) Rataj, u.a.
Etymologie: *Echinodorus:* siehe *E. aschersonianus*; *palaefolius:* mit urtümlichen Blättern.
Verbreitung: Östliches Brasilien.
Beschreibung: Kräftige Sumpfpflanze. Blattstiel bis 75 cm lang, fast rund, gerillt, kahl. Emerse Spreite breit eiförmig, nicht herzförmig, bis 30 cm lang, 23 cm breit, ledrig, dunkelgrün. Spitze stumpf gerundet oder wenig spitz; Basis gestutzt oder stumpf und kurz herablaufend. Submerse Blattspreite ± gestielt, sehr schmal elliptisch, bis 30 cm lang, 2–4 cm breit, hellgrün. 5–11 Nerven. Durchscheinende Zeichnungen fehlen.
Blütenstände im Lang- und Kurztag, einfach oder verzweigt, anfangs aufrecht, dann herabhängend und kriechend, mit Adventivpflanzen.

Blütenstengel bis 70 cm lang, 3kantig. Blütenstand über 1 m lang, mit 7–11 jeweils 6–14blütigen Quirlen; Stengel zwischen den Quirlen 3kantig. Deckblätter 1,5–5 cm lang, sehr schmal, lang zugespitzt. Blüten bis 7 cm gestielt, 2–2,5 cm groß. Kelchblätter 5 × 3 mm groß. Kronblätter 1,2 cm lang, 1 cm breit. Gewöhnlich 12 Staubblätter. Filamente etwa 1,5 mm. Nüßchen 2–3 mm lang, 1 mm breit, mit 3–5 Rippen und 1 Drüse auf jeder Seite; Schnabel etwa halb so lang wie das Nüßchen.
Kultur: *E. palaefolius* ist bei Aquarianern seit Anfang der 70er Jahre in Kultur. Die anspruchslose Art läßt sich leicht im Aquarium pflegen, neigt aber bei optimalen Lebensbedingungen dazu, aus dem Aquarium herauszuwachsen. Werden aus dem Wasser strebende Blätter sofort entfernt, bleiben Folgeblätter zunächst wieder kürzer gestielt. Die Verfasserin hatte in mittelhartem Wasser mit schwach saurem pH-Wert und intensiver Beleuchtung bei Temperaturen von 23–28 °C gute Kulturerfolge. Für die Bepflanzung eignen sich am besten Adventivpflanzen, die schnell wurzeln und eine mittelgroße Rosette aus elliptischen Blattspreiten bilden.
Ökologie: Genaue Informationen fehlen.

Echinodorus paniculatus im Aquarium

Echinodorus paniculatus
Micheli (1881)
Rispige Schwertpflanze

Familie: Alismataceae, Froschlöffelgewächse.
Synonyme: *Echinodorus cylindricus* Rataj, *E. macrocarpus* Rataj.
Etymologie: *Echinodorus*: siehe *E. aschersonianus*; *paniculatus*: rispig, bezieht sich auf den Blütenstand.
Verbreitung: Mittel- und Südamerika (von Südmexiko bis Argentinien), häufig.
Beschreibung: Kräftige Sumpfpflanze, über 1 m hoch, mit dickem, kurzem Rhizom. Blattstiel dreikantig, mehr als zweimal so lang wie die Spreite. Blattspreite von linealisch, lanzettlich bis schmal eiförmig, bis 25 cm lang, 1–8 cm breit, zugespitzt, an der Basis spitz oder stumpf, mittelgrün gefärbt, gelegentlich kräftig rot gefleckt. Submerse Blätter mit einem langen, dreikantigen Stiel. Blattspreite linealisch bis bandförmig, 10–20 cm lang, 0,5–1,5 cm breit, hellgrün, manchmal etwas bräunlich. 3–7 Nerven. Durchscheinende Zeichnungen fehlen.
Blütenstände an emersen Pflanzen, einfach oder verzweigt, meistens kürzer, selten länger als die Blätter, manchmal mit Adventivpflanzen. Blütenstengel aufrecht, mit Adventivpflanzen herabhängend, bis 1 m lang, dreikantig, kahl. Blütenstand bis 30 cm lang, mit 4–9(–14) Quirlen, zwischen den Quirlen dreikantig. Jeder Quirl mit 6–45 (!) Blüten. Deckblätter 1–2(–5) cm lang. Blüten 1–5,5 cm gestielt, Durchmesser etwa 3–4 cm. Kelchblätter etwa 6 mm lang, 5 mm breit. Kronblätter bis 2,5 cm breit, 2,1 cm lang, fast rund. Etwa 17–22 Staubblätter; Filament bis 1,5 mm lang. Karpelle zahlreich. Nüßchen 1,7–3 mm lang, 0,7–1,5 mm breit, geflügelt, auf jeder Seite mit 4–5(–7) Rippen, ohne Drüsen; Schnabel bis 0,7 mm lang.
Kultur: *Echinodorus paniculatus* ist nur bedingt für die submerse Kultur geeignet. Die Art entwickelt im Aquarium lange Blattstiele mit sehr schmalen und kurzen Spreiten, was wenig dekorativ wirkt. Bei zusagenden Wachstumsbedingungen bilden sich zudem schnell Luftblätter. Für die vorübergehende submerse Pflege eignen sich vor allem junge Exemplare. Durch Verwendung eines nährstoffarmen Bodengrundes und einer nicht zu starken Beleuchtung (hier muß man etwas experimentieren) läßt sich der Pro-

E. paniculatus bei Teresina in Ostbrasilien

Blüten von *E. paniculatus*

zeß des Herauswachsens jedoch verzögern. Ferner sollten aus dem Wasser herausstrebende Blätter abgeschnitten werden, wodurch Folgeblätter dann meistens kürzer gestielt bleiben. Ansonsten stellt die Art bei der Pflege keine besonderen Anforderungen. Eine Vermehrung erfolgt durch Samen. Optimale Temperatur 20–28 °C.

Ökologie: *E. paniculatus* besiedelt die Ufer von Tümpeln und Flüssen sowie deren Überschwemmungsgebiete. Am Flußufer des Guaporé (Südwestbrasilien) sah die Verfasserin während der Niedrigwasserzeit im August 1987 ausgedehnte Bestände an halbschattigen und voll besonnten Standorten zusammen mit anderen *Echinodorus*-Arten (u.a. *E. grandiflorus*). An den zahlreichen Blütenständen wurden merkwürdigerweise keine Adventivpflanzen gefunden (ausführliche Wasseranalyse vom Rio Guaporé siehe S. 46).

An drei weiteren natürlichen Habitaten in Mexiko wuchsen im August 1985 in Tümpeln kleine Bestände von *E. paniculatus* in flachem Wasser auf lehmigem Bodengrund. Wasserwerte eines Standortes: Temperatur 27 °C, pH 7,5, GH 4 °dH, KH 5 °dH, NH_4 0,5 mg/l, NO_2 0,05 mg/l,

Fe nicht nachweisbar. Die Pflanzen aus Mexiko wiesen an den Blütenständen zahlreiche Adventivpflanzen auf.

Sonstiges: *E. paniculatus* läßt sich von anderen Arten gut durch die gewöhnlich lanzettlichen, an der Basis spitzen (ungelappten) Blattspreiten sowie den aufrechten, vielblütigen, die Pflanzen meistens nicht überragenden Blütenstand unterscheiden.

Unklar ist, ob *E. glaucus* Rataj eine gute Art darstellt oder mit *E. paniculatus* zu vereinigen ist, denn die Spezies weist nur geringe Unterschiede zu *E. paniculatus* auf. *E. glaucus* besitzt eine bereifte (Wachsschicht), blaugrüne (= *glaucus*) Blattoberseite, runde Blattstiele, 24–28 Staubblätter sowie Nüßchen mit 3 Drüsen auf jeder Seite. Haynes & Holm-Nielsen (1994) halten *E. glaucus* für ein Synonym von *E. paniculatus*.

Die von Wendt (1952–55) mit dem Namen *Echinodorus paniculatus* bezeichnete Pflanze wurde von Rataj 1975 als *Echinodorus bleheri* beschrieben.

Echinodorus paniculatus var. *dubius* Fassett ist ein Synonym zu *Echinodorus grandiflorus* ssp. *aureus*.

Echinodorus parviflorus im Aquarium

Echinodorus parviflorus
Rataj (1970)
Kleinblütige Schwertpflanze
Schwarze Schwertpflanze

Familie: Alismataceae, Froschlöffelgewächse.
Händlernamen: E. peruensis, E. tocatins.
Etymologie: *Echinodorus*: siehe *E. aschersonianus*; *parviflorus*: kleinblütig.
Verbreitung: Nicht sicher bekannt; Exporte kamen in den 70er Jahren angeblich massenhaft aus Peru und Bolivien.
Beschreibung: Mittelgroße Sumpfpflanze. Blätter bis 15 cm gestielt. Spreite im Kurztag schmal lanzettlich, im Langtag lanzettlich, bis 27 cm lang, 4–6,5 cm breit, mittelgrün, häufig mit dunklen Quernerven, junge Blätter auch bräunlich. Spitze und Basis spitz. Blattoberfläche häufig etwas bullös. 5 Nerven. Durchscheinende Linien ± lang.
Blütenstände an emersen Pflanzen im Langtag, unverzweigt, mit Adventivpflanzen. Blütenstengel und zwischen den Quirlen dreikantig. Blütenstand mit 4–6 Quirlen. An jedem Blütenquirl etwa 5–6 Blüten. Blütenstiel bis 1 cm lang. Deckblätter lang zugespitzt, kürzer als die Blütenstiele. Blütendurchmesser etwa 0,8 cm. Etwa 9 Staubblätter. Nüßchen 1,5–1,7 mm lang, 1 mm breit, auf jeder Seite mit 3–4 Rippen und vielen unregelmäßig verteilten, kleinen Drüsen; Schnabel etwa 0,5 mm lang.
Kultur: Eine anspruchslose und schnell wachsende Art, die bei den Aquarianern seit vielen Jahren als Schwarze Schwertpflanze gut bekannt ist. Im Aquarium entwickelt sich je nach Lebensbedingungen eine 20 bis 40 cm hohe kompakte Rosette aus zahlreichen Blättern. Eine Verwendung in der mittleren oder hinteren Bepflanzungszone ist daher zu empfehlen. Mäßige Beleuchtung sowie Sandboden sind ausreichend. Die Kultur ist sowohl in weichem als auch hartem Wasser gleichermaßen möglich. Temperatur etwa 20–26 °C. Bei einer Beleuchtungsdauer von weniger als 12 Stunden (Kurztag) bilden sich im Aquarium kürzere Blattspreiten sowie Blütenstände mit Adventivpflanzen.
Ökologie: Es sind keine sicheren Informationen über die natürlichen Standorte bekannt.
Sonstiges: Zur systematischen Stellung von *E. parviflorus* siehe *E. amazonicus*.

261

Echinodorus parviflorus 'Tropica' im Aquarium

Echinodorus parviflorus 'Tropica'

Etymologie: Sortenname 'Tropica' nach der gleichnamigen Wasserpflanzengärtnerei in Hjortshoej, Dänemark.

Verbreitung: Nicht bekannt.

Beschreibung: Kleine bis mittelgroße Sumpfpflanze. Blattstiel bis 5 cm lang. Spreite schmal verkehrt eiförmig, bis 12 cm lang, 5 cm breit, derb, etwas bullös, mittel- bis dunkelgrün gefärbt, ohne dunkle Quernerven. Spitze stumpf gerundet, mit einer bis 7 mm langen Spitze. Blattrand leicht gewellt. Chromosomenzahl 2n = 22. Beschreibung sonst wie bei *E. parviflorus* angegeben.

Kultur: Anfang der 80er Jahre erhielt die Wasserpflanzengärtnerei Tropica mit einer Sendung von Aquarienpflanzen eine abweichende Form von *Echinodorus parviflorus*, die in Singapur und Sri Lanka kultiviert wurde. Diese Pflanze wurde 1985 als Sorte *Echinodorus parviflorus* Rataj 'Tropica' beschrieben [Aqua-Planta 10 (3/1985): 15] und hat seitdem in der Aquaristik eine weite Verbreitung gefunden.

Im Unterschied zu *E. parviflorus* bildet die Sorte 'Tropica' im Aquarium eine kompakte Rosette mit nur einer Wuchshöhe von 5-10 cm, weshalb sie sich ideal für die Bepflanzung des Vordergrundes eignet. Allerdings ist diese Sorte nicht nur lichtbedürftiger als die Stammform, sondern auch anspruchsvoller. Das Wachstum ist selbst bei guten Kulturbedingungen ziemlich langsam. Ein freier Standplatz sowie ein nährstoffreicher Bodengrund sind für eine optimale Entwicklung notwendig. Temperatur etwa 22–24 °C. Im Unterschied zur submersen Kultur ist die Pflege der Landform bei guten Lichtverhältnissen nicht schwierig. Die Exemplare wachsen rasch und entwickeln häufig Blütenstände mit Adventivpflanzen, so daß die vegetative Vermehrung ausgesprochen schnell und produktiv ist. Obwohl zugleich auch reife Nüßchen gebildet werden, erfolgt eine Vermehrung von *Echinodorus parviflorus* 'Tropica' in den Gärtnereien durch Adventivpflanzen. Im Aquarium ist eine Blütenbildung nur sehr selten.

Sonstiges: Betrachtet man *E. parviflorus* und *E. bleheri* als Synonyme von *E. grisebachii* (Haynes & Holm-Nielsen 1994), müßte auch die Sorte 'Tropica' zu *E. grisebachii* gerechnet werden. Ich folge aber derzeit nicht dieser Auffassung (siehe auch *E. amazonicus*).

Echinodorus portoalegrensis im Aquarium

Echinodorus portoalegrensis
Rataj (1970)
Derbe Schwertpflanze

Familie: Alismataceae, Froschlöffelgewächse.
Synonyme: Keine.
Etymologie: *Echinodorus*: siehe *E. aschersonianus*; *portoalegrensis*: nach Porto Alegre.
Verbreitung: Südbrasilien: Rio Grande do Sul, Porto Alegre (Fundortangabe zweifelhaft) und Santa Catarina, Tangara.
Beschreibung: Mittelgroße Wasserpflanze mit langem, dünnem Rhizom. Blattstiel bis 15 cm lang, fast rund, hart. Spreite schmal elliptisch bis elliptisch oder schmal lanzettlich bis verkehrt lanzettlich, 5–16 cm lang, 2–7 cm breit, steif, ledrig, mittel- bis schwarzolivgrün gefärbt. Spitze stumpf zugespitzt bis schwach stachelspitzig; Basis spitz. Blattrand wenig gewellt, Spreite etwas gedreht. 3–5 Nerven. Durchscheinende Zeichnungen fehlen. Chromosomen 2n = 33. Blütenstände selten an submersen Exemplaren, die Pflanzen überragend, mit Adventivpflanzen. Blütenstand mit etwa 6 wenigblütigen Quirlen. Nüßchen unbekannt.

Kultur: *E. portoalegrensis* zählt zu den mittelgroßen, anspruchsvollen, sehr seltenen Schwertpflanzen. Die Kultur entspricht im wesentlichen der von *E. opacus*. Die steifen Blätter wachsen bei *E. portoalegrensis* aber nicht aufrecht, sondern sind leicht nach unten gebogen. In Abhängigkeit vom Nährstoffangebot des Bodengrundes bildet sich im Aquarium eine bis 30 cm breite Rosette mit 10–20 Blättern, die eine Wuchshöhe von 5–15 cm erreichen. *E. portoalegrensis* ist deshalb nur für die Begrünung des Vordergrundes empfehlenswert.
Ökologie: Wanke & Wanke (1994) berichten eindrucksvoll über große Populationen von *E. portoalegrensis* im Rio Peixe mitten in der Stadt Videira im Staat Santa Catarina. Obwohl große Mengen Abwässer in den Fluß geleitet werden, sahen die Bestände dennoch gut aus. Die Exemplare wiesen auch löffelartige, emerse Blätter sowie Blütenstände mit Adventivpflanzen auf. Eine Wasseranalyse ergab bei einer Temperatur zwischen 21 und 24 °C einen pH-Wert von 7,4 und eine Leitfähigkeit von 64,5 µS/cm. Diese Angaben widersprechen den Wasserwerten von de Graaf (1992).
Sonstiges: Siehe *E. opacus*.

Echinodorus quadricostatus im Aquarium

Echinodorus quadricostatus
Fassett (1955)
Zwergschwertpflanze

Familie: Alismataceae, Froschlöffelgewächse.
Synonyme: *E. magdalenensis* Fassett, *E. quadricostatus* Fassett var. *xinguensis* Rataj, var. *magdalenensis* (Fassett) Rataj, *E. isthmicus* Fassett? *E. latifolius* (Seubert) Rataj?
Etymologie: *Echinodorus*: siehe *E. aschersonianus*; *quadricostatus*: vierrippig (Früchte).
Verbreitung: Mittel- und Südamerika.
Beschreibung: Wie bei *E. bolivianus* angegeben, durch folgende Merkmale verschieden: emerse Rosette klein, etwa 5 cm hoch, 10 cm breit, mit etwa 20–25 Blättern. Blattstiel bis etwa 1 cm lang. Blattspreite 2,5–5 cm lang, 0,6–1 cm breit, etwas transparent, hellgrün. Submers nicht von *E. bolivianus* zu unterscheiden. Nüßchen meistens mit 4 Rippen.
Kultur: *E. quadricostatus* zählt zu den besonders empfehlenswerten, allerdings etwas lichtbedürftigen Vordergrundpflanzen. Das Wachstum ist in weichem und hartem Wasser gleichermaßen gut, allerdings kommt es in weichem Wasser häufiger zu Eisenmangel (Chlorose), so daß ab und zu gedüngt werden muß. Als Bodengrund eignet sich am besten feiner Sand oder Kies. Eine Temperatur zwischen 22 und 28 °C ist zu empfehlen. Bei einem guten Wuchsklima ist die Bildung von Ablegerpflanzen durch Ausläufer so rasch, daß innerhalb weniger Wochen ein dichter „Rasen" entsteht, der regelmäßig ausgelichtet werden muß. Hierzu werden die Ausläuferpflanzen voneinander getrennt und nur kräftige Exemplare zur weiteren Bepflanzung verwendet. Diese werden mit einem geringen Abstand voneinander, mindestens 3 cm von der Frontscheibe entfernt, eingepflanzt. Schon nach kurzer Zeit sind die Exemplare so kräftig, daß sie neue Ausläufer treiben.
Sonstiges: Nach den Untersuchungen des Laboratoriums für Pflanzentaxonomie der Landwirtschaftlichen Universität Wageningen (Niederlande) handelt es sich bei *E. quadricostatus* um eine triploide Pflanze (2n = 33). Von dem nahe verwandten *E. bolivianus* läßt sie sich durch die emerse Wuchsform deutlich unterscheiden. Bis zur endgültigen Klärung, ob es sich um eine Hybride oder Mutation handelt, behalte ich den bisherigen Namen *E. quadricostatus* bei.

Zwei Farbformen von *Echinodorus* 'Rosé' im Aquarium

Echinodorus 'Rosé'

Familie: Alismataceae, Froschlöffelgewächse.
Etymologie: *Echinodorus*: siehe *E. aschersonianus*; 'Rosé': Sortenname, bezieht sich auf die Blattfärbung.
Verbreitung: Keine natürliche Verbreitung.
Beschreibung: Mittelgroße Hybride, im Aquarium etwa 10–25 cm hoch, 20–40 cm breit. Emerse Pflanzen: Blattspreite bis 45 cm gestielt, eiförmig, bis 25 × 15 cm groß, dunkelolivgrün, junge Blätter rötlich, gelegentlich mit rötlichen Flecken. Spitze stumpf zugespitzt; Basis rund und kurz herablaufend. Blattrand schwach gewellt oder flach. Submerse Pflanzen: Blattstiel 5–10 cm lang. Spreite sehr schmal elliptisch, 10–25 cm lang, 2–4 cm breit, hell- bis dunkelolivgrün gefärbt, junge Blätter roséfarben, mit oder ohne dunkelroten Flecken. 5–7 Nerven. Durchscheinende Linien zumeist sehr lang.
Blütenstände die Pflanzen überragend, niedergebogen, verzweigt, mit zahlreichen Blütenquirlen und vielen Adventivpfanzen. Quirl mit 12–16 etwa 3 cm großen Blüten. Blütenstiel 1,5–7 cm lang. Brakteen 1–2 cm lang, zugespitzt. Kelchblätter 8–10 mm lang, 4–6 mm breit. Kronblätter

1,8–2,0 cm breit, 1,5 cm lang. 19–24 Staubblätter. Nüßchen fertil.
Kultur: Eine dekorative Hybride, von der zwei Farbformen gepflegt werden. Diese unterscheiden sich durch ein Fehlen oder Vorhandensein von auffälligen, dunkelroten Flecken, die über die gesamte submerse Blattspreite verteilt sind. Kräftige Exemplare von *E.* 'Rosé' bilden eine lockere, ausgebreitete Rosette. Eine mittlere bis intensive Beleuchtung, freier Stand und nährstoffreicher Bodengrund sind zu empfehlen. Temperatur 22–30 °C. Verwendung je nach Bekkengröße in der Mittel- bis Hintergrundzone. Eine Vermehrung sollte nur durch Adventivpflanzen vorgenommen werden, da bei einer Aussaat eine Aufspaltung in unterschiedliche Phänotypen erfolgt.
Sonstiges: Nach den Angaben von Hans Barth (1988), dem Züchter dieser Sorte, handelt es sich bei *E.* 'Rosé um eine Kreuzung zwischen *E. horizontalis* und *E. horemanii* „rot" (Farbform von *E. uruguayensis*). Eine ähnlich aussehende, aber kleinere Pflanze ist die Sorte *Echinodorus* 'Oriental', bei der es sich um eine Mutation handelt, die bei der Gewebekultur von *Echinodorus* 'Rose' auftrat.

Adventivpflanzen von *Echinodorus* 'Rubin' **im Aquarium**

Echinodorus 'Rubin'

Familie: Alismataceae, Froschlöffelgewächse.
Etymologie: *Echinodorus*: siehe *E. aschersonianus*; 'Rubin': Sortenname, bezieht sich auf die Blattfärbung.
Verbreitung: Keine natürliche Verbreitung.
Beschreibung: Großwüchsige Hybride, im Aquarium bis 60 cm hoch. Submerse Blätter 5–25 cm gestielt. Spreite sehr schmal elliptisch, 15–35 cm lang, 3–5 cm breit, ledrig. Junge Blätter mehr oder weniger kräftig braunrot gefärbt, später dunkelolivgrün. Spitze spitz oder stumpf zugespitzt; Basis spitz. Blattrand schwach gewellt. 5 hellgrün gefärbte Nerven, die inneren verlaufen anfangs mit dem Mittelnerv zusammen. Blütenstände die Pflanzen überragend, mit mehreren Blütenquirlen und zahlreichen Adventivpflanzen.
Kultur: Diese erst seit Ende 1993 im Handel vertretene neue Sorte erinnert im Habitus und Färbung sehr an *E. osiris*, ist aber noch kräftiger braunrot, bei Beleuchtung mit hohem Rotanteil sogar tief dunkelrot gefärbt; dabei tragen die helleren Nerven zur augenfälligen Erscheinung

bei. Bei *E.* 'Rubin' handelt es sich um eine großwüchsige Solitärpflanze für geräumige Aquarien, die leicht zu pflegen ist. Sowohl in weichem als auch hartem, schwach saurem bis leicht alkalischem Wasser ist eine Kultur nicht schwierig. Eine mittlere Beleuchtungsintensität und ungewaschener Sandboden reichen für eine optimale Pflege aus. Die Verfasserin hatte sowohl bei niedrigen Temperaturen (um 22 °C) als auch bei ständig hohen Temperaturen (26–30 °C) gute Wachstumserfolge. Junge Adventivpflanzen eignen sich zunächst für die Vordergrundbepflanzung, wo sie einige Monate sehr dekorativ wirken; beim Erreichen einer entsprechender Größe werden sie dann in den Hintergrund umgepflanzt.
Eine Vermehrung kann durch Adventivpflanzen an den Blütenständen sowie Rhizomteilung erfolgen. In einigen Wasserpflanzengärtnereien wird *Echinodorus* 'Rubin' durch Gewebekultur vermehrt.
Sonstiges: Nach den Angaben des Züchters, Hans Barth, wurde diese Sorte aus einer Population der Kreuzung zwischen *Echinodorus horemanii* „rot" (Farbform von *E. uruguayensis*) und *E.* × *barthii* selektiert.

Echinodorus schlueteri **im Aquarium**

Echinodorus schlueteri

Rataj (1981)

Schlüters Schwertpflanze

Familie: Alismataceae, Froschlöffelgewächse.
Synonyme: Keine.
Etymologie: *Echinodorus*: siehe *E. aschersonianus*; *schlueteri*: Dedikationsname (in der Erstbeschreibung nicht erklärt).
Verbreitung: Unbekannt.
Beschreibung: Kleine bis mittelgroße Sumpfpflanze, 5–25 cm hoch. Blätter bis 20(–40) cm gestielt. Spreite schmal eiförmig bis eiförmig, bis 16(–23) cm lang, 10(–16) cm breit, mit spitzer oder fein zugespitzter Spitze und ± herzförmig gerundeter Basis. Blattrand flach oder wenig gewellt. Die Färbung ist hell- bis mittelgrün, submers auch leicht bräunlichrot mit mehr oder weniger intensiv hellbraunen Flecken. 5–9 Nerven. Durchscheinende Linien und Punkte deutlich.
Blütenstände werden submers und emers gebildet, die die Pflanzen weit überragen. Blütenstengel herabhängend, verzweigt, 3kantig, häufig mit Sternhaaren; Blütenstengel und Blüten-

stand bis etwa 70 cm lang, mit 2–3(–7) Quirlen. Stengel zwischen den Quirlen 3kantig. Jeder Quirl mit 3–9(–11) Blüten. Deckblätter 10–25 mm lang. Blüten bis 8 cm gestielt, 2,5–3,5 cm im Durchmesser. Kelchblätter 6 mm lang, 5 mm breit. Kronblätter 2 × 2 cm groß. 20–24 Staubblätter; Filament etwa 2–3 mm. Nüßchen etwa 2,4 mm lang, 1,2–1,5 mm breit, nicht gebogen, geflügelt, auf jeder Seite mit 3(4) Rippen und insgesamt 3–6 Drüsen; Schnabel etwa 0,5 mm lang.
Kultur: Obwohl *E. schlueteri* erst seit wenigen Jahren in Kultur ist, hat die Pflanze eine erstaunlich schnelle Verbreitung bei den Aquarianern gefunden. Für die Aquaristik ist es wohl eine der am besten geeigneten und empfehlenswertesten Schwertpflanzen, die dekoratives Aussehen, problemlose Kultur sowie eine schnelle Vermehrung in optimaler Weise vereinigt. Sie ist ausgesprochen anpassungsfähig an unterschiedliche Lebensbedingungen. In sowohl weichem als auch mittelhartem Wasser mit pH-Werten zwischen 7 und 8 konnten gute Wachstumsergebnisse erzielt werden. Ein nahrhafter Bodengrund fördert die Ausbildung kräftiger Wurzeln und infolgedessen die Nährstoffaufnahme, aber auch

Echinodorus schlueteri 'Leopard' im Aquarium

in reinem Kiesboden wachsen die Exemplare gut. Bei sichtbarem Nährstoffmangel (glasige Blattspreiten oder allgemein schlechtem Wachstum) kann auch eine Düngung über das Wasser erfolgen. Offensichtlich gedeihen die Pflanzen bei niedrigen Temperaturen (22–25 °C) besser als bei höheren Temperaturen (bis 30 °C), die aber auch noch toleriert werden.

Möglicherweise handelt es sich bei *E. schlueteri* um eine besonders stickstoffliebende Pflanze, denn in einem dicht mit Fischen besetzten Aquarium der Verfasserin, in dem häufig gefüttert wurde und reichlich Mulm anfiel, wurden die besten Wachstumsergebnisse erzielt. Obwohl man die Art nicht als besonders lichthungrig bezeichnen kann, sollte man ihr dennoch im Aquarium einen hellen und freien Standplatz geben. *Echinodorus schlueteri* vermehrt sich reichlich durch Adventivpflanzen an Blütenständen, die sich regelmäßig auch unter Wasser bilden.

Ökologie: Über den natürlichen Lebensraum ist nichts bekannt.

Sonstiges: *E. schlueteri* soll durch die brasilianische Gärtnerei Lotus Osiris eingeführt worden sein.

Echinodorus schlueteri 'Leopard'

Diese dekorative Sorte entstand in der Wasserpflanzengärtnerei Hans Barth, Dessau. Nach den Angaben des Züchters (Barth 1988) handelt es sich um eine mutierte Pflanze von *E. schlueteri*, die nach einer Aussaat in einem Jungpflanzenbestand entdeckt und weitervermehrt wurde. Diese Sorte unterscheidet sich von der normalen Pflanze durch die intensiver braun gefleckten Blätter, wobei die Fleckung im Gegensatz zur Ausgangsform auch bei älteren Blättern weitgehend erhalten bleibt. Die Pflanze ist fertil, und die Sämlinge, die durch Selbstbestäubung gewonnen wurden, entsprachen zu 100 Prozent dem neuen Typ. Diese Pflanze erhielt den Sortennamen *Echinodorus schlueteri* 'Leopard', wobei sich die Sortenbezeichnung auf die starke Fleckung der Blätter bezieht.

Auch *E. schlueteri* 'Leopard' ist wie *E. schlueteri* eine empfehlenswerte, prächtige Pflanze, die aber nicht so häufig im Handel erhältlich ist. Es hat den Anschein, daß diese Sorte etwas langsamer wächst und sich auch weniger schnell vermehrt. Die Kultur entspricht aber der von *E. schlueteri*.

E. subalatus ssp. *andrieuxii* in Mexiko

Echinodorus subalatus
(Martius) Grisebach (1866)
Geflügelte Schwertpflanze

Familie: Alismataceae, Froschlöffelgewächse.

Synonyme: *Alisma subalatum* Martius (1830), für ssp. *subalatus: E. longistylis* Buchenau, *E. andrieuxii* (Hooker & Arnott) Small var. *longistylis* (Buchenau) Rataj, *E. intermedius* (Martius) Grisebach; für ssp. *andrieuxii* (Hooker & Arnott) Haynes & Holm-Nielsen: *Alisma andrieuxii* Hooker & Arnott (1838), *E. andrieuxii* (Hooker & Arnott) Small, *E. ellipticus* (Martius) Micheli y *ovata* Micheli.

Etymologie: *Echinodorus:* siehe *E. aschersonianus; subalatus:* schwach geflügelt (Blattstiel); *andrieuxii:* nach Andrieux (Dedikationsname).

Verbreitung: In Mittel- und Südamerika weit verbreitet.

Beschreibung: Variable Sumpfpflanze. Rhizom bis 5 cm lang. Blattstiel viel länger als die Spreite, kantig, schwach geflügelt. Emerse Spreite schmal elliptisch bis schmal eiförmig, 7–20(–40) cm lang, 2,5–9(–21) cm breit, mit runder oder spitzer Spitze und stumpfer bis gestutzter Basis, mittelgrün. Blattrand ganzrandig oder etwas gewellt. Submerse Blätter bis 20 cm gestielt. Spreite linealisch bis bandförmig, bis etwa 20 cm lang, 1–2 cm breit, hellgrün gefärbt. 5–11 Nerven. Ssp. *subalatus:* durchscheinende Linien deutlich, ssp. *andrieuxii:* durchscheinende Linien fehlen.

Blütenstände emers, aufrecht, die Pflanze überragend, bei ssp. *subalatus* einfach oder verzweigt, bei ssp. *andrieuxii* einfach. Blütenstengel und Blütenstand bis 70(–100) cm lang. Stengel zwischen den Quirlen dreikantig bis geflügelt. Blütenstand bis 40(–80) cm lang, mit 3–13 Quirlen, mit oder ohne Adventivpflanzen. Jeder Quirl mit 3–9 Blüten. Deckblätter auffällig schmal und lang zugespitzt, 1,5–6 cm lang, länger als die Blütenstiele. Blüten 2–10(–15) mm gestielt, etwa 1,5 cm groß. Kelchblätter 3–4 mm lang, 2–3 mm breit. Kronblätter etwa 1 cm lang, 8 mm breit. 12 Staubblätter (nach Haynes & Holm-Nielsen (1994) 15–20 Staubblätter); Filament bis 1,5 mm lang. Karpelle zahlreich. Nüßchen geflügelt, 3–5rippig, 1 große Drüse auf jeder Seite, 1,4–2,2 mm lang, 0,8–1,1 mm breit; Schnabel bei ssp. *subalatus* 0,3–0,7 mm lang, weniger als 1/3 so lang wie das Nüßchen, Schna-

269

Echinodorus subalatus im Aquarium

E. subalatus ssp. *subalatus* (Caceres, Brasilien)

bel bei ssp. *andrieuxii* auffällig lang (0,8–1,4 mm), mehr als halb so lang wie das Nüßchen.

Kultur: Beide Unterarten von *E. subalatus* bilden im Aquarium eine etwa 30–50 cm hohe Rosette aus gestielten, relativ schmalen Blattspreiten. Durch diesen ungewöhnlichen submersen Wuchs weichen sie auffällig von anderen Schwertpflanzen ab. Um eine dekorative Wirkung zu erzielen, benötigen ein oder mehrere Pflanzen einen freien Standplatz, an dem sie gut beleuchtet werden. In weichem und mittelhartem Wasser lassen sich die Unterarten zufriedenstellend pflegen. Im allgemeinen sind sie aber ziemlich anspruchsvoll. Blühende Pflanzen von *E. subalatus* sind leicht an den auffällig langen und schmalen Deckblättern zu bestimmen.

Ökologie: *E. subalatus* wächst an sumpfigen Standorten, an den Ufern von Tümpeln und Seen sowie in Überschwemmungsgebieten. Die Verfasserin untersuchte einen Standort von *E. subalatus* ssp. *subalatus* in Südwestbrasilien. Im August 1987 (regenarme Jahreszeit) wuchsen dichte Bestände in einem Überschwemmungsgebiet eines kleinen Flusses größtenteils emers in flachem Wasser auf schlammig-lehmigem, laterit-haltigem Boden. Die Pflanzen blühten und fruchteten reichlich, bildeten aber keine Adventivpflanzen. Wasserwerte: Temperatur 22 °C (Luft 27 °C um 10 Uhr), pH 6,8, GH/KH < 1 °dH, 10 µS/cm. An diesem Habitat wurde auch *E. grandiflorus* gefunden. Auch *E. subalatus* ssp. *andrieuxii* besiedelt sumpfige Standorte. Diese Unterart fand ich in Mexiko (8/1984) ebenfalls in flachem Wasser fast emers. Auch hier waren an den zahlreichen Blüten- und Fruchtständen keine Adventivpflanzen zu finden, die in der Gewächshauskultur gelegentlich vorkommen.

Sonstiges: Haynes & Holm-Nielsen (1986, 1994) halten *E. subalatus* ssp. *subalatus* und *E. subalatus* ssp. *andrieuxii* für Unterarten einer weit verbreiteten Art. Beide lassen sich gut anhand der Länge des Schnabels (Griffelrest des Nüßchens) unterscheiden. Rataj (1975) beschrieb verschiedene Übergangsformen zwischen *E. subalatus* und *E. andrieuxii*, die nach seiner Auffassung wahrscheinlich Hybriden darstellen, als *E. andrieuxii* var. *longistylis*. Mit der Beschreibung der beiden Unterarten durch Haynes & Holm-Nielsen wurde diese Varietät eingezogen. *E. subalatus* wird in der aquaristischen Literatur häufig mit anderen Arten verwechselt.

Wuchsform von *Echinodorus tenellus* mit hellgrünen, kurzen Blättern im Aquarium

Echinodorus tenellus
(Martius) Buchenau (1868)

Grasartige oder Zarte Schwertpflanze

Familie: Alismataceae, Froschlöffelgewächse.
Synonyme: *Alisma tenellum* Martius (1830), *E. tenellus* var. *ecostatus* Fassett, *E. parvulus* Engelmann, *E. parvulus* Engelmann f. *randi*, *E. tenellus* (Martius) Buchenau var. *parvulus* (Engelmann) Fassett.
Etymologie: *Echinodorus*: siehe *E. aschersonianus*; *tenellus*: sehr zart.
Verbreitung: In Nord-, Mittel- und Südamerika weit verbreitet.
Beschreibung: Ausläuferbildende, zarte Sumpfpflanze, ohne Rhizom, emers bis 6 cm, submers bis 5 cm hoch. Emerse Blätter 0,5–4 cm gestielt; Spreite schmal lanzettlich, ganzrandig, kahl, 1,5–2,5 cm lang, 2–4 mm breit, mit spitzer Spitze und herablaufender Basis, 1–3nervig, hellgrün. Submerse Blätter schmal linealisch, 5–10 cm lang, 1–3 mm breit, hell- bis dunkelgrün, auch bräunlich gefärbt. Durchscheinende Zeichnungen fehlen.
Blütenstände nur an emersen Rosetten, die Pflanzen gewöhnlich weit überragend. Blütenstengel bis 13 cm lang, dünn, weich, rund, kahl. Blütenstand aufrecht, unverzweigt, mit 1–2 Quirlen, ohne Adventivpflanzen. Jeder Quirl mit 4–16 etwa 0,5–3 cm lang gestielten Blüten. Blütendurchmesser 6–10 mm. Deckblätter bis 5 × 2 mm groß. Kelchblätter etwa 2,5 mm lang und 2 mm breit. Kronblätter etwa 4 × 2,5 mm groß. 9 Staubblätter; Filament 0,5 mm lang. 15–20 Karpelle. Nüßchen verkehrt eiförmig, 1,0–1,5 mm lang und 0,8–1 mm breit, ungeflügelt, auf jeder Seite bis zu 3 Rippen, ohne Drüsen; der Schnabel ist winzig.
Kultur: Die kleinste Schwertpflanze zählt zu den beliebtesten und dekorativsten Vordergrundpflanzen. Bei zusagenden Bedingungen, insbesondere einer intensiven Beleuchtung, bildet sich durch Ausläufer in kurzer Zeit ein dichter und niedriger „Rasen". Bei über 50 cm hohen Aquarien muß unbedingt auf eine ausreichende Beleuchtung des Vordergrundes geachtet werden, da sonst die zierlichen Pflanzen schnell zugrunde gehen.
Wegen der zarten Wurzeln eignet sich am besten ein feinkörniger Kies- bzw. Sandboden. In weichem bis mittelhartem, schwach saurem Wasser

Wuchsform von *E. tenellus* mit langen, mittel- bis dunkelgrünen Blättern im Aquarium

gedeiht *E. tenellus* besser als in hartem, alkalischem Milieu. Die Temperaturtoleranz ist mit 18 bis 28 °C (vorübergehend auch höher oder niedriger) sehr groß.

Ökologie: *E. tenellus* besiedelt gewöhnlich die Ufer von mehr oder weniger großen Flüssen. Am Rio Guaporé, Südwestbrasilien, wuchs *E. tenellus* im August 1987 zur Zeit des Niedrigwassers einerseits zwischen der Ufervegetation etwa 5 m vom Fluß entfernt auf sehr trockenem Boden, andererseits auch häufig auf den feuchten Sandbänken des Flußufers. An sehr trockenen Plätzen bildeten die kleinen Bestände aufgrund des geringen Feuchtigkeitsgehaltes des Bodengrundes kompakte, nur etwa 3 cm hohe Rosetten mit zahlreichen Blüten- und Fruchtständen. Die Pflanzen besiedelten schattige, bevorzugt aber sonnige Standorte. *E. tenellus* wuchs nicht weit entfernt von *E. bolivianus* und *E. grisebachii.* Submerse Bestände waren zu dieser Jahreszeit nicht zu sehen, so daß *E. tenellus* am Guaporé vermutlich nur während der Hochwasserzeit in flachem Wasser zu finden ist.

Ähnliche Beobachtungen machte auch W. Staeck an zwei natürlichen Standorten: 1) Bolivien (Grenzgebiet zwischen Brasilien und Bolivien),

Canal de Mandioré: Die dichten, blühenden, emersen Bestände von *Echinodorus tenellus* wuchsen bei Niedrigwasser im August 1991 am trocken gefallenen Flußufer unbeschattet auf feuchtem Boden. Wasserwerte des Flusses: Temperatur 25 °C (14 Uhr), pH 7,6, GH 1 °dH, KH 4 °dH, 60 µS/cm.

2) Nordöstliches Venezuela, Straße Barrancas – Tucupita (4/1992): An den Ufern von größeren Seen wuchsen dichte, blühende „Wiesen" von *E. tenellus* vollsonnig, emers und submers. Wasserwerte: Temperatur 32-33 °C (Luft 34 °C um 12 Uhr), pH 6,1, GH/KH < 1 °dH, 20–30 µS/cm.

Sonstiges: Es werden von *Echinodorus tenellus* zwei Formen im Aquarium kultiviert, die sich durch Färbung, Blattlänge sowie Wuchshöhe unterscheiden. Während die eine Form hellgrüne, kurze Blattspreiten bildet und eine niedrige Wuchshöhe im Aquarium aufweist, entwickelt die andere Form mittel- bis dunkelgrüne, häufig auch bräunliche, wesentlich längere Blattspreiten mit einer Wuchshöhe bis 5 cm.

Bei der gelegentlich als „Falsche Tenellus" im Fachhandel angebotenen Pflanze handelt es sich um *Lilaeopsis brasiliensis.*

Breitblättrige Wuchsform von *Echinodorus uruguayensis* im Aquarium

Echinodorus uruguayensis
Arechavaleta (1903)
Uruguay-Schwertpflanze

Familie: Alismataceae, Froschlöffelgewächse.
Synonyme: *E. horemanii* Rataj, *E. subulatus*
Niederlein, *E. martii* Micheli var. *uruguayensis*
(Arechavaleta) Hauman, *E. africanus* Rataj.
Etymologie: *Echinodorus:* siehe *E. aschersonia-
nus; uruguayensis:* aus Uruguay stammend.
Verbreitung: Südbrasilien, Uruguay, Chile,
Nordargentinien.
Beschreibung: Überwiegend im Wasser le-
bende, mittelgroße bis große, polymorphe
Schwertpflanze mit langem, dünnem Rhizom, im
Aquarium bis 70 cm hoch. Emerse Pflanzen:
Blattstiel 15-35 cm lang, rund. Spreite elliptisch,
lanzettlich, verkehrt lanzettlich oder schmal ei-
förmig, 9-23 cm lang, 3-8,5 cm breit, mittelgrün.
Spitze zugespitzt; Basis herablaufend oder spitz.
Submerse Pflanzen: Blattstiel 10-30 cm lang.
Blattspreite sehr schmal elliptisch oder verkehrt
schmal lanzettlich, bandförmig, 30-45 cm lang,
1-4 cm breit, ledrig, hell- bis dunkelolivgrün
oder schwarzrot gefärbt. Spitze spitz oder stumpf

zugespitzt; Basis herablaufend. Blattrand flach
oder gewellt. 3-5 Nerven, Seitennerven submers
anfangs mit dem Mittelnerv zusammen verlaufend. Durchscheinende Linien (einzelne Punkte)
auffällig lang und deutlich (auch an submersen
Spreiten mit einer Lupe gut zu erkennen) oder
fehlen.
Blütenstände submers und emers, aufrecht, die
Pflanzen überragend oder herabgebogen, meistens unverzweigt, an jedem Quirl mit 2-3 Adventivpflanzen. Blütenstengel bis 25 cm lang,
±dick, fast rund. Blütenstand 15-25 cm lang,
zwischen den Quirlen dreikantig, mit 2-4(-6)
Quirlen. Jeder Quirl mit 8-12 Blüten. Deckblätter 1,2-1,7 cm lang. Blüten 1,5-6,5 cm gestielt,
3 cm im Durchmesser. Kelchblätter 5 × 5 mm
groß. Kronblätter 1,8 cm lang, 2 cm breit. 17-22
Staubblätter; Filament 1-1,5 mm; Antheren
1,5 mm. Karpelle zahlreich. Nüßchen 1,8-2,3 mm
lang, 0,8-1,1 mm breit, geflügelt, auf jeder Seite
mit (2-3)4(5) Rippen und (2)3 Drüsen, die in der
oberen Hälfte des Nüßchen ziemlich regelmäßig,
schräg in einer Reihe und einzeln zwischen den
Rippen angeordnet sind; Schnabel sehr kurz, bis
0,3 mm lang.
Kultur: Die Kultur dieser dekorativen, in Fär-

Durchscheinende Zeichnungen bei
E. uruguayensis

bung und Form variablen Solitärpflanze erfordert geräumige Aquarien ab 300 l Inhalt. Bei optimalen Wachstumsbedingungen bilden sich im Laufe von mehreren Monaten prächtige Exemplare, die nahezu 100 Blätter aufweisen können. Im Unterschied zu vielen großwüchsigen Schwertpflanzen entwickelt *E. uruguayensis* im Aquarium keine Schwimm- und Luftblätter. Am schönsten werden die Pflanzen in weichem bis mittelhartem, schwach saurem Wasser, in nährstoffreichem Bodengrund (Lehm), bei einer mittleren bis intensiven Beleuchtung und nicht zu hoher Temperatur (optimal sind 18–24 °C). Eine Vermehrung kann durch Rhizomteilung, Adventivpflanzen und Samen erfolgen. Blütenstände bilden sich ziemlich selten gewöhnlich im Kurztag; bestimmte Faktoren, wie niedrige Temperaturen und hohe Lichtintensität, können aber auch eine Blütenbildung im Langtag auslösen. Z.B. blühen in der Gärtnerei Hoechstetter kräftige Pflanzen auf Lehmboden zu allen Jahreszeiten.

Ökologie: Wanke & Wanke (1994) berichten über mehrere natürliche Standorte von *E. uruguayensis* in Südbrasilien. In einem Nebenfluß des Rio Peixe wurden nicht nur rein rote und rein grüne, sondern auch gemischte Populationen gefunden. Habitate im Rio Peixe enthielten schmalblättrige oder breitblättrige Formen dieser Art. Wasseranalysen ergaben Temperaturen zwischen 22,5–23 °C, pH-Werte zwischen 6,6–7,11

und eine Leitfähigkeit von 68–82 µS/cm. Auch Schulze (1968) berichtet ausführlich über einen natürlichen Standort (siehe Ökologie von *E. osiris*).

Sonstiges: Es sind verschiedene Farb- und Wuchsformen in Kultur, die alle zum Formenkreis von *E. uruguayensis* gerechnet werden. Auch der von Rataj beschriebene *E. horemanii*, der sich durch fehlende durchscheinende Linien in den Blattspreiten unterscheidet, gehört zum Formenkreis von *E. uruguayensis*. Unter dem Synonym *E. horemanii* werden Farbformen mit dunkelolivgrünen und schwarzroten Blattspreiten gepflegt. Bei der zuletzt genannten Farbform, die gelegentlich als *E. horemanii* „rot" oder „schwarzrot" in der Aquarienliteratur erwähnt wurde, handelt es sich zweifelsfrei um eine Hybride, was in der Wasserpflanzengärtnerei Julius Hoechstetter, Trostberg, (pers. Mitteilung) durch Selbstbestäubung und Aussaat nachgewiesen wurde. Diese Hybride diente häufig als Ausgangsmaterial für weitere Kreuzungen (zum Beispiel *Echinodorus* 'Rubin').

Auch der von Rataj 1981 beschriebene *Echinodorus africanus* unterscheidet sich nur wenig von *E. uruguayensis* und ist ebenfalls dieser sehr variablen Spezies zuzurechnen. Die Verfasserin suchte den angeblichen Fundort in Kamerun auf und wies nach (Kasselmann 1984a/1985a), daß dort keine *Echinodorus*-Art, sondern nur die zur selben Familie gehörende und sehr ähnliche Art, *Limnophyton fluitans*, vorkommt. Infolgedessen müssen die an diesem Standort gesammelten Pflanzen von *L. fluitans* später in der Kultur mit einer ökologischen Rasse von *E. uruguayensis* verwechselt worden sein. Rataj beschrieb diese Pflanzen als neue Art (*E. africanus*), in dem irrigen Glauben, sie stammten aus Kamerun.

E. osiris Rataj wird von Haynes & Holm-Nielsen (1994) als Synonym von *E. uruguayensis* angesehen. So lange aber nicht geklärt ist, ob es sich bei dem triploiden *E. osiris* in der Tat um eine mutierte Form von *E. uruguayensis* oder um eine Hybride handelt, wofür manche Anzeichen sprechen, halte ich es für richtiger, den bisherigen Namen *E. osiris* beizubehalten.

Schmalblättrige Wuchsform von
E. uruguayensis aus Argentinien

Egeria densa im Aquarium

Egeria densa
Planchon (1849)
Argentinische oder Dichtblättrige
Wasserpest

Familie: Hydrocharitaceae, Froschbißgewächse.
Synonyme: *Elodea densa* (Planch.) Casp., u.a.
Etymologie: *Egeria*: nach der Nymphe Egeria; *densa*: dicht, bezieht sich auf die Beblätterung.
Verbreitung: Südostbrasilien, Uruguay, Argentinien, eingebürgert in Chile, Mexiko, Nordamerika, Ostafrika, Australien, Neuseeland, Japan und Europa.
Beschreibung: Ausdauernde, flutende Wasserpflanze mit 2–3 mm dickem, hartem, leicht brüchigem, dicht beblättertem Stengel. Internodien 0,3–1 cm. Blätter sitzend. Vorblätter schuppenähnlich, gegenständig, obere Blätter gewöhnlich in 4zähligen Quirlen. Bei Verzweigungen sind am Knoten 2 Blattquirle übereinander angeordnet (Gattung *Elodea* mit einfachem Blattquirl). Spreite schmal länglich, 2–3 cm lang, 3–4 mm breit, leicht nach unten gebogen, transparent, blaßdunkelgrün, einnervig, manchmal mit röt-

lichem Mittelnerv. Schuppen an der Blattbasis. Blattrand fein gesägt. Blattspitze mit winzigem Zähnchen (Gattung *Lagarosiphon* mit 2 Zähnen). Pflanzen zweihäusig. Blüten mit Nektarien. Männliche Spatha mit 2–4(–5) Blüten, weibliche mit 1(2) Blüten. 3 grüne Kelchblätter. 3 weiße Kronblätter, mehr als zweimal so groß wie die Kelchblätter. Männliche Blüte mit gewöhnlich 9 Staubblättern; Filamente 0,8–4,5 mm lang, keulenförmig angeschwollen, stark warzig. Weibliche Blüte im Aussehen der männlichen ähnlich, aber etwas kleiner, mit 3 gelben bis organgefarbenen Staminodien, 0,9–2,4 mm lang. 3 Griffel; Narben gewöhnlich 3lappig.
Kultur: Eine seit vielen Jahren beliebte, anspruchslose Kaltwasserpflanze, die aber nur bedingt winterhart ist. *E. densa* wächst frei schwimmend oder eingepflanzt, ist aber für gewöhnlich nur kurze Zeit bei höheren Temperaturen haltbar. Sie paßt sich weichem, saurem Wasser an, gedeiht aber besonders gut in kalkreichem Wasser mit höheren pH-Werten. Bei zusagenden Bedingungen ist die Art aufgrund des raschen Wachstums ein guter Sauerstoffspender.
Ökologie: In stehenden oder langsam fließenden, gewöhnlich tieferen Gewässern sowohl in saurem, humusreichem Milieu als auch in kalkreichem (bis pH 9,2, Japan), eutrophem Wasser. Überdauert im Winter ohne spezielle Überwinterungsorgane. In manchen Gebieten aufgrund des sehr schnellen Wachstums eine Schadpflanze. Zwei Wasseranalysen Sri Lanka (1/1985): 1) Kleiner Fluß mit langsam fließendem Wasser, pH 5,78, GH 3 °dH, KH 2 °dH 91 µS/cm, rH 240 mV. 2) Teich: Temp. 30 °C (!), pH 6,04, GH/KH < 1 °dH, 85 µS/cm, rH 201 mV. Wasseranalyse Argentinien (7/1993): Großer Fluß, langsam fließendes, lehmig-trübes Wasser, Temp. 12 °C (Lufttemp. 13,5 °C um 15 Uhr), pH 7, GH und KH 2 °dH, 50 µS/cm.
Sonstiges: Von *Lagarosiphon major* leicht durch die quirlständigen, weichen Blätter zu unterscheiden. Wesentliche, aber schwierig zu untersuchende Merkmale für die Unterscheidung von anderen Gattungen der Familie (*Elodea, Hydrilla, Lagarosiphon*) sind u.a. Blattstruktur, Blüten und Nektarien. Für den Aquarianer können aber auch Blattstellung, Blattgröße und -färbung eine Unterscheidungshilfe sein.
Literaturhinweis: Cook & Urmi-König (1984).

Egeria najas

Planchon (1849)

Nixkrautähnliche Wasserpest

Familie: Hydrocharitaceae, Froschbißgewächse.
Synonyme: *Elodea najas* (Planchon) Caspary, u.a.
Etymologie: *Egeria*: siehe *E. densa*; *najas*: der Gattung *Najas* (Nixkraut) ähnlich.
Verbreitung: Brasilien, Uruguay, Paraguay, Argentinien.
Beschreibung: Ausdauernde, flutende, sehr variable Wasserpflanze mit etwa 1 mm dickem, weichem, leicht brüchigem Stengel. Internodien gewöhnlich 0,1–1 cm lang. Blätter sitzend. Vorblätter schuppenähnlich, gegenständig, die oberen Blätter gewöhnlich in 5zähligen Quirlen. Bei Verzweigungen sind am Knoten 2 Blattquirle übereinander angeordnet (Gattung *Elodea* mit einfachen Blattquirlen). Spreite linealisch, spitz, gewöhnlich 2–3 cm lang und 1–2 mm breit, ±stark nach unten gebogen, einnervig, hell- bis dunkelgrün gefärbt. Schuppen an der Blattbasis. Blattrand fein gezähnt. Blattspitze mit winzigem spitzem Zähnchen (Gattung *Lagarosiphon* mit 2 Zähnchen).
Pflanzen zweihäusig. Nektarien fehlen. Männliche Spatha mit 2–3 Blüten, weibliche mit 1(2) Blüten. 3 grüne Kelchblätter. 3 weiße, auffällige Kronblätter, mehr als zweimal so groß wie die Kelchblätter. Männliche Blüte mit gewöhnlich 9 Staubblättern; Filamente 0,6–1,3 mm lang, nicht keulenförmig angeschwollen, wenig warzig. Weibliche Blüten im Aussehen den männlichen ähnlich, aber etwas kleiner, mit 3 gelben bis orangefarbenen Staminodien, 0,4–1,3 mm lang. 3 Griffel; Narben gewöhnlich 3lappig.
Kultur: Obwohl *Egeria najas* eine sehr anpassungsfähige Wasserpflanze ist und bei der Pflege im Aquarium kaum größere Probleme auftreten, wird diese Art bisher sehr selten kultiviert. Es handelt sich um eine zierliche Stengelpflanze, die im Unterschied zu *Egeria densa* für die dauernde Kultur im Tropenaquarium geeignet ist und auch bei hohen Temperaturen (optimal sind 15–26 °C) wächst. Weiches und mittelhartes Wasser ist für die Kultur empfehlenswert. Für eine erfolgreiche Pflege ist eine hohe Lichtintensität notwendig. Im Aquarium lassen sich die Pflan-

Egeria najas **im Aquarium**

zen frei schwimmend und auch eingepflanzt, dann am wirkungsvollsten als Gruppe, kultivieren. Eine Vermehrung gelingt leicht durch Seitensprosse.
Ökologie: Die Verfasserin fand *Egeria najas* im August 1987 im Rio Guaporé, Mato Grosso (Brasilien). In den ruhigen Seitenarmen oder strömungsarmen Buchten wuchsen massenhafte Ansammlungen an der Wasseroberfläche im intensiven Sonnenlicht. Eine ausführliche Wasseranalyse vom Rio Guaporé befindet sich auf S. 46. Auch im Nordosten von Argentinien wurden an natürlichen Standorten im Juli 1993 mehrere Wasseranalysen durchgeführt, die zusammengefaßt wiedergegeben werden: Wasser stehend oder langsam fließend, colafarben oder klar, Biotope unbeschattet, Bodengrund schlammig-sandig oder lehmig, Wassertemperatur 10,5–16 °C, GH < 1–7 °dH, KH < 1–7 °dH, pH 5,2–7,6, 10–240 µS/cm, Fe 0,05–0,1 mg/l. Die Pflanzen wuchsen in bis einen Meter tiefem Wasser. Siehe auch eine Wasseranalyse eines Standortes aus Argentinien auf S. 46, Biotop Nr. 5.
Sonstiges: Zur Unterscheidung zu ähnlichen Gattungen siehe *Egeria densa*.
Literaturhinweis: Cook & Urmi-König (1984).

Blütenstand von *E. azurea* (Venezuela)

Eichhornia azurea
(Swartz) Kunth (1843)
Dünnstielige Eichhornie

Familie: Pontederiaceae, Pontederiagewächse.
Synonyme: *Pontederia azurea* Swartz (1788), *Piaropus azureus* (Sw.) Britton.
Etymologie: *Eichhornia*: nach dem preuß. Minister J. A. Fr. Eichhorn (1779–1856); *azurea*: himmelblau, bezieht sich auf die Blütenfarbe.
Verbreitung: Weit verbreitet in den tropischen und subtropischen Gebieten Amerikas.
Beschreibung: Submerse oder flutende Pflanze mit im Bodengrund oder im Wasser wurzelnder, verzweigter, sehr langer Sproßachse. Emerse Blätter wechselständig, lang gestielt, Blattstiele nicht verdickt. Spreite eirund bis kreisförmig, bis 16 cm groß, mittelgrün. Submerse Pflanzen aufrecht. Blätter zweizeilig wechselständig, linealisch, 10–25 cm lang und 10 mm breit, hellgrün gefärbt.
Blütenstand eine bis 15 cm lange Scheinähre mit bis 50 Blüten (kultivierte Pflanzen wenigblütig). Farbe und Morphologie der Blüte sehr verschieden. Perigon 6lappig, in 2 Kreisen, weiß, azur-

blau bis kräftig violett gefärbt; innere Perigonblätter gefranst, davon das obere mit einem kräftig gelben Fleck. 6 unterschiedlich lange Staubblätter. 1 Griffel. Kapsel vielsamig. Der reife Fruchtstand versinkt im Wasser.
Kultur: Eine anspruchsvolle, dekorative Solitärpflanze. Für die Aquarienkultur ist nur die submerse Wuchsform, die entfernt an einen Palmwedel erinnert, von Interesse. Die Art entwickelt sich in weichem, stark saurem bis neutralem, nährstoffreichem Wasser am schönsten. Die Kulturerfahrungen haben aber gezeigt, daß *E. azurea* eine anpassungsfähige Art ist, die auch in mittelhartem Wasser gut gedeihen kann. Wasserbewegung sowie ein nährstoffreicher Bodengrund (Lehmzugabe) wirken sich vorteilhaft aus. Optimaler Temperaturbereich 15–24 °C. Die Lichtintensität kann gar nicht hoch genug sein. Bei Lichtmangel bleiben die Pflanzen im Habitus schmächtig, und die unteren Blätter werden schwarz und faulen. Unerwünscht sind allerdings die bei gut beleuchteten und kräftig wachsenden Sprosse an der Wasseroberfläche gebildeten emersen Triebe, weshalb die Sprosse rechtzeitig gekürzt werden müssen. Beläßt man den unteren Teil des Stengels im Bodengrund, entwickelt er neue Seitensprosse, so daß eine vegetative Vermehrung kein Problem darstellt. Eine besonders wirkungsvolle Dekoration des Aquariums erzielt man, wenn zwei bis drei Sprosse stufig und mit paralleler Anordnung der Blätter gepflanzt werden. Im Sommer auch als emerse Pflanze im Gartenteich haltbar, wo sich an einem hellen Standort die dekorativen Blütenstände bilden (siehe Foto S. 2).
Ökologie: *E. azurea* bildet an natürlichen Standorten einen dichten Schwimmpflanzenteppich; submerse Bestände sind selten. Die Verfasserin fand die Art in sehr unterschiedlichen Biotopen, in stehenden, teichartigen Gewässern oder Sumpfgebieten ohne sichtbare Wasserbewegung sowie in stark strömendem Wasser, immer in intensivem Sonnenlicht. An dieser Stelle folgt eine Zusammenfassung der zahlreichen Wasseranalysen (bei Lufttemperaturen von 7–34 °C) Wassertemperatur 9–33 °C, pH-Wert 5,4–7,6, GH und KH < 1–8 °dH, 10–360 µS/cm. Siehe auch die ausführlichen Wasseranalysen Nr. 1 auf S. 46 und Nr. 5 auf S. 46.
Literaturhinweis: Kasselmann & Staeck (1990).

Eichhornia azurea im Aquarium

Blühende *E. crassipes* am Standort in Venezuela

Eichhornia crassipes
(Martius) Solms (1883)
Dickstielige Wasserhyazinthe

Familie: Pontederiaceae, Pontederiagewächse.
Synonyme: *Pontederia crassipes* Martius (1823), u. a.
Etymologie: *Eichhornia*: siehe *Eichhornia azurea; crassipes:* dickstielig.
Verbreitung: Weltweit (ursprünglich Brasilien).
Beschreibung: Gewöhnlich frei schwimmende, bis etwa 50 cm hohe Pflanze mit reich verzweigten, bläulichschwarzen Wurzeln. Internodien stark gestaucht, so daß die emersen Blätter eine Rosette bilden. Blattstiele bis 40 cm lang, durch Lufteinlagerung schwammig verdickt. Blattscheide bis 15 cm lang. Spreite rundlich bis rhombisch, bis 25 cm groß, Spitze stumpf, Basis keilförmig bis schmal herzförmig.
Scheinähre mit 20–35 Blüten. Perigon 6lappig, in 2 Kreisen, hellviolett, der innere obere Lappen mit einem gelben Fleck. 6 Staubblätter, in 2 Höhen. 1 Griffel. Kapsel 1,5 cm lang, vielsamig.
Kultur: Für die Aquarienkultur ist diese Schwimmpflanze nur geeignet, wenn sie inten-

siv beleuchtet wird und ein ausreichend hoher Raum mit einer feuchtwarmen, etwas bewegten Luft zwischen Wasseroberfläche und Abdeckung vorhanden ist. Die Art benötigt nährstoffreiches Wasser. Empfehlenswert ist die Kultur in offenen Aquarien, wobei man darauf achten muß, daß die Blätter durch die Lampen nicht verbrennen. Wird *E. crassipes* im Sommer im Gartenteich gepflegt, werden dort bei viel Wärme und Licht die prächtigen Blütenstände mit den zahlreichen hellvioletten Blüten ausgebildet. Eine Überwinterung gelingt am ehesten an einem hellen, kühlen Platz. Auch bei guten Kulturbedingungen erreicht die Wasserhyazinthe gewöhnlich nur einen Bruchteil der Größe von Pflanzen natürlicher Standorte.
Ökologie: In den natürlichen Gewässern bildet die Wasserhyazinthe häufig derart große Bestände, daß sie ein Problem für die Schiffahrt darstellt. Zahlreiche Wasseranalysen wurden durchgeführt, die hier zusammengefaßt wiedergegeben werden: Wassertemperatur (20)27–33 °C, pH 6,5–7,5, GH < 1–12,5 °dH, KH < 1–6 °dH, 20–785 µS/cm. Auch im Brackwasser (4900 µS/cm). Siehe auch Wasseranalysen Rio Guaporé und Rio Janayacu S. 46.

Eichhornia diversifolia im Aquarium (Mitte)

Eichhornia diversifolia
(Vahl) Urban (1903)
Verschiedenblättrige Eichhornie

Familie: Pontederiaceae, Pontederiagewächse.
Synonyme: *Heteranthera diversifolia* Vahl (1805), u.a.
Etymologie: *Eichhornia*: siehe *E. azurea*; *diversifolia*: verschiedenblättrig.
Verbreitung: Mittelamerika (Antillen), Südamerika (Guyana, Venezuela, Brasilien).
Beschreibung: Krautige Wasserpflanze, im Habitus *Eichhornia natans* sehr ähnlich (mit dieser häufig verwechselt, vgl. die Beschreibungen). Submerse Blätter bis 9 cm lang, 2–5 mm breit. Schwimmblätter 2–6 cm gestielt; Spreite bis 2,3 cm × 1,6(–2,8) cm groß.
Blütenstand bis 5 mm gestielt, mit 2–3(4), hellblauen oder ± blauvioletten, 1–2 cm großen Blüten. Innere Perigonblätter bis 1,5 cm lang, 0,6 cm breit, eines mit einem gelben Fleck, äußere Perigonblätter etwas kleiner. Samenkapsel etwa 1 cm lang und 2 mm dick.
Kultur: *E. diversifolia* ist wie *E. natans* eine anspruchsvolle, aber besser geeignete Kultur-

pflanze. Sie ist ebenfalls sehr lichthungrig, doch werden die Blätter an den unteren Sproßteilen nicht so schnell schwarz wie bei *E. natans*. Für ein optimales Wachstum erscheint auch weiches, leicht saures bis neutrales Wasser wichtig zu sein. Temperaturoptimum 20–28 °C.
Ökologie: Die Verfasserin untersuchte im März 1986 und August 1987 drei Standorte im nördlichen Pantanal, Brasilien: 1) Sumpfgebiet mit stehendem Wasser. Die Pflanzen wurzeln im schlammigen Bodengrund in bis 1 m Tiefe. Wassertemp. 28 °C, Lufttemp. 27 °C um 10 Uhr, pH 5,5 GH/KH < 1°dH, 18 µS/cm. 2) Tümpel mit stehendem Wasser. Bodengrund lehmig-schlammig. Wassertemp. 35 °C an der Oberfläche, 25 °C in 50 cm Tiefe, Lufttemp. 28 °C um 11 Uhr, pH 7,2–7,3, GH/KH < 1°dH, 25 µS/cm. 3) See. Wassertemp. 24 °C, Lufttemp. 25 °C (16 Uhr), pH 6, GH/KH < 1°dH, 30 µS/cm. Siehe auch die ausführlichen Wasseranalysen vom Rio Guaporé, Brasilien (S. 46), und Venezuela Nr. 2 (S. 46).
Sonstiges: Zur sicheren Bestimmung sind Blütenstände notwendig. Schmächtige Sprosse von *E. diversifolia* können anhand des Habitus nicht sicher von der kleineren afrikanischen *E. natans* unterschieden werden.

Eichhornia heterosperma am natürlichen Standort in Venezuela

Eichhornia heterosperma
Alexander (1939)

Familie: Pontederiaceae, Pontederiagewächse.
Synonyme: *E. venezuelensis* Velasquez.
Etymologie: *Eichhornia*: siehe *E. azurea*; *heterosperma*: ungleichsamig.
Verbreitung: Mittel- und Südamerika (bis nördliches Brasilien).
Beschreibung: Sumpfpflanze mit im flachen Wasser flutenden oder im Schlamm kriechenden, unbehaarten Sprossen. Stengel, Blattstiele und Blattscheiden auffällig weinrot gefärbt. Emerse Blätter bis 15 cm gestielt; Blattstiel nicht aufgeblasen. Emerse Blattspreite verkehrt lanzettlich bis verkehrt breit eiförmig, 3–10 cm lang, 1,2–6,2 cm breit, kahl. Blattscheide 1,5–6 cm lang. Submerse Blätter wechselständig, linealisch, 6–11 cm lang.
Blütenstand eine 5–6 cm lange Scheinähre mit 4–8(–14) Blüten. Stiel des Blütenstandes 1–5 cm lang. Spatha 1,8–4 cm lang. Blüte etwa 1,5–4 cm groß. Perigon 6lappig. Perigonröhre 10–20 mm lang, behaart. Perigonblätter ganzrandig, blaßblau bis blauviolett, ohne gelben Fleck. 6 unterschiedlich lange Staubblätter; Filamente kahl; Antheren blauviolett. Kapsel 1,5–3 cm lang; Samen gerippt, verschieden groß.
Kultur: *E. heterosperma* wurde bisher noch nicht für die Aquaristik eingeführt. Interessant wäre ein Kulturvergleich mit der im submersen Habitus offensichtlich nicht zu unterscheidenden *E. azurea*.
Ökologie: Wächst in stehendem Wasser von Teichen und Seen, wo am Ufer bei niedrigem Wasserstand an der Oberfläche lockere, miteinander verkrautete Bestände gebildet werden. An einem natürlichen Standort in Venezuela war der Bodengrund sandig bis lehmig. Wasseranalyse dieses Standortes von W. Staeck (4/1992): Temp. 32 °C (Lufttemp. 34 °C um 12 Uhr), pH 6,1, GH/KH < 1 °dH, 20 µS/cm.
Sonstiges: Wesentliche Unterscheidungsmerkmale zu *E. azurea* sind die bei *E. heterosperma* kräftig weinrot gefärbten Stengel und Blattstiele, die wenigblütigen Blütenstände, die nicht gefransten Perigonblätter sowie der fehlende, für die Gattung charakteristische, gelbe Fleck auf dem mittleren oberen Perigonblatt.
Literaturhinweis: Kasselmann & Staeck (1993a).

Blütenstand von *Eichhornia diversifolia* **Blüte von *Eichhornia natans***

Eichhornia natans
(P. Beauvois) Solms-Laubach (1882)
Schwimmende Eichhornie

Familie: Pontederiaceae, Pontederiagewächse.
Synonyme: *Pontederia natans* P. Beauvois
(1810), *Monochoria natans* Thomson, *Eichhornia diversifolia* Troupin (non Urban).
Etymologie: *Eichhornia*: siehe *E. azurea*; *natans*: schwimmend.
Verbreitung: Westafrika, vereinzelt auch Ostafrika (Tansania, Madagaskar).
Beschreibung: Krautige Wasserpflanze. Submerse Blätter wechselständig rosettig oder zweizeilig, sitzend, linealisch, spitz, 3–8 cm lang, 2–4 mm breit, an den Sproßspitzen hellgrün. Schwimmblätter 4–10 cm gestielt, scheidig. Spreite herzförmig, an der Basis etwas überlappt, 2 × 1,5 cm groß, dunkelgrün. Blüten einzeln, kurz gestielt, etwa 1 cm groß. Blütenhülle (Perigon) in 2 Kreisen, ± blauviolett (ohne gelben Fleck! Vgl. *E. diversifolia*), am Grund zu einer Röhre verwachsen. Perigonblätter bis 5,5 × 3 mm groß, verkehrt eiförmig. 6 verschieden hochstehende Staubblätter. Frucht

eine 3 fächrige Kapsel mit 20–60 etwa 1 mm langen, gerippten Samen.
Kultur: *E. natans* ist eine seltene, anspruchsvolle und sehr lichtbedürftige Art. Obwohl die Pflanzen am natürlichen Standort in der Regel in vollem Sonnenlicht wachsen, sind die unteren Sproßteile gewöhnlich immer schwärzlich, eine negative Eigenart, weshalb sie für die Kultur auch wenig geeignet erscheinen. Auch bei einer hohen Lichtintensität bleiben nur die Blätter an den Sproßspitzen grün. Im Aquarium gedeiht *E. natans* in weichem oder mittelhartem, nährstoffreichem Wasser. Der Bodengrund sollte ebenfalls nahrhaft sein. Kräftige Pflanzen entwickeln auch im Aquarium Schwimmblätter und Blütenstände. Die Samen keimen am besten bei guter Beleuchtung und hoher Temperatur (30–35 °C).
Ökologie: Die Verfasserin fand *E. natans* in Westafrika in sehr flachem oder bis einen Meter tiefem Wasser in Tümpeln oder langsam fließenden Bächen immer in intensivem Sonnenlicht. Der Bodengrund war meistens schlammig und häufig stark mit Humus durchsetzt.
Sonstiges: *E. natans* ist leicht mit *E. diversifolia* und *Heteranthera zosterifolia* zu verwechseln (vgl. die Blütenbeschreibungen).

Eleocharis acicularis im Aquarium

Eleocharis acicularis
(Linné) Roemer & Schultes (1817)
Nadelsimse

Familie: Cyperaceae, Ried- oder Zypergräser.
Synonyme: *Scirpus acicularis* L. (1753), u. a.
Etymologie: *Eleocharis*: *helos* = Sumpf, *charis* = Freude; *acicularis*: nadelspitzig (Blätter).
Verbreitung: Europa, Nordafrika, Asien, Sumatra, Australien, Nord- und Südamerika.
Beschreibung: Ausläuferbildende, zarte Sumpfpflanze. Rhizom unterirdisch, fadenförmig, stark verzweigt. Halme einzeln oder rosettig, 5–20 cm (submers selten bis 50 cm) hoch, fadenförmig, flach und kantig, scheidig, hell- bis mittelgrün gefärbt.
Blütenstand ein endständiges, 3–8(–15)blütiges, 2–5 mm langes Ährchen. Blüten zweigeschlechtlich, spiralig angeordnet. Spelzen eiförmig, stumpf, gekielt. Perigonborsten 2–4(–6), schmal, gleich lang oder länger als das Nüßchen, häufig fehlend. 3 Staubblätter. 3 verwachsene Fruchtblätter; Griffel abfallend, Griffelfuß an der Spitze des Nüßchens bleibend, klein, etwa halb so breit wie das Nüßchen, eingeschnürt. Nüß-

chen 0,7–1,2 mm lang, verkehrt lanzettlich bis verkehrt eiförmig, mit 10 feinen Längsrippen.
Kultur: Zarte, anspruchslose, rasenbildende Vordergrundpflanze. Die im Handel angebotenen Populationen sind bei nicht zu hohen Temperaturen (bis 25 °C) und intensivem Licht mäßig gut im Tropenaquarium haltbar. Ein sandiger Bodengrund eignet sich am besten. Eine Vermehrung erfolgt durch Ausläufer. Die Nadelsimse eignet sich ausgezeichnet für die Bepflanzung von Zuchtaquarien. Auch am Teichrand verwendbar, dort von Juni bis Oktober im flachen Wasser blühend. Winterhart.
Ökologie: Wächst an den Rändern von Sümpfen, Teichen und Flüssen bevorzugt auf kalkarmen, mäßig nährstoffreichen, ± schlammigen Sand-, Kies- und Tonböden. In Asien häufig in Reisfeldern. Im tiefen Wasser steril bleibend.
Sonstiges: Svenson (1929) beschreibt 5 Formen und 5 Varietäten von *E. acicularis*, die Unterschiede in den Halmen, Ährchen und Perigonborsten zeigen. Neben diesen Merkmalen dienen zur Unterscheidung der etwa 150 *Eleocharis*-Arten insbesondere Anzahl der Blüten, Form der Spelzen, Gestalt und Größe des Griffelfußes sowie des Nüßchens.

Submerse Pflanzen von *Eleocharis vivipara*

Eleocharis vivipara
Link (1827)
Regenschirmsimse

Familie: Cyperaceae, Ried- oder Zypergräser.
Synonyme: *E. prolifera* Chapman, *Chlorocharis vivipara* Rikli.
Etymologie: *Eleocharis*: siehe *E. acicularis*; *vivipara*: lebendgebärend.
Verbreitung: Südliche und südöstliche USA.
Beschreibung: Ausläuferbildende, lebendgebärende (vivipare) Sumpfpflanze. Rhizom kriechend. Halme in Rosetten, submers bis 100 cm, emers bis 30 cm lang, fadenförmig, fest, hell- bis mittelgrün. Blattscheiden spitz, fest. An den einzelnen Halmspitzen 1–3 Quirle übereinander; jeder Quirl weist wiederum 6–8 Halme auf.
Blütenstand ein vielblütiges, vivipares, 3–8 mm langes Ährchen. Blüten zweigeschlechtlich, spiralig angeordnet. Spelzen stumpf, gewöhnlich nicht gekielt, 2 mm lang. 6 Perigonborsten, fast so lang wie das Nüßchen. 3 verwachsene Fruchtblätter; Griffel abfallend, Griffelfuß pyramidenförmig, schmaler als das dreieckige, verkehrt eiförmige, 1 mm lange Nüßchen.

Kultur: Obwohl *E. vivipara* schon seit 1912 bei den Aquarianern als anspruchslose Pflanze bekannt ist, wird sie ziemlich selten gepflegt. Dieses ist wohl darauf zurückzuführen, daß die Art in flachen Aquarien ein dichtes Gewirr von zarten Halmen bildet, was sehr „unordentlich" aussieht. Für Zuchtaquarien ist die Regenschirmsimse aber gerade deshalb besonders empfehlenswert. Soll aber der regenschirmähnliche Habitus wirkungsvoll zur Geltung kommen, müssen die Pflanzen in möglichst hohen Aquarien kultiviert werden. Zum optimalen Gedeihen ist eine mittlere Beleuchtungsstärke ausreichend. Auf Dauer mögen die Pflanzen keine Temperaturen über 27 °C. Als Bodengrund ist Sand oder feiner Kies am besten geeignet, in dem die feinen Wurzeln gut Halt finden können. Zur vegetativen Vermehrung werden die Halmquirle, an denen sich ebenfalls Wurzeln bilden, abgetrennt und eingepflanzt. Nur emerse Pflanzen bilden Blütenstände.
Ökologie: Die Art lebt amphibisch an den sumpfigen Rändern von Gewässern, häufig auf sandigem Boden.
Sonstiges: Reife Nüßchen sind in der Kultur selten.

Elodea canadensis im Aquarium

Elodea canadensis
Michaux (1803)
Kanadische Wasserpest

Familie: Hydrocharitaceae, Froschbißgewächse.
Synonyme: *Udora canadensis* (Mich.) Nutt.,
u.a.
Etymologie: *Elodea*: *helodes* = sumpfig; *canadensis:* aus Kanada stammend.
Verbreitung: Nordamerika, eingeschleppt nach
Europa (weibliche Pflanzen), Australien, Neuseeland.
Beschreibung: Ausdauernde Wasserpflanze.
Stengel kriechend oder aufrecht, etwa 1 mm
dick, dicht beblättert. Vorblätter gegenständig,
die oberen Blätter meist in 3zähligen Quirlen.
Seitensprosse bilden sich an Knoten mit ein-
fachen Blattquirlen (im Unterschied zu *Egeria*
mit doppelten Blattquirlen). Blätter sitzend, lanzettlich, gewöhnlich bis 10 mm lang, 3 mm breit,
etwas nach unten gebogen, transparent, dunkelgrün, einnervig. Schuppen an der Blattbasis.
Blattrand gezähnt. Blattspitze mit 1(2) spitzen
Zähnchen (Lupe!).
Pflanzen zweihäusig, selten einhäusig. Nektarien
fehlen. Spatha mit 1(2) Blüten, männliche
Spatha länger als 6 mm. 3 grüne Kelchblätter. 3
Kronblätter, viel schmaler, aber fast gleich lang
wie die Kelchblätter, sehr dünn, unscheinbar,
weiß. Männliche Blüten mehr als 15 cm gestielt.
Gewöhnlich 9 Staubblätter; Filamente sehr kurz.
Weibliche Kelch- und Kronblätter den männlichen ähnlich, aber kleiner. 3 Staminodien. 3
Griffel, gewöhnlich 2spaltig, 2,6–4 mm lang.
Kultur: Empfehlenswerte Kaltwasserpflanze, die
optimal bei Temperaturen von 15–20 °C (vorübergehend auch bis 28 °C) gedeiht. Sie wächst
besonders gut in alkalischem, karbonatreichem
Wasser. Aufgrund des raschen Wachstums ist sie
ein guter Sauerstoffspender. Lichtbedürftig.
Ökologie: Wächst in Seen und Teichen sowie in
langsam fließendem, meistens eutrophem, gelegentlich auch in schwach brackigem Wasser. In
Südostaustralien und Neuseeland gilt die Art
noch immer als Plage. Im Herbst werden Winter-
sprosse und Turione gebildet.
Sonstiges: Die Zahl der Blätter je Quirl kann
bedingt zur Unterscheidung von den ähnlichen
Arten *Elodea nuttallii* und *Hydrilla verticillata*
herangezogen werden.
Literaturhinweis: Cook & Urmi-König (1985).

Elodea nuttallii im Aquarium

Weibliche Blüten von *E. nuttallii*

Elodea nuttallii
(J. E. Planchon) St. John (1920)
Nuttalls Wasserpest

Familie: Hydrocharitaceae, Froschbißgewächse.
Synonyme: *Anacharis nuttallii* J. E. Planchon (1848), u. a.
Etymologie: *Elodea*: siehe *E. canadensis*; *nuttallii*: nach dem englischen Botaniker Thomas Nuttall (1786–1859).
Verbreitung: Nordamerika, in Europa und Japan eingeschleppt.
Beschreibung: Ausdauernde Wasserpflanze. Stengel kriechend oder aufrecht, etwa 1 mm dick, locker beblättert, weich. Vorblätter gegenständig, die oberen Quirle gewöhnlich 4–5zählig. Seitensprosse an Knoten mit einfachen Blattquirlen (im Gegensatz zu denen von *Egeria* mit doppelten Blattquirlen). Blätter sitzend, lanzettlich, gewöhnlich bis 8 mm lang, 2 mm breit, stark nach unten gebogen, an der Sproßspitze nicht wie bei *E. canadensis* dachziegelartig übereinander, transparent, blaßdunkelgrün, einnervig. Schuppen an der Blattbasis. Blattrand gezähnt. Blattspitze mit 1 spitzen Zähnchen (Lupe!).

Pflanzen zweihäusig, selten einhäusig. Nektarien fehlen. Spatha mit 1(–2) Blüten, männliche Spatha nicht länger als 4 mm. 3 Kelchblätter, grün. 3 Kronblätter, viel schmaler und kleiner als die Kelchblätter, sehr dünn, unscheinbar, weiß. Männliche Blüten fast sitzend. Gewöhnlich 9 Staubblätter; Filamente sehr kurz. Weibliche Kelch- und Kronblätter den männlichen ähnlich. 3 Staminodien. 3 Griffel, gewöhnlich 2spaltig, kürzer als 2 mm.
Kultur: Kaltwasserpflanze, Kultur wie bei *Elodea canadensis*, aber langsamer wachsend.
Ökologie: Wächst in stehenden oder langsam fließenden, kalkreichen Gewässern, gelegentlich auch in schwach brackigem Wasser. Überwintert mit niederliegenden Schößlingen auf dem Gewässergrund. Diese bilden im Frühjahr neue Schößlinge, die sich an der Wasseroberfläche stark verzweigen. In Nordamerika häufig sympatrisch mit *E. canadensis*.
Sonstiges: In vegetativem Zustand ist *E. nuttallii* schwierig von *E. canadensis* zu unterscheiden. Zur Unterscheidung zu ähnlichen Gattungen (*Egeria, Hydrilla, Lagarosiphon*) vergleiche die Beschreibungen der einzelnen Arten.
Literaturhinweis: Cook & Urmi-König (1985).

Blütenstand von *Eusteralis stellata*

Eusteralis stellata
(Loureiro) Panigrahi (1976)
Sternpflanze

Familie: Lamiaceae, Lippenblütler.
Synonyme: *Mentha stellata* Loureiro (1790), *Dysophylla verticillata* Bentham (nom. nud.), *Mentha verticillata* Roxburgh (nom. nud.), *Dysophylla stellata* Bentham, *Dysophylla benthamiana* Hance, *Dysophylla ramosissima* Bentham (nom. nud.).
Etymologie: *Eusteralis*: Die Herleitung ist nicht bekannt; *stellata:* sternförmig, bezieht sich auf die Anordnung der Blätter.
Verbreitung: Japan, China, Taiwan, Malaysia und Australien.
Beschreibung: Sumpfpflanze mit aufrechtem oder aufsteigendem, bis 50 cm langem Sproß. Stengel kahl oder sehr wenig behaart, ± gefurcht. Internodien 3–5(–7) mm dick, wenige Millimeter bis 5,5 cm lang. Blätter quirlständig, emers 3–6, submers 3–10(–14) sitzende oder fast sitzende Blätter in einem Quirl. Blattspreite schmal lanzettlich bis linealisch, 4–9 cm lang und 3–6 mm breit; Blattrand gezähnt bis gesägt,

bei Landsprossen deutlicher ausgeprägt. Emerse Blattflächen oberseits grün bis dunkelgrün, unterseits grün bis rötlich gefärbt; submers grün, rötlich oder rotlila, Unterseite schwach rötlich, am Knoten deutlich lila gefärbt.
Blütenstand eine 1–3(–6) cm lange Ähre, dicht mit fast sitzenden, etwa 2 mm großen Blüten besetzt. Deckblätter 1–2 mm lang und 0,5–1 mm breit. 4 Kelchblätter, 1–1,2 cm lang, außen flaumig behaart. Blütenkrone blaßrosa oder purpurn. 4 behaarte Staubblätter. Nüßchen etwa 7 mm lang, elliptisch, blaßbraun.
Kultur: Eine dekorative, schnellwüchsige Pflanze, die zum gesunden Wachstum eine sehr hohe Lichtintensität und einen nährstoffreichen Bodengrund benötigt. Auch bei optimalem Wuchs erreichen die Kulturpflanzen bei weitem nicht die Größe von Importpflanzen. Günstig wirkt sich ein weiches bis mittelhartes Wasser mit einer Temperatur von 22–28 °C aus. Vermehrung durch Stecklinge. Nach Abtrennen der Sproßspitze bilden sich an dem im Bodengrund verbliebenen Restsproß zahlreiche Seitentriebe. Diese müssen reduziert werden, da die Blattquirle sonst mit der Zeit immer kleiner werden. Der dickfleischige Stengel bricht sehr leicht beim Einpflanzen, so daß Vorsicht geboten ist. Damit sich die Sprosse nicht gegenseitig im Wachstum behindern, sollten sie einzeln und mit genügend Abstand in den Bodengrund gepflanzt werden. Kräftige Exemplare eignen sich auch sehr gut als Solitärpflanze (Foto Titelseite).
Läßt man *Eusteralis stellata* bis zur Wasseroberfläche durchtreiben, wächst sie flutend weiter. Die Umwandlung in die Landform und die emerse Kultur sind schwierig und erfolgen nur bei einer hohen Luftfeuchte und Lichtintensität. Relativ selten erscheinen in der emersen Kultur die Blütenstände mit den zahlreichen kleinen Einzelblüten.
Ökologie: Die Pflanze lebt in Sümpfen, Mooren, Teichen und Reisfeldern, in Sulawesi und Neuguinea bis in Höhen von 2500 m.
Sonstiges: *Eusteralis stellata* weist ein eigenartiges Verhalten auf, für das ich bisher noch keine Erklärung gefunden habe: Auch bei optimalem Gedeihen stirbt jeweils nach 10–20 cm Längenwachstum die Sproßspitze ab, gleichzeitig bilden sich aber sofort neue kräftige Seitentriebe.

Glossostigma elatinoides im Vordergrund dieses Aquariums

Glossostigma elatinoides
Bentham (1854)
Australisches Zungenblatt

Familie: Scrophulariaceae, Rachenblütler.
Synonyme: *Tricholoma elatinoides* Bentham (1846).
Etymologie: *Glossostigma: glossoides* = zungenähnlich, *stigma* = Narbe; *elatinoides*: der Gattung *Elatine* ähnlich.
Verbreitung: Australien, Neuseeland, Tasmanien.
Beschreibung: Zarte Sumpfpflanze mit kriechenden, häufig verzweigten, an allen Knoten wurzelnden Sprossen. Blätter gegenständig, bis 2,0 cm gestielt. Spreite ganzrandig, kahl, schmal spatelförmig, 0,3–1,2 cm lang, bis 6 mm breit, hellgrün gefärbt. Spitze stumpf oder gebuchtet. Blüten achselständig, einzeln, etwa 10 mm gestielt. Kelch 4lappig, grün, etwa 2 mm lang. Blütenkrone weiß, etwa 5 mm groß, mit einer 3lappigen Unter- und einer 2lappigen Oberlippe, etwas behaart und am Rand gewimpert. 4 Staubblätter (2 lange und 2 kurze) innerhalb der Krone. Griffel mit einer großen, zungenförmigen

Narbe, wenig aus der Krone herausragend. Kapsel mit etwa 20 Samen.
Kultur: Eine zierliche, gut wachsende, rasenbildende Pflanze mit hohen Lichtansprüchen. Bei hoher Lichtintensität wachsen die Sprosse kriechend, bei Lichtmangel streben sie dagegen aufrecht zum Licht. Empfehlenswert für die Kultur sind deshalb flache, gut beleuchtete Aquarien. Weiches, schwach saures Wasser mit einer Temperatur zwischen 22 und 26 °C ist für das Wachstum optimal. Das Einpflanzen der zarten Stengel in einen möglichst feinkörnigen Bodengrund erfordert etwas Geduld und sollte sehr behutsam vorgenommen werden. Vermehrung durch Seitensprosse. Im Sommer läßt sich die Art gut am Teichrand kultivieren, wo sich regelmäßig Blüten bilden.
Ökologie: Wächst in sumpfigen Regionen, an Flüssen und Seen oft völlig submers.
Sonstiges: Interessant ist der Bestäubungsvorgang: Wird die Narbe berührt, klappt sie durch einen Reizmechanismus nach oben und legt die Staubbeutel frei. Bevor ein Insekt an die Staubbeutel gelangt, wird mitgebrachter Pollen an der außen behaarten Narbe abgestreift, wodurch es zu einer Kreuzbestäubung kommt.

Blütenstände von *Gymnocoronis spilanthoides*

Gymnocoronis spilanthoides
(Hooker & Arnott) De Candolle (1838)
Falscher Wasserfreund

Familie: Asteraceae, Korbblütengewächse.
Synonyme: *Alomia spilanthoides* D. Don
(1835), *Gymnocoronis attenuata* DC., *G. sub-
cordata* DC., *Adenostemma gymnocoronis*
Schultz-Bip.
Etymologie: *Gymnocoronis: gymnos* = nackt,
corona = Krone; in bezug auf den fehlenden
Haarschopf des Kelches; *spilanthoides*: einer
Spilanthes ähnlich.
Verbreitung: Westbrasilien, Bolivien, Chile, Uruguay, Argentinien.
Beschreibung: Bis 2 m hohe, aufrechte Sumpfpflanze. Stengel ± kantig, hohl, bis daumendick,
grün oder weinrot. Blattspreite bis 9 cm gestielt,
lanzettlich bis eiförmig, kahl, bis 23,5 cm lang,
olivgrün, spitz und mit runder oder herzförmiger, bis 12 cm breiter Basis. Blattrand gezähnt.
Submerse Spreite bis 1 cm gestielt, lanzettlich,
bis 12 × 4,5 cm groß, hellgrün. Der Saft ist stark
aromatisch.
Blütenstand ein Körbchen mit 80–150 Röhren-

blüten auf einem etwa 6 mm breiten Blütenboden. Randblüten fehlen. Hüllkelch (Involukrum) mit 25–35 spitzen, grünen Blättchen, je 4
× 0,7 mm groß. Kelch ohne Haarschopf (Pappus).
Blütenkrone 5zipflig, etwa 3,5 mm lang. Griffel
gabelig verzweigt, etwa 1 cm lang; Narben keulenförmig verdickt, etwa 1,5 mm. Achäne
2,0–2,3 mm lang, 0,8–1 mm breit, gerippt, hellbraun.
Kultur: *G. spilanthoides* ist eine kräftige Sumpfpflanze mit guter Anpassung an die submerse
Kultur. Härte und pH-Wert sind für eine optimale
Pflege von untergeordneter Bedeutung. Wichtig
ist jedoch eine gute Beleuchtung, da sonst nicht
nur die unteren Blätter faulen, sondern sich auch
die Internodien zu sehr strecken. Ungewaschener Sandboden reicht aus, da ein nährstoffreicher Bodengrund ein meist unerwünschtes kräftiges Wachstum zur Folge hat. Der optimale
Temperaturbereich liegt zwischen 15 und 28 °C.
Empfehlenswert ist die Anordnung in einer stufig ansteigenden Gruppe, wobei die dickfleischi-

G. spilanthoides: links die Sorte
'Rotstengelig'   ▷

Viruskranke Pflanzen von *G. spilanthoides*

gen Stengel einzeln gepflanzt werden. Eine Vermehrung gelingt problemlos durch Seitensprosse oder durch einzelne Blätter, die an der Wasseroberfläche treiben.

Die emerse Kultur ist nur in sehr hohen, geräumigen Paludarien empfehlenswert, da die Sprosse sehr schnell wachsen. Bei emerser Kultur sind eine hohe Luftfeuchte und ein nasser Bodengrund notwendig. Kräftige Exemplare entwickeln im Sommer häufig Blütenstände. Eine Samenbildung ist selten.

Ökologie: *G. spilanthoides* besiedelt die Ränder stehender oder langsam fließender Temporär- oder Permanentgewässer. Wasseranalysen, die an zahlreichen natürlichen Standorten in Bolivien und Argentinien von W. Staeck und der Verfasserin durchgeführt wurden, ergaben ein weiches bis mittelhartes Wasser (GH < 1–4 °dH, KH < 1–12 °dH, 10–410 µS/cm), das gewöhnlich eine alkalische Reaktion besitzt (pH-Werte meistens zwischen 7,5 und 8). In den Monaten Juli

und August, d. h. in der kälteren Jahreszeit, wurden bei Lufttemperaturen zwischen 0 °C (nachts) und 34 °C im Wasser Werte zwischen 6,5 und 24 °C ermittelt. Der Bodengrund war sandig, lehmig oder schlammig, die Standorte vollsonnig.

Gymnocoronis spilanthoides 'Rotstengelig'

Diese abweichende Form von *Gymnocoronis spilanthoides* wurde in den Jahren 1991 aus Bolivien und 1993 aus Argentinien von W. Staeck und der Verfasserin mitgebracht. Sie zeichnet sich durch ein deutlich langsameres Wachstum und daher bessere Eignung als Aquarienpflanze aus (siehe Kasselmann & Staeck 1993b). Im Unterschied zur Nominatform weist diese Sorte einen mehr oder weniger kräftig weinrot gefärbten Stengel auf. Bei der gleichzeitigen Kultur beider Formen ist dieses Merkmal immer so deutlich ausgeprägt, daß die Sprosse leicht zu unterscheiden und problemlos zu identifizieren sind.

Weiß-grüne Pflanzen von Gymnocoronis spilanthoides

Seit etwa 1992 wird auch eine weiß-grüne Pflanze von *G. spilanthoides* im Fachhandel angeboten, die ein teilweises Fehlen von Chlorophyll sowie Verkrüppelungen der Blattspreiten aufweist. Dieses Erscheinungsbild ist charakteristisch für viröse Infektionen. Während diese weiß-grünen Pflanzen in der emersen Kultur gut wachsen, ist ihr Anpassungsvermögen an die submersen Lebensbedingungen nur gering und das Wachstum sehr mäßig.

Hemianthus micranthemoides **im Aquarium**

Hemianthus micranthemoides
Nuttall (1817)
Zierliches oder Quirlblättriges Perlenkraut

Familie: Scrophulariaceae, Rachenblütler.
Synonyme: *Micranthemum nuttallii* A. Gray, *M. micranthemoides* Wettstein.
Etymologie: *Hemianthus*: von *hemi* = halb und *anthos* = Blüte, bezieht sich auf die unbedeutende Oberlippe; *micranthemoides*: einer kleinen *Anthemis* (Hundskamille) ähnlich.
Verbreitung: Ostküste von Nordamerika.
Beschreibung: Zarte Sumpfpflanze mit kriechenden oder aufrechten, kahlen, viel verzweigten Sprossen. Blätter kreuzweise gegenständig oder in 3- bis 4zähligen Quirlen, sitzend, ganzrandig, lanzettlich bis elliptisch, 3–9 mm lang, 2–4 mm breit, hellgrün.
Blüten achselständig, einzeln, sehr klein, bis 1,5 mm gestielt. Kelch grün, etwa 1,5 mm lang, kahl, mit 4 stumpfen Zähnchen. Blütenkrone weiß, etwa 1,5 mm breit, 2 mm lang, mit einer unbedeutenden Oberlippe und einer 3lappigen Unterlippe, deren Mittellappen am größten ist. 2 Staubblätter, aus der Krone herausragend. Grif-

fel kurz; Narbe 2lappig. Kapsel kugelig, 1,5 mm groß.
Kultur: Eine lichtbedürftige, aber anspruchslose, empfehlenswerte, grazile Vordergrundpflanze. Sowohl in weichem als auch sehr hartem Wasser wachsen die Sprosse gleichermaßen gut. Wesentlich für ein gutes Wachstum ist ein saures bis neutrales Wasser, denn bei alkalischen pH-Werten bildet sich leicht eine dünne Kalkschicht auf den Blattflächen, worauf die Pflanzen mit Wachstumsrückgang reagieren. Ein feinkörniger Bodengrund ist für das Einpflanzen der zarten Sprosse zu empfehlen, wobei seine Zusammensetzung geringe Bedeutung hat; sogar Sprosse, die auf die Wasseroberfläche gelegt werden, wachsen gut weiter und bilden schnell ein dichtes Pflanzenpolster. Optimaler Temperaturbereich 24–26 °C. Vermehrung durch Seitensprosse. Beim Kürzen lassen sich die Sprosse mit einer Schere leicht stufig schneiden. Auch für die Vordergrundbepflanzung von Paludarien geeignet. Blütenbildung bei viel Licht und Wärme.
Ökologie: *Hemianthus micranthemoides* wächst auf kiesigem oder schlammigem Bodengrund an Flußufern.
Sonstiges: Ähnlich *Micranthemum* (siehe dort).

Schwimmende und emerse Sprosse von *Heteranthera reniformis*

Heteranthera reniformis
Ruiz López & Pavón (1798)
Nierenförmiges Trugkölbchen

Familie: Pontederiaceae, Pontederiagewächse.
Synonyme: *Heteranthera reniformis* Beauvois
(1799), *H. acuta* Willdenow, *Leptanthus reniformis* Michaux, *L. virginicus* Persoon, *L. peruvianus* Persoon, *Heteranthera acuta* Vahl,
Buchosia aquatica Vellozo, *Heteranthera virginica* Steudel, *Schollera reniformis* Kuntze, *Phrynium reniforme* Kuntze.
Etymologie: *Heteranthera: heteros* = verschieden, *anthera* = Staubblatt, bezieht sich auf die
verschieden hochstehenden Staubblätter; *reniformis*: nierenförmig, bezieht sich auf die Blattspreite.
Verbreitung: Nord- und Südamerika.
Beschreibung: Sproßachse kriechend oder flutend, an allen Knoten wurzelnd, verzweigt. Submerse Blätter linealisch bis verkehrt lanzettlich,
flutende oder emerse Blätter bis 20 cm lang gestielt, scheidig. Spreite nierenförmig, fettig glänzend, bis 5 cm lang und 6 cm breit, mittelgrün
gefärbt.

Blütenstand eine bis 5 cm lang gestielte Ähre mit
(2-)5-8 Blüten. Spatha etwa 15 mm lang. Einzelblüte mit 6 blaßblauen Perigonblättern, die in
zwei Kreisen angeordnet sind. Perigon bis
10 mm lang, das mittlere obere Perigonblatt mit
einem gelben Fleck an der Spitze. 3 Staubblätter,
eines länger als die beiden anderen. 1 Griffel.
Kapsel mit vielen Samen.
Kultur: Das Nierenförmige Trugkölbchen wird
häufig in botanischen Gärten gepflegt, läßt sich
aber auch gut im Sumpfteil eines Paludariums
kultivieren. Eine rein submerse Kultur ist aber
nicht möglich. Für ein gutes Gedeihen sind eine
hohe Lichtintensität und Luftfeuchte erforderlich. Im Sommer werden Blütenstände nicht selten bei viel Licht und Wärme entwickelt. In der
Gewächshauskultur gehen die Pflanzen aufgrund von Lichtmangel im Winter stark zurück.
Da sich die Art leicht durch Samen vermehrt,
können die Pflanzen aber in jedem Frühjahr
durch Samen wieder herangezogen werden.
Ökologie: *H. reniformis* wächst an den natürlichen Standorten flutend in flachem Wasser
oder kriechend im Schlamm.
Sonstiges: Die Art ist bei Aquarianern selten in
Kultur.

Blütenstand von *H. zosterifolia*

Heteranthera zosterifolia (Mitte)

Heteranthera zosterifolia
Martius (1823)
Seegrasblättriges Trugkölbchen

Familie: Pontederiaceae, Pontederiagewächse.
Synonyme: *Schollera zosterifolia* (Martius) Kuntze, *Heteranthera osteniana* Herter.
Etymologie: *Heteranthera*: siehe *Heteranthera reniformis*; *zosterifolia:* seegrasblättrig (der Gattung *Zostera* ähnlich).
Verbreitung: Brasilien, Bolivien, Paraguay, Uruguay, Argentinien.
Beschreibung: Submers aufsteigende oder aufrechte, häufig verzweigte Sprosse, an den unteren Knoten stark wurzelnd. Emerse Blätter nur bei hoher Luftfeuchte, den submersen sehr ähnlich, etwas derber und kürzer. Submerse Blätter wechselständig, sitzend, kahl, linealisch oder spatelförmig, bis 5 cm lang, 3–7 mm breit, hellgrün gefärbt. Schwimmblätter bis 2 cm gestielt, lanzettlich, bis 2,5 cm lang, 10 mm breit. Blütenbildung nach der Entwicklung von Schwimmblättern. Blütenstand achselständig, etwa 2 cm gestielt, am Grunde von einer bis 15 mm langen Spatha umgeben, mit 2 etwa 10 mm großen Blüten, eine Blüte sitzend, die andere kurz gestielt. Perigonröhre bis 12 mm lang; Perigon 6zipflig, in 2 Kreisen; äußere Perigonblätter wenig größer als die inneren, blauviolett gefärbt; Schlund dunkelblau ohne gelben Fleck. 3 Staubblätter, eines länger als die beiden anderen. 1 Griffel. Frucht eine 3fächrige Kapsel.
Kultur: Dekorative, leicht zu pflegende, aber lichtbedürftige Stengelpflanze, die in weichem und hartem Wasser gut wächst. Als Bodengrund ist Sand ausreichend. Temperaturoptimum 23–27 °C. Je nach Größe des Aquariums werden die Sprosse in die vordere oder mittlere Zone gepflanzt. Eine gut wachsende Gruppe muß etwa alle zwei bis drei Wochen neu stufig gesteckt werden. Durch eine Kombination mit rotblättrigen Arten lassen sich schöne Kontraste erzielen. Wegen der reichlichen Bildung von Seitensprossen stellt die Vermehrung kein Problem dar. Möchte man die kleinen, blauvioletten Blüten beobachten, müssen die Sprosse an der Wasseroberfläche fluten.
Ökologie: Wächst in stehenden oder langsam fließenden Gewässern mit submersen oder flutenden Sprossen oder emers an feuchten Standorten.

Hottonia palustris im Aquarium

Hottonia palustris
Linné (1753)
Wasserprimel, Wasserfeder

Familie: Primulaceae, Schlüsselblumenge-wächse.

Synonyme: *Hottonia millefolium* Gilibert.

Etymologie: *Hottonia*: nach dem Leidener Bota-niker P. Hotton (1648-1709); *palustris:* sumpfbe-wohnend.

Verbreitung: Europa, Nordasien.

Beschreibung: Ausdauernde Sumpfpflanze. Rhizom im Bodengrund wurzelnd. Submerser Stengel aufrecht, über einen Meter lang und vor der Bildung von Blütenständen an ihrem Grunde mehrfach verzweigt; Sprosse bei sinken-dem Wasserstand auch emers. Blätter wechsel-ständig oder scheinbar quirlig, grob kammför-mig, 3-6 cm lang, 1-3 cm breit, hellgrün gefärbt. Blütenstand über der Wasseroberfläche, eine aufrechte Traube mit 2-11 Blütenquirlen; jeder Quirl mit 2-6 Blüten. Deckblätter linealisch, etwa 5 mm lang. Blüten gestielt, 5zählig, he-terostyl (verschiedengriffelig). Kelchblätter etwa 5 mm lang, grün. Krone trichterförmig, verwach-senblättrig, 15-25 mm im Durchmesser, weiß bis blaßviolett mit hellgelbem Schlund. 5 Staubblät-ter, mit den Kronblättern verwachsen.

Kultur: *H. palustris* zählt zum regelmäßigen Angebot des Fachhandels. Sie ist eine problem-lose, besonders dekorative Pflanze für die Kultur am Gartenteichrand oder im Kaltwasseraqua-rium, die im Gartenteich einen hellen Standplatz verlangt. Dort lassen sich auch regelmäßig im Mai und Juni die auffälligen Blütenstände beob-achten. Nicht selten werden die Sprosse – in dem Glauben, es handelt sich um den nordamerikani-schen Vertreter *H. inflata* – für die Kultur im Tropenaquarium verwendet, wo ihre Pflege aber selten dauerhaft zufriedenstellt. Im Aquarium sollte eine Temperatur von 25 °C nicht über län-gere Zeit überschritten werden. Ferner sind eine intensive Beleuchtung und ein freier Standplatz im Vordergrund des Aquariums empfehlenswert. Vermehrung durch Seitensprosse.

Ökologie: Die Art wächst in seichten, kleinen Gewässern, wie Gräben, Tümpel usw. mit ste-hendem oder sehr langsam fließendem Wasser. Sie bevorzugt mesotrophe Standorte mit schlam-migem oder sandigem Bodengrund. Bildet Win-terknospen. In Deutschland geschützt.

Gefüllt blühende Sorte von *H. cordata*   **Blühende Pflanze von *Houttuynia cordata***

Houttuynia cordata
Thunberg (1748)
Herzförmige Houttuynie
Houttuyns Eidechsenschwanz

Familie: Saururaceae, Eidechsenschwanzge-
wächse.
Synonyme: *Polypara cochinchinensis* Lou-
reiro, *P. cordata* O. Kuntze.
Etymologie: *Houttuynia*: nach dem holl. Arzt
M. Houttuyn (1720–1798); *cordata:* herzförmig.
Verbreitung: Ostasien, von Indien bis Japan und
Taiwan.
Beschreibung: Bis 80 cm hohe Sumpfpflanze
mit kriechendem, stark verzweigtem Rhizom.
Stengel aufrecht, hart, kahl, bis 3 mm dick, grün
bis rötlich. Blätter wechselständig, 2–4 cm gestielt. Blattstiel an der Basis bis 2 cm lang scheidig zusammengerollt, ausgebreitet etwa 1 cm.
Über dem Blattansatz ein etwa 1 cm langes und
1–2 mm breites Nebenblatt. Spreite ganzrandig,
breit eirund, 4–8 cm lang, 3–6 cm breit, mittelgrün mit weinrotem Rand, flaumig behaart. Basis herzförmig; Spitze lang zugespitzt.

Ähre bis 3 cm gestielt, dichtblütig, etwa 1,3 cm
lang. 4 Brakteen, kronblattartig, weiß und 1,8 ×
1,2 cm groß. Kelchblätter und Kronblätter fehlen.
3 Staubblätter. 3 Fruchtblätter, gleich lang wie
die Staubblätter. Frucht kugelig, einsamig.
Kultur: Eine für die submerse Kultur im Aquarium wenig geeignete Art. *Houttuynia* läßt sich
aber bei intensiver Beleuchtung im Paludarium
oder als Teichrandpflanze an einem sonnigen
und feuchten Standort gut verwenden. Unter
diesen Bedingungen ist das Wachstum ähnlich
schnell und problemlos wie bei *Saururus cernuus*. Die Vermehrung gelingt leicht durch Rhizomteilung. Die Art ist nur bedingt winterhart.
Zerreibt man ein Blatt zwischen den Fingern,
entsteht dabei ein intensiver Geruch. Vermutlich
hängt es mit dem Saft der Pflanze zusammen,
daß die Sprosse nicht unter Blattausfall leiden.
Ökologie: Besiedelt sumpfige Standorte. Im Verbreitungsgebiet ist sie stellenweise so häufig,
daß sie als lästiges Unkraut angesehen wird. In
China werden die Sprosse als Gemüse und Medizin verwendet.
Sonstiges: Es sind auch buntblättrige Sorten
sowie gefüllt blühende Pflanzen in Kultur.

Hydrilla verticillata

Wuchsform aus dem Tanganjikasee

Hydrilla verticillata
(Linné fil.) Royle (1839)
Grundnessel

Familie: Hydrocharitaceae, Froschbißgewächse.
Synonyme: *Serpicula verticillata* Linné fil. (1781), u.a.
Etymologie: *Hydrilla*: *hydor* = Wasser, *illein* = sich drehen, Wasserquirl; *verticillata*: quirlständig, bezieht sich auf die quirlige Anordnung der Blätter.
Verbreitung: Weit verbreitet in Asien, Australien, Ostafrika, Europa, Nordamerika, in Südamerika fehlend.
Beschreibung: Vielgestaltige Wasserpflanze mit 1–2 mm dickem, weichem, mehr als 2 m langem Stengel. Internodien gewöhnlich 0,5–2 cm lang. Blätter sitzend, Vorblätter gegenständig, die oberen Blätter in 3–6(–12)zähligen Quirlen. Spreite linealisch bis schmal lanzettlich, gewöhnlich 1–2 cm lang, 1–3 mm breit, transparent, weich, hell- bis dunkelgrün, manchmal mit rotem Mittelnerv. Schuppen an der Blattbasis. Blattrand gezähnt. Blattspitze mit einem spitzen Zähnchen (Lupe!).

Eine abweichende, genetisch fixierte Wuchsform in Ostafrika: Stengel und Blätter steif. Blattspreite schmal eiförmig bis eirund, 5 × 3 mm groß; unregelmäßig doppelte Blattquirle; Blattrand mit einer größeren Zahl von Zähnen.
Pflanzen einhäusig, gelegentlich zweihäusig. Blüten eingeschlechtlich, unscheinbar, selten. Männliche Spatha mit einer kurz gestielten Blüte, einzeln, kugelig, etwa 1,5 mm groß, mit 8–22 Anhängseln an der Spitze. Zur Reife platzt die Spatha auf und entläßt die männliche Blüte an die Wasseroberfläche, auf der sie schwimmt. Weibliche Spatha mit 1 Blüte, einzeln oder selten zwei in den Blattachseln; weibliche Blüte auf der Wasseroberfläche auf einem bis 10 cm langen Blütenbecher (Hypanthium) schwimmend.
Kultur: Eine anspruchslose und empfehlenswerte Wasserpflanze, die aber aufgrund ihrer unauffälligen Erscheinung nur selten in den Fachhandel gelangt. Den Aquarienbedingungen paßt sich die Art hervorragend an, so daß sie sowohl in weichem als auch hartem, schwach saurem oder alkalischem Wasser gepflegt werden kann. Um gedrungene Sprosse zu erhalten, ist eine gute Beleuchtung empfehlenswert, obwohl sich die Grundnessel auch mit sehr wenig

Hydrilla verticillata am natürlichen Standort in Papua Neuguinea

Licht begnügt. Werden die Sprosse in den Bodengrund gepflanzt, müssen sie aufgrund des ungewöhnlich raschen Wachstums häufig gekürzt werden. Wegen ihres krautigen Wuchses ist *H. verticillata* besonders für kleine Zuchtaquarien sehr zu empfehlen, in denen die Pflanzen einfach auf die Wasseroberfläche gelegt werden. Vermehrung produktiv durch Seitensprosse. Optimale Temperatur: 20-27 °C. Die Grundnessel läßt sich das ganze Jahr über auch im Gartenteich kultivieren. Im Herbst bilden sich Winterknospen, die auf den Boden sinken, dort den Winter überdauern und im Frühjahr wieder austreiben.

Die Autorin sammelte im südlichen Tanganjikasee (Sambia) eine abweichende Wuchsform von *H. verticillata*. Diese gedeiht – entsprechend den dortigen ökologischen Bedingungen – gut in mittelhartem und hartem, alkalischem Wasser. Die Wuchsform wächst bedeutend langsamer als die meistens kultivierte Form. Ferner lassen sich ihre Sprosse nur eingepflanzt und nicht schwimmend verwenden. Bedingt durch ihren ziemlich steifen Habitus ist eine dekorative Anordnung recht schwierig.

Ökologie: Gewöhnlich wächst die Art in stehenden oder mäßig fließenden Gewässern bis in 1 m tiefem Wasser, gelegentlich wurde sie aber auch in bis 7 m Tiefe gefunden. Sie gedeiht sowohl in saurem als auch alkalischem, oligotrophem bis eutrophem Wasser sowie im Brackwasser. Die Verfasserin fand sie in Asien häufig in Abwässergräben. Die Art liebt sonnige Standorte. In der Ndole Bay im südlichen Tanganjikasee bildete *H. verticillata* in der Sandzone krautige Bestände, die in etwa 1 m Tiefe im Bodengrund verwurzelt waren. Wasserwerte des Tanganjikasees siehe S. 47. Wasseranalysen von zwei tropischen Standorten: Bali (7/1981): Kleiner Fluß, Wassertemperatur 27 °C, pH 6,5-7, GH 3 °dH, 450 µS/cm. Papua Neuguinea (7/1988): Etwa 10 m breiter Fluß, Wassertemperatur 27 °C (Lufttemperatur 28 °C um 9.30 Uhr), pH 7,4, GH 15 °dH, KH 15 °dH, 1050 µS/cm.

Sonstiges: Die Grundnessel kann leicht mit ähnlichen Arten aus den Gattungen *Egeria*, *Elodea* und *Lagarosiphon* verwechselt werden. Eine Unterscheidungshilfe im vegetativen Zustand können die Blattstellung, die Anzahl von Blättern pro Quirl, die Internodienlänge sowie der Blattrand sein.

Literaturhinweis: Cook & Lüönd (1982).

Hydrocleys martii am natürlichen Standort in Ostbrasilien

Hydrocleys martii
Seubert (1847)
Martius' Wasserschlüssel

Familie: Limnocharitaceae, Sumpfliebgewächse.

Synonyme: *Ostenia uruguayensis* Buchenau, *Hydrocleys uruguayensis* (Buchenau) Pedersen.

Etymologie: *Hydrocleys*: *hydor* (gr.) = Wasser, *kleis* = Schlüssel (Bezug unbekannt); *martii*: nach dem deutschen Botaniker K. F. P. von Martius (1794–1868).

Verbreitung: Brasilien, Argentinien, Uruguay.

Beschreibung: Wasserpflanze mit bis 50 cm langen Ausläufern. Jugendblätter submers, sitzend, linealisch. Folgeblätter flutend oder emers, bis 40 cm gestielt, an der Basis bis 8 cm scheidig. Blattspreite breit eirund bis kreisförmig, bis 12 × 10 cm groß, sattgrün. Spitze stumpf bis stachelspitz; Basis herzförmig. 5–7 Nerven.
Blütenstand mit 1–6 Blüten. Blütenstengel bis 30 cm lang. Am Blütenstand bilden sich häufig Blätter und Ausläufer (Proliferation). Deckblätter elliptisch, bis 4,5 × 1 cm groß. Blütenstiel bis 17,5 cm lang. Blüten etwa 5 cm groß. Kelchblät-

ter grün, mit deutlichem Mittelnerv. Kronblätter kräftig gelb, am Grunde goldgelb gefärbt, länger als Kelchblätter. 12–18 Staubblätter, in zwei oder mehr Kreisen; Staminodien zahlreich. 5–8 Karpelle. Frucht 10–15 mm lang, 2–3 mm dick. Samen etwa 1 mm lang, dicht drüsig behaart.

Kultur: *Hydrocleys martii* ist eine prächtige Pflanze, die häufig in botanischen Gärten zu sehen ist, leider aber kaum im Handel angeboten wird. Für die Aquarienkultur ist die Art zwar wenig geeignet, weil sie sehr große Schwimmblätter entwickelt, sie läßt sich aber sowohl im Paludarium als auch in flachen Schalen mit geringem Wasserstand oder nur feuchtem Bodengrund an einem hellen, warmen Standort gut pflegen. Dabei entwickeln sich nicht nur Schwimmblätter, sondern häufig auch emerse Blattspreiten. Sogar im Winter bilden sich die leuchtend gelb gefärbten Blüten.

Ökologie: *H. martii* kommt in flachem Wasser stehender Gewässer vor, wo sie das ganze Jahr über blüht und fruchtet.

Sonstiges: Gelegentlich wird die unrichtige Schreibweise *Hydrocleis* verwendet.

Literaturhinweis: Haynes & Holm-Nielsen (1992).

Hydrocleys nymphoides am natürlichen Standort in Argentinien

Hydrocleys nymphoides

(Willdenow) Buchenau (1871)

Nymphaea-ähnlicher Wasserschlüssel

Familie: Limnocharitaceae, Sumpfliebgewächse.

Synonyme: *Stratiotes nymphoides* Willdenow (1805), u.a.

Etymologie: *Hydrocleys*: siehe *H. martii*; *nymphoides*: *Nymphaea*-ähnlich.

Verbreitung: Nord-, Mittel- und Südamerika.

Beschreibung: Wie bei *Hydrocleys martii* angegeben. Unterscheidungsmerkmale: Schwimmblattspreite mit 5–9 Nerven. Keine emersen Spreiten. Kelchblätter ohne deutlichen Mittelnerv. Kronblätter hellgelb bis weiß mit gelber Basis. 20–25 Staubblätter. Wenig Samen, drüsig behaart.

Kultur: In den fünfziger Jahren zählte *Hydrocleys nymphoides* zu den beliebtesten Wasserpflanzen mit Schwimmblättern. Heute sieht man die Art fast nur noch in botanischen Gärten, wo sie durch ihre großen, dekorativen Blüten auffällt. Für das Tropenaquarium sind die Pflanzen wenig geeignet, da die Schwimmblätter zu sehr beschatten. Allerdings ist eine Pflege im Paludarium in flachem Wasser und an einem hellen Standort zu empfehlen. Wichtig sind ein nahrhafter Bodengrund und weiches Wasser.

Ökologie: Die Verfasserin fand *H. nymphoides* in einer stark beschatteten Sumpfzone des Rio Guaporé (Südwestbrasilien) auf schlammigem Boden vergesellschaftet mit *Hydrocleys* sp., *Echinodorus paniculatus, Ludwigia sedoides, Utricularia breviscapa* und *U. hydrocarpa*. Wasseranalyse (8/1987): Temp. 24 °C (Luft 25 °C um 16 Uhr), pH 6,0, GH/KH < 1 °dH, 30 µS/cm. An 3 Habitaten in Argentinien wurden folgende Daten ermittelt (7/1993, zusammengefaßt): Wassertemp. 6–12 °C (Luft 12–20 °C), pH 5,5–7, GH < 1 °dH, KH < 1–2 °dH, < 10–45 µS/cm. Dichte Bestände wuchsen in stehendem bis langsam fließendem, bis einen Meter tiefem Wasser. Der Bodengrund war sandig-kiesig oder lehmig, die Standorte sonnig.

Sonstiges: Außer den beiden hier beschriebenen Arten sind noch *Hydrocleys modesta* Pedersen aus Südamerika, *H. parviflora* Seubert aus Mittel- und Südamerika und *H. mattogrossensis* (Kuntze) Holm-Nielsen & Haynes aus Westbrasilien und Bolivien bekannt.

Hydrocotyle leucocephala **im Aquarium**

Hydrocotyle leucocephala

Chamisso & Schlechtendal (1826)

Brasilianischer oder Weißköpfiger Wassernabel

Familie: Apiaceae, Doldengewächse.

Synonyme: *Hydrocotyle leucocephala* var. *truncatiloba* Urban, u.a.

Etymologie: *Hydrocotyle: hydor* = Wasser, *kotyle* = Nabel; *leucocephala:* weißköpfig, bezieht sich auf die Blütenstände.

Verbreitung: Südmexiko bis Nordargentinien.

Beschreibung: Amphibische Pflanze mit kriechenden, submers aufrechten oder flutenden, an allen Knoten wurzelnden Sprossen. Blätter wechselständig. Blattstiel kahl oder nur am oberen Teil behaart, bis 15 cm lang, am Grunde mit 5 mm großen Nebenblättern. Blattspreite rundlich bis nierenförmig, selten überlappt, 2–5(–10) cm im Durchmesser, mit 9(–11) Hauptnerven und einem tiefen Einschnitt bis zum Nabel (Blattmitte). Blattrand unregelmäßig gekerbt. Junge Blätter flach, ältere Blätter buckelig, oberseits hellgrün, unterseits weißlichgrün.

Blütenstand eine 15- bis 30blütige Dolde. Blütenstengel bis 12 cm lang, stark behaart. Einzelblüte 1–2 mm gestielt, weiß. Blüten 5zählig. 2 Fruchtblätter. Frucht 1 × 1,5 mm groß.

Kultur: Empfehlenswerte, anspruchslose, widerstandsfähige und schnellwachsende Pflanze. Die Art paßt sich schlechten Lichtverhältnissen ausgezeichnet an, so daß sie sich auch für weniger gut beleuchtete Aquarien eignet. Optimaler Temperaturbereich 20–28 °C. Ein gesundes Wachstum ist von der Härte des Wassers und dem pH-Wert weitestgehend unabhängig. Optimal gedeiht die Pflanze in einem nährstoffreichen und stark „belasteten" Wasser (stickstoffliebend?). Als Stengelpflanze in den Bodengrund gepflanzt, haben die Sprosse schon nach wenigen Tagen die Wasseroberfläche erreicht, wo sie flutend weiterwachsen, sich stark verzweigen und eine dichte Schwimmpflanzendecke bilden können. Kriechende emerse Sprosse lassen sich bei hoher Luftfeuchte gut für die Bepflanzung von Paludarien verwenden. Blüht häufig.

Ökologie: Besiedelt sowohl mäßig feuchte als auch nasse Standorte, z.B. Flüsse mit langsam fließendem Wasser oder Überschwemmungsgebiete. In Höhen bis 1700 m.

Hydrocotyle ranunculoides **am natürlichen Standort in Argentinien**

Hydrocotyle ranunculoides
Linné fil. (1781)
Hahnenfuß-ähnlicher Wassernabel

Familie: Apiaceae, Doldengewächse.
Synonyme: *Hydrocotyle americana* Walter, u.a.
Etymologie: *Hydrocotyle*: siehe *H. leucocephala*; *ranunculoides*: der Gattung *Ranunculus* (Hahnenfuß) ähnlich.
Verbreitung: Nord-, Mittel- und Südamerika; eingeschleppt in mehrere Länder.
Beschreibung: Sumpfpflanze mit emers kriechenden, im Wasser flutenden, an allen Knoten wurzelnden Sprossen. Blätter wechselständig, kahl. Blattstiel 2–10(–34) cm lang. Blattspreite nierenförmig, kleinere Spreiten auch fast kreisförmig, 0,7–4(–8) cm breit, 0,5–3 cm lang, mittelgrün. Blattrand mehrfach gelappt, die Lappen unregelmäßig gekerbt.
Blütenstand eine 2–5(–10)blütige Dolde. Blütenstengel kürzer als die Blätter, kahl, 0,5–6 cm lang. Blüten 1–3 mm gestielt, 5zählig, etwa 2 mm groß. Frucht 1,5–3,2 mm breit, 1–2,3 mm lang, Rippen nicht vorstehend.
Kultur: *H. ranunculoides* ist eine schnell-wüchsige, anspruchslose Pflanze, die sich als Paludarien- sowie Teichrandpflanze verwenden läßt. Im Paludarium bilden die kriechenden Triebe in kurzer Zeit eine dichte Begrünung. Am Teichrand wachsen die Sprosse auch in das Wasser hinein, wo sie auf oder unter der Wasseroberfläche flutend gedeihen. Die Art ist sehr temperaturtolerant, Temperaturen von nahe 0 °C bis etwa 30 °C werden vertragen. In Abhängigkeit von Feuchtigkeit und Nährstoffreichtum des Bodengrundes bilden sich Blattspreiten von sehr unterschiedlicher Größe. Als Aquarienpflanze ist dieser Wassernabel nur bedingt geeignet.
Ökologie: Die Art besiedelt feuchte und nasse Standorte sowie die Ränder stehender und schnell fließender Gewässer. Die an vielen Biotopen im Juli 1993 im Nordosten Argentiniens durchgeführten Wasseranalysen zeigten sowohl ein sehr weiches, saures als auch ein hartes, alkalisches Wasser. Die Pflanzen wuchsen zur kalten Jahreszeit bei Wassertemperaturen von 10–19 °C. Der Bodengrund war schlammig, sandig oder lehmig. Die Standorte waren schattigsonnig oder vollsonnig. Auffällig häufig wurde *H. ranunculoides* in Abwässern gefunden. Wasseranalyse siehe S. 46, Biotop Nr. 4.

Emerse Pflanzen von *Hydrocotyle sibthorpioides*

Hydrocotyle sibthorpioides
Lamarck (1789)

Familie: Apiaceae, Doldengewächse.
Synonyme: *Hydrocotyle rotundifolia* Roxburgh, *H. japonica* Makino, *H. yabei* Makino, *H. rotundifolia* var. *pauciflora* Yabe.
Etymologie: *Hydrocotyle*: siehe *H. leucocephala*; *sibthorpioides*: der Gattung *Sibthorpia* ähnlich.
Verbreitung: Im tropischen Asien weit verbreitet, eingeschleppt in die Neue Welt.
Beschreibung: Kleine Sumpfpflanze mit emers kriechenden, im Wasser auch aufrechten, an den Knoten wurzelnden, dünnen, kahlen Sprossen. Blätter wechselständig. Blattstiel 0,5–11 cm lang. Blattspreite fast kreisförmig, mit einem Einschnitt bis zum Nabel, 0,5–2 cm im Durchmesser, undeutlich gelappt, die Lappen gekerbt.
Blütenstand eine 2–10blütige Dolde. Blütenstengel kürzer als die Blätter, 0,5–2 cm lang, kahl. Blüten fast sitzend, 5zählig, sehr klein. Frucht fast kugelförmig, 0,8–1,5 mm im Durchmesser, gelegentlich breiter als lang.
Kultur: Obwohl dieses Doldengewächs im na-

türlichen Lebensraum auch gelegentlich vollkommen untergetaucht zu finden ist, konnte die Verfasserin keine zufriedenstellenden Kulturergebnisse im Aquarium erzielen.
H. sibthorpioides scheint offenbar wenig für die Aquarienkultur geeignet zu sein. Das Wachstum im Paludarium und im Freiland ist dagegen auf nur mäßig feuchtem Boden weit besser, so daß regelmäßig Blütenstände gebildet werden. Die Pflanzen lieben einen sonnigen Standplatz sowie einen nahrhaften Bodengrund.
Ökologie: *Hydrocotyle sibthorpioides* wächst sowohl an sehr trockenen als auch an feuchten und nassen Standorten und wird gelegentlich auch völlig submers angetroffen. Im Juli 1981 untersuchte ich Pflanzen auf der Insel Bali, die in den Quellen bei Ubud ausschließlich submers wuchsen. *Hydrocotyle sibthorpioides* war vergesellschaftet mit *Ceratophyllum demersum* (Hornblatt) und *Hydrilla verticillata* (Grundnessel). Eine Wasseranalyse hatte folgende Ergebnisse: Wassertemperatur 27 °C, pH 6,5–7, GH 3,0 °dH, 450 µS/cm.
Sonstiges: *H. sibthorpioides* ist gelegentlich auch unter dem Namen *Hydrocotyle* sp. „Bali" oder „Java" im Handel.

Hydrocotyle verticillata
Thunberg (1798)
Amerikanischer Wassernabel

Familie: Apiaceae, Doldengewächse.
Synonyme: *Hydrocotyle vulgaris* var. *verticillata* Richard, *H. volckmannii* Philippi, *H. verticillata* Thunb. var. *pluriradiata* Urban.
Etymologie: *Hydrocotyle:* siehe *H. leucocephala;* *verticillata:* quirlständig, bezieht sich auf die quirlständigen Blütenstände.
Verbreitung: Gemäßigte und subtropische Gebiete Nord- und Südamerikas (in anderen Ländern fraglich).
Beschreibung: Die Art unterscheidet sich nur in wenigen, nicht eindeutig abzugrenzenden vegetativen Merkmalen von *Hydrocotyle vulgaris:* Die Internodien sind meistens nur bis 10 cm lang. Der Blattstiel bleibt mit 5–20 cm Länge gewöhnlich kürzer. Die Blattspreite mißt emers bis 3,5(-6) cm und submers bis 2,5 cm im Durchmesser und besitzt gewöhnlich 9–12 Hauptnerven. Weitere Angaben siehe *H. vulgaris.* Anhand der vegetativen Merkmale lassen sich beide Arten aber nicht sicher unterscheiden. Wesentlichstes Unterscheidungsmerkmal sind die meistens 1–2fach quirlständigen (*H. vulgaris*) und gewöhnlich mehrfach quirlständigen (*H. verticillata*) Blütenstände.
Blütenstand bei *H. verticillata* bis zu 12 cm lang gestielt, mit 3–5blütigen Dolden, die in bis zu 7 Quirlen übereinander angeordnet sind. Kronblätter weiß. Früchte fast sitzend oder bis 20 mm lang gestielt, an der Basis mit kleinem Vorsprung, selten flach.
Kultur: Mit den schirmchenartigen Blattspreiten und der nur geringen Höhe von 5–10 cm ist *H. verticillata* eine ungewöhnliche und dekorative Vordergrundpflanze. Für das Tropenaquarium ist sie aber nur bedingt geeignet, da sie kühles Wasser bis maximal 25 °C möchte. Auch dann wächst sie nur langsam. Ein optimales Wachstum hat eine hohe Lichtintensität zur Voraussetzung. Als Bodensubstrat ist ein feinkörniger Sand-Kies-Boden zu empfehlen, in dem die zarten Wurzeln leicht Halt finden können. Die Härte des Wassers ist von geringer Bedeutung. Die Vermehrung gelingt durch Teilung der kriechenden Sproßachse in Abschnitte mit wenig-

Blütenstand von *Hydrocotyle verticillata*

stens zwei Knoten. Im Gegensatz zum relativ langsamen, nicht immer befriedigenden submersen Wachstum, ist die emerse Kultur problemlos. Sie kann auch in unbeheizten abgedeckten Glasgefäßen im Blumenfenster erfolgen, wo in kurzer Zeit der Bodengrund von den Kriechsprossen völlig durchzogen ist. Auch niedrige Temperaturen von 10–15 °C werden vorübergehend noch gut vertragen. Im Sommer erscheinen regelmäßig die zahlreichen, gewöhnlich quirlständigen Blütenstände. Eine generative Vermehrung durch Samen ist nicht schwierig.
Ökologie: Die Art besiedelt feuchte und nasse Standorte; sie ist insbesondere in Überschwemmungsgebieten und auf nassen Wiesen anzutreffen, gedeiht aber auch an den Rändern von Tümpeln, Seen, Bächen und Flüssen. Nur gelegentlich wachsen die Pflanzen an ihren natürlichen Standorten vollständig submers.
Sonstiges: Von *Hydrocotyle verticillata* sind folgende vier Varietäten beschrieben worden, die sich in der Länge des Blütenstiels und der Behaarung des Blütenstengels unterscheiden sollen: *H. verticillata* var. *verticillata,* var. *racemosa,* var. *cubensis* und var. *featherstoniana.* Die Gültigkeit dieser Varietäten ist umstritten.

Hydrocotyle vulgaris
Linné (1753)
Gewöhnlicher Wassernabel

Familie: Apiaceae, Doldengewächse.
Synonyme: Keine.
Etymologie: *Hydrocotyle*: siehe *Hydrocotyle leucocephala*; *vulgaris*: gemein, gewöhnlich.
Verbreitung: Europa, vereinzelt in Nordwestafrika, im Kaukasus und Iran, fraglich in Neuguinea und Australien.
Beschreibung: Stengel kriechend, an allen Knoten wurzelnd. Blätter emers wechselständig, bis 15 cm lang gestielt, submers bis 70 cm lang gestielt. Internodien bis 15 cm. Blattspreite fast kreisrund, schildförmig, in der Mitte nabelartig vertieft, emers bis 5,5 cm, submers bis 3,5 cm im Durchmesser, manchmal leicht gewölbt, mit 7-12(-15) Hauptnerven; Blattrand an jungen Blättern unregelmäßig gekerbt, bei älteren nur schwach erkennbar.
Blütenstand gewöhnlich eine endständige oder mit 2 Quirlen übereinander angeordnete (sehr selten bis 5 Quirlen), achselständige, kurz gestielte, 3–5blütige Dolde. Kronblätter weiß oder rötlich. Frucht fast sitzend, an der Basis flach oder wenig gekerbt.
Kultur: Diese heimische Art läßt sich nicht nur für Kaltwasseraquarien und die Randbepflanzung von Gartenteichen verwenden, sondern ist auch eine schnellwüchsige Pflanze für die submerse Kultur im Tropenaquarium. Sie bleibt allerdings nur anfangs niedrig, denn bei gutem Wachstum werden die Blattstiele und Internodien wesentlich länger als bei *Hydrocotyle verticillata*, so daß die Sprosse in wenigen Wochen das gesamte Aquarium durchziehen können. Deshalb ist die Art auch besser für die Mittelgrundbepflanzung verwendbar, wo einzelne „Schirmchen" recht apart wirken können. Sollen die Blattstiele nicht bis zur Wasseroberfläche wachsen, müssen länger gestielte Blätter ab und zu ausgeschnitten werden. Dennoch wird es nicht gelingen, die Pflanze ständig niedriger als 10 cm zu halten.
Der Gewöhnliche Wassernabel liebt einen hellen Standort im Aquarium. Als Substrat ist ein nährstoffreicher Sandboden zu empfehlen. Die Wasserwerte scheinen für ein gesundes Wachstum

Emerse Pflanzen von *Hydrocotyle vulgaris*

nur eine unwesentliche Rolle zu spielen. Weiches bis mittelhartes, schwach saures Wasser ist gut geeignet. Eine dauerhafte Pflege gelingt bei Temperaturen bis 28 °C. In wärmerem Wasser ist das Wachstum bedeutend schneller als im Kaltwasseraquarium. Das Einpflanzen der Stengel ist manchmal problematisch, da die Pflanzen einen starken Auftrieb haben. Hier können Plastiknadeln gute Dienste leisten. Vermehrung durch Teilung der Sproßachse.
Interessant zu beobachten ist die Fähigkeit junger Blattspreiten, sich einige Minuten vor Abschalten der Beleuchtung oder bei Tageslichteinfall vertikal zum Licht hin zu neigen. Ältere Spreiten besitzen diese Fähigkeit nicht mehr. Im Sommer bilden sich an emersen Pflanzen regelmäßig die zahlreichen, meistens endständigen Blütenstände.
Ökologie: Die Art gedeiht gewöhnlich an sumpfigen Standorten auf mäßig sauren Moor- und Torfböden, an den Rändern nährstoff- und kalkarmer Gewässer. Die Verfasserin fand sie aber auch ziemlich trocken auf sandigem Boden in der Lüneburger Heide an schattigen und sonnigen Standorten. In flachem Wasser schwimmen die Blattspreiten auf der Wasseroberfläche.

Hydrothrix gardneri

Hooker fil. (1887)

Brasilianisches Wasserhaar

Familie: Pontederiaceae, Pontederiagewächse.

Synonyme: Keine.

Etymologie: *Hydrothrix*: Wasserhaar, bezieht sich auf die haarähnlichen Blätter; *gardneri*: nach George Gardner, der die Art entdeckte.

Verbreitung: Ostbrasilien (Bahia, Ceará, Goiás, Piauí).

Beschreibung: Einjährige, zarte, krautige Wasserpflanze mit aufrechten oder flutenden Sprossen. Stengel häufig verzweigt, an den Knoten wurzelnd, kahl, 20–55 cm lang. „Blattquirl" (seitliche Kurztriebe) mit 7–30 fadenförmigen, im Querschnitt ovalen Blättern, scheidig. Spreite 2–4 cm lang, an der Spitze etwas nach unten gebogen, hell- bis dunkelgrün. Blütenstand achselständig. Blüten immer paarig, von einer Spatha umgeben, geöffnet 6–8 mm groß. Die Blüten öffnen sich über Wasser (chasmogam), unter Wasser bleiben sie geschlossen (kleistogam). Blütenhülle verwachsenblättrig, mit 6 ungleichen, hinfälligen, gelben Kronblättern. 3 Staubblätter, davon nur eines fertil. Griffel 0,5 cm lang. Frucht eine durchsichtige, bis 3,5 mm große Kapsel mit 18–40 Samen. Samen 0,5 mm lang, doppelt so lang wie breit, in reifem Zustand bräunlich.

Kultur: *H. gardneri* bevorzugt weiches, leicht saures Wasser, gedeiht aber auch noch bei mittlerer Härte gut. Optimale Temperaturen liegen zwischen 23 und 25 °C, jedoch wird auch vorübergehend bis 28 °C vertragen. Ausschlaggebend für ein gesundes, rasches Wachstum ist eine hohe Lichtintensität. Bei zu wenig Licht strecken sich die Internodien, die Blätter werden braun, und die Pflanzen kümmern. Bei intensivem Licht bilden sich gedrungene Triebe mit kräftigen „Blattquirlen". Wegen der zahlreichen zarten Wurzeln ist ein feinkörniger Bodengrund zu empfehlen; er spielt allerdings für die Ernährung der Pflanze nur eine untergeordnete Rolle. Sehr wirkungsvoll kommt der grazile Habitus von *Hydrothrix* zur Geltung, wenn eine Gruppe von 5–20 Stecklingen zwischen großblättrige, hellgrüne oder rötliche Arten gepflanzt wird. Das Wasser sollte klar sein, denn *H. gardneri* ist

Hydrothrix gardneri **im Aquarium**

gegen Algen und Verschmutzung sehr empfindlich. Trotz der reichlichen Vermehrung durch Seitensprosse ist man auf die generative Vermehrung angewiesen, da die Art auch im Aquarium einjährig ist. Samen werden auch dann gebildet, wenn sich die Blüten nicht geöffnet haben. Im Gewächshaus fallen sie auf den Boden, wo sie in der kühlen Jahreszeit überdauern und im Frühjahr wieder keimen. Um zu vermeiden, daß die Samen im Aquarium verlorengehen, können sie im Herbst gesammelt und in feuchtem Subtrat warm und dunkel aufbewahrt werden. Im Frühjahr läßt man sie in temperiertem Wasser keimen. Unter den beschriebenen Voraussetzungen ist *H. gardneri* eine dankbare Aquarienpflanze.

Ökologie: Die Art besiedelt Seen, Teiche und langsam fließende Gewässer. Bogner fand *H. gardneri* 1976 in den Fischweihern bei Icó im Staat Ceará (Brasilien), die ständig von diesen Pflanzen entkrautet werden müssen, und importierte sie für die Aquaristik.

Sonstiges: Leider wird diese sehr dekorative Pflanze aufgrund ihrer Kurzlebigkeit eine Seltenheit bleiben.

Literaturhinweis: Rutishauser (1983).

Hydrotriche hottoniiflora

Zuccarini (1832)

Hottonia-blütiges Wasserhaar

Familie: Scrophulariaceae, Rachenblütler.
Synonyme: Keine.
Etymologie: *Hydrotriche: hydro* = Wasser und
thrix = Haar, bezieht sich auf die haarförmigen
Wasserblätter; *hottoniiflora:* mit Blüten wie bei
der Gattung *Hottonia*.
Verbreitung: Madagaskar.
Beschreibung: Zierliche Wasserpflanze mit bis
70 cm langen Sprossen. Blätter in 10–20zähligen
Quirlen, sitzend, nadelförmig, 3–5 cm lang,
0,5–2 mm dick, hellgrün gefärbt. Blattrand an
der Spitze mit spitzen Zähnchen.
Blütenstand eine 5–25 cm hohe Traube mit wenigen gestielten Einzelblüten. Blüten kleistogam
und chasmogam. 2 Deckblätter, 1–3 mm lang.
Kelch etwa 3 mm lang, 5zipflig. Blütenkrone
2lippig, 5(–6)lappig, etwa 2 cm im Durchmesser,
bei der var. *hottoniiflora* weiß, ± intensiv rosa-
oder malvenfarbig oder hellblau gefärbt mit gelbem Schlund, var. *flava* mit rein gelber Krone.
Die in Kultur befindlichen Pflanzen blühen gewöhnlich weiß mit gelbem Schlund. 2 fertile
Staubblätter; 2 Staminodien. Griffel 5–7 mm
lang; Narbe zweispaltig. Frucht (selten) eine
4–8 mm große, zweiklappige Kapsel.
Kultur: *H. hottoniiflora* ist eine seltene Pflanze,
die sich durch ihren ungewöhnlichen Habitus
von den meisten Aquarienpflanzen auffallend
unterscheidet. Sie wird in gut beleuchteten
Aquarien mit weichem, saurem Wasser und niedrigen Temperaturen von 21–24 °C am schönsten,
obwohl sie auch in gewissen Grenzen anpassungsfähig ist. So konnten vorübergehend gute
Wachstumserfolge auch noch bei höheren Härte-
graden, einem pH-Wert im leicht alkalischen
Bereich und bei Temperaturen um etwa 25 °C
erzielt werden. Der Bodengrund sollte nährstoffreich sein (z.B. Lehmzusatz). Am besten wird
eine kleine Gruppe von mindestens drei Sprossen in die Mittelzone des Aquariums gepflanzt.
Auf Veralgung reagiert die Art sehr empfindlich.
Vermehrung durch Seitensprosse. Gelegentlich
entwickeln sich auch im Aquarium an flutenden
Sprossen Blütenstände.
Ökologie: Zur Regenzeit (Januar 1987) fand die

Hydrotriche hottoniiflora **im Aquarium**

Verfasserin auf Madagaskar dichte Bestände in
sehr schnell fließendem, klarem Wasser in einer
Tiefe von 40–80 cm. Eine Analyse ergab folgende
Werte: Wassertemperatur um 11.30 Uhr 21,5 °C.
Lufttemperatur 25,5 °C, GH und KH < 1 °dH
pH-Wert 5,6, Leitfähigkeit 30 µS/cm. Der Bodengrund bestand aus gelbem, festem Lehm, vermischt mit etwas Sand und einzelnen kleinen
Felsbrocken. Standorte sonnig. Die Art kommt
auch in stehenden Gewässern mit schlammigem
Bodengrund vor (Bogner & Heine 1968).
Sonstiges: Viele Jahre galt die Gattung *Hydrotriche* als monotypisch. Raynal-Roques beschrieb
1979 drei weitere Arten, *H. galiifolia, H. maya-
coides* und *H. bryoides*, die wie *H. hottoniiflora*
alle endemisch auf Madagaskar vorkommen, zudem sehr selten sind und bisher für die Aquaristik noch nicht gesammelt wurden. Von *H. hottoniiflora* sind die beiden Varietäten var. *hottoniiflora* und var. *flava* beschrieben worden, die
sich nur in der Blütenfarbe unterscheiden. Beide
Varietäten kommen auch sympatrisch vor und
haben die gleichen ökologischen Ansprüche. Die
Typusvarietät besitzt eine wesentlich größere
Verbreitung als die var. *flava*. Die Art wurde
1968 von J. Bogner nach Europa eingeführt.

Blühender emerser Sproß von *H. balsamica*   **Submerses Blatt von *H. balsamica***

Hygrophila balsamica
(Linné fil.) Rafinesque (1838)
Balsam-Wasserfreund

Familie: Acanthaceae, Bärenklaugewächse.
Synonyme: *Ruellia balsamica* Linné fil. (1781), *Synnema balsamicum* Alston, u.a.
Etymologie: *Hygrophila: hygros* = feucht, *philein* = lieben, bezieht sich auf die Standorte; *balsamica:* Balsam (dickflüssige, stark riechende Gemische von Harzen und Ölen).
Verbreitung: Indien, Sri Lanka.
Beschreibung: Verschiedengestaltige Pflanze mit einem bis 40 cm langen, aufrechten oder kriechenden, 3-7 mm dicken Stengel. Emerse Blätter kreuzweise gegenständig, bis 1,5 cm gestielt. Blattspreite länglich, etwas klebrig, gezähnt-gesägt, 7 × 1,5 cm groß, olivgrün. Spitze stumpf; Basis verschmälert. Stengel dicht und kurz, Spreite wenig behaart. Bricht man den Stengel oder zerreibt ein Blatt, so nimmt man einen intensiven Geruch wahr (Name!). Unter Wasser bilden sich kammförmig fiederschnittige, bis 10 × 7 cm große, hellgrüne Blattspreiten. Blütenstand achselständig, bis 0,7 cm gestielt,

mit 1-5 Blüten, am Grunde mit zwei 1,0 × 0,25 cm großen Deckblättern. Einzelblüte etwa 1 mm gestielt und mit zwei 5 × 1 mm großen Deckblättchen. Kelch 5lappig, etwa 8 mm lang, grün, ein Kelchblatt etwas länger. Blütenkrone 2lippig, blaßviolett-weiß gefärbt. Zwei der 4 Staubblätter sind 5 mm, zwei 3,5 mm lang. Griffel etwa 6,5 mm. Fruchtknoten länglich, 2,5 mm lang.
Kultur: Diese Art sieht *H. difformis* sehr ähnlich, ist aber weniger für die Aquarienkultur geeignet. Außerdem müssen emerse Sprosse vor dem Einbringen in das Aquarium mindestens drei Tage gewässert werden, da *H. balsamica* einen für die Fische sehr gefährlichen, konzentrierten Giftstoff enthält, wie meine Versuche zeigten. Obwohl submers kultivierte Sprosse bedenkenlos verwendet werden können, sei ausdrücklich vor der Kultur dieser Pflanze gewarnt! Wird diese seltene Art dennoch kultiviert, so sind weiches bis mittelhartes Wasser, eine hohe Lichtintensität und Temperaturen über 25 °C zu empfehlen. Blüht emers häufig.
Sonstiges: Die Art gelangte etwa 1980 für kurze Zeit in den Handel, wurde aber aufgrund von Fischverlusten nicht weiter verbreitet.

Verschiedene Wuchsformen von *Hygrophila corymbosa* im Aquarium

Hygrophila corymbosa
(Blume) Lindau (1895)
Riesenwasserfreund

Familie: Acanthaceae, Bärenklaugewächse.
Synonyme: *Nomaphila corymbosa* Blume (1826), *Justicia stricta* Vahl, *Nomaphila stricta* (Vahl) Nees, *Hygrophila stricta* (Vahl) Lindau, u.a.
Handelsnamen: *H.* „lacustris", *H.* „siamensis", *H.* „longifolius", u.a.
Etymologie: *Hygrophila:* siehe *H. balsamica; corymbosa:* doldentraubig, bezieht sich auf die Blütenstände.
Verbreitung: Weit verbreitet in Südostasien.
Beschreibung: Sumpfpflanze mit aufrechten, verzweigten, bis 5 mm dicken Stengeln. Pflanze kahl (mit Ausnahme einer Wuchsform). Blätter kreuzweise gegenständig, 1–5 cm gestielt. Es werden mehrere genetisch fixierte, zum Teil offenbar sterile Wuchsformen kultiviert, deren Blattspreiten in Form und Größe sehr verschieden sind.
Breitblättriger Riesenwasserfreund: Blattspreite schmal eiförmig oder elliptisch, emers

6–8 cm lang, 2,5–3 cm breit, submers 10–20 cm lang, 3–7 cm breit. Es gibt eine rein olivgrüne und eine rötlichbraune Farbform.
Thailändischer Wasserfreund: Emerse Blattspreite schmal elliptisch, 7–10 cm lang 1,5–2,5 cm breit, submerse Spreite schmal lanzettlich, 10–20 cm lang, 1,5–2 cm breit; eine Farbform mit hellgrünen und eine mit rötlichbraunen Blättern.
Behaarter Wasserfreund: Emerse Pflanze (auch Blattunterseite) flaumig behaart (bei hoher Luftfeuchte fast kahl), stark aromatisch. Emerse Blattspreite schmal elliptisch, 4–7 cm lang 1–1,5 cm breit; submerse Spreite linealisch 10–30 cm lang, 0,5–1,5 cm breit, hellgrün.
Blütenstand ein 0,5–2 cm gestieltes Dichasium mit 3 bis zahlreichen Blüten. Deckblätter 2–2,5 mm lang, 0,5 mm breit. Einzelblüte hell blau bis kräftig blauviolett gefärbt. 5 Kelchblätter, behaart, 4–8 mm lang, eines 1–3 mm länger als die anderen. Blüte im unteren Teil zu einer Röhre verwachsen; Krone 2lippig, 10–15 mm lang. Oberlippe 2lappig; Unterlippe 3lappig runzlig gewölbt und weiß-blau streifig gemustert. 4 Staubblätter, von denen 2 fast den Rand der Oberlippe erreichen, sowie 2 kürzere mi

310

Behaarter Wasserfreund im Aquarium

Blüte von *Hygrophila corymbosa*

3 mm Länge. Griffel bis 1,3 cm lang. Fruchtknoten walzenförmig, 3,5 × 1,5 mm groß. Samenkapsel 1–1,3 cm lang, mit etwa 20 flachen, fast runden Samen.

Kultur: Alle Wuchsformen von *H. corymbosa* sind sehr empfehlenswerte und schnellwüchsige Stengelpflanzen. Grundsätzlich sind ihre Lichtansprüche zwar nur mäßig, doch werden die Sprosse bedeutend kräftiger und gedrungener, wenn man sie intensiv beleuchtet. Insbesondere die rötlichen Farbformen entwickeln nur dann ihre volle Schönheit, wenn sie an einem freien, hellen Platz wachsen. Als Bodengrund ist Kies oder gewaschener Sand ausreichend, doch werden die Sprosse kräftiger in einem nahrhaften Bodengrund oder mit entsprechenden Düngerzusätzen. *H. corymbosa* gedeiht ausgezeichnet in mittelhartem bis hartem, leicht alkalischem Wasser, wobei das Temperaturoptimum zwischen 24 und 28 °C liegt. Ein auffällig gutes Wachstum läßt sich in stark strömendem Wasser, z.B. in der Nähe eines Filterauslaufs, beobachten. Dieser Wasserfreund wirkt am besten in einer kleinen, stufig angeordneten Gruppe in der mittleren oder hinteren Zone des Aquariums. Im Laufe der Zeit entwickeln sich unter guten Wachstumsbe-

dingungen Seitensprosse, die der Pflanzengruppe ein buschiges Aussehen verleihen. Diese Seitensprosse können mit einer Größe von etwa 10 cm abgetrennt und als Kopfstecklinge weiterverwendet werden.

Hygrophila corymbosa wird gewöhnlich aus emersen Kulturen im Fachhandel angeboten und verliert beim Umsetzen in das Aquarium meistens die emersen Blätter; die Pflanzen wachsen aber unter Wasser gut weiter und bilden bald neue Blätter.

Eine Sumpfkultur sowie eine Pflege auf der Fensterbank in feuchtem Bodengrund oder in Hydrogefäßen ist einfach, wo die Pflanzen leicht blühen.

Ökologie: *H. corymbosa* besiedelt sumpfige Standorte. Die Verfasserin sah in Sulawesi zwei sehr unterschiedliche Habitate. Bei Bantimurung (Maros, Foto S. 32) wuchs in einem kleinen Fluß mit schnell fließendem Wasser eine schmalblättrige, wenigblütige Form sowohl submers als auch emers. Wasseranalyse (7/1981): Temperatur 28 °C, pH 7,5, GH 7,8 °dH, KH 6 °dH, 300 μS/cm. An einem anderen Standort bei Angkona wuchs eine breitblättrige, vielblütige Form vollständig emers nur in nassem Boden.

Hygrophila difformis im Aquarium

H. difformis 'Weiß-Grün' im Aquarium

Hygrophila difformis
(Linné fil.) Blume (1826)
Indischer Wasserwedel, Wasserstern

Familie: Acanthaceae, Bärenklaugewächse.
Synonyme: *Ruellia difformis* Linné fil. (1781), *Ruellia triflora* Roxburgh, *Synnema triflorum* O. Kuntze, u.a.
Etymologie: *Hygrophila*: siehe *Hygrophila balsamica*; *difformis:* zweiförmig, bezieht sich auf die verschieden gestalteten Blätter.
Verbreitung: Indien, Birma, Thailand, Malaiische Halbinsel.
Beschreibung: Ausdauernde, sehr veränderliche Sumpfpflanze mit niederliegenden oder aufrechten Sprossen, 30–80 cm lang. Stengel behaart, bis 5 mm dick, grün oder rötlich. Emerse Blätter kurz gestielt, kreuzweise gegenständig, behaart und klebrig. Blattspreite lanzettlich-elliptisch bis elliptisch, bis 6,5 × 4,0 cm groß, mit gesägtem Blattrand, mittel- bis dunkelgrün gefärbt. Submerse Blattspreite anfangs ebenso geformt wie emers, danach entwickelte Spreiten fiederspaltig bis fiederschnittig, bis 15 cm lang, hellgrün gefärbt.

Blütenstand bis 1,4 cm gestielt, mit 1–3 achselständigen Blüten. 2 Deckblätter, behaart, etwa 9 × 4 mm groß. 5 Kelchblätter, behaart, etwa 10 mm lang. Blütenkrone 10–16 mm lang, etwa 7 mm breit, blaßviolett gefärbt. Oberlippe 2-, Unterlippe 3lappig. Schlund dunkelviolett gefärbt, behaart und runzlig aufgewölbt. 4 Staubblätter, davon erreichen 2 den Rand der Oberlippe, 2 bleiben etwas kürzer; Staubbeutel tiefviolett; Pollen gelb gefärbt. Griffel fein behaart, den Rand der Oberlippe erreichend; Narbe winzig. Fruchtknoten schmal und spitz ausgezogen. Kapselfrucht stiellos, etwa 8 mm lang, schwach flaumig behaart; Samen werden in Kultur selten gebildet.
Kultur: *H. difformis* ist zweifellos eine der schönsten und empfehlenswertesten Aquarienpflanzen und zählt zum regelmäßigen Angebot des Fachhandels. Die Pflanzen sind anspruchslos und gedeihen ausgezeichnet sowohl in sehr weichem als auch hartem Wasser (über 30°dGH). Für ein optimales Wachstum genügt eine mittlere Beleuchtungsstärke, kräftigere Exemplare bilden sich jedoch bei intensivem Licht. Als Bodengrund ist ungewaschener oder lehmhaltiger, grober Sand zu empfehlen. Die optimale Wasser-

Blüten von *Hygrophila difformis*

temperatur liegt zwischen 24 und 28 °C, doch werden vom Indischen Wasserwedel auch Temperaturen weit darunter und darüber vorübergehend toleriert.

Dicht über dem Bodengrund bilden sich häufig Seitensprosse, die anfangs ungeteilte Blätter aufweisen und kriechend wachsen, später aber die typischen fiederschnittigen Blattspreiten entwickeln.

Zur schnellen Vermehrung des Indischen Wasserwedels werden am besten Seitensprosse abgetrennt und neu gepflanzt, aber auch Sproßstecklinge eignen sich gut. Auch an schwimmenden Blättern bilden sich Adventivpflanzen. Mit einer Blütenbildung ist nur bei kräftigen, emersen Exemplaren und viel Licht zu rechnen.

Ökologie: *Hygrophila difformis* wächst an sumpfigen Standorten. Wasseranalysen sind nicht bekannt.

Sonstiges: Anläßlich der Beschreibung einer neuen Art, *Hygrophila mediatrix*, die eine Mittelstellung zwischen den Gattungen *Hygrophila* und *Synnema* einnimmt, zog Dr. H. Heine, Paris, 1971 die jüngere Gattung *Synnema* ein, so daß nur noch der Name *Hygrophila difformis* gültig ist.

Hygrophila difformis 'Weiß-Grün'

Diese Pflanze weist im Gegensatz zu der Stammform eine mehr oder weniger stark ausgeprägte weiße Zeichnung auf, die sich vorwiegend auf die Nervatur, aber auch auf andere Teile der Blattspreite bezieht. Es ist bisher noch nicht festgestellt worden, ob es sich um eine Mutation oder eine Virusinfektion handelt, letztere ist aber sehr wahrscheinlich. Da die Konstanz der weißen Zeichnung nicht gefestigt ist, erscheint es besser, die Pflanze nicht als eigenständige Varietät oder Form, sondern als Sorte 'Weiß-Grün' zu führen (Kasselmann 1981, 1983).

H. difformis 'Weiß-Grün' kann auch die weiße Zeichnung in der submersen Kultur beibehalten, wodurch sich dekorative Effekte bei der Bepflanzung des Aquariums erzielen lassen. Die Ausprägung dieses Merkmals ist offensichtlich weder lichtabhängig, noch wird es von der Schnelligkeit des Wachstums deutlich beeinflußt, denn sowohl langsam als auch schnell wachsende Sprosse können Chlorophyllmangel aufweisen. Die Sorte kann unter optimalen Kulturbedingungen ebenso gutwüchsig sein wie die Stammform. Seit etwa 1976 im Handel.

Hygrophila guianensis am natürlichen Standort in Venezuela

Hygrophila guianensis
Nees (1845)
Guyanischer Wasserfreund

Familie: Acanthaceae, Bärenklaugewächse.
Synonyme: *Hygrophila conferta* Nees.
Etymologie: *Hygrophila*: siehe *H. balsamica*; *guianensis*: aus Guyana stammend.
Verbreitung: Guyana, Venezuela, Bolivien.
Beschreibung: Sumpfpflanze, bis 50 cm hoch. Stengel rund oder kantig, (fast) kahl, 1,5–5 mm dick, wenig verzweigt. Blätter 1–2 cm gestielt, kreuzgegenständig. Blattspreite sehr schmal elliptisch bis schmal elliptisch, mit spitzer Spitze und herablaufender Basis, 6–15 cm lang, 0,8–2,3 cm breit, ganzrandig, oberseits kurz behaart, mittelgrün gefärbt.
Blüten kurz gestielt, zu mehreren in jeder Blattachsel der emersen, kahlen oder behaarten Sprosse. Deckblätter 1,5 mm. 5 Kelchblätter, 4–10 mm lang, bis 1 mm breit. Blütenkrone 2lippig, 7 mm lang, 4–5 mm breit, weiß. Oberlippe 2-, Unterlippe 3lappig. 4 Staubblätter. Griffel und Staubblätter kürzer als die Krone. Kapsel 0,8–1,5 cm lang; Samen 0,5–0,8 mm groß, flach.

Kultur: Unter dem Namen *H. guianensis* sind verschiedene Pflanzen im Handel, bei denen es sich aber zumeist nicht um diese Art handelt. Die echte *H. guianensis* ist für die Aquarienkultur nur mäßig geeignet. Selbst unter optimalen Bedingungen wächst sie ausgesprochen langsam. Wichtig sind insbesondere eine hohe Lichtintensität, ein nahrhafter Bodengrund und weiches Wasser mit einer optimalen Temperatur von 20–26 °C. Bei der problemlosen emersen Kultur werden häufig Blüten und Früchte entwickelt.
Ökologie: In einem Überschwemmungsgebiet eines Flusses in Venezuela fand die Verfasserin *H. guianensis* in dichten, semi-emersen Beständen. Die Sprosse wuchsen in 50 cm tiefem, stehendem Wasser in lehmigem Bodengrund bei intensivem Sonnenlicht. Wasserwerte (8/1989): Temperatur 26,5 °C (Lufttemperatur 27 °C um 10.30 Uhr), pH 7,6, GH/KH < 1 °dH, 35 µS/cm. W. Staeck sammelte submerse Pflanzen in Bolivien am Ufer eines kleinen Baches mit fast stehendem Wasser. Der Bodengrund war sandig-schlammig, der Standort unbeschattet. Wasserwerte (8/1991 um 12 Uhr): Temperatur 17 °C (Lufttemperatur 18 °C), pH 6,5, GH 4 °dH, KH 11 °dH, 125 µS/cm.

Eine schmalblättrige Wuchsform von _Hygrophila polysperma_ im Aquarium

Hygrophila polysperma
(Roxburgh) T. Anderson (1867)
Indischer Wasserfreund

Familie: Acanthaceae, Bärenklaugewächse.
Synonyme: _Justicia polysperma_ Roxburgh (1832), _Ruellia polysperma_ Wallich, _Heliadelphis polysperma_ Nees.
Etymologie: _Hygrophila_: siehe _H. balsamica_; _polysperma_: vielsamig.
Verbreitung: Indien, Bhutan, eingeschleppt in Mexiko.
Beschreibung: Ausdauernde Sumpfpflanze mit niederliegenden oder aufrechten Sprossen, submers 15–50 cm hoch. Stengel kahl, 1–2 mm dick. Blätter kreuzweise gegenständig, sitzend oder kurz gestielt. Blattspreite sehr schmal elliptisch, ganzrandig, bis 7 cm lang und 1,5 cm breit, submers weich und hellgrün, gelblichgrün bis bräunlich, emers derber und mittelgrün gefärbt. Spitze gewöhnlich rund, Basis verschmälert.
Blütensprosse mit kurzen Internodien, untere Blätter etwa 1 cm lang und 0,5 cm breit, behaart, nach oben hin immer kleiner werdend. Blütenstand 5–10 cm lang, mit einzelnen, achselstän-

digen, sehr kleinen Blüten. 2 Deckblätter, etwa 5 × 1 mm groß, behaart. 5 Kelchblätter, behaart, 5–6 mm lang und weniger als 0,5 mm breit. Blütenkrone wenig länger als der Kelch, 2lippig, weiß oder blaßblauviolett; Oberlippe 2-, Unterlippe 3lappig. 2 Staubblätter, den Rand der Krone erreichend. 1 Griffel. Samen nicht gesehen.
Kultur: _H. polysperma_ ist eine äußerst genügsame und empfehlenswerte Aquarienpflanze, die selbst noch Bedingungen toleriert, unter denen viele andere Aquarienpflanzen bereits zugrundegehen. Sie wächst gut in weichem, bevorzugt aber besonders hartes Wasser mit Temperaturen von 22–28 °C. Bei einer intensiven Beleuchtung entwickeln sich auffällig kräftige Sproßspitzen. In schwach beleuchteten Aquarien ist deutlich zu beobachten, daß die Pflanzen zwar noch normal gedeihen, daß das Wachstum aber langsamer ist, die Sprosse kleiner bleiben und deshalb weniger dekorativ sind. Der Bodengrund spielt offenbar nur eine untergeordnete Rolle für die Ernährung der Pflanzen. Gewaschener Sand reicht völlig aus. Eine zusätzliche CO_2-Düngung unterstützt zwar im allgemeinen das Wachstum im Aquarium, ist aber für diese Art nicht erforderlich.

Blühender emerser Sproß von
H. polysperma

hen in den Kanälen offensichtlich besonders gut, obwohl das Wasser, wie die Analyse (August 1984) aus diesem Kanal zeigt, extrem hart ist: Wassertemperatur 29 °C, pH-Wert 7,9, GH 55 °dH, KH 12 °dH. Die Pflanzen wuchsen semi-emers und blühten, wodurch eine Bestimmung ermöglicht wurde.

Sonstiges: Hauptunterscheidungsmerkmal der Gattungen *Hygrophila* und *Justicia* sind die Anzahl der Staubblätter, bei *Hygrophila* gewöhnlich vier (manchmal davon zwei Staminodien) und bei *Justicia* zwei fertile Staubblätter.

Hygrophila polysperma 'Rosanervig'

Im Handel wird eine panaschierte, weißbunte Variante von *Hygrophila polysperma* angeboten, die als Sorte *H. polysperma* 'Rosanervig' bezeichnet wird. Die später eingeführte Sortenbezeichnung 'Marmor' sollte der Einheitlichkeit halber nicht verwendet werden. Die weiße Musterung auf den Pflanzenblättern infolge eines Mangels an Blattgrün wird ziemlich sicher durch die Infektion mit einem Virus verursacht. Dieses Merkmal ist allerdings nicht konstant (siehe auch *H. difformis* 'Weiß-Grün'). Die Sorte 'Rosanervig' ist ausgesprochen gutwüchsig und sehr empfehlenswert.

Verwendet wird der Indische Wasserfreund als Gruppe im Vordergrund oder in der mittleren Zone des Aquariums. Die Sprosse müssen aufgrund ihres schnellen Wachstums alle zwei bis vier Wochen gekürzt werden. Eine Vermehrung erfolgt durch Seitensprosse. *Hygrophila polysperma* eignet sich besonders gut für die Erstbepflanzung neu eingerichteter Aquarien. Eine Blütenbildung tritt bei emersen Sprossen nur sehr selten auf.

Ökologie: Leider liegen über die Ökologie der Art kaum Angaben vor, und Wasseranalysen aus Indien wurden bisher nicht publiziert. Die Verfasserin fand *H. polysperma* aber überraschenderweise im Norden Mexikos in einem Kanal der Laguna Media Luna, ein Ort, der vor allem wegen interessanter Cichliden in der aquaristischen Literatur des öfteren erwähnt wurde. Der Indische Wasserfreund wurde dort vermutlich von Einheimischen angesiedelt. Die Pflanzen gedei-

H. polysperma **'Rosanervig' im Aquarium**   ▷

Isoetes velata var. *sicula* im Aquarium

Sporangien mit Makro- (links) und Mikrosporen

Isoetes velata

A. Braun **var.** *sicula* Gennari (1861)

Verschleiertes Brachsenkraut

Familie: Isoetaceae, Brachsenkräuter.
Synonyme: [Nicht *Isoetes sicula* Todaro (1866)].
Etymologie: *Isoetes: isos* = gleich, *etos* = Jahr,
das ganze Jahr im Wuchs gleichbleibend; *velata:*
verschleiert; *sicula:* aus Sizilien stammend.
Verbreitung: Sizilien, Sardinien.
Beschreibung: Rhizom knollig, bis 2 cm lang.
Bis zu 220 Blätter in einer Rosette, 10–30 cm
lang, bogig aufsteigend bis aufrecht, pfriemlich,
schwach gedreht, zur Spitze hin allmählich ver-
jüngend, an der Basis 1–3 mm breit, mit deutlichem Hautrand, sonst grasgrün.
Sporangien mit Makro- und Mikrosporen getrennt voneinander an den Blattbasen. Sie sind
schmal-länglich, 1–4 mm breit, 1,5–10 mm lang,
vom Velum vollständig bedeckt (Bezug des Namens). Makrosporen kugelig, 450–500 μm groß,
Mikrosporen ellipsoid, 31 × 21 μm groß.
Kultur: Die Kultur dieser ungewöhnlichen
Pflanze ist ohne größere Probleme. Sie gedeiht
sowohl in weichem als auch in hartem Wasser,
wobei der pH-Wert im sauren oder alkalischen
Bereich liegen kann. Eine mittlere bis intensive
Beleuchtung ist zu empfehlen. Als Bodengrund
eignet sich ein Gemisch aus Sand und feinem
Kies, dem etwas Lehm zugefügt werden kann.
Optimale Temperatur 22-26 °C. An ausgewach-
senen Pflanzen entwickeln sich im Laufe von
einigen Monaten an den anschwellenden Blattbasen Sporenbehälter mit Makro- und Mikrosporen. Die Sporen sind reif, wenn sich die Blätter leicht von der Pflanze ablösen lassen. Die
Makrosporen sind noch mit dem bloßen Auge
als kleine „Kügelchen" zu erkennen, während
die Mikrosporen nur als „braunes Pulver" auszu-
machen sind. Die Verfasserin hatte mit folgender
Methode der Aussaat den besten Erfolg: Zuerst
werden die Sporen in einem kleinen Gefäß ge-
mischt und danach auf feuchter Erde ausgesät.
Wenn die Pflänzchen eine Größe von mehreren
Zentimetern erreicht haben, können sie umgepflanzt werden (Abb. S. 73). Man kann sie auch
im Wasser „keimen" lassen und danach pikieren.
Eine regelmäßige Aussaat ist zwar zeitaufwendig, aber notwendig, da ausgewachsene Exemplare nach der Sporenbildung oft absterben.
Literaturhinweis: Kasselmann (1986).

Lagarosiphon cordofanus (Mitte) im Aquarium

Lagarosiphon cordofanus
Caspary (1858)

Familie: Hydrocharitaceae, Froschbißgewächse.
Synonyme: *Udora cordofana* Hochstetter, u.a.
Etymologie: *Lagarosiphon: lagaros* = schlaff,
siphon = Röhre (bezieht sich auf die weibliche
Blüte); *cordofanus:* von Kordofan (Landschaft in
Zentralafrika).
Verbreitung: Ost- und Südafrika, Kamerun.
Beschreibung: Wasserpflanze mit weichem,
0,5–1 mm dickem Stengel. Blätter wechselständig, gelegentlich quirlständig, linealisch, etwas
nach unten gebogen, 1–3 cm lang, 0,5–1,5 mm
breit, weich, transparent, hellgrün. Blattrand auf
jeder Seite mit 12–66 Zähnen an dreieckigen
Vorsprüngen. Blattbasis mit eirunden oder
schmal eirunden Schuppen. Blattspitze mit 2
spitzen Zähnchen (Lupe!).
Pflanzen zweihäusig; Blüten eingeschlechtlich.
Männlicher Blütenstand mit 7–14 Blüten; männliche Blüten zur Reife auf der Wasseroberfläche
schwimmend, mit je 3 weißen, zurückgeschlagenen Kelch- und Kronblättern, 3 fertilen Staubblättern, 3 längeren Staminodien, die ein „Segel"

bilden. Weibliche Spatha mit 1 Blüte, die an
einem langen Blütenstiel auf der Wasseroberfläche schwimmt; Blütenhülle weiß, eine
„Schale" bildend; 3 Staminodien; 3 Griffel.
Fruchtknoten mit mehr als 20 Samenanlagen.
Kapsel eiförmig, vielsamig.
Kultur: Eine zierliche, empfehlenswerte, aber
lichtbedürftige Art. Die Sprosse gedeihen in weichem Wasser mit einem sauren bis neutralen
pH-Wert am besten. Eine wesentliche Voraussetzung für ein gutes Wachstum ist eine hohe
Lichtintensität. Positiv wirkt sich häufig auch
eine zusätzliche CO_2-Zufuhr aus. Dem Bodengrund fällt bei der Nährstoffversorgung nur eine
geringe Rolle zu, da die wenigen Wurzeln in
erster Linie der Verankerung dienen. Temperatur
22–34 °C, optimal 25–28 °C. Gruppenbepflanzung. Vermehrung durch Seitensprosse.
Ökologie: Die Verfasserin fand die Art an natürlichen Standorten in Tansania und Sambia immer flutend in temporären Gewässern in intensivem Sonnenlicht. Das stehende Wasser war
lehmig-trüb oder klar und bis etwa einen Meter
tief, häufig aber flacher. R. Wildekamp ermittelte
folgende Wasserwerte: 22–32 °C, pH 5,9–7,5, GH
< 1–8 °dH, KH 2–8 °dH, 80 µS/cm, O_2 3,2–4,5 mg/l.

Lagarosiphon madagascariensis im Aquarium

Lagarosiphon madagascariensis
Caspary (1881)
Madagassische „Wasserpest"

Familie: Hydrocharitaceae, Froschbißgewächse.
Synonyme: *Lagarosiphon densus* Ridley.
Etymologie: *Lagarosiphon*: siehe *L. cordofanus*; *madagascariensis*: von Madagaskar stammend.
Verbreitung: Madagaskar.
Beschreibung: Zarte Wasserpflanze mit weichem, 0,5–1 mm dickem Stengel. Blätter wechselständig, fast gegenständig, selten in 3zähligen Quirlen. Spreite linealisch, etwas nach unten gebogen, gewöhnlich 10–15 mm lang, 0,5–1 mm breit (in Westmadagaskar eine Population mit 1–2,2 mm breiten Blättern), weich, transparent, hellgrün. Auf jeder Seite des Blattrandes 28–80(–150) Zähne (nicht an Vorsprüngen wie bei *L. cordofanus*). An der Blattbasis eirunde oder schmal eirunde Schuppen. Blattspitze mit 2 spitzen Zähnchen (Lupe!).
Männlicher Blütenstand mit wenigen Blüten. Fruchtknoten mit 8–14 Samenanlagen. Sonst wie bei *L. cordofanus* angegeben.

Kultur: Eine zierliche, dekorative, empfehlenswerte Vordergrundpflanze, die früher häufig, heute nur noch selten im Handel angeboten wird. Benötigt viel Licht und liebt weiches, saures Wasser, gedeiht aber noch zufriedenstellend bei mittlerer Härte. Auch frei schwimmende Sprosse wachsen gut weiter. Empfehlenswert für jede Aquariengröße, selbst für kleine, gut beleuchtete Zuchtaquarien. Vermehrung durch Seitensprosse. Optimale Temperatur 24–28 °C.
Ökologie: Wächst am natürlichen Standort in stehenden Gewässern frei flutend. Die Verfasserin fand die Art auf Madagaskar häufig in Reisfeldern. Wasseranalyse eines Standortes (12/1986 um 14 Uhr): Temperatur 27,5 °C (Lufttemperatur 28 °C), pH 6,5, GH 3 °dH, KH 2 °dH, Fe_2 0,2 mg/l. Der Bodengrund war schlammig-lehmig sowie eisenhaltig.
Sonstiges: Gute Unterscheidungsmerkmale steriler *Lagarosiphon*-Arten sind u.a. die Zähne am Blattrand und die Blattstruktur (s. Symoens & Triest 1983). Ähnlich aussehende Arten der Gattungen *Egeria*, *Elodea* und *Hydrilla* besitzen im Unterschied zu *Lagarosiphon* eine quirlige Blattstellung. Besonders interessant ist die Blütenbiologie dieser Gattungen (s. Cook 1982).

Lagarosiphon major im Aquarium

Lagarosiphon major
(Ridley) Moss (1928)
Krause oder Größere „Wasserpest"

Familie: Hydrocharitaceae, Froschbißgewächse.
Synonyme: *Lagarosiphon muscoides* Harvey var. *major* Ridley (1886), *Elodea crispa*, nom. nud.
Etymologie: *Lagarosiphon:* siehe *L. cordofanus; major:* größer.
Verbreitung: Simbabwe, Südafrika, eingeschleppt in Westeuropa und Neuseeland.
Beschreibung: Wasserpflanze mit steifem, 1,5–3 mm dickem Stengel, im Aquarium bis 40 cm hoch. Blätter wechselständig, selten quirlständig. Spreite linealisch, stark nach unten gebogen, gewöhnlich bis 15 mm lang, 1,5–2 mm breit, dünn, hart, transparent, mittel- bis dunkelgrün. Auf jeder Seite des Blattrandes 50–100 stumpfe Zähne (nicht an Vorsprüngen wie bei *L. cordofanus*). Schuppen an der Blattbasis fehlen. Blattspitze mit 2 stumpfen Zähnchen (Lupe!). Männlicher Blütenstand mit über 50 Blüten. Kelch- und Kronblätter der männlichen und weiblichen Blüten blaßrosa gefärbt. Fruchtkno-

ten mit 10–12 Samenanlagen. Blütenbeschreibung sonst wie bei *L. cordofanus.*
Kultur: Diese schon seit 1906 in der Aquarienkultur beliebte Kaltwasserpflanze besitzt durch ihre auffällig nach unten gebogenen Blattspreiten ein sehr dekoratives Aussehen. Die Sprosse lassen sich schwimmend oder eingepflanzt verwenden. Manche Populationen sind sogar winterhart. Für das Tropenaquarium ist die Art nur bis zu Temperaturen von 25 °C geeignet; in zu warmem Wasser lösen sich die Pflanzen innerhalb weniger Wochen auf. Sehr lichtbedürftig. Bei zu wenig Licht strecken sich die Internodien. Vermehrung durch Seitensprosse.
Ökologie: Wächst in stehenden Gewässern frei flutend und nur mit den Wurzeln im Bodengrund verankert. Liebt kalkarme Gewässer. Bei zusagenden Lebensbedingungen an den Standorten häufig ein lästiges „Unkraut".
Sonstiges: *L. major* wurde in der Aquaristik viele Jahre lang unter den Namen *L. muscoides* var. *major* (*L. muscoides* Harvey ist eine andere Art) und *Elodea crispa* kultiviert. Die Art ähnelt *Egeria densa*, ist aber viel „härter" im Habitus und bildet gewöhnlich wechselständige Blätter.
Literaturhinweis: Symoens & Triest (1983).

321

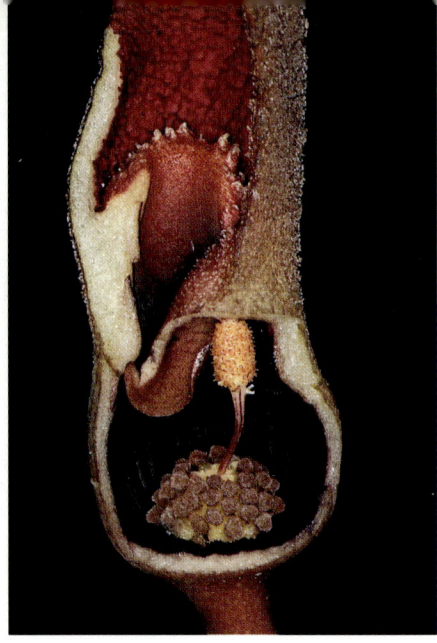

Aufgeschnittene Spatha von *L. dewitii*   **Samen und Früchte von *Lagenandra***

Die Gattung Lagenandra

Familie Araceae, Aronstabgewächse

Die Gattung *Lagenandra* ist eng verwandt mit der in der Aquaristik gut bekannten Gattung *Cryptocoryne*, weshalb gelegentlich Arten beider Gattungen miteinander verwechselt werden. Durch folgende einfache Merkmale lassen sich beide jedoch leicht unterscheiden:

1) Lagenandra-Arten bilden keine Ausläufer wie die Cryptocorynen, sondern entwickeln Jungpflanzen direkt am Rhizom. (Eine Ausnahme ist *Lagenandra nairii*).

2) Bei der Gattung *Lagenandra* ist die Blattspreite von beiden Blatträndern her eingerollt (involute Vernation), bei den *Cryptocoryne*-Arten ist sie von einer Seite her tütenförmig eingerollt (konvolute Vernation).

3) Bei *Lagenandra* sind die weiblichen Blüten in mehreren Kreisen angeordnet, während sie sich bei *Cryptocorye* in einem Kreis befinden. (Ausnahmen sind *Lagenandra gomezii* [weibliche Blüten in einem Kreis] und *L. nairii* [weibliche Blüten in einem Scheinquirl angeordnet]).

Weitere charakteristische Merkmale der Gattung *Lagenandra* sind: Form und Aufbau der Spatha, freie weibliche Blüten und demzufolge freie Beeren, Öffnung der Früchte an der Basis und Zurückrollen der Fruchtwand (Perikarp).

Weitere Lagenandra-Arten

Außer den im folgenden beschriebenen vier *Lagenandra*-Arten sind noch weitere 10 Spezies bekannt: *L. meeboldii* (Engler) C. Fischer und *L. toxicaria* Dalzell sind im Südosten Indiens verbreitet, *L. undulata* Sastry und *L. gomezii* (Schott) Bogner & Jacobsen kommen im Nordosten von Indien vor, *L. bogneri* de Wit, *L. dewitii* Crusio & de Graaf, *L. erosa* de Wit, *L. koenigii* (Schott) Thwaites, *L. lancifolia* (Schott) Thwaites und *L. thwaitesii* Engler sind im Südwesten von Sri Lanka beheimatet. Diese Arten sind entweder wenig für die submerse Kultur geeignet oder bisher noch nicht erprobt worden; gewöhnlich handelt es sich aber um gute Paludarienpflanzen.

Literaturhinweise: Ausführliche Informationen über die Gattung bei Bogner & Jacobsen (1987), Dassanayake (1988), de Wit (1978, 1990).

322

Lagenandra jacobsenii am natürlichen Standort im Kottawa-Wald (Sri Lanka)

Lagenandra jacobsenii
de Wit (1983)

Jacobsens *Lagenandra*

Familie: Araceae, Aronstabgewächse.

Synonyme: *Lagenandra insignis* sensu auctt., non Trimen.

Etymologie: *Lagenandra*: von *lagenos* (gr.) = Flasche, *andros* = Mann; in bezug auf die flaschenförmigen Staubblätter; *jacobsenii*: nach dem dän. Botaniker Niels Jacobsen (1941–).

Verbreitung: Südwesten von Sri Lanka.

Beschreibung: An feuchten Standorten lebende, mittelgroße Pflanze. Rhizom kriechend, bis 4 cm dick. Blattstiel 10–20(–30) cm lang, scheidig. Blattspreite lanzettlich bis schmal eiförmig, 13–25(–30) cm lang, 4–10 cm breit, ± waagerecht wachsend (nicht senkrecht wie bei *L. ovata* und *L. praetermissa*), mittelgrün. Spitze spitz bis zugespitzt; Basis gewöhnlich rund. Blattrand ganzrandig. Mittelnerv unterseits deutlich hervortretend.

Blütenstand gestielt. Spatha 13–25 cm lang. Spathaspreite 4–8 cm lang, 4 cm breit, weit geöffnet, oberhalb des Kessels scharf um etwa 90° zur Seite abgeknickt, lang geschwänzt, außen fein warzig, weiß-rötlich gefärbt, innen schwarzpurpurn, unregelmäßig quer gerippt und mit verzweigten Auswüchsen. Schwanz 5–9 cm lang, während der Blüte seitwärts gebogen, gelegentlich nach hinten gekrümmt. Kragen deutlich. Weibliche Blüten etwa 70–80, in 5–6 spiraligen Kreisen angeordnet; Fruchtknoten warzig; Narbe rund, in der Mitte etwas vertieft. Männliche Blüten etwa 80–100. Chromosomenzahl $2n = 36$.

Kultur: Eine seltene, dekorative Pflanze, die sich aufgrund einer Höhe von etwa 20–30 cm besser für die Kultur im Paludarium eignet als die häufiger gepflegten, großwüchsigen *L. ovata* und *L. praetermissa*. *Lagenandra jacobsenii* liebt einen schattigen, feuchten Standplatz sowie viel Wärme. Besonders auffällig sind die Blütenstände mit den weit geöffneten Spathaspreiten. Für die submerse Hälterung im Aquarium nicht zu empfehlen.

Ökologie: Die Art wächst in kleinen Beständen an schattigen, feuchten Plätzen im tropischen Regenwald.

Sonstiges: *L. jacobsenii* wurde lange Zeit fälschlich als *L. insignis* Trimen angesehen. Dieser Name ist ein Synonym zu *L. ovata*.

Spatha von *Lagenandra nairii*

Lagenandra nairii
Ramamurthy & Rajan (1984)

Nairs *Lagenandra*

Familie: Araceae, Aronstabgewächse.
Synonyme: Keine.
Etymologie: *Lagenandra*: siehe *L. jacobsenii*;
nairii: nach dem Botaniker C. Nair, Indien.
Verbreitung: Indien (Kerala).
Beschreibung: Mittelgroße Sumpfpflanze. Rhizom kriechend, 1,5–2 cm dick. Blattstiel 3–28 cm lang, dicht und kurz behaart; Blattscheide 1–6 cm lang. Blattspreite elliptisch-länglich bis eiförmig, 8–17 cm lang, 5–9 cm breit, oberseits mittelgrün und kahl, unterseits hellgrün und schwach behaart, besonders an den Nerven. Spitze spitz; Basis schwach herzförmig oder rund. Blattrand ganzrandig oder wenig gewellt. Blütenstand 2–5 cm gestielt. Spatha 4–5 cm lang. Spathaspreite 2,5–3,5 cm lang, eiförmig, spitz bis lang zugespitzt, weit seitwärts gebogen, außen warzig und behaart, innen schwach quer gerippt, am Rand ganzrandig oder leicht unregelmäßig zernagt, außen und innen rotbraun. Kragen deutlich, grünlichgelb. Weibliche Blüten 10–15,

nebeneinander in einer Ebene in einem Scheinquirl angeordnet; Griffel 1,5–2 mm lang; Fruchtknoten wenig warzig, schwach behaart. Männliche Blüten 45–55. Chromosomenzahl 2n = etwa 72.
Kultur: Diese erst im Jahre 1981 entdeckte Art eignet sich ausgezeichnet für die Sumpfkultur im Paludarium. Die Pflanzen erreichen dort gewöhnlich eine Höhe von etwa 10–20 cm. Eine vegetative Vermehrung ist sehr produktiv durch Ausläufer. Blütenstände bilden sich häufig. Nach den Erfahrungen der Verfasserin scheint die Art auch als Aquarienpflanze verwendbar zu sein. Genaue Kulturangaben sind aber noch nicht möglich.
Ökologie: *L. nairii* ist bisher nur von der Typuslokalität, den Athirappally-Wasserfällen im Trichur-Distrikt (Kerala), bekannt. Dort führt sie an den beschatteten Ufern des Chalakkudi-Flusses eine amphibische Lebensweise. Während der Regenzeit stehen die Pflanzen vollständig unter Wasser.
Sonstiges: *L. nairii* ist die einzige Art der Gattung, die Ausläufer entwickelt. Bei allen anderen Arten entstehen die Jungpflanzen am Rhizom.
Literaturhinweis: Sivadasan (1986).

Zum Vergleich: Spathen von *Lagenandra ovata* (links) und *L. praetermissa*

Lagenandra ovata
(Linné) Thwaites (1864)

Familie: Araceae, Aronstabgewächse.

Synonyme: *Arum ovatum* Linné (1753), *Caladium ovatum* (L.) Ventenat, *Cryptocoryne ovata* (L.) Schott, *Lagenandra insignis* Trimen.

Etymologie: *Lagenandra*: siehe *Lagenandra jacobsenii*; *ovata*: eiförmig.

Verbreitung: Südwesten von Sri Lanka, Indien.

Beschreibung: Kräftige Sumpfpflanze, über 1 m hoch. Rhizom lang, kriechend, bis 8 cm dick. Blattstiel bis 50 cm lang, fleischig, dick. Spreite schmal elliptisch bis lanzettlich, 25–60 cm lang und 7–15(–20) cm breit, senkrecht stehend, hell- bis mittelgrün gefärbt. Spitze spitz bis zugespitzt; Basis spitz oder stumpf. Blütenstand bis 20 cm gestielt. Spatha 5–25 cm lang. Spathaspreite lang geschwänzt, einmal gedreht, oberhalb des Kessels kugelig aufgeblasen, außen mit ± großen Warzen oder stark runzlig, purpurn, innen im unteren Teil stark runzlig, im oberen warzig und quer gerippt, dunkelpurpurn. Schwanz bis 8 cm lang, aufrecht. Kragen breit. Weibliche Blüten 20–110, in 4–8 spiraligen Kreisen; Fruchtknoten warzig; Narben ± rund, in der Mitte vertieft. Männliche Blüten 90–100. Chromosomenzahl 2n = 36.

Kultur: *L. ovata* läßt sich zwar im Aquarium kultivieren, ist aber aufgrund der Größe und des starken Bestrebens, aus dem Wasser herauszuwachsen, nur bedingt für die submerse Kultur verwendbar. Am besten eignen sich kleine Exemplare, die auf einem nährstoffarmen Bodengrund ziemlich langsam wachsen. Kräftige Pflanzen benötigen sehr hohe Aquarien. Empfehlenswerter als die submerse Pflege ist die Hälterung in sehr geräumigen Paludarien, wo das Wachstum im flachen Wasser oder auf feuchter Erde keine Probleme bereitet. Die Exemplare benötigen eine hohe Luftfeuchte und Wärme. Sie stellen nur geringe Lichtansprüche, wachsen aber besser bei intensivem Licht. Eine vegetative Vermehrung gelingt durch Teilung der kräftigen Wurzelstöcke.

Ökologie: Die Art wächst in dichten Beständen an schattigen und sonnigen Plätzen entlang von Ufern schnell fließender Bäche und Flüsse in kiesig-lehmigem Bodengrund. Gelegentlich findet man junge Exemplare auch vollständig submers in der Strömung.

Lagenandra praetermissa am Ufer eines Baches auf Sri Lanka

Lagenandra praetermissa
de Wit (1983)

Familie: Araceae, Aronstabgewächse.
Synonyme: Keine.
Etymologie: *Lagenandra*: siehe *L. jacobsenii*; *praetermissa*: weggelassen, übersehen (Bezug siehe Sonstiges).
Verbreitung: Südwesten von Sri Lanka.
Beschreibung: Kräftige Sumpfpflanze, bis 1 m hoch. Rhizom kriechend, 3–5 cm dick. Blattstiel 30–60 cm lang, scheidig. Blattspreite schmal elliptisch, 30–45 cm lang, (6–)9–12 cm breit, senkrecht wachsend, mittelgrün. Spitze spitz; Basis spitz bis fast stumpf. Blattrand teilweise fein gewellt und bräunlich gefärbt. Mittelnerv deutlich.
Blütenstand 7–30 cm lang gestielt. Spatha 8–20 cm lang. Spathaspreite lang geschwänzt und einmal gedreht, schlank, nicht kugelig aufgeblasen wie bei *L. ovata*, einen schmalen Spalt geöffnet, außen mit Warzen versehen und runzlig, längs gestreift, grün bis hellpurpurn gefärbt, innen schwach warzig und quer gerippt, hellpurpurn. Schwanz 1–8 cm lang und aufrecht. Kragen

deutlich, dick. Weibliche Blüten etwa 60–70, in 4–6 spiraligen Kreisen angeordnet; Fruchtknoten warzig; Narben rund, in der Mitte vertieft. Männliche Blüten etwa 50. Chromosomenzahl $2n = 36$.
Kultur: Wie bei *L. ovata* angegeben.
Ökologie: *L. praetermissa* besiedelt dieselben Lebensräume wie *L. ovata*.
Sonstiges: Obwohl *L. praetermissa* schon im Jahre 1853 von Thwaites gesammelt wurde, erhielt sie erst 1983 ihren heutigen Namen. Lange Zeit wurde sie mit *L. toxicaria* Dalzell aus dem westlichen Indien und *L. ovata* (L.) Thwaites verwechselt. Die Spatha von *L. praetermissa* ist im Unterschied zu *L. toxicaria* außen warzig. Im Vergleich zu *L. ovata* weist die äußere Spatha von *L. praetermissa* nur sehr kleine Warzen auf. Zudem ist die Blattspreite von *L. praetermissa* deutlich schmaler als die von *L. ovata*.
Lagenandra praetermissa und *L. ovata* werden leicht mit *Cryptocoryne ciliata* verwechselt. Beide Arten lassen sich am einfachsten an den jungen Blattspreiten unterscheiden: Bei *Lagenandra* sind die Blattränder von beiden Seiten her eingerollt, bei *Cryptocoryne* tütenförmig von einer Seite.

Lemna gibba ist unterseits buckelig gewölbt (stark vergrößert)

Lemna gibba
Linné (1753)
Buckelige Wasserlinse

Familie: Lemnaceae, Wasserlinsengewächse.
Synonyme: *Lenticula gibba* Moench, u.a.
Etymologie: *Lemna*: griechischer Pflanzenname; *gibba*: buckelig, in bezug auf die buckelig gewölbte Unterseite des Sproßgliedes.
Verbreitung: In Gebieten mit gemäßigtem Klima: Amerika, Europa, Afrika, Südwestasien; nicht in Australien.
Beschreibung: Auf der Wasseroberfläche schwimmende, kleine Pflanzen. Glieder blattartig, eiförmig, ganzrandig, einzeln oder wenige zusammenhängend, 1–8 mm lang und 0,8–6 mm breit, oberseits flach, unterseits buckelig gewölbt, bis 4 mm dick, grün gefärbt, gelegentlich rot gefleckt, unterseits manchmal rot. Spaltöffnungen zahlreich. Nerven (3)4–5(7). Jedes Glied mit einer Wurzel; diese mit Wurzelscheide und Wurzelhaube. Tochterglieder entspringen aus zwei seitlichen Taschen des Muttersprosses.
1 Blüte je Glied, in derselben seitlichen Tasche wie das Tochterglied. Blütenaufbau wie bei *L. tri-*

sulca. Fruchtknoten mit 1–7 Samenanlagen. Frucht symmetrisch, geflügelt. Samen mit 8–16 deutlichen Rippen.
Kultur: *L. gibba* und *L. minor* sind bei Aquarianern in der Regel unerwünschte Kulturpflanzen, weil sie sich bei guten Nährstoffverhältnissen massenhaft vermehren. Sehr leicht schleppt man sich diese Wasserlinsen beim Kauf von Aquarienpflanzen oder beim Wasserflohfang ein. Allerdings können Wasserlinsen auch gut als Nährstoffanzeiger dienlich sein: Ein schlechtes Gedeihen von *Lemna* weist auf eine allgemein unzureichende Nährstoffversorgung hin und zeigt eine notwendige Düngung an. *L. gibba* blüht und fruchtet häufig und ist dann ein interessantes Studienobjekt. *L. gibba* und *L. minor* bilden Winterglieder (keine Turionen), die nicht auf den Grund des Gewässers sinken.
Ökologie: *L. gibba* besiedelt ruhige, permanente und temporäre Gewässer. In Temporärgewässern überleben die Früchte während der Trockenzeiten im Schlamm. Die Art toleriert keine pH-Werte unter 4 und wächst nur in Gewässern mit hoher Leitfähigkeit (zwischen 100 und 3370 µS/cm).
Literaturhinweis: Landolt (1986).

Lemna minor

Lemna minor
Linné (1753)
Kleine Wasserlinse

Familie: Lemnaceae, Wasserlinsengewächse.
Synonyme: Zahlreiche (siehe Landolt 1987).
Etymologie: *Lemna*: siehe *Lemna gibba*; *minor*: kleiner (kleiner als *Spirodela polyrhiza*).
Verbreitung: Weltweit in Gebieten mit gemäßigtem Klima, ausgenommen Ostasien, Australien (eingeschleppt bei Melbourne).
Beschreibung: Glieder 1–8(–10) mm lang, 0,6–5,0(–7) mm breit, mit 3(4–5) Nerven, niemals unterseits buckelig gewölbt wie bei *L. gibba* (nicht dicker als 1 mm), oberseits grün, gelegentlich rötlich (besonders in der kalten Jahreszeit), unterseits selten rötlich.
Fruchtknoten mit 1 Samenanlage. Samen mit 10–16 deutlichen Rippen. Beschreibung sonst wie bei *L. gibba* (nach Landolt 1986).
Kultur: Das Auftreten dieser Wasserlinse ist aufgrund der massenhaften Vermehrung bei zusagenden Bedingungen selten erwünscht. Um die Pflanzen zu dezimieren, hilft nur ein regelmäßiges Abfischen (siehe auch *L. gibba*).

Lemna minor blüht gelegentlich, fruchtet aber sehr selten. Die Winterglieder (keine Turionen) enthalten mehr Stärke als normale Glieder, weshalb sie bei ungünstigen Lebensbedingungen lange Zeit überleben können.
Ökologie: Die Kleine Wasserlinse besiedelt stehende und langsam fließende Gewässer, kann aber auch in Wasserfällen leben (bekannt aus dem Kaukasus). Aufgrund ihrer besonders langen Wurzeln, die dann dicht miteinander verflochten sind, kann *L. minor* diese besonderen Lebensräume besiedeln. Bei Wind dienen die Wurzeln als wichtige Stabilisierungshilfe. Die Glieder tolerieren auch noch sehr niedrige pH-Werte unter 4. Am natürlichen Standort wurden Pflanzen bei einer Leitfähigkeit von 52–435 µS/cm gefunden. In Europa bevorzugt *L. minor* im Gegensatz zu anderen Wasserlinsen Gewässer mit nicht optimaler Nährstoffversorgung in Gebieten mit hohem Niederschlag und kalten Sommern. Temperaturminimum –15 °C, Temperaturmaximum 32,5 °C.
Sonstiges: *L. gibba* und *L. minor* sind in vegetativem Zustand nur schwer voneinander zu unterscheiden, vgl. die Beschreibungen. Es sollen auch natürliche Hybriden verbreitet sein.

Lemna trisulca

Lemna trisulca
Linné (1753)
Dreifurchige Wasserlinse

Familie: Lemnaceae, Wasserlinsengewächse.
Synonyme: Zahlreiche (siehe Landolt 1987).
Etymologie: *Lemna*: siehe *Lemna gibba*; *trisulca*: dreifurchig, bezieht sich auf die 3 Nerven der Glieder.
Verbreitung: Weltweit in Gebieten mit gemäßigtem Klima, nicht in Südamerika.
Beschreibung: Vielgestaltige Wasserpflanze. Die Pflanzen schweben unter der Wasseroberfläche, Glieder blattartig, schmal eiförmig, vorne gezähnt, 3-15 mm lang, 1-5 mm breit, flach, transparent, hellgrün oder rötlich. Basis zu einem 2-20 mm langen Stiel verschmälert. Spaltöffnungen fehlen. (1)3 Nerven. Jedes Glied mit einer bis 2,5 cm langen Wurzel.
Generative (blühende) Pflanzen schwimmen auf der Wasseroberfläche, sind eiförmig, viel kürzer und weniger gezähnt als die vegetativen, mit zahlreichen Spaltöffnungen. 1(2) Blüten, in derselben seitlichen Tasche wie das Tochterglied. Jede Blüte mit einer Hülle, 2 Staubblättern, die

sich nacheinander entwickeln und 1 Stempel. Fruchtknoten mit 1 Samenanlage. Frucht symmetrisch, zur Spitze hin seitlich geflügelt. Samen mit 12-18 deutlichen Rippen (Landolt 1986).
Kultur: Im Tropenaquarium nur bedingt bei nicht zu hohen Temperaturen haltbar. Empfehlenswerte Wasserpflanze für die Kultur im Kaltwasseraquarium oder Gartenteich. Vermehrt sich im Unterschied zu den meisten „unbeliebten" Wasserlinsengewächsen nicht massenhaft. Die kreuzweise zusammenhängenden Glieder wirken sehr dekorativ und werden gerne von Fischen als Ablaichsubstrat oder Versteckmöglichkeit benutzt. Im Winter bilden sich kürzere und breitere Glieder, die auf den Bodengrund der Gewässer sinken und dort sehr langsam weiterwachsen (keine Turionen). Blüht gelegentlich und fruchtet selten.
Ökologie: Bewohnt stehende Gewässer mit niedriger Phosphatkonzentration und gewöhnlich einer Leitfähigkeit von über 100 µS/cm. Verträgt keine pH-Werte unter 4. Temperatur von –40 °C bis 22 °C (vorübergehend bis 30 °C). Wasserwerte eines flachen Sees in Griechenland (6/1980): Temp. 25 °C (Luft 26 °C um 13 Uhr), pH 7,2, GH 5,8 °dH, KH < 1 °dH, 81 µS/cm.

Lilaeopsis brasiliensis

Lilaeopsis brasiliensis
(Glaziou) Affolter (1985)
Brasilianische Graspflanze

Familie: Apiaceae, Doldengewächse.

Synonyme: *Crantzia brasiliensis* Glaziou (1909), *Lilaeopsis carolinensis* var. *minor* Hill, *Lilaeopsis minor* (Hill) Pérez-Moreau.

Etymologie: *Lilaeopsis:* der Gattung *Lilaea* ähnlich; *brasiliensis:* aus Brasilien.

Verbreitung: Südostbrasilien, Paraguay, Argentinien (Buenos Aires).

Beschreibung: Grasartige Sumpfpflanze mit kriechendem, verzweigtem, 0,2–1,7 mm dickem Rhizom. Jeder Knoten mit ein oder mehreren Blättern. Blätter aufrecht, ganzrandig, kahl, im unteren Teil hohl und elliptisch im Querschnitt, nach oben zu schmal spatelförmig und abgeflacht, gewöhnlich bis 6 cm lang, 2–3 mm breit und mit 6–10 Transversalnerven.

Blütenstand eine achselständige, 2–15(–25) mm lang gestielte Dolde mit 2–8 kleinen Blüten. Blütenstiel 2–10 mm lang. Deckblätter 0,5–1,5 mm. Blüten zwittrig, fünfzählig. Kronblätter weiß. 2 Fruchtblätter. Spaltfrucht breit kugelig bis breit verkehrt eiförmig; Teilfrucht (Merikarp) mit 5 Rippen.

Kultur: *L. brasiliensis* ist eine grasartige, kleinbleibende Pflanze, die sich gut für die Vordergrunddekoration eignet. Die submerse Kultur ist problemlos, allerdings wachsen die Pflanzen nur langsam. Sie können gleichermaßen in hartem oder weichem, saurem oder leicht alkalischem Wasser kultiviert werden. Das Lichtbedürfnis ist zwar nur mäßig, doch wirkt sich eine hohe Lichtintensität eindeutig wachstumsfördernd aus. Als Bodengrund ist ein feinkörniges Substrat zu empfehlen, in dem sich die zarten Sprosse leicht einpflanzen lassen. Optimaler Temperaturbereich 22–26 °C. Die Art eignet sich besonders gut für die Bepflanzung von Paludarien, wo sich in wenigen Wochen ein dichter Rasen bildet. Im Sommer kann *L. brasiliensis* auch am Teichrand kultiviert werden. Blütenstände und Früchte nur in der emersen Kultur.

Ökologie: An Flußufern langsam fließender Flüsse, in Sümpfen, Teichen, bis 1200 m hoch.

Sonstiges: *L. brasiliensis* wurde fälschlicherweise in der Aquarienliteratur unter den Namen *L. novae-zelandiae, L. attenuata* und *L. polyantha* geführt (Petersen 1986).

Lilaeopsis carolinensis in Sumpfkultur

Lilaeopsis carolinensis
Coulter & Rose (1897)
Carolina-Graspflanze

Familie: Apiaceae, Doldengewächse.

Synonyme: *Crantziola carolinensis* (Coulter & Rose) Koso-Poliansky, *Crantzia carolinensis* (Coulter & Rose) Chodat.

Etymologie: *Lilaeopsis*: siehe *Lilaeopsis brasiliensis*; *carolinensis*: aus Carolina (Nordamerika) stammend.

Verbreitung: Östliches Nordamerika im Küstenbereich, südliches Südamerika in Argentinien, Paraguay, Brasilien, in Europa an den Küsten von Portugal und Nordwestspanien.

Beschreibung: Grasartige Sumpfpflanze mit kriechendem, verzweigtem, etwa 2(–5,5) mm dickem Rhizom, das an allen Knoten wurzelt. Jeder Knoten mit 1(2–3) Blättern. Blätter aufrecht, ganzrandig, kahl, im unteren Teil hohl und fast rund im Querschnitt, nach oben zu schmal spatelförmig, abgeflacht, gewöhnlich 4–20 cm lang, 3–4 mm breit, mit 10–20 Transversalnerven.

In den Blattachseln emerser Sprosse jeweils 2–3 Dolden, die 1–5(–9) cm gestielt sind. Dolde mit 3–14 Einzelblüten. Blütenstiel 1–10(–30) mm lang. Deckblätter 0,5–1,5 mm lang. Blüten zwittrig, fünfzählig. Kronblätter weiß oder blaßdunkelrot. 2 Fruchtblätter. Spaltfrucht breit verkehrt eiförmig bis breit eiförmig; Teilfrucht mit 5 Rippen.

Kultur: *L. carolinensis* ist ziemlich selten im Fachhandel. Die Art ist in der Kultur ebenso zu behandeln wie *L. brasiliensis*. Aufgrund der etwa doppelt so langen Blätter lassen sich beide Arten bei vergleichender emerser Kultur auch in vegetativem Zustand gut voneinander unterscheiden. Sicherere Bestimmungsmerkmale sind Blütenstände und Früchte, die in der Sumpfkultur häufig entwickelt werden. *L. carolinensis* bildet unter Wasser wesentlich kürzere Blätter als emers, so daß die Pflanze dann leicht mit *L. brasiliensis* zu verwechseln ist. Im Herbst treten kürzere Blätter mit rötlichen Blüten- und Fruchtständen auf.

Ökologie: An sumpfigen und nassen Standorten, häufig in brackigem Wasser.

Sonstiges: Gelegentlich wird auch *L. macloviana* (Gandoger) Hill kultiviert, die Blattlängen von mehr als 30 cm aufweist.

Literaturhinweis: Affolter (1985).

Limnobium laevigatum am natürlichen Standort in Argentinien

Limnobium laevigatum
(Willdenow) Heine (1968)
Südamerikanischer Froschbiß

Familie: Hydrocharitaceae, Froschbißgewächse.
Synonyme: *Salvinia laevigata* Willdenow (1810), *Hydromystria laevigata* (Willdenow) A. T. Hunziker, *Limnobium stoloniferum* (G. F. W. Meyer) Grisebach, u. a.
Etymologie: *Limnobium:* von *limne* = Sumpf, *bios* = Leben; *laevigatum:* glatt, bezieht sich vermutlich auf die Blattoberseite.
Verbreitung: Mittel- und Südamerika.
Beschreibung: Ausdauernde Wasserpflanze. Blätter in Scheide, Stiel und Spreite gegliedert. 2 schuppenähnliche Blätter an der Basis jeder Rosette. Blattscheide bis etwa 2 cm lang. Emerse Blätter bis 27 cm gestielt, Stiel nicht verdickt. Schwimmblätter gewöhnlich 0,5–1 cm gestielt, Stiel und Spreite häufig schwammig verdickt. Blattspreite ganzrandig, breit elliptisch bis rundlich, etwa 2–4 cm lang, 1–3,5 cm breit, mittelgrün. Basis gestutzt, Spitze gerundet.
Blüten eingeschlechtlich, einhäusig. 1–2 Deckblätter. Männliche Spatha mit bis zu 11 gestiel-

ten Blüten. 3 Kelchblätter, zur Reife zurückgebogen. 3 Kronblätter. 6(–9) Staubblätter in 2(3) Kreisen. Weibliche Spatha mit bis 3 gestielten Blüten. 3 Kelchblätter. Kronblätter gewöhnlich fehlend. 2–6 Staminodien. 3–6 Griffel, je 2lappig, warzig. Frucht mit zahlreichen Samen.
Kultur: Wie bei *Limnobium spongia* angegeben, verträgt aber höhere Temperaturen bis 35 °C.
Ökologie: Die Art besiedelt stehende und langsam fließende Gewässer. Die Temperaturtoleranz ist außerordentlich groß (bis zur Frostgrenze). Mehrere Biotope wurden untersucht: 1) Brasilien (7/1987): Fluß Guaporé, ausführliche Wasseranalyse siehe S. 46. 2) Peru (7/1990): Rio Yanayacu, langsam strömendes Wasser, siehe die ausführliche Wasseranalyse Biotop Nr. 6 auf S. 46. 3) Venezuela (8/1989): Teich, stehendes Wasser, Temperatur 33 °C (Lufttemperatur 34 °C um 10.30 Uhr), GH 3 °dH, KH 5 °dH, pH 7,3, 250 µS/cm. 4) Argentinien (7/1993): Biotope mit stehendem Wasser, Bodengrund Lehm, Temperatur 16,5–17,6 °C, Luft 25–27 °C, GH < 1–6 °dH, KH < 1–10 °dH, pH 5,5–7,6, 200 µS/cm, Fe < 0,05 mg/l. 5) Weitere ausführliche Wasseranalyse auf S. 46, Biotop 4.
Literaturhinweis: Cook & Urmi-König (1983a).

Limnobium spongia

Limnobium spongia
(Bosc) Steudel (1841)

Nordamerikanischer Froschbiß

Familie: Hydrocharitaceae, Froschbißgewächse.
Synonyme: *Hydrocharis spongia* Bosc (1807), *Limnobium bosci* L. C. Richard, *Hydrocharis cordifolia* Nuttall.
Etymologie: *Limnobium*: siehe *L. laevigatum*; *spongia*: Schwamm, bezieht sich auf die schwammig verdickten Blattspreiten.
Verbreitung: Südöstliche USA, Kanada.
Beschreibung: Im wesentlichen wie bei *L. laevigatum* angegeben, *L. spongia* aber durch folgende Merkmale unterschieden: Blattspreite gewöhnlich spitz, an der Basis herzförmig. Männliche Spatha mit bis 25 Blüten. Männliche Blüten mit (3-)9-12(-16) Staubblättern in 3-5(-6) Kreisen. Weibliche Spatha mit bis 6 Blüten. Weibliche Blüten mit 6-9 Griffeln.
Kultur: Früher war *L. spongia* eine häufig verwendete Schwimmpflanze, die inzwischen von anderen Arten verdrängt wurde, so daß sie heute nur noch relativ selten bei Aquarianern in Kultur ist. Die Art ist empfehlenswert für das Kalt-wasseraquarium sowie das niedrig temperierte Tropenaquarium (nur vorübergehend über 25 °C). Aufgrund ihrer produktiven Vermehrung durch Ausläufer und der dementsprechend raschen Bildung einer dichten Schwimmpflanzendecke müssen die Rosetten regelmäßig reduziert werden, um eine zu starke Beschattung der darunter wachsenden Arten zu vermeiden. In weichem bis mittelhartem Wasser und bei hoher Luftfeuchte werden die Pflanzen am schönsten. Die lichtbedürftigen Rosetten gedeihen am besten in flachem, wenig bewegtem Wasser über schlammigem Bodengrund. Vorübergehend können die Pflanzen auch im Sommer im Gartenteich an einem schattig-sonnigen Standort kultiviert werden.
Ökologie: Die Art besiedelt nasse Standorte, wie Sümpfe, Teiche, Seen und langsam fließende Flüsse. Detailliertere Angaben über die Ökologie sind bislang nicht publiziert worden. Cook & Urmi-König (1983 a) erwähnen, daß sich die größten Pflanzen von *L. spongia* auf schlammigem Bodengrund bilden, was nach meinen Erfahrungen auch für *L. laevigatum* zutrifft.
Sonstiges: Bei *Limnobium* findet eine Bestäubung durch den Wind statt.

Limnophila aquatica **im Aquarium**

Limnophila aquatica
(Roxburgh) Alston (1929)

Wasser-Sumpffreund

Familie: Scrophulariaceae, Rachenblütler.
Synonyme: *Cyrilla aquatica* Roxb. (1798), u.a.
Etymologie: *Limnophila: limne* = Sumpf, *philos* = Freund; *aquatica:* im Wasser lebend.
Verbreitung: Vorderindien, Ceylon, Sulawesi, vermutlich noch weiter verbreitet.
Beschreibung: Sehr veränderliche Sumpfpflanze. Emerser Stengel aufrecht, bis 4 mm dick, rund, kahl oder rauh behaart. Blätter ganzrandig, sitzend, gegenständig oder in 3(4)zähligen Quirlen. Blattspreite linealisch-lanzettlich bis lanzettlich-elliptisch, 2,5–4,5(–8,0) cm lang, 0,5–1,1(–2,0) cm breit. Blattrand gesägt bis gekerbt. Submerser Sproß bis 60 cm lang, aufrecht, 2,5–5 mm dick, flaumig behaart oder glatt. Fiederblätter in 17- bis 22zähligen Quirlen mit einem Durchmesser von 5–12 cm; jedes Blatt mit etwa 10–50 haarfeinen Segmenten, hellgrün, bei intensivem Licht leicht rötlichbraun gefärbt.
Blüten einzeln oder in dichtblütigen end- oder achselständigen Trauben. 0 oder 2 Deckblätter.

Blütenstiel 1–15 mm lang. Kelch kahl oder drüsig, 4–6 mm lang. Blütenkrone trichterförmig, 8–13(–20) mm lang, weiß mit purpurner oder violetter Zeichnung, außen kahl, innen stark behaart. 4 ungleich lange Staubblätter. Griffel 6–7 mm lang. Kapsel 3,5–4 mm groß, kugelig.
Kultur: Wird von allen bisher für die Aquarienkultur bekannten Sumpffreund-Arten am größten. Für ein optimales Wachstum verlangt *L. aquatica* ein weiches bis mittelhartes Wasser mit einer Temperatur von 22 bis 28 °C. Wichtig für gedrungene und kräftige Sprosse ist ferner ein heller und freier Standplatz. Nährstoffreicher Bodengrund fördert die Bildung prächtiger Blattquirle. Vermehrung durch Stecklinge. Flutende Exemplare wachsen – entgegen Literaturangaben – unabhängig von der Beleuchtungsdauer aus dem Wasser heraus. Eine emerse Kultur ist auch im beheizten Blumenfenster möglich. Die weiß-violetten Blüten erscheinen im allgemeinen im Kurztag. Die Samen keimen gut auf feuchter Erde.
Ökologie: Wächst an nassen, aber auch an ziemlich trockenen Standorten, in Reisfeldern und als Wasser- oder Sumpfpflanze in schnell und langsam fließenden Gewässern.

Emerser Sproß von *Limnophila aromatica*

Blüte von *L. aromatica*

Limnophila aromatica
(Lamarck) Merrill (1917)
Aromatischer Sumpffreund

Familie: Scrophulariaceae, Rachenblütler.
Synonyme: *Ambulia aromatica* Lam. (1783), u.a.
Etymologie: *Limnophila:* siehe *L. aquatica; aromatica:* würzig, aromatisch riechend.
Verbreitung: Weit verbreitet in Südostasien.
Beschreibung: 30-50 cm hohe Sumpfpflanze. Stengel niederliegend oder aufrecht, 2-5 mm dick, fleischig, schwach gefurcht, kahl bis wenig drüsig, hellgrün bis schwach violett gefärbt. Blätter gegenständig, den Stengel fast halb umfassend, oder in 3zähligen Quirlen. Blattspreite sitzend, emers lanzettlich-eiförmig, submers schmal lanzettlich, spitz oder stumpf, 2,0-6,5 cm lang, 1,0-2,5 cm breit, mit deutlich gesägtem Blattrand, oberseits hell- bis olivgrün, submers auch rötlich, unterseits weißlichgrün.
Blüten gewöhnlich einzeln, achselständig, bis 2 cm gestielt, selten in vielblütigen, endständigen oder achselständigen Trauben. Deckblätter bis 3 mm lang. Kelch 5-8 mm, kahl oder drüsig.

Blütenkrone bis 14 mm lang, rosa bis purpurn gefärbt, innen rauh behaart. 4 ungleich lange Staubblätter. Griffel etwa 6 mm. Kapsel 3-5 mm groß. Chromosomenzahl 2n = 68.
Kultur: *L. aromatica* ist im Habitus sehr variabel und je nach Herkunftsland auch unterschiedlich für eine Kultur im Aquarium geeignet. Gelegentlich im Handel angebotene Pflanzen aus Sri Lanka und Sulawesi lassen sich gut für eine ständige submerse Kultur verwenden. Für die Pflege sind vorrangig eine hohe Lichtintensität und weiches bis mittelhartes Wasser mit einer Temperatur von etwa 22-27 °C zu empfehlen. Auch bei optimalen Kulturbedingungen wachsen die Sprosse nur recht langsam. Eine Vermehrung ist durch Stecklinge und Samen möglich.
Ökologie: Wächst an sumpfigen Standorten, aber auch an den Rändern fließender Gewässer. Die Verfasserin fand *L. aromatica* auf Sri Lanka häufig in Reisfeldern. An einem Standort wuchsen dichte Bestände am Rande eines Flusses bei folgenden Wasserwerten: pH 5,8, GH 3 °dH, KH 2 °dH, 91 µS/cm, rH 240 mV.
Sonstiges: Submerse Sprosse von *L. aromatica* sind leicht mit denen von *Bacopa crenata* zu verwechseln.

Limnophila dasyantha im Aquarium

Blütenstand am Standort in Tansania

Limnophila dasyantha
(Engler & Gilg) Skan (1906)
Rauhblütiger Sumpffreund

Familie: Scrophulariaceae, Rachenblütler.
Synonyme: *Ambulia dasyantha* Engler & Gilg (1903).
Etymologie: *Limnophila*: siehe *Limnophila aquatica*; *dasyantha*: rauhblütig, bezieht sich auf die Behaarung der Blüte.
Verbreitung: Afrika (Mali, Guinea Bissau, Guinea, Sierra Leone, Gabun, Tansania, Sambia, Angola).
Beschreibung: Veränderliche Sumpfpflanze. Stengel niederliegend oder aufrecht, bis 70 cm lang, fleischig, dicht behaart oder kahl, grün bis weinrot. Submerse Blätter gefiedert, in 8–11zähligen Quirlen; Segmente haarfein, hellgrün bis kräftig rotbraun. Emerse Blätter nach einigen quirlig angeordneten Übergangsblättern kreuzgegenständig, sitzend. Emerse Blattspreite lanzettlich bis schmal eiförmig, 1,0–1,5 cm lang, 0,3–0,5 cm breit, schwach behaart oder kahl, grün. Blattrand gekerbt oder undeutlich gesägt, zur Sproßspitze hin zunehmend ganzrandig.

Blüten sitzend, dicht in einer kurzen Ähre angeordnet. Deckblätter fehlen. Kelch etwa 3,5 mm lang, kahl, grün. Blütenkrone etwa 14 mm lang, leuchtend gelb, mit undeutlichen bräunlichen Flecken, außen kurz, innen dicht behaart. Oberlippe 3lappig, Unterlippe 2lappig. 4 ungleich lange Staubblätter. 1 Griffel. Kapsel 3 × 2 mm groß, zusammengedrückt, breit elliptisch.
Kultur: Über eine erfolgreiche Kultur dieser dekorativen *Limnophila*-Art ist bisher noch nichts bekannt. Von der Verfasserin in Tansania gesammelte Sprosse konnten in mittelhartem Wasser nur vorübergehend gehalten werden. Es ist aber gut möglich, daß *L. dasyantha* in weichem, saurem Wasser bei intensiver Beleuchtung und hohen Temperaturen im Aquarium zufriedenstellend gedeiht.
Ökologie: Über den natürlichen Lebensraum ist kaum etwas bekannt. An dem oben erwähnten Standort wuchsen Sprosse von *L. dasyantha* bei intensivem Sonnenlicht in flachem Wasser auf eisenhaltigem, schlammigem Bodengrund.
Sonstiges: Mit ihren großen gelben Blüten und den fiederschnittigen Blättern ist *L. dasyantha* eine besonders dekorative Pflanze, deren Einfuhr eine Bereicherung darstellen würde.

Limnophila heterophylla im Aquarium

Limnophila heterophylla
(Roxburgh) Bentham (1835)
Verschiedenblättriger Sumpffreund

Familie: Scrophulariaceae, Rachenblütler.
Synonyme: *Columnea heterophylla* Roxburgh (1832), *Limnophila heterophylla* (Roxb.) Benth. var. *reflexa* (Benth.) Hook. f., u.a.
Etymologie: *Limnophila*: siehe *L. aquatica*; *heterophylla*: verschiedenblättrig.
Verbreitung: Weit verbreitet in Asien (von Pakistan bis China, Borneo).
Beschreibung: Kleine Sumpfpflanze mit aufrechten Sprossen. Emerser Stengel bis 20 cm hoch, drüsig bis fast kahl. Emerse Blätter gegen- oder quirlständig, bis 20 mm lang und 3,5 mm breit, sitzend, verkehrt länglich mit gesägt-gekerbtem Rand, 3–5nervig. Submerser Sproß bis etwa 70 cm lang. Fiederblätter in 8–14zähligen Quirlen, bis 55 mm lang, jedes Blatt mit zahlreichen, haarfeinen, mittelgrün gefärbten Segmenten.
Die sitzenden oder bis 2 mm lang gestielten Blüten befinden sich einzeln in den Achseln der emersen Sprosse. Blütenstand manchmal eine lockere, endständige Ähre bildend. Deckblätter fehlend. Kelch etwa 3 mm lang, wenig drüsig; Kelchlappen etwa 1,5 mm lang. Blütenkrone etwa 5 mm lang, kahl, weiß, im Schlund blaßviolett gefärbt. 4 ungleich lange Staubblätter.
Kultur: Wie bei *L. indica* angegeben.
Ökologie: Über den natürlichen Lebensraum dieser Art gibt es merkwürdigerweise kaum Angaben. Die Autorin fand *L. heterophylla* auf Sri Lanka häufig in Reisfeldern sowie kleinen Fließgewässern. Von zwei Standorten wurden im Januar 1985 Wasseranalysen angefertigt: 1) Bach mit schnell fließendem, klarem Wasser: pH 7,4, GH 21 °dH, KH 14 °dH, 1710 µS/cm, rH 179 mV. 2) Tümpel, stehendes Wasser, Wassertemperatur 30 °C, pH 6,0, GH < 1 °dH, KH < 1 °dH, 85 µS/cm, rH 201 mV.
Sonstiges: *Limnophila heterophylla* ist im submersen Habitus *L. indica* und *L. sessiliflora* sehr ähnlich. Nur anhand von emersen und blühenden Sprossen kann eine sichere Bestimmung erfolgen (vgl. die Beschreibungen der beiden anderen Arten). Der gelegentlich verwendete Name *L. heterophylla* var. *reflexa* (Bentham) Hooker fil. ist ein Synonym.
Literaturhinweis: Philcox (1970).

L. indica aus Papua Neuguinea im Aquarium

Limnophila indica
(Linné) Druce (1914)
Indischer Sumpffreund

Familie: Scrophulariaceae, Rachenblütler.
Synonyme: *Hottonia indica* Linné (1762), u.a.
Etymologie: *Limnophila*: siehe *Limnophila aquatica*; *indica*: aus Indien stammend.
Verbreitung: Weit verbreitet in den tropischen Gebieten von Afrika, Asien und Australien, in Amerika fehlend, aber in Südwestbrasilien (Rio Guaporé) eingeschleppt.
Beschreibung: Sumpfpflanze mit aufrechten Sprossen. Emerser Stengel 5–15 cm hoch, kahl, drüsig oder rauhhaarig. Emerse Blätter gewöhnlich in 6–11blättrigen Quirlen, von schmal elliptisch mit gekerbtem bis gesägtem Rand bis fiederteilig, selten gegenständig und ungeteilt, 1–3nervig. Spreite 3–20 mm lang, 1–3 mm breit. Submerser Sproß bis 80 cm lang. Fiederblätter in 6–20zähligen Quirlen, Blatt 10–40 mm lang, jedes Blatt mit zahlreichen haarfeinen Segmenten, hellgrün, bei intensivem Licht schwach rötlichbraun gefärbt.
Die gestielten Blüten befinden sich einzeln in den Achseln der emersen Sprosse. Blütenstiel (1–)3–10(–26) mm lang, manchmal behaart. 2 Deckblätter, 1,5–4 mm lang. Kelch 3–6 mm lang, drüsig oder wenig flaumig behaart; Kelchlappen kurz, 1–3 mm. Blütenkrone 2lippig, 4–12 mm lang, weiß, dann an der Basis häufig blaßgelb, oder rosa und im Inneren mit blaßvioletten Streifen. 4 ungleich lange Staubblätter. 1 Griffel, bis 4,5 mm lang. Chromosomenzahl 2n = 34, 68.
Kultur: Eine sehr schöne und empfehlenswerte Aquarienpflanze, die regelmäßig im Fachhandel angeboten wird. Benötigt viel Licht und einen nahrhaften Bodengrund. Wasserströmung von Vorteil. Wächst gut in hartem, alkalischem Wasser. Optimale Temperatur 25–28 °C. Verträgt keine Veralgung.
Ökologie: *L. indica* besiedelt sowohl Fließgewässer, dann wachsen die Pflanzen gewöhnlich submers in der Strömung in Ufernähe, als auch stehende oder kaum merklich fließende Gewässer, in denen man die Sprosse häufig semi-emers oder ganz emers blühend findet. Die Verfasserin untersuchte mehrere, sehr unterschiedliche Standorte: 1) Papua Neuguinea im Juli 1988: Pflanzen submers in einem etwa 5 m breiten Fluß mit langsam fließendem, klarem Wasser. Bodengrund sandig-kiesig (vulkanisches Gestein) vermischt mit etwas Lehm und Schlamm (Foto S. 13). Lufttemperatur 28 °C um 12 Uhr, Wassertemperatur 26 °C, pH 8,3, GH 7 °dH, KH 10 °dH, 310 µS/cm. 2) Papua Neuguinea im Juli 1988: Submers und semi-emers wachsende Pflanzen in stehendem, klarem, besonntem Restgewässer eines Baches, etwa 20 × 3 m groß. Bodengrund schlammig. Wassertemperatur 29 °C um 11 Uhr, pH 7,6, GH 19 °dH, KH 28 °dH, 730 µS/cm. 3) Siehe die ausführliche Wasseranalyse vom Rio Guaporé (Brasilien) auf S. 46.
Sonstiges: *L. indica* ist eine sehr variable Art, die *L. sessiliflora* sehr ähnlich ist. Zur Unterscheidung siehe dort. Von *L. indica* wurden verschiedene Varietäten beschrieben, deren Merkmale sich in der Kultur als nicht konstant herausstellten und demnach keinen taxonomischen Stellenwert besitzen. In älterer Aquarienliteratur (Wendt) wird eine Giftigkeit des Saftes erwähnt; für die heute in Kultur befindlichen Pflanzen trifft dies allerdings nicht mehr zu. Der Indische Sumpffreund wurde früher unter dem Namen *L. gratioloides* R. Brown kultiviert.

Limnophila sessiliflora im Aquarium

Blühender emerser Sproß von *L. sessiliflora*

Limnophila sessiliflora
Blume (1826)
Blütenstielloser Sumpffreund

Familie: Scrophulariaceae, Rachenblütler.
Synonyme: *Hottonia sessiliflora* Vahl (1791), u.a.
Etymologie: *Limnophila*: siehe *Limnophila aquatica*; *sessiliflora*: mit sitzenden Blüten.
Verbreitung: Weit verbreitet in Asien, von Indien bis Japan.
Beschreibung: Sumpfpflanze mit aufrechten Sprossen. Emerser Stengel bis 20 cm hoch, wenig rauhhaarig bis fast kahl. Emerse Blätter in 3–8zähligen Quirlen. Spreite anfangs gefiedert, später linealisch bis elliptisch mit gesägtem bis gekerbtem oder gezacktem Rand, 5–20 mm lang und 1–3 mm breit, kahl. Submerser Sproß bis 70 cm lang. Fiederblätter in 9–12zähligen Quirlen, Blatt 15–30 mm lang, mit zahlreichen, feinen Segmenten, hellgrün gefärbt.
Blüten sitzend oder selten bis 1,5 mm lang gestielt, einzeln in den Achseln der emersen Sprosse. Gewöhnlich keine Deckblätter, wenn vorhanden, dann niemals größer als 1,5 ×

0,1 mm. Kelch 4–7 mm lang, drüsig bis rauhhaarig, Kelchlappen 2–4 mm lang. Blütenkrone 2lippig, 5–12 mm lang, weiß oder blaßblauviolett gefärbt. 4 ungleich lange Staubblätter. 1 Griffel, 3 mm lang. Chromosomenzahl 2n = 51, 68.
Kultur: Die Kultur entspricht der von *L. indica*. Allerdings gedeihen die Pflanzen besser bei niedrigeren Temperaturen von 20–26 °C.
Ökologie: Über die Ökologie dieser Art ist kaum etwas bekannt. Die Verfasserin fand *L. sessiliflora* einmal auf Sulawesi in submersen Beständen in einem kleinen Bach mit schnell fließendem Wasser und sandigem Bodengrund.
Sonstiges: *L. sessiliflora* ist *L. indica* sehr ähnlich. Nach Philcox (1970) läßt sich *L. sessiliflora* nur durch den fehlenden Blütenstiel, die fehlenden Deckblätter, den behaarten Kelch, die langen Kelchlappen, den emers behaarten Stengel sowie die Chromosomenzahl unterscheiden. Allerdings sind die genannten Merkmale je nach Herkunft der Pflanzen in gewissem Umfang variabel und nach Auffassung der Verfasserin nicht immer gut als Unterscheidungsmerkmale geeignet (vgl. die Beschreibung von *L. indica*). In Louisiana kommt eine verwilderte Hybride beider Arten vor.

L. *fluitans* aus Kamerun

Blütenstand von *Limnophyton fluitans*

Limnophyton fluitans
Graebner (1908)

Flutende Sumpfpflanze

Familie: Alismataceae, Froschlöffelgewächse.
Synonyme: Keine.
Etymologie: *Limnophyton*: *limne* = Sumpf, *phyton* = Pflanze; *fluitans:* flutend.
Verbreitung: Westafrika (Kamerun, Nigeria).
Beschreibung: Ausdauernde Wasserpflanze. Rhizom bis 7,5 cm und länger, bis 5 mm dick. Blätter 10-22 cm lang gestielt, am Grunde kurz scheidig. Blattspreite linealisch-schmal lanzettlich bis bandförmig, gitternervig, 30-66 cm lang, 2,5-4,5 cm breit, grün, etwas transparent. Basis schmal keilförmig; Spitze spitz und in einem 2-5 mm langen Spitzchen endend. Blattrand leicht gewellt. Mittelnerv kräftig, beidseits je 1(-2) Längsnerven.
Blütenstengel 25-40 cm lang, bis 7 mm dick. Blütenstand 4-6 cm lang, mit (2-)3(-4) blütentragenden Quirlen, am untersten Quirl selten verzweigt; Quirl mit 3-12 Blüten. Blüten polygam (zwittrig und männlich); zwittrige Blüten nur am untersten oder an beiden unteren Quirlen, dar-

über männliche Blüten. 3 Deckblätter, lanzettlich bis dreieckig, geschwänzt, 1-2 cm lang. Einzelblüte gestielt, mit 3 grünen Kelchblättern und 3 weißen Kronblättern; Kelchblatt 4-5 mm lang, 3-4 mm breit; Kronblatt etwa 7 mm lang, 4 mm breit. Zwittrige Blüte: Staubblätter etwa 1 mm lang; Fruchtblätter zahlreich, flaschenförmig, 1,8-2 mm lang, mit kurzem Griffel und mit annähernd kopfiger, papillöser Narbe. Männliche Blüte: 6 Staubblätter, 2,5-3 mm lang. Fruchtstand mit 30-35 Nüßchen. Nüßchen breit flaschenförmig, 4-5 mm lang und 3-3,5 mm dick (siehe auch Kasselmann 1984a/1985a).
Kultur: Die Kultur dieser seltenen Pflanze ist sehr schwierig und gelang im Aquarium bisher noch nicht dauerhaft.
Ökologie: Die Verfasserin sammelte die Art an einem natürlichen Standort in Kamerun. Die Pflanzen wuchsen in einem Bach mit schnell fließendem, klarem, bis zu 50 cm tiefem Wasser. Sie bildeten dichte Bestände mit submersen, flutenden Blättern; nur vereinzelt entwickelten sich im Flachwasser emerse Blätter. Der Bodengrund bestand aus Geröll, Sand, Schlamm und viel Laub. Wasserwerte: Temperatur 29 °C, pH-Wert 5,9, GH < 1 °dH, KH < 0,1 °dH, 45 µS/cm.

Lindernia parviflora
(Roxburgh) Haines (1922)

Kleinblütiges Büchsenkraut

Lindernia parviflora (grüne Pflanzen, Mitte)

Familie: Scrophulariaceae, Rachenblütler.

Synonyme: *Gratiola parviflora* Roxburgh (1819), *Ilysanthes parviflora* (Roxb.), Bentham, *I. radicans* Pilger, *I. capensis* (Thunberg) Benth., *Lindernia capensis* Thunb.

Etymologie: *Lindernia*: nach dem Straßburger Botaniker Fr. Balth. v. Lindern (1682–1755); *parviflora*: kleinblütig.

Verbreitung: Afrika, Madagaskar, Sri Lanka, Indien, Vietnam, eingeschleppt in Peru.

Beschreibung: Kleine Sumpfpflanze mit niederliegendem oder aufsteigendem, häufig verzweigtem Stengel. Submerse Sprosse aufrecht, bis 30 cm hoch. Blätter kreuzweise gegenständig, sitzend, ganzrandig, 0,7–1,2 cm lang, 0,5–0,8 cm breit. Spreite eiförmig bis rundlich; Spitze rund. Blüten einzeln, 0,7–1,5 cm gestielt. 5 Kelchblätter, grün, behaart, 3 mm lang. Blütenkrone röhrenförmig, verwachsenblättrig, 0,5–1,2 cm lang, Oberlippe 2lappig, Unterlippe 3lappig. Kronblätter rund, bis 3 mm lang, weiß mit blauvioletten Flecken; Schlund schwach blauviolett. 4 Staubblätter, die beiden hinteren 3–4 mm lang, die vorderen zu Staminodien reduziert und etwas aus der Blütenkrone herausragend. Antheren blauviolett. Fruchtknoten 1 mm lang. Griffel 5 mm lang. Frucht eine 2–3 mm große Kapsel.

Kultur: Eine anspruchslose und schnellwüchsige Aquarienpflanze. Wasserhärte, pH-Wert und Bodengrund spielen für das Wachstum nur eine unwesentliche Rolle. Wichtig für kräftige Exemplare ist eine hohe Lichtintensität. Bei schlechten Lichtverhältnissen bilden sich nur schmächtige, wenig dekorative Pflanzen. Für eine Gruppenbepflanzung sind etwa 10–20 Sprosse notwendig. Diese sollten im Vordergrund aus verschieden langen Stecklingen stufig gesteckt werden, wo sie zu großblättrigen Arten einen guten Kontrast bilden. Optimale Temperatur 22–26 °C. Die emerse Kultur auf der Fensterbank in abgedeckten Glasgefäßen ist ebenfalls problemlos. Die kleinen weiß-blauvioletten Blüten werden an flutenden Exemplaren und in der emersen Kultur gebildet. Eine Vermehrung durch Samen ist äußerst produktiv, weshalb

L. parviflora in den Wasserpflanzengärtnereien als „Unkraut" berüchtigt ist und daher teilweise auch wieder verschwand.

Ökologie: *L. parviflora* bewohnt völlig untergetaucht oder semi-emers zumeist temporäre Gewässer. In Sansibar (12/1980) wuchsen die Sprosse bei einem pH-Wert von 6,8, GH 2 °dH, KH 2 °dH. Die Verfasserin fand die Art überraschenderweise auch in Peru (Santa Ana), wo sie offenbar verwildert auftritt.

Sonstiges: Fischer (1992) überführte die Arten der Gattung *Ilysanthes* in die ältere Gattung *Lindernia*, so daß die unter dem Namen *Ilysanthes parviflora* gepflegte Art nunmehr *Lindernia parviflora* heißen muß. Den in Kultur befindlichen Pflanzen von *Lindernia parviflora*, die auf die Aufsammlung der Verfasserin aus Sansibar zurückgehen, fehlt die große Variabilität der Blätter, die Fischer beschreibt. Die sehr ähnliche *Lindernia rotundifolia*, die von Jacobsen aus Sri Lanka mitgebracht wurde, ist ebenfalls gelegentlich in Kultur. Sie unterscheidet sich von *L. parviflora* im wesentlichen durch die breitovalen bis kreisrunden, am Rande schwach gekerbten Blätter und die kürzer gestielten Blüten.

Lobelia cardinalis als „Straße" angeordnet im Aquarium

Lobelia cardinalis
Linné (1753)
Kardinalslobelie, Scharlachrote Lobelie

Familie: Lobeliaceae, Lobeliengewächse.
Synonyme: Keine.
Etymologie: *Lobelia*: nach dem Botaniker M. de l'Obel (1538–1616); *cardinalis*: kardinal- oderscharlachrot, bezieht sich auf die Blütenfarbe.
Verbreitung: Mittleres und östliches Nordamerika.
Beschreibung: Über einen Meter hohe Sumpfpflanze. Stengel aufrecht, fleischig, 0,2–3 cm dick, olivgrün bis weinrot. Blätter wechselständig, 1–4 cm lang gestielt. Emerse Blattspreite sehr schmal elliptisch, bis 18 cm lang, 4 cm breit, mit herablaufender Basis und spitzer Spitze. Blattrand gekerbt bis gesägt. Submerse Blattspreite länglich bis schmal verkehrt eiförmig, bis 11 cm lang, 4,5 cm breit, gewöhnlich aber kleiner, mit runder Spitze, hellgrün. Blattrand schwach gekerbt.
Blütenstand eine bis 20 cm lange Traube mit vielen einsetswendigen, leuchtend roten Einzelblüten. 5 Kelchblätter, etwa 1 cm lang. Kronröhre 2lippig, bis 2 cm lang; Unterlippe 3lappig; Oberlippe 2lappig. 5 Staubblätter, zu einer Röhre verwachsen, weit aus der Krone herausragend. Frucht nicht gesehen.
Kultur: *L. cardinalis* ist aufgrund ihrer problemlosen Pflege eine empfehlenswerte und beliebte Aquarienpflanze. Die langsam wachsende Art stellt geringe Ansprüche an Wasserwerte, Bodengrund und Temperatur (optimal 22–26 °C). Je nach Beleuchtungsstärke entwickeln sich mehr oder weniger kräftige Pflanzen. Die Kardinalslobelie läßt sich sowohl im Vordergrund als auch in der mittleren Bepflanzungszone plazieren. In geräumigen Aquarien sieht es besonders dekorativ aus, wenn eine größere Anzahl von Stecklingen in Form einer „Straße" schräg von vorn nach hinten in stufiger Anordnung gepflanzt wird. Verwendung auch am Teichrand, wo sich regelmäßig die dekorativen Blütenstände entwickeln (Foto S. 65). Nicht winterhart.
Ökologie: *L. cardinalis* wächst an den Ufern von Flüssen und Seen sowie im Sumpf. Blüht im natürlichen Lebensraum von Juli bis September.
Sonstiges: Durch die zurückgenommene Unterlippe wird ein leichteres Bestäuben durch Vögel ermöglicht (Vogelblume).

Blüte von *Lobelia purpurascens*

Lobelia purpurascens
R. Brown (1810)

Familie: Lobeliaceae, Lobeliengewächse.
Synonyme: *Rapuntium purpurascens* (R. Brown) C. Presl, *L. ilicifolia* Ker-Gawler, *L. purpurascens* var. *ilicifolia* A. de Candolle, *Pratia purpurascens* (R. Br.) E. Wimmer.
Etymologie: *Lobelia*: siehe *Lobelia cardinalis*; *purpurascens*: purpurn werdend (Blütenfarbe).
Verbreitung: Australien.
Beschreibung: Sumpfpflanze. Emerse Sprosse kriechend, 1–2 cm dick, kahl, submers aufrecht oder flutend. Blätter wechselständig, sitzend. Blattspreite breit elliptisch, 1–3 cm lang und 0,7–2 cm breit, hell- bis dunkelgrün gefärbt, manchmal mit blaßviolettem Anflug. Blattrand gezähnt, gelegentlich gekerbt, submers fast ganzrandig.
Blüten einzeln in den Blattachseln. Blütenstiel 3–10 cm lang, dünn. 0 Deckblätter. Kelch verwachsen, 5 mm lang; 5 Kelchzipfel, sehr klein. Kronröhre 2lippig, etwa 12 mm lang, kräftig violett gefärbt mit weißem, teils schwach behaartem Schlund; Unterlippe 3lappig; Oberlippe

2lappig. 5 Staubblätter, zu einer Röhre verwachsen, nicht aus der Krone herausragend. Kapsel zweiklappig, etwa 9 × 4 mm groß. Samen zahlreich, klein, braun.
Kultur: Bei *L. purpurascens* handelt es sich um eine wuchsfreudige, empfehlenswerte Pflanze für die Kultur im Paludarium oder am Rande eines Gartenteiches. Während die Sprosse im Paludarium kriechend wachsen und durch ihr schönes, hellgrünes Laub auffallen, bilden sich am Gartenteichrand auch flutende Triebe. Dabei sind die Pflanzen sehr temperaturtolerant und begnügen sich auch mit einem schattigen Standort. Vermehrung leicht durch Seitensprosse möglich. Regelmäßig entwickeln sich Blüten und Früchte. Im Aquarium gedeihen die Pflanzen nur mäßig.
Ökologie: Clasen (1993) sah *L. purpurascens* im Pilbara-Gebiet (Westaustralien) sowohl halb untergetaucht am Rande eines Quelltümpels als auch in einer kleinen, von Wasser durchrieselten Rinne an einem steilen Felshang in der Dales-Schlucht. Van der Vlugt (1992) fand die Pflanzen in der Oase Millstream (ebenfalls Pilbara-Halbwüste) vornehmlich im seichten Wasser und am nassen Ufer bei sehr hohen Temperaturen.

343

Ludwigia arcuata im Aquarium

Blüte von *L. arcuata*

Ludwigia arcuata
Walter (1788)

Gebogenblättrige oder Schmalblättrige Ludwigie

Familie: Onagraceae, Nachtkerzengewächse.

Synonyme: *Ludwigia pedunculosa* Michaux, *Isnardia pedunculosa* de Candolle, *Isnardia arcuata* Kuntze, *Ludwigiantha arcuata* Small.

Etymologie: *Ludwigia*: nach dem Botaniker C. G. Ludwig (1709–1773); *arcuata*: gebogen.

Verbreitung: Östl. USA (Carolina bis Florida).

Beschreibung: Sumpfpflanze mit emers kriechendem, submers aufrechtem, verzweigtem, wenig behaartem Stengel, bis 50 cm lang. Blätter gegenständig, kurz gestielt. Emerse Blattspreite ganzrandig, lanzettlich, 1,0–1,8 cm lang, 3–5 mm breit, manchmal nach unten gebogen (Name!), grün. Spitze spitz; Basis verschmälert. Blattrand mit kleinen spitzen Zähnchen (Lupe!). Submerse Blätter sitzend, schmal linealisch, bis 4 cm lang, 3 mm breit, grün bis rot gefärbt.

Blüten achselständig, einzeln, bis 3,5 cm gestielt. Deckblätter linealisch, etwa 3 mm lang. Kelch 12 mm lang, hellgrün, mit 4 dreieckigen, wenig behaarten Kelchlappen. Die Art besitzt von allen Ludwigien mit gegenständiger Blattstellung die größten Kronblätter. Sie sind bis 11 mm lang, 7 mm breit, nach innen gewölbt, verkehrt eiförmig und leuchtend gelb. 4 Staubblätter, wenig länger als der Griffel. Kapsel 4fächrig, etwa 10 × 3,5 mm groß. Chromosomenzahl n = 16.

Kultur: Lichtbedürftige, etwas anspruchsvolle und dekorative Ludwigie, die in weichem bis mittelhartem Wasser am schönsten wird. Optimale Temperatur 24–26 °C. Eine hohe Lichtmenge fördert eine intensive Rotfärbung der Sprosse, die bei zu wenig Licht schnell vergrünen. Die Art eignet sich zur Bepflanzung der vorderen und mittleren Zone des Aquariums. Vermehrung durch Seitensprosse. Auch für die Bepflanzung von Paludarien verwendbar. Im Sommer kann *L. arcuata* am Teichrand kultiviert werden, wo sie leicht blüht und fruchtet.

Ökologie: Die Art besiedelt feuchte und nasse Standorte.

Sonstiges: Zur Bestimmung der einzelnen *Ludwigia*-Arten sind blühende Sprosse notwendig (vgl. die Beschreibungen). Submerse Sprosse von *L. arcuata* ähneln denen von *Didiplis diandra*.

Blüte von *Ludwigia brevipes*

Ludwigia brevipes im Aquarium

Ludwigia brevipes
(Long) E. H. Eames (1933)
Kurzstielige Ludwigie

Familie: Onagraceae, Nachtkerzengewächse.
Synonyme: *Ludwigiantha brevipes* Long (1913).
Etymologie: *Ludwigia:* Erklärung bei *L. arcuata; brevipes:* kurzstielig.
Verbreitung: Südostküste der USA (Virginia, Carolina).
Beschreibung: Zierliche Sumpfpflanze mit einem emers kriechenden, submers aufrechten, häufig verzweigten, kahlen Stengel. Blattspreite sitzend oder bis 10 mm lang gestielt, gegenständig, schmal elliptisch bis verkehrt lanzettlich, kahl, emers 5–30 mm lang, 2–10 mm breit, grün, gewöhnlich spitz und mit verschmälerter Basis, submers bis 30 mm lang und 4 mm breit, rötlich.
Blüten einzeln, achselständig, bis 1,8 cm lang gestielt. Deckblätter bis 2 mm lang. 4 Kronblätter, elliptisch, 4–6 mm lang, 2–3 mm breit, blaßgelb. Kelchlappen schmal dreieckig, etwa so lang wie die Kronblätter. 4 Staubblätter, bis 3 mm

lang. Griffel 2 mm. Frucht 6–10 mm lang. Chromosomenzahl: n = 24.
Kultur: *L. brevipes* ist im Aquarium eine anspruchsvolle, zierliche Pflanze mit hohen Lichtbedürfnissen. Viel Licht fördert Sprosse mit einer intensiven Rotfärbung. Die Pflanze wird in weichem bis mittelhartem Wasser bei Temperaturen im Bereich von 22–26 °C am schönsten. Die Kurzstielige Ludwigie ist eine unauffällige Pflanze, mit der man nur eine gute optische Wirkung erzielt, wenn man sie je nach Beckengröße im Vordergrund oder in der Mittelzone des Aquariums in einer großen Gruppe stufig pflanzt. Die Vermehrung ist leicht durch Seitensprosse, aber auch durch Samen möglich. Bei der problemlosen emersen Kultur erscheinen im Sommer häufig die kurzlebigen Blüten.
Ökologie: Besiedelt sumpfige Standorte in Küstennähe.
Sonstiges: Eine sichere Bestimmung von *L. brevipes* und *L. arcuata* kann nur mit Hilfe von blühenden Sprossen erfolgen (vergleiche die Blütenbeschreibungen). Eine Hilfe ist bei emersen Pflanzen auch die Behaarung des Stengels, der bei *L. brevipes* kahl und bei *L. arcuata* wenig behaart ist (Lupe!).

Blüte von *L. glandulosa*

Ludwigia glandulosa
Walter (1788)

Familie: Onagraceae, Nachtkerzengewächse.
Synonyme: *L. cylindrica* Elliot, *L. heterophylla* Poiret, *Jussiaea brachycarpa* Lamarck.
Etymologie: *Ludwigia*: siehe *Ludwigia arcuata*; *glandulosa:* drüsig, Bezug unklar.
Verbreitung: Nordamerika.
Beschreibung: Sumpfpflanze mit niederliegenden oder aufrechten, kahlen Sprossen. Stengel kantig, holzig, häufig verzweigt, 2–5 mm dick. Blätter wechselständig, 1–2 cm lang gestielt. Blattspreite ganzrandig, lanzettlich, 3–11 cm lang, 0,7–2 cm breit, oberseits olivgrün bis weinrot, unterseits weinrot gefärbt. Spitze spitz; Basis herablaufend.
Fertile Sprosse bis 1 m hoch. Blüten achselständig, klein. Brakteen linealisch. 4 Kelchlappen. 0 Kronblätter. 4 Staubblätter. 1 Griffel. Kapsel 4fächrig, sitzend. Chromosomenzahl: n = 16.
Kultur: *L. glandulosa* zählt zu den problematischen Aquarienpflanzen. Hält man die Sprosse im Aquarium unter ungeeigneten Kulturbedingungen, u. a. bei schwacher Beleuchtung, nähr-stoffarmem Bodengrund und Wasser sowie hoher Temperatur, lösen sie sich innerhalb kurzer Zeit auf. Ein deutliches Anzeichen ist zunächst das Abwerfen der unteren Blätter. Aber auch unter günstigen Wachstumsbedingungen, u.a. bei intensiver Beleuchtung, ausreichend freier Kohlensäure, nährstoffreichem Bodengrund und Wasser sowie einer Temperatur unter 25 °C, wächst die Art nur ausgesprochen langsam. Für die erfolgreiche submerse Kultur scheint eine intensive Beleuchtung am wichtigsten zu sein. Dekorativ wirkt eine Gruppenbepflanzung von wenigstens drei stufig gepflanzten Sprossen in der Mittelzone des Aquariums. *L. glandulosa* gedeiht am besten über Wasser in feuchtem Substrat. Im Sommer werden blühende Sprosse gebildet, die nach der Fruchtreife im Herbst absterben. Die Pflanzen treiben aber von der Basis her wieder kräftig durch.
Ökologie: Besiedelt feuchte und nasse Standorte über schlammigem Bodengrund.
Sonstiges: Wurde 1988 unter dem Namen *L. perennis* eingeführt. Unterscheidungsmerkmale zu anderen *Ludwigia*-Arten: fehlende Blütenkrone, wechselständige Blattstellung.
Literaturhinweis: Kasselmann (1991b).

Ludwigia glandulosa (Mitte) im Aquarium

Ludwigia helminthorrhiza mit Atemwurzeln

Ludwigia helminthorrhiza
(Martius) Hara (1953)

Familie: Onagraceae, Nachtkerzengewächse.
Synonyme: *Jussiaea helminthorrhiza* Martius (1839), *J. natans* Humboldt & Bonpland (nicht *Ludwigia natans* Elliott), *Jussiaea natans* var. *emersa* Hassler.
Etymologie: *Ludwigia*: siehe *L. arcuata*; *helminthorrhiza*: mit wurmförmiger Wurzel.
Verbreitung: Südmexiko bis Paraguay.
Beschreibung: Flutende oder im Sumpf kriechende Pflanze, an allen Knoten wurzelnd und mit zahlreichen, fleischigen, 4–5 mm dicken und 1–2 cm langen Atemwurzeln. Stengel über 1 m lang, kahl, häufig verzweigt. Blätter 1–2 cm gestielt, wechselständig. Blattspreite fast kreisrund, ganzrandig, mit stumpfer Spitze und stumpfer Basis, 2–4 cm groß, hellgrün, rötlich oder weinrot gefärbt.
Blüten einzeln, 1–3,5 cm gestielt. Kronblätter weiß, an der Basis gelb. Filamente ungleich lang. Griffel 4–7 mm lang. Kapsel zylindrisch, etwa 3 cm lang, 2–3 mm dick.
Kultur: Eine besonders dekorative Ludwigie, de-ren Kultur nur im Gewächshaus oder vorübergehend an warmen Sommertagen im Gartenteich zu empfehlen ist. Für die Aquarienkultur ist diese Art nicht verwendbar, da sie außerordentlich lichtbedürftig ist. Als Paludarienpflanze läßt sie sich bedingt bei sehr hellem Stand und viel Wärme in flachem Wasser pflegen. Im Sommer, wenn die Sprosse besonders kräftig werden und sich die Blätter intensiv rot färben, entwickeln sich auch die auffälligen, weißen Atemwurzeln. Sie bestehen aus einem luftgefüllten Gewebe (Aërenchym), das einen Gasaustausch mit Pflanzenteilen im sauerstoffarmen Schlamm ermöglicht. *L. helminthorrhiza* ist gelegentlich in botanischen Gärten zu bewundern. Die Sprosse gehen im Winter aufgrund von Lichtmangel meistens stark zurück.
Ökologie: Die Art wurzelt an besonnten und teilweise beschatteten Uferzonen von Gewässern im Schlamm. Einige Fundortdaten: Brasilien (3/1986), 1) Amazonas bei Manaus, Wassertemp. 27 °C, pH 6,7, GH/KH < 1 °dH, 100 µS/cm. 2) 18 km südlich Poconé, 20 bis 30 m breiter Fluß mit starker Strömung, Wassertemp. 30 °C (Lufttemp. 30 °C um 12 Uhr), pH 6,2–6,8, GH/KH < 1 °dH, 18 µS/cm. Peru, Rio Yanayacu, siehe S. 46.

Blüte von *Ludwigia inclinata*   ***L. inclinata* mit wechselständigen Blättern**

Ludwigia inclinata
(Linné fil.) Raven (1963)

Familie: Onagraceae, Nachtkerzengewächse.
Synonyme: *Jussiaea inclinata* (1781), u.a.
Etymologie: *Ludwigia*: siehe *Ludwigia arcuata*;
inclinata: nach innen geneigt, Bezug unklar.
Verbreitung: Mittel- und Südamerika.
Beschreibung: Im Wasser untergetaucht oder
im Sumpf lebende Pflanze. Emerse Sprosse niederliegend bis aufsteigend, häufig verzweigt, an
den unteren Knoten wurzelnd. Sprosse emers
schwach behaart, submers kahl, bis 5 mm dick.
Blätter wechselständig (bei den in der Aquaristik
kultivierten Pflanzen) oder quirlständig (Pflanzen nicht bei Aquarianern in Kultur). Bei wech-
selständiger Blattstellung: Blattstiel 0,2–2 cm.
Blattspreite länglich bis schmal verkehrt eiförmig, ganzrandig, kahl, 1,0–5,5 cm lang,
0,3–1,5 cm breit. Spitze stumpf, Basis schmal
keilförmig. Bei quirliger Blattstellung: Submerser Stengel 3–7 mm dick, fleischig. Kräftige
Sprosse mit 8–12 Blättern im Quirl, Spreite linealisch, ganzrandig, 2–4 cm lang, 1–2,5 mm breit.
Spitze spitz, Basis verschmälert. Emerse Sprosse

hellgrün, submerse je nach Lichtintensität olivgrün bis rosarot gefärbt.
Blüten achselständig, einzeln. Blütenstiel bis
4 cm lang. Blütenröhre (Hypanthium) 4kantig,
bis 2 cm lang, am Grunde mit 2 winzigen Brakteen. 4 Kelchblätter, 8–12 mm lang, 3–5 mm
breit. 4 gelbe Kronblätter, größer als die Kelchblätter, breit eirund, an der Spitze herzförmig
eingeschnitten, abfallend, etwa 15 mm lang,
12 mm breit. 8 etwa gleich lange Staubblätter;
Filamente 1–3 mm. Griffel etwa 3 mm lang;
Narbe kopfig, 1,5 mm im Durchmesser. Frucht
eine Kapsel mit vielen kleinen Samen.
Kultur: *L. inclinata* ist eine typische Weichwasserpflanze, die im Aquarium in kalkarmem
und saurem Wasser am besten zu pflegen ist.
Ihre zarten Blätter erreichen submers nur bei
intensivem Licht eine so kräftige Rotfärbung wie
am natürlichen Standort. Die Pflanzen können
im Aquarium zwar auch bei schwachem Licht
wachsen, verlieren dann aber an den unteren
Sproßteilen frühzeitig ihre Blätter und vergrünen. Die Blattfarbe ist also ein guter Indikator
für das Wohlbefinden der Art. Auch wenn die
Sprosse die Wasseroberfläche erreichen, wird
deutlich, wie lichthungrig die Pflanze ist. Der

349

Ludwigia inclinata **mit quirlständigen Blättern am Standort in Venezuela**

Bodengrund scheint für die Pflege nur eine untergeordnete Rolle zu spielen, doch wird ein nahrhafter Boden das Wachstum unterstützen. Ebenso fördert Wasserbewegung das Gedeihen der Pflanzen.

Bei hoher Luftfeuchte und intensivem Licht ist auch eine emerse Kultur von *Ludwigia inclinata* gut möglich.

Ökologie: Die Verfasserin fand *L. inclinata* im nördlichen Pantanal im Staat Mato Grosso, Brasilien, wo sie eine häufige Art ist, deren dichte Bestände man schon von weitem an den lang flutenden Sprossen erkennen kann. Unzählige leuchtend gelbe Blüten verwandeln diese Biotope in ein Blütenmeer. Die Art bevorzugt schnell fließende Gewässer. In Biotopen mit stehendem Wasser wuchsen nur kleine, an Fundorten mit schnell fließendem Wasser dagegen sehr dichte Bestände. Wasseranalyse eines Biotops mit stehendem Wasser (Mato Grosso, Brasilien, 3/1986): Wassertemperatur 28 °C (Lufttemperatur 27 °C um 10 Uhr), pH-Wert 5,5, GH und KH < 1 °dH, 18 µS/cm. Wasseranalyse eines 20-30 m breiten Flusses mit starker Strömung: Wassertemperatur 30 °C, (Lufttemperatur 30 °C um 12 Uhr), pH 6,2-6,8, GH und KH < 1 °dH,

18 µS/cm. Die Pflanzen wuchsen sowohl im intensiven Sonnenlicht als auch im Schatten. An einem weiteren Biotop in Venezuela wuchs *L. inclinata* in etwa einen Meter tiefem, schnell fließendem Wasser. Wasseranalyse dieses Standortes (8/1989): Wassertemperatur 27,5 °C (Lufttemperatur 32 °C), pH 7,3, GH und KH < 1 °dH, 40 µS/cm.

Sonstiges: *L. inclinata* ist eine sehr variable Art. Die Autorin sammelte im August 1989 in Venezuela zwischen den Städten Bolivar und Maripa Pflanzen einer Population, deren submerse Sprosse sich durch eine quirlige Blattstellung mit linealischen Blättern (ähnlich *Eusteralis stellata*) auszeichnete. Die Sprosse wuchsen in einem Überschwemmungsgebiet in 30-50 cm tiefem Wasser. Der Bodengrund bestand aus Lehm. Eine ausführliche Wasseranalyse dieses Standortes siehe S. 46, Biotop Nr. 3. Auch die Sprosse dieser Population von *L. inclinata* erwiesen sich in der Kultur als ausgesprochen schwierig zu pflegen, so daß sie nicht dauerhaft kultiviert werden konnten. Als dieser Standort ein Jahr später nochmals aufgesucht wurde, war der Biotop durch Brandrodung völlig zerstört.

Ludwigia palustris

(Linné) Elliott (1817)

Sumpfheusenkraut, Sumpflöffelchen

Familie: Onagraceae, Nachtkerzengewächse.
Synonyme: *Isnardia palustris* L. (1753), u.a.
Etymologie: *Ludwigia*: Erklärung bei *L. arcuata*; *palustris*: sumpfbewohnend.
Verbreitung: Nord-, Mittelamerika, Kolumbien, Venezuela, Nordafrika, eingeschleppt in Südafrika, Hawaii, Neuseeland, Europa und Australien.
Beschreibung: Sumpfpflanze mit emers kriechenden, submers aufrechten oder flutenden Sprossen. Blätter gegenständig, kahl, bis 1 cm lang gestielt. Emerse Blattspreite eiförmig, bis 3,0 cm lang, 2,2 cm breit, olivgrün bis weinrot, submers bis 2,5 cm lang, 1,0–1,5 cm breit, blutrot bis olivgrün gefärbt. Blattspitze spitz oder stumpf, Basis keilförmig.
Im Sommer entwickeln sich die achselständigen und unscheinbaren, sitzenden, 4zähligen, etwa 2 mm großen Blüten, die als besonderes Merkmal das Fehlen von Kronblättern aufweisen. Hierdurch ist *L. palustris* eindeutig von allen im Aquarium kultivierten *Ludwigia*-Arten mit *gegenständigen Blättern* zu unterscheiden. 4 Staubblätter. Frucht eine vielsamige Kapsel. Chromosomenzahl: n = 8.
Kultur: *L. palustris* ist im Aquarium eine mäßig anspruchsvolle, gutwüchsige Pflanze, wobei eine hohe Lichtintensität der wichtigste Faktor für ein gesundes Wachstum ist. Werden die Sprosse gut beleuchtet, verzweigen sie sich und färben sich intensiv rot. Werden die Pflanzen dagegen nur schwach beleuchtet, bleibt das Wachstum mäßig, und die Blätter weisen eine grüne Färbung auf. Ein kräftiger Bodengrund sowie regelmäßige Eisenzugaben fördern kräftige Sprosse. Die Art ist sehr temperaturtolerant, wobei im Aquarium der günstigste Bereich zwischen 22 und 26 °C liegt. *L. palustris* eignet sich am besten für die Bepflanzung der vorderen und mittleren Zone des Aquariums. Um emerse Pflanzen zu erhalten, können Sprosse zum Beispiel einfach auf die Wasseroberfläche gelegt werden, wo sie dann über den Aquarienrand problemlos herauswachsen. So erzielte emerse Exemplare können auf feuchtem Bodengrund in Gefäßen auf

Ludwigia palustris (Mitte) im Aquarium

der Fensterbank, in den Sommermonaten aber auch am Teichrand schnell vermehrt werden, wo sie regelmäßig die kleinen Blüten entwickeln. Die Umgewöhnung emerser Triebe an die submerse Kultur ist nicht leicht, da häufig die emersen Blätter unter Wasser faulen.
Ökologie: *L. palustris* besiedelt Überschwemmungsgebiete mit wechselndem Wasserstand. Man findet sie in intensivem Sonnenlicht und auf nährstoffreichem Bodengrund. Vermutlich ist es eine stickstoffliebende Pflanze. In Westeuropa ist die Art offenbar sehr selten geworden. Die Verfasserin fand sie vor einigen Jahren noch vereinzelt in flachen Gräben in den Niederlanden.
An einem Standort in Griechenland, an dem große Bestände am Rand und im flachen Wasser eines Sees wuchsen, wurden im Juni 1980 um 13.15 Uhr folgende Wasserwerte gemessen: Temperatur 25 °C (Lufttemperatur 26 °C), pH 7,2, GH 5,8 °dH, KH < 1 °dH, 81 µS/cm.
Sonstiges: Es wurden vier Varietäten von *Ludwigia palustris* beschrieben, deren Unterscheidungsmerkmale aber nicht konstant sind, so daß die Varietäten keinen taxonomischen Stellenwert besitzen.

Ludwigia palustris × *L. repens* im Aquarium

Blüte von *L. palustris* × *L. repens*

Ludwigia palustris × L. repens
Breitblättrige Bastardludwigie

Familie: Onagraceae, Nachtkerzengewächse.
Verbreitung: Eine in Kultur entstandene Kreuzung. Naturhybriden (ohne Kronblätter) sind aber auch in Chiapas, Mexiko, gefunden worden.
Beschreibung: Blätter kreuzweise gegenständig, 0,5–1 cm lang gestielt. Spreite elliptisch bis breit elliptisch, 2–5 cm lang und 1–3,5 cm breit, mit stumpfer Spitze und herablaufender Basis (Beschreibung sonst wie bei *Ludwigia repens* angegeben).
Blüten einzeln in den Achseln, sitzend oder sehr kurz gestielt. Brakteen bis 2 mm lang. Kelchlappen etwa 2 mm lang. 0–4 Kronblätter, gleich groß oder kleiner als die Kelchlappen, schnell abfallend, gelb. 4 Staubblätter. Griffel mit Narbe kürzer als die Staubblätter. Frucht verkümmert, etwa 1 mm groß.
Kultur: Die Breitblättrige Bastardludwigie besitzt von allen kultivierten *Ludwigia*-Arten die besten Wachstumseigenschaften. Zudem wirkt sie durch ihr rötliches Laub besonders dekorativ.

Sie gedeiht sowohl in weichem als auch sehr hartem, saurem oder alkalischem Wasser. An Licht sollte nicht gespart werden, obwohl die Sprosse auch noch bei mäßiger Beleuchtung wachsen. Besonders kräftige und rötlich gefärbte Exemplare werden aber nur bei einer intensiven Beleuchtung gebildet. Der optimale Temperaturbereich liegt zwischen 23 und 28 °C. Bei guten Lebensbedingungen ist das Wachstum so schnell, daß die Sprosse alle zwei bis drei Wochen neu gesteckt werden müssen. Etwa drei bis fünf Stengel sind für eine dekorative Gruppenbepflanzung in der Mittelzone oder im Hintergrund des Aquariums ausreichend. Eine Vermehrung durch Seitensprosse ist problemlos und produktiv. Wie bei allen anderen kultivierten Ludwigien ist die emerse Kultur der Breitblättrigen Bastardludwigie, bei der auch häufig Blüten beobachtet werden können, kein Problem. Im Sommer können die Sprosse auch vorübergehend am Rande eines Gartenteiches gehalten werden.
Sonstiges: Eine Zählung der Chromosomen zur Überprüfung der Bestimmung von *Ludwigia palustris* × *L. repens* wurde bislang nicht vorgenommen.
Literaturhinweis: Schmidt (1967).

Blüte von *Ludwigia repens*

Ludwigia repens im Aquarium

Ludwigia repens
Forster (1771)
Kriechende Ludwigie

Familie: Onagraceae, Nachtkerzengewächse.
Synonyme: *Ludwigia natans* Ell. (1821), u.a.
Etymologie: *Ludwigia*: siehe *Ludwigia arcuata*;
repens: kriechend.
Verbreitung: USA, Mexiko.
Beschreibung: Sumpfpflanze mit emers kriechenden, submers aufrechten, an den Knoten
wurzelnden Sprossen. Blätter gegenständig.
Spreite bis 1,2 cm gestielt, sehr variabel, emers
gewöhnlich breit elliptisch, submers von sehr
schmal bis breit elliptisch, 2–3,5 cm lang,
0,5–1,4 cm breit, oberseits olivgrün oder rötlich,
unterseits grün oder weinrot.
Blüten einzeln, achselständig, sitzend oder bis
5 mm gestielt. Brakteen linealisch, 3–5 mm lang.
Kelchlappen dreieckig, bis 4 mm. Kronblätter
wenig kleiner oder so lang wie die Kelchlappen,
bald abfallend, gelb. 4 Staubblätter, etwa 1 mm
lang. Griffel mit Narbe etwa so lang wie die
Staubblätter. Frucht 5–8 mm lang, 2–3 mm dick;
Samen zahlreich. Chromosomenzahl n = 24.

Kultur: Von *L. repens* sind zur Zeit mehrere
Wuchsformen in Kultur, die in der Blattform und
Färbung etwas voneinander abweichen, aber
keinen taxonomischen Stellenwert besitzen. Alle
Wuchsformen lassen sich problemlos im Aquarium kultivieren. Sie gedeihen sowohl in weichem als auch in hartem Wasser, benötigen für
eine optimale Pflege eine mittlere Beleuchtungsstärke und möglichst eine Temperatur unter
26 °C. Auch höhere Temperaturen werden aber
kurzfristig gut vertragen. Ein nahrhafter Bodengrund fördert kräftige Pflanzen. Das Wachstum
ist sehr rasch, so daß die Sprosse regelmäßig
gekürzt werden müssen. Eine Verwendung ist
nur als Gruppe in der Mittel- oder Hintergrundzone des Aquariums zu empfehlen. Eine Vermehrung erfolgt durch Seitensprosse, die reichlich
entwickelt werden. Zur sicheren Bestimmung
sind Blüten erforderlich, die in der emersen Kultur (gelegentlich auch submers) häufig gebildet
werden.
Ökologie: Besiedelt sumpfige Gebiete.
Sonstiges: Es wurden mehrere Varietäten beschrieben, die aber alle Übergänge zeigen (Munz
1965). In der Aquaristik wurde die Art lange Zeit
unter dem Namen *Ludwigia natans* kultiviert.

Ludwigia repens × *L. arcuata* im Aquarium

Ludwigia repens × L. arcuata
Schmalblättrige Bastardludwigie

Familie: Onagraceae, Nachtkerzengewächse.
Verbreitung: In Kultur entstandene Kreuzung.
Beschreibung: Sumpfpflanze mit emers kriechendem, submers aufrechtem, wenig behaartem Stengel, bis 2,5 mm dick, dunkelrot. Blätter gegenständig, bis 1 cm gestielt. Emerse Spreite 1,5–2,8 cm lang, 1,0–1,5 cm breit, oberseits dunkelgrün, unterseits schwach rötlich; submerse Spreite 2–5 cm lang, 0,5–1,5 cm breit, schmal elliptisch bis elliptisch, Spitze spitz, Blattrand etwas gewellt, oberseits olivgrün bis rot. Stengel und Blätter unterseits schwach bis kräftig rotlila gefärbt.
Blüten achselständig, einzeln, bis 1 cm lang gestielt. Deckblätter linealisch, 2–5 mm lang und 0,5–1 mm breit. Kelch verwachsenblättrig; Kelchzipfel 4–5 mm lang, dreieckig, an der Basis 2,5 mm breit, Rand der Kelchblätter mit sehr feinen, nach oben gerichteten Zähnen. Immer 4 Kronblätter, 2,3–2,4 x 1,1–1,2 mm groß. 4 Staubblätter. Frucht 4fächrig; Samen zahlreich, etwa 0,5 mm lang. Chromosomenzahl: 2n = 40.

Kultur: Werden *Ludwigia repens* und *L. arcuata* miteinander gekreuzt, entsteht der Bastard *Ludwigia repens* × *arcuata*. Diese Kreuzung wächst problemloser und schnellwüchsiger als die Eltern, eine Erscheinung, die in der Botanik mit dem Begriff Heterosis gekennzeichnet wird. *L. repens* × *arcuata* stellt weniger Ansprüche an die Lichtintensität als *L. arcuata*, doch sollte das Lichtbedürfnis nicht unterschätzt werden. Bei ausreichendem Licht färben sich die Blattflächen blutrot. Hohe Temperaturen beschleunigen das Wachstum, wobei der günstigste Temperaturbereich zwischen 24 und 28°C liegt. Die Schmalblättrige Bastardludwigie ist außerordentlich anpassungsfähig an die Wasserwerte. Sie wächst sowohl in weichem als auch besonders gut in hartem Wasser mit pH-Werten im alkalischen Bereich. Ein nährstoffreicher Bodengrund sollte für die Entwicklung kräftiger Sprosse vorhanden sein. Bei guten Lebensbedingungen ist diese Kreuzung eine ausgezeichnete und sehr empfehlenswerte Pflanze, die alle zwei Wochen neu gesteckt werden muß. Eine Gruppenbepflanzung in der mittleren Zone des Aquariums ergibt ein dekoratives Bild. Auch eine Bepflanzung im Paludarium, wo sich kriechende Sprosse bilden, ist sehr gut möglich.
Die Pflanzen wachsen leicht aus dem Wasser heraus und können im Sommer problemlos auch auf der Fensterbank oder am Teichrand gepflegt werden. Viel Licht und hohe Temperaturen beschleunigen die Blütenbildung. Die Blüten bestäuben sich selbst. Die kleinen, braunen Samen sind aber nicht keimfähig.
Sonstiges: Diese Hybride ist schon viele Jahre in Kultur, wurde jedoch zunächst als solche nicht erkannt. Eine Chromosomenzählung, die Arends (Wageningen) 1982 an konservierten Wurzelspitzen vornahm, ergab eine Chromosomenzahl von 2n = 40 und die Bestimmung als *L. repens* × *L. arcuata* (s. Kasselmann 1985b). Wichtig ist das Geschlecht der Eltern. Bei dem Bastard *L. repens* × *L. arcuata* wurde eine weibliche Pflanze von *L. repens* mit einer männlichen Pflanze von *L. arcuata* gekreuzt. Das umgekehrte Kreuzungsprodukt (*L. arcuata* × *L. repens*) ist eine andere Pflanze.
Von allen kultivierten Ludwigien wachsen die beiden Bastarde zweifelsohne am besten im Aquarium.

Ludwigia sedoides am natürlichen Standort in Venezuela

Ludwigia sedoides
(Humboldt & Bonpland) Hara (1953)

Sedum-ähnliche Ludwigie

Familie: Onagraceae, Nachtkerzengewächse.
Synonyme: *Jussiaea sedoides* Humb. & Bonpl.
(1805), *J. sedoides* H.B.K. (1823).
Etymologie: *Ludwigia*: siehe *L. arcuata*; *sedoides*: der Gattung *Sedum* ähnlich.
Verbreitung: Mittel- und Südamerika.
Beschreibung: Gewöhnlich auf der Wasseroberfläche flutende Wasserpflanze mit dünnem, an den Knoten wurzelndem, rötlichem Stengel. Blätter rosettig angeordnet, wechselständig, 1–5(–10) cm gestielt. Blattspreite rhombisch, etwa 1 cm groß, oberseits kahl, unterseits behaart, mittelgrün bis kräftig dunkelrot. Blattrand in der oberen Hälfte gesägt bis gekerbt, in der unteren Hälfte ganzrandig.
Blüten einzeln, etwa 2 cm groß, bis 3,5 cm gestielt. 4(5) Kelchblattzipfel, 8 mm lang. 4(5) Kronblätter, 1,4 cm lang, 1,3 cm breit, leuchtend gelb. 6–10 Staubblätter, etwa 3 mm lang, so lang oder etwas kürzer als der Griffel. Kapsel 1 cm lang. Chromosomenzahl n = 8.

Kultur: Eine dekorative, an die Wassernuß *Trapa* erinnernde Ludwigie (Konvergenz). Als Aquariumpflanze hat sich diese Art leider aufgrund ihrer hohen Pflegeansprüche nicht durchgesetzt, da sie ausgesprochen licht- und wärmebedürftig ist. Am besten läßt sie sich in flachem, ruhigem Wasser über schlammigem Bodengrund im Gewächshaus oder in intensiv beleuchteten Paludarien verwenden. Das Überwintern ist aufgrund des extremen Lichtbedürfnisses sehr problematisch.
Ökologie: Wächst in massenhaften Beständen in Gräben und Teichen mit stehendem Wasser, besiedelt aber auch die Freiwasserzone sowie strömungsarme Uferbereiche von Flüssen. Einige Wasseranalysen natürlicher Standorte: Mexiko (8/1985), dichte Bestände in Gräben und Tümpeln, verwurzelt in lehmigem Bodengrund: Wassertemp. 29 °C (Luft 30 °C um 9 Uhr), pH 6,3, GH/KH 2 °dH, O_2 4 mg/l, Fe und NO_2 nicht nachweisbar, NH_4 0,5 mg/l. Mexiko (8/1985): Wassertemp. 34 °C (Luft 32 °C um 10 Uhr), pH 6,9, GH 2,5 °dH, KH 2 °dH, NH_4 0,5 mg/l, Fe und NO_2 nicht nachweisbar, CO_2 8 mg/l. Siehe auch ausführliche Wasseranalyse vom Guaporé (S. 46, Biotop Nr. 1).

Submerse und flutende Sprosse von *Lysimachia nummularia*

Lysimachia nummularia
Linné (1753)

Pfennigkraut

Familie: Primulaceae, Primelgewächse.
Synonyme: *Nummularia repens* Gilibert, *Lysimachia rotundifolia* F. W. Schmidt, u.a.
Etymologie: *Lysimachia*: nach dem König Lysimachos; *nummularia*: münzenartig, bezieht sich auf die Blattspreite.
Verbreitung: Mitteleuropa, eingebürgert in den gemäßigten Gebieten der ganzen Welt.
Beschreibung: Ausdauernde Sumpfpflanze. Emerse Sprosse kriechend, an den unteren Knoten wurzelnd, wenig verzweigt, bis 60 cm lang; submerse Sprosse aufrecht, bis etwa 40 cm hoch. Blätter gegenständig, kurz gestielt. Emerse Spreite ganzrandig, breit eirund mit runder bis schwach herzförmiger Basis, bis 3,0 cm lang und 2,7 cm breit, emers grün oder gelblichgrün, submers hellgrün gefärbt.
Die 5zähligen, kurz gestielten, leuchtend gelben Blüten entwickeln sich gewöhnlich einzeln in den Blattachseln der emersen Sprosse. Früchte selten.

Kultur: Das Pfennigkraut zählt zu den regelmäßig im Zoofachhandel angebotenen Kaltwasserpflanzen. Es gibt verschiedene Farbformen. Im allgemeinen handelt es sich um eine anspruchslose und anpassungsfähige Art, die aber nur bei guter Beleuchtung und Wassertemperaturen bis 20 °C optimal gedeiht. Bei zu hohen Temperaturen vergeilen die Sprosse, indem sich lange Internodien und sehr kleine Blattspreiten bilden. Gute Beleuchtung sowie nährstoffreicher Bodengrund sind Voraussetzung für die Hälterung im Paludarium. Am besten läßt sich das Pfennigkraut aber als Randbepflanzung von Gartenteichen verwenden, wobei die kriechenden Sprosse auch noch auf ziemlich trockenem Boden wachsen. Blütezeit: Mai bis August.
Ökologie: Die Art besiedelt feuchte und nasse Standorte, wächst aber auch auf relativ trockenen Wiesen, an den Ufern von Bächen, Teichen und Seen.
Sonstiges: Von den etwa 150 Arten der Gattung *Lysimachia* leben nur wenige an feuchten und nassen Standorten. Außer *L. nummularia* sind noch *L. nemorum*, *L. punctata*, *L. thyrsiflora* und *L. vulgaris* bekannte Teichrandpflanzen, die im Fachhandel angeboten werden.

Mayaca fluviatilis
Aublet (1775)
Fluß-Mooskraut

Mayaca fluviatilis **im Aquarium**

Familie: Mayacaceae, Mooskrautgewächse.
Synonyme: *Mayaca aubletii* Michaux, *M. vandellii* Schott & Endlicher, u.a.
Etymologie: *Mayaca* (oder Mahica): bezieht sich auf eine Überschwemmungsebene bei Santarem in Brasilien; *fluviatilis*: im oder am Fluß lebend.
Verbreitung: Südöstliche USA, Mittel- und Südamerika.
Beschreibung: Ausdauernde, zarte Sumpfpflanze. Emerse Sprosse kriechend bis aufsteigend, 5–20 cm lang; submerse Sprosse aufrecht, 20–40(–60) cm lang. Blätter wechselständig, sehr dicht in Quirlen angeordnet, einnervig. Blattspreite sitzend, linealisch, emers 2–4 mm, submers bis 8 mm lang, weniger als 1 mm breit, hellgrün. Blattspitze ganzrandig oder mit 2 spitzen Zähnchen (Lupe!).
Die etwa 1 cm im Durchmesser großen, bis 12 mm lang gestielten Blüten befinden sich einzeln in den Blattachseln emerser Sprosse. 3 grüne Kelchblätter. 3 Kronblätter, weiß oder blaßviolett mit weißer Basis. 3 Staubblätter; Antheren mit einer Spalte öffnend. 1 Griffel. Frucht eine 3klappige Kapsel; Samen zahlreich.
Kultur: Leider wird diese grazile, anspruchsvolle, „moosähnliche" Stengelpflanze nur selten im Fachhandel angeboten. Ihre Kultur gelingt am besten in gut beleuchteten Aquarien mit weichem, saurem Wasser bei einer Temperatur von 23–25 °C. Eine CO_2-Düngung sowie eine mittelstarke Wasserbewegung wirken sich wachstumsfördernd aus. Um ein leichtes Einpflanzen der zarten Sprosse zu ermöglichen, ist die Verwendung eines feinkörnigen Bodengrundes (z.B. Sand) zu empfehlen. *M. fluviatilis* neigt häufiger als andere Pflanzen zur Chlorose (Chlorophyllmangel), was sich durch ein Verblassen der Sproßspitzen bemerkbar macht. Sie wird durch die Zugabe eines handelsüblichen Eisendüngers behoben. Bei optimalem Wachstum sieht ein kleiner Busch Mooskraut im Vordergrund oder in der mittleren Zone des Aquariums recht ansprechend aus. Die vegetative Vermehrung erfolgt leicht durch Seitentriebe. Eine emerse Kultur der zarten Pflanzen gelingt nur an einem warmen, feuchten Standort bei intensivem Licht, an dem sie gelegentlich auch blühen.
Ökologie: *M. fluviatilis* wächst im und am Rande von kleinen, mehr oder weniger schnell fließenden Gewässern. Die zahlreichen, von der Verfasserin in Venezuela untersuchten Biotope werden hier zusammengefaßt: Temperatur 23–30 °C, pH 5,0–6,7, GH < 1–2 °dH, KH < 1–5 °dH, 10–105 μS/cm. Die Pflanzen wuchsen häufig im Schwarzwasser. Der Bodengrund war meistens sandig-kiesig. Wasseranalyse eines Fundortes in Argentinien (7/1993): Temperatur 11,5 °C (Lufttemp. 12 °C um 11.30 Uhr), pH 5,5, GH und KH < 1 °dH, < 10 μS/cm.
Sonstiges: Wesentliche Unterscheidungsmerkmale der *Mayaca*-Arten sind die Blüten sowie die Form und Öffnung der Antheren. Lourteig (1971) nennt neben der Typusform von *M. fluviatilis* noch die forma *kunthii* (Seubert) Lourteig, die im Unterschied an der Antherenöffnung ein bis zwei Lappen aufweist. Das Fluß-Mooskraut war viele Jahre lang unter dem Synonym *M. vandellii* in Kultur. *M. fluviatilis* besitzt eine gewisse Ähnlichkeit mit *Rotala wallichii*, die aber eine quirlige Blattstellung hat.

M. umbrosum im Aquarium: Sauerstoffblasen durch intensive Assimilation

Micranthemum umbrosum
(Walter) Blake (1915)
Rundblättriges Perlenkraut

Familie: Scrophulariaceae, Rachenblütler.
Synonyme: *Anonymos umbrosus* Walter (1788), *Globifera umbrosa* Small, *Micranthemum orbiculatum* Michaux. (*Micranthemum* = nomen conservandum).
Etymologie: *Micranthemum: mikros* = klein, *anthemon* = Blüte; *umbrosum*: stark schattig.
Verbreitung: USA (von Virginia bis Texas).
Beschreibung: Zarte Sumpfpflanze mit kriechenden, verzweigten, an den Knoten wurzelnden, 10–20 cm langen Sprossen. Stengel etwa 0,5 mm dick, kahl. Blätter gegenständig, sitzend. Blattspreite rundlich, etwa 4–7 mm groß, hellgrün.
Blüten einzeln, achselständig, klein, kurz gestielt. Kelch 4lappig, 1,5–2 mm lang. Blütenkrone 2lippig, weiß; Oberlippe sehr kurz, Unterlippe 3lappig, mit großem Mittellappen. 2 Staubblätter; Filamente kurz. 1 Griffel; Narbe zweispaltig. Kapsel kugelig, etwa 1 mm.
Kultur: Diese zierliche Aquarienpflanze benö-

tigt zum guten Gedeihen vor allem eine intensive Beleuchtung, weiches bis mittelhartes, leicht saures Wasser und eine nicht zu hohe Temperatur bis etwa 24 °C. Eine CO_2-Düngung ist zu empfehlen. Weil die Art recht anspruchsvoll ist, sieht man sie bei uns leider nur selten in Kultur, in den gut beleuchteten niederländischen Pflanzenaquarien ist sie dagegen öfters als Vordergrundpflanze zu bewundern. Bei optimaler Kultur wächst *M. umbrosum* relativ rasch und muß regelmäßig neu gepflanzt werden. Vermehrung durch Seitensprosse. Eine emerse Kultur, bei der gelegentlich die unscheinbaren, winzigen Blüten gebildet werden, ist leicht bei hoher Luftfeuchte und guter Beleuchtung.
Ökologie: Besiedelt sumpfige Standorte.
Sonstiges: Im Unterschied zu *Hemianthus micranthemoides* besitzt *M. umbrosum* mehr runde und immer gegenständige Blätter sowie eine anders gestaltete Blütenkrone. Die Trennung der beiden Gattungen *Micranthemum* und *Hemianthus* beruht auf den unterschiedlichen Blütenkronen, die bei *Micranthemum* deutlich zweilippig, bei *Hemianthus* gewöhnlich einlippig oder nur mit einer unbedeutenden Oberlippe sind. *M. orbiculatum* ist ein Synonym.

Kleinblättrige Wuchsform von *M. pteropus*

Microsorum pteropus 'Windeløv'

Microsorum pteropus
(Blume) Ching (1933)
Javafarn, Schwarzwurzelfarn

Familie: Polypodiaceae, Tüpfelfarngewächse.
Synonyme: *Polypodium pteropus* Bl. (1829), *P. tridactylon* Wallich, *Pleopeltis pteropus* Moore, *Colysis pteropus* (Blume) Bosman.
Etymologie: *Microsorum: mikros* = klein, *soros* = Haufen (kleine Sporenhäufchen); *pteropus:* geflügelt (Blattstiel).
Verbreitung: Weit verbreitet im trop. Asien.
Beschreibung: Amphibischer, polymorpher Farn mit einem kriechenden, dicht beschuppten Rhizom. Blattstiel etwa bis zur Hälfte schmal geflügelt, beschuppt. Blätter anfangs lanzettlich, einfach, kurz gestielt, oder mit 1–2(–5) seitlichen Lappen, die fast bis zur Basis frei sind; mittlerer Lappen länger als die seitlichen, bis 30 cm lang, 5,5 cm breit; seitliche Lappen bis 21 × 3,5 cm groß, spitz oder gerundet, oft mit gewelltem Rand, oliv- bis dunkelgrün. Mittelnerv ± beschuppt.
Sporenhäufchen (Sori) ohne Schleier (Indusium), vereinzelt, manchmal miteinander verwachsen, unregelmäßig auf den Blattunterseiten; meist fast rund, dann etwa 2 mm groß, selten länglich.
Kultur: Langsam wachsende, aber problemlose und beliebte Farnpflanze. Gedeiht in weichem oder hartem Wasser, in gut oder mäßig beleuchteten Aquarien. Optimales Wachstum bei mittlerer Lichtintensität, in weichem bis mittelhartem Wasser, bei guter Wasserbewegung und einem pH-Wert im schwach sauren Bereich. Temperatur zwischen 20 und 28 °C. Im Aquarium werden die Rhizome am besten auf Dekorationsmaterial, wie Stein, Korkrinde, Holz usw., derart angebracht, daß die Wurzeln darauf festwachsen können. Auf diese Weise lassen sich auch Seiten- und Rückwände sehr gut dekorieren. Ein Einpflanzen ist nicht empfehlenswert, da die Rhizome im Aquarienboden schlecht weiterwachsen. Bei emerser Kultur gedeihen die Rhizome dagegen gut in einem lockeren Bodengrund. Für die Bepflanzung von Süßwasseraquarien und Paludarien, bedingt auch für Brackwasseraquarien geeignet. Vegetative Vermehrung durch Rhizomteilung und Adventivpflanzen, die sich an Wurzeln und Blättern bilden. Auch eine generative Vermehrung durch Sporen ist möglich. Sporenhäufchen findet man an emersen Kultur-

Microsorum pteropus 'Tropica'

pflanzen (selten auch an submersen) auf den Blattunterseiten. Reife, wie braunes Pulver aussehende Sporen lassen sich auf feuchter Erde aussäen. Die Aufzucht ist nicht schwierig, erfordert aber Zeit und Geduld.

Ökologie: Am natürlichen Standort wächst der Javafarn nicht nur in Gebirgen und Wäldern in Flüssen und steinigen Bächen, wo er nur zeitweise überflutet wird, sondern auch im Flachland, häufig auf felsigem Bodengrund und auf Wurzeln von im Wasser stehenden Bäumen. Die Verfasserin sah zwei sehr unterschiedliche Standorte: 1) Beschatteter Fluß auf Sri Lanka mit felsigem Untergrund, Pflanzen zwischen Felsen in starker Strömung. 2) Papua Neuguinea (kleinblättrige Wuchsform), Waldbach, kleine semi-emerse Exemplare verwurzelt an Steinen oder am Rand im schlammigen Bodengrund. Wassertemp. 23 °C (Luft 27 °C), pH 7,9, GH/KH < 1 °dH, 20 µS/cm.

Sonstiges: Es sind eine groß- und eine kleinblättrige Wuchsform sowie zwei erst 1994 von der Firma Tropica (Dänemark) eingeführte Sorten in Kultur. Die großblättrige Form wurde 1957 unter dem Namen *Gymnopteris* eingeführt, später fälschlicherweise als *Leptochilus decur-* *rens* angesehen. Erst 1961 erfolgte in Kew die richtige Bestimmung. Die kleinblättrige, selten mehrfach gelappte Form ist seit vielen Jahren in Kultur und verdrängt immer mehr die größere Pflanze. Zum Gattungsnamen *Colysis* und zur Schreibweise *Microsorium* siehe Kasselmann 1994a.

Sorte 'Windeløv': Eine kleinblättrige Sorte mit charakteristischer mehrfach dichotomer Verzweigung. Blattspreite bis 15 cm lang, 1,8 cm breit, an der Blattspitze dichotom verzweigt, jeder Ast ist wiederum mehrfach gegabelt und läuft in zahlreiche Enden aus, die verschachtelt in mehreren Ebenen stehen. Gegabelte Blattspitze 3–5 cm lang, bis 8 cm breit, im Umriß verkehrt dreieckig. Sortenname geschützt.

Sorte 'Tropica': Eine großblättrige Sorte. Blattstiel bis 2 cm breit geflügelt. Blattspreite bis 30 cm lang, bis 15 cm breit, im Unterschied zur Stammform im Umriß schmal dreieckig, fiederteilig, tief gebuchtet. Kultur wie oben.

Beide Sorten sollen aus Kulturen stammen, deren Ursprungspflanzen auf Java gesammelt wurden. Die Sortennamen beziehen sich auf den Namen der Wasserpflanzengärtnerei Tropica sowie deren Besitzer H. Windeløv.

Submerse männliche Sprosse von
M. aquaticum

Männlicher blühender Sproß von
M. aquaticum

Myriophyllum aquaticum
(Vellozo) Verdcourt (1973)
Brasilianisches Tausendblatt

Familie: Haloragaceae, Seebeerengewächse.
Synonyme: *Enydria aquatica* Vellozo (1825),
Myriophyllum brasiliense Cambessedes, *M. proserpinacoides* Hooker & Arnott.
Etymologie: *Myriophyllum*: *myrios* = unzählig,
phyllon = Blatt, in bezug auf die unzähligen
Fiedersegmente; *aquaticum*: im Wasser lebend.
Verbreitung: Südamerika; weibliche Pflanzen in
viele Gebiete der Welt eingeschleppt.
Beschreibung: Amphibisch wachsende Pflanze.
Stengel bis 2 m lang, 1–6 mm dick. Submerse
Quirle mit 4–6 gefiederten Blättern, bis 5 cm
lang, mit 16–40 haarfeinen Fiedersegmenten,
diese 3–7(–20) mm lang, grün. Emerse Blätter in
5–7zähligen Quirlen, gefiedert, 1–4 cm lang, hell-
bis bläulichgrün gefärbt, mit 14–36 Fiedersegmenten, diese 4–6 mm lang, breiter als submers.
Pflanzen zweihäusig; Blüten eingeschlechtlich,
achselständig, einzeln. Deckblätter linealisch,
1–1,5 mm lang. Männliche Blüten 4zählig, weiß
oder rötlich, anfangs sitzend, zur Blütezeit bis

4 mm gestielt. Je 4 Kelch- und Kronblätter.
8 Staubblätter. 0 Griffel. Weibliche Blüten 4zäh-
lig, weiß oder rötlich, sehr kurz gestielt, 1–2 mm
groß. 4 Kelchblätter. Ohne Kron- und Staubblätter. 4 Griffel; Narbe behaart. Früchte selten.
Kultur: Weibliche Pflanzen von *M. aquaticum*
werden schon seit vielen Jahren von Aquarianern gepflegt und erfreuen sich auch heute noch
großer Beliebtheit. Seit etwa 1989 sind auch
männliche Pflanzen bekannt, die irrtümlich unter dem Namen *M. elatinoides* in den Handel
kamen. Weibliche und männliche Populationen
bilden anspruchsvolle, vor allem lichtbedürftige
Aquarienpflanzen. Die Kultur gelingt am besten
in weichem bis mittelhartem, leicht saurem bis
neutralem, nicht zu hoch temperiertem Wasser
(10–25 °C). Im Sommer auch gut als Teichrandpflanze geeignet.
Ökologie: Besiedelt Tümpel, Reisfelder, Ränder
kleiner Fließgewässer, bis 1500 m hoch. Einige
ökologische Daten aus Argentinien (7/1993) zusammengefaßt: Wassertemperatur 10,6–13 °C,
pH 5,7–7,6, GH < 1–7 °dH, KH < 1–7 °dH,
5–240 µS/cm, Fe < 0,05–0,2 mg/l, Biotope sonnig, Bodengrund sandig-lehmig, steinig. Wasseranalysen auf S. 46, Biotope 4 und 5.

Myriophyllum mattogrossense im Aquarium

Myriophyllum mattogrossense
Hoehne (1915)
Mato-Grosso-Tausendblatt

Familie: Haloragaceae, Seebeerengewächse.
Synonyme: Keine.
Etymologie: *Myriophyllum*: siehe *M. aquaticum*; *mattogrossense*: aus dem Mato Grosso.
Verbreitung: Ekuador, Brasilien, Peru (selten).
Beschreibung: Sprosse 30–60 cm lang. Luftblätter in 3–4zähligen Quirlen, 10–13 mm lang, 4–5 mm breit, gefiedert, mit etwa 7 fadenförmigen Fiedersegmenten auf jeder Seite. Submerse Blätter hellgrün, in (2)3–4(5)zähligen Quirlen, 20–50 mm lang, 10–35 mm breit, gefiedert, mit je 7–10 Fiedersegmenten.
Blüten zweigeschlechtlich, einzeln in den Achseln. Brakteen fehlend. Blüten 4zählig, 0,2–0,3 mm gestielt. 0 Kelchblätter. 0 oder 4 Kronblätter. 4 Staubblätter; Filamente bis 0,1 mm lang oder fehlend; Antheren dunkelrot. 4 Griffel, rötlich. Fruchtknoten kugel- bis würfelförmig, in 4 Merikarpe (Teilfrüchte) aufspaltend.
Kultur: Das „echte" *M. mattogrossense* wurde von der Verfasserin in Ekuador gesammelt und ist erst seit 1990 in Kultur. Es handelt sich um eine anspruchsvolle, bei guten Wachstumsbedingungen aber für die Kultur geeignete und sehr dekorative Pflanze. Für ein gesundes Wachstum benötigen die Sprosse einen nährstoffreichen Bodengrund sowie eine intensive Beleuchtung. Sie wachsen sowohl in weichem als auch in mittelhartem Wasser gut. Eine CO_2-Düngung wirkt sich positiv aus. Ungewöhnlich hoch ist der Nährstoffbedarf, so daß häufig gedüngt werden muß. Optimale Temperatur 24–28 °C. Die Sprosse blühen reichlich im Aquarium.
Ökologie: *M. mattogrossense* wurde im Rio Yanayacu (Ekuador, 1/1990) in schnell fließendem Wasser gefunden. Temp. 25 °C (Lufttemp. 29 °C/11 Uhr), pH 6,8, GH < 1 °dH, KH 2–3 °dH, 50 µS/cm. Die Pflanzen wuchsen vorwiegend submers, an seichten Stellen auf Sandbänken aber auch emers. Der Bodengrund war sandigkiesig, am Flußrand zum Teil schlammig. Standort vollsonnig-halbschattig.
Sonstiges: Der Name *M. mattogrossense* wurde in der Aquaristik 20 Jahre lang mißbräuchlich für *M. tuberculatum* (siehe dort) verwendet.
Literaturhinweise: Orchard & Kasselmann (1992); Kasselmann (1992, 1994b, 1995).

Weibliche Blüten von *M. pinnatum*

Myriophyllum pinnatum im Aquarium

Myriophyllum pinnatum
(Walter) Britton, Sterns & Poggenburg (1888)
Rotstengeliges Tausendblatt

Familie: Haloragaceae, Seebeerengewächse.
Synonyme: *Potamogeton pinnatum* Walter (1788), *Myriophyllum scabratum* Michaux.
Etymologie: *Myriophyllum*: Erklärung bei *M. aquaticum*; *pinnatum*: gefiedert (Blattspreite).
Verbreitung: Östliches Nordamerika.
Beschreibung: Submerse Sprosse bis 2 m lang. Stengel 2–4 mm dick, grün bis dunkelrot gefärbt. Emerse Blätter linealisch, gefiedert, wechselständig oder mit gewöhnlich 5 Blättern in Scheinquirlen, 1,0–1,7 cm lang, etwa 1 mm breit, mit 8–12 Fiedersegmenten, Segmente viel kürzer als submers, bis 3 mm lang, olivgrün gefärbt. Submerse Blätter wechselständig oder in Scheinquirlen mit 3–5 gefiederten Blättern, bis 3 cm lang, mit 4–5 haarfeinen Segmenten auf jeder Seite, diese 1,0–2,5 cm lang, hell- bis olivgrün. Pflanzen einhäusig. Blütenstand gewöhnlich mit eingeschlechtlichen (selten zweigeschlechtlichen) Blüten. Deckblätter dreieckig, weniger als 1 mm lang. 4 Kelchblätter, sehr klein, transpa-

rent. 4 Kronblätter, weiß bis purpurn, 2 mm lang. 4 Staubblätter; Antheren etwa 1,5 mm lang. 4 Narben, purpurn mit weißen, kurzen Haaren. Früchte braunrot, knollig, etwa 1,5–2 mm lang, die Teilfrüchte mit flachen Seiten und 2 rückenständigen Nähten.
Kultur: Im Unterschied zum Roten Tausendblatt (*M. tuberculatum*) zeichnet sich *M. pinnatum* im Aquarium durch grünes Laub und einen rötlichen Stengel aus. Im Zoofachhandel wird die Art gewöhnlich unter dem Namen *M. hippuroides* angeboten. Die Pflanzen sind ebenso schwierig im Aquarium zu kultivieren wie das Rote Tausendblatt. *M. pinnatum* läßt sich auch leicht im Sommer im Gartenteich pflegen, wo die Sprosse gelegentlich zum Blühen kommen. Eine intensive Beleuchtung sowie eine nicht zu hohe Temperatur (bis etwa 25 °C) sind zu empfehlen.
Ökologie: *M. pinnatum* wächst an den natürlichen Standorten in Sumpfwäldern, Seen und Tümpeln an schlammigen Ufern oder im flachen Wasser. Die Art blüht dort in den Monaten März bis Juni.
Sonstiges: Blühende Sprosse wurden von der Bearbeiterin der nordamerikanischen *Myriophyllum*-Arten Susan Aiken (Kanada) bestimmt.

Submerser Sproß von *M. simulans*

Myriophyllum simulans
Orchard (1986)
Täuschendes Tausendblatt

Familie: Haloragaceae, Seebeerengewächse.
Synonyme: *M. propinquum* auct. non A. Cunningham, *M. variifolium* auct. non J. Hooker.
Etymologie: *Myriophyllum*: siehe *M. aquaticum*; *simulans:* täuschend, bezieht sich auf die Ähnlichkeit zu *M. gracile* und *M. variifolium.*
Verbreitung: Östliches Australien.
Beschreibung: Amphibisch wachsende Pflanze. Stengel 1–5 mm dick. Submerse Sprosse bis 40 cm lang, hellgrün. Submerse Blätter in 4–5zähligen Quirlen, 20–30 mm lang, gefiedert, mit 1–6 fadenförmigen Segmenten auf jeder Seite. Emerse Blätter in 3–5zähligen Quirlen, ganzrandig, nadelförmig bis linealisch, steif, bis 35 mm lang, 1 mm breit.
Pflanzen einhäusig, Blüten eingeschlechtlich; männliche Blüten in den oberen Achseln des Blütenstandes, weibliche darunter. Seltener auch Blütensprosse mit nur männlichen oder nur weiblichen Blüten. Brakteen weiß bis rötlich, eiförmig, bei den männlichen Blüten 0,8–1,2 mm lang, bei den weiblichen kleiner. Männliche Blüten 4zählig, sitzend. 4 Kelchblätter. 4 Kronblätter, bis 3 mm lang. 8 Staubblätter; Filamente etwa 1 mm. 0 Griffel. Weibliche Blüten 4zählig, sitzend. Ohne Kelch-, Kron- und Staubblätter. 4 Griffel. Früchte mehr oder weniger würfelförmig; 4 Merikarpe, eiförmig, etwa 1 mm lang.
Kultur: *M. simulans* ist eine lichtbedürftige, gut wachsende Aquarienpflanze. Sie läßt sich problemlos bei Temperaturen von 20–28 °C pflegen. Weiches bis mittelhartes Wasser ist besonders für die Kultur geeignet. Bei Lichtmangel verlieren die unteren Stengel schnell ihre Blätter. Bei optimalen Wachstumsbedingungen müssen die Pflanzen aufgrund des raschen Wachstums regelmäßig zurückgeschnitten werden. Wie für alle anderen Tausendblatt-Arten gilt auch für *M. simulans*, daß das Wachstum durch eine Veralgung der Sprosse sehr beeinträchtigt wird. Die Pflanzen wirken am schönsten als kleine Gruppe im Vordergrund oder in der mittleren Zone des Aquariums zwischen größerblättrigen, grünen und rötlichen Arten. Das Täuschende Tausendblatt ist im Sommer auch eine hervorragende Pflanze für die Freilandkultur. Die Sprosse wachsen leicht aus dem Wasser heraus und eignen sich für die Randbepflanzung von Gartenteichen, wo sie auch reichlich blühen.
Ökologie: An den natürlichen Standorten wächst *M. simulans* in Sumpfgebieten, Teichen sowie in Flüssen mit langsam fließendem Wasser. Die Pflanzen werden häufig emers auf schlammigem Bodengrund gefunden und kommen nur selten submers vor. Vereinzelt auch an brackigen Standorten. *M. simulans* wurde 1983 von P. J. van der Vlugt aus Australien mitgebracht und zunächst unter den Namen *M. propinquum* in der Aquarienliteratur vorgestellt. Er fand die Pflanzen in einem Bach bei Wallacia in New South Wales, wo sie in flachem, langsam fließendem Wasser im Uferbereich ausgedehnte Bestände bildeten. Alle Exemplare wuchsen emers und blühten üppig. Es gab sowohl beschattete als auch voll besonnte Biotope. Die Wassertemperatur betrug im Oktober 17 °C, die Lufttemperatur 20 °C.
Sonstiges: Die Art läßt sich nur anhand von Blütenständen und Früchten sicher bestimmen.
Literaturhinweise: Orchard (1986), van der Vlugt (1987).

Myriophyllum tuberculatum
Roxburgh (1820)
Rotes Tausendblatt

Familie: Haloragaceae, Seebeerengewächse.
Synonyme: *M. tetrandrum* Graham (non Roxburgh), *M. indicum* Griffith, *M. spathulatum* Blatt. & Hallbl.
Etymologie: *Myriophyllum*: siehe *M. aquaticum*; *tuberculatum*: knollig, bezieht sich auf die Frucht.
Verbreitung: Indien, Pakistan, Indonesien.
Beschreibung: Wasserpflanze. Stengel bis 2 m lang, etwa 1 mm dick. Submerse Quirle mit 4–7 gefiederten Blättern; jedes Blatt gewöhnlich 2–2,5 cm lang, mit 14–27 fadenförmigen Segmenten, diese 5–10 mm lang, braunrot gefärbt. Pflanzen einhäusig. Blüten ein- und zweigeschlechtlich, einzeln, sitzend, vierzählig, in den Achseln der emersen Blätter. Emerse Blätter zunächst quirlständig und fiederschnittig, zur Spitze des Blütenstandes häufig wechselständig und mit abnehmenden Einschnitten am Blattrand, 3–10 mm lang, 1 mm breit. Untere Quirle mit 4–6 weiblichen Blüten, danach folgen mehrere Quirle mit weiblichen und Zwitterblüten, darüber Quirle mit unregelmäßig verteilten männlichen Blüten. Brakteen winzig. Kelch mit sehr kleinen Kelchlappen. 4 Kronblätter, blaßpurpurn, zur Reife umgeschlagen. 4 Staubblätter; Filamente und Antheren je etwa 1 mm lang. 4 Narben, blaßpurpurn, weiß gefranst, 1,5 mm im Durchmesser groß. Frucht etwa 3 × 3 mm groß, knollig, im Querschnitt viereckig, gewölbt.
Kultur: Diese populäre, aber sehr anspruchsvolle Aquarienpflanze zeichnet sich durch eine auffällig braunrote Färbung von Stengel und Blättern aus. Es scheint sich um eine typische Weichwasserpflanze zu handeln, die freies Kohlendioxid zum guten Gedeihen unbedingt benötigt. Die besten Wachstumsergebnisse werden in kalk- und salzarmem Wasser mit einem pH-Wert im schwach sauren Bereich erzielt. Ferner ist eine hohe Lichtintensität eine wichtige Voraussetzung für eine erfolgreiche Haltung. Optimale Temperatur 22–28 °C. Eine Kultur ist nur in nahezu algenfreien Aquarien mit klarem Wasser zu empfehlen, da sowohl Mulm als auch Blau- oder Fadenalgen die Sprosse in kurzer Zeit ersticken.

Myriophyllum tuberculatum **im Aquarium**

M. tuberculatum eignet sich für die Bepflanzung der mittleren Zone im Aquarium. Je nach Behältergröße genügt schon eine kleine Gruppe von drei bis zehn Sprossen, die stufig angeordnet werden. Als Bodengrund ist ein lockerer Sandboden gut geeignet, in dem das Einpflanzen keine Probleme bereitet. In sehr grobem Kies brechen die zarten Stengel dagegen leicht, und außerdem finden sie nur schlecht Halt. Eine Vermehrung durch Seitensprosse ist problemlos. Blütenstände erheben sich an flutenden Sprossen über die Wasseroberfläche. Wem es gelingt, dieses anspruchsvolle, aber schöne Tausendblatt im Aquarium zu kultivieren, der kann diese Pflanze verwenden, um im Aquarium dekorative Blickpunkte zu schaffen. Die Art kann im Sommer vorübergehend im Gartenteich gehalten werden. Kälteempfindlich, nicht winterhart.
Ökologie: An den Rändern von Gewässern in flachem, stehendem Wasser.
Sonstiges: Diese Art wurde in der Aquaristik mehr als 20 Jahre lang irrtümlich unter den Namen *M. hippuroides* und *M. mattogrossense* geführt. Erst 1994 gelang dem *Myriophyllum*-Spezialisten A. E. Orchard die Bestimmung (siehe Kasselmann 1994 b).

Najas conferta im Aquarium

Najas conferta
(A. Braun) A. Braun (1868)

Familie: Najadaceae, Nixkrautgewächse.
Synonyme: *Najas arguta* H.B.K. var. *conferta* A. Brown (1864), *N. hoehnei* Koch.
Etymologie: *Najas*: nach den griech. Quellnymphen (Najaden); *conferta*: dicht gedrängt.
Verbreitung: SO-USA, Mittelamerika (Panama), Südamerika (Bolivien, Brasilien, Peru).
Beschreibung: Ausdauernde Wasserpflanze. Stengel bis 60 cm lang, kahl, an den unteren Knoten mit wenigen Wurzeln, an jedem Knoten verzweigt. Blätter sitzend, scheinbar in 3zähligen Quirlen, linealisch-lanzettlich, 1,5–2,5 cm lang, 0,5–1,3 mm breit, flach, zurückgebogen, ±steif, dunkelgrün. Blattrand mit je 10–11 deutlich sichtbaren Zähnen. Zähnelung vielzellig. Blattbasis scheidig verbreitert, etwa 3 × 2 mm groß, Schultern der Scheide rund, auf jeder Seite 6–8 Zähne.
Pflanzen einhäusig; Blüten eingeschlechtlich, klein, einzeln in den Blattachseln. Blütenhülle fehlt. Männliche Blüte etwa 2 mm groß, mit 1 Staubblatt, das von einer transparenten Spatha

umgeben ist. Zur Reife öffnet sie sich, und der Blütenstiel streckt sich. Staubbeutel 2 fächrig. Weibliche Blüte sitzend, etwa 3 mm lang, mit 1 einfächrigem, grünem Fruchtknoten und 2 lappiger Narbe. Fruchtknoten umgeben von einer Spatha, an deren Spitze sich 2 Stachelschenkel befinden. Frucht einsamig; Samen gerade oder wenig gebogen, elliptisch-spindelförmig, 2,0–3,1 mm lang, etwa 0,6 mm dick; Samenschale mit 20–36 Längsreihen von netzförmigen, dreimal so langen wie breiten Zellen.
Kultur: *N. conferta* ist ein auffällig dekoratives Nixkraut, das erst seit 1992 im Aquarium gepflegt wird. Im Habitus erinnert es an *N. indica*, von der es durch die steiferen, dunkelgrünen Stengel und Blätter leicht zu unterscheiden ist. *N. conferta* ist eine anspruchslose Pflanze, die sowohl in weichem als auch mittelhartem Wasser gut wächst. Schwach saures bis neutrales Wasser ist optimal. Der Temperaturbereich von 20–28 °C spricht für eine große Anpassungsfähigkeit, obwohl offenbar niedrigere Temperaturen bevorzugt werden. Optimale Wachstumsergebnisse erzielt man bei einer mittleren bis intensiven Beleuchtung, die zu besonders dichten Pflanzenbüscheln an der Wasseroberfläche führt. Bei guten Nährstoffverhältnissen begnügen sich die Pflanzen aber auch noch mit relativ schlechten Lichtverhältnissen, wachsen dann aber bedeutend langsamer. Die Sprosse vertragen nur eine geringe Wasserbewegung. Auch im Aquarium bilden sich regelmäßig die unscheinbaren Blüten und Früchte.
Ökologie: Die Verfasserin konnte *N. conferta* an zwei Standorten sammeln: 1) In den strömungsarmen Uferbuchten des Rio Guaporé (Brasilien), ökologische Daten S. 46; 2) Laguna Cocococha, Reserva Natural de Tambopata (Peru, 8/1992): See mit mäßig klarem Wasser und sandig-lehmigem Bodengrund; vereinzelte Bestände in bis 1,20 m tiefem Wasser. Wasser- und Lufttemperatur 24 °C um 9.30 Uhr, GH/KH < 1 °dH, pH-Wert 7,0, 20 µS/cm.
Sonstiges: Von den etwa 40 bekannten *Najas*-Arten werden nur wenige kultiviert. Für den Handel sind sie ziemlich uninteressant, da sie auf dem Tranport leicht zerbrechen. Wichtigste Bestimmungsmerkmale sind die Zähnelung der Blattspreite und Blattscheide sowie die Oberflächenstruktur der Samen (Mikroskop!).

Najas guadalupensis

Najas guadalupensis
(Sprengel) Magnus (1870)
Guadeloupe-Nixkraut

Familie: Najadaceae, Nixkrautgewächse.
Synonyme: *Caulinia guadalupensis* Sprengel (1825); *N. microdon* A. Braun, u.a.
Etymologie: *Najas*: siehe *N. conferta*; *guadalupensis*: nach Guadeloupe („Guadalupa").
Verbreitung: USA, Mittel- und Südamerika.
Beschreibung: Ausdauernde Wasserpflanze. Stengel bis 1 m lang, kahl, weich, an den unteren Knoten mit wenigen Wurzeln, häufig verzweigt. Blätter sitzend, wechselständig, scheinbar gegenständig, linealisch-lanzettlich, 1,5–3 cm lang, 1–2 mm breit, flach, zurückgebogen, weich, olivgrün. Blattrand mit bis zu 100 Zähnchen auf jeder Seite (Mikroskop!). Zähnelung einzellig. Scheide an der Blattbasis bis 3,4 mm breit, rund bis etwas geöhrt, mit 4–10 winzigen Zähnchen auf jeder Seite. Mittelnerv manchmal rötlich. Pflanzen einhäusig; Blüten eingeschlechtlich, 1–3 in den Blattachseln. Männliche Blüte mit einer Spatha, Staubbeutel 1- oder 4fächrig. Weibliche Blüte ebenfalls mit einer Spatha,

Narbe 4lappig. Samen 1,2–2,5(–3,8) mm lang, spindelförmig; Samenschale mit 4–6eckigen, breiter als langen Zellen, die in 10–60 Längsreihen angeordnet sind.
Kultur: *N. guadalupensis* ist eine ausgesprochen anspruchslose und raschwüchsige Pflanze, die in kurzer Zeit verkrautete Bestände bildet und sich daher besonders gut in Zuchtaquarien verwenden läßt. Die Sprosse haben die negative Eigenschaft, daß sie leicht an den Knoten abbrechen und dann zahlreich als Fragmente an der Wasseroberfläche umhertreiben und dort weiterwachsen; wohl aus diesem Grund sind die Pflanzen nicht für den Handel geeignet. Weil die Art aber weder an Bodengrund und Licht noch an die Wasserbeschaffenheit besondere Ansprüche stellt, wird es dennoch seit vielen Jahren gelegentlich kultiviert. Temperatur 20–30 °C.
Ökologie: *N. guadalupensis* lebt sowohl in stehenden Gewässern, wie Sümpfen und Seen, als auch in Bächen und Flüssen mit langsam fließendem Wasser. Im Verbreitungsgebiet häufig.
Sonstiges: Aufgrund der intraspezifischen Variabilität wurden von Lowden (1986) 2 Formen und von Haynes (1979) 4 geographische Varietäten beschrieben.

Najas indica

Najas indica
(Willdenow) Chamisso (1829)

Indisches Nixkraut

Familie: Najadaceae, Nixkrautgewächse.

Synonyme: *Caulinia indica* Willdenow (1801), *Najas kingii* Rendle, u.a.

Etymologie: *Najas*: siehe *N. conferta*; *indica*: aus Indien stammend.

Verbreitung: Weit verbreitet im tropischen Asien, Japan.

Beschreibung: Ausdauernde Wasserpflanze. Stengel bis 50 cm lang, kahl, mit wenigen Wurzeln, häufig verzweigt. Blätter sitzend, wechselständig, linealisch, gewöhnlich 2–3 cm lang, bis 1 mm breit, flach, fast rund oder dreieckig im Querschnitt, wenig zurückgebogen, etwas spröde, ± steif, hell- bis dunkelgrün. Blattrand mit je 1–15(–40) deutlich sichtbaren Zähnen. Zähnelung vielzellig. Blattbasis scheidig verbreitert; Blattscheide meistens etwa 2,5 × 3 mm groß, Öhrchen fehlend oder sehr kurz, ganzrandig, gezähnt oder gelappt, selten zerrissen.

Blüten gewöhnlich einzeln in den Blattachseln. Männliche Blüte von einer Spatha umgeben.

Staubbeutel 4fächrig. Weibliche Blüte gewöhnlich ohne Spatha. Narbe meistens 2lappig. Samen etwa 2 mm lang; Samenschale gewöhnlich mit 16–20 Längsreihen von fast quadratischen oder 5–6eckigen Zellen, die meistens etwas breiter als lang sind.

Kultur: Dieses noch vor einigen Jahren gelegentlich von Aquarianern kultivierte anspruchslose Nixkraut wird heute recht selten gepflegt. Weil die Sprosse an den Knoten leicht abbrechen, eignet sich diese Art wenig für den Handel, so daß man sie nur auf Börsen oder bei befreundeten Aquarianern erwerben kann. Die Kultur ist nicht schwierig und entspricht der von *N. conferta*. Allerdings wächst *N. indica* bedeutend langsamer, benötigt eine gute Beleuchtung und eine Temperatur von über 22 °C.

Ökologie: Die Art ist in stehenden und langsam fließenden Süßwasserbiotopen, gelegentlich aber auch im Brackwasser zu finden. Sie besiedelt meistens flache Gewässer, wächst aber auch noch in 5 m Tiefe. In Sulawesi fand die Verfasserin in einem breiten Fluß dichte Bestände von *N. indica* zusammen mit *Ceratophyllum demersum*, *Potamogeton wrightii* und *Hydrilla verticillata*.

Najas marina **ssp.** *armata* **aus dem Malawisee**

Najas marina
Linné (1753)
Meeres-Nixkraut

Familie: Najadaceae, Nixkrautgewächse.
Synonyme: Zahlreiche (siehe Haynes 1979, Lowden 1986).
Etymologie: *Najas*: siehe *Najas conferta*; *marina*: meerbewohnend.
Verbreitung: Kosmopolitisch, in Mittel- und Südamerika nur vereinzelt.
Beschreibung: Vielgestaltige, einjährige (in den Tropen ausdauernde?) Wasserpflanze. Stengel bis 100 cm lang, kahl oder mit zahlreichen Stacheln besetzt, mit wenigen Wurzeln, gering verzweigt. Blätter sitzend, scheinbar gegenständig oder quirlig, linealisch-lanzettlich, 1–4(-6) cm lang, 0,5–2,5 mm breit (gemessen ohne Zähne), steif, zerbrechlich, mittel- oder dunkelgrün. Mittelnerv ± bestachelt. Blattrand mit (0-)4–17 Stacheln an dreieckigen, vielzelligen Vorsprüngen. Blattscheide rund, mit je 1–6 Zähnen.
Pflanzen zweihäusig; Blüten eingeschlechtlich, einzeln. Männliche Blüte mit Spatha. Staubblatt mit 4 fächrigem Staubbeutel. Weibliche Blüte nackt (ohne Spatha). Narbe (2-)3(-4)lappig. Samen elliptisch oder eiförmig, 1,9–7,5 mm lang; Samenschale mit vielen Reihen aus unregelmäßig geformten Zellen.
Kultur: Von dieser polymorphen und kosmopolitischen Art werden gelegentlich Pflanzen aus heimischen Gewässern (in Deutschland gefährdet) im Gartenteich gepflegt. Die Verfasserin hatte die Möglichkeit, Exemplare von Populationen aus Mexiko und Malawi zu kultivieren; in beiden Fällen waren aber die Versuche erfolglos. Wenn es gelänge, die besonderen Lebensansprüche herauszufinden, könnte *N. marina* aus tropischer Herkunft eine ungewöhnliche Bereicherung der Aquarienflora sein.
Ökologie: *N. marina* besiedelt Süß- und Brackwasserbiotope, insbesondere große Seen. Die Verfasserin fand *N. marina* var. *mexicana* in Mexiko in einem Kanal der Laguna Media Luna in sehr hartem Wasser (8/1984): Temp. 29 °C, pH 7,9, GH 55 °dH, KH 12 °dH. Im Tanganjika- und Malawisee leben *N. horrida* und *N. marina* subsp. *armata* (Wasserwerte S. 47).
Sonstiges: Aufgrund der Vielgestaltigkeit von Blattgröße, Bestachelung und Samen wurden zahlreiche Varietäten beschrieben.

Nesaea crassicaulis im Aquarium

Blüte von *Nesaea crassicaulis*

Nesaea crassicaulis
(Guillemin & Perrottet) Koehne (1882)

Dickstengelige *Nesaea*

Familie: Lythraceae, Weiderichgewächse.
Synonyme: *Ammannia crassicaulis* Guillemin
& Perrottet (1833), *Nesaea polyantha* Tulasne.
Etymologie: *Nesaea*: von *nesos* = Insel (*N.
triflora* wurde zuerst auf der Insel Mauritius
gefunden); *crassicaulis*: dickstengelig.
Verbreitung: Tropisches Afrika, Madagaskar.
Beschreibung: Sumpfpflanze, bis 50 cm hoch.
Stengel aufsteigend oder aufrecht, kantig, dickstengelig, fleischig, 3-5(-9) mm dick, grün bis
bräunlichrot. Blätter sitzend oder kurz gestielt.
Emerse Blattspreite verkehrt eirund bis verkehrt
lanzettlich, 4-8 cm lang, 1,0-1,8(-2,5) cm breit,
olivgrün. Spitze stumpf oder spitz, Basis herablaufend. Submerse Spreite lanzettlich, 5-11 cm
lang (selten länger), 1,0-1,6 cm breit, gelblichgrün bis schwach rötlich.
Blütenstand ein bis 12 mm gestieltes Dichasium
mit (1-)5-7(-12) Blüten. Kelch mit 4 kurzen
Anhängseln. (3)4 Kronblätter, violett, 4 x 3 mm
groß, schnell abfallend. (4-7)8 Staubblätter (da-

von einzelne Staminodien), gleich lang oder wenig länger als der Kelch. 1 Griffel, gleich lang
oder kürzer als der etwa 1 mm große, kugelige
Fruchtknoten. Samenkapsel etwa 3,5 × 2 mm
groß; Samen zahlreich.
Kultur: *N. crassicaulis* ist eine empfehlenswerte
Aquarienpflanze mit hohen Lichtansprüchen.
Sie sieht *Ammannia gracilis* sehr ähnlich, läßt
sich aber im Aquarium durch die gelblichgrünen
bis leicht rötlich gefärbten Sprosse gut unter-
scheiden. Außer einer hohen Lichtintensität wir-
ken sich ein nährstoffreicher, lockerer Bodengrund sowie ein weiches bis mittelhartes, saures
Wasser positiv auf ein gesundes Wachstum aus.
Die Blätter neigen schnell zum Schwarzwerden.
Deshalb ist ein freier, heller Standplatz wichtig.
Die Sprosse sollten einzeln gepflanzt werden.
Auch für die Kultur im Paludarium geeignet.
Schwieriger zu pflegen als *N. pedicellata*. Opti-
male Temperatur 22-28 °C.
Ökologie: Wächst in Sumpfgebieten, Reisfel-
dern und Bächen. Die Verfasserin fand die Art
im Dezember 1980 auf der Insel Sansibar semi-
emers in einem Graben mit flachem Wasser (pH-
Wert 6,8-7, GH 2 °dH, KH 0,9-2 °dH.
Literaturhinweis: Kasselmann (1982).

Blüten von *Nesaea pedicellata*

Nesaea pedicellata
Hiern (1871)
Gestielte *Nesaea*

Familie: Lythraceae, Weiderichgewächse.
Synonyme: Keine.
Etymologie: *Nesaea*: siehe *N. crassicaulis*; *pedicellata:* mit kurz gestielten Blüten.
Verbreitung: Tansania (Mafia, Sansibar), Mosambik.
Beschreibung: Sumpfpflanze, bis 50 cm hoch. Stengel niederliegend oder aufsteigend, 2–8 mm dick, grün bis dunkelrot gefärbt. Emerse Blätter sitzend, gegenständig. Spreite länglich, zugespitzt, Basis verschmälert, 1,5–5 cm lang, 0,5–1,0 cm breit, oliv- bis dunkelgrün gefärbt. Submerse Blätter gegenständig, wechselständig oder quirlständig, bis 9 × 1,5 cm groß. Blütenstand ein bis 7 mm gestieltes Dichasium mit 1–9 Blüten. Kelch etwa 3,5 mm lang mit 4(5) Anhängseln. (3)4(5) lila Kronblätter, 3–4 × 2,5–3 mm groß. 8(–10) Staubblätter, davon 4(5) bis 7 mm lang, die anderen 4(5) so lang wie der Kelch. Griffel 5–8 mm lang. Fruchtknoten elliptisch. Samenkapsel etwa 3 mm im Durchmesser.

Kultur: Eine empfehlenswerte, dekorative und wuchsfreudige Aquarien- und Paludarienpflanze. Voraussetzungen für kräftige Sprosse sind eine mittlere bis hohe Lichtintensität sowie ein nahrhafter Bodengrund. Stehen die Pflanzen zu dunkel, bleiben sie klein, und die Blätter neigen an den unteren Stengelteilen leicht zum Schwarzwerden. Deshalb sollten die Sprosse mit genügend Abstand voneinander gepflanzt werden, damit auch die unteren Stengelteile ausreichend Licht erhalten. Günstigster Temperaturbereich 22–28 °C. Die Art läßt sich in weichem und hartem Wasser gut kultivieren, ein saures Milieu wirkt sich jedoch günstiger aus. Vermehrung durch Seitensprosse.
Ökologie: *N. pedicellata* wächst in Tümpeln und an den Rändern von Sumpfgebieten. Die Verfasserin fand die Art im Dezember 1980 auf der Insel Mafia bei folgenden Wasserwerten: Temp. 26–31 °C, pH 5,7, GH 5 °dH, KH 0,5 °dH.
Sonstiges: Meine Aufsammlungen von *N. pedicellata* (Mafia) und *N. crassicaulis* (Sansibar) wurden von A. Fernandes, Coimbra (Portugal) bestimmt. Mit *Ammannia*-Arten leicht zu verwechseln (vgl. Blütenmerkmale).
Literaturhinweis: Kasselmann (1982a).

Nesaea pedicellata (Mitte) im Aquarium

Nesaea sp. im Aquarium

Nesaea sp.

Familie: Lythraceae, Weiderichgewächse.
Synonyme: Unbekannt.
Etymologie: *Nesaea*: siehe *Nesaea crassicaulis*.
Verbreitung: Unbekannt.
Beschreibung: Kleine Sumpfpflanze, 10–15 cm hoch, kahl. Stengel aufrecht, rund, hart, 1–2 mm dick, dunkelrot gefärbt. Blätter sitzend, gegenständig, ganzrandig. Blattspreite sehr schmal elliptisch, 2–4,5 cm lang, 3–7 mm breit, olivgrün bis kräftig weinrot gefärbt. Spitze spitz; Basis herablaufend. Blattrand häufig schwach gewellt oder gekräuselt.
Blütenstand ein bis 1 mm lang gestieltes Dichasium mit 3–4 sehr kleinen Blüten. Geöffnete Einzelblüte selten, 5 mm im Durchmesser, bis 2 mm gestielt. Deckblätter etwa 1 mm lang, linealisch. Kelch 2,2 mm lang, 1,2 mm breit, mit 4 dreieckigen Kelchlappen und winzigen Anhängseln sowie 8 rötlichen Rippen. Gewöhnlich 4 (selten 5) Kronblätter, blaßviolett mit dunkelviolettem Mittelnerv, 2 mm lang, etwa 1,5 mm breit, sehr schnell abfallend. 8 Staubblätter, so lang wie der Kelch; Filament kurz; Antheren rot, Pollen gelb. 1 Griffel, kürzer als Staubblätter;

Narbe kopfig. Fruchtknoten kugelig mit zahlreichen Samenanlagen.
Kultur: Diese gelegentlich im Fachhandel – manchmal fälschlich als *Nesaea crassicaulis* – angebotene zierliche und sehr dekorative Stengelpflanze ist sehr schwierig im Aquarium zu pflegen. Möglicherweise verlangt die Art sehr weiches Wasser und intensives Licht. Die Pflanzen im Zoofachgeschäft stammen von Exportfirmen (z.B. in Singapur), die sie in Gärtnereien offenbar teilweise auch submers kultivieren. Trotz großer Bemühungen konnte ich aber niemals einen dauerhaften Kulturerfolg bei der submersen Pflege erzielen.
Eine Hälterung im Paludarium ist ebenfalls sehr problematisch und nur bei intensivem Licht möglich.
Ökologie: Über die natürlichen Standorte ist nichts bekannt.
Sonstiges: Obwohl diese *Nesaea*-Art schon seit mehreren Jahrzehnten mehr oder weniger regelmäßig eingeführt wird, konnte die Verfasserin ihren wissenschaftlichen Namen bisher nicht ermitteln. Eine Bestimmung wird insbesondere dadurch erschwert, daß das Verbreitungsgebiet nicht bekannt ist.

Emerser Sproß von *Nesaea triflora*

Blüte von *N. triflora*

Nesaea triflora

(Linné fil.) Kunth (1823)

Dreiblütige *Nesaea*

Familie: Lythraceae, Weiderichgewächse.
Synonyme: *Lythrum triflorum* L. f. (1781), *Trotula trianthis* Commerson, *Ammannia triflora* Wallich, *Nesaea capitellata* Presl.
Etymologie: *Nesaea:* siehe *N. crassicaulis; triflora:* dreiblütig.
Verbreitung: Komoren, Madagaskar, Mauritius, Réunion, Sri Lanka.
Beschreibung: Sumpfpflanze mit aufsteigenden Sprossen. Stengel 3–4 mm dick, kahl, grün bis rötlich. Internodien 3–5 cm. Blätter sitzend oder sehr kurz gestielt, kreuzweise gegenständig. Spreite lanzettlich bis verkehrt lanzettlich, 2–4,5 cm lang, 1–1,5 cm breit, ganzrandig, hellolivgrün. Blattspitze spitz mit winzigem Spitzchen (Lupe!); Basis rund. Mittelnerv deutlich, an der Basis rötlich, Fiedernerven schwach. Blütenstände einzeln, kurz gestielt. 2 Deckblätter, etwa 7 × 4 mm groß. Blütenstand mit 3 etwa 1–2 mm gestielten, 1 cm großen Blüten. Deckblättchen 2 × 0,5 mm groß. 5 Kelchblätter, etwa 3 mm lang, zugespitzt; Kelchanhängsel fehlen. 4 Kronblätter, kräftig violett, 3–4 mm groß. 8 Staubblätter, etwa 3 mm lang. 1 Griffel, so lang wie die Staubblätter. Fruchtknoten weinrot. Samenkapsel 3 mm groß, kugelig, transparent; Samen zahlreich.
Kultur: *N. triflora* ist nicht für die Kultur im Aquarium geeignet, läßt sich aber ausgezeichnet im Paludarium verwenden. Dort sollte man den Pflanzen eine hohe Luftfeuchte, Temperaturen von 24–30 °C, einen nahrhaften Bodengrund (Erde) sowie insbesondere eine gute Beleuchtung geben. Bei optimalen Bedingungen ist das Wachstum so rasch, daß die Sprosse regelmäßig zurückgeschnitten werden müssen. Blütenstände im Sommer häufig bei viel Licht und Wärme.
Ökologie: Eheleute Albers sammelten die Art 30 km südlich von Tamatave (Madagaskar). Die Pflanzen wuchsen unbeschattet auf feuchtem, sandigem Boden am Rande einer Kanalbucht.
Sonstiges: Koehne (1903) nennt für *N. triflora* 4–5(6)zählige Blüten mit 8–10(12) Staubblättern. Ich konnte allerdings keine Abweichungen von der obigen Beschreibung feststellen. Eine Bestimmung der Aufsammlung von Albers erfolgte durch J. Bosser, Paris.

Nuphar japonica im Aquarium

Nuphar japonica
de Candolle (1821)
Japanische Teichmummel, Teichrose

Familie: Nymphaeaceae, Seerosengewächse.
Synonyme: *Nymphaea lutea* Thunberg, *Nuphar japonicum* DC. var. *subintegerrimum* subvar. *rubrotinctum* Caspary, *N. subintegerrimum* subvar. *rubrotinctum* (Casp.) Makino.
Etymologie: *Nuphar:* vermutlich von arab. nunfar; *japonica*: aus Japan stammend.
Verbreitung: Japan.
Beschreibung: Schwimmblattpflanze mit kräftigem, kriechendem Rhizom. Blattstiel rund, kahl. Submerse Blätter pfeilförmig, bis 20 cm lang, 12 cm breit, sehr weich, am Rand transparent und gewellt, hellgrün oder bräunlich. Schwimm- und emerse Blätter länglich bis breit eiförmig-pfeilförmig, ledrig, dunkelgrün. Spitze rund oder stumpf zugespitzt; Basislappen spitz gerundet.
Blüte lang gestielt, 4–5 cm groß. Kelch 5blättrig, kronblattartig, beim Verblühen zurückgeschlagen. 10–18 unscheinbare Kronblätter, nicht ausgebreitet wie bei *Nymphaea*. Staubblätter zahlreich. Kelch-, Kron- und Staubblätter gelb, bei var. *rubrotincta* (Caspary) Ohwi Filamente und die Basis der zurückgeschlagenen Kelchblätter ±dunkelrot gefärbt. Narbenscheibe 9–16strahlig, tief gekerbt. Fremdbestäubung notwendig. Frucht flaschenförmig, am Hals deutlich eingeschnürt, vielsamig, über der Wasseroberfläche reifend. Samen ohne Samenmantel.
Kultur: Mit ihren hellgrünen, pfeilförmigen Blättern ist *N. japonica* eine besonders dekorative und auffällige Aquarienpflanze. Sie ist ziemlich anspruchslos und läßt sich sowohl in weichem als auch hartem Wasser sowie bei einer mittleren Beleuchtungsstärke problemlos pflegen. Es ist nicht ratsam, einen zu nahrhaften Bodengrund zu verwenden, da die Pflanzen dann sehr groß werden und Schwimmblätter ausbilden können. Im allgemeinen ist im Aquarium die Bildung von Schwimmblättern aber relativ selten. Optimale Temperatur 20–28 °C. Von der Firma Dennerle wurde vor wenigen Jahren *N. japonica* var. *rubrotincta* aus Japan eingeführt, die aber submers kaum unterschiedlich ist.
Ökologie: Die Art besiedelt Tümpel, Seen und Flüsse. In Japan werden die Rhizome gegessen und die jungen Blätter als Tee verwendet.

Nymphaea × daubenyana im Aquarium

Nymphaea × daubenyana
hortorum (1863?)
Daubenys Seerose

Familie: Nymphaeaceae, Seerosengewächse.
Synonyme: *Nymphaea* „stellata prolifera" hortorum, *N.* „stellata bulbifera" hortorum.
Etymologie: *Nymphaea*: siehe *N. glandulifera*; *daubenyana:* nach Prof. Daubeny, Direktor des Bot. Gartens Oxford; hortorum: von den Gärten (Gartenhybride).
Verbreitung: Keine natürliche Verbreitung.
Beschreibung: Schwimmblattpflanze mit knolligem Rhizom. Submerse Jugendblätter ganzrandig, eiförmig, schildförmig, zart, Basislappen spitz gerundet, bis etwa 20 × 15 cm groß, ± grün bis braunrot gefärbt und mit ± intensiv dunkelroten Flecken. Schwimmblätter eiförmig bis rund, ganzrandig oder wenig gezähnt, bis 30 cm lang, mittelgrün, unterseits oft rötlich. Adventivpflanzen an der Blattbasis, an denen sich wiederum kurz gestielte, kleinere Blüten entwickeln. Primärnerven 5–15.
Blüten 5–18 cm groß, wohlriechend, Tagblüher. 4 Kelchblätter. 10–18 Kronblätter, blaßlila oder hellblau gefärbt, am Grunde weiß oder gelblich. Bis 100 Staubblätter, Filamente und Narbenscheibe gelb; Antheren mit blaßvioletten Konnektivanhängseln. Keine Bildung von Samen, da die Hybride steril ist.
Kultur: Diese Kulturhybride wird zwar in den Botanischen Gärten aufgrund der Blühwilligkeit regelmäßig kultiviert, ist aber unverständlicherweise nur gelegentlich im Handel. Die rasche Vermehrung durch Adventivpflanzen an den Blattbasen, die auch bei kräftigen, submersen Blattspreiten regelmäßig auftritt (siehe auch *N. micrantha*), machen diesen Bastard zu einer empfehlenswerten Aquarienpflanze. Die Hybride benötigt zum optimalen Gedeihen einen nährstoffreichen Bodengrund, eine hohe Lichtintensität und Wärme (optimale Temperatur ab 25 °C). Weiches oder mittelhartes Wasser mit pH-Werten im sauren bis neutralen Bereich sind empfehlenswert. Förderlich wirken sich regelmäßige Gaben von Eisendünger sowie CO_2-Zufuhr aus. Schwimmblätter regelmäßig entfernen.
Sonstiges: *N. × daubenyana* hort. ist eine Kreuzung zwischen *N. micrantha* Guill. & Perr. und *N. caerulea* Savigny.

Nymphaea glandulifera **im Aquarium**

Nymphaea glandulifera
Rodschied (1794)

Familie: Nymphaeaceae, Seerosengewächse.
Synonyme: *Nymphaea blanda* G. Meyer, *Castalia blanda* (G. Meyer) Lawson, u.a.
Etymologie: *Nymphaea*: von (gr.) *Nympha* = Name einer Göttin; *glandulifera*: drüsentragend (Bezug nicht bekannt).
Verbreitung: Mittel- und nördl. Südamerika.
Beschreibung: Kleinblättrige Seerose. Rhizom eiförmig, klein. Blattstiel im Aquarium gewöhnlich 1,5–2 mm dick, 5–20 cm lang, kahl oder behaart. Jugendblätter pfeil- oder spießförmig, etwa 6 cm lang. Folgeblätter breit elliptisch bis kreisförmig, etwa 5–8 cm breit, 4–8 cm lang, ganzrandig, an der Spitze rund, Basislappen meistens stumpf bis rund, weit gespreizt, oberseits glänzend hellgrün, unterseits blaßgrün. Schwimmblätter im Aquarium selten, am Standort bis 21 × 19 cm groß. Hauptnerven 9–15.
Blüten weiß, gewöhnlich etwa 5–7 cm groß und bis 25 cm gestielt. 4 grüne Kelchblätter. 12–20 Kronblätter. 45–98 Staubblätter, mit Anhängseln. Narbenscheibe 19–39strahlig. Fruchtbildung häufig. Samen zahlreich, mit langen Haaren, Samenoberfläche glatt.
Kultur: Diese kleinblättrige, seltene Seerose eignet sich ausgezeichnet für die Kultur im Aquarium, insbesondere für kleinere Behälter. Die etwa 5–15 cm hohen Rosetten aus hellgrünem Laub lassen sich am besten im Vordergrund verwenden. Sowohl in weichem als auch mittelhartem Wasser gedeiht diese *Nymphaea* gut. Ein schwach saures Milieu wirkt sich jedoch vorteilhaft auf das Wachstum aus. Als Bodengrund genügt ungewaschener Sand, allerdings werden die Exemplare in lehmigem Boden dichtblättriger und dekorativer. Die Lichtansprüche sind nur gering. Aufgrund ihrer tropischen Herkunft liebt diese Seerose höhere Temperaturen: optimal sind 24–28 °C. Vegetative Vermehrung durch kurze Ausläufer.
Ökologie: *N. glandulifera* wurde von der Verfasserin Ende Januar 1990 in Ekuador etwa 20 km nördlich der Stadt Coca gesammelt und als Kulturpflanze eingeführt. Dort wuchsen dichte Bestände auf humusreichem, schlammigem Boden in einem schmalen, flachen Graben mit stehendem Wasser. Der Standort war sonnig, das Wasser weich und schwach sauer.

Nymphaea lotus ‘Grün’ im Aquarium

Nymphaea lotus
Linné (1753)
Grüner und Roter Tigerlotus
Weiße Lotusblume

Familie: Nymphaeaceae, Seerosengewächse.
Synonyme: *Nymphaea thermalis* DC., *N. zenkeri* Gilg (?), u.a.
Etymologie: *Nymphaea*: siehe *N. glandulifera*; *lotus*: griech. Pflanzenname.
Verbreitung: Weit verbreitet im tropischen Afrika, Madagaskar, in Europa in Thermalgewässern eingebürgert, in Nord-, Mittel- und Südamerika verwildert; asiatische Pflanzen gehören anderen Arten an (Verdcourt 1989).
Beschreibung: Kräftige Schwimmblattpflanze mit knolligem Rhizom, das bei Aquarienpflanzen häufig fehlt. Submerse Jugendblätter dreieckig, spießförmig, danach eiförmig bis fast rund, schildförmig, ganzrandig, an der Basis tief eingeschnitten, mit spitzen oder runden Basislappen, zart, bis etwa 25 cm im Durchmesser; bei kräftigen submersen Blättern ist der Blattrand buchtig gezähnt.

2 Farbformen sind als Grüner und Roter Tigerlotus regelmäßig im Handel. Zur besseren Unterscheidung werden hier Sortennamen eingeführt: **Sorte ‘Grün’** mit kräftig hellgrün gefärbten Blattspreiten und bräunlichen Flecken, **Sorte ‘Rot’** mit kräftig dunkelrot gefärbten Spreiten, die ± dunkel gefleckt sind. Schwimmblätter kreisförmig, schildförmig, Basislappen rund, wenig gespreizt, ± lederartig, bis 50 cm groß, buchtig gezähnt, oberseits kahl, unterseits kahl oder schwach behaart, dunkelrot gefärbt. Nervatur kräftig, 11-15 Primärnerven.
Blüten 8-17(-25) cm groß, wohlriechend, nachts geöffnet. 4 Kelchblätter, grün, häufig mit cremefarbenen Nerven. Etwa 16-20 weiße Kronblätter, bei der Sorte ‘Rot’ gelegentlich etwas rötlich. 40-90 gelbe Staubblätter; Antheren stumpf, gewöhnlich ohne Konnektivfortsätze. Narbenscheibe 20-30strahlig, gelb, bei *N. lotus* ‘Rot’ Narbenfortsätze außen mit einem kräftig rot gefärbten Ring (immer?). Frucht kugelig, groß, mit unzähligen Samen.
Kultur: *N. lotus* ist eine bei Aquarianern häufig gepflegte und beliebte Seerose, von der regelmäßig mindestens zwei Farbformen (Sorten ‘Grün’ und ‘Rot’) angeboten werden. Beide zeich-

Nymphaea lotus 'Rot' im Aquarium

Blüte von *Nymphaea lotus* am Standort im Senegal

nen sich durch ein rasches, problemloses Wachstum aus. Bei optimalen Kulturbedingungen werden diese Solitärpflanzen sehr groß und benötigen geräumige Aquarien. Die Entwicklung von unerwünscht kräftigen Exemplaren läßt sich aber gut durch die Verwendung eines nährstoffarmen Bodengrundes unterbinden (z. B. ungewaschener Sand) sowie durch das Einpflanzen in einen Topf, der dann in den Bodengrund versenkt wird. Wichtig ist ein freier Standplatz mit intensiver Beleuchtung, denn bei zu dichtem Pflanzenwuchs sowie zu geringer Beleuchtung bilden sich schnell die unerwünscht langen Blattstiele. Die Tigerlotus gedeiht in weichem und hartem Wasser gut, am günstigsten ist aber weiches, schwach saures Wasser. Optimaler Temperaturbereich 22–28 °C (nicht nur bis 24 °C, wie manchmal angegeben). Eine vegetative Vermehrung erfolgt an kräftigen Pflanzen durch kurze Ausläufer. Die Bildung von Schwimmblättern läßt sich lange unterdrücken, indem immer wieder zu große Blätter entfernt werden. Blüten bilden sich aber nur nach der Entwicklung einiger Schwimmblätter. Blüten treten im Aquarium relativ selten auf (Nachtblüher). Samen werden leicht gebildet und keimen gut.

Ökologie: *N. lotus* wächst im natürlichen Lebensraum in sehr unterschiedlichen Gewässern. Einerseits werden flache, temporäre Tümpel und kleine Seen besiedelt, in denen die Pflanzen riesige Blattspreiten entwickeln. Solche Biotope sah die Verfasserin sowohl in Tansania als auch in Senegal (Foto S. 33) und Gambia sehr häufig. Andererseits wächst der Grüne Tigerlotus in Westkamerun in Fließgewässern (diese Fließwasserform wird auch mit *N. zenkeri* bezeichnet). Ob auch die Rote Farbform von *Nymphaea lotus* in Fließgewässern vorkommt, konnte bisher nicht sicher nachgewiesen werden. Es wurden Vermutungen geäußert, nach denen beide Farbformen auch syntop auftreten sollen. An einem Standort des Grünen Tigerlotus in Westkamerun zwischen Kribi und Campo wurden folgende Wasserwerte festgestellt: Temperatur 24–25 °C (Lufttemperatur 27 °C um 14 Uhr), pH 5,5–5,7, GH 0,5 °dH, KH < 0,1 °dH, 40 µS/cm, Fe nicht nachweisbar.

Sonstiges: Bei *N. lotus* handelt es sich offenbar um eine polymorphe Art, deren Formen sehr unterschiedliche Standorte besiedeln. Ob diese auch in Zukunft als eine Art betrachtet werden, bleibt abzuwarten.

Nymphaea micrantha mit jungen Adventivpflanzen im Aquarium

Nymphaea micrantha
Guillemin & Perrottet (1830)
Kleinblütige Seerose

Familie: Nymphaeaceae, Seerosengewächse.
Synonyme: *Nymphaea caerulea* Guillemin & Perrottet (non Savigny), u.a.
Etymologie: *Nymphaea*: siehe *Nymphaea glandulifera*; *micrantha*: kleinblütig.
Verbreitung: Westafrika (Senegal bis Kamerun).
Beschreibung: Schwimmblattpflanze. Rhizom bis 4 × 2 cm groß. Submerse Blätter ganzrandig, transparent, bis 18 cm lang, 14 cm breit, oberseits grün oder rötlich bis tief rotbraun, ± gefleckt, unterseits ± lila. Schwimmblätter kleiner als die submersen Blätter, oberseits hellgrün, unterseits violett mit kleinen dunklen Flecken. Spreite rund bis herzförmig oder schildförmig. Basislappen spitz bis lang zugespitzt, wenig gespreizt.
Blüten weiß oder bläulich, 5–10 cm groß, wenig riechend. 4 Kelchblätter. Bis 16 Kronblätter, bis 5 cm lang, gleich lang oder etwas kürzer als die Kelchblätter. Staubblätter zahlreich, gelb, Konnektivfortsätze weiß. Narbenscheibe 15–20strahlig, gelb.

Kultur: Eine empfehlenswerte und dekorative, mittelgroße Seerose, die gut in weichem und mittelhartem Wasser mit pH-Werten von 6,5–8 und bei einer Temperatur von 24–28 °C gedeiht. Der Bodengrund sollte nährstoffreich sein (z.B. Lehmzugabe). Die Vermehrung von *N. micrantha* ist – im Gegensatz zu vielen anderen Seerosen – leicht und produktiv durch Adventivpflanzen, die bei intensivem Licht an der Basis der Blattspreiten gebildet werden. Damit sie im Aquarium nicht an den Schwimmblättern vertrocknen, dreht man die Blattunterseiten nach oben. Kräftige Blätter können auch abgeschnitten werden. Manchmal werden keine submersen, sondern nur noch schwimmende Blätter entwickelt, was durch eine Reduzierung der Beleuchtungsdauer auf 12 Stunden verhindert werden kann. Diese Maßnahme führt aber bei anderen *Nymphaea*-Arten zu einer verstärkten Entwicklung von Schwimmblättern.
Ökologie: Besiedelt stehende und sehr langsam fließende Gewässer. Die Verfasserin fand *N. micrantha* in Senegal und Gambia meistens in intensivem Sonnenlicht sowie in schlammigem, stark nach Schwefelwasserstoff riechendem Bodengrund (siehe Fotos S. 58 und S. 83).

Nymphaea rudgeana im Aquarium

Nymphaea rudgeana
G. Meyer (1818)

Rudges Seerose

Familie: Nymphaeaceae, Seerosengewächse.
Synonyme: *Nymphaea ampla* var. *rudgeana* (G. Meyer) de Candolle, u.a.
Etymologie: *Nymphaea*: siehe *N. glandulifera*; *rudgeana*: nach dem Botaniker E. Rudge (1763–1846).
Verbreitung: Mittelamerika, östliches und nördliches Südamerika.
Beschreibung: Schwimmblattpflanze mit kräftigem Rhizom; ohne Ausläufer. Blattspreite im Aquarium bis etwa 25 cm gestielt und 15 cm groß, fast kreisförmig, ganzrandig, rosa gefärbt. Spitze rund; Basislappen spitz gerundet, weit gespreizt. Schwimmblätter an den natürlichen Standorten bis 45 cm groß, am Rand unregelmäßig gezähnt. Hauptnerven (11–)15–23.
Blüten cremefarben, gelblich oder schwach purpurfarben, etwa 7–10 cm groß. 4 Kelchblätter. 12–29 Kronblätter. 39–186 Staubblätter, mit Konnektivanhängseln. Narbenscheibe 11–31strahlig.
Kultur: *N. rudgeana* ist bisher eine seltene See-

rose, die aber nicht schwierig zu kultivieren ist. In weichem bis mittelhartem Wasser mit schwach saurem bis leicht alkalischem pH-Wert gelang eine problemlose Hälterung. Für ein zufriedenstellenes Gedeihen sind eine gute Beleuchtung sowie ein nahrhafter Bodengrund (Lehm) die wichtigsten Voraussetzungen. Im Aquarium bilden sich mittelgroße, kompakte Rosetten mit auffällig rosa gefärbten Blattspreiten. Schwimmblätter wurden bisher nicht beobachtet, weshalb diese Art prädestiniert ist für eine Aquarienkultur. Temperatur 23–29 °C.
Ökologie: *N. rudgeana* besiedelt stehende und fließende, auch brackige Gewässer. W. Staeck und Verfasserin sammelten die Art an zwei Standorten in der Gran Sabana in Venezuela: 1) Kleiner Fluß, dichte Bestände in weichem Lehm in 1–2 m tiefem, langsam fließendem Wasser. Wasseranalyse (8/1989): Temp. 23,5 °C (Lufttemp. 24,5 °C um 14 Uhr), pH 5, GH < 1 °dH, KH 4 °dH, 60 µS/cm. 2) Rio Cucurital im Einzugsbereich des Rio Caroni. Kleiner Fluß, einzelne Exemplare in flachem Wasser, unbeschattet. Wasseranalyse (4/1992): Temp. 29 °C (Lufttemp. 32 °C) pH 6,0, GH/KH < 1 °dH, < 10 µS/cm.
Literaturhinweis: Wiersema (1987).

Nymphoides aquatica im Aquarium

Nymphoides aquatica
(Walter) O. Kuntze (1891)
Wasserbanane

Familie: Menyanthaceae, Fieberkleegewächse.
Synonyme: *Anonymos aquatica* Walter (1788), *Villarsia aquatica* Gmelin, *Menyanthes trachysperma* Michaux, *Limnanthemum aquaticum* Britton.
Etymologie: *Nymphoides*: Gattungsname *Nymphaea* und *eidos* (gr.) = Gestalt, Seekanne; *aquatica*: im Wasser lebend.
Verbreitung: USA (New Jersey, Florida, Texas).
Beschreibung: Kleine Schwimmblattpflanze. An einem kurzen Rhizom zahlreiche, etwa 2–5 cm lange und bis 6 mm dicke Wurzelknollen, die entfernt an eine „Bananenstaude" erinnern, sowie fleischige Wurzeln. Submerse Jugendblätter 4–8 cm groß, im Aquarium etwa 5 cm lang gestielt, etwas steif, fleischig, schwach gewellt, gelblichgrün bis schwach bräunlich gefärbt, Langtrieb und Blattunterseite rot gepunktet. Schwimmblätter breit eiförmig bis kreisförmig, tief eingeschnitten, fleischig, 5–12 cm groß. Blütenstand vielblütig. Blütenstiel bis 8 cm lang.

Kelchblätter 4–5 mm lang, purpurn gepunktet. Kronlappen weiß, 10–14 mm lang. Griffel fehlend; Narbe 2lappig. Kapsel 10–14 mm lang, vielsamig. Samen deutlich warzig.
Kultur: Während bei anderen *Nymphoides*-Arten, die sehr zarte und gewöhnlich leicht vergängliche submerse Jugendblätter haben, schon nach kurzer Zeit die Schwimmblattphase eintritt, weist *N. aquatica* im Aquarium ein vollkommen anderes Verhalten auf. Die Jugendblätter befinden sich an sehr kurzen Trieben und sind relativ langlebig. Schwimmblätter und Blütenstände bilden sich gewöhnlich nicht im Aquarium. Aufgrund dieser Eigenschaften ist *N. aquatica* eine häufig kultivierte Art, die für die Bepflanzung des Vordergrundes geeignet ist, wo sie viele Monate wächst. Allerdings habe ich die Erfahrung gemacht, daß die auffällig verdickten Wurzeln („Bananen"), die als Nährstoffspeicher dienen, nach einigen Monaten regelmäßig abbrechen oder verfaulen und danach das Wachstum nachläßt. Für die Entwicklung von Schwimmblättern sind flache Aquarien erforderlich. Temperatur etwa 20–26 °C.
Ökologie: *N. aquatica* besiedelt ruhige Gewässer im Küstenbereich.

Nymphoides ezannoi
Berhaut (1967)
Ezannos Seekanne

Familie: Menyanthaceae, Fieberkleegewächse.
Synonyme: *Limnanthemum senegalense* auct.
non (G. Don) N. E. Brown, *Limnanthemum indicum* auct. non (L.) Thwaites, *Nymphoides indica* auct. non (L.) O. Kuntze.
Etymologie: *Nymphoides*: siehe *N. aquatica*; *ezannoi*: nach dem Sammler Père Ezanno.
Verbreitung: Senegal, Mali, Niger, Tschad, Sudan.
Beschreibung: Schwimmblattpflanze mit kurzem Rhizom und intensiver Ausläuferbildung. Nach einigen submersen, zarten, hellgrünen, bis 5 × 5 cm großen Jugendblättern entwickeln sich nur noch Schwimmblätter, die an einem bis 80 cm langen Langtrieb stehen. Blattstiel 0,5–1 cm lang. Spreite breit eiförmig bis kreisförmig, ganzrandig, an der Basis tief herzförmig eingeschnitten, 5–10(–14) cm groß, oberseits olivgrün, unterseits schwammig, weißlichgrün oder weinrot gefärbt.
Blütenstand scheinbar aus dem Stiel des Schwimmblattes entspringend, mit etwa 10–25 nacheinander aufblühenden, zweigeschlechtlichen, kurzlebigen Blüten. Blüten bis 5 cm gestielt, 5zählig, nicht verschiedengriffelig. Kelch 5 mm lang. Krone 5lappig, trichterförmig, weiß, im Schlund gelblich, fast kahl, 0,8–2 cm groß; Kronlappen an den Rändern breit geflügelt sowie in der Mitte mit einem aufrechten Flügel, gelegentlich eingeschnitten, wenig gefranst, an der Basis etwas zottig behaart. 5 Staubblätter; Filamente sehr kurz. 1 sehr kurzer Griffel; Narbe 2lappig. Kapsel fast würfelförmig, mit 2–20 Samen; diese 1,5–1,9 mm groß, fast kugelig, warzig-bestachelt.
Kultur: *N. ezannoi* ist eine besonders empfehlenswerte, schnell wachsende Schwimmblattpflanze, die den Aquarianer mit ihrer großen Blühwilligkeit erfreut. Nicht eingepflanzte, nur auf der Wasseroberfläche treibende Sprosse degenerieren zusehens, weshalb es unbedingt erforderlich ist, die Pflanzen in den Bodengrund zu setzen. Werden die sich entwickelnden Schwimmblätter regelmäßig entfernt, bilden sich einige Monate lang nur die submersen klei-

Blüten von *Nymphoides ezannoi*

nen Jugendblätter. Mit dem Eintritt in das Schwimmblattstadium entstehen auch die Blütenstände und an deren Basis Adventivsprosse mit Wurzeln, die abgetrennt und neu gepflanzt werden können. Auch einzelne Schwimmblätter, die auf feuchten Bodengrund gelegt und mit einer Glasscheibe abgedeckt werden, bilden schnell Adventivsprosse. Nicht selten besitzt eine Pflanze nahezu 30 Schwimmblätter, und die zahlreichen Blüten sind ein prächtiger Anblick. Ein regelmäßiges Entfernen von zu stark beschattenden Schwimmblättern schadet der Pflanze nicht. Sowohl ein nahrhafter Bodengrund als auch eine gute Beleuchtung sind zu empfehlen. *N. ezannoi* wächst in weichem und hartem Wasser gleichermaßen gut. Die Art verträgt keine starke Wasserbewegung. Temperatur 24–30 °C.
Ökologie: *N. ezannoi* besiedelt stehende Permanent- und Temporärgewässer. Im November 1983 sah ich im Senegal bei dem Ort Kaolack einen großen, temporären Tümpel mit dichten Beständen, die in flachem Wasser bei intensivem Sonnenlicht wuchsen. Die Art war vergesellschaftet mit *Nymphaea lotus*, *Lemna* und *Salvinia*.
Sonstiges: Seit etwa 1988 in Kultur.

Blüte von *Nymphoides fallax*

Nymphoides fallax
Ornduff (1969)

Familie: Menyanthaceae, Fieberkleegewächse.
Synonyme: Keine.
Etymologie: *Nymphoides*: siehe *N. aquatica*; *fallax*: trügerisch, täuschend, bezieht sich vermutlich auf die Ähnlichkeit zu *N. indica*.
Verbreitung: Mexiko, Guatemala.
Beschreibung: Ausdauernde (auch einjährige?), kleine Schwimmblattpflanze. Langtrieb bis etwa 75 cm. Blattstiel 0,5–2,5 cm lang. Blattspreite fast kreisförmig, 4–12 cm im Durchmesser groß, oberseits grün, unterseits manchmal bräunlich gefärbt.
Blütenstand 5–20blütig. Blüten fünfzählig, zweigeschlechtlich, verschiedengriffelig. Blütenstiel 2–5(–7) cm lang. Kelchblätter 6–7(–10) mm lang. Kronlappen geflügelt, kräftig gelb gefärbt, zottig behaart, 12–15 mm lang. Kapsel eiförmig-kugelig mit 10–25 Samen; Samen 2–2,5 mm im Durchmesser, beulig oder fast glatt, etwas zusammengedrückt.
Kultur: Über die Kultur von *Nymphoides fallax* ist bisher nichts bekannt. Es ist aber zu vermuten, daß es sich um eine im Aquarium gutwüchsige Art handelt, deren Einfuhr wünschenswert wäre.
Ökologie: *Nymphoides fallax* lebt am natürlichen Standort in stehenden Gewässern wie Überschwemmungsgebieten, Seen und Teichen sowie in langsam fließenden Flüssen in Höhen von 1600 bis 2500 m über dem Meeresspiegel. Die Verfasserin sah in Mexiko an der Straße von San Cristobal las Casas nach Palenque im Gebirge dichte Bestände in einem austrocknenden Tümpel in intensivem Sonnenlicht.
Sonstiges: *N. fallax* wurde viele Jahre lang für *N. indica* (Linné) O. Kuntze (Syn. *N. humboldtiana* (Kunth) O. Kuntze) gehalten, da beide Arten in vegetativen Merkmalen übereinstimmen. Sie unterscheiden sich aber deutlich in ihren Blütenmerkmalen sowie den Samen und besitzen zudem eine unterschiedliche Höhenverbreitung. Während *Nymphoides indica* im allgemeinen in tropischen Bereichen in niedrigen Höhen vorkommt, besiedelt *N. fallax* größere Höhenlagen. Allerdings wächst im Hochland von Südguatemala *N. fallax* sympatrisch mit *N. indica*.
Literaturhinweis: Ornduff (1969).

Blüte von *Nymphoides forbesiana*

Nymphoides forbesiana
(Grisebach) O. Kuntze (1891)
Forbes' Seekanne

Familie: Menyanthaceae, Fieberkleegewächse.
Synonyme: *Limnanthemum forbesianum* Grisebach (1839), u.a.
Etymologie: *Nymphoides:* siehe *N. aquatica; forbesiana:* nach dem engl. Gärtner und Sammler der Pflanze J. Forbes (1773-1861).
Verbreitung: Weit verbreitet im tropischen und subtropischen Afrika mit humidem Klima.
Beschreibung: Einjährige oder ausdauernde, ausläuferbildende Schwimmblattpflanze mit kurzem Rhizom. Schwimmblätter an langen Trieben. Blattstiel 5-10(-30) mm lang. Spreite fast kreisförmig, ganzrandig, tief eingeschnitten, bis 12 cm groß, oberseits hellgrün, unterseits etwas schwammig, dunkelrot gefärbt.
Blütenstand mit etwa 10-20 nacheinander aufblühenden, kurzlebigen, etwa 3-7 cm gestielten Blüten. Blüten zweigeschlechtlich, fünfzählig, 1,5-2,0 cm groß. Kelchblätter 3-5 mm lang. Kronlappen 1 cm lang, leuchtend gelb, zottig behaart. Griffel mit Narbe länger (5-6 mm) oder

kürzer als die Staubblätter (verschiedengriffelige Blüten, Heteromorphie); Narbe 2lappig. Kapsel eiförmig, mit 2-10 Samen; diese fast kugelig, 2 mm groß, glatt bis stark bestachelt.
Kultur: *N. forbesiana* wurde bisher erst einmal im Aquarium kultiviert. Von der Insel Mafia eingeführte Exemplare ließen sich einige Monate lang problemlos pflegen, gingen dann aber ein. Möglicherweise handelte es sich um kurzlebige (einjährige) Pflanzen, die aus diesem Grunde im Aquarium nicht auf Dauer zu pflegen sind. Eine Einfuhr dieser interessanten und fleißig blühenden Art ist wünschenswert.
Ökologie: Die Verfasserin fand *N. forbesiana* auf Mafia im Juni 1982 in kleinen, temporären Tümpeln, die regelmäßig austrocknen. Etwa 6 Wochen nach der Regenzeit boten die großen Bestände mit ihren zahlreichen gelben Blüten einen beeindruckenden Anblick. Die Pflanzen wuchsen in flachem Wasser auf sandigem Boden in intensivem Sonnenlicht. Diese Standorte, die erneut im Dezember 1980 und 1981 aufgesucht wurden, waren in der regenarmen Jahreszeit vollständig ausgetrocknet. Es ist zu vermuten, daß die Samen eine große Widerstandsfähigkeit gegen Austrocknung besitzen.

Nymphoides hydrophylla **am natürlichen Standort auf Sri Lanka**

Nymphoides hydrophylla
(Loureiro) O. Kuntze (1891)
Wasserblättrige Seekanne

Familie: Menyanthaceae, Fieberkleegewächse.
Synonyme: *Menyanthes hydrophylla* Loureiro (1790), *M. cristata* Roxburgh, *Villarsia cristata* Sprengler, *Limnanthemum cristatum* Grisebach.
Etymologie: *Nymphoides*: siehe *Nymphoides aquatica*; *hydrophylla*: wasserblättrig.
Verbreitung: Sri Lanka, Indien, Malaysia, Südchina.
Beschreibung: Ausdauernde Schwimmblattpflanze mit kurzem Rhizom. Langtrieb bis 85 cm. Schwimmblätter bis 2,5 cm lang gestielt, eirund bis kreisförmig, tief herzförmig-pfeilförmig eingeschnitten, schwach gekerbt, die Lappen rund, bis 13 cm im Durchmesser groß, oberseits grün, unterseits purpurn gefärbt.
Blütenstand mit mehr als 20 nacheinander aufblühenden, kurzlebigen Blüten. Blüten 2,8–6,0 cm lang gestielt, fünfzählig, nicht verschiedengriffelig, 1,4–2,0 cm groß. Kelch bis 5 mm lang. Kronlappen 5-6, weiß, an der Basis schwach gelblich, an den Rändern etwas gewellt und oberseits mit einem gewellten Kamm. Filamente kurz. Griffel sehr kurz; Narbe 2lappig. Kapsel breit eiförmig, mit 5-10 Samen; diese kugelig oder linsenförmig, 2 mm im Durchmesser groß.

Kultur: *N. hydrophylla* wurde vereinzelt eingeführt, hat aber in der Aquaristik keine Verbreitung gefunden. Die Art ist offenbar nicht schwierig zu kultivieren. Ausführliche Pflegeangaben liegen aber noch nicht vor.
Ökologie: *Nymphoides hydrophylla* besiedelt, wie auch von anderen *Nymphoides*-Arten bekannt, ruhige Gewässer, wie Tümpel, Teiche und Seen, bis 150 m über dem Meeresspiegel. Auf Sri Lanka ist die Art sehr häufig anzutreffen. Die Verfasserin fand *N. hydrophylla* zusammen mit *Nymphoides indica* vergesellschaftet in massenhaften Beständen in einem See unweit des Ortes Beliatta. Im Januar 1985 wurden folgende Wasserwerte festgestellt: Temperatur 32 °C, GH und KH 4 °dH, pH 7, 482 µS/cm, Redoxpotential 183 mV.
Literaturhinweis: Cramer (1981).

Nymphoides indica **mit Blüten**

Nymphoides indica
(Linné) O. Kuntze (1891)
Indische Seekanne

Familie: Menyanthaceae, Fieberkleegewächse.
Synonyme: *Menyanthes indica* L. (1753), *Nymphoides humboldtiana* (Kunth) O. Ktze., u.a.
Etymologie: *Nymphoides*: siehe *N. ezannoi*; *indica*: aus Indien stammend.
Verbreitung: Pantropisch.
Beschreibung: Langtrieb bis 2 m. Blattstiel meistens 1,5–6 cm. Spreite bis 30 cm groß, im Aquarium etwa 10 cm, oberseits grün, unterseits auch rötlich gefärbt, manchmal schwammig. Blütenstand mit 20–30 Blüten. Blütenstiel 2–12 cm. Blüten 1,2–3 cm groß. Kelch bis 7 mm lang. Kronlappen (4–)5(–7), zottig behaart, weiß mit ± intensiv gelber Basis. Blüten mit langem (7–11 mm) oder kurzem (2–4 mm) Griffel (Heterostylie, Hydromorphie). Kapsel eiförmig, mehr als 10 Samen; diese linsenförmig, glatt oder warzig, 1,5–2,2 mm lang.
Kultur: Kultur wie bei *N. ezannoi* angegeben.
Ökologie: *N. indica* wächst in stehendem Wasser von Sumpfgebieten, Seen und Teichen. Ei-

nige Standortangaben: 1) Papua Neuguinea (7/1988): Sumpfiger See mit dichten Beständen. Temp. 31 °C, pH 7,5, GH 11 °dH, KH 15 °dH, 510 µS/cm. 2) Venezuela (7/1989): Überschwemmungsgebiet, stehendes bis langsam fließendes, knietiefes Wasser. Bodengrund sandig-schlammig, steinig. 3) Sri Lanka (1/1985): See. Temp. 32 °C, pH 7, GH/KH 4 °dH, 482 µS/cm, rH 183 mV. 4) Mexiko (8/1985): Teich mit dichten Beständen. Temp. 29 °C, pH 6,9, GH/KH 3 °dH, Fe und NO_2 nicht nachweisbar, NH_4 < 0,5 mg/l. 5) Bali: Beratan-See, große Bestände. pH 5,7–5,9, GH/KH 1° dH, 100 µS/cm. 6) Sulawesi (7/1981): Matana-/Towutisee. Auffällig kleinblättrige Pflanzen. Temp. 25/29 °C, im Matana-See in 2,5 m Tiefe noch 28,5 °C, pH 6,5–7,2, GH 6,0/3,4 °dH, KH 1,8/1,4 °dH, 185/125 µS/cm.
Sonstiges: Ornduff (1970) wies nach, daß die neuweltlichen Pflanzen von *N. indica* (Syn. *N. humboldtiana*) immer einen tetraploiden Chromosomensatz aufweisen, während die altweltlichen Pflanzen diploid oder tetraploid sind. Raynal (1974) beschrieb die Unterart subsp. *occidentalis* aus Afrika. Ferner ist eine Hybride, *N. brevipedicellata × indica* subsp. *occidentalis*, aus Kamerun bekannt.

Nymphoides microphylla am natürlichen Standort im Staat Mato Grosso (Brasilien)

Nymphoides microphylla
(St. Hilaire) O. Kuntze (1891)
Kleinblättrige Seekanne

Familie: Menyanthaceae, Fieberkleegewächse.
Synonyme: *Villarsia microphylla* St. Hilaire (1833), *Limnanthemum microphyllum* Griseb.
Etymologie: *Nymphoides*: siehe *Nymphoides aquatica*; *microphylla*: kleinblättrig.
Verbreitung: Brasilien, Bolivien?, Paraguay?
Beschreibung: Schwimmblattpflanze mit intensiver Ausläuferbildung. Blattstiel 5–6 cm lang. Schwimmblattspreite breit eiförmig bis kreisförmig, ganzrandig, an der Basis breit herzförmig eingeschnitten mit runden Lappen, bis 11 cm im Durchmesser groß, oberseits gelblichgrün gefärbt, unterseits etwas heller, punktiert und schwammig.
Blütenstand mit 9–15 nacheinander aufblühenden, zweigeschlechtlichen, kurzlebigen Blüten. Blütenstiel bis 7 cm lang. Blüten 5zählig, etwa 1,5 cm im Durchmesser groß. Kelch 5–7 mm lang, länger als die Kapsel. Krone 5lappig, trichterförmig; Kronlappen etwa 8 mm lang, gelb, zottig behaart. 5 Staubblätter; Filamente etwa

3 mm, Antheren 2 mm lang. Griffel mit Narbe 4 mm lang; Narbe zweilappig. Fruchtknoten eiförmig, 3 mm lang. Kapsel verkehrt eiförmig, etwa 5 mm lang, mit etwa 6 Samen; diese fast kugelig, schwach zusammengedrückt, fast glatt, hellbraun mit dunklen Flecken, 1,5 mm groß.
Kultur: Über die Kultur dieser interessanten Pflanze ist bisher nichts bekannt.
Ökologie: Die Verfasserin untersuchte einen natürlichen Standort von *N. microphylla* im Mato Grosso (nördlich des Pantanals in Südwestbrasilien). Dieser Fundort befindet sich zwischen Caceres und S. Antonio, 53 km vor S. Antonio. Im März 1986 wuchsen dichte Bestände in einem temporären Tümpel im flachen Wasser in intensivem Sonnenlicht. Der Bodengrund war lehmig. Im südlichen Pantanal (Brasilien), 30 km nördlich von Miranda, fand W. Bock (Berlin) im September 1992 dichte Bestände von *N. microphylla* in einem temporären Teich in flachem Wasser. Auch an diesem Standort wuchsen die Pflanzen unbeschattet und in lehmigem Boden.
Sonstiges: Obwohl diese Art schon 1833 als *Villarsia microphylla* beschrieben wurde, ist sie bis heute auch wissenschaftlich kaum bekannt. Eine Einfuhr wäre wünschenswert.

Blüte von *Nymphoides thunbergiana*

Nymphoides thunbergiana
(Grisebach) O. Kuntze (1891)

Thunbergs Seekanne

Familie: Menyanthaceae, Fieberkleegewächse.
Synonyme: *Limnanthemum thunbergiana* Grisebach (1839), u.a.
Etymologie: *Nymphoides*: siehe *Nymphoides aquatica*; *thunbergiana*: nach dem schwedischen Botaniker C.P. Thunberg (1743–1828).
Verbreitung: Südafrika, Simbabwe, Mosambik, Madagaskar, Mauritius.
Beschreibung: Ausdauernde, wenige ausläuferbildende Schwimmblattpflanze. Jugendblätter im Aquarium etwa 5 × 5 cm groß. Blattstiel bis 6 cm lang. Blattspreite kreisförmig, tief eingeschnitten, etwas steif, bis 20 cm groß, in Kultur etwa 10 cm, oberseits grün, unterseits grün oder schwach bräunlichrot gefärbt.
Blütenstand gewöhnlich mit mehr als 10 Blüten. Diese 4–8 cm gestielt, gewöhnlich 5zählig, verschiedengriffelig, 2–3 cm groß. Kelchblätter 4–6,5 mm lang. Kronlappen zottig behaart, hellgelb. Bei kurzgriffeligen Blüten Griffel etwa 2 mm, bei langgriffeligen bis 5 mm lang und die

Staubblätter weit überragend. Narbe 2lappig. Kapsel eiförmig; Samen wenig, kugelig, fast glatt, 1,3–1,8 mm groß.
Kultur: Nach den Kulturerfahrungen des Sammlers P.J. van der Vlugt kann diese seltene Pflanze ohne Probleme im Tropenaquarium kultiviert werden. Die Exemplare lassen sich lange im submersen Jugendstadium halten, wenn sie aus Samen herangezogen werden und alle sich entwickelnden Schwimmblätter regelmäßig entfernt werden. Es ist bisher nicht bekannt, welche Wasserzusammensetzung *N. thunbergiana* für eine optimales Gedeihen benötigt. Der Bodengrund sollte nahrhaft sein, denn gute Erfahrungen wurden mit einer Lehmzugabe gemacht. Eine Kultur ist auch im Gartenteich möglich. Die Art verträgt Temperaturen zwischen 15 und 30 °C, ist aber nicht winterhart.
Ökologie: *N. thunbergiana* wächst in stehenden oder langsam fließenden Gewässern. Van der Vlugt fand sie in der Provinz Natal in Südafrika. In einem kleinen See unweit des Mhlang-Flusses im Vernon Crookes Nationalpark wuchsen die Pflanzen in etwa 50 cm tiefem Wasser im Oktober bei einer Wassertemperatur von 21 °C.
Literaturhinweis: van der Vlugt (1992a).

Ottelia alismoides im Aquarium

Ottelia alismoides
(Linné) Persoon (1805)
Froschlöffelähnliche Ottelie

Familie: Hydrocharitaceae, Froschbißgewächse.
Synonyme: *Stratiotes alismoides* L. (1753), u. a.
Etymologie: *Ottelia*: nach einem malabarischen Volksnamen; *alismoides*: der Gattung *Alisma* (Froschlöffel) ähnlich.
Verbreitung: Asien, Australien.
Beschreibung: Einjährige, in Kultur mehrjährige Wasserpflanze, bis 75 cm hoch. Jugendblätter linealisch. Folgeblätter bis 50 cm gestielt. Spreite breit eirund, herzförmig, tütenförmig eingerollt, transparent, zerbrechlich, etwas bullös, bis 20 × 15 cm groß, hellgrün.
Blütenstengel bis 60 cm lang, nach der Anthese spiralig gedreht. Blüten gewöhnlich zweigeschlechtlich (nach Cook & Urmi-König 1984 auch weibliche und männliche Blüten), chasmogam oder kleistogam. Spatha (15-)20-40(-50) mm lang, transparent, grün, geflügelt, gerippt, mit (3-)4-10(-12) Flügeln oder Rippen. Kronblätter weiß. Samen zahlreich.
Kultur: Eine lichtbedürftige, sonst aber problemlose und schnellwüchsige Pflanze, deren Kultur geräumige, hohe Aquarien erfordert. Die Pflege ist sowohl in weichem als auch hartem Wasser möglich. Kräftige Exemplare erzielt man auf einem nährstoffreichen Bodengrund und bei regelmäßigen Düngerzugaben sowie CO_2-Zufuhr. Eine Vermehrung muß durch Samen erfolgen. Blüten, die sich selbst bestäuben, werden auch im Aquarium sehr häufig gebildet. Nach etwa 2 Wochen sind die Samen reif. Eine Anzucht in einem separaten Gefäß ist nicht schwierig und sehr produktiv, aber auch zeitaufwendig. Vorsicht vor Schneckenfraß! Leider wird diese prächtige Pflanze wegen ihrer leichten Zerbrechlichkeit eine Rarität bleiben. Optimale Temperatur 22-26 °C.
Ökologie: Wächst in stehenden und fließenden Gewässern. Die Verfasserin kann über 2 Standorte berichten. Bali (8/1981, Foto S. 79): Sumpfgebiet, dichte Bestände auf schlammigem Boden, pH 7,5, GH 5,3 °dH, 785 µS/cm. Papua Neuguinea (7/1988): Kleiner Fluß mit starker Strömung. Wenige *Ottelia* am Rand in schlammig-sandigem Bodengrund. Standort sonnig-schattig. Wassertemp. 26 °C (Luft 28 °C um 15 Uhr), pH 8,2, GH 8 °dH, KH 14 °dH, 470 µS/cm.

Weibliche Blüte von *Ottelia acuminata*

Blüte von *Ottelia brasiliensis*

Blüte von *Ottelia ulvifolia*

Männliche Blüte von *Ottelia mesenterium*

Ottelia brasiliensis am natürlichen Standort im Rio Guaporé (Brasilien)

Ottelia brasiliensis
(Planchon) Walpers (1852)

Brasilianische Ottelie

Familie: Hydrocharitaceae, Froschbißgewächse.
Synonyme: *Damasonium brasiliensis* Planchon
(1849), *Beneditaea brasiliensis* (Planchon) Toledo.
Etymologie: *Ottelia:* siehe *Ottelia alismoides;*
brasiliensis: aus Brasilien stammend.
Verbreitung: Südbrasilien, Paraguay, Nordostargentinien.
Beschreibung: Wasserpflanze mit bis 2 m langen Blättern in einer Rosette. Blätter sehr lang
gestielt; Spreite bandförmig, transparent, linealisch oder etwas spatelförmig bis verkehrt lanzettlich, elliptisch oder verkehrt eiförmig, hellgrün oder rötlich gefärbt. Basis herablaufend;
Rand ganzrandig, etwas gewellt; Spitze spitz bis
zugespitzt.
Blüten zweigeschlechtlich, an einem bis 2 m langen, nicht geflügelten Blütenstengel, spiralig
nach der Anthese. Spatha transparent, 30–65 mm
lang, 6–18 mm breit, glatt oder mit 2 länglichen
Rippen oder kleinen Flügeln. Krone 4,0 × 3,5 cm

groß, gelb. 6–9(–17) Staubblätter. 3 zweispaltige
Griffel. Frucht mit wenigen, großen Samen.
Kultur: Eine interessante und sehr dekorative
Wasserpflanze, die bisher noch nicht eingeführt
wurde. Die Verfasserin versuchte eine Kultur in
mittelhartem Wasser, was aber mißlang. Vermutlich benötigt die Art – wie am natürlichen Standort – ein sehr weiches, stark strömendes Wasser.
Ökologie: Über die Ökologie ist kaum etwas
bekannt. Die Autorin sammelte *O. brasiliensis*
im Mato Grosso (Brasilien) im Oberlauf des Rio
Guaporé, wo die Art in großen Beständen auftritt. Der Wasserstand schwankt um etwa eineinhalb Meter. Zur Trockenzeit wachsen die Pflanzen sowohl am Rande des Flusses im flachen
Wasser, auf Sandbänken aber auch in einer Tiefe
bis knapp 2 m, zur Hochwasserzeit vermutlich
sogar in über 3 m tiefem Wasser. Im Juli 1987
(Trockenzeit) fluteten die Blätter und Blüten an
der Wasseroberfläche unbeschattet in intensivem Sonnenlicht. Die Pflanzen waren an den
Flußrändern immer einer starken Strömung ausgesetzt und wuchsen niemals in stehendem Wasser. Der Bodengrund bestand aus feinem Sand.
Siehe ausführliche Wasseranalyse Rio Guaporé
S. 46.

Ottelia mesenterium
(Hallier fil.) Hartog (1957)
Gekräuselte Ottelie

Familie: Hydrocharitaceae, Froschbißgewächse.
Synonyme: *Boottia mesenterium* Hall. f. (1915), *B. crispifolia* Sarasin (nom. illeg).
Etymologie: *Ottelia*: siehe *Ottelia alismoides*; *mesenterium*: Gekröse; bezieht sich auf die stark gekräuselte Blattspreite.
Verbreitung: Sulawesi, endemisch in den Seen Matana, Towuti und Mahalona.
Beschreibung: Mehrjährige, ständig submers lebende Pflanze, 15–25 cm hoch. Rhizom kräftig, bis 6 × 1,5 cm groß, aufrecht oder horizontal wachsend. Blätter bis 10 cm lang scheidig. Blattspreite linealisch, ledrig, stark gekräuselt, bis 20 cm lang, 7–15 mm breit, an der Spitze gerundet, anfangs hell-, später dunkelgrün gefärbt.
Blüten eingeschlechtlich, an einem bis etwa 1,50 m langen, gedrehten Blütenstengel. Männliche Spatha mit 10–16 Blüten. Männliche Blüte mit 3 weißen, kahnförmigen Kelchblättern, 3 verkehrt eiförmigen bis kreisrunden, weißen Kronblättern, 12 fertilen Staubblättern, 3 Staminodien (sterile Staubblätter) und 3 Pistillodien (sterile Stempel). Weibliche Spatha mit nur einer Blüte. Kelchblätter lanzettlich, bleibend und zurückgeschlagen. Weibliche Kronblätter wie die männlichen. 6, selten 7 oder 8 Staminodien. 3 Nektarien. Frucht mit etwa 80 glatten, hellbraunen, bis 2,4 × 0,8 mm großen Samen.
Kultur: *O. mesenterium* ist eine auffällig dekorative, sehr langsam wachsende Pflanze, die nur vereinzelt gesammelt und etwa 1974 erstmals nach Italien importiert wurde. Bisher gelang es nicht, die Art als Aquarienpflanze dauerhaft erfolgreich zu pflegen. Vermutlich verfügt sie über eine zu geringe Anpassungsfähigkeit an die Kulturbedingungen.
Ökologie: Am natürlichen Standort wächst *O. mesenterium* gewöhnlich einzeln oder in wenigen Exemplaren zusammen in lehmig-sandigem Bodengrund in einer Tiefe von 0,80–3 m (jahreszeitliche Schwankungen des Wasserstandes etwa 0,80 m). Die Rhizome sind bis weit über den Wurzelhals tief und fest im Bodengrund verwurzelt. Im Juli 1981 stellte die Verfasserin

O. mesenterium **aus dem Matanasee**

an sonnigen bis bewölkten Tagen am Matana- und Towutisee folgende Wasserwerte fest: GH 6,0/3,4 °dH, KH 1,8/1,4 °dH, pH-Wert neutral bis schwach alkalisch, Leitfähigkeit 185/125 µS/cm, Temperatur Matanasee 25 °C, Towutisee 29 °C an der Oberfläche, 28,5 °C in 2 m Tiefe. Die Vermehrung erfolgt durch Rhizomteilung und Samen. Zur Blütezeit ist bei Windstille der Rand der Seen frühmorgens mit Blüten übersät, die meistens im Laufe des Tages durch die Wasserbewegung zerstört werden, so daß abends nur noch wenige geöffnet sind. Sie werden von etwa 1,5 cm großen, grauen Wasserschmetterlingen (Zünslern) besucht, die ihre Eier in ihnen ablegen und vielleicht auch die Bestäubung übernehmen. Die gelbe, etwa 2 cm lange Larve verpuppt sich außen an der Frucht. Nur selten sind die Früchte nicht angefressen. Kurze Zeit im Wasser aufbewahrte Samen keimen gut, und die Keimlinge entwickeln sich in den ersten Tagen schnell. Das weitere Wachstum ist jedoch sehr langsam, und die Aufzucht gestaltet sich äußerst schwierig. Ein Jahr alte Pflanzen besaßen in meinem Aquarium erst eine Höhe von 5 cm. Trocken gelagerte Samen keimten nicht.
Literaturhinweis: Cook & Urmi-König (1984b).

O. ulvifolia **aus Madagaskar im Aquarium**

Ottelia ulvifolia
(Planchon) Walpers (1852)

Meersalatblättrige Ottelie

Familie: Hydrocharitaceae, Froschbißgewächse.
Synonyme: *Damasonium ulvifolium* Planchon
(1849), u.a.
Etymologie: *Ottelia*: siehe *Ottelia alismoides*;
ulvifolia: meersalatblättrig (*Ulva* = Meersalat).
Verbreitung: Tropen Afrikas, Madagaskar.
Beschreibung: Einjährige (?) Wasserpflanze mit
rosettig angeordneten Blättern. Jugendblätter
bandförmig, bis 32 cm lang und 0,5–2 cm breit.
Folgeblätter 5–20 cm lang gestielt; Blattspreite
länglich bis elliptisch, gewöhnlich bis 20 cm lang
und 8,5 cm breit, transparent, tütenförmig. In
stehendem Wasser werden auch vereinzelt lang
gestielte Schwimmblätter entwickelt. Färbung
hell- bis mittelgrün, bei intensivem Licht auch
kräftig rotbraun.
Blüten zweigeschlechtlich, an einem
7–20(-60)cm langen Blütenstengel. Spatha zusammengedrückt, ungeflügelt oder mit 2 Flügeln, gerippt, etwas transparent, 2–5 cm lang.
Kronblätter bis 3 × 1 cm groß, gelb (auch weiß?).

3–6 Staubblätter. 3–6 zweispaltige Griffel. Frucht
mit relativ großen Samen.
Kultur: *O. ulvifolia* ist sehr lichtbedürftig, stellt
aber ansonsten keine besonderen Ansprüche.
Die Pflanzen sind schnellwüchsig und gedeihen
gut sowohl in weichem als auch in mittelhartem
Wasser mit pH-Werten im schwach alkalischen
Bereich. Ein nährstoffreicher Bodengrund ist zu
empfehlen. Bei gesundem Wachstum bildet die
Art einen dekorativen Blickfang. Mittelgroße Exemplare wachsen besser an als kleine. Leider
sind die Blätter dieser empfindlichen Pflanze so
zerbrechlich, daß ein Transport sowie ein Umpflanzen im Aquarium schnell zum Verlust führen können. Wohl aus diesem Grunde wurde
Ottelia ulvifolia bislang nicht im Zoofachhandel
angeboten. Neuerdings bemüht sich die Wasserpflanzengärtnerei Barth, Dessau, verstärkt um
die Vermehrung und Verbreitung dieser seltenen
Schönheit.
Ökologie: Die Art wächst im natürlichen Lebensraum an sehr unterschiedlichen Standorten,
nämlich sowohl in stehendem Wasser in kleinen
Tümpeln und Sumpfgebieten als auch in schnell
fließenden Gewässern. Folgende Wasseranalysen
wurden an natürlichen Habitaten erstellt: Sansibar (12/1980): Kleiner See mit schlammigem
Bodengrund, pH 6,7, GH und KH 7 °dH. Madagaskar (12/1986): 1) Reisfeld. Lufttemperatur um 13
Uhr 28,5 °C, Wassertemperatur 31,4 °C, pH-Wert
6,6, GH und KH < 1 °dH, Fe 0,05 mg/l. 2) Schnell
fließendes Gewässer mit besonders prächtigen
Exemplaren in 50 cm tiefem Wasser. Lufttemperatur um 11.30 Uhr 25,5 °C, Wassertemperatur
21,5 °C, pH-Wert 5,6, GH und KH < 1 °dH,
30 µS/cm. Der Bodengrund bestand aus gelbem,
festem Lehm, vermischt mit etwas Sand und
einzelnen kleinen Felsbrocken. 3) Bach mit
schnell fließendem Wasser. Lufttemperatur
26,2 °C, Wassertemperatur 22 °C, pH-Wert 5,3, GH
und KH < 1 °dH. Die Exemplare wuchsen teilweise in mehr als einem Meter Tiefe. Der Bodengrund bestand aus gelbrötlichem Lehm. Malawi
(3/1988): Fluß mit langsam fließendem, klarem
Wasser. Lufttemperatur 30 °C, Wassertemperatur
27 °C, pH 7,4, GH 3 °dH, KH 4 °dH, 220 µS/cm.
Die blühenden Pflanzen wuchsen in kiesig-lehmigem, festem Bodengrund. Blätter und Blüten
von *Ottelia ulvifolia* sollen als Medizin Verwendung finden.

Phyllanthus fluitans

Phyllanthus fluitans
Mueller Argoviensis (1863)
Schwimmende Wolfsmilch

Familie: Euphorbiaceae, Wolfsmilchgewächse.
Synonyme: Keine.
Etymologie: *Phyllanthus*: *phyllon* = Blatt, *anthos* = Blüte, mit Blüten an den Blättern/Zweigen; *fluitans*: schwimmend, flutend.
Verbreitung: Mexiko, Brasilien, Peru, Paraguay, vermutlich in Ekuador und Bolivien.
Beschreibung: Frei flutende Schwimmpflanze mit 5-15 cm langen, viel verzweigten, stark wurzelnden Sprossen. Internodien kurz. Blätter sitzend, wechselständig, in 2 Reihen angeordnet. Spreite fast rund, 1-2 cm groß, gewölbt, oberseits samtig behaart, von hellgrün bis kräftig rotbraun gefärbt.
Pflanzen einhäusig; Blüten eingeschlechtlich, kurz gestielt, etwa 2 mm groß. Gewöhnlich 6 weiße Perigonblätter, alternierend in 2 Kreisen. Männliche Blüte mit 3 Staubblättern. Weibliche Blüte mit 3 zweispaltigen Griffeln. Frucht eine kugelige, grüne Beere.
Kultur: Die Kultur dieser reizvollen, kleinen

Schwimmpflanze gelingt im Aquarium sehr selten, weshalb sie auch kaum im Fachhandel zu finden ist. Sie ist äußerst lichthungrig sowie wärmeliebend (Temperatur 25-28 °C) und verträgt nur eine mäßige Wasserbewegung. Weiches, schwach saures bis neutrales Wasser ist optimal. Am besten gelingt eine Hälterung im Gewächshaus in flachen Schalen über schlammigem Bodengrund an einem sonnigen, warmen Standort. Im Herbst entwickeln sich die unscheinbaren Blüten und Früchte. Aufgrund von Lichtmangel gehen die Pflanzen im Winter stark zurück. Vermehrung durch Seitensprosse, generative Vermehrung bisher nicht bekannt.
Ökologie: Die Verfasserin sammelte *P. fluitans* an verschiedenen Standorten im Amazonas sowohl in Brasilien als auch erstmals in Peru. Die Pflanzen wuchsen geschützt zwischen anderen Schwimmpflanzen jeweils in großen Flüssen mit starken Wasserstandsschwankungen. Wasserwerte bei Manaus (3/1986): Temp. 27-27,5 °C, GH/KH < 1 °dH, pH 6,5-7,2, Leitfähigkeit 20-100 µS/cm. Siehe ausführliche Wasseranalyse Rio Yanayacu, Biotop Nr. 6 auf S. 46.
Sonstiges: Es ist nur noch eine zweite aquatische Art, *P. leonardianus*, aus Zaire bekannt.

Physostegia purpurea im Aquarium

Blüte von *P. purpurea*

Physostegia purpurea
(Walter) Blake (1915)
Purpurfarbene Gelenkblume, Blasenkelch

Familie: Lamiaceae, Lippenblütler.
Synonyme: *Prasium purpureum* Walter (1788), *Dracocephalum purpureum* (Walt.) Gleason, u.a.
Etymologie: *Physostegia: physa* = Blase, *stegein* = bedecken, bezieht sich auf den blasig aufgetriebenen Kelch; *purpurea:* purpurfarben. Gelenkblume: beschreibt die Eigenschaft der Blüten, in einer Position zu verharren.
Verbreitung: Nordamerika.
Beschreibung: Sumpfpflanze. Blätter in einer grundständigen Rosette, bis 8 cm gestielt, kahl. Spreite lanzettlich oder verkehrt lanzettlich, bis 17 cm lang, 5 cm breit, dunkelgrün. Spitze rund; Basis stumpf. Blattrand deutlich gebuchtet. Submerse Pflanzen etwa 10 cm hoch. Blattrand undeutlich gebuchtet.
Fertile Pflanzen bis 1 m hoch. Blätter am Blütenstengel kreuzgegenständig, sitzend, fast stengelumfassend, nach oben kleiner werdend. Blütenstand eine bis 60 cm lange lockere Ähre mit bis zu 80 Blüten. Einzelblüte sitzend oder 1–2 mm

gestielt. Brakteen etwa 7 × 2 mm groß. Kelch 5zipflig, 8 mm lang. Blütenkrone 3 cm lang, 2lippig, kräftig rötlichviolett; Unterlippe 3lappig, mit dunkelvioletten Nerven sowie violett gepunktet, Oberlippe ganzrandig. 4 Staubblätter. Griffel die Staubblätter etwas überragend.
Kultur: Im Aquarium sehr langsam wachsende, relativ anspruchslose Vordergrundpflanze. Bei Nährstoff- und Lichtmangel entwickeln sich nur schmächtige, sehr kleine Rosetten. Daher sind ein nahrhafter Bodengrund sowie eine gute Beleuchtung empfehlenswert. Für die submerse Haltung sind am besten emers herangezogene kräftige Exemplare geeignet. Auch lassen sich die Adventivpflanzen, die sich am Blütenstengel sowie an abgetrennten, im Wasser treibenden Blättern bilden, für die submerse Kultur verwenden. Die Art stellt keine besonderen Ansprüche an die Wasserwerte. Eine CO_2-Düngung ist zu empfehlen. Temperatur nicht über 25 °C. Im Sommer auch als Teichrandpflanze. Milde Winter überlebt *P. purpurea* auch im Freien.
Ökologie: Besiedelt feuchte Stellen im Tiefland sowie in der Küstenebene. Blütezeit gewöhnlich Mai bis August.
Sonstiges: Auch als *Armoracia* im Handel.

Pistia stratiotes

Linné (1753)

Muschelblume, Wasserkohl, Wassersalat

Familie: Araceae, Aronstabgewächse.

Synonyme: Zahlreiche (siehe Engler 1920).

Etymologie: *Pistia*: *pistos* = wässrig; Herleitung nicht sicher bekannt; *stratiotes:* an die Gattung *Stratiotes* erinnernd.

Verbreitung: Pantropisch.

Beschreibung: Pflanze mit sehr langen, bläulichschwarzen, verzweigten Wurzeln, gewöhnlich auf der Wasseroberfläche schwimmend, an den Rändern der Gewässer und bei sinkendem Wasserstand auch im Bodengrund wurzelnd. Blätter rosettig angeordnet, sitzend, zumeist aufrecht. Blattspreite verkehrt eiförmig bis spatelförmig, an der Spitze schwach gekerbt, bis 25 cm lang und 12 cm breit, gewöhnlich aber kleiner, samtartig behaart, hellgrün gefärbt; Unterseite mit bis 11 stark hervortretenden Nerven. Es sind auch Formen bekannt, die schwammig verdickte Blattspreiten aufweisen.

Blütenstand unscheinbar, kurz gestielt. Spatha gewöhnlich etwa 10 mm lang, eingeschnürt, außen behaart, innen weiß und außen grünlich. Spadix kürzer als die Spatha. Blüten nackt. Nur 1 weibliche Blüte vorhanden, darüber (2-)5-8 ringförmig angeordnete männliche Blüten. Jedes Synandrium aus 2 verwachsenen Staubblättern bestehend. Frucht eine vielsamige Beere mit bleibendem Griffel. Samen zylindrisch.

Kultur: Diese prächtige Schwimmpflanze wird im Fachhandel regelmäßig im Frühjahr und Sommer für den Gartenteich angeboten. Die Muschelblume läßt sich aber auch im Aquarium als Schwimmpflanze gut halten, bleibt dann jedoch erheblich kleiner. Sie entwickelt sich in stark belastetem, nitratreichem Wasser am schönsten und kann Rosetten mit einem Durchmesser bis 80 (!) cm bilden. Die Pflanzen gedeihen sowohl in weichem als auch hartem Wasser gleichermaßen gut und kommen sogar mit einer geringen bis mittleren Beleuchtungsstärke aus. Wärme und intensive Beleuchtung fördern aber kräftigere Exemplare. Optimale Temperatur 22-30 °C. Die Muschelblume bildet aufgrund der produktiven Vermehrung durch Ausläufer schnell eine dichte Schwimmpflanzendecke, die

Pistia stratiotes **am Ufer des Malawisees**

regelmäßig ausgelichtet werden muß. Blütenstände entwickeln sich häufig. Eine Anzucht durch Samen ist möglich (Samen feucht aufbewahren). Bei der Pflege im Gartenteich ist zu beachten, daß die Pflanzen nicht winterhart sind. Auch Gewächshausexemplare gehen im Winter sehr zurück, da ihnen die intensive Beleuchtung fehlt.

Ökologie: Aufgrund der raschen Vermehrung und guten Anpassungsfähigkeit an die Bedingungen der natürlichen Standorte stellt die Muschelblume in stehenden und langsam fließenden Gewässern der Tropen und Subtropen nicht selten ein lästiges „Unkraut" dar. Zudem bietet sie Moskitos günstige Lebensbedingungen. Gelegentlich auch im Brackwasser zu finden. Zahlreiche Wasseranalysen natürlicher Standorte werden hier zusammengefaßt: Wassertemperatur 15-28 °C, pH 5,9-8,4, GH < 1-25 °dH, KH < 1-24 °dH, 20-785 µS/cm. Ausführliche Wasseranalyse Rio Yanayacu S. 46

Sonstiges: Engler beschrieb 4 Varietäten, die aber keinen taxonomischen Wert besitzen. In der Literatur kann man manchmal lesen, daß *P. stratiotes* kein Schwitzwasser verträgt. Diese Behauptung ist jedoch unzutreffend!

Potamogeton gayi im Aquarium

Potamogeton gayi
A. Bennett (1892)

Gays Laichkraut

Familie: Potamogetonaceae, Laichkräuter.
Synonyme: Keine.
Etymologie: *Potamogeton*: (gr.) *potamos* = Fluß, *geiton* = Flußnachbar; *gayi:* nach dem franz. Botaniker J. Gay (1786–1864).
Verbreitung: Südliches Südamerika.
Beschreibung: Wasserpflanze mit einem unterirdischen, dünnen, häufig verzweigten Rhizom. Stengel aufrecht, dünn, weich, bis etwa 1 m lang. Blätter wechselständig, zweireihig, ungestielt, ganzrandig. Blattspreite linealisch, sitzend, 4–12 cm lang, 2–5 mm breit, transparent, zart, grün, bei intensiver Beleuchtung an der Sproßspitze auch bräunlich gefärbt. Spitze spitz bis zugespitzt. Mittelnerv deutlich sichtbar, bräunlich. Am Grunde der Spreite befindet sich ein 8–24 mm langes, häutiges, kurzlebiges Nebenblatt.
Blütenstand an flutenden Sprossen, sehr selten im Aquarium, 1,5–6 cm lang gestielt. Schwimmblätter fehlen. Ähre bis 1,5 cm lang, mit etwa 6

Blüten. Einzelblüte zwittrig, ohne Blütenhülle, stattdessen 4 rundliche Konnektivanhängsel, an deren Grunde sich je ein sitzendes und zweifächeriges Staubblatt befindet. Früchte unbekannt.
Kultur: Leider wurde dieses anspruchslose, grazile Laichkraut in den letzten Jahren immer mehr von zahlreichen dekorativen Neueinführungen verdrängt, so daß es heute nur noch selten im Fachhandel erhältlich ist. *P. gayi* ist eine ideale Aquarienpflanze. Härte und pH-Wert des Wassers spielen zwar nach bisherigen Kulturerfahrungen nur eine untergeordnete Rolle, doch könnten die an dem unten genannten natürlichen Standort ermittelten Wasserwerte darauf hindeuten, daß die Sprosse möglicherweise in weichem, schwach alkalischem Wasser am besten gedeihen. Eine mittlere Beleuchtungsstärke ist für die Pflege ausreichend. Der optimale Temperaturbereich liegt zwischen 16 und 26 °C, doch werden auch kurzfristig höherere oder niedrigere Temperaturen toleriert. Nach einer häufig langen Eingewöhnungsphase erfolgt eine reichliche Vermehrung durch Verzweigung des kriechenden Rhizoms. Leider kann diese schnelle Vermehrung auch lästig werden, weil die Rhizome bei optimalem Wachstum in kurzer Zeit den Aquarienboden durchziehen und er dann regelmäßig „entkrautet" werden muß. Wirkt als Gruppe am dekorativsten. Gays Laichkraut eignet sich auch ausgezeichnet für die Bepflanzung von kleinen Zuchtaquarien.
Ökologie: Über die natürlichen Standorte von *P. gayi* ist bisher kaum etwas bekannt. Die Verfasserin fand kleine Bestände dieser Art im Juli 1993 (kalte Jahreszeit) in Argentinien in einem großen Weiher zwischen den Städten Mercedes und San Roque, 44 km vor dem letztgenannten Ort. Das Wasser war milchigtrüb, und die Pflanzen waren dicht mit Mulm und Algen überzogen. Um 14 Uhr wies das stehende Wasser eine Temperatur von 16 °C, einen pH-Wert von 7,2, eine Gesamt- und Karbonathärte < 1 °dH sowie eine Leitfähigkeit von 30 μS/cm auf. Die auffällig kräftigen Sprosse von *P. gayi*, die in intensivem Sonnenlicht wuchsen, aber nicht blühten, besaßen eine Blattlänge von 10–12 cm bei einer Breite von 4–5 mm. Der Bodengrund bestand aus Sand. Eine Bestimmung des Herbarmaterials erfolgte durch Prof. Dr. G. Wiegleb.

Blühende Bestände von *Potamogeton schweinfurthii* im Malawisee (Unterwasseraufnahme)

Potamogeton schweinfurthii
A. Bennett (1901)
Schweinfurths Laichkraut

Familie: Potamogetonaceae, Laichkräuter.
Synonyme: *P. lucens* Baker, non Linné, u. a.
Etymologie: *Potamogeton*: siehe *Potamogeton gayi*; *schweinfurthii*: nach dem deutschen Botaniker G. A. Schweinfurth (1836–1925).
Verbreitung: Tropisches Afrika.
Beschreibung: Wasserpflanze mit einem unterirdischen, häufig verzweigten Rhizom. Stengel aufrecht, bis etwa 3,5 m lang, 1,5–3 mm dick. Blätter wechselständig, sitzend oder bis 2 cm gestielt. Blattspreite sehr schmal elliptisch bis schmal lanzettlich, gewöhnlich bis 16 × 2 cm groß, transparent, weich oder hart, olivgrün bis bräunlichrot. Blattbasis spitz; Spitze zugespitzt. Blattrand glatt oder fein gekräuselt. Nervatur spitzläufig, bis zu 5 Nerven auf jeder Seite des deutlichen Mittelnervs. Nebenblatt frei, häutig, 3–6 cm lang.
Blütenstand lang gestielt. Ähre 2–6 cm lang, vielblütig. Sonst wie bei *P. gayi* angegeben. Früchte 3–4 mm lang, kurz geschnäbelt.

Kultur: *P. schweinfurthii* ist eine seltene, aber dennoch anspruchslose und anpassungsfähige Kulturpflanze. Allerdings bleiben die Sprosse im Aquarium erheblich kleiner als am natürlichen Standort. Pflanzen aus dem Tanganjika- und Malawisee wachsen besonders gut in hartem, alkalischem Wasser. Eine Vermehrung gelingt mühelos durch kriechende Rhizome und Seitensprosse. Temperatur 20–26 °C.
Ökologie: Im Malawi- und Tanganjikasee wächst die Art häufig syntop mit *P. pectinatus* L. und bildet in bis 4 m Tiefe regelrechte Unterwasserwiesen. Bevorzugte Lebensräume sind geschützte Sandbuchten oder der Übergangsbereich von der Geröll- zur Sandzone. An der offenen Küste scheinen die Pflanzen aufgrund ihrer geringen Widerstandskraft gegenüber der starken Brandung völlig zu fehlen. Besonders auffällig sind die harten und derben Blattspreiten als Anpassung an die dortigen ökologischen Bedingungen sowie die Kalkablagerungen auf den Blättern, die auf die extremen Wasserwerte in den Seen zurückzuführen sind (Analyse S. 47). Im März 1988 blühten im Malawisee große Bestände unter Wasser, dagegen waren die Pflanzen im August 1986 im Tanganjikasee steril.

Submerse Sprosse von *Potamogeton wrightii*

Potamogeton wrightii
Morong (1886)
Wrights Laichkraut

Familie: Potamogetonaceae, Laichkräuter.
Synonyme: Zahlreiche, siehe Wiegleb (1990).
Etymologie: *Potamogeton*: siehe *Potamogeton gayi*; *wrightii*: nach C. Wright (1811–1885).
Verbreitung: Ostasien.
Beschreibung: Wasserpflanze mit unterirdischem, dünnem, verzweigtem Rhizom. Aufrechter Stengel bis 3 m lang, rund. Internodien 3–40 cm lang. Blätter wechselständig, bis 8 cm gestielt. Blattspreite linealisch, 5–23 cm lang, 1–3 cm breit, mit 9–13 Nerven. Spreite transparent, zerbrechlich, gewellt, am Rand fein gekräuselt und gezähnt, mit einer 5–8 mm langen aufgesetzten Spitze, die bei manchen Populationen auch fehlt. Basis spitz oder gestutzt. Färbung hell- bis dunkelgrün, manche Rassen auch mit rötlichen Blättern. An der Basis des Blattstiels ein auffälliges, bis 9 cm langes, steifes und zerbrechliches Nebenblatt. Schwimmblätter sehr selten, rundlicher als die submersen Spreiten, etwa 5–12 cm lang, 1–2,5 cm breit.

Blütenstände an flutenden Sprossen, bis 10 cm gestielt. Ähre bis 4(-5,6) cm lang, mit bis 40 allseitswendigen Blüten. Die zwittrige Einzelblüte besitzt 4 freie Konnektivanhängsel, an deren Grunde je ein sitzendes und zweifächriges Staubblatt angeheftet ist. Pollen weiß. Früchte selten, 2–3 mm lang, 1 mm dick, rautenförmig, abgeflacht, manchmal mit 1–3 rückenständigen Rippen.
Kultur: *P. wrightii* ist eine problemlose, empfehlenswerte Art mit geringen Ansprüchen. Ihre Kultur gelingt sowohl in mäßig als auch gut beleuchteten Aquarien. Mittelhartes bis hartes, alkalisches Wasser sowie eine gute Beleuchtung fördern die Entwicklung kräftiger Blattspreiten. Optimale Temperatur 22–28 °C. Wenig dekorativ wirken die langen Internodien, so daß man am besten immer mehrere Stecklinge als Gruppe pflanzt. Auf der Wasseroberfläche flutende Sprosse sehen sehr ansprechend aus, doch entziehen sie leicht den darunter wachsenden Pflanzen zu viel Licht. Seitensprosse bilden sich an jedem Knoten des unterirdisch kriechenden Rhizoms. Auch kann man einen zu lang gewordene Stengel teilen; der Rest des Sprosses treibt neu aus. Flutende, kräftige Pflanzen entwickeln im Aquarium sowohl im Lang- als auch im Kurztag häufig Blütenstände.
Ökologie: Die Art wächst gewöhnlich in bis zu 3 m tiefem, schnell strömendem Wasser von Flüssen, kommt gelegentlich aber auch in Tümpeln, Reisfeldern und Seen in Höhen bis über 2000 m vor. Wasseranalysen deuten auf eine Bevorzugung von Gewässern mit hartem, salzreichem, alkalischem Wasser hin.
Sonstiges: *P. wrightii* wurde 1954 als *P. javanicus* in den Handel eingeführt, verschwand aber kurze Zeit darauf wieder aus den Aquarien. Trotz des großen Verbreitungsgebietes wurden erst 1981 von der Verfasserin erneut Pflanzen auf der Insel Sulawesi gesammelt, die als *P. malaianus* bestimmt und unter diesem Namen in den Handel kamen. Nach neueren Untersuchungen (Wiegleb 1990) ist jedoch *P. wrightii* der richtige Name für die in Kultur befindliche Art. *P. malaianus* ist ein Synonym von *P. nodosus* Poiret. Die als *Potamogeton* sp. „Vietnam" gehandelten Pflanzen sind ebenfalls *P. wrightii*. Neuerdings wurde die Art auch aus Japan eingeführt.
Literaturhinweis: Wiegleb (1990).

Blütenstand von *R. rotundifolia*

Reussia rotundifolia im Aquarium

Reussia rotundifolia
(Linné fil.) Castellanos (1951)

Rundblättrige Reussia

Familie: Pontederiaceae, Pontederiagewächse.
Synonyme: *Pontederia rotundifolia* Linné fil. (1781), u.a.
Etymologie: *Reussia*: nach C. F. Reuss (1745–1813); *rotundifolia*: rundblättrig.
Verbreitung: Mittel- und Südamerika (Tropen).
Beschreibung: Sumpfpflanze. Submerse Sproßachse aufrecht, gedrungen, mit gestielten, lanzettlichen, an der Basis herzförmigen, etwa 5 cm langen, hellgrünen Blattspreiten. Folgeblätter schwimmend und emers; diese sind wechselständig, scheidig, lang gestielt, herz- oder nierenförmig, gewöhnlich nicht größer als 10 × 8 cm. Blütenstand eine längliche oder kugelige Scheinähre mit zahlreichen kleinen Blüten. Perianth 6zipflig, in 2 Kreisen. Perigonblätter verschieden groß, blaßrosaviolett, mit einem 2lappigen, gelben Fleck auf dem größten Perigonblatt. 6 Staubblätter, in 2 verschiedenen Höhen. 1 Griffel. Frucht einsamig.
Kultur: Eine selten im Fachhandel erhältliche

Art, die sich als Vordergrund- oder Schwimmpflanze im Aquarium sowie emers im Paludarium verwenden läßt. Submers erreichen die Pflanzen bei intensiver Beleuchtung eine Höhe von etwa 10–15 cm. Nach einigen Monaten entwickeln sich länger gestielte Blattspreiten, ein deutlicher Hinweis darauf, daß die Pflanzen emerse Blätter bzw. Schwimmblätter ausbilden wollen. Eine Zeitlang läßt sich dieses Bestreben, emerse Blätter zu bilden, durch Zurückschneiden unterbinden. Bei ständiger Unterwasserkultur verausgaben sich aber die Pflanzen, so daß es erforderlich ist, sie von Zeit zu Zeit als Schwimmpflanze im Aquarium oder im Sumpfteil eines Paludariums zu pflegen. An die Wasserwerte scheint die Art keine großen Ansprüche zu stellen, aber möglicherweise wächst sie in weichem Wasser am besten. Vegetative Vermehrung durch Seitentriebe flutender Sprosse.
Ökologie: Am natürlichen Standort wachsen die Pflanzen überwiegend mit flutenden Sprossen oder emersen Blättern an den Rändern von Bächen und kleinen Flüssen, teilweise in starker Strömung und intensivem Sonnenlicht.
Sonstiges: Manche Wissenschaftler führen die Gattung *Reussia* als Synonym zu *Pontederia*.

Riccia fluitans

Riccia fluitans
Linné (1753)

Teichlebermoos

Familie: Ricciaceae, Sternlebermoosgewächse.
Synonyme: *Riccia canaliculata* Hoffmann, *Riccia fluitans* var. *canaliculata* Roth, *Riccia eudichotoma* Bischoff, *Riccia nodosa* Boucher, *Ricciella fluitans* A. Braun.
Etymologie: *Riccia*: nach P. F. Ricci; *fluitans*: schwimmend, flutend.
Verbreitung: Kosmopolitisch.
Beschreibung: An der Wasseroberfläche schwimmende oder auf feuchtem Bodengrund wurzelnde Pflanze, die aus gabelig verzweigten Vegetationsorganen, sog. Thalli, besteht. Äste schmal linealisch, dünn, an den Spitzen etwas verbreitert, bei schwimmenden Pflanzen schmaler als bei Landpflanzen, bis 2 mm breit und 10–40 mm lang, mehrfach regelmäßig dichotom verzweigt, Gabelungswinkel 45–80°, hell- bis mittelgrün gefärbt. Schwimmform fast ohne Rhizoide. Landform oberseits mit schwacher Rinne, unterseits mit Bauchschuppen an den Thallusenden und Rhizoiden.

Einhäusiges Moos. Sporangien an der Thallusunterseite. Sporen 80 µm, mit Feldern.
Kultur: Als Schwimmpflanze bei nicht zu starker Wasserbewegung ausgezeichnet haltbar. Das Teichlebermoos ist anpassungsfähig an die Wasserwerte, benötigt aber intensives Licht, um kräftige Thalli zu entwickeln. Es bildet dichte Polster an und auf der Wasseroberfläche, weshalb es als ideale Ablaichpflanze zum Beispiel für Labyrinthfische verwendet werden kann, bietet aber zugleich auch Jungfischen einen sicheren Schutz vor Feinden. Optimale Wassertemperaturen liegen zwischen 20 und 27 °C, es werden aber auch vorübergehend weit niedrigere und höhere Temperaturen toleriert. Werden die Pflanzen auf feuchtem Bodengrund kultiviert, entwickeln sich breitere und kürzere Thalli. Eine Sporenentwicklung tritt nur bei der Landform auf.
Ökologie: *Riccia fluitans* soll charakteristischerweise in eutrophen Gewässern vorkommen.
Sonstiges: Eine Unterscheidung der *Riccia*-Arten kann in vegetativem Zustand im allgemeinen durch die Form des Thallus und der Größe des Gabelwinkels vorgenommen werden.

Ricciocarpus natans am natürlichen Standort in Argentinien

Ricciocarpus natans
(Linné) Corda (1829)
Schwimmendes Lebermoos

Familie: Ricciaceae, Sternlebermoosgewächse.
Synonyme: *Riccia natans* Linné (1759), u.a.
Etymologie: *Ricciocarpus:* von *Riccia* (siehe *R. fluitans*) und *karpos* = Frucht; *natans*: schwimmend.
Verbreitung: Kosmopolitisch.
Beschreibung: Auf der Wasseroberfläche schwimmende oder auf feuchtem Bodengrund wurzelnde Pflanze. Thallus herzförmig, 4–10 mm lang, fast ebenso breit, 1–3mal geteilt, etwas schwammig, Äste an der Spitze ± gekerbt, dunkelgrün, am Rand bräunlich. Oberseite mit deutlicher Furche, die sich kurz vor dem Thallusende spitzwinklig gabelt. Unterseite mit auffälligen, linealischen, dunklen Schuppen.
Vermutlich zweihäusiges Moos. Sporangien auf der Oberseite des Thallus in der erwähnten Furche. Sporen 45–86 µm.
Kultur: Eine seltene und schwierig zu kultivierende Schwimmpflanze. Nach Wendt (1952–55)

wurden die besten Kulturergebnisse mit im Freien gehaltenen Pflanzen gemacht, die in flachen Glasschalen auf Aquarienmulm und etwas Lehm kultiviert wurden. In der kalten Jahreszeit müssen sie an einem hellen, kühlen Platz überwintern. Bei den damaligen Kulturpflanzen handelte es sich aber wohl um einheimische, an niedrige Temperaturen gewöhnte Pflanzen. Vermutlich sind tropische Formen besser für die Aquarienkultur geeignet, Erfahrungen darüber liegen aber bisher nicht vor. Bei einem Kulturversuch sollte auf eine intensive Beleuchtung sowie wenig bewegtes Wasser geachtet werden.
Ökologie: *R. natans* lebt auf der Wasseroberfläche stehender und sehr langsam fließender Gewässer an sonnigen Stellen. 4 Standorte wurden untersucht. 1) See (Griechenland, 6/1980): Wassertemp. 25 °C (Luft 26 °C um 13.15 Uhr), pH 7,2, GH 5,8 °dH, KH < 1 °dH, 81 µS/cm. 2) Überschwemmungsgebiet des Rio Paraguay (Brasilien, 8/1987): Wassertemp. 27 °C (Luft 34,5 °C um 14 Uhr), pH 6,9, GH/KH < 1 °dH, 15 µS/cm. 3) Rio Yanayacu (Peru, 7/1990): eine ausführliche Wasseranalyse vom Biotop Nr. 6 auf S. 46. 4) Tümpel (Argentinien, 7/1993): Wassertemp. 13 °C, pH 5,5, GH/KH < 1 °dH, 10 µS/cm, Fe 0,05 mg/l.

Rorippa aquatica im Aquarium

Blütenstand von R. aquatica

Rorippa aquatica
(Eaton) Palmer & Steyermark (1935)
Wassermeerrettich

Familie: Brassicaceae, Kreuzblütengewächse.
Synonyme: *Cochlearia aquatica* Eaton (1829),
Armoracia aquatica (Eaton) Wiegand, u. a.
Etymologie: *Rorippa*: anscheinend von Rorippen, niederdeutscher Pflanzenname, abgeleitet; *aquaticum*: im Wasser lebend.
Verbreitung: USA (Minnesota bis Florida, Texas).
Beschreibung: Kleine Sumpfpflanze mit aufrechtem, bis 2 cm dickem Rhizom. Blätter steriler Pflanzen in einer grundständigen, bis 10 cm hohen Rosette, gelegentlich mit aufrechtem Sproß und wechselständigen Blättern. Blattstiel bis 3 cm lang. Blattspreite verkehrt lanzettlich, entweder ungeteilt, dann mit verschmälerter Basis, spitzer Spitze und gekerbtem Rand, oder ± gefiedert, bis 13 × 3 cm groß, kahl, weich, dunkelgrün gefärbt. Submerse Blätter hart und zerbrechlich.
Fertile Pflanzen im Langtag, bis etwa 70 cm hoch. Blätter am Blütenstengel wechselständig,

ungeteilt, mit gekerbtem Rand, kurz gestielt oder sitzend, nach oben kleiner werdend, bis 9 × 2 cm groß, leicht abfallend. Blütenstand eine Traube mit vielen 0,5–1,5 cm gestielten Blüten. Blüte etwa 1 cm groß. 4 grüne Kelchblätter, 3 mm lang. 4 weiße Kronblätter, spatelförmig, 5 mm lang. 6 Staubblätter, etwa 3 mm lang. Griffel mit Narbe wenig länger als Staubblätter, bleibend. Fruchtknoten 3 mm, länglich. Frucht eine 5–8 mm lange Hülse.
Kultur: *R. aquatica* ist eine ziemlich anspruchslose, submers sehr langsam wachsende Pflanze, die mit einer Wuchshöhe von etwa 10 cm nur für die Bepflanzung des Vordergrundes geeignet ist. Für eine optimale Kultur im Aquarium sind eine mittlere bis intensive Beleuchtung, ein nährstoffreicher Bodengrund sowie eine Temperatur zwischen 20 und 25 °C zu empfehlen. Eine Vermehrung in Sumpfkultur ist durch Ableger am Rhizom möglich. Zur vegetativen Vermehrung im Aquarium läßt man einzelne Blätter an der Wasseroberfläche schwimmen, an denen sich Adventivpflanzen bilden. Als Teichrandpflanze bedingt winterhart.
Ökologie: *R. aquatica* besiedelt schlammige Ufer ruhiger Gewässer.

Rotala macrandra im Aquarium

Rotala macrandra
Koehne (1880)

Dichtblättrige oder Großmännige *Rotala*

Familie: Lythraceae, Weiderichgewächse.

Synonyme: *Ameletia rotundifolia* Wight.

Etymologie: *Rotala*: von *rota* = Rad, in bezug auf die quirlige Blattstellung der Typus-Art *Rotala verticillaris* Linné; *macrandra*: großmännig, in bezug auf die langen Staubblätter.

Verbreitung: Südindien.

Beschreibung: Sumpfpflanze. Emerse Blätter wie bei *R. rotundifolia*. Submerse Sprosse aufrecht, bis 60 cm lang, verzweigt. Blätter kreuzweise gegenständig. Spreite sitzend, den Stengel halbumfassend, lanzettlich bis breit eirund, zart, 2–4(–5) cm lang, 1,5–2,5(–3) cm breit, olivgrün bis kräftig braunrot. Blattspitze spitz gerundet, Basis manchmal schwach geöhrt. Blattrand bei kräftigen Blättern etwas gewellt und schwach gezähnt-gekerbt.

Blütenstand wie bei *R. rotundifolia*, aber: Deckblättchen 0,5 mm lang. Staubblätter länger als Kelchlappen und Kronblätter. Griffel etwa 3,5 mm lang; Narbe sehr klein.

Kultur: Eine sehr dekorative, auffällige, aber auch anspruchsvolle und schwierige Aquarienpflanze, die nur selten optimal gedeiht. Am schönsten werden die Sprosse in weichem bis mittelhartem, saurem Wasser (CO_2-Zufuhr), bei intensiver Beleuchtung und kalkarmem Bodengrund. Ein ausgewogenes Nährstoffangebot (u. a. Eisen) scheint ebenso notwendig zu sein wie eine gute Wasserbewegung. Temperaturoptimum 24–28 °C. Die Art soll empfindlich auf Kälteschocks reagieren (Benl 1972). Aufgrund der hohen Lichtansprüche ist zu beachten, daß die Sprosse einzeln und mit ausreichendem Abstand voneinander gepflanzt werden. Einige gut wachsende, kräftige Sprosse ergeben einen wirkungsvolleren Blickfang als eine große Gruppe von kleinblättrigen, kümmernden Pflanzen.

Ökologie: Cook (1979) fand die Art am natürlichen Standort gewöhnlich in Permanentgewässern mit schnell fließendem Wasser. *R. macrandra* ist häufiger submers zu finden als *R. rotundifolia*.

Sonstiges: Emerse und blühende Sprosse von *R. macrandra* sind nur in wenigen Merkmalen von *R. rotundifolia* verschieden, so daß man beide anfangs für nur eine Art hielt.

Rotala rotundifolia im Aquarium

Blütenstand von *R. rotundifolia*

Rotala rotundifolia
(Roxburgh) Koehne (1880)

Rundblättrige *Rotala*

Familie: Lythraceae, Weiderichgewächse.
Synonyme: *Ammannia rotundifolia* Buchanan-Hamilton (1820), u.a.
Etymologie: *Rotala*: siehe *Rotala macrandra*; *rotundifolia:* rundblättrig.
Verbreitung: Südostasien (Indien bis Japan).
Beschreibung: Sumpfpflanze mit kriechenden, aufsteigenden oder flutenden Sprossen, bis etwa 70 cm lang. Emerse Blätter kreuzweise gegenständig, sitzend oder kurz gestielt, ganzrandig, verkehrt eirund bis rund, etwa 1(–2) cm lang, oberseits olivgrün, unterseits leicht rötlich. Submerse Sprosse aufrecht, stark verzweigt. Blätter gegenständig oder in 3–4zähligen Quirlen. Spreite lanzettlich, bei flutenden Sprossen auch fast rund, bis 2,2 cm lang, oberseits olivgrün bis rötlich, unterseits blaß- bis kräftig violett.
Blütenstand eine dichtblütige, am Grunde oft verzweigte Traube, bis 11 cm gestielt. An jedem Knoten 2 Blüten mit einem herzförmigen oder fast runden, bis 6 mm langen Deckblatt. Einzel-blüte kurz gestielt. Kelch mit 4 dreieckigen Kelchlappen ohne Anhängsel. Deckblättchen etwa 1 mm. 4 Kronblätter, blaßlila, verkehrt eirund, etwa 1,5 mm lang. 4 Staubblätter, etwa 1,5 mm lang, nicht länger als Kelchlappen. Griffel 0,5–1,5 mm lang; Narbe kopfig. Fruchtknoten kugelig. Kapsel etwa 1,5 mm groß, mit 4 Klappen öffnend.
Kultur: Eine besonders empfehlenswerte, anpassungsfähige, dekorative und schnellwüchsige Stengelpflanze. Um kräftige, rötliche Sprosse zu erhalten, ist eine gute Beleuchtung erforderlich. Die Art toleriert große Härte- und pH-Unterschiede. Temperaturoptimum 24–28 °C. Vermehrung problemlos durch Seitensprosse. Die Pflanzen wachsen schlecht aus dem Wasser heraus, so daß die Anpassung an die emerse Kultur nicht einfach ist. Gelingt sie erst einmal, ist die Kultur im Paludarium oder Gewächshaus so rasch, daß die Art ein regelrechtes Unkraut sein kann. Blütenstände nur über Wasser.
Ökologie: Die Art wächst an sumpfigen Stellen und häufig in kühlen Bergregionen, in China bis in Höhen von 2650 m.
Sonstiges: Wurde um 1960 als *Rotala indica* eingeführt. Diese ist aber eine andere Art.

Blütenstand von *Rotala wallichii*

***Rotala wallichii* im Aquarium**

Rotala wallichii
(Hooker fil.) Koehne (1880)
Wallichs Rotala, Feinblättrige Rotala

Familie: Lythraceae, Weiderichgewächse.
Synonyme: *Hydrolythrum wallichii* Hooker fil.
(1867), *Ammannia wallichii* (Hooker fil.) Kurz,
Ammannia myriophylloides S.T. Dunn.
Etymologie: *Rotala*: siehe *Rotala macrandra*;
wallichii: nach N. Wallich (1786–1854).
Verbreitung: Tropisches Südostasien, von Nordostindien bis Malaysia, Südostchina.
Beschreibung: Kleine Sumpfpflanze. Stengel
bis 40 cm lang, schwach gefurcht, bräunlich.
Emerse Blätter in (3-)6–9(-12)zähligen Quirlen,
selten kreuzweise gegenständig. Blattspreite linealisch, bis 1 cm lang und 1,5 mm breit, olivgrün gefärbt. Spitze stumpf oder leicht gebuchtet; Basis verschmälert. Submerse Sprosse sehen
völlig verändert aus. Stengel deutlich gefurcht.
Blätter fadenförmig, in bis zu 15zähligen Quirlen, bis 2,5 cm lang, gewöhnlich rötlichbraun
gefärbt.
Blütenstand eine Traube. Deckblatt 6 mm lang.
Einzelblüte sehr kurz gestielt. Kelch 4lappig,

etwa 1,5 mm lang, am Grunde mit 2 bis 0,5 mm
langen Deckblättchen. 4 Kronblätter, blaßviolett
(selten weiß), etwa 2,5 × 1,5 mm groß. 4 Staubblätter, den etwas kürzeren Griffel überragend.
Narbe weiß, kopfig. Frucht nicht gesehen.
Kultur: Diese feingliedrige, dekorative *Rotala*
ist eine anspruchsvolle und empfindliche Aquarienpflanze. Vor allem an die Lichtintensität
stellt sie hohe Ansprüche, wenn sich die Sproßspitzen rötlich färben sollen. Eine wesentliche
Rolle spielt auch weiches, saures Wasser für ein
gesundes Wachstum. Optimale Temperatur
24–28 °C. Der Bodengrund ist von untergeordneter Bedeutung. Die Art ist nur in nahezu algenfreien Aquarien mit klarem Wasser lange
Zeit haltbar: Blau- und Schmieralgen ersticken
die Sprosse in kurzer Zeit. Auf chemische Zusätze reagiert die Pflanze ebenfalls sehr empfindlich. Mit Vorliebe verzehren pflanzenfressende Fische die zarten Blättchen. *Rotala wallichii* wirkt nur in einer größeren Gruppe dekorativ. Vermehrung durch Seitensprosse. Blütenstände bilden sich im Sommer an emersen
Sprossen.
Sonstiges: Die submersen Sprosse von *R. wallichii* ähneln denen von *Mayaca fluviatilis*.

409

Sagittaria lancifolia am natürlichen Standort in Mexiko

Sagittaria lancifolia
Linné (1759)

Lanzettblättriges Pfeilkraut

Familie: Alismataceae, Froschlöffelgewächse.
Synonyme: *Sagittaria falcata* Pursh, u.a.
Etymologie: *Sagittaria*: *sagitta* = Pfeil, Pfeilkraut, bezieht sich auf die Blattform einiger Arten dieser Gattung; *lancifolia*: lanzettblättrig.
Verbreitung: Östl. USA, Mittel- und Südamerika (südl. bis Nordostbrasilien, Kolumbien).
Beschreibung: Kräftige, aufrechte Sumpfpflanze mit kriechendem Rhizom. Blätter gewöhnlich emers, selten teilweise submers, 30–60 cm gestielt. Blattspreite sehr schmal bis schmal elliptisch oder schmal lanzettlich, 20–26 cm lang, 2,5–7 cm breit, ledrig, grün. Spitze spitz oder zugespitzt; Basis ohne Basallappen. 7–11 Nerven.
Pflanzen einhäusig; Blüten eingeschlechtlich. Blütenstengel bis 125 cm lang. Blütenstand unverzweigt oder am untersten Quirl mehrfach verzweigt, bis 45(–55) cm lang, die Pflanze überragend, mit bis 10 dreiblütigen Quirlen. Die unteren Quirle mit weiblichen, die oberen mit männlichen Blüten. Deckblätter 4–5 × 2–4 mm groß, warzig oder gerippt. Blütenstiel 1–3 cm lang. 3 grüne Kelchblätter, warzig oder gerippt. 3 weiße Kronblätter. Staubblätter zahlreich; Filament behaart. Fruchtblätter zahlreich. Nüßchen 2–3 mm lang, meist ganzrandig, geschnäbelt, mit 1 Flügel und 1 Drüse.
Kultur: Diese sehr große und seltene *Sagittaria* ist keine Aquarienpflanze, läßt sich aber gut im Gewächshaus und in sehr großen Paludarien kultivieren. Auch können die Pflanzen im Sommer leicht am Teichrand gepflegt werden. Gelegentlich sieht man die Art in botanischen Gärten, im Handel ist sie dagegen kaum. Ungewöhnlich ist die elliptische Blattspreite bei *S. lancifolia* im Unterschied zu vielen *Sagittaria*-Arten mit Basislappen an den Blattspreiten.
Ökologie: Die Art ist häufig an brackigen, sumpfigen Standorten in Küstennähe zu finden.
Sonstiges: Bogin (1955) beschrieb die Unterarten *lancifolia* und *media*. Die Kelch- und Deckblätter von subsp. *media* sind ± warzig, während die von subsp. *lancifolia* gerippt sind. Subsp. *lancifolia* ist in Südamerika, den Westindischen Inseln und Florida verbreitet, subsp. *media* in Mittelamerika und in den östl. USA.

Sagittaria montevidensis im Nordosten Argentiniens

Sagittaria montevidensis subsp. montevidensis
Chamisso & Schlechtendal (1827)
Montevideo-Pfeilkraut

Familie: Alismataceae, Froschlöffelgewächse.
Synonyme: Zahlreiche (siehe Bogin 1955).
Etymologie: *Sagittaria:* siehe *S. lancifolia;* *montevidensis:* aus Montevideo stammend.
Verbreitung: Tropen und Subtropen Südamerikas.
Beschreibung: Kräftige Sumpfpflanze. Jugendblätter submers, bandförmig. Folgeblätter selten flutend, gewöhnlich emers. Blattstiel bis 3 cm dick, fleischig. Emerse Blattspreite pfeilförmig, bis 28 cm lang, 23 cm breit, mit ± großen, lang ausgezogenen, spitzen oder zugespitzten Basislappen, mittelgrün. Blattspitze häufig mit aufgesetzter, bis 3 mm langer Spitze. Nerven bis 21, deutlich.
Pflanzen einhäusig; Blüten eingeschlechtlich, 2–5 cm groß. Blütenstand mit 3–12 drei(vier)blütigen Quirlen. Blüte mit 3 grünen, eng anliegenden Kelchblättern und 3 weißen Kronblättern, die an der Basis einen auffällig weinroten Fleck aufweisen, der aber auch fast ganz fehlen kann. Weibliche Blüten: Blütenstiel dick, zurückgebogen. Staubblätter selten. Fruchtblätter zahlreich, gelb. Männliche Blüten (häufiger als weibliche): Blütenstiel dünn. Etwa 22 Staubblätter; Filament bis 5 mm. Fruchtstand bis 3,5 cm groß. Nüßchen schmal geflügelt, 2–3 × 1–1,5 mm groß, geschnäbelt.
Kultur: *S. montevidensis* ist nicht für die Pflege im Aquarium geeignet. Eine Sumpfkultur bei flachem Wasserstand auf schlammigem Bodengrund und intensivem Licht ist aber nicht schwierig und gelegentlich in botanischen Gärten zu sehen. Es werden kurzfristig Temperaturen nahe 0 °C sowie über 35 °C vertragen. Schon wegen der prächtigen Blüten ist es lohnend, dieses Pfeilkraut zu pflegen.
Ökologie: Subsp. *montevidensis* wächst an den Rändern stehender, häufig temporärer Gewässer in flachem Wasser. Die Verfasserin fand dichte Bestände im Nordosten Argentiniens immer in sehr weichem Wasser und schlammig-sandigem Bodengrund.
Sonstiges: Bogin (1955) unterscheidet vier Unterarten.

Sagittaria platyphylla **im Aquarium**

Sagittaria platyphylla
(Engelmann) J. G. Smith (1894)
Breitblättriges Pfeilkraut

Familie: Alismataceae, Froschlöffelgewächse.
Synonyme: *Sagittaria graminea* var. *platyphylla* Engelmann (1867), *S. recurva* Engelmann ex Patterson, *S. mohrii* J. G. Smith.
Etymologie: *Sagittaria*: siehe *S. lancifolia*; *platyphylla*: breitblättrig.
Verbreitung: Südliche USA, Mittelamerika, eingeschleppt in Westjava und Italien.
Beschreibung: Sumpfpflanze mit kurzem Rhizom. Blätter in einer Rosette, submers bis 20 cm hoch, bandförmig, ausgebreitet, bis etwa 25 cm lang, 1,5–2,0 cm breit, derb, hellgrün. Emerse Blätter bis 40 cm lang gestielt, elliptisch bis schmal eiförmig, selten mit kleinen Basislappen, 8–15 cm lang, 2,5–10 cm breit, ledrig, mittel.
Pflanzen einhäusig; Blüten eingeschlechtlich. Blütenstengel bis 30 cm lang. Blütenstand mit 3–6(–8) dreiblütigen Quirlen, die unteren mit weiblichen, die oberen mit männlichen Blüten. Blütenstiel der weiblichen Blüten 1–3 cm lang, zur Fruchtzeit verdickt und zurückgebogen. 3 verwachsene Deckblätter. 3 zurückgeschlagene, grüne Kelchblätter. 3 weiße Kronblätter. 15–21 Staubblätter; Filament behaart. Fruchtblätter zahlreich. Fruchtköpfchen 1–1,5 cm groß; Nüßchen schwammig-runzelig, 1,2–2 mm lang, Schnabel 0,3–0,6 mm lang.
Kultur: Obwohl *S. platyphylla* schon seit vielen Jahrzehnten als Aquarienpflanze gepflegt wird, ist sie auch heutzutage nur gelegentlich im Handel. Es handelt sich um ein submers ziemlich langsam wachsendes, aber anspruchsloses Pfeilkraut. Für eine erfolgreiche Kultur sind eine nicht zu hohe Temperatur (etwa 20–24 °C), eine intensive Beleuchtung an einem freien Standplatz und ein nährstoffreicher Bodengrund (z.B. Lehmzugabe) wichtig. Offenbar fördert eine gute Wasserbewegung das Wachstum. Optimal sind weiches oder mittelhartes Wasser mit schwach sauren pH-Werten. *S. platyphylla* kann als Gruppe oder Solitärpflanze verwendet werden. Eine Ausläufervermehrung ist selten. Im Sommer auch gut als Teichrandpflanze zu halten.
Ökologie: In stehendem oder fließendem Wasser über schlammigem Boden.
Sonstiges: Bogin (1955) faßt *S. platyphylla* als Varietät von *S. graminea* Michaux auf.

Sagittaria subulata **im Aquarium**

Sagittaria subulata
(Linné) Buchenau (1871)
KLeines oder Flutendes Pfeilkraut

Familie: Alismataceae, Froschlöffelgewächse.
Synonyme: *Alisma subulatum* Linné (1753), *S. natans* Michaux, *S. pusilla* Nuttall, u.a.
Etymologie: *Sagittaria*: siehe *S. lancifolia*; *subulata*: pfriemförmig, bezieht sich auf submersen Blätter.
Verbreitung: Östliche USA, Südamerika.
Beschreibung: Ausläuferbildende Sumpfpflanze. Blätter in einer Rosette. Die im Handel befindlichen Pflanzen erreichen submers 5–60 cm lange und bis 6 mm breite, linealische oder bandförmige, hellgrüne Blätter. Emerse Wuchshöhe 5–10 cm. Schwimmblätter im Aquarium selten, wie emerse Blätter 2–6 cm lang, 0,5–2,5 cm breit, meistens eiförmig.
Blütenstengel bis über 1 m lang, mit 1–10 Quirlen von männlichen und weiblichen Blüten. Brakteen verwachsen. Stiele der weiblichen Blüten etwas verdickt, zurückgebogen, 1–15 cm lang. 3 ausgebreitete, grüne Kelchblätter. 3 weiße Kronblätter. Männliche Blüten 1–3,5 cm lang gestielt. 7 oder 9–15 Staubblätter. Fruchtköpfchen 0,5–0,7 cm groß; Nüßchen verkehrt eiförmig, 1,5–2 mm lang, Schnabel pfriemförmig, 0,15–0,4 mm lang.
Kultur: *S. subulata*, das zierlichste der in Kultur befindlichen Pfeilkräuter, zählt zu den häufig angebotenen Vordergrundpflanzen. Es ist eine schnellwachsende, sich produktiv durch Ausläufer vermehrende Art, die innerhalb weniger Wochen einen dichten, etwa 5–7 cm hohen „Rasen" bildet. Bei sehr gedrängt angeordneten Exemplaren erreichen die Blätter aber auch eine Länge bis 60 cm, so daß sie dann in der mittleren oder hinteren Beckenpartie sehr dekorativ wirken. Dabei fördert eine intensive Beleuchtung schwach rötliche Blattspitzen. Solche langblättrigen Exemplare bilden auch im Aquarium Schwimmblätter und die unscheinbaren Blütenstände. *S. subulata* wächst am besten in mittelhartem bis hartem Wasser mit einem pH-Wert im leicht sauren oder alkalischen Bereich. Eisenmangel ist häufig. Für die zarten Pflanzen verwendet man am besten einen feinkörnigen Sand. Optimale Temperatur 18–28 °C.
Ökologie: Die Art bildet in Flüssen ausgedehnte Bestände. Im Süß- und Brackwasser.

Salvinia auriculata am natürlichen Standort in Ostbrasilien

Salvinia auriculata
Aublet (1775)
Kleinohriger Schwimmfarn

Familie: Salviniaceae, Schwimmfarngewächse.
Synonyme: *Salvinia hispida* HBK, u.a.
Etymologie: *Salvinia*: nach dem ital. Prof. A.M. Salvini (1633–1720); *auriculata*: kleinohrig.
Verbreitung: Tropisches Mittel- und Südamerika, weit verbreitet.
Beschreibung: Auf der Wasseroberfläche frei schwimmender, wurzelloser Farn. Stengel verzweigt, dünn. Blätter in 3zähligen Quirlen, 2 sind als Schwimmblätter ausgebildet; das dritte ist untergetaucht (Tauchblatt), in fadenförmig behaarte Zipfel geteilt und übernimmt die Funktion der fehlenden Wurzeln. Schwimmblätter bootförmig, an beiden Enden tief gekerbt, breiter als lang. Auf der Blattoberseite sind zahlreiche, in Reihen stehende Papillen vorhanden, auf denen sich wiederum 3–4 Haare befinden, die an den Enden miteinander verwachsen sind (charakteristisch für den *S.-auriculata*-Komplex).
An den Tauchblättern entwickeln sich die Sporokarpien an einer gewöhnlich kurzen, verzweig-

ten Achse. Diese sind eingeschlechtlich, kugelig, gestielt, einfächrig und meistens fertil (im Unterschied zu *S. molesta*). Mikrosporangien zahlreich, lang gestielt, jedes mit 64 Mikrosporen. Makrosporangien wenig, kurz gestielt, jedes mit einer einzelnen großen Makrospore. Chromosomenzahl $n = 54$.
Kultur: Zur Kultur siehe *Salvinia cucullata*.
Ökologie: *S. auriculata* wächst in stehenden und schwach fließenden Gewässern. Die Art bildet zwar dichte Bestände, tritt aber nicht so massenhaft auf wie *S. molesta*. Die Verfasserin untersuchte verschiedene Standorte, an denen *S. auriculata* zusammen mit vielen anderen Schwimmpflanzen wuchs. Brasilien (3/1986): Amazonas bei Manaus, Wassertemp. 27°C, pH 6,7, GH/KH < 1°dH, 100 µS/cm. Brasilien (8/1987): Sumpfgebiet bei Caceres, Wassertemp. 27°C (Lufttemp. 34,5°C um 14 Uhr), pH 6,9, GH/KH < 1°dH, 15 µS/cm. Peru (7/1990): Rio Yanayacu, ausführliche Wasseranalyse vom Biotop Nr. 6 auf S. 46.
Sonstiges: Zur Unterscheidung von ähnlichen Arten des *S.-auriculata*- Komplexes (*S. biloba* Raddi, *S. molesta* D.S. Mitchell, *S. herzogii* de la Sota) ist die Zellstruktur der Blätter wichtig.

Salvinia cucullata an einem [...] uf Java

Salvinia cucullata

Bory (1833)

Kapuzenartiger Schwimmf[...]

Familie: Salviniaceae, Schw[...] wächse.
Synonyme: Keine.
Etymologie: *Salvinia*: sieh[...] *lata; cucullata*: kapuzenartig, be[...] auf die Blattform.
Verbreitung: Tropisches As[...]
Beschreibung: Wie bei *S*[...] *a* angegeben, *S. cucullata* unters[...] ch jedoch durch folgende Merkmale[...] blätter bei kräftigen Pflanzen auffäll[...] mig eingerollt, am Rande aufwärts [...] ur mit dem am Stiel befindlichen Bla[...] Wasser eintauchend, länger als breit[...] eite bedeckt mit vielen Haaren, die [...] ig und einzeln über die ganze O[...] verteilt sind (nicht wie bei *S. auricul[...]* un[...] *molesta* auf Papillen und in Reihen s[...] lattunterseite mit kurzen Borstenhaaren.
Die Sporokarpien entwickeln sich an einer kurzen Achse der Tauchblätter. Zunächst bilden sich meistens zwei längliche, stark behaarte Makro-

sporokarpien, danach folgen 6–7 kugelige und wenig behaarte Mikrosporokarpien. Etwa 20 Makrosporangien, jedes mit einer großen Makrospore. Zahlreiche Mikrosporangien, mit je 32 Mikrosporen.

Kultur: *S. auriculata, S. molesta* und *S. cucullata* sind zwar prinzipiell im Aquarium nicht schwierig zu halten, eine optimale Pflege gelingt aber kaum. Selten erreichen die Pflanzen dort den kräftigen Wuchs von Exemplaren natürlicher Standorte, da *Salvinia*-Arten außerordentlich licht- und wärmebedürftig sind und ein sehr nährstoffreiches, kaum bewegtes Wasser lieben. Unter Aquarienbedingungen degenerieren die Pflanzen meistens nach kurzer Zeit und bilden keine boot- oder tütenförmigen Schwimmblätter mehr, sondern nur noch sehr kleine, flache Blattspreiten, die dem Wasser aufliegen. Derartige Kümmerpflanzen von *S. cucullata* können leicht mit denen von *S. auriculata* und *S. molesta* verwechselt werden. Am ehesten gelingt eine befriedigende Kultur im Sommer bei intensivem Tageslicht und Wärme in flachem Wasser über schlammigem Bodengrund. Im Winter gehen die Pflanzen stark zurück.

Ökologie: Wächst an sonnigen Standorten.

Zum Vergleich die Anordnung der Sporokarpien bei *S. molesta* (links) und *S. auriculata*

Salvinia molesta
D. S. Mitchell (1972)
Lästiger Schwimmfarn

Familie: Salviniaceae, Schwimmfarngewächse.
Synonyme: Keine.
Etymologie: *Salvinia*: siehe *S. auriculata*; *molesta*: lästig, schädlich.
Verbreitung: Südostküste von Brasilien, eingeschleppt in Asien, Südafrika, Australien.
Beschreibung: Wie bei *Salvinia auriculata* beschrieben, aber durch folgende Merkmale zu unterscheiden: *S. molesta* entwickelt eine große Zahl von Sporokarpien, die an 2–4 langen Achsen angeordnet sind. Die Sporokarpien sind sitzend bis sehr kurz gestielt, bis 1 mm im Durchmesser groß, eiförmig, zugespitzt und meistens leer (ohne Sporen, Hybride!). Chromosomenzahl n = 45.
Ein wichtiges morphologisches Merkmal zur Unterscheidung von *S. molesta* und *S. auriculata* ist die Zellstruktur der Blätter (siehe Forno 1983).
Kultur: Bei den Aquarienpopulationen handelt es sich in den meisten Fällen nicht um *S. auricu-* *lata* sondern um *S. molesta*. Über die Kultur beider Arten siehe *S. cucullata*.
Ökologie: *S. molesta* gilt in den Verbreitungsgebieten häufig als ein lästiges Unkraut. Die Pflanzen besiedeln in dichten Populationen stehende und langsam fließende, nährstoffreiche Gewässer, so zum Beispiel Reisfelder, Tümpel, Seen und Flüsse. Die Verfasserin sah dichte Bestände mit vielen sporentragenden Pflanzen auf dem Sepik Fluß in Papua Neuguinea (Juli 1988) zusammen mit einzelnen Pflanzen von *Pistia stratiotes*, *Azolla pinnata* und *Ceratopteris thalictroides*. Eine Wasseranalyse ergab folgende Werte: Wassertemperatur 29 °C, pH 7,1, GH 5 °dH, KH 6 °dH, 275 µS/cm.
Sonstiges: Es ist davon auszugehen, daß es sich bei *S. molesta* um eine Hybride handelt; ein wesentlicher Hinweis darauf sind die häufig leeren Sporenbehälter. Mitchell (1972) vermutet eine Kreuzung zwischen *Salvinia biloba* Raddi und *S. auriculata* Aublet, die im botanischen Garten von Rio de Janeiro entstanden sein könnte. Es ist anzunehmen, daß *S. molesta* – sowohl in der aquaristischen als auch in der wissenschaftlichen Literatur – häufig fälschlich mit *S. auriculata* bezeichnet wurde.

Samolus valerandi
Linné (1753)
Salzbunge, Bachbunge

Familie: Primulaceae, Primelgewächse.
Synonyme: *Samolus floribundus* Humboldt &
Bonpland & Kunth, *S. parviflorus* Rafinesque, *S.
valerandi* ssp. *parviflorus* (Raf.) Hulten, u.a.
Etymologie: *Samolus*: röm. Pflanzenname,
Bunge; *valerandi*: nach Douvez Valerand.
Verbreitung: Kosmopolitisch.
Beschreibung: Sumpfpflanze mit einer
10–15 cm hohen und 10–20 cm breiten, grundständigen Rosette. Blätter bis 4 cm lang gestielt,
kahl. Blattspreite ganzrandig, verkehrt lanzettlich bis verkehrt schmal eiförmig, 2–9,5 cm lang
und 1–3,7 cm breit, hellgrün oder gelblichgrün
gefärbt. Spitze spitz oder stumpf; Basis herablaufend.
Blütenstengel 10–50 cm hoch, mit wechselständigen, kurz gestielten oder sitzenden Blättern,
die nach oben hin kleiner werden. Blütenstand
eine vielblütige Traube. Blütenstiel bis 10 mm
lang. 1 Deckblatt, etwa 1 mm lang. Blüten 5zäh-
lig. Kelch 2 mm lang. Krone 2–5 mm im Durchmesser, weiß. Kapsel kugelig, sich mit 5 Klappen
öffnend; Samen zahlreich, klein.
Kultur: *Samolus valerandi* ist eine häufig im
Fachhandel angebotene, langsam wachsende
Vordergrundpflanze, die nur selten zufriedenstellend im Aquarium gedeiht. Eine intensive
Beleuchtung, ein nährstoffreicher Bodengrund,
hartes Wasser sowie Temperaturen unter 26 °C
sind für ein optimales Wachstum zu empfehlen,
bei dem submerse Exemplare eine Höhe und
Breite von 15 cm erreichen können. Eine Kultur
ist auch im Kaltwasseraquarium möglich. Die
Art weist eine große Salzverträglichkeit auf. Versuche der Verfasserin mit Aquarienpflanzen ergaben, daß eine Salzkonzentration von 30 g/l
noch vertragen wird, was reinem Meerwasser
entspricht. Im Gegensatz zur häufig problematischen Pflege im Aquarium ist eine emerse Kultur im Paludarium oder eine Hydrokultur auf
der Fensterbank sehr leicht; vom Frühjahr bis
zum Herbst läßt sich *Samolus valerandi* auch
sehr gut am Rand eines Gartenteiches verwenden. Bei einer emersen Kultur entwickeln sich
im Frühjahr regelmäßig Blüten- und Frucht-

***Samolus valerandi* im Aquarium**

stände. Eine vegetative Vermehrung gelingt in
geringem Maße durch Rhizomteilung und Adventivpflanzenbildung am Blütenstengel. Einfacher und produktiver ist aber die generative
Vermehrung durch Samen. Diese werden auf
feuchter Erde ausgesät und mit entsprechender
Größe pikiert.
Ökologie: Die Salzbunge gedeiht an feuchten
und nassen Standorten im Süß- und Brackwasser. Die Verfasserin fand die Art auf der Insel
Korfu an einer Lagune in großen Mengen. Die
Pflanzen wuchsen in intensivem Sonnenlicht sowohl auf feuchtem Sand-Lehm-Boden als auch
in flachem (Süß-)Wasser bei folgenden Wasserwerten: Temp. 26,5–35,5 °C (Lufttemp. 26 °C um
13 Uhr), pH 8, GH 32 °dH, KH 12 °dH. Am Standort war eine reiche Vermehrung durch Samen zu
beobachten.
Sonstiges: *S. parviflorus* und *S. floribundus*, die
manchmal in der aquaristischen Literatur erwähnt werden, müssen in die Synonymie von *S.
valerandi* gestellt werden, da die angeblichen
Unterschiede in den Blüten- und Fruchtgrößen
durch Umweltfaktoren wie Licht, Feuchtigkeit
des Bodengrundes und Temperatur zu erklären
sind (Kasselmann 1981a).

Saururus cernuus, die „Leidener Pflanze", im Vordergrund dieses Aquariums

Saururus cernuus
Linné (1753)
Amerikanischer Eidechsenschwanz

Familie: Saururaceae, Eidechsenschwanzgewächse.

Synonyme: *Saururus lucidus* Donn, *Mattuschkia aquatica* Gmelin.

Etymologie: *Saururus*: sauros = Eidechse, oura = Schwanz; *cernuus*: nickend, beide Namen beziehen sich auf den Blütenstand.

Verbreitung: Östliches Nordamerika, eingeschleppt nach Oberitalien.

Beschreibung: Kräftige Sumpfpflanze mit langem, kriechendem, verzweigtem Rhizom. Stengel etwa 1 m hoch, 2–8 mm dick, hart, rund, ± behaart. Blätter wechselständig, 3–5 cm gestielt. Blattstiel scheidig, zusammengerollt, etwa 1 cm breit. Über dem Blattansatz ein unscheinbares, 2 mm langes Nebenblatt. Spreite ganzrandig, eiförmig bis breit eirund, 10–13 cm lang, 5–9 cm breit, im Aquarium viel kleiner, mittelgrün. Spitze spitz oder lang zugespitzt; Basis herzförmig. Emers ober- und unterseits flaumig behaart, submers kahl. Leicht aromatisch.

Blütenstand ährenähnlich mit zahlreichen Einzelblüten, 15–20 cm lang, nickend, cremefarben, schwach duftend. Blüten 2 mm gestielt. Deckblatt 1–3 mm lang, 1 mm breit, weiß bis grün. Kelch- und Kronblätter fehlen. (5)6–7(8) Staubblätter, 6 mm lang. (3)4(5) Fruchtblätter, 2 mm lang. Fruchtstand aufrecht. Frucht einsamig.

Kultur: In den fünfziger Jahren wurde der Eidechsenschwanz als Teichrandpflanze verwendet, wo er als unverwüstlich beschrieben wird und aufgrund der starken Verzweigung der Rhizome sogar lästig werden kann (Wendt 1950–55). Im Tropenaquarium ist der Eidechsenschwanz sehr lichtbedürftig. Ferner sollte er nicht über längere Zeit zu hohen Temperaturen (bis etwa 25 °C) ausgesetzt sein. In holländischen Aquarien sieht man nicht selten eine Gruppe des Eidechsenschwanzes stufig in Form einer Straße gepflanzt, was die Bezeichnung „Leidener Pflanze" prägte. Für die Bepflanzung werden Sproßspitzen und Seitensprosse verwendet. Bei entsprechendem Schutz winterhart.

Ökologie: An sumpfigen Standorten und in langsam fließendem Wasser, in Oberitalien im Schilfgürtel von Seen. Sehr anpassungsfähig an Temperatur- und pH-Werte des Wassers.

418

Emerse Sprosse von *Saururus chinensis*

Saururus chinensis

(Loureiro) Baillon (1871)

Chinesischer Eidechsenschwanz

Familie: Saururaceae, Eidechsenschwanzgewächse.

Synonyme: *Spathium chinense* Loureiro (1790),
Saururus cernuus Thunberg (non Linné), *S. lou-
reiri* Decaisne, *Saururopsis chinensis* Turczani-
now, *S. cumingii* C. de Candolle.

Etymologie: *Saururus*: siehe *Saururus cernuus*;
chinensis: aus China stammend.

Verbreitung: Ostasien.

Beschreibung: Sumpfpflanze mit bis 1 cm dik-
kem, verzweigtem Rhizom. Stengel anfangs aufrecht, später hängend, 3–5 mm dick, im unteren
Teil hart, im oberen biegsam, kahl, rund bis
schwach kantig. Blätter wechselständig, 1,5–8 cm
gestielt. Blattstiel scheidig, zusammengerollt,
etwa 5 mm breit; Nebenblatt 2–5 mm lang.
Spreite ganzrandig, schmal eiförmig mit
schwach herzförmig-gestutzter oder geöhrter,
häufig etwas schiefer Basis und spitzer Spitze,
bis 10 cm lang, 4,5 cm breit (im Aquarium kleiner), ober- und unterseits schwach flaumig be-

haart, oberseits olivgrün, unterseits heller gefärbt. Aromatisch.

Blütenstand gerade, mit weißen, duftenden Einzelblüten, bis 12 cm lang. Deckblatt 1–2 mm
lang, 1–2 mm breit, ± gewimpert. Kelch- und
Kronblätter fehlen. 4–8 Staubblätter, Filamente
weniger als 1 mm lang. 4 Fruchtblätter, 1,5 mm
lang. Fruchtstand aufrecht. Frucht einsamig.

Kultur: Der Chinesische Eidechsenschwanz ist
so zu verwenden wie bei *S. cernuus* beschrieben.
Beide Arten sind nur mäßig für die Aquarienkultur geeignet und benötigen intensives Licht
und nicht zu hohe Temperaturen. Eine emerse
Pflege auf der Fensterbank in feuchter Erde ist
aber nicht schwierig.

Ökologie: *S. chinensis* besiedelt sumpfige
Standorte. Die Pflanze wird in China als Arznei
verwendet.

Sonstiges: *S. chinensis* unterscheidet sich von *S.
cernuus* hauptsächlich durch die Form der Blattspreite und Blattbasis, den aufrechten Blütenstand sowie kürzere Filamente. Wendt berichtet
über die Einfuhr von *S. chinensis* schon im Jahre
1890. In den letzten Jahrzehnten war die Art
aber nicht in Kultur und wurde erst 1992 von der
Gärtnerei Dennerle erneut eingeführt.

Shinnersia rivularis im Aquarium

Blütenstand von *S. rivularis*

Shinnersia rivularis
R. M. King & H. Robinson (1970)

Mexikanisches Eichenblatt

Familie: Asteraceae, Korbblütengewächse.
Synonyme: *Trichocoronis rivularis* A. Gray, (1849).
Etymologie: *Shinnersia*: nach dem Botaniker L. H. Shinners; *rivularis*: an Bächen wachsend.
Verbreitung: Nördliches Mexiko, Texas.
Beschreibung: Sumpfpflanze. Stengel bis 1 m lang, 3 mm dick, reich verzweigt, emers stark behaart, submers kahl. Blätter kreuzweise gegenständig, sehr variabel, verkehrt lanzettlich oder spatelförmig bis verkehrt eirund. Emerse Spreite bis 6,5 × 5 cm groß, unterseits an den Nerven behaart. Submerse Spreite bis 7,5 × 3 cm groß, kahl, hellgrün bis rötlichbraun gefärbt. Blattrand mehr oder weniger gebuchtet, manchmal gezähnt.
Blütenstand ein 8–9 mm breites und 4–5 mm hohes Körbchen mit 90–100 Röhrenblüten. Hüllkelch (Involukrum) mit bis 14(–30) elliptischen, kahlen, stumpfen, grünen, fast gleich großen Blättchen, die in 2–3 Kreisen angeordnet sind,

bis 3 mm breit, 5,5 mm lang. Kelch ohne Haarschopf (Pappus). Blütenboden gewölbt bis kegelförmig, warzig. Blütenkrone 5zipflig, 2,0–2,2 mm lang, breit glockenförmig, drüsig, weiß; Randblüten fehlen. Staubblätter fast so lang wie die Kronröhre. Griffel gegabelt. Narben etwa 1,2 mm lang, verbreitert, etwas flach, oberseits warzig. Fruchtknoten zylindrisch, etwa 1,5 mm lang, grün. Früchte (Achänen) prismenförmig, 2,0–2,5 mm lang, mit 4–5 borstentragenden Rippen.
Kultur: Das Mexikanische Eichenblatt ist eine außergewöhnlich schnellwachsende Sumpfpflanze mit guter Anpassung an die Aquarienverhältnisse. Allerdings sollte bei einer Kultur das hohe Lichtbedürfnis beachtet werden, auch wenn die Pflanzen mit wenig Licht noch wachsen. Gute Indikatoren für eine ausreichende Lichtmenge sind die Größe der Blattspreite und die damit verbundene Anzahl von Zähnen am Blattrand. Dieses läßt sich leicht beobachten, wenn die Sprosse zur Wasseroberfläche wachsen: Die Spreiten werden zunehmend kräftiger, und die Einbuchtungen am Blattrand nehmen zu.
S. rivularis läßt sich in weichem und in hartem

Emerse Sprosse von *Shinnersia rivularis* 'Weiß-Grün'

Wasser, bei pH-Werten im sauren und alkalischen Bereich und bei Temperaturen von 18–30 °C erfolgreich pflegen. Der Bodengrund ist weniger von Bedeutung. Sogar nicht eingepflanzte, auf die Wasseroberfläche gelegte Sprosse wachsen schnell weiter und bilden zahlreiche Seitensprosse. Durch die rasche Vermehrung und das gute Wachstum ist *S. rivularis* bei den Aquarianern nicht immer beliebt, da in der Regel ständig neu gesteckt und ausgelichtet werden muß. Auch emers wachsen die Sprosse gut, so daß auch eine Verwendung im Paludarium und im Sommer am Teichrand möglich ist. Blütenstände bilden sich im Sommer reichlich, doch sind bisher in der Kultur noch keine Früchte beobachtet worden.

Ökologie: Wächst in Bächen und Flüssen mit langsam fließendem Wasser.

Sonstiges: Verschiedene Merkmale der Pflanze (Gestalt der Blätter und der Krone, Behaarung der Kronblätter und der Achäne, Struktur des Fruchtstiels, Fehlen eines Pappus, Struktur der Haare auf den Achänen u.a.) veranlaßten King & Robinson, die Art 1970 von der Gattung *Trichocoronis* zu trennen und in die neue, monotypische Gattung *Shinnersia* zu überführen.

E. Hnilicka sammelte *Shinnersia rivularis* im nördlichen Mexiko im Rio Alamos für die Aquaristik. Die Pflanze wurde unter dem älteren Namen *Trichocoronis rivularis* in die Aquaristik eingeführt.

Shinnersia rivularis 'Weiß-Grün'

Diese Sorte unterscheidet sich durch die weißliche Aderung der Blattspreiten. In der Wasserpflanzengärtnerei H. & L. Dennerle traten 1983 an Sprossen von *Shinnersia rivularis*, die in der Nähe der weiß-grünen Sorte von *Hygrophila difformis* (siehe auch dort) kultiviert wurden, ein teilweiser Mangel von Chlorophyll in den Blattadern auf. Zwar gelang es durch Auslese, die weiße oder leicht rötliche Zeichnung, die sich fast nur auf die Nervatur bezieht, zu festigen, doch ist sie nicht konstant (allerdings gleichbleibender als bei *Hygrophila difformis* 'Weiß-Grün'). Sie ist besonders dann stark ausgeprägt, wenn die Pflanzen auf einem nährstoffarmen Bodengrund kultiviert werden. Dieses Verhalten spricht für eine Virusinfektion.

Literaturhinweise: Kasselmann (1983a, 1984b); King & Robinson (1970).

Blütenstand von *Spiranthes graminea*

Blütenstände von *Spiranthes odorata*

Spiranthes graminea
Lindley (1840)
Grasartige Wasserorchis

Familie: Orchidaceae, Orchideengewächse.
Synonyme: *Gyrostachys graminea* (Lindl.) Kuntze.
Etymologie: *Spiranthes*: Wendelähre, *speira* = Gewinde, *anthos* = Blüte; *graminea*: grasartig.
Verbreitung: Arizona, Mexiko, Guatemala.
Beschreibung: Im Sumpf oder ganz untergetaucht lebende Orchidee, 10–20 cm hoch. Wurzeln 2–5 mm dick, fleischig. Rosette mit 3–6 Blättern, die zur Blütezeit vorhanden sind. Blattspreite sehr schmal elliptisch, 10–20 cm lang, 0,7–1,0 cm breit. Blätter fleischig, weich, mittelgrün gefärbt, etwas glänzend. Blütenbeschreibung wie bei *S. odorata* angegeben, aber mit kleineren Blüten. Blütenähre und oberer Teil des Blütenstengels dicht behaart. Lippe etwa 8 mm lang, 4 mm breit, im Inneren schwach gelblich. Chromosomenzahl 2n = 44 (für die hier beschriebene Aufsammlung).
Kultur: Obwohl *S. graminea* am natürlichen Standort zumindest zeitweise völlig untergetaucht zu finden ist, gelang eine zufriedenstellende Kultur im Aquarium unter verschiedenen Bedingungen bisher nicht. Dagegen ist eine Pflege dieser Orchidee sowohl im Paludarium als auch auf der Fensterbank in feuchter Erde oder in Hydrokultur sehr zu empfehlen. Regelmäßig entwickeln sich Blütenstände. Nach der Blütenbildung erfolgt – wie bei *S. odorata* beschrieben – eine vegetative Vermehrung durch Wurzelableger.
Ökologie: *S. graminea* besiedelt sumpfige Standorte. Die Verfasserin sammelte die hier beschriebenen Pflanzen im August 1985 im Hochland von Mexiko zwischen den Ortschaften Toluca und Villa Victoria. Die Orchidee wuchs in großen Beständen in etwa 1 m tiefem Wasser. Die Wasseroberfläche war dicht zugewachsen mit blühenden *Eichhornia crassipes* und den zahlreichen, über die Wasseroberfläche herausragenden Orchideen-Blütenständen. Obwohl der Biotop fast unbeschattet war, wuchsen die Pflanzen, die nur locker in dem sehr weichen und schlammigen Bodengrund wurzelten, infolge der Schwimmpflanzen bei äußerst wenig Licht.
Sonstiges: Von *S. odorata* läßt sich *S. graminea* durch die schmaleren Blätter unterscheiden.

Spiranthes odorata
(Nuttall) Lindley (1840)

Wasserorchis

Familie: Orchidaceae, Orchideengewächse.
Synonyme: *Neottia odorata* Nuttall (1834), *Spiranthes cernua* (Linné) L. C. Richard var. *odorata* (Nuttall) Correll, u.a.
Etymologie: *Spiranthes*: siehe *S. graminea*; *odorata:* wohlriechend.
Verbreitung: Im Osten und Südosten der USA.
Beschreibung: Im Sumpf lebende Orchidee, 10-20 cm hoch. Wurzeln bis 5 mm dick, fleischig. Rosette mit 4-6 Blättern. Blattspreite sehr schmal elliptisch oder verkehrt schmal lanzettlich, 10-30 cm lang, 1,5-3 cm breit. Blätter fleischig, weich, mittelgrün, fettig glänzend. Blütenstengel 50-80 cm hoch, drüsig behaart, mit 5-8 Scheidenblättern. Blütenähre 10-15 cm lang, mit 20-35 spiralförmig oder in senkrechten Reihen dicht angeordneten, weißen Blüten. Deckblätter bis 2,1 cm lang, lang zugespitzt, drüsig behaart. Lippe 1,2 cm lang, 0,5 cm breit, vorne nach unten gebogen, im Inneren grünlichgelb gefärbt. Alle Perianthblätter neigen sich zusammen. Säule 4 mm lang, grün. Kapsel 1 × 0,4 cm groß; Chromosomenzahl 2n = 30.
Kultur: Eine langsam wachsende, anpassungsfähige Orchidee, die ständig submers leben kann. Entsprechend den dickfleischigen Wurzeln sollte auch im Aquarium ein grobkörniger Bodengrund verwendet werden. Die Lichtansprüche sind nur gering. Optimale Temperatur 22-26 °C. Härte und pH-Wert sind für ein gesundes Wachstum von geringer Bedeutung. Auch unter Wasser entwickelt die unscheinbare Rosette nicht mehr als sechs Blätter, so daß für eine dekorative Bepflanzung mehrere Exemplare verwendet werden müssen. Für die emerse Kultur auf der Fensterbank, im Paludarium oder auch im Gewächshaus ist *S. odorata* sehr zu empfehlen. Ein großer blühender Bestand bildet einen prächtigen Anblick! Als Bodensubstrat eignet sich zum Beispiel Blumenerde, die naß gehalten werden muß, eine Hydrokultur ist aber auch möglich. Auf das Umsetzen in ein anderes Milieu (Luftfeuchte, Licht) reagiert die Wasserorchis häufig empfindlich mit dem Verlust von Blättern. Werden die Pflanzen im Wachstum

Emerse blühende Pflanzen von *S. odorata*

nicht gestört, erscheinen regelmäßig Blütenstände, die sich auch im Aquarium entwickeln können. Nur bei einer entsprechend hohen Abdeckung oder einem offenen Aquarium kann sich die Blütenähre frei entfalten. Zur Zeit der Blütenbildung werden über die Wurzelspitzen bis zu acht Ableger geschoben, die mit einer Größe von etwa 5 cm abgetrennt werden können. Auch im Aquarium bilden sich regelmäßig Wurzelableger, selbst dann, wenn die Blütenbildung ausblieb. Also keinesfalls die Wurzeln beschneiden! Selten entwickeln sich auch Ableger am Blütenschaft. Nach der Blütenbildung stirbt die Mutterpflanze ab. Eine Aufzucht der winzigen Samen auf künstlichem Nährboden ist in der Aquaristik unbekannt.
Ökologie: *S. odorata* besiedelt Sümpfe, Sumpfwälder, Permanentgewässer, kommt aber auch im Süß- und Brackwasser von Fließgewässern vor, die dem Einfluß der Gezeiten unterliegen. Die Orchidee wächst sowohl in tiefem Schatten als auch bei intensivem Sonnenlicht in einem Bodengrund aus Ton, Torf, Schlamm und Sand.
Sonstiges: Die bei uns kultivierten Pflanzen sind geruchlos. *S. odorata* wurde lange Zeit unter dem Namen *S. cernua* geführt.

Spirodela polyrhiza

Spirodela polyrhiza
(Linné) Schleiden (1839)
Vielwurzelige Teichlinse

Familie: Lemnaceae, Wasserlinsengewächse.
Synonyme: *Lemna polyrhiza* Linné (1753), u.a.
Etymologie: *Spirodela*: *speira* (gr.) = Gewinde, *delos* = deutlich, bezieht sich auf die deutlichen Spiralgefäße in den Nerven der Glieder; *polyrhiza*: vielwurzelig.
Verbreitung: Weltweit in Gebieten mit gemäßigtem Klima, nur vereinzelt in Südamerika.
Beschreibung: Auf der Wasseroberfläche schwimmende, kleine Wasserpflanze. Glieder blattartig, unterseits mit einer Schuppe an der Basis. 7–21 Wurzeln, häufig rot gefärbt, 1 oder (selten) 2 Primärwurzeln durchbohren die Schuppe an der Basis. Glied rund bis eiförmig, zugespitzt, 1,5–10 mm lang, 1,5–8,0 mm breit, dünn oder (selten) blasig gewölbt, oberseits grün, häufig mit einem roten Fleck, unterseits meistens purpurn. 7–16(21) Nerven. Tochterglieder entspringen aus zwei seitlichen Taschen an der Basis des Muttergliedes.

1–2 Blüten, in denselben seitlichen Taschen wie die Tochterglieder. Jede Blüte von einer durchsichtigen Hülle umgeben, mit 2 (3) Staubblättern, die sich nacheinander entwickeln und 1 Stempel. Fruchtknoten mit 1–2 Samenanlagen. Frucht geflügelt. 1 (selten 2) Samen, mit 12–20 deutlichen Rippen.
Kultur: Gut geeignet für die Kultur an einem sonnigen Standort im Gartenteich, aber auch bei geringer Oberflächenbewegung und guter Beleuchtung im Aquarium. Blüht sehr selten.
Ökologie: *S. polyrhiza* besiedelt gewöhnlich stehende Gewässer. Die Art toleriert noch sehr saures Wasser mit einem pH-Wert von 4 und kommt bei höheren Leitfähigkeitswerten vor. Die Wurzeln spielen keine wichtige Rolle bei der Nährstoffaufnahme, sondern sie dienen vor allem als Stabilisierungshilfe (Wind, starke Wasserbewegung). *S. polyrhiza* ist in der Lage, mit Hilfe von Turionen einerseits Temperaturen -40 °C zu überstehen, andererseits in temporären Gewässern Trockenzeiten im Schlamm zu überdauern. Die größte Wachstumsrate wurde bei einer Temperatur von 30 °C festgestellt, ein Wachstumsstopp setzte bei 38 °C ein.
Literaturhinweis: Landolt (1986).

Stratiotes aloides im Aquarium

Stratiotes aloides
Linné (1753)
Krebsschere

Familie: Hydrocharitaceae, Froschbißgewächse.
Synonyme: *Stratiotes alismoides* L., u.a.
Etymologie: *Stratiotes*: Soldat, bezieht sich auf die schwertförmigen Blätter; *aloides*: Aloë-ähnlich.
Verbreitung: Europa.
Beschreibung: Wasserpflanze, frei flutend oder mit unverzweigten, langen, im Bodengrund verankerten Wurzeln. Blätter in einer grundständigen Rosette, sitzend, linealisch oder schmal dreieckig, schwertförmig, steif, bis 60(110) cm lang, 1–4 cm breit, mit stachelig-gesägtem Blattrand, hell- bis mittelgrün.
Pflanzen zweihäusig; Blüten eingeschlechtlich, von einer Spatha umgeben. Männlicher Blütenstand 3–6blütig. 3 weiße Kelch- und Kronblätter. Bis 41 Staubblätter, die inneren 5–17 fertil, die äußeren steril. Weiblicher Blütenstand mit 1(2) Blüten. 3 Kelch- und Kronblätter. 15–30 Staminodien. (3–)6 Griffel. Kapsel mit großen Samen.

Kultur: Die Krebsschere wird häufig als dekorative Wasserpflanze im Gartenteich kultiviert. Dort verlangt sie ein stehendes, nährstoffreiches Wasser und einen sonnigen Standplatz. Eine starke Verschmutzung verträgt sie nicht. An höhere Temperaturen (bis etwa 28 °C) gewöhnte Pflanzen lassen sich auch im Tropenaquarium dauerhaft kultivieren. Für die Dekoration eines Aquariums genügt ein Exemplar, das unter der Wasseroberfläche flutet. Dabei darf die Wasserbewegung nur gering sein. Bei optimalen Wachstumsbedingungen entwickelt sich eine prächtige Rosette, die ihre langen, weißen Wurzeln im Aquarienboden verankert. Die Pflanzen wachsen gut in mittelhartem Wasser bei pH-Werten um den Neutralpunkt, wobei sich eine CO_2-Düngung positiv auswirkt. Vermehrung durch Ausläufer.
Ökologie: Die Krebsschere sinkt im Herbst auf den Gewässergrund, wo sie im Schlamm überwintert. Zu Beginn der wärmeren Jahreszeit steigen die Exemplare wieder an die Wasseroberfläche. Im Herbst werden auch zahlreiche Winterknospen gebildet, die im Frühjahr als kleine Rosetten im Wasser schweben.
Sonstiges: Geschützte Art.
Literaturhinweis: Cook & Urmi-König (1983).

Trapa natans

Trapa natans
Linné (1753)
Schwimmende Wassernuß

Familie: Trapaceae, Wassernußgewächse.
Synonyme: Zahlreiche.
Etymologie: *Trapa*: von *calcitrappa* = Fußangel, vermutlich wegen der gehörnten Früchte; *natans*: schwimmend.
Verbreitung: Polymorphe Art, weit verbreitet in Eurasien, Afrika, eingebürgert in Nordamerika, Australien (vgl. Sonstiges).
Beschreibung: Flutende Wasserpflanze. Jugendblätter submers, sitzend, gegenständig, linealisch, vergänglich. Schwimmblätter wechselständig rosettig. Blattstiel 5–20 cm lang, 3–4 mm dick, häufig weinrot, mit einem bis 3 cm langen und 1,5 cm dicken, schwammigen Luftpolster, das auch völlig fehlen kann. Blattspreite rhombisch, 4–7 cm breit, 3–5,5 cm lang, am oberen Blattrand gezähnt, im unteren Teil ganzrandig. Färbung oberseits hell- bis dunkelolivgrün, unterseits grün, rötlich bis kräftig weinrot.
Blüten zweigeschlechtlich, unscheinbar, einzeln, kurz gestielt. 4 Kelchblätter (an der Frucht als Hörner bleibend). 4 weiße, hinfällige Kronblätter. 4 Staubblätter. Nuß mit 2 bis 4 Hörnern.
Kultur: Aufgrund der auffälligen Erscheinung wird der Aquarianer gern verleitet, es mit der Kultur der Wassernuß im Tropenaquarium zu versuchen. Leider ist die dauerhafte Pflege aber ausgesprochen schwierig und gelingt nur selten. Beim Erwerb sollte der Käufer versuchen, herauszufinden, ob es sich um eine Pflanze aus tropischen oder heimischen Gewässern handelt, die demgemäß temperiert gehalten werden muß. Unabhängig von der Herkunft ist aber zu beachten, daß die Wassernuß sehr lichthungrig ist, zudem weder eine hohe Belastung des Wassers noch eine starke Wasserbewegung verträgt. Vegetative Vermehrung durch Ausläufer, generative durch Samen (Nüsse).
Ökologie: Besiedelt unterschiedliche Standorte, wächst aber im allgemeinen in ruhigen oder langsam fließenden, wenig belasteten Gewässern. In vielen Ländern werden die Nüsse als Gemüse gegessen.
Sonstiges: Aufgrund der vielgestaltigen Früchte werden bis zu 20 Arten unterschieden, die andere Autoren jedoch als eine polymorphe Art (*Trapa natans*) auffassen.

Utricularia aurea im Aquarium

Utricularia aurea
Loureiro (1780)
Goldgelber Wasserschlauch

Familie: Lentibulariaceae, Wasserschlauchgewächse.
Synonyme: *Utricularia flexuosa* Vahl, u.a.
Etymologie: *Utricularia*: von *utriculus* = kleiner Schlauch (schlauchartige Fangvorrichtung); *aurea:* golden (goldgelbe Blüten).
Verbreitung: Asien, Australien.
Beschreibung: Wurzellose, flutende Wasserpflanze, bis 1,50 m lang. Rhizoide bis 6 cm lang. Blätter wechselständig, mehrfach sehr fein gefiedert; jedes Blatt mit 2-4 verschieden langen Lappen, der längste bis 7 cm lang und 2 cm breit. Fangblasen kurz gestielt, 1-4 mm groß. Mundöffnung seitlich mit zwei kleinen, wenig verzweigten Wimpern oder ohne Wimpern. Blütenstand 15-25 cm hoch, mit 3-7 kurzlebigen Blüten. Kelch zweiteilig, 0,5 cm lang. Blütenkrone verwachsenblättrig, 10-15 mm lang, leuchtend gelb. Unterlippe etwas größer als die Oberlippe, innen rot gestreift. Samenkapsel 4-5 mm groß; Samen zahlreich, schwarz.

Kultur: Eine schnellwüchsige Pflanze, die in kurzer Zeit die Wasseroberfläche zuwuchern kann. Sie wächst sowohl in weichem als auch hartem, schwach saurem bis leicht alkalischem Wasser mit einer Temperatur von 22-30 °C. Am natürlichen Standort findet man häufig kräftige, gedrungene, leicht brüchige Sprosse, die tief dunkelrot gefärbt sind und 4 mm große, fast schwarze Fangblasen besitzen. Aquarienexemplare sind nur bei hoher Lichtintensität leicht rötlich gefärbt. Die Fangblasen werden nur noch 1-2 mm groß oder fehlen völlig. Vorsicht bei kräftigen Pflanzen mit großen Fangblasen! Sie können kleiner Fischbrut leicht gefährlich werden. Auch im Aquarium entwickeln sich Blüten- und Fruchtstände. Nach meinen Beobachtungen benötigen die Samen von *Utricularia aurea* zum Keimen eine Trockenperiode von mindestens ein paar Tagen. Auch nach einem Jahr keimten sie noch gut.
Ökologie: Die Art bewohnt stehende Gewässer wie Teiche, Reisfelder und Sümpfe bis in 1500 m Höhe. Zwei Wasseranalysen, Sri Lanka (1/1985): 1) pH 7,36, GH 21 °dH, KH 14 °dH, 1710 µS/cm, rH 179 mV. 2) Temperatur 30 °C, pH 6, GH/KH < 1 °dH, 85 µS/cm, rH 201 mV.

Utricularia gibba

Blüte von *U. gibba*

Utricularia gibba
Linné (1753)

Zwergwasserschlauch

Familie: Lentibulariaceae, Wasserschlauchgewächse.

Synonyme: *Utricularia gibba* L. subsp. *exoleta* (R. Brown) P. Taylor, und viele andere.

Etymologie: *Utricularia*: siehe *Utricularia aurea*; *gibba*: höckerig (Bezug nicht bekannt).

Verbreitung: Pantropisch, in Europa eingeschleppt.

Beschreibung: Sehr zarte Wasserpflanze. Rhizoide fehlen oder sind sehr kurz. Stengel bis über 20 cm lang, häufig verzweigt, sehr dünn. Blätter wechselständig, zahlreich, 0,5–1,5 cm lang, gabelig verzweigt und dann wiederum in bis zu 4 (selten bis 8) haarfeine Segmente verzweigt. Fangblasen gestielt, 1–2,5 mm lang; Mundöffnung seitlich, mit verzweigten Wimpern.

Blütenstand bis 20(-30) cm hoch, gewöhnlich mit 2–4 (selten bis 12) Blüten. Kelchblätter fast rund, 1–3 mm groß. Krone gelb, häufig mit rötlichbraunen Nerven, 4–25 mm lang. Oberlippe fast kreisförmig, ± deutlich 3lappig. Unterlippe etwas kleiner, elliptisch bis kreisförmig. Samenkapsel kugelig, 2–3 mm groß.

Kultur: Dieser unauffällige Wasserschlauch, den man gelegentlich mit anderen Wasserpflanzen unbeabsichtigt „einschleppt", läßt sich im Aquarium sehr leicht kultivieren. Er benötigt zum guten Gedeihen eine kaum bewegte Wasseroberfläche, ein nährstoffreiches, saures Wasser sowie eine gute Beleuchtung. Bei optimalen Bedingungen bildet *Utricularia gibba* verfilzte Polster, die unterhalb der Wasseroberfläche treiben und gelegentlich auch Blütenstände aufweisen. Am ehesten entwickeln sie sich an Pflanzen, die auf nasser Erde kultiviert werden.

Ökologie: Besiedelt stehende oder sehr langsam fließende Gewässer, deren Wasserstand starken jahreszeitlichen Schwankungen unterworfen ist. Die Pflanzen blühen gewöhnlich in flachem Wasser, nicht selten findet man sie auf nassem Schlamm.

Sonstiges: Taylor (1989) faßt in seiner Monographie der Gattung *U. gibba* als eine Art mit sehr variablen Blüten auf, weshalb er auch seine früher erfolgte Unterscheidung in Varietäten nicht mehr aufrechthält.

428

Utricularia inflexa: Blütenstand mit Schwimmkörpern und Fangblase (Mikroskopaufnahme)

Utricularia inflexa
Forskål (1775)

Familie: Lentibulariaceae, Wasserschlauchgewächse.

Synonyme: *Utricularia thonningii* Schumacher, *U. stellaris* var. *inflexa* C. B. Clarke, *U. inflexa* var. inflexa, u. a.

Etymologie: *Utricularia*: siehe *Utricularia aurea*; *inflexa*: einwärtsgebogen, bezieht sich auf die Schwimmkörper.

Verbreitung: Tropisches und subtropisches Afrika, Madagaskar.

Beschreibung: An der Wasseroberfläche flutende, wurzellose Wasserpflanze. Stengel bis 1,50 m lang, hellgrün oder dunkelrot gefärbt. Rhizoide bis 15 cm lang. An kräftigen Blättern bis zu 6(-15) mm große Blattschuppen, die gezähnt, gewimpert oder ± eingeschnitten sind. Blatt mit 3-6 Fiederblättern, diese 4-10 cm lang, im Aquarium aber meistens kleiner. Fangblasen bis 2 mm groß, kurz gestielt und mit seitlicher Mundöffnung, Oberlippe mit zwei Wimpern. Blütenstand etwa 10-15(-33) cm hoch, am Grunde mit 6-9 schmal zylindrischen, luftge-

füllten Schwimmkörpern, die im Quirl oder auch etwas versetzt angeordnet sind. Nacheinander öffnen sich 4-16 leuchtend gelbe, im Schlund weiß gefärbte Blüten (nach Taylor auch weiße und malvenfarbige Blüten). Kelchlappen grün, bis 19 mm lang, 16 mm breit. Blüte mit einer 7 mm langen, gerundeten Oberlippe und einer gleichgroßen oder größeren Unterlippe. Blütenkrone ± dicht behaart, gewöhnlich deutlich rot gestreift. 2 Staubblätter. Griffel wenig länger als die Staubblätter. Fruchtknoten 1 mm groß, kugelig. Kapsel 5 mm groß; Samen ein- bis zweimal so breit wie hoch. Zellen der Samenschale relativ klein (etwa 0,06 mm lang) und länglich.

Kultur: Wie bei *Utricularia stellaris* angegeben.

Ökologie: *Utricularia inflexa* bewohnt flache, stehende oder langsam fließende Gewässer bis 1700 m Höhe. Eine ausführliche Wasseranalyse eines Sees auf der Insel Mafia (Tansania) siehe S. 47.

Sonstiges: Die Art wurde 1980 von der Verfasserin aus Tansania für die Aquaristik eingeführt. Die Bestimmung aller hier genannten *Utricularia*-Arten erfolgte durch P. Taylor, Kew.

Literaturhinweis: Taylor (1989).

Utricularia stellaris am natürlichen Standort in Kamerun

Utricularia stellaris
Linné fil. (1781)

Familie: Lentibulariaceae, Wasserschlauchgewächse.

Synonyme: *U. inflexa* var. *stellaris* Taylor, u.a.

Etymologie: *Utricularia*: Erklärung bei *Utricularia aurea*; *stellaris:* sternförmig bezieht sich auf die Anordnung der Schwimmkörper.

Verbreitung: Tropisches Afrika, Madagaskar, Mauritius, Komoren, Asien bis Nordaustralien.

Beschreibung: Unterschiede zu *Utricularia inflexa*: Schwimmkörper elliptisch oder eiförmig, bis 10 × 5 mm groß. Kelchlappen etwa 7 × 7 mm groß. Ober- und Unterlippe der gelben Blütenkrone etwa gleich groß, nur wenig rot gestreift. Samen 2–3mal so breit wie hoch. Zellen der Samenschale relativ groß (etwa 0,1 mm lang). Sonst wie bei *U. inflexa* angegeben.

Kultur: Dieser seltene, gutwüchsige Wasserschlauch bleibt im Aquarium gewöhnlich etwas kleiner als am Standort. Unter natürlichen Verhältnissen wachsen die Sprosse in weichem bis mittelhartem, flachem Wasser mit saurem bis schwach alkalischem pH-Wert. Wesentlich für eine erfolgreiche Kultur sind eine hohe Lichtintensität, ein algenfreies Aquarium und ein bestimmtes Nährstoffangebot. Welche Nährstoffe die Pflanze für ein gutes Wachstum benötigt, ist noch zum großen Teil unbekannt. Neben Stickstoff gehören auch Kalium und Magnesium zu den wichtigsten Elementen in der Nährstoffkette. Wie wissenschaftliche Versuche bewiesen, machte sich in einem nahezu optimalen anorganischen Nährmedium eine Zusatzernährung mit Pantoffeltierchen nicht bemerkbar, während sich in einem unvollständigen Nährmedium die tierische Kost auf das Wachstum positiv auswirkte und die Bildung von Fangblasen förderte. Dies zeigt, unter welchen Bedingungen Fangblasen entstehen und daß sie für die Entwicklung kräftiger Sprosse nicht notwendig sind. Aussaat wie bei *U. aurea.*

Ökologie: Wie bei *U. inflexa* angegeben. Wasseranalyse aus Sambia (8/1986): Temporärer Tümpel, Temperatur 30 °C, pH 7,5, GH < 1 °dH, KH 2 °dH, 585 µS/cm. Siehe auch die ausführliche Analyse auf S. 47, Biotop Nr. 8.

Sonstiges: Bei *U. stellaris* wurde nachgewiesen, daß die Blütenbildung durch eine organische Zusatzernährung gefördert wird.

Blattrand mit Zähnchen von *V. americana*   Männlicher Blütenstand von *V. americana*

Die Gattung Vallisneria

Nomenklatorische Änderungen

Die Taxonomie der zahlreichen beschriebenen *Vallisneria*-Arten galt schon lange als problematisch, da die vegetativen Merkmale der einzelnen Spezies auf unterschiedliche Wachstumsbedingungen mit einer großen Variabilität reagieren. Aus einer Bearbeitung der Gattung durch Lowden (1982), die in der Aquaristik bisher keine Beachtung fand, ergeben sich auch für die Aquarianer weitreichende nomenklatorische Veränderungen. Die Problematik einer Bearbeitung der Gattung bestand darin, verläßliche Unterscheidungskriterien zu finden. Sowohl die Blattbreite als auch die Beschaffenheit der Blattränder haben sich als ungeeignete Merkmale herausgestellt. Als relevantes taxonomisches Kriterium erwiesen sich vor allem die Anordnung der Fruchtblätter bei weiblichen und die Anzahl der Staubblätter bei männlichen Blüten. Besonders erschwert wurde die taxonomisch-systematische Bearbeitung dieser Pflanzengattung dadurch, daß man einerseits für derartige Untersuchun-

gen unbedingt sowohl männliche als auch weibliche Blüten benötigt, jedoch andererseits beide Pflanzentypen in der Natur nur äußerst selten auftreten und deshalb sehr schwierig zu beschaffen sind.

Unabhängig von Lowden kommt auch der Schweizer Botaniker Cook (1982) zu demselben wichtigen Ergebnis: Alle bisher in der Gattung beschriebenen Arten werden *Vallisneria spiralis* Linné und *V. americana* Michaux mit jeweils zwei Varietäten zugeordnet, wobei die endemischen australischen Arten unberücksichtigt sind. Dies hat für die Aquaristik folgende Konsequenzen: Die gut bekannten Aquarienpflanzen *Vallisneria asiatica* Miki und *V. neotropicalis* Marie-Victorin sind nunmehr als Synonyme von *V. americana* Michaux zu betrachten, *V. gigantea* Graebner ist ebenfalls als Synonym von *V. americana* Michaux anzusehen, *V. asiatica* Miki var. *biwaensis* Miki ist ein Synonym von *V. americana* Michaux var. *biwaensis* (Miki) Lowden. Nicht geklärt werden konnte bislang die Artzugehörigkeit der australischen Aufsammlungen von *Vallisneria nana* R. Brown, *V. caulescens* Bailey & F. Mueller sowie *V. gracilis* Bailey.

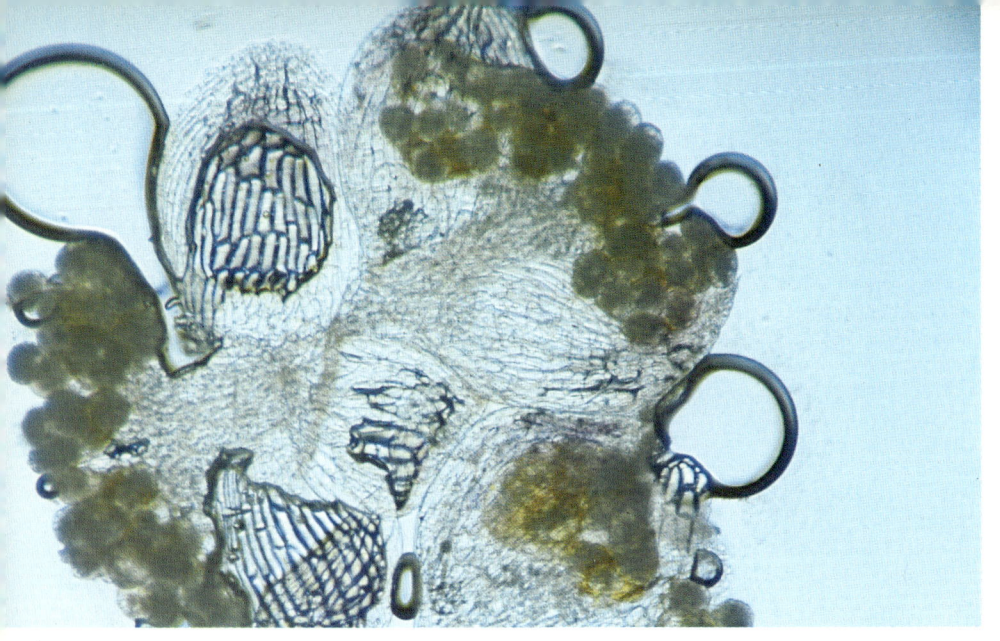

Mikroskopaufnahme einer männlichen Blüte von *V. americana* mit zwei Staubblättern

Interessanterweise überlappen sich die Verbreitungsgebiete von *V. americana* und *V. spiralis*. So sind Fundorte von *V. spiralis* var. *denseserrulata* und *V. americana* var. *americana* von den Philippinen und Neuguinea bekannt, wo beide Arten entweder syntop bzw. in demselben Areal vorkommen. Auffällig bei meinen Untersuchungen an den natürlichen Standorten war immer der hohe pH-Wert und das für tropische Wasserpflanzenbiotope vergleichsweise harte Wasser. Auch aus der Kultur ist bekannt, daß Vallisnerien in hartem, alkalischem Wasser besser gedeihen als in weichem, saurem Wasser. Die Verfasserin folgt an dieser Stelle den nomenklatorischen Änderungen, die sich aus der Bearbeitung der Gattung *Vallisneria* ergeben. Obwohl dem Aquarianer nur in Ausnahmefällen die Blüten von Vallisnerien bekannt sein dürften und folglich die im Bestimmungsschlüssel angegebenen Unterscheidungsmerkmale selten nachvollzogen werden können, besteht aus den oben gemachten Bemerkungen die Notwendigkeit, eine vereinfachte Darstellung des Schlüssels (nach Lowden) hier abzudrucken.

Schlüssel zu den Arten und Varietäten

1a) Staubblätter der männlichen Blüten frei und schräg abstehend; Narben der weiblichen Blüten gefranst 2

1b) Staubblätter der männlichen Blüten teilweise oder vollständig verwachsen und aufrecht; Narben der weiblichen Blüten nicht gefranst 3

2a) Staminodien der weiblichen Blüten an dem kurzen Spalt der vereinigten Narbenlappen angewachsen ....
V. spiralis var. *spiralis*

2b) Staminodien der weiblichen Blüten an dem tiefen Spalt der vereinigten Narbenlappen angewachsen ....
V. spiralis var. *denseserrulata*

3a) Staminodien der weiblichen Blüten bis zu den Griffeln verwachsen ....
V. americana var. *americana*

3b) Staminodien der weiblichen Blüten frei . . .
V. americana var. *biwaensis*

Vallisneria americana
Michaux **var. americana** (1803)
Amerikanische Wasserschraube,
Riesen-Vallisnerie

Familie: Hydrocharitaceae, Froschbißgewächse.
Mögliche Synonyme: *V. spiralis* L. var. *americana* (Mich.) Torrey, *V. asiatica* Miki, *V. neotropicalis* Marie-Victorin, *V. gigantea* Graebner var. *higoensis* (Miki) Kitamura, *V. natans* (Lour.) Hara var. *higoensis* (Miki) Hara, u.a.
Etymologie: *Vallisneria*: nach A. Vallisneri (1661–1730); *americana*: aus Amerika.
Verbreitung: Nord- und Mittelamerika, Ost- und Südostasien, Ozeanien (auch Japan).
Beschreibung: Ausläuferbildende Wasserpflanze mit kurzem Rhizom. Blätter rosettig, bandförmig, schlaff, spröde, bis 2,3 m lang. Schmalblättrige Formen: Spreite bis 10 mm breit, mit 3–5 Nerven und ± deutlichen Querstrichen. Breitblättrige Formen: Spreite 10–25 mm breit, mit 5–9 Nerven. Parallelnerven verlaufen fast bis in die Blattspitze hinein. Blattrand gewöhnlich mit Zähnchen.
Pflanzen zweihäusig; Blüten eingeschlechtlich. **Männliche Pflanze:** Blütenstengel dick, kurz, 1,5–5,0 mm dick, 3–16 cm lang. Blüten 1,0–1,4 mm breit, zahlreich, weiß, von einer transparenten, 2klappigen Spatha umschlossen; Blüte mit 3 Kelchblättern (2 große, 1 kleines), 1 sehr kleinen Kronblattrudiment, 1 Staminodium und 2 fertilen, aufrechten Staubblättern, deren Filamente teilweise oder vollständig verwachsen sind. **Weibliche Pflanze:** Blüten an langen, spiralig gedrehten Stielen, einzeln, 2–3 mm groß, weiß. Blüten mit 3 großen Kelchblättern, 3 kleinen Kronblattrudimenten, 3 großen, bis zu den Griffeln verwachsenen Staminodien, 3 zweispaltigen, nicht gefransten Narben. Blüten selten in einer 3–6blütigen Dolde oder einem ährenähnlichen Blütenstand angeordnet. Frucht länglich, etwa 10 cm lang. Samen zahlreich, elliptisch, gefurcht, 1,3–2,0 mm lang, ohne Nährgewebe.
Kultur: *V. americana* ist eine häufig gepflegte Art, die in mehreren Wuchsformen, die sich durch Blattlänge und -breite unterscheiden, im Handel angeboten wird. Manche Formen erreichen Blattlängen von über zwei Metern. Beim

V. americana var. *americana* im Aquarium

Erwerb von derartig großwüchsigen Exemplaren sollte man bedenken, daß die Blätter in zu niedrigen Becken auf der Wasseroberfläche fluten und so die Lichtmenge stark reduzieren. Man kann auch die Blätter etwas kürzen, doch verringert sich hierdurch das Wachstum der Pflanzen. In stark bewegtem, mittelhartem bis hartem, alkalischem Wasser fühlen sich die Pflanzen am wohlsten. Da sie ein kräftiges Wurzelwerk ausbilden, sollte man sie in einen mindestens 7 cm hohen sandigen Bodengrund einpflanzen. In sehr großen Schauaquarien kommen die Wuchsformen von *V. americana* am besten zur Geltung. Selbst in diesen hohen Aquarien ist die Lichtmenge für das Wachstum der Pflanzen ausreichend.
Ökologie: Wächst in stehenden oder schnell fließenden Gewässern. Im Juli 1988 untersuchte ich in Papua Neuguinea einen Fundort einer weiblichen Population von *V. americana* var. *americana*. Die Pflanzen wuchsen in dichten Beständen in starker Strömung im bis 80 cm tiefen Wasser eines Flusses. Der Bodengrund war schlammig-lehmig, der Standort schattig-sonnig. Wasseranalyse: Temp. 26 °C (Luft 28 °C), pH 8,2, GH 8 °dH, KH 14 °dH, 470 µS/cm.

Vallisneria americana var. *biwaensis* im Aquarium

Vallisneria americana

Michaux **var. biwaensis** (Miki) Lowden (1982)

Biwa-See-Vallisnerie

Familie: Hydrocharitaceae, Froschbißgewächse.
Synonyme: *V. asiatica* Miki var. *biwaensis* Miki (1934), *V. biwaensis* (Miki) Ohwi, *V. gigantea* Graebner var. *biwaensis* (Miki) Kitamura, *V. natans* (Loureiro) Hara var. *biwaensis* (Miki) Hara.
Etymologie: *Vallisneria*: siehe *V. americana* var. *americana*; *biwaensis*: nach dem Biwa-See in Japan, der den Typusfundort darstellt.
Verbreitung: Haiti, Venezuela, Japan.
Beschreibung: Wie bei var. *americana* angegeben, von dieser aber durch folgende Merkmale zu unterscheiden: Blätter vielfach spiralig gedreht, auffällig schmal, 3–5 mm breit und 5–50 cm lang. Blattspreite mit undeutlichen Längs- und Quernerven. Blattrand mit vielen kleinen Zähnchen (mit dem bloßen Auge gut sichtbar), die zur Blattspitze hin immer dichter werden.
Blütenbeschreibung im wesentlichen wie bei *V. americana* var. *americana* angegeben. Bei der var. *biwaensis* sind die Staminodien der weiblichen Blüten aber frei und nicht – im Unterschied zu var. *americana* – bis zu den Griffeln verwachsen.
Kultur: *V. americana* var. *biwaensis* wurde im Jahre 1991 von der Wasserpflanzengärtnerei Dennerle aus dem Biwa-See (Japan) nach Deutschland eingeführt. Nach bisherigen Kulturerfahrungen handelt es sich um eine empfehlenswerte, zierliche, durch die spiralig gedrehten, schmalen Blätter besonders dekorative Aquarienpflanze mit mittleren Kulturansprüchen. In meinem Aquarium erreichten die Exemplare nur eine Wuchshöhe von 20–40 cm, so daß sie sich für die Pflege in größeren Becken sogar noch als Vordergrundpflanze eignen dürfte. *V. americana* var. *biwaensis* ist lichtbedürftiger als andere Vallisnerien, so daß man ihr einen hellen Standplatz geben sollte. Die Pflanzen gedeihen besonders gut in mittelhartem oder hartem Wasser. Optimale Temperatur etwa 22–28 °C.
Ökologie: Nach den Informationen der Gärtnerei Dennerle besiedelt *V. americana* var. *biwaensis* im Biwa-See sonnige Stellen in flachem Wasser. Die Pflanzen sollen dort in großen Beständen vorkommen.

Vallisneria spiralis

Linné **var. spiralis** (1753)

Gewöhnliche Wasserschraube

Schraubenvallisnerie

Familie: Hydrocharitaceae, Froschbißgewächse.
Mögliche Synonyme: *V. michelii* Savi, *V. jacquini* Savi, *V. micheliana* Sprengel, *V. jacquiniana* Sprengel, *V. pusilla* Barbieri.
Etymologie: *Vallisneria*: siehe *V. americana*; *spiralis*: spiralig gewunden, bezieht sich auf den Blütenstengel der weiblichen Pflanzen.
Verbreitung: Europa, Südwestasien.
Beschreibung: Ausläuferbildende Wasserpflanze mit kurzem Rhizom. Blätter rosettig angeordnet, bandförmig, dünn, schlaff, etwas spröde, glatt oder gedreht, gewöhnlich weniger als 10 mm breit, bis etwa 1 m lang. Spreite mit 3-5 Nerven und weniger deutlichen Querstrichen. Blattrand ganzrandig oder fein gezähnt. Pflanzen zweihäusig; Blüten eingeschlechtlich.
Männliche Pflanze: Blütenstengel dünn, kurz, 1,0-1,3 mm dick, 1-3 cm lang. Blüten sehr klein, 0,9-1,1 mm breit; die beiden Staubblätter sind frei und schräg zur Seite gerichtet. **Weibliche Pflanze:** Blüten einzeln. Staminodien sehr klein, an dem kurzen Spalt der vereinigten Narbenlappen angewachsen. Narben gefranst. Blütenbeschreibung sonst im wesentlichen wie bei *V. americana* var. *americana* angegeben.
Kultur: *Vallisneria spiralis* ist eine anspruchslose Wasserpflanze, die alkalisches, mittelhartes bis hartes, karbonatreiches Wasser bevorzugt. Als Bodengrund ist feinkörniger Sand zu empfehlen. Je nach Herkunft der Pflanzen, die eine große geografische Verbreitung besitzen, sollte die Temperatur berücksichtigt werden. Die meisten Populationen gedeihen aber problemlos bei einer Temperatur zwischen 20 und 28 °C. Eine vegetative Vermehrung ist durch die gewöhnlich schnell und zahlreich gebildeten Ausläufer gewährleistet. Es sind mehrere Formen von *V. spiralis* im Handel. Eine Form mit schraubenförmig gedrehten, etwa 5-10 mm breiten Blättern, als Schraubenvallisnerie bekannt, ist aufgrund ihres dekorativen Aussehens besonders gefragt und mit einer Höhe von 30-50 cm gut für kleine Aquarien geeignet. Es genügt schon eine Gruppe

V. spiralis var. *spiralis* im Aquarium

von wenigen Exemplaren, um einen schönen Blickfang zu schaffen. Es gibt schmalblättrige und breitblättrige Formen, die bis etwa einen Meter lange Blätter bilden können. Sehr gut lassen sich die langblättrigen Formen von *V. spiralis* für die Bepflanzung von Seiten- und Rückwänden verwenden.
Ökologie: *V. spiralis* besiedelt häufig nährstoffreiche, stehende oder langsam fließende Gewässer. Die Pflanzen bilden große Bestände in bis 3 m Tiefe über schlammigem Bodengrund.
Sonstiges: Gelegentlich werden Vallisnerien mit Sagittarien verwechselt. Zur Unterscheidung: Vallisnerien besitzen feine, dünne Wurzeln, Sagittarien grobe, dicke Wurzeln. Die Längsnerven der Blätter verlaufen bei den Vallisnerien fast bis in die Blattspitze hinein parallel, bei den Sagittarien biegen die beiden äußeren Längsnerven kurz vor der Spitze nach jeder Seite ab und verschwinden im Blattrand. Vallisnerien haben gewöhnlich eine am Rand fein gezähnte Blattspitze, bei Sagittarien ist sie ungezähnt.
Hinweis: Besonders interessant sind die komplizierte Blütenbiologie und die mannigfaltigen Bestäubungsmechanismen der Vallisnerien (siehe Cook 1982, 1994/1995).

Unterwasseraufnahme von *Vallisneria spiralis* var. *denseserrulata* im Malawisee

Vallisneria spiralis
Linné **var. denseserrulata**
Makino (1914)

Familie: Hydrocharitaceae, Froschbißgewächse.
Mögliche Synonyme: *V. aethiopica* Fenzl, *V. denseserrulata* (Makino) Makino, *V. natans* (Loureiro) Hara, u.a.
Etymologie: *Vallisneria:* siehe *V. americana;* *spiralis:* spiralig gewunden; *denseserrulata:* *densus* = dicht und *serrulatus* = fein gesägt (Blattspreite).
Verbreitung: Afrika, Asien, Ozeanien und Australien.
Beschreibung: Beschreibung wie bei *V. spiralis* Var. *spiralis*, aber bei var. *denseserrulata* die Staminodien der weiblichen Blüten an dem tiefen Spalt der vereinigten Narbenlappen angewachsen. Bei afrikanischen und japanischen Populationen Blätter deutlich gezähnt.
Kultur: Wie bei *V. spiralis* var. *spiralis* angegeben. Pflanzen aus den afrikanischen Grabenseen entwickelten im Aquarium die bei *V. spiralis* „üblichen", in ihrer Struktur viel weicheren, längeren Blätter.

Ökologie: *V. spiralis* var. *denseserrulata* ist u.a. auch in den afrikanischen Grabenseen Tanganjika und Malawi verbreitet. Die Verfasserin konnte am Cape Chaitika (Südwestküste von Sambia) eine männliche Population finden. Alle anderen untersuchten Bestände im Tanganjika- (8/1986) und Malawisee (3/1988) erwiesen sich als steril. Lebensräume großer *Vallisneria*-Bestände sind die Sandzone und der Übergangsbereich zur Felsenzone. In kleinen Buchten, die eine geringere Wellenbewegung als die offene Küste aufweisen, wachsen sie, zwischen Steinen geschützt, fest verwurzelt im Sandboden bis zu einer Tiefe von 6 m. Ich fand Pflanzen von sehr gedrungenem Wuchs mit zum Bodengrund gebogenen Blättern (etwa 5 cm hoch) und solche mit einer Höhe bis 40 cm, wobei die Blattlänge vermutlich mit der Stärke der Wasserbewegung in Zusammenhang steht: Kleine, gedrungene Exemplare wuchsen meistens an ungeschützten, offenen Standorten, während Pflanzen mit längeren Blättern gewöhnlich vor oder zwischen Steinen, also an mehr geschützten Stellen vorkamen. Auffällig ist die harte Blattstruktur, die auf die extremen Wasserwerte zurückzuführen ist (Wasseranalyse S. 47).

Vesicularia dubyana im Aquarium

Vesicularia dubyana
(C. Müller) Brotherus (1908)

Javamoos

Familie: Hypnaceae, Schlafmoosgewächse.
Synonyme: *Hypnum dubyanum* C. Müll. (1851),
u. a.
Etymologie: *Vesicularia*: *vesicularis* = mit
Bläschen bedeckt; *dubyana*: nach dem Schweizer Botaniker J. E. Duby (1798–1885).
Verbreitung: Sundainseln, Philippinen.
Beschreibung: Einhäusiges, ausdauerndes
Moos, das mit seiner lockeren bis dichten Belau-
bung dunkelgrüne Polster bildet. Stengel weich,
häufig verzweigt, bis 17 cm lang, oft mit bü-
schelförmigen, rötlichbraunen Rhizoiden (Wur-
zelhaaren). Seitenäste ungleich, ein- oder mehrfach, 5–22 mm lang, mit einer allseitig runden
bis scheinbar zweizeiligen, verflachten Beblätterung. Blätter etwas aufrecht, hohl, leicht asym-
metrisch, lanzettlich bis eiförmig, zugespitzt
oder mit langgezogener Spitze, etwa 1 mm lang.
Blattspreite gezähnt. Blattzellen 5–10 µm breit,
bis 10mal so lang.
Sporenbildende Pflanze. Kapselstiel 1,5–3 cm
lang, rot, gedreht; Kapsel waagerecht bis nik-
kend, mit Deckel und kurzer Spitze, 1–1,5 mm
lang, 5,7 mm breit, zur Reifezeit rotbraun. Sporen grün, glatt und rundlich.
Kultur: Ein sehr empfehlenswertes Moos, das
gern als Dekorations- und Ablaichpflanze verwendet wird. Das Javamoos wächst überall problemlos, bei guten oder schlechten Lichtverhältnissen, in weichem oder hartem, saurem oder
alkalischem, sogar leicht brackigem Wasser, bei
Temperaturen von 15–30 °C. Schädlich wirkt sich
ein Befall durch Algen aus, dem vorübergehend
durch Umdrehen des Moospolsters entgegenge-
wirkt werden kann. Außerdem wird das Javamoos schnell zu einem unerwünschten Schmutz-
fänger; es läßt sich aber leicht „auswaschen".
Wirkungsvoll sind mit Javamoos bewachsene
Dekorationsgegenstände. Sporenkapseln werden
submers und emers gebildet. Die Reifezeit der
Sporen kann bis zu zwei Monate dauern. Ihre
Entwicklung läßt sich mit einem Mikroskop in
einem separaten Gefäß beobachten.
Ökologie: Das Javamoos wächst an trockenen
und feuchten Stellen, auf dem Erdboden, an
Baumstämmen und Felsen, häufig an den Ufern
von periodisch überschwemmten Flüssen.

Familie Lemnaceae, Wasserlinsengewächse

Zur Familie der Wasserlinsengewächse, Lemnaceae, zählen die Gattungen *Lemna* mit 13 Arten, *Spirodela* mit 3 Arten sowie *Wolffia* und *Wolffiella* mit jeweils 10 Arten. Wichtige Unterscheidungsmerkmale sind Wurzeln, Nerven, Spaltöffnungen, Entstehung von Tochtergliedern, Blütenaufbau, Früchte und Samen (vgl. dazu die Beschreibungen der einzelnen Arten). Die Blüten werden unterschiedlich interpretiert. Bei den Lemnaceae sind die Blütenstände extrem reduziert und bestehen nur aus einem Stempel und 1–2(3) Staubgefäßen, die bei *Spirodela* und *Lemna* noch von einer häutigen Hülle (Spatha) umgeben sind, die aber bei *Wolffiella* und *Wolffia* fehlt. Bei den beiden zuletzt genannten Gattungen befinden sich zudem die Blüten in einer kleinen Grube auf der Oberfläche der Glieder. Andere Autoren (wie E. Landolt) interpretieren die reduzierten Blütenstände als Einzelblüten, dem ich hier folge.

Im Volksmund werden vor allem die zur Gattung *Lemna* zählenden Spezies häufig mit „Entengrütze" bezeichnet. Ein Auftreten von Arten dieser Familie im Aquarium ist im allgemeinen aufgrund der häufig massenhaften Vermehrung selten erwünscht. Eine intensive Beschäftigung mit den kleinsten Blütenpflanzen der Welt ist aber schon aufgrund der ungewöhnlichen Vermehrung und der faszierenden Blütenbiologie lohnend. Dem an dieser Familie Interessierten sei zum Studium die Monographie *The family of Lemnaceae – a monographic study* (Landolt 1986) wärmstens empfohlen.

Wolffia neglecta
Landolt (1994)
Übersehene Zwergwasserlinse

Familie: Lemnaceae, Wasserlinsengewächse.
Synonyme: Keine.
Etymologie: *Wolffia*: nach dem Arzt J. F. Wolff (1778–1806); *neglecta*: übersehen, vernachlässigt (Bezug siehe Sonstiges).
Verbreitung: Indien, Pakistan, Sri Lanka.

Blühende Pflanzen von *Wolffia neglecta*

Beschreibung: Sehr kleine, auf der Wasseroberfläche schwimmende, wurzellose Wasserpflanze. Glieder elliptisch bis bootförmig, 0,6–0,9 mm lang, 0,4–0,6 mm breit, 1,5–2 mal so dick wie breit, oberseits intensiv grün, Rand transparent. 8–20 Spaltöffnungen.
Blüten bilden sich gelegentlich, Früchte selten. Weitere Beschreibung wie *Wolffia arrhiza*.
Kultur: Über die Aquarienhaltung der zweitkleinsten Blütenpflanze der Welt (die kleinste ist *W. angusta* Landolt) ist bisher nicht viel bekannt. Die von der Verfasserin erstmals auch auf Sri Lanka in einem temporären Gewässer nachgewiesenen Pflanzen ließen sich ohne Schwierigkeiten im Aquarium bei intensivem Licht und geringer Wasserbewegung kultivieren.
Sonstiges: *Wolffia neglecta* unterscheidet sich nur in wenigen Merkmalen von *Wolffia angusta*, mit der sie seit 1980 vereinigt war. Im Jahre 1994 spaltete Landolt *W. neglecta* als eigenständige Art ab. Die Glieder von *W. angusta* besitzen im Unterschied zu *W. neglecta* eine weißlichgrüne Oberfläche mit intensiv grünen Rändern, sind 0,5–0,8 mm lang, 0,2–0,4 mm breit und 2–3 mal so dick wie breit.
Literaturhinweis: Landolt (1994).

Wolffia arrhiza

Wolffia arrhiza
(Linné) Horkel (1857)
Wurzellose Zwergwasserlinse

Familie: Lemnaceae, Wasserlinsengewächse.
Synonyme: *Lemna arrhiza* Linné (1771), u.a.
Etymologie: *Wolffia*: siehe *Wolffia neglecta*; *arrhiza*: wurzellos.
Verbreitung: Europa, Afrika, vereinzelt Westasien, Brasilien (Rio de Janeiro); gemäßigte, subtropische und tropische Gebiete mit milden Wintern und nicht sehr heißen Sommern.
Beschreibung: Sehr kleine, auf der Wasseroberfläche schwimmende, wurzellose Wasserpflanze. Glieder kugelig bis elliptisch, ganzrandig, 0,5–1,5 mm lang, 0,4–1,2 mm breit, dick, unterseits bauchig, nicht transparent, hellgrün. 10–100 Spaltöffnungen. Nerven fehlen. Tochterglieder entstehen nur in einer kegelförmigen Tasche an der Basis des Muttergliedes.
Blühende Glieder im Habitus unverändert. Blüten oberseits auf oder nahe der Mittellinie in einer eigenen Grube. 1 Blüte pro Glied. Blüte nur mit 1 Staubblatt und 1 Stempel. Fruchtknoten mit 1 Samenanlage. Samen glatt.

Kultur: Eine in botanischen Gärten gelegentlich gepflegte, winzige Wasserlinse, die für die Aquaristik nur eine geringe Bedeutung hat. Sie läßt sich am besten in kleinen Aquarien mit schwach bewegter Wasseroberfläche, intensiver Beleuchtung und guter Nährstoffversorgung pflegen. Wachstumsstopp bei 32–33 °C, optimale Temperatur 20–28 °C.
Ökologie: *W. arrhiza*, die zu den kleinsten Blütenpflanzen der Welt zählt, besiedelt stehende, windgeschützte Gewässer mit einer vorübergehend unzureichenden Nährstoffversorgung, in denen sie gegenüber anderen Wasserlinsengewächsen Wachstumsvorteile durch die Bildung von Turionen besitzt.
Sonstiges: Die Turionen, die im Winter auf den Gewässergrund fallen, sind ebenso empfindlich gegenüber sehr niedrigen Temperaturen wie die normalen Sproßglieder. Es werden jedoch Temperaturen von -2 °C über 4–10 Tage toleriert. Die Turionen besitzen mehr Stärke als die normalen Glieder, einen niedrigeren Chlorophyllgehalt, und die Intensität von Atmung und Photosynthese sind schwächer. Außerhalb des Wassers sterben sie innerhalb weniger Stunden ab (Landolt 1986).

Blühende Pflanzen von *Wolffiella welwitschii* aus dem Senegal

Wolffiella welwitschii
(Hegelmaier) Monod (1949)
Welwitschs *Wolffiella*

Familie: Lemnaceae, Wasserlinsengewächse.

Synonyme: *Wolffia welwitschii* Hegelmaier (1865), *W. conguensis* Trimen, *Wolffiopsis welwitschii* den Hartog & van der Plas.

Etymologie: *Wolffiella:* Verkleinerungsform des Namens *Wolffia; welwitschii:* nach dem österreichischen Botaniker und Entdecker der Pflanze F. Welwitsch (1806–1872).

Verbreitung: Tropische Gebiete von Afrika, Mittel- und Südamerika.

Beschreibung: Kleine, an der Wasseroberfläche schwimmende, wurzellose Wasserpflanze. Glieder einzeln oder 2–3 zusammenhängend, blattartig, zungen- bis sattelförmig, ganzrandig, 3–7 mm lang, 2,5–5,0 mm breit, dünn, hellgrün. Die Basis berührt die Wasseroberfläche, die runde Spitze ist abwärts gebogen. 0–12 Spaltöffnungen. Nerven fehlen. Tochterglieder entstehen aus einer flachen Tasche an der Basis. Gewöhnlich 2 Blüten pro Glied oberseits seitlich der Mittellinie in je einer eigenen Grube. Jede

Blüte nur aus einem Staubblatt und einem Stempel bestehend. Fruchtknoten mit 1 Samenanlage. Samen fast glatt.

Kultur: Eine im Aquarium leicht zu kultivierende Wasserlinse, die sich bei guten Wachstumsbedingungen ausgezeichnet vermehrt, aber nicht wie bei *Lemna*-Arten zu einer „Plage" wird. Eine Kultur gelingt in weichem oder hartem, schwach saurem oder leicht alkalischem Wasser. Empfehlenswert sind eine nicht zu starke Wasserbewegung, hohe Lichtintensität und eine Temperatur ab 24 °C. Reagiert empfindlich auf Algenbekämpfungsmittel. Blüht und fruchtet relativ häufig.

Ökologie: Die Art lebt in Permanent- und Temporärgewässern. Trockenzeiten können mit Hilfe von Früchten, die im Schlamm liegen, überdauert werden. Die Verfasserin untersuchte verschiedene Standorte in Brasilien, Senegal und Venezuela. 2 Beispiele: 1) Amazonas bei Manaus (Brasilien, 3/1986), ruhige Bucht: Wassertemp. 27 °C (14 Uhr), GH/KH < 1 °dH, pH 6,7, 100 µS/cm. 2) Fernando de Apure (Venezuela, 8/1989), großer Teich mit dichten Beständen: Wassertemp. 33 °C (Lufttemp. 34 °C um 10.30 Uhr), GH 3 °dH, KH 5 °dH, pH 7,3, 250 µS/cm.

Zosterella dubia

(Jacquin) Small (1913)

Grasblättriges Trugkölbchen

Familie: Pontederiaceae, Pontederiagewächse.

Synonyme: *Commelina dubia* Jacquin (1768), *Heteranthera graminea* Vahl, *H. dubia* MacMillan, u.a.

Etymologie: *Zosterella*: der Gattung *Zostera* (Seegras) ähnlich; *dubia*: zweifelhaft (Bezug unklar).

Verbreitung: Mittlere und östliche USA, Mexiko, Kuba.

Beschreibung: Ausdauernde Wasserpflanze mit über 1 m langen Sprossen. Internodien bis 5 cm. Blätter wechselständig, sitzend, den Stengel halbumfassend. Spreite linealisch, ganzrandig, bis 15 cm lang und 6 mm breit, grün gefärbt. Basis von einer etwa 2 cm langen, unauffälligen Scheide umgeben.

Blütenstände entwickeln sich an flutenden Trieben. Einzelblüte achselständig, sitzend, scheidig, auf einer etwa 5-10(-25) cm langen Röhre, was den Eindruck erweckt, als sei die Blüte (wie bei *Heteranthera*) gestielt. Blüte etwa 3,5 cm groß. 6 gelbe Perigonblätter, 1,7 × 0,2 cm groß. 3 Staubblätter, gleich hochstehend, 0,5 cm lang und etwas rückwärts gebogen. Griffel mit Narbe etwa 0,7 cm lang, etwas länger als die Staubblätter. Die Blüte öffnet sich morgens für nur wenige Stunden, schließt sich aber nicht wieder, sondern die Blütenblätter senken sich nach unten. Früchte mit wenigen Samen, selten.

Kultur: Lange Jahre hindurch war *Zosterella dubia* in der Aquaristik eine beliebte Aquarienpflanze. Heute ist sie jedoch aufgrund ihres grasartigen, wenig auffallenden Wuchses kaum noch in den Aquarien vertreten. Ihre Pflege ist problemlos, weshalb sie durchaus mehr Beachtung verdient. Sie ist eine schnellwachsende, ideale und für fast jedes Aquarium empfehlenswerte Art. Allerdings sollte sie nicht an einen zu dunklen Standort gepflanzt werden, da sonst die unteren Stengelteile leicht vergeilen. Öfters zu einer kleinen Gruppe neu gesteckte Sprosse sehen dekorativer aus als lange, unten kahl gewordene Stengel. Offenbar ist das Grasblättrige Trugkölbchen eine kalkliebende Pflanze, denn ein optimales Wachstum erreicht man in mittelhartem

Zosterella dubia **im Aquarium**

bis hartem Wasser mit alkalischen pH-Werten. Die Temperatur sollte möglichst im Bereich von 15-27 °C liegen. Kurzfristig werden aber auch höhere Temperaturen vertragen. Eine Vermehrung durch Seitensprosse ist kein Problem. Die Art ist nur für die Bepflanzung der mittleren und hinteren Beckenzone geeignet. Auch an die Seitenwände lassen sich gut ein paar Sprosse pflanzen. Eine Verwendung im Kaltwasseraquarium oder im Sommer im Gartenteich ist durchaus möglich. Obwohl die Pflanze lange Sprosse entwickelt, ist sie aufgrund ihres krautigen Wuchses auch für kleine Zuchtaquarien empfehlenswert. An der Wasseroberfläche flutende Triebe bilden nicht selten Blüten.

Ökologie: Die Pflanzen kommen in fließenden oder stehenden Gewässern vor. Beim Erreichen der Wasseroberfläche wachsen die Triebe flutend weiter und blühen.

Sonstiges: Die Art wurde aufgrund der gleichlangen Staubblätter (bei *Heteranthera* unterschiedlich lang) von der Gattung *Heteranthera* abgespalten und zu *Zosterella* gestellt. Im Jahre 1937 wurde von dem nordamerikanischen Botaniker E. J. Alexander noch eine zweite Art, *Zosterella longituba*, beschrieben.

Anhang

Tabelle 5: Temperaturtoleranz wichtiger Aquarienpflanzen
(in Zusammenarbeit mit der Wasserpflanzengärtnerei J. Hoechstetter)

Pflanzenname	Minimum °C	Optimum °C	Maximum °C
Acorus gramineus	bedingt winterhart	18–23	28
Alternanthera reineckii	4 °C	17–25	28
Ammannia senegalensis	12 °C	22–28	30
Anubias afzelii	12 °C	22–26	30
Anubias barteri	12 °C	22–26	30
Aponogeton boivinianus	5 °C (Knolle)	22–25	27
Aponogeton crispus	15 °C	25–32	34
Aponogeton madagascariensis	5 °C	18–23	26
Aponogeton rigidifolius	12 °C	23–26	28
Aponogeton ulvaceus	–	24–27	30
Aponogeton undulatus	17 °C	22–28	30
Bacopa caroliniana	4 °C	22–25	29
Bacopa madagascariensis	15 °C	24–28	30
Bacopa monnieri	15 °C	18–28	30
Barclaya longifolia	18 °C	25–28	30
Blyxa aubertii	15–17 °C	20–28	32
Bolbitis heudelotii	18 °C	24–25	27
Cabomba aquatica	bedingt winterhart	23–25	30
Cabomba caroliniana	bedingt winterhart	20–25	27
Cardamine lyrata	winterhart	18–23	27
Ceratopteris cornuta	18 °C	22–28	30
Ceratopteris thalictroides	18 °C	22–28	30
Crassula helmsii	winterhart	18–23	25
Crinum calamistratum	12 °C	23–26	30
Crinum natans	12 °C	24–28	30
Crinum thaianum	15 °C	22–27	30
Cryptocoryne affinis	12 °C	22–26	30
Cryptocoryne albida	6 °C	22–28	30
Cryptocoryne aponogetifolia	15 °C	21–27	30
Cryptocoryne beckettii	15 °C	22–26	30
Cryptocoryne ciliata	20 °C	22–26	28
Cryptocoryne cordata	17 °C	23–27	30
Cryptocoryne crispatula	6 °C	20–26	28
Cryptocoryne hudoroi	18 °C	24–26	30
Cryptocoryne moehlmannii	18 °C	22–25	28
Cryptocoryne parva	15 °C	23–28	30
Cryptocoryne pontederiifolia	18 °C	22–25	28
Cryptocoryne undulata	15 °C	22–26	28

Pflanzenname	Minimum °C	Optimum °C	Maximum °C
Cryptocoryne walkeri	15 °C	22–26	29
Cryptocoryne wendtii	15 °C	22–26	30
Cryptocoryne x willisii	15 °C	22–28	30
Didiplis diandra	bedingt winterhart	22–26	30
Echinodorus amazonicus	18 °C	22–26	30
Echinodorus x barthii	4 °C	18–26	30
Echinodorus berteroi	4 °C	20–27	30
Echinodorus bleheri	18 °C	22–28	30
Echinodorus bolivianus	20 °C	22–28	30
Echinodorus cordifolius	15 °C	20–28	30
E. cordifolius 'Tropica Marble Queen'	5 °C	22–26	30
Echinodorus horizontalis	–	25–29	30
Echinodorus martii	18 °C	24–26	28
Echinodorus opacus	12 °C	18–24	27
Echinodorus osiris	12 °C	18–26	28
Echinodorus paniculatus	15 °C	20–28	30
Echinodorus parviflorus 'Tropica'	12 °C	22–24	26
Echinodorus portoalegrensis	12 °C	18–27	26
Echinodorus quadricostatus	15 °C	22–28	30
Echinodorus schlueteri	4 °C	22–25	30
Echinodorus tenellus	–	18–28	30
Echinodorus uruguayensis	bedingt winterhart	18–24	28
Egeria densa	bedingt winterhart	20–24	30
Egeria najas	15 °C	15–26	30
Eichhornia azurea	6 °C	15–24	33
Eichhornia crassipes	12 °C	25–30	33
Eichhornia diversifolia	18 °C	20–28	35
Eleocharis acicularis	winterhart	20–25	27
Eleocharis vivipara	5 °C	20–27	29
Elodea canadensis	winterhart	15–20	28
Eusteralis stellata	16 °C	22–28	30
Glossostigma elatinoides	bedingt winterhart	22–26	30
Gymnocoronis spilanthoides	bedingt winterhart	15–28	30
Hemianthus micranthemoides	5 °C	24–26	30
Heteranthera zosterifolia	5 °C	23–27	30
Hottonia palustris	winterhart	18–25	30
Hydrilla verticillata (normale Form)	bedingt winterhart	20–27	30
Hydrocotyle leucocephala	5 °C	20–28	30
Hydrocotyle verticillata	winterhart	18–23	27
Hydrocotyle vulgaris	winterhart	20–28	30
Hydrothrix gardneri	18 °C	23–25	28
Hydrotriche hottoniiflora	18 °C	21–24	26
Hygrophila corymbosa	18 °C	24–28	30
Hygrophila difformis	18 °C	24–28	30
Hygrophila polysperma	4 °C	22–28	30
Isoetes velata	5 °C	22–26	28
Lagarosiphon madagascariensis	18 °C	24–28	30

Pflanzenname	Minimum °C	Optimum °C	Maximum °C
Lagarosiphon major	winterhart	20–23	25
Lilaeopsis brasiliensis	bedingt winterhart	22–26	28
Limnobium spongia	winterhart	18–24	27
Limnophila aquatica	15 °C	22–28	30
Limnophila heterophylla	15 °C	25–28	30
Limnophila indica	15 °C	25–28	30
Limnophila sessiliflora	15 °C	20–26	28
Lindernia rotundifolia	bedingt winterhart	22–26	30
Lobelia cardinalis	bedingt winterhart	22–26	30
Ludwigia arcuata	12 °C	24–26	28
Ludwigia glandulosa	10 °C	22–25	27
Ludwigia inclinata	18 °C	24–28	30
Ludwigia palustris	winterhart	22–26	28
Ludwigia palustris x repens	4 °C	23–28	30
Ludwigia repens x arcuata	4 °C	24–28	30
Lysimachia nummularia	winterhart	18–20	25
Micranthemum umbrosum	4 °C	22–24	26
Microsorum pteropus	4 °C	20–28	30
Myriophyllum aquaticum (weiblich)	winterhart	15–25	28
Myriophyllum mattogrossense	20 °C	24–28	30
Myriophyllum pinnatum	bedingt winterhart	20–25	27
Myriophyllum simulans	bedingt winterhart	20–28	30
Myriophyllum tuberculatum	4 °C	18–24	28
Najas guadalupensis	4 °C	20–30	32
Nesaea crassicaulis	15 °C	22–28	31
Nesaea pedicellata	15 °C	22–28	31
Nuphar japonica	winterhart	20–28	30
Nymphaea lotus	15 °C	22–28	30
Nymphaea micrantha	18 °C	24–28	32
Nymphaea x daubenyana hort.	5 °C	25–28	32
Nymphoides aquatica	15 °C	20–26	28
Nymphoides indica	–	24–31	32
Ottelia alismoides	–	22–26	30
Physostegia purpurea	winterhart	22–24	25
Pistia stratiotes	15 °C	22–30	35
Potamogeton gayi	bedingt winterhart	18–26	28
Riccia fluitans	winterhart	20–27	32
Rorippa aquatica	bedingt winterhart	20–25	27
Rotala macrandra	18 °C	24–28	30
Rotala rotundifolia	4 °C	24–28	32
Rotala wallichii	15 °C	24–28	30
Sagittaria platyphylla	winterhart	20–24	25
Sagittaria subulata	winterhart	18–28	30
Salvinia molesta	10 °C	24–28	32
Samolus valerandi	winterhart	22–26	35
Saururus cernuus	winterhart	20–25	27
Shinnersia rivularis	4 °C	18–30	32

Pflanzenname	Minimum °C	Optimum °C	Maximum °C
Spiranthes odorata	15 °C	22–26	28
Stratiotes aloides	winterhart	22–26	30
Vallisneria americana var. americana	10 °C	22–26	30
Vallisneria americana var. biwaensis	4 °C	22–25	28
Vallisneria spiralis var. spiralis	5 °C	20–28	30
Vallisneria spiralis var. denseserrulata	–	20–26	28
Vesicularia dubyana	4 °C	15–30	32
Zosterella dubia	5 °C	15–27	30

Tabelle 6: Der Lichtbedarf von Aquarienpflanzen
Die folgende Übersicht über die bevorzugten Standorte von Aquarienpflanzen in ihren natürlichen Verbreitungsgebieten soll dem Aquarianer wesentliche Informationen über die Lichtansprüche einzelner Arten liefern. Daraus lassen sich wiederum Rückschlüsse auf optimale Kulturbedingungen ziehen. Der Tabelle liegen Beobachtungen der Verfasserin auf etwa 25 Reisen in zahlreiche tropische Länder zugrunde, bei denen die meisten der im Aquarium gepflegten Pflanzen in ihrem natürlichen Lebensraum untersucht wurden. Zugleich werden auch Publikationen anderer Autoren berücksichtigt, wenn sie wesentliche Aussagen über die natürlichen Lebensbedingungen von Aquarienpflanzen enthalten. Zur Zeit sind derartige Angaben leider noch nicht für alle Arten möglich, weil über die Habitate einiger Aquarienpflanzen keine oder nur unzuverlässige Informationen vorliegen.

Pflanzenname	stark beschattet	beschattet	schattig-sonnig	vollsonnig
Alternanthera reineckii			•	•
Ammannia gracilis				•
Ammannia senegalensis				•
Anubias afzelii	•	•	•	•
Anubias barteri-Varietäten	•	•	•	
Anubias gigantea	•	•		
Anubias gilletii	•	•	•	
Anubias gracilis	•	•		
Anubias hastifolia	•	•		
Anubias heterophylla	•	•		
Anubias pynaertii	•	•		
Aponogeton bernierianus		•	•	•
Aponogeton boivinianus			•	•
Aponogeton capuronii		•	•	
Aponogeton crispus			•	•
Aponogeton decaryi				•
Aponogeton distachyos			•	•
Aponogeton elongatus		•	•	•
Aponogeton jacobsenii			•	•
Aponogeton longiplumulosus		•	•	
Aponogeton loriae			•	•
Aponogeton madagascariensis	•	•	•	•

Pflanzenname	stark beschattet	beschattet	schattig-sonnig	vollsonnig
Aponogeton natans				•
Aponogeton rigidifolius		•	•	•
Aponogeton robinsonii			•	•
Aponogeton tenuispicatus		•		
Aponogeton ulvaceus		•	•	•
Aponogeton undulatus		•		
Azolla-Arten			•	•
Bacopa caroliniana			•	•
Bacopa crenata			•	•
Bacopa madagascariensis				•
Bacopa monnieri			•	
Bacopa myriophylloides				•
Barclaya longifolia		•	•	•
Barclaya motleyi	•	•	•	
Blyxa aubertii				•
Bolbitis heudelotii		•	•	
Cabomba aquatica				•
Cabomba caroliniana			•	•
Cabomba fucata			•	•
Cabomba palaeformis			•	•
Ceratophyllum demersum	•	•	•	•
Ceratopteris cornuta			•	•
Ceratopteris pteridoides			•	•
Ceratopteris thalictroides			•	•
Crinum calamistratum		•	•	
Crinum natans	•	•	•	•
Crinum thaianum		•	•	
Cryptocoryne affinis		•	•	
Cryptocoryne alba	•	•	•	•
Cryptocoryne albida	•	•	•	•
Cryptocoryne aponogetifolia		•	•	
Cryptocoryne beckettii	•	•	•	
Cryptocoryne bogneri	•	•		
Cryptocoryne ciliata		•	•	•
Cryptocoryne cordata	•	•	•	•
Cryptocoryne crispatula	•	•	•	
Cryptocoryne keei		•	•	
Cryptocoryne lingua	•	•		
Cryptocoryne longicauda	•	•	•	
Cryptocoryne minima	•	•		
Cryptocoryne moehlmannii		•	•	
Cryptocoryne nevillii				•

| --- | --- | --- | --- | --- |
Cryptocoryne nurii		•	•	
Cryptocoryne parva		•		
Cryptocoryne pontederiifolia		•	•	
Cryptocoryne purpurea	•	•	•	
Cryptocoryne retrospiralis			•	•
Cryptocoryne spiralis		•	•	
Cryptocoryne striolata		•		
Cryptocoryne thwaitesii	•	•	•	
Cryptocoryne usteriana		•		
Cryptocoryne walkeri		•	•	
Cryptocoryne wendtii		•	•	•
Cryptocoryne x willisii			•	
Echinodorus amazonicus		•	•	
Echinodorus berteroi			•	•
Echinodorus bolivianus		•	•	•
Echinodorus cordifolius			•	•
Echinodorus grandiflorus			•	•
Echinodorus horizontalis			•	•
Echinodorus macrophyllus				•
Echinodorus opacus		•	•	
Echinodorus osiris			•	•
Echinodorus paniculatus			•	•
Echinodorus portoalegrensis		•	•	
Echinodorus subalatus			•	•
Echinodorus tenellus		•	•	•
Echinodorus uruguayensis		•	•	
Egeria densa				•
Egeria najas				•
Eichhornia azurea				•
Eichhornia crassipes			•	•
Eichhornia diversifolia			•	•
Eichhornia heterosperma				•
Eichhornia natans				•
Elodea canadensis			•	•
Gymnocoronis spilanthoides				•
Heteranthera zosterifolia			•	•
Hottonia palustris			•	•
Hydrilla verticillata		•	•	•
Hydrocleys martii			•	•
Hydrocleys nymphoides		•	•	•
Hydrocotyle leucocephala		•	•	•
Hydrocotyle ranunculoides			•	•

Pflanzenname	stark beschattet	beschattet	schattig-sonnig	vollsonnig
Hydrocotyle sibthorpioides		•	•	•
Hydrocotyle verticillata			•	•
Hydrocotyle vulgaris		•	•	
Hydrothrix gardneri				•
Hydrotriche hottoniiflora			•	•
Hygrophila corymbosa			•	•
Hygrophila guianensis				•
Hygrophila polysperma			•	
Lagarosiphon cordofanus				•
Lagarosiphon madagascariensis				•
Lagenandra jacobsenii	•	•		
Lagenandra nairii	•	•		
Lagenandra ovata		•	•	
Lagenandra praetermissa		•	•	
Lemna-Arten			•	•
Limnobium laevigatum			•	•
Limnophila aquatica			•	•
Limnophila aromatica			•	•
Limnophila dasyantha				•
Limnophila heterophylla				•
Limnophila indica				•
Limnophila sessiliflora				•
Limnophyton fluitans		•	•	
Lindernia rotundifolia			•	•
Lobelia purpurascens			•	•
Ludwigia inclinata			•	•
Ludwigia palustris			•	•
Ludwigia repens			•	•
Ludwigia sedoides			•	•
Lysimachia nummularia			•	•
Mayaca fluviatilis			•	•
Microsorum pteropus	•	•		
Myriophyllum aquaticum (weiblich)				•
Myriophyllum mattogrossense			•	•
Myriophyllum simulans		•	•	•
Najas conferta		•	•	•
Najas horrida		•	•	•
Najas indica			•	•
Najas marina		•		
Nesaea crassicaulis			•	•
Nesaea pedicellata				•
Nesaea triflora				•

Pflanzenname	stark beschattet	beschattet	schattig-sonnig	vollsonnig
Nymphaea glandulifera			•	•
Nymphaea lotus			•	•
Nymphaea micrantha				•
Nymphaea rudgeana			•	•
Nymphoides ezannoi				•
Nymphoides fallax				•
Nymphoides forbesiana				•
Nymphoides hydrophylla				•
Nymphoides indica				•
Nymphoides thunbergiana				•
Ottelia alismoides			•	•
Ottelia brasiliensis				•
Ottelia mesenterium		•	•	
Ottelia ulvifolia			•	•
Phyllanthus fluitans			•	•
Pistia stratiotes			•	•
Potamogeton gayi			•	•
Potamogeton schweinfurthii		•	•	
Potamogeton wrightii			•	•
Reussia rotundifolia			•	•
Riccia fluitans		•	•	•
Ricciocarpus natans			•	•
Sagittaria montevidensis				•
Salvinia auriculata				•
Salvinia cucullata				•
Salvinia molesta				•
Samolus valerandi			•	•
Shinnersia rivularis				•
Spiranthes graminea	•	•		
Spirodela polyrhiza			•	•
Stratiotes aloides			•	•
Trapa natans			•	•
Utricularia aurea			•	•
Utricularia gibba			•	•
Utricularia inflexa				•
Utricularia stellaris				•
Vallisneria americana var. americana			•	
Vallisneria spiralis var. spiralis		•	•	
Vallisneria spiralis var. denserrulata	•		•	
Wolffia neglecta				•
Wolffia arrhiza			•	•
Wolffiella welwitschii				•
Zosterella dubia			•	•

Erklärung verwendeter Fachbegriffe

Achäne: Schließfrucht, bei der Fruchtwand (Perikarp) und Samenschale (Testa) miteinander verwachsen sind.

Adventivknospen: Knospen an Blättern oder Wurzeln, die entweder spontan oder nach Verletzung der Pflanzen entstehen.

Ähre: Blütenstand mit gestreckter Hauptachse, an der ungestielte Einzelblüten sitzen.

amphibisch: sowohl im Wasser als auch auf dem Land lebend.

anaerob: ohne Sauerstoff.

Anatomie: Wissenschaft von dem inneren Bau der Organismen, die Zell- und Gewebelehre umfassend.

Anthere: Staubbeutel.

Anthese: Entwicklungsabschnitt der Blütenorgane vom Ende des Knospenzustandes bis zum Beginn des Verblühens.

Anthozyane: im Zellsaft gelöste Farbstoffe, deren Farbcharakter u.a. von dem pH-Wert des Zellsaftes abhängt.

Apomixis: Fortpflanzung, die scheinbar der sexuellen entspricht, tatsächlich aber ohne Befruchtung vor sich geht. Samenbildung ohne vorhergehende Befruchtung.

Assimilation: Aufbau körpereigener organischer Stoffe aus anorganischen Stoffen oder aus anderen organischen Stoffen. Häufig versteht man unter Assimilation im besonderen die Bildung von Stärke aus Kohlendioxid und Wasser mit Hilfe von Lichtenergie und Blattgrün (siehe Photosynthese).

ausdauernd: Die Pflanze blüht und fruchtet mehrere Jahre hindurch.

bandförmige Blattform: Breite zu Länge wie 1 : 12 oder mehr, Rand parallel (Abb. 6, S. 454).

basal: am Grunde, grundständig.

Blattrand: *ganzrandig:* ohne Einschnitte; *gesägt:* Zähne und Einschnitte sind spitzwinklig; *gezähnt:* Zähne spitz, Einschnitte rund; *gekerbt:* Zähne rund, Einschnitte spitz; *gelappt:* Einschnitte tiefer, weniger Abschnitte.

Blütenhülle: Mit Blütenhülle bezeichnet man die äußeren, sterilen Blütenblätter, die die fertilen Blütenblätter umgeben. Die Blütenhüllblätter sind entweder gleich (Perigon) oder verschieden (Perianth) gestaltet und in Kelch und Krone gegliedert.

Braktee: Deckblatt, Tragblatt einer Blüte.

bullös: blasig.

Chasmogamie: Bestäubung bei Blüten, die sich öffnen und der Fremdbestäubung zugänglich sind. Vgl. Kleistogamie.

Dichasium: Form der Verzweigung, bei der zwei Seitenäste die Fortsetzung der Mutterachse übernehmen.

Diffusion: ohne äußere Einwirkung eintretender Ausgleich von Konzentrationsunterschieden (chem.).

diploid: Zellen mit doppeltem Chromosomensatz.

Dolde: Blütenstand mit verkürzter Hauptachse, an der die etwa von einem Punkt strahlig ausgehenden, ± gleich lang gestielten Einzelblüten stehen. Wenn an Stelle der Einzelblüten wieder kleine Dolden sitzen, spricht man von einer zusammengesetzten Dolde.

eiförmige (eirunde) Blattformen: größter Durchmesser der Spreite liegt immer unterhalb der Blattmitte; verkehrt eiförmige Formen: größter Durchmesser liegt oberhalb der Blattmitte; *schmal eiförmig:* Breite zu Länge wie 1 : 2; *eiförmig:* Breite zu Länge wie 2 : 3; *breit eirund:* Breite zu Länge wie 5 : 6; *sehr breit eirund:* Breite zu Länge wie 6 : 6 (Abb. 7, S. 455).

eingeschlechtlich: Blüten, in denen sich entweder nur weibliche (Fruchtblätter) oder nur männliche (Staubblätter) Geschlechtsorgane befinden.

einhäusig: Blüten, die entweder nur Staubblätter (männlich) oder nur Fruchtblätter (weiblich) enthalten, befinden sich auf ein und derselben Pflanze.

einjährig: Der gesamte Lebenslauf einer Pflanze von der Keimung bis zur Fruchtreife und zum Absterben vollzieht sich innerhalb einer Vegetationsperiode.

elliptische Blattformen: größter Spreitendurchmesser in der Blattmitte, spitzwinklige Enden; *sehr schmal elliptisch*: Breite zu Länge wie 1 : 6; *schmal elliptisch*: Breite zu Länge wie 1 : 3; *elliptisch, oval*: Breite zu Länge wie 1 : 2; *breit elliptisch*: Breite zu Länge wie 2 : 3; *rundlich*: Breite zu Länge wie 5 : 6; *rund, kreisrund*: Breite zu Länge wie 6 : 6 (Abb. 6, S. 454).

emers: über dem Wasser lebend.

Endemiten: Pflanzen, die im Gegensatz zu den Kosmopoliten nur in einem relativ eng begrenzten Gebiet einheimisch sind.

Epidermis: (gr. = Oberhaut), Oberflächenzellschicht höherer Pflanzen und Tiere.

eutroph: nährstoffreich.

fertil: fruchtbar.

fiederschnittig: Blatteinschnitte gehen bis auf den Mittelnerv.

fiederspaltig: Blatteinschnitte klein, nicht bis zur Mitte der Spreitenhälfte gehend.

fiederteilig: Blatteinschnitte gehen bis zur Mitte der Spreitenhälfte.

Filament: Staubfaden.

Fruchtblätter: (Karpelle), Blattorgane der Pflanze, die die Samenanlagen erzeugen.

gegenständige Blattstellung: Die Blätter stehen einander gegenüber. Kreuzgegenständig: die Blätter stehen kreuzweise einander gegenüber (Abb. 8, S. 456).

generative Fortpflanzung: Fortpflanzung auf geschlechtlichem Wege (z.B. durch Samen).

Genikulum: Gelenk, bei *Anubias* verdickter Blattstiel unterhalb der Blattspreite.

Glochidien: bei den Azollaceae gestielte Widerhäkchen an der Oberfläche der schwimmfähigen Mikrosporenballen.

Gynäzeum: Gesamtheit der weiblichen Blütenorgane bzw. der Fruchtblätter einer Blüte.

heteromorph: verschiedengestaltig.

heterostyl: verschiedengriffelig. Eine Art ist heterostyl, wenn ihre Blüten Griffel mit verschiedener Länge aufweisen.

Hydathoden: Wasserspalten; Gruppen kleiner, chlorophyllfreier Zellen, zur Ausscheidung von flüssigem Wasser.

Hypanthium: Blütenbecher; ein röhrenförmiges Achsenstück zwischem dem Fruchtknoten und den übrigen Blütenorganen.

Indusium: Schleier; die zarte Hülle, die bei den Farnen die Sporangiengruppe umhüllt.

Internodium: zwischen zwei Knoten liegender Teil der Sproßachse.

Interzellularen: Zellzwischenräume, die sich vor allem im Grundgewebe der Pflanze befinden und ein zusammenhängendes luftergefülltes System bilden.

Involukrum: Hüllkelch der Köpfchen- und Körbchenblütenstände (z.B. bei der Familie Asteraceae).

Karpell: Fruchtblatt.

Kleistogamie: Selbstbefruchtung innerhalb der geschlossenen Blüte.

Konnektiv: steriles Verbindungsstück zwischen den Staubbeutelhälften.

Kosmopolit: Pflanzenart, die mehr oder weniger über die ganze Erde verbreitet ist.

Kurztagpflanzen: Pflanzen, die bei einer täglichen Beleuchtungsdauer von weniger als 12 Stunden blühen.

Kutikula: eine von der Epidermis-Oberfläche ausgeschiedene Wachsschicht; bei allen höherentwickelten Pflanzen eine für Gas und Wasser schlecht durchlässige, aus Kutin bestehende Schicht zur Herabsetzung der Verdunstung.

längliche Blattformen: Blattrand in der Mitte ziemlich parallel; *schmal länglich*: Breite zu Länge wie 1 : 3; *länglich*: Breite zu Länge wie 1 : 2; *breit länglich*: Breite zu Länge wie 2 : 3; *sehr breit länglich*: Breite zu Länge wie 5 : 6 (Abb. 6, S. 454).

Langtagpflanzen: Pflanzen, die bei einer täglichen Beleuchtungsdauer von mehr als 12 Stunden blühen.

lanzettliche (eirunde) Blattformen: größter Durchmesser der Spreite liegt unterhalb der Blattmitte; verkehrt lanzettliche Formen:

größter Durchmesser liegt oberhalb der Blattmitte; **schmal lanzettlich**: Breite zu Länge wie 1 : 6; **lanzettlich**: Breite zu Länge wie 1 : 3 (Abb. 7, S. 455).

linealische Blattform: Breite zu Länge wie 1 : 6 bis 8, Rand parallel (Abb. 6, S. 454).

Männliche Blüten: Blüten, die nur Staubgefäße tragen.

Makrosporangium: Sporenbehälter für Makrosporen.

Makrospore: weibliche (größere) Spore.

Massulae: rundliche Ballen, zu denen die Mikrosporen z.b. von *Azolla* vereinigt sind.

Merikarp: Teilfrucht einer Spaltfrucht.

Mikrosporangium: Sporenbehälter für Mikrosporen.

Mikrospore: männliche (kleinere) Spore.

Morphologie: Wissenschaft von der äußeren Form oder Gestalt der Tiere oder Pflanzen.

Mutante: Individuum mit neuem, durch Mutation entstandenem Merkmal.

Mutation: eine spontan auftretende Änderung des Erbgutes.

Nektarien: Honigdrüsen, Sekretionsorgane, die Nektar zur Anlockung von Insekten ausscheiden.

nierenförmig: Die Spreite ist breiter als lang und an der Basis tief eingeschnitten (Abb. 7, S. 455).

Nodus: Knoten, Sproßknoten.

nomen conservandum: ein zu schützender (konservierter) Name.

nomen illegitimum: regelwidriger, ungültiger Name.

nomen nudum: „nackter" (ungültiger) Name; ohne Beschreibung des Taxons (Typusexemplars) veröffentlichter Name.

Nomenklatur: Lehre von der Namengebung. Die von Linné eingeführte Benennung der Tiere und Pflanzen nach Gattung und Art (binäre Nomenklatur). Der „Internationale Code der botanischen Nomenklatur" gibt verbindliche Regeln für die Beschreibung und Benennung der Arten.

Ökologie: Wissenschaft von den Beziehungen der Organismen untereinander und zu ihrer Umwelt.

oligotroph: nährstoffarm.

Paludarium: Nachbildung eines Sumpfbiotops für feuchtigkeitsliebende Tiere und Pflanzen, gewöhnlich mit Wasser- und Landteil.

Pappus: haarförmig entwickelter Kelch, z.B. bei vielen Asteraceae.

Perianth: doppelte Blütenhülle, bestehend meist aus grünen Kelch- und auffällig gefärbten Kronblättern.

Perigon: einheitliche Blütenhülle, bestehend aus gleichgestalteten und gleichgefärbten Blütenhüllblättern.

Photosynthese: Physiologischer Prozeß, bei dem aus anorganischen Stoffen unter katalytischer Mitwirkung des Blattgrüns und unter Ausnutzung der Sonnenenergie organische Stoffe (Kohlenhydrate) aufgebaut werden, oft auch als Assimilation in engerem Sinne bezeichnet.

Pistillodium: steriler Stempel (Pistill).

Polygamie: „Vielehigkeit"; das Vorkommen von eingeschlechtlichen neben zwittrigen Blüten bei ein und derselben Pflanzenart.

polymorph: vielgestaltig.

Primärblätter: die bei vielen Pflanzen auf die Keimblätter folgenden, von den späteren Laubblättern verschiedenen Erstlingsblätter.

quirlständige Blattstellung: Drei oder mehr Blätter sind in einem Quirl angeordnet (Abb. 8, S. 456).

Rhizoid: ein- oder mehrzellige Haarbildung, die die Wurzeln ersetzen. Ihre Funktion ist vorwiegend die Verankerung im Substrat.

Rhizom: Wurzelstock; unterirdische, mehr oder weniger verdickte Sproßachse. Die Rhizome speichern häufig Stärke.

Rispe: eine Traube mit verzweigten Seitenachsen.

rudimentär: rückgebildete, aber noch vorhandene Organe, die ihre ursprüngliche Funktion verloren haben.

Scheinähre: gedrängt rispiger Blütenstand.

schildförmig: Stiel ist in der Mitte der Blattspreite eingefügt (Abb. 7, S. 455).

semi-emers: Pflanzen, die teilweise unter Wasser und teilweise mit ihren Sprossen über die

Wasseroberfläche hinausragen.

sensu auct.: im Sinne des Autors.

Spadix: Blütenkolben.

Spaltöffnungen: die Öffnungsstellen der Epidermis der Pflanzen, die von zwei besonders gestalteten Schließzellen umgeben werden; regulieren die Aufnahme von Kohlendioxid und die Abgabe von Wasserdampf.

spatelförmig: Spreite länger als breit, Spitze breitrund, Spreite breit in die Basis verlaufend (Abb. 7, S. 455).

Spatha: ein häufig auffällig gefärbtes Hochblatt; typisch für Aronstabgewächse.

Spelzen: trockenhäutige Hochblätter der Gräser, die die Einzelblüten schützend umgeben.

Sporangium: Sporenbehälter.

Sporokarpien: die von einem dicken Schleier vollständig umschlossenen Sporenhaufen der Wasserfarne.

Sporophylle: Sporenblätter; die Sporangien tragenden Blätter der Farne.

Staminodium: rückgebildetes, steriles Staubblatt, das keine fruchtbaren Pollen hervorbringt.

Stempel: weibliches Fortpflanzungsorgan der Blütenpflanzen, bestehend aus Fruchtknoten, Griffel und Narbe.

submers: untergetaucht, unter Wasser lebend.

sympatrisch: Bezeichnung für Sippen mit gleichen oder sich überschneidenden Verbreitungsgebieten.

Synandrium: Gebilde, das durch die Verwachsung sämtlicher Staubblätter entsteht.

Synkarpium: Frucht, die aus zwei bis mehreren verwachsenen Fruchtblättern einer oder mehrerer Blüten hervorgeht, z.B. bei *Cryptocoryne* oder der Ananas (aus mehreren verwachsenen Blüten gebildet).

Synonym: ungültiger Pflanzenname.

syntop: am selben Standort vorkommend.

Systematik: Fachrichtung der Biologie mit dem Aufgabenbereich, die stammesgeschichtlich bedingten Verwandtschaftsverhältnisse bei Pflanzen und Tieren zu ermitteln und sie in einem System zu ordnen. Teilgebiet der Systematik ist die Taxonomie.

tagneutrale Pflanzen: Beleuchtungsdauer ohne Einfluß auf die Blütenbildung.

Taxonomie: die Lehre von den Gesetzmäßig-

keiten der Ordnung mit der Aufgabenstellung, die Organismen zu beschreiben, zu benennen und in ein System einzuordnen.

Tepalen: die gleichartigen Glieder eines Perigons, Perigonblätter; die Blütenhülle ist nicht in Kelch und Krone gegliedert.

Thallus: Pflanzenkörper der Algen, Flechten, einfacher Moose; nicht in Stengel, Blätter und Wurzeln gegliedert.

Theke: Der Staubbeutel besteht aus zwei Fächern (Theken), jede Theke wiederum aus zwei Pollensäcken.

Transpiration: Abgabe von Wasserdampf.

Traube: Blütenstand, bei dem an der gestreckten Hauptachse gestielte Blüten stehen.

triploid: Zellen mit dreifachem Chromosomensatz.

Turionen: Überwinterungsknospen (Hibernakeln) zahlreicher Wasserpflanzen. Sie werden im Herbst gebildet, überwintern auf dem Boden der Gewässer und kommen erst im Frühjahr an die Wasseroberfläche, wo sie sich zu neuen Pflanzen entwickeln.

vegetative Vermehrung: Fortpflanzung auf ungeschlechtlichem Wege (z.B. durch Seitensprosse, Ableger usw.).

Velum: Schleier.

Vorblatt: das erste Blatt bzw. die ersten Blätter eines Seitensprosses.

wechselständige Blattstellung: Die Blätter stehen abwechselnd (Abb. 8, S. 456).

Weibliche Blüte: Blüten, die nur Fruchtblätter enthalten.

zweigeschlechtliche Blüten: Weibliche (Fruchtblätter) und männliche (Staubblätter) Geschlechtsorgane befinden sich in einer Blüte. Gewöhnlich werden solche Blüten als zwittrig bezeichnet.

zweihäusig (diözisch): Männliche und weibliche Blüten sind auf verschiedenen, eingeschlechtlichen Pflanzen verteilt.

zweizeilige Blattstellung: Die Blätter liegen alle in einer Ebene (Abb. 8, S. 456).

zwittrige Blüten: Blüten, in denen Staub- und Fruchtblätter vorhanden sind.

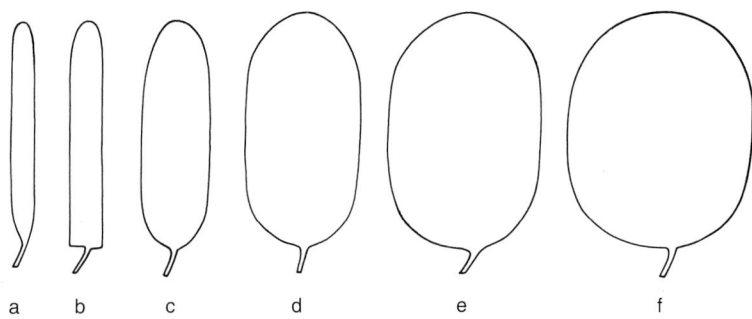

Längliche Blattformen.
a) linealisch, Breite zu Länge wie 1 : 6 bis 8, Rand parallel.
b) riemen- oder bandförmig, 1 :12 oder mehr.
c) schmal länglich, 1 : 3, Rand ziemlich parallel.
d) länglich, 1 : 2, Rand in der Mitte eine Strecke parallel.
e) breit länglich, 2 : 3.
 f) sehr breit länglich, 5 : 6, in der Mitte am breitesten, von dort nach beiden
    Enden etwas schmäler werdend, doch beide Enden rund.

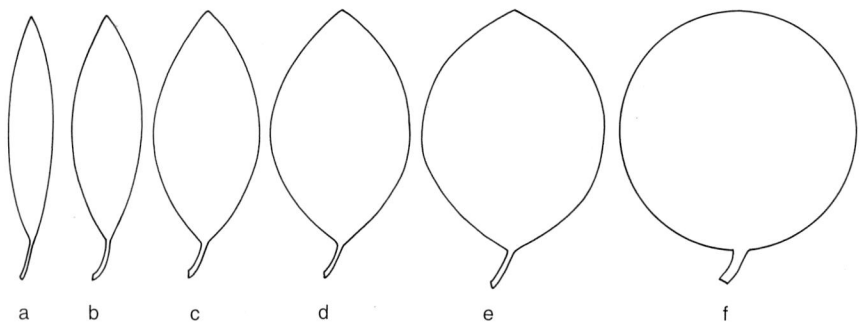

Elliptische Blattformen.
a) sehr schmal elliptisch, Breite zu Länge wie 1 : 6.
b) schmal elliptisch, 1 : 3.
c) elliptisch, oval, 1 : 2.
d) breit elliptisch, 2 : 3.
e) rundlich, 5 : 6.
 f) rund, kreisrund, 6 : 6.

Abb. 6. Blattformen

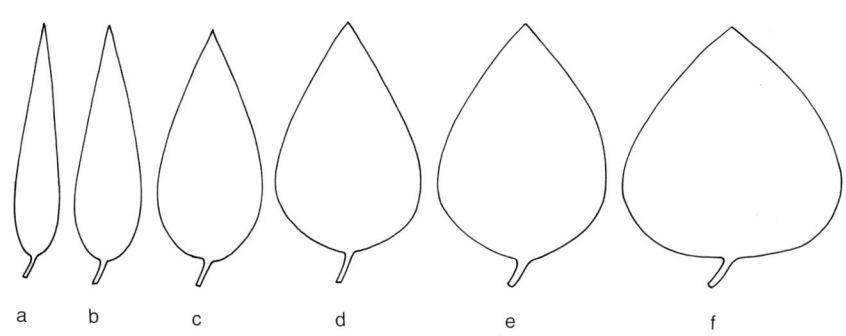

Eirunde Blattformen.
a) schmal lanzettlich, Breite zu Länge wie 1 : 6.
b) lanzettlich, 1 : 3.
c) schmal eiförmig, 1 : 2.
d) eiförmig, eirund, 2 : 3.
e) breit eirund, 5 : 6.
f) sehr breit eirund, 6 : 6.

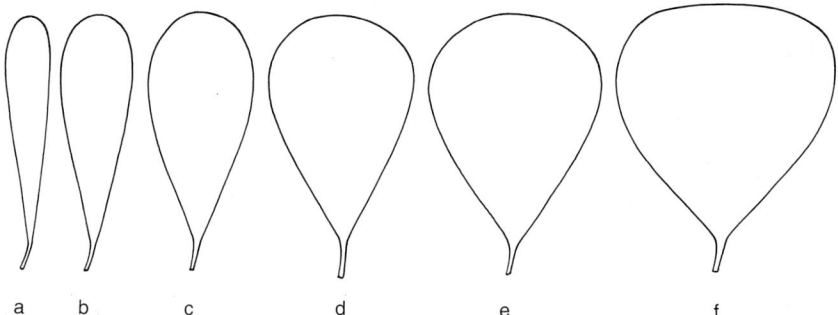

Verkehrt eiförmige Blattformen.
a) schmal verkehrt lanzettlich, Briete zu Länge wie 1 : 6.
b) verkehrt lanzettlich, 1 : 3.
c) schmal verkehrt eiförmig, 2 : 3.
d) verkehrt eiförmig, 1 : 3.
e) breit verkehrt eiförmig, 5 : 6.
f) sehr breit verkehrt eiförmig, 6 : 6.

Besondere Blattformen.
a) schildförmig.
b) dreieckig.
c) spatelförmig.
d) nierenförmig.

Abb. 7. Blattformen

a   b   c   d

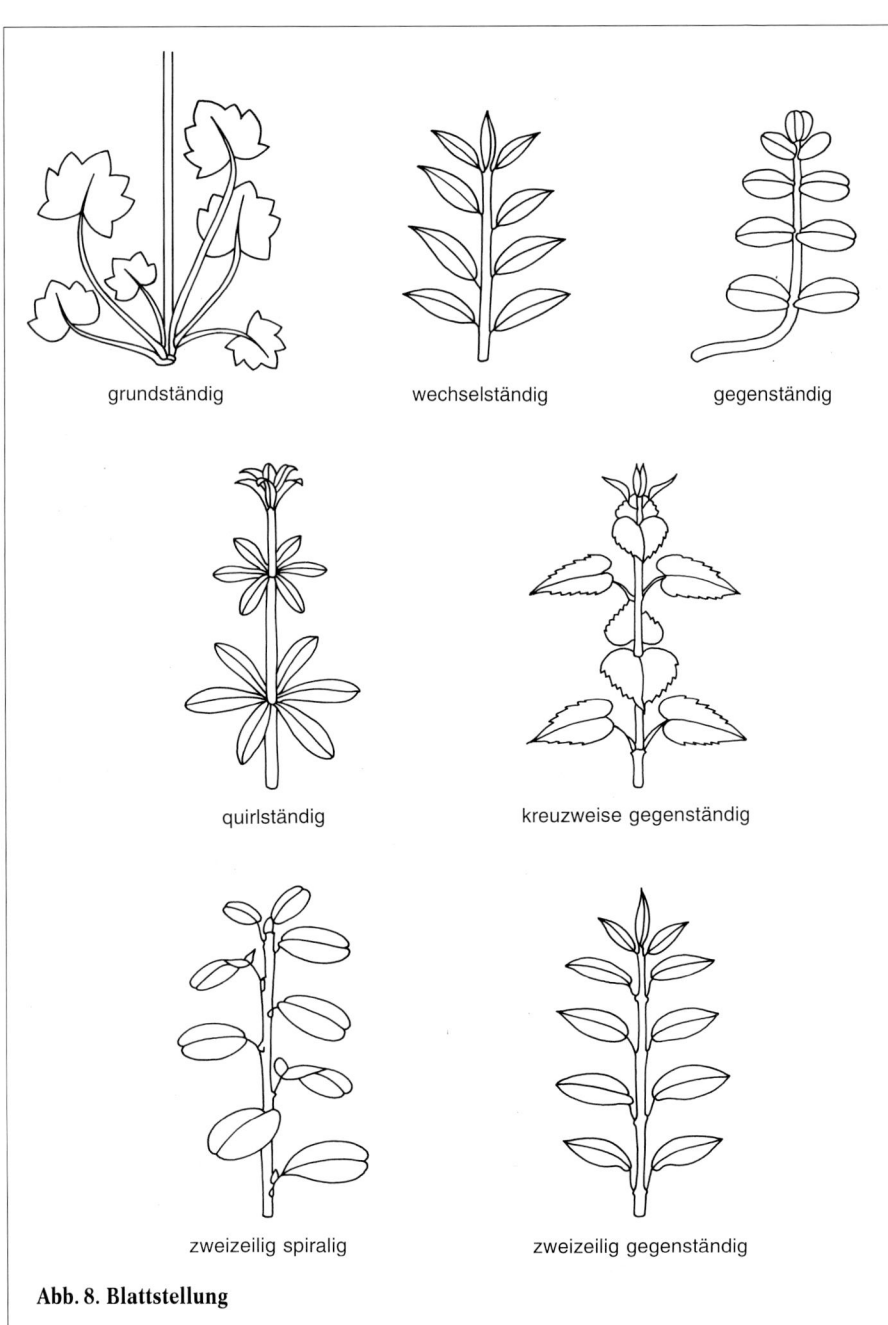

grundständig wechselständig gegenständig

quirlständig kreuzweise gegenständig

zweizeilig spiralig zweizeilig gegenständig

Abb. 8. Blattstellung

Literaturverzeichnis

Affolter, J.M. (1985): A monograph of the genus *Lilaeopsis*. Systematic Botany Monographs 6: 1–140.

Albers, A. (1988): Die Kultur und Vermehrung der Gitterpflanze, *Aponogeton madagascariensis* (Mirbel) H. Bruggen. Aqua-Planta 13 (2): 49–60.

Arends, J.C., J.D. Bastmeijer & N. Jacobsen (1982): Chromosome numbers and taxonomy in *Cryptocoryne* (Araceae). II. Nord. J. Bot. 2: 453–463.

Bader, H. (1992): *Barclaya longifolia* Wallich. D. Aqu. u. Terr. Z. (Datz) 45 (8): 526–529.

Barth, H. (1988): Wasserpflanzensorten – Aquarienpflanzen der Zukunft? Aquarien Terrarien 35 (11): 361, 366–367, 389, 396.

Bastmeijer, J.D. (1989): *Cryptocoryne scurrilis* de Wit. Aqua-Planta 14 (1): 3–5.

– (1992): *Cryptocoryne spiralis* (Retzius) Fischer ex Wydler. Aqua-Planta 17 (3): 91–95.

– (1993): Das Pflanzenporträt: *Cryptocoryne fusca* de Wit. Aqua-Planta 18 (3): 108–112.

– & C. Kettner (1991): *Cryptocoryne pallidinervia* Engler. Aqua-Planta 16 (4): 123–128.

– , C. Christensen & N. Jacobsen (1984): *Cryptocoryne alba* und ihre Variationsbreite. Aqua-Planta 9: 18–22.

Benl, G. (1972): *Rotala macrandra* Koehne (Lythraceae). D. Aqu. u. Terr. Z. (Datz) 25 (6): 198–201.

Bogin, C. (1955): Revision of the genus *Sagittaria* (Alismataceae). Memoirs of the New York Botanical Garden. 9 (2): 179–233.

Bogner, J. (1968): Standorte einiger *Aponogeton*-Arten in Madagaskar. D. Aqu. u. Terr. Z. (Datz) 21 (8): 242–244.

– (1984): *Cryptocoryne usteriana* Engler und *Cryptocoryne aponogetifolia* Merrill. Aqua-Planta 9 (4): 7–13.

– (1990): Weitere Angaben zu *Cryptocoryne hudoroi* Bogner et Jacobsen. Aqua-Planta 15 (1): 10–13.

– & H. Heine (1968): *Hydrotriche hottoniiflora*

Zucc., eine bemerkenswerte Aquarienpflanze aus Madagaskar. D. Aqu. u. Terr. Z. (Datz) 21 (12): 370–373.

– (1987): Eine neue Aquarienpflanze aus Kamerun: *Crinum calamistratum* Bogner et Heine, sp. nov. (Amaryllidaceae). Aqua-Planta 12 (4): 123–129.

– & N. Jacobsen (1985): Eine neue Sorte: *Cryptocoryne cordata* Griffith 'Rosanervig'. Aqua-Planta 10 (2): 12.

– (1987): Die systematische Stellung von *Lagenandra gomezii* (Schott) Bogner & Jacobsen, comb. nov. Aqua-Planta 12 (2): 43–50.

Braun, R. (1952): Limnologische Untersuchungen an einigen Seen im Amazonasgebiet. Schweizerische Zeitschrift für Hydrologie 14 (1): 1–128.

Bruggen, H.W.E. van (1985): Monograph of the genus *Aponogeton* (Aponogetonaceae). Bibliotheca Botanica 137. E. Schweizerbart'sche Verlagsbuchhandlung Stuttgart.

– (1989): Algenfarngewächse – Azollaceae. D. Aqu. u. Terr. Z. (Datz) 42 (1): 48–49 und 42 (2): 116–117.

– (1990): Die Gattung *Aponogeton* (Aponogetonaceae). Aqua-Planta Sonderheft Nr. 2. VDA-Arbeitskreis Wasserpflanzen, Berlin.

– (1991): Neue Erkenntnisse über die Aponogetonaceae. Aqua-Planta 16 (2): 46–54.

Buchenau, F. (1903): Alismataceae. In: A. Engler, Das Pflanzenreich IV. 15: 1–66.

Caspary, J. (1865–1866): Nymphaeaceae. Annales Musei Botanici Ludguno-Batavi, Vol. 2.

Casper, S.J. & H.D. Krausch: Pteridophyta und Anthophyta. In: Süßwasserflora von Mitteleuropa. Bd. 23 (1/1980) und 24 (2/1981).

Clasen, K. (1992): Anmerkungen zu feuchtigkeitsliebenden Lobeliengewächsen. Aqua-Planta 17 (3): 90.

Cook, C.D.K. (1979): A revision of the genus *Rotala* (Lythraceae). Boissiera 29: 1–156.

– (1982): Pollination mechanisms in the Hydrocharitaceae. Studies on aquatic vascular plants, eds. Symoens, Hooper & Compère, Soc. Roy. Bot. Belgique (Brussels): 1–15.

– (1990): Aquatic Plant Book. SPB Academic Publishing. The Hague.

– & R. Lüönd (1982): A revision of the genus *Hydrilla* (Hydrocharitaceae). Aquatic Botany 13: 485–504.

– (1983): A revision of the genus *Blyxa* (Hydrocharitaceae). Aquatic Botany 15: 1–52.

– & K. Urmi-König (1983a): A revision of the genus *Limnobium* including *Hydromystria* (Hydrocharitaceae). Aquatic Botany 17: 1–27.

– (1983b): A revision of the genus *Stratiotes* (Hydrocharitaceae). Aquatic Botany 16: 213–249.

– (1984a): A revision of the genus *Egeria* (Hydrocharitaceae). Aquatic Botany 19: 73–96.

– (1984b): A revision of the genus *Ottelia* (Hydrocharitaceae). 2. The species of Eurasia, Australasia and America. Aquatic Botany 20: 131–177.

– (1985): A revision of the genus *Elodea* (Hydrocharitaceae). Aquatic Botany 21: 111–156.

Crusio, W. (1979): A revision of *Anubias* SCHOTT (Araceae). Meded. Landbouwhogeschool Wageningen 79 (14).

– (1987): Die Gattung *Anubias* SCHOTT (Araceae). Aqua-Planta Sonderheft Nr. 1. VDA-Arbeitskreis Wasserpflanzen, Frankfurt.

Cramer, L. H. (1981): Menyanthaceae. In: A revised handbook to the Flora of Ceylon. Vol. 3: 206–212.

Dassanayake, M. D. (1988): *Lagenandra.* In: A revised handbook to the Flora of Ceylon. Vol. 6: 75–85.

Ehrenberg, H. (1990): Positive und negative Erfahrungen bei der emersen Haltung von Cryptocorynen. Aqua-Planta 15 (4): 143–146.

– & J. Bogner (1992): *Cryptocoryne keei* N. Jacobsen. Aqua-Planta 17 (4): 135–138.

Engler, A.: Araceae. In: Das Pflanzenreich IV. 23 B, Heft 21 (1905) und IV. 23 F. Heft 73 (1920).

Fassett, N. C. (1955): *Echinodorus* in the American Tropics. Rhodora 57: 133–156, 174–188, 202–212.

Fischer, E. (1992): Systematik der afrikanischen Lindernieae (Scrophulariaceae). Tropische und subtropische Pflanzenwelt 81. Franz Steiner Verlag, Stuttgart.

Furtado, J. I. & S. Mori (1982): Tasek Bera. The ecology of a freshwater swamp. Monographiae Biologicae 47: 1–413.

Forno, I. W. (1983): Native Distribution of the *Salvinia auriculata* complex and keys to species identification. Aquatic Botany 17: 71–83.

Gessner, F.: Hydrobotanik, Bd. 1 (1955), Bd. 2 (1959), VEB Deutscher Verlag der Wissenschaften, Berlin.

Gleason, H. (1952): *Nymphoides.* In: Illustrated Flora of the Northeastern United States and adjacent Canada. Vol. 3: 68.

Graaf, A. de (1981): Anzahl der Chromosomen in *Echinodorus* II. Aqua-Planta 6 (3): 74.

– (1988): Unsere erste Pflanzensammelreise in Südamerika. Das Aquarium 22 (5): 284–288.

– (1992): Unsere dritte Pflanzensammelreise nach Südamerika. Erstes Ergebnis: Fundorte von *Echinodorus portoalegrensis* Rataj in Südbrasilien (1). Das Aquarium 26 (11): 22–24.

Haynes, R. R. (1979): Revision of North and Central American *Najas* (Najadaceae). Sida 8 (1): 34–56.

– (1984): Alismataceae. Flora de Veracruz 37: 1–20.

– & L. B. Holm-Nielsen (1986): Notes on *Echinodorus* (Alismataceae). Brittonia 38 (4): 325–332.

– (1992): The Limnocharitaceae. Flora Neotropica, Monograph 56: 1–34.

– (1994): The Alismataceae. Flora Neotropica Vol. 64: 1–112. The New York Botanical Garden.

Herzog, R. (1935): Ein Beitrg zur Systematik der Gattung *Salvinia.* Hedwigia 74 (6): 257–284.

Hiroe, M. & L. Constance (1958): Umbelliferae of Japan. University of California Publ. in Botany. 30 (1): 1–144.

Holm-Nielsen, L. B. & R. R. Haynes (1986): Alismataceae. Flora of Ecuador No. 26, 191.

Horst, K. (1983): Natürliche Biotope. Aquarium Heute 1 (2): 20–23.

– (1986): Pflanzen im Aquarium. Ulmer Verlag, Stuttgart.

Jacobsen, N. (1976): Notes on *Cryptocoryne* of Sri Lanka (Ceylon). Bot. Notiser 129: 179–190.

– (1977): Chromosome numbers and taxonomy in *Cryptocoryne* (Araceae). Bot. Notiser 130: 71–87.

– (1980): The *Cryptocoryne albida* group of

mainland Asia (Araceae). Meded. Landbouwhogeschool Wageningen 19: 183-204.
- (1981): *Cryptocoryne undulata* Wendt und Bemerkungen zu anderen Arten. Aqua-Planta 6 (2): 31-38 und 6 (4): 92-94.
- (1982): Cryptocorynen. Kernen Verlag, Stuttgart. 112 S. (Dänische Ausgabe 1979).
- (1984): *Cryptocoryne alba* und ihre Variationsbreite. Aqua-Planta 9 (1): 18-22.
- (1985a): The *Cryptocoryne* (Araceae) of Borneo. Nord. J. Bot. 5: 31-50.
- (1985b): Das Pflanzenporträt: *Cryptocoryne cordata* Griffith. Aqua-Planta 10 (2): 15-18.
- (1986): Tasek Bera. Aqua-Planta 11 (4): 153-159.
- (1987a): *Cryptocoryne.* In: A Revised Handbook to the Flora of Ceylon. Vol. VI: 85-99.
- (1987b): Das Pflanzenporträt: *Cryptocoryne purpurea* Ridley. Aqua-Planta 12 (2): 61-62.
- (1988): Die Geschichte der *Cryptocoryne moehlmannii* de Wit. Aqua-Planta 13 (3): 90-95.
- (1991): Die schmalblättrigen Cryptocorynen des asiatischen Festlandes. Aqua-Planta 16 (1): 1-33.
- (1992): Die Kultur einiger schwieriger *Cryptocoryne*-Arten in Buchenlauberde. Aqua-Planta 17 (1): 18-25.
- & J. Bogner: Die Cryptocorynen der Malaiischen Halbinsel. Aqua-Planta 11 (4/1986): 135-139, 12 (1/1987): 13-20, 12 (2/1987): 56-60, 12 (3/1987): 96-103.
Kasselmann, C. (1981a): *Samolus valerandi* L. oder *Samolus parviflorus* Raf. - welche Bachbunge pflegen wir? Aqua-Planta 6 (3): 64-66.
- (1981b): *Hygrophila difformis* 'Weiß-Grün'. D. Aqu. u. Terr. Z. (Datz) (7): 236-238.
- (1982a): *Nesaea pedicellata* Hiern. D. Aqu. u. Terr. Z. (Datz) 35 (10): 396-398.
- (1982b): *Nesaea crassicaulis* Koehne, 1882. D. Aqu. u. Terr. Z. (Datz) 35 (12): 476-478.
- (1983a): *Shinnersia rivularis* oder *Trichocoronis rivularis*? Aqua-Planta 8 (2): 8-12.
- (1983b): Das Selous-Wildreservat (I). D. Aqu. u. Terr. Z. (Datz) 36 (6): 234-237.
- (1984a/1985a): *Limnophyton fluitans* Graebner. Aqua-Planta 9 (4/1984): 17-21 und 10 (1/1985): 15-23.
- (1984b): *Shinnersia rivularis* 'Weiß-Grün'. Aqua-Planta 9 (3): 12-13.

- (1985b): *Ludwigia repens* Forster × *arcuata* Walter. D. Aqu. u. Terr. Z. (Datz) 38 (8): 377-380.
- (1986): *Isoetes velata.* Aqua-Planta 11 (2): 40-45.
- (1987a): Zur Ökologie der Gitterpflanze *Aponogeton madagascariensis* (Mirbel) H. Bruggen. TI International 83: 31-34.
- (1987b/1988): Neue Erkenntnisse über drei seltene Cabomba-Arten. 1. *Cabomba schwartzii* Rataj. D. Aqu. u. Terr. Z. (Datz) 40 (12/1987[b]): 567-570; 2. *Cabomba palaeformis* 'Grün' und 'Rotbraun'. 41 (1/1988): 38-40; 3. *Cabomba warmingii* Caspary. 41 (2/1988): 85-88.
- (1989a): *Aponogeton loriae* Martelli. TI International 94: 35-38.
- (1989b): Wasserpflanzen aus dem Malawi- und Tanganjikasee. D. Aqu. u. Terr. Z. (Datz) 42 (9): 567-568 und (10): 628-631.
- (1991a): *Aponogeton rigidifolius.* TI International 108: 37-40.
- (1991b): *Ludwigia glandulosa* Walter. Aqua-Planta 16 (2): 62-66.
- (1992): *Myriophyllum mattogrossense* Hoehne. D. Aqu. u. Terr. Z. (Datz) 45 (11): 712-715.
- (1994a): Über die Vielgestaltigkeit von *Microsorum pteropus* (Blume) Ching. D. Aqu. u. Terr. Z. (Datz) 47 (3): 188-192.
- (1994b): Das Rote Tausendblatt – *Myriophyllum tuberculatum* Roxburgh. D. Aqu. u. Terr. Z. (Datz) 47 (12): 808-810.
- (1995): Weitere im Aquarium kultivierte Tausendblatt-Arten. D. Aqu. u. Terr. Z. (Datz) 48 (1): 48-53.
- & W. Staeck (1990): *Eichhornia azurea* (Sw.) Kunth. D. Aqu. u. Terr. Z. (Datz) 43 (1): 54-57.
- (1993a): *Eichhornia heterosperma* Alexander. Aqua-Planta 18 (1): 12-17.
- (1993b): *Gymnocoronis spilanthoides* 'Rotstengelig'. D. Aqu. u. Terr. Z. (Datz) 46 (6): 390-393.
Kettner, R. (1992): Bemerkungen zu einem natürlichen Standort von *Cryptocoryne keei* auf Borneo. Aqua-Planta 17 (4): 139.
Kiener, A. (1963): Poissons, pêche et pisciculture à Madagascar. Publication No 24 du Centre Technique Forestier Tropical, Nogent-Sur-Marne (Seine).

King, R. M. & H. Robinson (1970): Studies in the Eupatorieae (Compositae). XII. A new genus, *Shinnersia*. Phytologia 19 (5): 297-298.

Koehne, E. (1903): Lythraceae. In: A. Engler: Das Pflanzenreich. 17. Heft (Nr. 216).

Krause, H. J. (1990): Handbuch Aquarienwasser. bede-Verlag, Kollnburg.

Landolt, E. (1986): The family of Lemnaceae - a monographic study. Vol. 1. Veröff. Geobot. Inst. ETH. Stift. Rübel, Zürich 71: 1-566.

- (1994): Taxonomy and Ecology of the Section *Wolffia* of the genus *Wolffia* (Lemnaceae). Ber. Geobot. Inst. ETH, Stift. Rübel, Zürich 60: 137-151.

Larcher, W. (1984): Ökologie der Pflanzen. 4. Aufl., UTB Ulmer, Stuttgart.

Lloyd, Robert M. (1974): Systematics of the genus *Ceratopteris* Brongn. (Parkeriaceae). II. Taxonomy. Brittonia 26: 139-160.

Lourteig, A. (1971): Mayacaceae. In: Flora de Venezuela. 3 (1): 1-7.

Lowden, R. M. (1982): An approach to the taxonomy of *Vallisneria* L. (Hydrocharitaceae). Aquatic Botany 13: 269-298.

- (1986): Taxonomy of the genus *Najas* L. (Najadaceae) in the Neotropics. Aquatic Botany 24: 147-184.

Lumpkin, T. A. & D. P. Plucknett (1980): *Azolla*: Botany, Physiology, and Use as a Green Manure. Economic Botany 34 (2): 111-153.

Micheli, M. (1881): Alismataceae. In: A. de Candolle, Monographiae Phanerogam. 3: 29-83.

Mitchell, D. S. (1972): The Kariba weed: *Salvinia molesta*. Brit. Fern Gaz. 10 (5): 251-252.

Mühlberg, H. (1986): *Echinodorus barthii* spec. nov. Aquarien Terrarien 33 (11): 368-369.

Müller, Karl (1906-1911): Die Lebermoose. In: Rabenhorst's Kryptogamenflora. Bd. VI.

Nordal, I. & R. Walhstrøm (1980): A study of the genus *Crinum* (Amaryllidaceae) in Cameroun. Adansonia, ser. 2, 20 (2): 179-198.

Orchard, A. E. (1981): A revision of South American *Myriophyllum* (Haloragaceae), and its repercussions on some Australian and North American Species. Brunonia 4: 27-65.

- (1986): *Myriophyllum* (Haloragaceae) in Australasia. II. The Australian Species. Brunonia 8 (2): 171-291.

& C. Kasselmann (1992): Notes on *Myriophyllum mattogrossense* Hoehne (Haloragaceae). Nord.

J. Bot. 12 (1): 81-84.

Ørgaard, M. (1991): The genus *Cabomba* (Cabombaceae) - a taxonomic study. Nord. J. Bot. 11 (2): 179-203.

- (1992): Die Familie Cabombaceae (*Cabomba* und *Brasenia*). Aqua-Planta, Sonderheft Nr. 3: 1-36. VDA-Arbeitskreis Wasserpflanzen, Berlin.

Ornduff, R. (1969): Neotropical *Nymphoides* (Menyanthaceae): Meso-American and West Indian Species. Brittonia 21: 346-352.

- (1970): Cytogeography of *Nymphoides* (Menyanthaceae). Taxon 19 (5): 715-719.

Péréz-Moreau, R. A. (1938): Revision de las *Hydrocotyle* Argentinas. Lilloa 2: 413-463.

Petersen, G. (1986): Die Identität von *Lilaeopsis* (Apiaceae). Aqua-Planta 11 (3): 100-103.

Philcox, D. (1970): A taxonomic revision of the genus *Limnophila* R. Br. (Scrophulariaceae). Kew Bulletin 24 (1): 101-170.

Plain, S. (1987): Australian invade threatens Britain's waterways. New Scientist.

Rataj, K. (1975a): Revizion [sic] of the genus *Echinodorus* Rich. Studie CSAV 2: 1-156.

- (1975b): Revision of the genus *Cryptocoryne* Fischer. Studie CSAV: 1-74. Praha.

Raynal, A. (1974): Le genre *Nymphoides* (Menyanthaceae) en Afrique et á Madagascar. Adansonia, ser. 2, 14 (3): 405-458.

Raynal-Roques, A. (1979): Le genre *Hydrotriche* (Scrophulariaceae), Adansonia, ser. 2, 19 (2): 145-173.

Reumer, J. W. F. (1984): Cytotaxonomy and evolution in *Cryptocoryne* (Araceae). Genetica 65: 149-158.

Rutishauser, R. (1983): *Hydrothrix gardneri*: Bau und Entwicklung einer eigenartigen Pontederiacee. Bot. Jahrb. Syst. 104: 115-141.

Sauer, K. (1989): Richtige Aquarien- und Terrarienbeleuchtung. Engelbert Pfriem Verlag.

Schmidt, C. L. (1967): A biosystematic study of *Ludwigia* Sect. *Dantia* (Onagraceae): Dissertation. Stanford University.

Schulze, J. (1968): Neue *Echinodorus*-Arten aus Südbrasilien. D. Aqu. u. Terr. Z. (Datz) 21: 244-248, 277-281, 309-312, 339-342.

- (1971a): Eine neue Wasserlilie aus Südost-Asien. D. Aqu. u. Terr. Z. (Datz) 24 (4): 125-128 und (5): 158-159.

- (1971b): Cryptocorynen aus Sarawak I-IV. D.

Aqu. u. Terr. Z. (Datz) 24 (7): 230-233, (8): 267-270, (9): 303-306, (10): 336-339.

– (1978): An den natürlichen Standorten von *Cryptocoryne aponogetifolia* Merrill in den Philippinen. D. Aqu. u. Terr. Z. (Datz) 31 (9): 310-314.

Sheviak, C. J. (1982): Biosystematic Study of the *Spiranthes cernua* complex. New York State Museum Bulletin 448.

Sioli. H. (1950): Das Wasser im Amazonasgebiet. Forschungen und Fortschritte 26 (21/22): 274-280.

– & H. Klinge (1961): Über Gewässer und Böden des brasilianischen Amazonasgebietes. Die Erde 92 (3): 205-219.

Sivadasan, M. (1986): *Lagenandra nairii*, eine ungewöhnliche Art aus Indien. Aqua-Planta 11 (2): 60-64.

Stengel, E.: *Barclaya longifolia*, eine noch immer rätselhafte Schönheit. Aqua-Planta 7 (3/1982): 3-5; 7 (4/1982): 6-10; 8 (1/1983): 3-6.

Strasburger, E. et al. (1991): Lehrbuch der Botanik. Gustav Fischer, Stuttgart.

Svenson, H. K.: Monographic studies in the genus *Eleocharis*. Rhodora 31 (1929): 167-191; 39 (1937): 236-273 (1937).

Symoens, J. J. & L. Triest (1983): Monograph of the African genus *Lagarosiphon* Harvey (Hydrocharitaceae). Bull. Jard. Bot. Nat. Belg. Bull. Nat. Plantentuin Belg. 53: 441-488.

Taylor, P. (1989): The genus *Utricularia* - a taxonomic monograph. Kew Bull. additional ser. 14: 1-724.

Triest, L. (1987): A revision of the genus *Najas* L. (Najadaceae) in Africa and surrounding islands. Mém. Acad. Roy. Sci. Outre-Mer, Sci. Nat. 21 (4): 1-88.

Verdcourt, B. (1989): Nymphaeaceae. In: Flora of Tropical East Africa. 1-11.

Vlugt, P. J. van der (1987): *Myriophyllum propinquum* A. Cunningham. Aqua-Planta 12 (1): 3-6.

– (1992): Zwei amphibische Lobeliengewächse aus Südafrika und Australien. Aqua-Planta 17 (3): 83-89.

– (1993a): Die Kap-Seekanne: *Nymphoides thunbergiana* (Grisebach) O. Kuntze. Aqua-Planta 18 (1): 1, 3-8.

– (1993b): *Echinodorus berteroi* und ihre Stand-

orte auf Curaçao. D. Aqu. u. Terr. Z. (Datz) 46 (1): 56-59.

Wanke, D. & S. (1994): Brasilien – der *Echinodorus*-Arten wegen! D. Aqu. u. Terr. Z. (Datz) 47 (9): 594-598.

Wendt, A. (1952-55): Die Aquarienpflanzen in Wort und Bild. 17 Lief. Alfred Kernen Verlag, Stuttgart. Fortgeführt von H. C. D. de Wit: Lief. 18 (1973) und C. Kasselmann: Lief. 19 (1982) und Lief. 20 (1983).

Wiegleb, G. (1990): A redescription of *Potamogeton wrightii* (Potamogetonaceae). Pl. Syst. Evol. 170: 53-70.

Wiersema, J. H. (1987): A monograph of *Nymphaea* subgenus *Hydrocallis* (Nymphaeaceae). Systematic Botany Monographs. 16: 1-112.

Wilde, W. J. J. O. de (1962): Najadaceae. In: Flora Malesiana. ser. I, Vol 6: 157-171.

Wilmot-Dear, M. (1985): *Ceratophyllum* revised, a study in leaf and fruit variation. Kew. Bull. 40 (2): 243-271.

Wit, H. C. D. de (1978): Revisie van het genus *Lagenandra* Dalzell (Araceae). Mededelingen Landbouwhogeschool Wageningen. 78 (13): 1-48.

– (1990): Aquarienpflanzen. Ulmer Verlag, Stuttgart. 2. Aufl. (1. Auflage 1971).

Yadav, S. R., K. S. Patil & J. Bogner (1993): Kritische Bemerkungen über die Identität von *Cryptocoryne cognatoides* Blatter et McCann (Araceae). Aqua-Planta 18 (2): 62-67.

Register

Die jeweils wissenschaftlich gültigen Pflanzennamen sind kursiv gesetzt. Halbfett gesetzte Zahlen verweisen auf Abbildungen.